新编高等学校公共管理专业精品教材

公共管理研究方法

（第三版）

范柏乃　蓝志勇　编著

科学出版社

北京

内 容 简 介

本书将理论与实践相结合研究公共管理中的问题，共十四章。第一章提出科学的概念，总结公共管理的研究范式。第二章介绍研究设计的概念、基本要素、取样技巧以及研究信度和效度的内容与两者之间的关系。第三章至第六章详细介绍文献资料与数据获取的四种方法，即文献法、访谈法、问卷调查法与实验法。第七章至第十三章详细介绍十种数据的处理方法，即描述性统计、假设检验、方差分析、相关分析、回归分析、因子分析、聚类分析、判别分析、通径分析和结构方程分析，并展示在这十种方法下利用 SPSS 软件对数据进行处理的过程。第十四章介绍研究论文的绪论、文献述评、文章主体和研究结果的写作内容与写作技巧。本书介绍数据搜集的 4 种主要方法与数据处理的 14 种主要方法，并展示 SPSS 软件在这 14 种方法下对数据的处理过程，使读者对公共管理问题的研究更加深入化与科学化。

本书可作为攻读社会科学的大学生与研究生的参考用书，对公共管理专业的大学生与研究生也具有一定的阅读参考价值。

图书在版编目（CIP）数据

公共管理研究方法 / 范柏乃，蓝志勇编著. —3 版. —北京：科学出版社，2018.2

新编高等学校公共管理专业精品教材

ISBN 978-7-03-056463-4

Ⅰ. ①公… Ⅱ. ①范… ②蓝… Ⅲ. ①公共管理—研究方法—高等学校—教材 Ⅳ. ①D035-3

中国版本图书馆 CIP 数据核字（2018）第 020024 号

责任编辑：王京苏 / 责任校对：孙婷婷 贾娜娜

责任印制：吴兆东 / 封面设计：蓝正设计

科学出版社出版

北京东黄城根北街 16 号

邮政编码：100717

http://www.sciencep.com

北京中石油彩色印刷有限责任公司印刷

科学出版社发行 各地新华书店经销

*

2008 年 4 月第 一 版 开本：787 × 1092 1/16

2013 年 6 月第 二 版 印张：24 3/4

2018 年 2 月第 三 版 字数：587 000

2025 年 1 月第二十一次印刷

定价：58.00 元

（如有印装质量问题，我社负责调换）

作者简介

范柏乃，男，1965 年 4 月生，浙江兰溪人，博士、教授、博士生导师，九三学社中央委员会委员、浙江省政协委员、宁波大学商学院院长、浙江大学公共政策研究院副院长、中国神经管理与神经工程研究会副理事长、中国统一战线理论研究会常务理事、《公共管理与政策评论》特约副主编。主持承担了国家社会科学基金重大招标项目、教育部哲学社会科学研究重大课题攻关项目和国家自然科学基金项目等 60 多项课题研究。入选浙江省“新世纪 151 人才工程”第一层次培养人员和教育部“新世纪优秀人才支持计划”。发表论文 180 余篇，出版专著（教材）20 部。荣获中共中央统战部授予的“各民主党派、工商联、无党派人士为全面建设小康社会作贡献”全国先进个人称号，浙江省哲学社会科学优秀成果一等奖、二等奖（3 次）、三等奖，全国统战理论政策研究创新成果一等奖、二等奖、三等奖，教育部高等学校科学研究优秀成果奖三等奖（3 次），浙江省科技进步三等奖等多项奖励。研究成果荣获中央主要领导、中共中央组织部领导以及浙江省委书记、省长和多位副省长等 30 余次重要批示，多个提案被选为全国政治协商大会和浙江省政治协商大会口头发言提案。

蓝志勇，男，1955年生，江西人，博士生导师，清华大学公共管理学院教授。1990年始，在美国亚利桑那州立大学公共管理学院任教，2002年获终身职正教授。教育部全国公共管理类学科指导委员会秘书长，国家特聘专家。中国行政体制改革研究会、中国机构改革研究会理事，马工程公共政策教材首席专家之一。《公共管理与政策评论》主编。国际行政协会学术委员会中国委员，战略小组成员。现任和历任国内外十多家杂志［包括专业顶级杂志《公共管理评论》（美国行政学会主办）和《美国公共管理评论》］编委。国家自然科学奖、复旦管理学奖评委。曾任香港大学研究员、北京大学中国经济研究中心研究员、浙江大学光彪特聘教授、中国人民大学讲座教授，以及美国富布莱特高级专家、美国凤凰城市政顾问和中国成都市顾问等职。

第三版前言

科学的重大发现和科学理论的重大突破都得益于研究方法（research methods）的完善与创新。毋庸置疑，公共管理学科的发展离不开科学的公共管理研究。而开展科学的公共管理研究，需要系统地掌握和运用科学的研究方法。因此，系统地学习和掌握科学的研究方法，并应用于公共管理研究，对提高我国公共管理的研究质量和水平，以及促进公共管理学科的发展具有重要意义。

作者编著出版的第一版、第二版《公共管理研究与定量分析方法》受到了专家、学者和青年学生，尤其是公共管理学科的硕士生和博士生的肯定与好评。自 2008 年由科学出版社出版以来，每年重印一次，迄今为止已经重印了 10 次，是同类教材发行量最大、最受青年学者喜爱的教材之一。

本教材的主要内容包括以下几点：一是系统地介绍公共管理研究设计涉及的基本要素［包括研究目的、研究问题（research question）、研究变量（research variable）、研究假设（hypothesizing）、分析单位（units of analysis）、时间维度和研究方法］、公共管理研究的取样原则和取样方法，以及研究信度（reliability）和效度（validity）的分析方法；二是除了介绍文献法、访谈法（interviewing method）和问卷调查法（questionnaire）等资料采集方法以外，重点介绍实验法（experimental method）在公共管理研究中的具体运用，详细地说明实验法的操作程序，实验内部效度（internal validity）和外部效度（external validity）的影响因素的分析方法与控制措施，以及前实验（pre-experiment）、真实验（true experiment）和准实验（quasi-experiment）的设计方法；三是具体地介绍偏相关与典型相关分析（canonical correlation analysis）、方差分析（analysis of variance）、Logistic 回归分析、通径分析（path analysis）、判别分析（discriminant analysis）、因素分析、结构方程分析（structural equation analysis）等定量研究（quantitative analysis，quantitative method）方法在公共管理领域的适用条件、数据处理方法、建模方法和结果解释方法等；四是细致地介绍社会科学统计软件包（statistical package for the social science，SPSS）、LISREL（linear structural relationship）等软件在公共管理研究中的具体运用。该教材的出版，对推动我国公共管理研究的规范化、科学化和国际化，以及提高我国公共管理研究的精确性和严密性发挥了积极的作用。

近年来，作者给浙江大学公共管理学院的本科生、硕士生、博士生分别开设了“初级公共管理研究方法”、“中级公共管理研究方法”和“高级公共管理研究方法”课程。

在教学过程中，及时对教学内容、教学案例和教学数据库进行了补充、更新与完善。正是在上述基础上，作者对第二版教材进行数据更新、修订和完善，并将教材更名为《公共管理研究方法》。

在第三版教材修订过程中，张小芳和余钧两位学生投入了大量的时间与精力，对教材的教学内容、教学案例和数据库等进行了更新、补充与完善，并负责整个教材的文字校对工作。科学出版社的王京苏同志为教材的再版付出了辛勤劳动。再版教材引用了国内外作者的很多宝贵材料数据。在此，作者一并表示真诚的谢意！

由于作者能力和时间所限，再版后的教材仍存在许多不足及需要完善之处，恳请各位同仁和读者继续给予批评指正。

作　者

2018 年 1 月 18 日于浙江大学紫金港校园

目　录

第一章

绪　　论

研究方法是任何一个现代学科中最重要的课程之一。这是因为学科的发展、进步以及在知识创造领域中的学术竞争力，所仰仗的核心工具就是研究方法。这也印证了中国的一句老话，“工欲善其事，必先利其器”。

在进入大学以前，在校学生的主要学习任务是接受、理解、消化和融会贯通已有的知识。前人的智慧和已有的知识被认为是真理，只要接受、理解、能够应用就算学习成功。进入大学以后，特别是进入研究生的学习阶段后，学习的任务有了本质的变化。学习者开始在老师的指引下迅速趋近学科前沿，开始进行拓展理论、验证理论、挑战权威、重整现有的知识内容和结构、开辟新的研究领域的知识创新阶段。从这个意义上来说，研究方法的学习和掌握，不仅是一个人在大学本科直至研究生学习阶段的重要一步，也是决定一个人是否最终具有在知识领域进行创新和开疆拓野能力的关键。

一般来说，在人类求知的过程中，总要寻找一些规律，总结经验，并用这些经验来指导自己下一次的求知活动。这些总结出来的寻求知识的经验和规律就是比较初始的研究方法。这些方法其实也早就包括了很多我们今天依然奉为金科玉律的方法论上的概念：假设（对于神的存在的假设、金木水火土的假设、地心说的假设等）、观察（星相、日光仪等）和实验（钻木取火、替代实验等）。当然，由于早期方法论的不成熟，科学性并不够强。例如，当时假设的随意性强，脱离实际太远，没有合理的理论支持，也不追求论证过程或论证过程的严密性。在假设了金木水火土为万物之本后，炼金术士们信仰长生不老药的存在，用愚蠢的方法反复实验，害人不浅。

随着人类对自然和对自身认知能力的加强，研究和认知的方法不断得到改善，才开始有了科学方法的讨论。我们所指的研究方法，就是科学的方法。

第一节　科学的概念

对科学方法的认识，首先源于人们对科学的认知，科学（science）在古希腊文里是scire，意思是知识，科学就是对人类全部知识的总结。后来，学科的分工也使知识被分门别类，成为我们所理解的科学，这是科学的第一层意思，就是分类的知识，用英文来描述，这是科学的内涵定义（connotation）。

早期的科学家如阿基米德、欧几里得、多勒密、哥白尼和伽利略（Galileo）等都注重观察，记录事实，并发挥想象，提出假设，努力求证，在工具不够好的情况下，改进和创造工具，提高观察力，验证假设，提出系统的解释，但当观察到的事实与存在的权威观念有冲突时（如日心说的出现与教会的上帝创造了人的信仰相左），科学家们选择的是尊重事实，信仰真理，有的为此遭到了封杀或献出了生命。但历史的车轮不可阻挡，真理的力量终究强大，科学家对发现和论证真理的贡献，最终还是造福了人类。这是他们名垂青史，永受后人景仰的真正原因。

后来的科学家如哈维、牛顿、瓦特、法拉第、拉法谢、莱伊尔、达尔文和居里夫人等开始关注更微观的、与人类生活更密切相关的科学课题。观察、假设、实验、记录和解释等也同样是他们最经常从事的活动。所以说，不论科学家研究的是什么课题，他们在追求知识真理的过程中，逐步领悟到一些共同的、行之有效的方法，这些方法总结起来包括以下几点：

（1）观察、假设和实验。

（2）记录、发现、寻找和报告实验现象。

（3）相信事实和真理。

（4）对研究现象提出系统的解释。

这就是科学的方法，也是科学的外延（denotation）定义。在我们讨论科学的时候，我们也常常下意识地认为，科学指的是一套行之有效的寻求知识、追求真理的方法。它有想象，所谓大胆假设；它有方法，那就是认真观察、实验和记录；它有信仰，那就是真理的神圣；它有结果，那就是系统合理的解释，也就是我们所说的科学理论。

第二节　理论与科学研究的关系

科学研究的目的是寻求带规律性的真理，从而解释和指导我们的实践。而真理的重要表现形式之一就是我们常常说的科学理论。因而，从另一个角度来说，科学的目的就是识别、论证和构建理论。

理论是人类对某一事物或事物的某一方面提出的一个系统看法，目的是对事物的现象和因果关系做出系统合理的解释，以指导未来的实践。理论是基于对过去的总结的基础上提出来的推断。它包括一些特有的定义、抽象构建、关键词以及通过假设、观察、论证而得出的有关现象和因果关系的一系列互相关联的结论。

理论的价值在于它对事物的解释力和对未来的指导意义。美国教育哲学家杜威有过一句名言：“学问的价值在于对未来事务的预知。”一位知名的法国科学哲学家也说过，科学的力量在于它能够将纷繁复杂的大千世界的一些现象用几条简单的人们能够懂得和掌握的原则（或公理）总结出来，并以此来指导未来的实践。

这些定义和总结揭示了理论的价值所在，简单性、系统性（systematic）、准确性和预测性是好的科学理论的重要标准。而好的预测性，正是检验理论的试金石。

理论一般来说有自己的结构，它的基本概念的定义、它所描述的因果关系和各层因果关系之间的错综复杂的关系，都必须有清楚无误的交代。

例如，众所周知的马斯洛行为理论，是由几个相关的关键的因果关系的定义所组成的：

（1）人的行为源于人为了满足心理需求的不足而产生的内生动力。

（2）人的心理需求是由由低到高的五个层次组成的，它们分别是生理需求、安全需求、群体需求、尊重需求和自我实现需求。

（3）人们必须先满足低层次的需求，才会对高层次的需求有愿望。因而，在满足高层次需求前，低层次的需求更有决定性的作用。

这样几句关键的话就把一个理论的核心要点总结出来了。其中，心理需求、行为、动力、层次等都是理论本身有特定含义的关键词，是可以进行测量的。同样，牛顿三定律也是互相独立又互相关联的三句话：

（1）惯性定律。

（2）作用力等于反作用力定律。

（3）物质的质量大小与加速度成反比定律。

每一句话描述一种因果关系或一个事实，可以定义、测量和验证。在验证之前，是假设；在验证之后，是理论陈述。几句相关的陈述，描述出了一系列相关的因果关系，就是我们常说的理论框架。

理论的这种简洁、系统、可测、有结构的特性，使学习、论证和掌握理论变得简单可行，给实践带来了极大的好处。

在大千世界中，理论虽然很多，但不是所有的理论都是思维缜密、定义清晰、对事物能提供系统解释和预测的，也并不是所有的理论都是真正的科学理论（有因果假设但没有经过严格的科学论证的理论）。但不管是什么理论，都不可能是永恒的真理。科学的发展（遗传基因对疾病的决定性）、人类观察工具和观察能力的改进（如伽利略的天文望远镜证实了地心说的谬误）、理论条件的不同（不同温度、压力下化学变化的不同）、外部客观世界的变化（牛顿力学在物质光速运动时就不适用）等会使理论发生变化。

科学研究与理论有十分密切的关系，它是一个探索、验证和构建理论的过程。从定义上来说，研究是一种系统的、经验性的和严格控制条件的对某一事物或现象的探究，目的是甄别事实和现象以及各种现象之间的关系。之所以系统，是因为研究追求创建或验证理论；之所以注重经验，是因为研究讲的是科学的方法；之所以注重用实验的方法来严格控制条件，是因为要排除竞争性的因果关系解释，找出事实的根本原因。研究的过程包括选题或是研究方向、文献综述、提出一系列相关的假设（每一个假设是我们在理论中所说的因果关系的陈述，一系列假设在一起就是一个理论框架），然后进行数据收集和数据分析。因此，在研究过程中，图书馆、计算机、统计知识、访谈技巧都可算做研究工具，除此之外，还有逻辑理性，这是一种思维过程，强调思维的前后连贯性，结论从前提中自然和必然地出现。古希腊哲学家的三段论（syllogism）推理，就是逻辑思维的一个良好的注解。

三段论有大前提、小前提和结论，包括两种逆向的逻辑思维形式，即归纳法（inductive reasoning）和演绎法（deductive reasoning）。归纳法的过程是从特殊到一般，试图从许许多多的个案中，归纳出一个一般性的普遍真理；而演绎法则从一般到个别，从普遍真理出发，来证明个别的真实性。归纳法和演绎法的具体例子如下。

（1）归纳法。

大前提：柏拉图是人。

小前提：柏拉图的生命不是永恒的。

大前提：亚里士多德是人。

小前提：亚里士多德的生命不是永恒的。

……

结论：所有的人的生命都不是永恒的。

（2）演绎法。

大前提：人的生命都不是永恒的。

小前提：亚瑟王是人。

结论：亚瑟王的生命不可能是永恒的。

从这两个逻辑的过程来看，归纳法需要许许多多的事实，但即使提供了一万个事实，最后在做结论时还会有人提出，第一万零一个可能是不同的。

而演绎法则相反，先从普遍真理出发，如果根据现有的知识、过去的经验、前人的教导或推测假设等，你能够接受大前提“人的生命不是永恒的”，进而接受小前提“亚瑟王是人”，你就很难否定结论“亚瑟王的生命不可能是永恒的”。

因为演绎法这个特性——它的结论的必然性，加上它的证伪的可能性，所以它的思维程序在研究中得到了普遍的运用。在对事物完全不了解的情况下，实证研究（empirical study）要从个别到一般，使用的是归纳法的逻辑过程。但在对事物有了一定了解的情况下，人们立刻在过去知识的基础上，应用想象的空间，构建和假设好理论结构，设计实验或收集数据来证伪，也就是说给理论找茬子。如果我们经过努力找不出问题，就可以接受这个理论，直到它被证伪。否则，理论需要不断被修正、改造和重建，再通过科学研究进一步确定。人类的知识海洋，就是在这种实证和想象的不断互动中积累和扩大的。

第三节　自然科学与社会科学的关系

科学的发展和对人类进步的推动，特别是近现代科学在改变人类生活方式和质量方面所表现出来的强大力量，使人们对科学产生了前所未有的崇敬。经典力学、量子力学、化学、医学、地质地理学、电子科学、计算机技术、生命科学等在近几百年里给人类社会带来的变化远远超过人类几千年文明的演化和进步。它们不但改变了人类的经济活动，如生产和交换的方法；也改变了人类的社会关系和政治关系。例如，在社会关系上，生产力的发展使福利国家的概念成为可能，网络技术的发展减少了距离和空间的约束。在政治博弈上，弹丸之国可以凭借对核武器的拥有能力与超级大国叫板。科学技术的成功不但使许多优秀人才投身科学，也使许多励志改造社会的社会科学学者对科学高度重视。他们崇尚科学的力量，学习科学的成就，探求科学成功的秘密，将科学的方法借鉴到社会科学的领域，来研究人与人、人与社会和社会与社会之间的关系。

较早提出经验主义研究方法（即早期的科学研究方法）的是英国哲学家弗朗西斯·培根（Francis Bacon，1561—1626 年），他被称为经验主义大师或科学革命的倡导者。他提倡重视用归纳法收集经验性数据，重视调查研究的程序。这种思想不满足于西方传统的仅仅停留在演绎推理的思辨和理论探讨上，将经验主义思想（后来被发展衍生为实证主义）推到了一个历史的高峰。他认为，哲学满足于用演绎法来解释自然是不够的。哲学家也应该用推理的方法，从事实开始，寻求公理和法则。在收集事实之前，研究者可以自由思考，甚至有错误的概念，但是，演绎法最终需要有事实的支持。培根清楚地将宗教和哲学分开。他认为，宗教信仰的基础是天启（上天的启示或突然的觉悟），因而是非理性的。而哲学的基础则是理性，需要依靠经验主义的方法来支持。

另一个与现代科学方法在社会科学中的使用有重要关系的人是大卫·休谟（David Hume，1711—1776 年）。休谟是苏格兰哲学家、经济学家和史学家，被认为是西方哲学史和苏格兰启蒙运动最重要的人物之一。休谟是现代时期第一个伟大的自然哲学家，拒绝传统哲学中普遍认可的人的思想是神的思维的微缩版本，因而人对现实的理解力有上帝的意志和力量，值得完全信赖的认知。他认为，对人的思维现象和能力的认识应该来自经验性的分析。人不是上帝的人，而是科学的人。

奥古斯特·孔德（Auguste Comte，1798—1857 年）是法国思想家，实证主义的先驱，社会学这个词的创造者，第一个西方社会学家。他被认为是第一个将科学的方法使用在社会科学领域里的人，也是现代结构主义的最早创始人。他强调使用计量和数学的分析方法，同时意识到计量方法在描述社会问题上的局限。他强调理论与实践之间的互动和循环，这是现代全面质量管理的认识基础。

实证主义的哲学思想认为，最具有权威性质的知识是科学知识，必须来自通过严格的科学方法对理论思想的实践检验和论证。当时有不少思想家和学者认同孔德的观点，孔德是第一个将实证主义哲学系统理论化的人。

在《三段论》（*Law of Three Stages*）中，孔德指出，社会乃至每一个学科的知识都经过了三个阶段的发展，即神学阶段、形而上学阶段和实证阶段。

神学阶段是 19 世纪的法国和其他许多国家的传统思维方式。万事万物都由神或超自然的力量的存在来解释，包括人与人之间的关系、在社会中的地位、社会对人的束缚等。人们盲目地相信先辈的教导和神的力量。

形而上学阶段时，人们开始注重理性对自然的解释。有人认为他的形而上学与古希腊哲学家用金木水火土等几大元素来解释万物世界有关；也有人认为他主要是指法国革命后，或是文艺复兴运动后，人们对最高统治特权的质疑，认为应该有比统治者权力更高的一种抽象但理性的力量来解释和主宰世间万物。所以，这一阶段也被认为是思辨的阶段。人们开始信仰理性的力量，但还没有找到最合理和实际的解释方法。孔德将形而上学阶段描述为启蒙运动后到法国革命这一时期，表现为强势的逻辑理性主义，并认为人具有普遍的神圣不可转让的权利，必须得到绝对的尊重。民主或是独裁的起落取决于他们是否能够捍卫好保护人的权利。

孔德三段论的最后阶段是实证阶段，也就是科学的阶段。注重用事实来解释世间万物。人们也可以用事实的力量来解决他们面临的问题，不只是依赖上帝预言和启示。因为人的权利和需要就是最高的召唤，是可以通过经验实证来了解的。马克思、边沁都属这一学派的学者。

孔德还提出“百科法则”（encyclopedic law），认为所有的学科可以系统地按等级划分，包括无机物理学（天文、地学和化学）和有机物理学（生物学和社会物理学，后被冠名为社会学）。

他认为社会学是一个最新最伟大的科学，是所有科学之首，是可以将所有学科融会贯通的学科。而他的实证主义的哲学思想使人们开始认真考虑理论、实践和人对自然世界认知之间关系的重要性。

在孔德的时代，他的思想还是受到了质疑。因为他把实证主义提高到宗教信仰的高度，并认为自己是实证主义的教父。当然，他有很多的支持者和同盟军。在他的《实证主义的一个一般性观点》（*A General View of Positivism*）出版后不久，不少人也试图做出他们自己的实证主义的定义，著名的人物包括对法国革命思想有重要影响的作家爱弥尔·左拉（Émile Zola）、法国出版商和作家爱弥尔·衡乃群（Emile Hennequin）、德国语言学家威廉·舍雷尔（Wilhelm Scherer）、俄国出版家迪米特里·批萨勒夫（Dimitri Pisarev）等。

德国大哲学家伊曼努尔·康德（Immanuel Kant，1724—1804 年）也曾用过实证（positivism）这个词，但用意几乎是相反的。康德把宗教分为实证宗教（权威来自人）和自然宗教（权威来自超现实的力量）。他认为，宗教的权威不应该来源于人的实证经验，而应该来源于那些可以通过理性获得的普遍真理。

到了近现代，实证主义的思想依然有强有力的支持者。霍金认为，任何好的科学理论，不论是有关时间或其他别的什么概念，都应该基于可操作的科学哲学，即卡尔·波普（Karl Popper）等提出的实证方法。根据这个思维方法，科学理论就是一个用数学模型来描述和表达的对事物的观察。一个好的理论可以用很少的几个原理来描述大量的现象，并做出可被检测的准确的预测。如果一个人认为自己是实证主义者，那么，他就不能简单地说现在实际上是什么时间，他应该找出一个数学模型来描述这个时间，并且说明对时间描述的准确性。

实证主义者被描述为一个认为所有真的知识都是科学的、所有的一切都可以被测量的学派。事实上，在近现代，实证主义也随着科学的发展有了自己新的认知。传统上，基于启蒙运动时期重新拾起的人文精神和对人自身能力的主观自信，实证主义者认为人对自然环境和自身的认知能力是强大的，世间的真理都可以通过实证来证实，因而只有经过经验检验的理论才是可以接受的科学理论或真理。科学的不断发展，使实证主义者意识到，尽管科学已有了相当的能力，但还是有科学的工具和能力不能证实或证伪的真理存在。所以说，不能完全排除通过非理性达到真理的可能。这就是所谓后实证主义的对传统实证主义的修正。它重实证，又不唯实证，是认知过程的一个进步。

有了经验主义和实证主义对科学的推崇以及后人对科学方法的哲学认识，将科学方法应用到社会科学领域就顺理成章了。他们可以通过观察、假设和实验、记录、发现、寻找和报告实验现象，对研究现象提出系统的解释来研究人、人与社会、人与环境的关系和本质。除了培根、孔德、休谟等，马克思和恩格斯的科学社会主义、乌托邦社会主义者的大同世界的科学社区计划、洛克的实证主义的政治理论、亚当·斯密的社会分工提高社会效益的理论等，都从不同的侧面推动了科学方法在社会科学领域中的使用。

19 世纪中下叶，经过南北战争的创痛后，美国人民在工业化的过程中提出了科学、进步和良好的生活等口号，美国的社会科学得到了长足的发展。以前，美国教育是以英国人文教育的传统为主的，主要目的是培养牧师和哲学家。早期的哈佛大学、普林斯顿大学、耶鲁大学等著名高等院校都是由教会创立的，以培养牧师为主要目的。但南北战争后，他们引进德国以科学、工程和社会科学研究为方向的教育与研究方法。19 世纪中下叶，政治科学、社会学、心理科学、人类学、经济学、教育、地理、法律等社会科学系，都相继建立并得到了长足的发展。特别是 1856 年哥伦比亚大学成立的政治科学系，1890 年堪萨斯大学、芝加哥大学等设立的社会学系，1892 年芝加哥大学成立的经济系，都具有德国传统，在社会科学领域处于领先地位。

20 世纪以来，传媒与沟通、公共管理、信息科学、国际关系、社会生物学等社会科学取得了长足的发展。在这些社会科学领域，既用传统的研究方法也用科学的现代研究方法，特别是 30 年代开始发展起来的行为学派注重实证主义的方法，使实证性的科学研究在社会科学领域得到了极大的推广，从而成为现代科学研究领域中必不可少的重要组成部分。

第四节 公共管理与科学方法

公共管理学科研究大规模协调人类共存与合作，具有社会管理工程特性。它是一个既古老又年轻的学科。说它古老，是因为它与人类文明相伴。它帮助人类创造了人类文明，是人类文明的舞台。底格里斯和幼发拉底两河流域的城邦国、中国的商周之礼和秦汉以来的文治武功，都有公共管理雏形的烙印。说它年轻，是因为它又是与现代技术、现代理念和社会进步息息相关的、与时俱进的学问。历史上，它至少有过数次历练与重生的经历。

著名的美国政治学家达尔和林德布罗姆在他们的经典名著《政治、经济和社会福祉》中写道，人类的知识历史可以清楚地显示现代人试图用自己的理性能力来控制和改造自己的环境的三大思想运动。一是文艺复兴。通过文艺复兴，人们重新发现了自己的能力，建立了对自我的信心，从中世纪的黑色宗教的阴影中走出来，认为人类可以通过以理性、观察为工具的科学活动，控制和改造自己的环境，创造自己的新生活。二是现代自由主义。现代自由主义有两个重要的内涵：①用民主的方法来控制和管理政府；②用资本的方法，通过传统的市场运作来控制和管理经济事务。三是民主社会主义。人类理性管理自己的政治与经济事务的能力，可以通过经济活动的政府管理化——公共管理化，而得到大大加强。

达尔和林德布罗姆提到的三大思想运动，共同反映的是现代人不认天命，顽强地用自己的理性能力来改造自己的生存环境的意愿和思想境界。从一定意义上来说，人类文明的活动或是说人类对社会的管理活动，自有史以来，就从来没有停止过。但是，用科学的精神和方法来进行管理，则是文艺复兴以后，是近现代才开始的事情。

科学的精神有两重含义：第一，认为世界是物质的，人是物质世界中一个神圣的组成部分，因而他们的需要、生命和权利就是现实世界里最高的召唤，而不是传统认为的神或其他超自然力量。第二，既然世界是物质的，人的需要、生命和权利是最高的召唤，这种物质世界就是可知的，可以通过科学的方法来了解和解释。因而，知识的源泉是实践，知识是可以通过经验实证来验证的。公共管理是实践性很强的学科，它从传统的政治学的象牙塔中分离出来，另立门户，原因就是传统的理论渐渐沉溺于远离现实、有模式但不能应用、能引起兴趣但不可能有结果的抽象世界中，不能满足解决迅速发展过程中涌现出来的许许多多的现实社会问题的需要，因而实践性较强的公共管理学科就此诞生。从这个意义上来说，现代公共管理也是现代科学思想的结晶，它追求的是，将传统的成功率不高的管理方法从杂乱无序的状态中解放出来，将他们建立在坚实的以科学为基础的原则之上。

不同的现代学科，都在不同程度上接受了科学的方法。它们的不同之处就像科学中的不同学科一样，是研究对象的不同，而不是方法的不同。每个学科或许有它们在研究某一个问题上开发出来的特定的研究工具，但这种研究工具，可以被别的学科很快学会，用来研究它们自己的问题。例如，天文望远镜的原理在医学上的应用可以是显微镜。从这个角度来看，我们所谈的方法并不是某一个学科所独有的方法，它是一个思维、观察、推断、测量、验证和解释的认知过程，为许多现代学科所共有。不同的学科有不同研究的对象和重点，但这一认知过程却大同小异。因而，严格说来，本书探讨的是科学的研究方法在公共管理领域的应用，而不是公共管理独有的研究方法。这个理解也可以放到许多不同的学科中。

假设的思辨、演绎和推理的逻辑在古希腊就有；数学几何的测量方法，从有数学开始就存在；实验的方法在物理、化学等自然科学领域早就存在；理论和系统化的解释，正是科学和哲学的最终追求。在学科发展的过程中，学科中的优秀分子在不断开拓学科前沿的过程中，也常常自己设计工具，在方法的领域对整个科学界做出贡献。

公共管理学科追求用公共政策和公共管理的方法，来解决人与人、人与社会、社会与社会甚至社会与环境之间的问题，是博大的领域，既需要从所有学科的知识库中汲取养料，也需要对特定的问题开发出自己独有的方法。如果说传统政治学注重政府的价值观念和权力导致的利益分配；传统经济学注重合理利用资源要求产出的最大化；传统心理学注重人的感受和感知对外界的影响力；传统法学注重判例；历史学注重历史事实和结果；社会学注重对社会现象的了解，那么，公共管理注重的就是人与人、人与物、人与环境之间互动效益的协调。用一个比较简单的比喻就是，如何发挥人的主观能动性，使用一切可能使用的技术，以达到一加一大于二的效果。

举例来说，当两个人合力搬一块石头时，如果两人协调不好，互相向相反的方向用力，合力的结果可能是零。如果用力方向有一个角度，合力的结果是大于一小于二。只有同心协力向一个方向使力时，合力才会等于或趋近于二。当使用技术时，如第一个人指挥，第二个人用杠杆或起重机，合力的结果就远远大于二。一个组织的存在，至少要有一加一大于一的效果，否则，组织的存在就没有意义了。公共管理的核心问题也就在于此。大则是国家的组织和运行，小则是小组、社团或基层组织的运行，当然，在追求效率的同时，不可忽略目标、文化环境、经济能力、人力资源和自然资源能力、历史传承、行为习惯等，这就是公共管理与姐妹学科之间的关系。它需要所有学科的知识的支持，来完成自己的宏大的学科使命。它是一个有内核但没有边界的致力于解决现代社会问题的大学科。

第五节　公共管理的研究范式

研究范式的概念始于科学哲学家托马斯·库恩（Thomas Kuhn）。他在著名的《科学革命的结构》一书中回顾了人类历史上许多重大的科学突破，提出了范式的转换，理论概念的创新，而不是简单的科学研究成果的积累，这才是重大科学进步的唯一途径。人类从托勒密的地心说到哥白尼的日心说的认识转换，从牛顿的经典力学到爱因斯坦的量子力学的思维飞跃，从以计算机主机为核心到以网络为主体的数字电子技术革命，都给经济和社会的发展带来了不可估量的影响，更不用说他们同时在科学技术的其他领域引起的连锁效应。

库恩认为，一个范式或者一系列范式并不一定概括某一领域所有问题和研究活动，“有可能某些科学研究活动没有范式可依，或者即便有也不像上述范式那么严格，那么有约束力”。他在以后讨论常规科学的本质时又重申了这一观点。

库恩认为，各种承诺（概念的、理论的、工具的和方法论的）所形成的牢固网络的存在，是把常规科学与“解题”在隐喻层面上联系起来的主要源泉。库恩特别强调了范式的“优先性”。

科学家们都能同意牛顿、拉瓦锡、麦克斯韦或爱因斯坦已为一组突出的问题提供了看来是永恒的答案，而不会同意使那些答案成为永恒的特殊的抽象特征，尽管有时他们没有意识到这一点。这就是说，他们能够同意确认一个范式，但不会同意对范式的完整诠释或合理化，也不会去这样做。缺乏诠释标准或不能得出一致同意的规则并不会阻止范式导引科学研究活动。常规科学部分由范式直接查验来确定，确定过程往往借助于但并不依赖于规则和假设的表述。事实上，范式的存在并不意味着一定有任何整套的规则存在。

可以将库恩的观点归纳为以下几点：①范式是某一领域中确认研究问题和研究方法的标准，包括一个世界观（建构理论用以揭示科学事实的相关性）和两个基本标准——脱离了科学活动的竞争态势，从而吸引了一批稳定的追随者；同时，它又是足够开放的，为后继者留下各种各样需要解决的问题。②范式并不一定是自我涵纳的，在同一学科中可能会存在竞争性的范式，甚至不是所有的研究活动都有范式引导。③范式不同于规则。受共有范式引导的研究者并不一定遵循相同的规则。没有诠释标准或者缺少一致性规则并不影响范式对科学研究的引导作用。

从库恩的角度来看，范式之所以重要，其核心在于：①从科学史来看，科学进步不仅仅是简单知识累积的结果，而是实现了范式的转换，即先前理论和知识结构的重建。②真理更容易从谬误中产生。有了在思维范式指导下的常规科学研究，更容易使研究者在研究过程中发现谬误，进而离真理更近。例如，哥白尼能够发现地心说的谬误，正因为他对地心说有了周密的了解，当他发现不少行星的运转不符合地心说所描写的规律时，他就开始寻求解释，直到后来发现最好的解释就是构建新的理论——日心说。

那么，什么是公共管理的研究范式呢？作者之一当年做过一个经验性研究，通读了美国主流公共管理杂志在几年内发表的文章，并做了内容分析，以探索美国公共管理学者的研究重点。研究结果表明，在公共管理研究中，存在一系列不成文的指导公共管理学科研究的范式。可以把公共管理学科的研究范式概括为公共性（一级范式）—认知方法（二级范式）—研究领域（三级范式）的三级层次模型，如图 1-1 所示。

一级范式 最高层次（公共性）

假定	研究内容	问题
公共管理区别于一般性管理	公共性质的地位	如何改进公共部门工作

二级范式 次要层次（认知方法）

理论	经营理论（52%）	政治理论（17.6%）	司法理论（6.0%）	伦理理论（1.6%）	历史/感知理论（15.5%）	综合理论（4.2%）	其他（3.0%）
假定	公共管理就是效率、有效性和经济	公共管理就是谁想得到什么	公共管理就是合法权益	有关道德伦理	历史与现实紧密相关	公共管理复杂的管理过程	未确认模式
研究内容	个人群体、组织结构和程序	个人群体、社区、政治组织结构和程序	法律制度和程序	伦理标准和程序	历史文献、人物与事件	与管理有关的相关问题	未确认模式
问题	如何更高效和经济地运作	如何取得权力与资源	如何解决冲突，以及贯彻法律和制度	伦理对管理和社会的影响	如何避免历史错误	如何全面地理解公共管理	未确认模式

三级范式 更次要层次（研究领域）

次要层次	假定	研究内容	问题
组织管理和执行决策	公共管理中组织管理的重要性	结构与程序	如何进行组织工作
人事管理	公共管理中人事管理的重要性	结构与程序	人事制度的程序与效果
政治/立法机构与程序	公共管理中政治/立法机构与程序的重要性	结构与程序	政治与立法机构的描述与评价
金融与预算	公共管理中金融与预算的重要性	结构与程序	预算/金融程序与效果
公共管理理论	公共管理中公共管理理论的重要性	结构与程序	公共管理的正确性
政策制定与分析	公共管理中政策制定与分析的重要性	结构与程序	政策程序与效果
社会经济问题	公共管理中社会经济问题的重要性	结构与程序	变化的社会与经济问题
研究方法改进	公共管理中研究方法改进的重要性	结构与程序	更好的有效性与可靠性
技术使用与管理	公共管理中技术使用与管理的重要性	结构与程序	管理目的
其他		结构与程序	

图 1-1 公共管理研究范式：三级层次模型

最高层次的范式是公共性的范式，称为一级范式。在一级范式的下面存在各种不同的理论。这些理论也满足库恩对范式的定义要求。因为这些范式存在于这个领域主要方向的界限内，并因这些方向的存在而存在，所以可以把它们叫做二级范式或认知理论范式。一级范式为这个领域划定界限、规定正规的研究方向，而认知理论范式界定这个领域内的概念性、理论性和方法性的理论。

这些二级范式包括以下几点：①把政治管理问题归结为政策制定、权力斗争和资源分配的政治理论；②把公共管理视为提高社会和组织效率的工具的经营理论；③把公共管理看做支持宪法和其他法律、法规的工具的司法理论；④要求公共管理通过对自由、正义和人类尊严等民主价值产生的影响认清管理行为后果的伦理理论；⑤不同于上述任何理论，把公共管理看做确保政府运转的体制的综合理论；⑥追溯、探索对公共管理理论发展和实践做出的贡献的历史/感知理论。

研究表明，1993~1995 年，美国在《公共管理评论》(PAR)、《公共管理与社会》(A&S)、《美国公共管理评论》(ARPA)、《公共管理研究与理论杂志》(J-PART)、《公共生产力和管理评论》(PPMR)、《公共预算与金融》(PBF)、《公共人事管理》(RPPA)、《政策分析与管理杂志》(JPAM)八种学术性专业期刊上刊载的 634 篇文章中，属于经营理论的占 52.0%，属于政治理论的占 17.6%，属于历史理论的占 15.5%，属于司法理论的占 6.0%，属于综合理论的占 4.2%，属于伦理理论的占 1.6%，大约有 3.1%的文章不属于上述任何范畴。

研究同时表明了这些文章对公共管理的各个领域不同的强调程度。比较集中的重点领域包括组织研究、预算与金融、人事管理、行政管理理论、政策分析、研究方法和信息技术管理。每一个领域都强调管理研究的不同方面，指导这个方面研究的重心。然而，不同于一级范式和二级范式的是，尽管它们代表学者们进行不同问题研究的领域不同，但这些领域不能反映一种广泛应用的世界观，因此，它们应该被看做二级范式的分支或叫做集中领域。例如，预算主要涉及与资金来源与使用相关的典型的研究问题。然而一个预算的角度不能包含所有公共管理问题（如人事、政策、组织研究），它也不能提供一个一般性的方向来指导所有这些独立性的领域中的研究和分析。但是，学者们在分析和解决预算问题时，可以使用经营理论或者综合理论。

➢复习思考题

1. 阐述科学的概念及其基本特点。
2. 举例说明理论对科学研究的指导意义。
3. 阐述自然科学与社会科学的关系。
4. 分析科学方法对公共管理研究的重要意义。
5. 什么是公共管理的研究范式?

第二章

研究设计与评价

任何一项科学研究，人们总是想使有关的资源得到合理的分配和有效利用，并追求最大效益。公共管理研究设计如同一份工作蓝图，能够提供给研究者符合逻辑的推理流程，突出研究工作的重点，指引研究者明确、顺利、经济地完成研究任务。公共研究设计本身是否科学、合理和完善，直接关系到研究的进程、代价、研究结论的可靠性和科学性等。所以，在进行公共管理研究之前，严密、审慎地做好研究设计工作是十分必要的。一个好的公共管理研究设计，对研究工作具有一定的保证作用，能够收到事半功倍的效果。

第一节　研究设计概述

一、什么是研究设计

为了确保和提高研究质量，研究人员必须做好认真、周密的研究设计工作。关于什么是研究设计，不同的学者有不同的回答。美国社会学家艾尔· 巴比在《社会学研究方法》中将研究设计界定为：研究设计适用于最初的兴趣、想法和理论期待，接下来是一系列相互关联的步骤，以逐渐集中研究的焦点，概念、方法和程序也随之界定清楚，一个好的研究设计必要先考虑这些步骤。他认为，必须尽量明确要发现的东西，必须采用最好的研究方法进行研究是研究设计的两个主要方面。

风笑天在《社会学研究方法》一书中认为，研究设计是指对整个研究工作进行规划，制定出探索特定社会现象或事物的具体策略，确定研究的最佳途径，选择恰当的研究方法。同时，它还包含制订研究方案及详细的操作步骤等方面的内容。

吴建南在《公共管理研究方法导论》中将研究设计概括为：研究设计就是研究者为了探究研究问题的解答或解释，而对未来研究工作的具体步骤和进程所做的筹划或设想。它包括明确研究目的、设定取样方式、确定分析单位和研究干预方式、选取研究方法和手段以及选定时间框架等一系列内容。同时，它还需要为以上内容制定详细而具体的操作步骤。

公共管理研究设计的基本任务包括两个方面：一是选择、确定收集和分析研究数据的方式方法，保证研究所采用的方式方法是合理的、可靠的和经济的；二是构思、制定实现研究目的的操作程序和控制方案，保证研究是有效的、客观的和明确的。研究设计的核心内容是保证回答研究的问题和达到研究的目的。

（1）研究方式方法是合理的，是指针对一定的假设或研究内容，采用的方式方法能够满足检验、论证和解释研究内容。

（2）研究方式方法是可靠的，是指研究所采用的方式方法是可以信赖的、可以重复的，即使换了他人来做同样的工作也能得到基本相同的结果。

（3）研究方式方法是经济的，是指对经费、人力、物力、时间的整体考虑和精打细算，既要力所能及，又要以较少的投入争取最大的效益。

（4）保证研究是有效的，一是研究所使用的变量之间存在真实的确定的关系，这种关系可能是因果关系，也可能是相关关系；二是这种关系的想象和构思是科学的，源于理论的支持、实践的启发以及灵感的萌动，对关系中的变量进行适当的操作化定义，能够有效控制和检验；三是对这种关系的统计意义，采用的数学推论工具是否适宜、数据的质量是否达到需要的标准以及样本容量是否合适；四是研究结果的适用范围，公共管理研究必须保证有一定的适用范围，如果仅是对某一个人适用，对公共管理研究来说其意义不大。

（5）保证研究是客观的，是指研究的程序和控制必须要保证研究变量之间的影响能以真实关系发生变化，不能是虚构的或随心所欲的，收集的数据是反映真实关系的、准确的。

（6）保证研究是明确的，是指设计要使研究所反映的关系能以比较突出和鲜明的形式表现出来，或者说使研究产生最大的反映关系量，同时，研究结果不能含糊不清或似是而非，而应该是以明白无误的、有说服力的、可靠的数据或材料表述出来。

二、研究设计需要回答的问题

科学研究过程是一个系统地、有控制地、通过实验或实证检验、批判性地对自然现象进行观察的过程。这种观察过程可以分为两种：一种是在某种理论和假设的指导下对某种自然现象进行观察，以考察现象之间是否具有某种既定的关系；另一种是通过自然现象的观察找出或发现现象之间可能存在的关系，据此提出某种理论或命题。

一般而言，科学研究过程包括四个基本步骤（图 2-1）：①发现研究问题；②提出理论假设；③检验理论假设；④阐明结果，得出研究结论。其中，决定研究质量的关键步骤有两个：一是提出研究问题，这是科学研究过程的起点，没有明确的研究问题，研究根本无从谈起；二是对理论假设的检验，因为检验过程可靠与否，直接决定研究结论是否有效、可信，决定研究目的能否实现。

与科学研究步骤相适应，研究设计必须要回答以下四个关键性的问题：①研究的问题是什么？②为什么要研究这个（些）问题？③研究假设是什么？④如何检验研究假设？不难看出，对第二和第四个问题的回答是研究设计的关键环节。因此，研究设计中必须对这两个问题做出详尽、可信的回答。

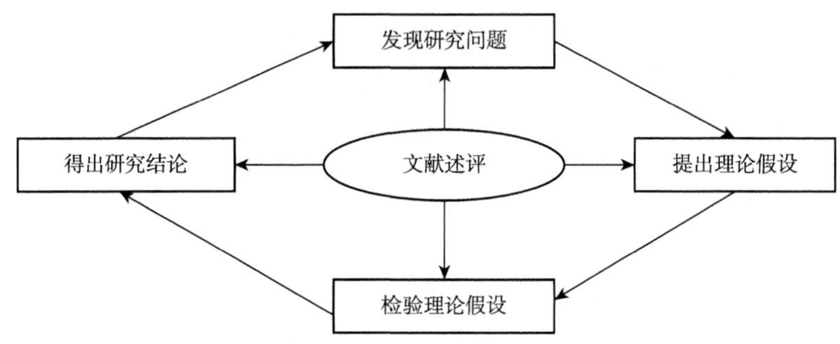

图 2-1 科学研究的基本步骤

要想证明所选研究问题确实具有研究价值，研究人员必须在研究设计中以充分的证据说明：①这个问题尚未回答或已有答案有缺陷；②该问题具有科学意义和（或）现实意义。支撑上述判断的基础是全面系统的文献回顾（literature review）。文献综述的主要任务是查找文献、选择文献和批判文献。核心是批判文献，即研究人员对相关文献的关键部分进行批判性评价，既肯定其优点，又要指出其存在的不足，而后者则是文献回顾的重点和核心部分。

如何检验假设是研究设计中最为关键的部分，因为这一部分直接决定着研究假设是否可信，研究最终能否实现预期目的。对检验假设方法的讨论必须回答如下问题：①检验假设的方法和数据（案例）是什么？②为什么要选择这个方法（数据）？③如何实施这些方法/运用这些数据（案例）？为了便于后续研究的进行，并提高研究质量，有关检验方法的说明需具备以下特征：①具有相关性，即选择的方法、数据（案例）能够检验研究假设，以及所选方法的应用条件能够得到满足等；②具有可操作性，即清楚地说明所用方法（数据）的目的、获得数据的程序、方法的应用步骤、案例与方法的结合方式、研究人员已具备使用这些方法的主观和客观条件等。

第二节　研究设计的基本要素

根据研究设计需要回答的四个关键性问题，研究设计的基本要素将会涉及研究目的、研究问题、研究变量、研究假设、分析单位、时间维度和研究方法七个基本要素，如图 2-2 所示。

一、研究目的

科学研究的主要目的包括三种，即探索、描述和解释。很多研究不仅包含一种研究目的，而是同时包含多种研究目的。与此相对应，按照研究目的的分类，可以将科学研究分为探索性研究（exploration research）、描述性研究（descriptive research）、解释性研究（explanatory research）三大类型。

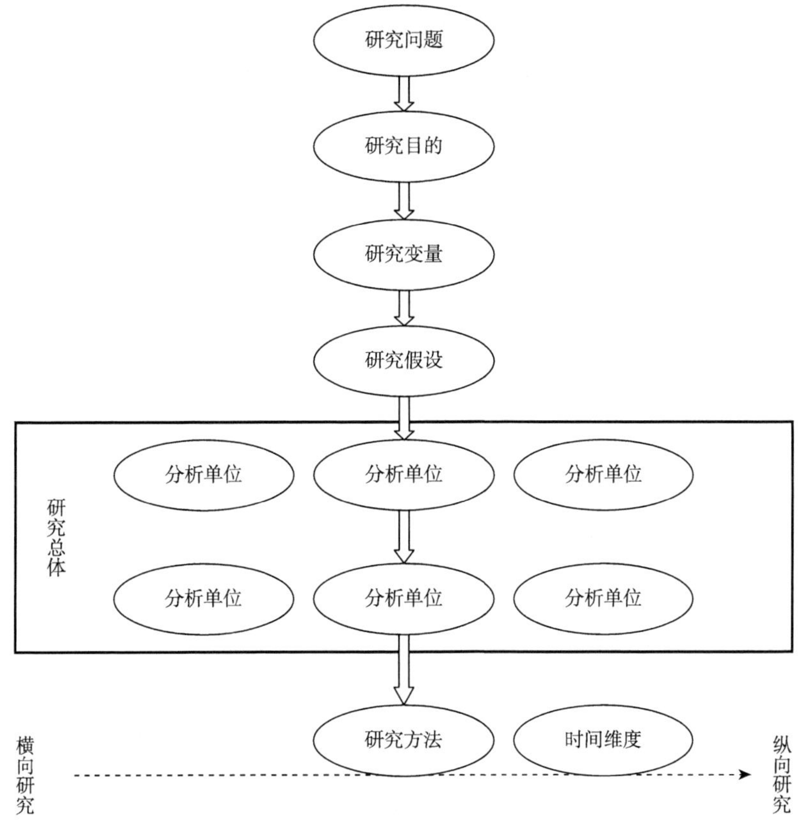

图 2-2 公共管理研究设计的基本要素

(一)探索性研究

探索性研究是一种对所研究对象或问题进行初步的了解，以获得初步印象和感性认识，并为日后进行更周密、深入的研究提供基础和方向的研究。使用这种研究类型的情况如下：对某些研究问题，缺乏前人研究经验；对各变量之间的关系也不大清楚，又缺乏理论根据。在这种情况下进行精细的研究，会出现顾此失彼或以偏概全以及浪费时间、经费与人力等现象。

在选择探索性研究方案设计时，通常需要注意以下几个方面的问题：

(1)如果对调研问题的情况几乎一无所知，或者要对调研问题做更准确的定义，或者要确定备选的行动路线，或者要制定调查问答或理论假设，或者要将关键的变量分类成自变量或因变量，那么调查研究就要从探索性研究开始。

(2)在整个研究方案设计的框架中，探索性研究是最初的步骤。在大多数情况下，还应继续进行描述性研究或因果关系研究。例如，通过探索性研究得到的假设应当利用描述性研究或因果关系研究的方法进行统计检验。

(3)并不是每一个方案设计都要从探索性研究开始。是否要用探索性研究取决于调研问题定义的准确程度以及调研者对处理问题途径的把握程度。例如，每年都要进行的消费者满意度调查就不再需要由探索性研究开始。

（4）一般情况下，探索性研究都是作为起始步骤的，但有时这类研究也需要跟随在描述性研究或因果关系研究之后进行。例如，当描述性研究或因果关系的研究结果让管理决策者很难理解时，利用探索性研究将可能提供更深入的认识，从而可以帮助理解调研的结果。

属于这种研究类型的方法有多种，如参与观察、无结构式访问、查阅文献、个案研究等。

（二）描述性研究

描述性研究又称为叙述性研究，是指为正确描述某些总体或某种现象的特征或全貌的研究，任务是收集资料、发现情况、提供信息以及从杂乱的现象中描述出主要的规律和特征，重点不在为什么会存在这样的分布状况，而是描述（叙述）分布情况的准确性和概括性。描述性研究与探索性研究的差别在于它的系统性、结构性和全面性以及研究的样本规模。描述性研究一般是有计划、有目的、有方向、有较详细提纲的，收集资料主要采用封闭式问题为主的问卷调查，并采用统计方法处理资料数据，得出以数字为主的各种结果，并把它们推论到总体，即用研究的样本资料说明总体的情况。公共管理领域的很多研究都适于描述性研究。属于这种研究类型的方式有多种，如问卷调查、比较研究、相关研究和发展研究。

（三）解释性研究

解释性研究也称为因果性研究。这种研究类型主要探索某种假设与条件因素之间的因果关系，即在认识到现象是什么以及其状况怎样的基础上，进一步弄清楚或弄明白事物和现象为什么是这样的。解释性研究是探寻现象背后的原因，揭示现象发生或变化的内在规律，回答为什么的科学研究类型。因果关系是比较复杂的，有某一条件与某一现象之间的因果关系，也有多种条件与某一现象之间的因果关系。教育方面的因果关系大都属于后者。它通常是从理论假设出发，涉及实验或深入实地收集资料，并通过对资料的统计分析来检验假设，最后达到对事物或问题进行理论解释的目的。在实验的设计上，除了与描述性研究一样具有系统性和周密性外，其更为严谨和具有针对性。在分析方法上，往往要求进行双变量或多变量的统计分析。对于这种因果关系的研究有实验的与非实验的两种。实验研究还可分为实验室研究与现场（或称自然）实验研究。表 2-1 罗列了三种不同研究类型的特征。

表 2-1　三种不同研究类型的特征

特征	探索性研究	描述性研究	解释性研究
对象规模	小样本	大样本	中样本
取样方法	非随机选取	简单聚集、按比例分层	不按比例分层
研究方式	观察、无结构访问	问卷调查、结构式访问	调查、实验等
分析方法	主观的、定性的	定量的、描述统计	相关与因果分析
主要目的	形成概念和初步印象	描述总体状况和分布特征	变量关系和理论检验
基本特征	设计简单、形式自由	内容广泛、规模很大	设计复杂、理论性强

二、研究问题

研究问题指的是有争议或者大家缺乏了解的领域或知识，通过研究过程将这些问题弄清楚，或者为未来的研究打下一定的基础。研究问题通常都可以用一个或者一系列问题的表述或论断（statement）来表达。研究问题要明确具体，不要宽泛；既要重点突出，又要有一定的灵活性，包含相关的问题。研究问题不能是一个概念本身，而是一个有关这个概念的问题，也就是要对这个问题寻求具体的答案，而不是笼统地讲一个概念。在一般逻辑上，有三个层次的问题，即 what（是什么）、why（为什么）和 how（如何做）。

提出一个好的研究问题是进行科学研究的出发点。对所研究的问题可视研究的目的或做侧重于专业基础的研究，或做侧重于专题的研究，或做侧重于对策的研究，或三者兼而有之，进行某种组合。准确地表述研究的问题意味着研究工作有了一个好的开端，或者说问题已经解决了一半。研究问题的表述要遵循以下原则：第一，问题的陈述要尽可能简单、清楚、客观，不带有价值判断或主观性，避免用价值判断性的语言；第二，问题表述中所用的词语之间的逻辑关系要清晰，让读者对哪些是自变量、哪些是因变量一目了然；第三，问题的陈述中最好能让读者明了是实证研究还是理论研究，如果是实证研究，陈述中指出实证检验的案例或样本会大有益处。

Creswell 在 *Educational Research* 一书中指出：研究问题是研究者研究的争论或热点（issues，controversies or concerns）。他对研究问题的定义、必要性以及如何撰写研究的“问题阐述”（statement of the problem）三个方面进行了深入的分析。

一是研究问题与研究主题（topic）、研究目的（purpose）和具体研究问题（research questions）是一个从一般到具体的过程，既有区别又有联系。

二是对于一个研究问题而言，该不该去研究取决于以下四个因素：①研究者本人是否具备研究对象和场地。②研究者本人是否具备足够的时间、资源和一定的研究能力。③研究问题能否增加相关领域的知识、是否在用新的研究对象在新的研究场所重复了过去的研究。④研究问题是否体现了社会某一弱势群体的声音；研究问题是否改进了实践。

三是一项研究报告的“问题阐述”部分一般包括主题、研究问题及其重要性、现有研究存在的问题与不足以及对此问题研究的意义和价值。

三、研究变量

研究变量设计是指研究问题的概念化、具体化和可操作化，使所研究问题在研究中可以测量，并制订可操作的研究方案的过程。

研究变量是指研究者所要研究与测量的，随条件和情境变化而变化的因素。通俗地说，变量就是会变化的、有差异的因素。变量是相对于常量而言的。常量是指在一个研究中所有个体都具有相同的特征或条件。而变量则是指在一个研究中不同的个体具有不同的特征或条件。

在公共管理研究中，常量不是要研究的内容，研究要探讨的是变量之间的相互关系。一项研究往往会涉及多个变量及其相互关系。因此，研究者必须事先决定研究的主要变量，并理清变量之间的关系。

自变量、因变量和无关变量（extraneous variable）是公共管理研究中最重要的、应用最广泛的变量。自变量又称刺激变量，是引起或产生变化的原因，是研究者操纵的假定原因变量。因变量又称反应变量，是自变量作用于被试后产生的效应，是研究者要测定的假定结果变量。无关变量也称控制变量，是指与特定研究目标无关的非研究变量，即除了研究者操纵的自变量和需要测定的因变量之外的一切变量，是研究者不想研究，但会影响研究进程的、需要加以控制的变量。通常研究要探讨的是自变量和因变量（exogenous and endogenous）的对应关系，自变量是研究者要操纵的因素，是变化的原因。因变量是研究者要测定的因素，是变化的结果。自变量的变化能引起或影响因变量的变化，而因变量的变化依赖于或取决于自变量的变化。自变量、因变量、无关变量三者的相互关系如图 2-3 所示。

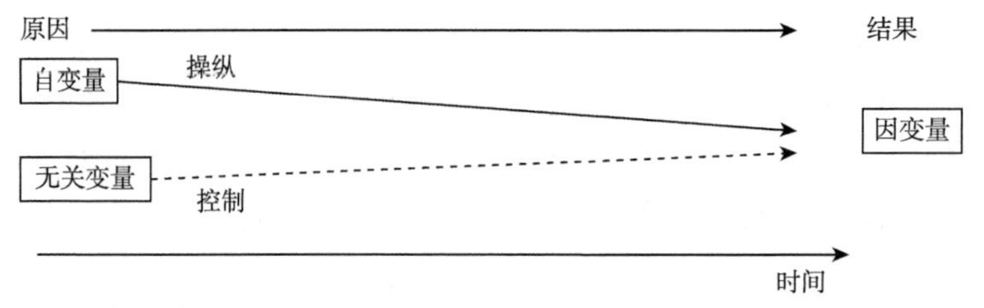

图 2-3　自变量、因变量、无关变量三者的相互关系

由图 2-3 我们可以看出，研究目的是探讨自变量和因变量的对应关系，图中用实线表示，研究焦点最终集中在因变量的测定上。为了达到研究目的以及获得准确的测定结果，必须对无关变量进行有效的控制，尽可能排除无关变量对因变量测定的影响，图 2-3 中虚线表示无关变量会影响因变量的测定结果，需要加以控制。从时间顺序上看，自变量及无关变量总是发生在因变量测定之前。

统计学上把说明现象某种特征的概念称为变量。根据变量的测量程度，将变量分为分类（categorical）变量、等级（ordinal）变量、等距（interval）变量和等比（ratio）变量四大类。

（1）分类变量。分类变量也称为名义（nominal）变量，是以测量类别方式进行记分的变量。该变量取值有明显的类别，但无顺序或等级，可以是字符型变量，也可以是数值型变量。这类变量的取值范围通常是有限的，而且每个数值都代表特定的类别。例如，性别：男=1，女=0；婚姻状况：已婚=1，未婚=0；小学生家庭状况：父母双全=1，父母双亡=2，只有父在=3，只有母在=4；企业管理方式：民主管理=1，独断专行=2，放任自由=3。

（2）等级变量。等级变量也称为顺序变量，是指没有相等单位，没有绝对零点的变量。该变量取值有明显的顺序或等级，可以是字符型变量，也可以是数值型变量。这类变量的取值范围通常是有限的，而且每个数值都有特定的含义。例如，文化程度：文盲 =1，小学=2，初中=3，高中=4，大学=5，硕士研究生=6，博士研究生=7，博士后=8；技术职务：院士=0，教授=1，副教授=2，讲师=3，助教=4；行政职务：科级=1，处级=2，厅级 =3，副部级=4，部级=5。

（3）等距变量。等距变量是指具有相等单位但没有绝对零点的变量。例如，情绪状态：很好=1，较好=2，一般=3，较差=4，很差=5；市场化程度：很低=1，较低=2，一般 =3，较高=4，很高=5；创新能力：极弱=1，很弱=2，较弱=3，中等=4，较强=5，很强=6，极强=7。

（4）等比变量。等比变量是指具有相等单位又具有绝对零点的变量。等比变量属于最高级别的测量尺度变量，数值可以进行比率计算，它可以是数值型变量、货币型变量，但不能是字符型变量。这类变量往往是连续的，数值的范围无限。例如，身高（X_1）、体重（X_2）、胸围（X_3）、臀围（X_4）。

在公共管理研究选择和设计变量时，需要做好以下四个方面的工作。

第一，分析、确定研究变量的性质和特点。例如，通过分析，确定研究变量之间是因果关系还是相关关系，它们分别是主体变量还是客体变量，是直接测量变量还是间接测量变量等。

第二，辨明无关变量。明确研究变量的过程也是辨明无关变量的过程。对于无关变量，不仅要认真分析，考虑哪些无关变量可能对研究结果无影响，哪些可能有影响，而且对那些有影响的，还需要考虑如何在研究过程中加以控制的措施。

第三，确定研究变量的数目。不同的公共管理研究所含的变量数目是不同的，一般来说，问卷调查法、观察法、访谈法所探讨的变量数目比实验研究多。但是，即使在实验研究中，也包含了多种变量和有关的因素。选择研究变量时，需要根据研究目标和研究条件，客观地确定研究变量的数目，并列出研究变量表。

第四，考虑变量的测量水平。研究变量的测量可在不同水平进行。对于不同的研究变量，其测量水平可能是不同的。有的在多级水平上进行测量，有的却只能在某一水平上进行测量。考虑研究变量的测量水平，应将研究变量的性质、可以选用的测量工具的性质、拟采用的分析数据的统计方法等结合进行整体性的考虑。

四、研究假设

公共管理研究必须有理论构思，理论构思的主要任务之一就是建立明确的研究假设。能否提出一个好的研究假设，不仅关系到研究过程的科学化水平，而且关系到能否取得好的研究成果。

研究假设是研究者根据现有的科学理论和经验事实对所研究问题的规律或原因做出的一种推测性论断与假定性解释，是在进行研究之前预先设想的、暂定的理论。它是对问题的尝试性解答。由于这种设想目前还未获得充分的证据，所以研究假设需要在调查研究中加以证明。

研究假设的功能主要在于它是理论的先导，起着纲领性作用。恩格斯曾高度评价理论假设在科学研究中的作用，他指出，“只要自然科学在思维着，它的发展形式就是假设。一个新的事实被观察到了，它使过去用来说明和它同类的事实的方式不中用了。从这一瞬间起，就需要新的说明方式了——它最初仅仅以有限数量的事实和观察为基础。进一步的观察材料会使这些假设纯化，取消一些，直到最后纯粹地构成定律”。

研究假设对公共管理研究的作用可以概括为以下三个方面：

（1）假设是公共管理研究的核心。在有假设的公共管理研究中，整个研究过程实际上就是围绕验证假设展开的。当然验证的结果并非总是假设被证实，也有被证伪的可能，但是不管最终结果如何，假设就如大海中的航标，为公共管理研究指明方向，使研究不偏离正确的方向。

（2）假设能更明确地说明和规定公共管理研究课题。假设能帮助公共管理研究者明确研究的内容和方向，通过逻辑论证使研究课题更加明确，并按所确定的目标选择研究方法和收集相关资料，指导公共管理研究的深入发展。

（3）假设是构建公共管理理论的基础。科学研究的真正任务在于探索未知，逐步形成理论。假设则是理论建构和发展的重要基础，也是公共管理研究过程中的重要环节。从假设到理论是科学认识发展的必经之路。提出假设并不是认识的终结，而是为过渡到理论做准备。研究假设具有理论的某些特征，是有关现象的概括。当公共管理研究假设被证实，这个研究假设就可能上升为公共管理的理论。

对一个公共管理研究课题的假设，一般而言，它应该为课题的研究提供或规定了研究方向和研究性质，对研究结果做出明确的预测。同时，为设计研究方案提供了预见性的研究框架。一个好的公共管理研究假设通常具有以下四个方面的特点：

（1）科学性。假设应有一定的公共管理事实和理论依据，应合乎逻辑，理由充分，易于定量。科学性还表现在假设的核心概念具有严格规定的含义，具有好的概括度和清晰度，且理论体系结构严谨合理。

（2）预测性。假设应具有预测性，公共管理研究假设的正确与否有待于事实的检验，它对因果关系的解释是不确定的、或然的，即两个变量的关系非真则假，非此即彼，要么接受，要么拒绝。对一定的公共管理行为、现象或事件的出现做出试验性的合理的解释，有一定的预测性。也就是说，假设与确实可靠的理论不同，假设带有推测和假定的性质，有待于实践证实。

（3）可检验性。研究假设必须是可检验的，原则上不可检验的陈述是没有科学价值的。由于公共管理研究的假设是对公共管理事实或现象间的关系所做的推测性假定，而研究目的是要验证这种推测的正确程度和可靠性，因此，原则上的可检验性成为科学假设的必要条件，科学假设具有被证实或被证伪的可能性。

（4）逻辑性。假设的表述要明确、简明扼要、用词准确、条理分明，假设命题本身在逻辑上是无矛盾的。假设要以叙述的方式说明两个或更多变量间可期待的关系，不要使用疑问句的形式。

一个好的有价值的研究假设的形成是要经过一定的过程的，研究者要不断对其进行检验和完善。研究假设的形成是从观察发现到理论发现的中介环节，是由个别特殊的发现过渡到普遍一般发现的方式。公共管理研究假设的形成一般需要经过下列步骤：首先，要在搜集一定数量的事实、资料基础上，提炼出科学问题。其次，寻求理论支持，形成初步假设。为了回答问题，要充分运用公共管理的科学知识，并且灵活地展开归纳和演绎、分析和综合、类比和想象等各种思维活动，形成解答问题的基本观点，并以此构成假设的核心。最后，要推演出各相关现象的理论性陈述，使假设发展成比较系统的形态，具有严谨的系统和稳定的结构。

五、分析单位

分析单位是公共管理研究者试图观察、描述和解释的对象，也是在公共管理研究中被分析、描述和解释的人或事物。任何研究首先必须要有明确的研究分析单位，然后才能根据研究的分析单位收集资料。选择研究的分析单位是公共管理研究设计的主要内容之一，它不仅与研究目的、内容密切相关，还直接关系到资料的收集、整理、分析，同时它还涉及整个研究的费用及应用范围。公共管理研究的分析单位是多种多样的，它包括个体（individual）、群体（group）、组织（organization）、社区和社会产品（public goods）。

（1）个体。由于公共管理组织或公共管理活动主要是由个人成员或个人活动组成的，所以公共管理研究在很大程度上是以个人为研究对象的。作为公共管理研究分析单位的个人，通常包括政府官员、公务员、教师、学生、农民、工人、军人和企业家等。正是通过对个人进行深入的考察、分析、描述和解释，寻找和发现由个人组成的各种群体及组织活动的发生、发展与变化规律，以及由个人行为和态度所构成的丰富多彩的公共管理现象。

以个人作为分析单位，可以选定某种典型的个人（如官员和公务员等）为研究对象，以其变化发展的过程为研究内容，收集有关研究对象的一些资料，进行全面、深入、细致的分析研究，探索造成某种特殊状况的原因，从而揭示其发展、变化的基本规律，并在此基础上提出有针对性的公共管理对策与措施，促进研究对象的良好发展。

以个人作为分析单位具有以下几方面特点：①研究对象的单一性，即以个人或个人活动作为研究对象，对象具有单一性、具体性，主要研究个人的行为、心理、态度、兴趣等，个人研究可以不具有代表性、典型性。②研究目的的针对性，即我们研究的目的是更好地对对象进行矫治，任何个人的研究目的都是通过发现存在的问题，探索形成问题的根源，以更好地、有针对性地矫正。③研究过程的精细性，即研究对象集中，便于更好地认识对象的现状，准确把握其特点，便于研究者有针对性地对材料进行纵向和横向的分析，进而归纳出一般性结论。④研究对象的长期性和稳定性。

（2）群体。群体是相对于个体而言的。从心理学的角度来说，群体是指由两个或两个以上成员组成，具有共同关注的目标、任务和活动，在行为上相互作用，在心理上相互影响的人群。群体的主要特点包括以下几点：成员有共同的目标；成员对群体有认同感和归属感；群体内有结构，有共同的价值观；等等。群体通常可分为正式群体和非正式群体。正式群体是指由组织结构确定的、职务分配很明确的群体。非正式群体是指成员为了满足个体需要，以感情为基础自然结合形成的多样的、不定型的群体。非正式群体是既没有正式结构，也不是由组织确定的联盟，它们是个体为了满足社会交往的需要在工作和生活环境中自然形成的。

一个现实的人，总是要生活在一定的社会环境中，受经济和政治地位、种族或民族、社区、年龄、性别、职业、血缘、兴趣与信仰等诸多因素的影响，总要与别的人形成一定的社会关系，参加一定的群体生活。而且，一个人通常不只属于一个群体，一般都同时是若干群体的成员。社会群体生活是人们的基本生活方式，所以，人们在社会生活中的群体特征和行为，就成为公共管理学研究的重要组成部分。因此，在公共管理研究领域，群体是重要的研究对象和分析单位，如工人群体、农民群体、教师群体、公务员群体和弱势群体等。

（3）组织。组织是指为了执行一定的社会职能，完成特定的社会目标，而且具有明确规章制度的一个独立单位，是正式化的社会群体，组织特征包括组织规模、组织方式、管理方式、组织行为和组织规范等。从社会学的角度来看，社会组织特别要注意以下三点。

第一，社会组织有别于初级社会群体。虽然社会组织可以由初级群体或非正式群体演化而来，但是当它称为社会组织时，已经和诸如家庭、氏族、邻里等初级群体高度分离。

第二，组织中形成分工体系。所谓分工，就是将为实现共有目的的工程分解为相互异质、相互补充的几种作业。因此，它不是在同类意识和共鸣原则的基础上形成的社会关系，而是在意识到自己的作业如果独立进行便是没有意义的，也就是在意识到功能上的相互依存的必要性的基础上形成的社会关系。

第三，组织制造了制度化的支配关系。支配关系是由于利用势力或行使权力（权力即制度化了的势力）而建立的支配服从关系。组织中权力的一个重要特征是权力正当性来源于制定了的秩序，即规则，而不是对权力行使者个人的恭顺感情。马克斯·韦伯把这种基于制定了的规则的支配称为法理的支配或权力，而将基于敬仰、崇拜和感激的支配叫做传统的支配或权力。社会学把作为规则规定下来并且被组织成员承认和接受的支配关系，叫做制度化了的支配关系。在这种关系中，服从规则是加入组织所必须付出的代价，组织成员也正是用这种代价换取组织支付给他的利益和报酬。另外，科层制组织中的权力关系是特定的，它与传统支配中的主从关系权力人格是不同的。一旦离开了职务，上下级就复归到了完全平等的个人。

在规模上，社会组织的规模大于一般社会群体，可以有许多成员。小型的社会组织，如小企业，可能只有七八个人，而大型的组织可以拥有几百人、几千人或者几万人，国家即是一个巨型的社会组织。学校、企业、医院、政府、农村、城市、维权机构、行业协会、民间公益组织、社区组织、互助组织、商会、工会和基金会等均是公共管理研究的重要分析单位。

（4）社会产品。除上述三种分析单位以外，各种类型的公共产品（或公共服务）也是公共管理研究的重要分析单位。公共产品是与私人产品相对应的一个概念，是指具有消费或使用上的非竞争性和受益的非排他性的产品。不完全具有这两种特征的称为“准公共产品”，如公园、电影院等。公共产品的基本特征如下：一是非竞争性。一部分人对某一产品的消费不会影响另一些人对该产品的消费，一些人从这一产品中受益不会影响其他人从这一产品中受益，受益对象之间不存在利益冲突。二是非排他性。是指产品在消费过程中所产生的利益不能为某个人或某些人所专有，要将一些人排斥在消费过程之外，不让他们享受这一产品的利益是不可能的。

我们可以用公共产品（或公共服务）来概括那些无法包括到前述几种分析单位的其他一些分析单位形式，如行政、国防、文化、教育、科学、卫生、医疗、社会保障以及公共政策和法律制度等公共产品，既是公共管理学重要的研究对象，也是公共管理研究的重要分析单位。

吴建南认为，公共管理研究在选择分析单位时应注意以下几个问题：首先，一项课题可以采用多种分析单位，研究者应该根据现象的复杂程度和研究目的的需要来选择分析单位。对于复杂的社会现象，只有从不同角度、不同层次去收集资料才能得到更完整和更真实的信息。因此，分析单位的选择既要与课题相对应，又要与研究目的相符合。在具体的研究中，如果对分析单位进行分析所收集的资料不能完美地解答研究问题时，就应该增加或改变分析单位。其次，应该在满足研究问题要求的条件下，尽量选择那些最主要的分析单位，力求能深入研究，保证研究结果的质量。

六、时间维度

任何研究对象都有一个时间定位，公共管理研究也不例外。时间维度的含义主要是指应考虑研究对象的时间特性，是大尺度的还是小尺度的，是属于某一时间区间的还是属于某一时点的，等等。由于任何事物都随时间而演化，所以处在不同时间段的事物肯定会有不同的特性，这就要求我们应尽可能考虑研究对象的时间特性。根据研究设计中的时间维度，公共管理研究可以选择横向研究（cross-sectional study）和纵向研究（longitudinal study）两种基本类型。

横向研究是指在某一时刻点上，对某一事物或社会现象所进行的研究。最典型的横向研究是人口普查，它是在同一时点上对人口状况进行的横截面研究。一般性的横向研究不可能如此严格地在某一天某一时刻进行，只是规定在一个比较短的时间（如一周、一个月）内进行。在公共管理学研究中，横向研究应用很广，它有助于分析和比较属于不同群体、不同阶层或具有不同性别、不同年龄、不同职业与不同文化程度等特征的研究对象，在一定时间和空间范围内的分布状况与特征。横向研究的优点是能迅速、全面地了解事物或社会现象各个部分的真实情况，了解所研究事物或社会现象的要素、成分、结构特征和各种比例关系；其缺点是由于时间较短，通常只能搜集和分析被调查对象在某一特定时间的资料，不易看到发展的连续过程和关键的转变点，难以探究事物发展变化的原因和趋势。

纵向研究是指在比较长的时间内，对一个体或群体或组织的行为发展进行系统的定期研究，也叫追踪研究。例如，研究政府能力的形成、发展与变化，可以从某个政府组织的组建开始，持续多年对政府能力的形成原因、形成机理及发展变化趋势进行系统考察，从而查明政府能力的发生、发展路线和规律。纵向研究的时间一般较长，但也有例外。纵向研究的范围可以是某一个体行为的发展，也可以是某个群体和组织行为的发展。纵向研究的优点是可以比较系统、详尽地了解研究对象行为发展的连续过程以及量变和质变的规律。但它也有以下缺点：研究的时间较长，不易同时进行大量的研究；影响被试的各种条件不易查明或控制；由于被试的生活条件变化，不易有效地进行前后比较；等等。

混合研究（integrative study）又称为“动态研究”。这就是把横向研究和纵向研究结合起来，充分考虑到研究对象和发展的关系，从而解决时间方面的两难问题。例如，研究政府的领导能力问题时，可以同时测查不同年龄的政府官员，并进行比较，这是横向研究；然后集体追踪几年，这是纵向研究；再对这几个年龄组同时测验、比较，这又利用了横向研究。具体来讲，开始对某些追踪组测查和比较，若干年后再测查和再比较。这种方法吸收了纵向研究和横向研究的长处而避免了其缺点，从而起到了扬长避短的作用。

七、研究方法

研究路径（approaches）是指研究者对某事物的规律进行研究的出发点或者角度。研究路径通常包括实证研究和规范研究（normative study）两个方面。

实证研究一般使用标准的度量方法，或者通过观察对现象进行描述，主要用来总结是什么情况（what is the case）。研究者通常用这种研究路径提出理论假设，并验证理论。规范研究是解决应该是什么(what should be)的问题。研究者通常是建立概念模型(conceptual model）和（或）定量模型（quantitative model）来推论事物的发展规律。研究者也会用这种路径去建立理论规范。

上述两种研究的路径不是彼此可以替代的关系，二者之间存在彼此依存和相辅相成的关系。对于反映事物发展规律的理论而言，实证研究与规范研究二者缺一不可，前者为理论的创建提供支持和依据；后者为理论的创建提供可以遵循的研究框架和研究思路。

在社会科学（包括公共管理）的研究领域，无论是实证研究，还是规范研究，都可能采取两类研究方法，即定量研究和定性研究（qualitative analysis，qualitative method）的方法。任何研究过程都要涉及数据的收集，而数据有可能是定性的，也有可能是定量的。我们不能将定量分析与定性分析对立起来。在社会科学的研究过程中既需要定量的研究方法，也需要定性的研究方法。针对不同的研究问题以及研究过程的不同阶段，不同的研究方法各有优势。两者之间不存在孰优孰劣的问题。

因此，定性方法是对用文字所表述的内容或者其他非数量形式的数据进行分析和处理。而定量分析方法则是对用数量所描述的内容或者其他可以转化为数量形式的数据进行分析和处理。一项研究中往往要同时涉及这两种分析方法。定性分析是用来定义表述事物的基本特征或本质特点（the what）的，而定量分析是用来衡量程度或多少（the how much）的。定性分析往往从定义、类推、模型或者比喻等角度来概括事物的特点；定量分析则假定概念成立，并对其进行数值上的衡量。

定量分析的主要工具是统计方法，用以揭示所研究问题的数量关系。基本描述性的统计方法包括频数分布、百分比、方差分析和离散情况等。探索变量之间关系的方法包括相关分析、回归分析、多变量之间的多因素分析及统计检验等。定量研究之所以被研究者所强调，是因为定量分析的过程和定量结果具有某种程度的系统性与可控性（controlled），不受研究者主观因素影响。定量分析被认为是实证研究的主要方法，其优势是进行理论验证（theory testing），而不是创建理论（theory generation）。

在确定定量的研究方法时，需要对以下四个方面的问题综合加以考虑：①研究被试的取样方法（明确研究的总体、样本的大小、取样的手段等）；②研究的控制方法（操纵与控制变量的方式、实验处理、仪器的配备和程序的安排等）；③收集研究资料的方法（确定测量指标和测定方法、设计量表、规定数据记录方式等）；④资料的统计分析方法（根据资料特征选择数据量化处理和检验假设的方式）。

如果用系统性和可控性来衡量研究过程的科学性，定性分析比定量分析更容易遭到质疑。然而，定性分析方法被认为在辅助和说明定量数据方面具有重要价值。实际上，定性分析方法往往贯穿于研究过程的始终。在数据收集之前，有关研究问题的形成、理论假设的形成以及描述性分析框架的建立等都需要定性分析过程，即对数据进行解释和描述等。如果遵循系统性和可控性的原则，那么定性分析在数据的收集过程中也有一些可利用的辅助工具，如摘要法、卡片法、聚类编码法等。在研究结论的做出和结论的描述方面，矩阵图、概念模型图表、流程图、组织结构图、网络关系图等都是非常流行的定性分析工具。另外，从定性数据中也可以通过简单的计算、归类等统计手段将定性分析与定量分析结合起来。

第三节　研究取样

确定了研究的分析单位之后，研究取样则是公共管理研究设计面临的重要问题，它不仅与研究目的、研究内容密切相关，而且还直接关系到研究资料的收集、整理和分析，同时它还涉及整个研究的费用及应用范围。一般来说，如果研究对象仅仅是个别的或少数人，通常不存在取样问题，因为研究对象的总体差不多就是研究的直接对象。但是绝大多数研究课题设计的对象总体比较大。要将课题规定的所有对象都拿来进行研究往往是难以做到的，也没有必要，因此，需要选择部分研究对象，这就涉及取样问题。

一、研究取样的基本原理

开展公共管理研究的主要目的是要解决某一公共管理问题。而这个公共管理问题一般都是具有普遍意义的。也就是说，开展一项公共管理研究总是想把这项研究所得到的结论普遍应用到同类对象中去。否则，这项研究就没有多大意义。研究的对象虽然是某个部分，但研究者着眼的却是某个总体。一般说来，以一个总体作为研究对象往往是不可能的，而且也是不必要的。研究取样时，抽取的样本必须的确能代表总体，才可能把将来研究取得的结论有效地推广应用到总体甚至更大的范围中去。

研究取样（sampling）就是从一个总体（population）中抽取部分具有代表性的个体作为研究样本（sample）。例如，我们要调查某个地方政府的公务员工作能力如何。由于公务员数量巨大，不可能对每个公务员都进行测量，研究只能在所研究的对象总体中抽取部分个体，对他们的工作能力进行测量，然后从得出的研究结果推断某个地方政府公务员的工作能力。假设被研究对象的总体为 50 000 人，从中随机抽取样本 100 人，并对这 100 个公务员的工作能力进行测量，获得样本公务员工作能力的平均水平，然后根据测试结果推断研究对象总体公务员的平均水平。取样的基本原理如图 2-4 所示。

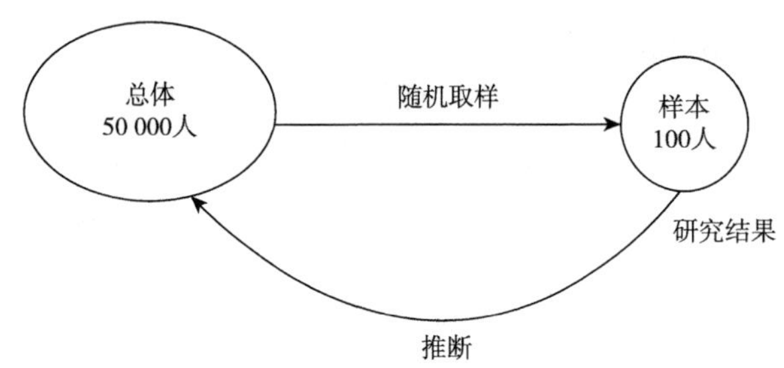

图 2-4 取样的基本原理

取样是以概率论为理论基础的。取样是为了合理地减少研究对象，既可以节约人力、物力、时间，又可以使研究力量相对集中，使研究工作深入、细致，从而提高研究的准确性和可靠性。在研究取样中，通常会涉及以下概念：

（1）理论总体。总体是指研究对象的全体。课题确立时的总体往往是虚拟的，是理论上的总体。例如，进行一项有关公务员行政能力的研究，如果期望以研究结果解释全国的公务员，那么理论总体就是全国的公务员；如果期望解释浙江省的公务员，那么理论总体就是浙江省的公务员；如果期望解释杭州市的公务员，那么理论总体就是杭州市的公务员。组成总体的各个研究单位是研究的分析单位。

（2）抽样框架（可获得总体）。理论总体往往是虚的，不是一个实在的、可操作的总体。而可获得总体则是实在的、具体的、可操作的总体。抽样框架是抽样单位的实际名单，样本则是从抽样框架中选取。如果一个公务员样本是从某个政府部门的公务员花名册中抽选，那么这个花名册就是抽样框架。

（3）样本。样本是总体的一部分，它是由从总体中按一定规则抽选出来的那部分分析单位的集合。

（4）取样比。取样比是指在抽选样本时，所抽取的样本单位数与总体单位数之比。

（5）置信度。置信度也称为可靠度或置信水平、置信系数，即在取样对总体参数做出估计时，由于样本的随机性，其结论总是不确定的。因此，采用一种概率的陈述方法，也就是数理统计中的区间估计法，即估计值与总体参数在一定的允许的误差范围以内，其相应的概率有多大，这个相应的概率就称作置信度。

（6）取样误差。在取样研究中，通常以样本做出估计值，对总体的某个特征进行估计，当二者不一致时，就会产生误差。因为由样本做出的估计值是随着抽选的样本不同而变化的，即使观察完全正确，它和总体指标之间也往往存在差异，这种差异纯粹是取样引起的，故称为取样误差。

（7）偏差。所谓偏差，也称为偏误，通常是指在取样研究中除取样误差以外，由于各种原因而引起的一些偏差。

（8）均方差。在取样调查估计总体的某个指标时，通常需要采用一定的取样方式和选择合适的估计量，当取样方式与估计量确定后，所有可能样本的估计值与总体指标之间离差平方的均值即为均方差。

二、研究取样的基本原则

研究设计中的取样是一项技术性很强的工作，也是研究者为获得准确可靠的信息所必须认真考虑的问题。能否正确取样，是对研究人员综合能力的挑战和考验。一个好的研究取样设计还应满足以下五条基本原则：

（1）方向性原则。方向性原则是指决定采用取样方法时要以研究目的为依据，从研究课题的实际情况出发，整体上综合考虑哪种取样方法最符合研究目标。取样方法之间无所谓好与坏，每一种方法都有它自己的适用范围和使用条件，关键要看是否与研究目标、研究内容相吻合。

（2）可测性原则。可测性原则是指选择取样方法时要考虑为统计分析提供必要的数据。取样的基本原理就是要由样本推断总体，由部分推论整体，这种推断需要以数据来说明。可测性要求样本数量足以保证统计分析的需要，能使研究者从样本数据有效地推断出总体特征。

（3）可行性原则。可行性原则是指选择取样方法时，要考虑取样方案在现实情境中是否行得通。理想的取样方案与具体实施方案可能是两码事。例如，要在一所幼儿园某个年级进行一项对比实验，理想的取样方案是将这个年级的班级打乱，再按随机分配的方式重新编班，分成实验组（experimental group）和对照组。但是这样的取样方案很少能行得通，幼儿园一般不愿意这样做，因为这将打乱原有的教学秩序。因此，较为可行的方案是采用整群随机取样。可行性原则要求取样设计更多地从实际情况考虑，方案更详尽，操作更具体。

（4）经济性原则。经济性原则是指选择取样方法时要考虑与可得资源相吻合，资源包括时间、财力、人力等。由于教育研究的经费往往很有限，获取样本又是以时间和经费为代价的，而且样本数量并非是越大越好。用两匹马可以拉的车，用十匹马来拉就是浪费。经济性原则要求取样既要保证达到研究目标，又不奢侈浪费。

（5）代表性原则。样本的代表性是指样本应具备总体的性质或特征，样本能在较大程度上代表总体。样本的代表性会影响研究结论的可靠性和推断程度。对样本代表性的最大威胁是取样偏差，常为人引用的例子如下：1936年，美国《文摘》上的一项有关总统大选的民意调查，调查结果预测兰登将在总统选举中获胜，罗斯福落选。但事实正好相反，选举结果是罗斯福当选总统。虽然民意调查是随机取样的，而且样本数也不少，但调查者的样本主要是从电话号簿和汽车登记册中抽取的。1936年有电话和汽车的人仅代表了美国选民中的某个特定阶层，对于选民总体来说不具有代表性。这次民意调查的失败在于取样偏差，样本没有代表性，抽取的样本在本质上与总体特征不吻合。

科学地设计取样方案可以收到事半功倍的效果。最大限度地满足以上原则往往难以做到，有时为了满足取样的代表性和可靠性，样本容量可增加至最大，但同时却牺牲了经济性原则，因此，选择取样方法实际上是所有原则的综合平衡问题。这也正是有时研究者不采纳简单的取样方法，而是运用比较复杂的取样方法的原因。

三、研究取样的基本方法

根据抽选样本的方法，研究取样可以分为概率取样（probability sampling）和非概率取样（non-probability sampling）两大类型。

（一）概率取样

概率取样是按照概率论和数理统计的原理，从研究总体中根据随机原则来抽选样本的一种取样方法。概率抽样样本具有代表性，可以做推论，常用于正式的、量化的研究。概率取样包括简单随机取样（random sampling）、分层随机取样（stratified random sampling）、聚类随机取样（cluster random sampling）和系统随机取样（system random sampling）。

1. 简单随机取样

简单随机取样是指从总体中不加任何分组、划类、排队等，完全随机地抽取研究单位。其特点如下：每个样本单位被抽中的概率相等，样本的每个单位完全独立，彼此间无一定的关联性和排斥性。简单随机取样是其他各种取样形式的基础。通常只是在总体单位之间差异程度较小和数目较少时才采用这种方法。

按照样本抽选时每个单位是否允许被重复抽中，简单随机取样可分为重复取样和不重复取样两种。在公共管理研究中，简单随机取样一般是指不重复取样。

简单随机抽样总体中的每个个体都有被抽到的同等机会，可通过抽签、随机数字表或摇号机摇号等来实现抽样。例如，研究浙江大学大学生的诚信品质时，可以通过随机数字表来进行简单随机取样，基本程序如下：

（1）确定浙江大学本科生的总体，设为 25 000。

（2）确定样本规模，选择为总体的 10%，即为 2 500。

（3）给每一个本科生编制代码，从 00 000～24 999。

（4）在 5 位数的随机数表上，从中选择 2 500 个小于 25 000 的数字。

（5）被选中数字的本科生组成研究样本。

简单随机取样是其他取样方法的基础，因为它在理论上最容易处理，而且当总体单位数 N 不太大时，实施起来并不困难。但在实际中，若 N 相当大时，简单随机取样就不是很容易办到的。首先它要求有一个包含全部 N 个单位的取样框架；其次用这种取样得到的样本单位较为分散，调查不容易实施。因此，在实际中直接采用简单随机取样的并不多。

2. 分层随机取样

分层随机取样是指将总体单位按其属性特征分成若干类型或层次，然后在各个类型或层次中随机抽取样本单位。其特点如下：由于通过划类分层，增大了各类型中单位间的共同性，容易抽出具有代表性的调查样本。该方法适用于总体情况复杂、各单位之间差异较大、单位较多的情况。

分层取样又称为分类取样或类型取样，它首先是将总体的 N 个单位分成互不交叉、互不重复的 k 个部分，我们称为层；然后在每个层内分别抽选 n_1，n_2，…，n_k 个样本，

构成一个容量为 n 个样本的一种取样方式。

分层的作用主要体现在三个方面：一是为了工作的方便和研究目的的需要；二是为了提高取样的精度；三是为了在一定精度的要求下，减少样本的单位数以节约调查费用。因此，分层取样是公共管理研究中应用较普遍的取样技术之一。

分层随机抽样确保每层子总体都被包容在抽样范围内，避免了某一子总体出现“超载”现象或出现意外样本。通常情况下，分层取样比简单随机取样和等距取样更为精确，能够通过对较少的样本进行调查得到比较准确的推断结果，在总体构成比较复杂、同质性程度不高、总体数量较大、各层次标志比较明显的情况下，宜采用分层随机抽样。

3. 聚类随机取样

聚类随机取样是指把组成总体的所有部分分为若干群体，从随机选择的某一群体或几个群体中随机地抽取个体组成研究样本的取样方法。

聚类取样特别适用于缺乏总体单位的取样框架。应用聚类取样时，要求各群体有较好的代表性，即群体内各单位的差异要大，群间差异要小。

聚类取样的优点是实施方便、节省经费；缺点是不同群体之间的差异往往较大，由此而引起的取样误差往往大于简单随机取样。

聚类随机取样方法通常在以下两种情况下使用：一是很难全面地获得总体所有个体的信息或很难接触到每个成员；二是为节约研究时间和经费把研究对象限于某一个或几个特别的群体当中。

研究浙江大学大学生的诚信品质时，采用聚类随机取样，其基本程序如下：

（1）确定浙江大学本科生的总体，设为 25 000。

（2）确定样本规模，选择总体的 10%，即为 2 500。

（3）按某一特征（如学院）把浙江大学本科生分为 30 个群体。

（4）从 30 个群体中随机地选择若干个群体（如 6 个群体）。

（5）从 6 个群体中随机地抽取 2 500 个本科生作为研究样本。

4. 系统随机取样

系统随机取样也称为等距取样，是指按照某一特征，把总体中的个体进行排序，然后按随机原则确定起点，每隔一定的间隔抽取一个单位的一种取样方法。

样本距离可通过下面公式确定：样本距离=总体单位数/样本单位数。例如，假设你使用本地电话本并确定样本距离为 100，那么 100 个中取 1 个组成样本。等距取样方式随意用一个起点。例如，如果你把一本电话本作为取样框，必须随意取出一个号码决定从该页开始翻阅。假设从第 5 页开始，在该页上再另选一个数决定从该行开始。假定选择从第 3 行开始，这就决定了实际开始的位置。

系统随机取样相对于简单随机取样最主要的优势就是经济性。系统随机取样比简单随机取样更为简单，花费的时间更少，并且花费也少。当对总体结构有一定了解时，充分利用已有信息对总体单位进行排队后再取样，则可提高取样效率。采用系统随机取样最大的缺陷在于总体单位的排列上。一些总体单位数可能包含隐蔽的形态或者是“不合格样本”，研究者可能疏忽，把它们抽选为样本。

研究浙江大学大学生的诚信品质时，采用系统随机取样方法，其基本程序如下：

（1）确定浙江大学本科生的总体，设为 25 000。

（2）确定样本规模，选择为总体的 10%，即为 2 500。

（3）按学号把浙江大学本科生进行排序。

（4）从 25 000 个中随机地抽取 1 个作为起点。

（5）确定取样距离——每 10 个抽取 1 个。

（二）非概率取样

上述各种取样方式均为概率取样方式，此外还有非概率取样方式。非概率取样是指每个研究对象被抽取的概率是未知的，抽样方式不是随机的，样本通常是按研究目的而选择的。非概率抽样不具有代表性，通常不能推断总体，常用于非正式的、质化的研究。非概率取样主要有简便取样（convenience sampling）、判断取样（judgment sampling）和配额取样（quota sampling）等。

1. 简便取样

简便取样是指研究者根据现实情况，以自己方便的形式抽取偶然遇到的人或事作为研究对象，或者仅仅选择那些最容易找到的人或事作为研究对象。

例如，为了调查某市的交通情况，研究者到离他们最近的公共汽车站，把当时正在那里等车的人选作调查对象。其他类似的简便取样如下：在街口拦住过往行人进行调查；在图书馆阅览室对当时正在阅读的读者进行调查；在商店门口、展览大厅、电影院等公众场所向进出往来的顾客、观众进行的调查；利用报纸杂志向读者进行调查；老师以他所教的班级的学生作为调查样本的调查；等等。

简便取样排除了主观因素的影响，纯粹依靠客观机遇来抽取对象。那些最方便找到的对象具有比其他对象更多的机会被研究者选中。这种取样没有保证使总体中的每一个成员都具有同等被选中的概率。简便取样的优点是方便省力；缺点是样本的代表性差，有很大的偶然性，不能依赖简便取样得到的样本来推论总体。

2. 判断取样

判断取样是指研究者根据研究的目标和自己的主观分析，来选择和确定研究对象的方法。研究者依据主观判断选取可以代表总体的个体作为样本。样本的代表性取决于研究者对总体的了解程度和判断能力。

判断取样是有目的地选择样本。例如，在问卷设计阶段，为检验设计的问题是否得当，常有意地选择一些观点差异悬殊的人作为调查对象。又如，研究者专找那些偏离总体平均水平者作为调查对象，其目的是研究什么使他们发生偏离。它的作用在于发现问题，提出假设，而不在于对总体做出概括。

判断取样多用于无法确定总体边界，或总体规模小、调查所涉及的范围较窄，或调查时间、人力等条件有限而难以进行大规模取样的情况。

在编制物价指数时，有关产品项目的选择和样本地区的决定等常采用判断取样。

判断取样的优点如下：可以充分发挥研究人员的主观能动作用，特别是当研究者对研究的总体情况比较熟悉，而研究者的分析判断能力较强、研究方法与技术十分熟练、研究的经验比较丰富时，采用这种方法往往十分方便。判断取样的缺点如下：样本的代表性难以判断，不能推论。

3. 配额取样

配额取样与分层取样中的比例取样相似，也是按研究对象的某种属性或特征将总体中所有个体分成若干类或层，然后在各层中取样，样本中各层（类）所占比例与它们在总体中所占比例相同。

进行配额取样时，研究者要尽可能依据那些有可能影响研究变量的各种因素来对总体分层，并找出具有各种不同特征的成员在总体中所占的比例。然后依据这种划分以及各类成员的比例去选择研究对象，使样本中的成员在上述各种因素、各种特征方面的构成和在样本的比例尽量接近总体情形。

假设某高等院校有 2 000 名学生，其中男生占 60%，女生占 40%；文科学生和理科学生各占 50%；一年级学生占 40%，二年级、三年级、四年级学生分别占 30%、20%和 10%。现要用配额取样方法依上述三个变量抽取一个规模为 100 人的样本。依据总体的构成和样本规模，可以得到如表 2-2 所示的配额表。

表 2-2　100 人样本的配额表（单位：人）

男生（60）									女生（40）							
文科（30）					理科（30）				文科（20）				理科（20）			
年级	一	二	三	四	一	二	三	四	一	二	三	四	一	二	三	四
人数	12	9	6	3	12	9	6	3	8	6	4	2	8	6	4	2

配额取样和分层取样的区别如下：两者虽然都依据某些特征对总体进行分层，但两者的目的不同，取样方法也不同。配额取样之所以分层分类，其目的在于要抽选出一个总体的“模拟物”，其方法则是通过主观的分析来确定和选择组成这种模拟物的成员。也就是说，配额取样注重的是样本与总体在结构比例上的表面一致性。而分层取样进行分层，一方面是要提高各层间的异质性与同层中的同质性；另一方面也是为了照顾到某些比例小的层次，使所取样本的代表性进一步提高，误差进一步减小。而其取样的方法则是完全根据概率原则，排除主观因素。等概率地到各层中进行取样，这与定额取样中那种“按事先规定的条件，有目的地寻找”的做法是完全不同的。

四、样本容量的确定

样本容量是指抽取样本的具体数量。样本数量的多少，既要符合研究目的和研究内容的需要，也要满足统计分析的要求，又要考虑取样的可能性，并使误差减小到最低限度，一般来说，样本数越多，代表性越好；样本数过少，取样误差较大，代表性也较差。但是，仅仅依赖增大样本数并不是保证充分代表性的必要条件，如果取样的程度发生偏差，遗漏了总体的某些部分，增加样本就意味着偏差更大。另外，样本数过多会造成不必要的浪费。

样本数量多少为宜，这是一个复杂的问题。通常而言，选取研究样本的数量需要考虑以下七个方面的因素：

（1）研究的类型、范围。当研究是定量研究时，研究范围较广，样本数量可适当大一些；反之，当研究是定性研究时，研究范围较狭窄，样本数量可适当少一些。

（2）研究分析的精确程度。当研究要求有较高的统计显著程度和可信程度时，样本数量可多些；反之，则可少些。

（3）允许误差的大小。当研究允许的误差值小，要求的可信程度高，所需样本容量就相应要大；反之，则可小些。表 2-3 表示当总体趋于无限大时，不同的允许误差和可信程度所要求的样本数量。

表 2-3　允许误差和可信程度与样本容量关系表

允许误差	可信程度	
	95%	99%
1%	9 604	16 587
2%	2 401	4 147
3%	1 067	1 943
4%	600	1 037
5%	384	663
6%	267	461
7%	196	339

资料来源：袁方. 社会研究方法教程. 北京：北京大学出版社，1997

（4）总体的同质性。当总体的变异性比较大，变量的相关程度比较低，以及研究的条件控制不严格时，样本数量可适当增加些；反之，当总体同质性比较好，变量的相关程度较高，以及研究条件控制严格时，则可少些。例如，人的血液同质性比较好，医院化验只需抽取一点点血。学生的智力、能力变异性比较大，因此抽取样本相对比较大。

（5）测量工具的可靠程度。当测量工具的可靠程度即测定指标信度比较低时，测量的误差就比较大，这时需要增加样本数量；反之，则可减少样本数量。一般说来，有关学习能力和成就的测量工具可靠性程度好些，有关人格特质、自我概念、态度等方面的测量工具可靠程度差些。

（6）研究的成本。研究成本包括的经费、时间、人力、物力的抽样数量总是要控制在研究成本允许的范围内。因此，确定样本容量时，必须仔细分析研究的条件，量体裁衣。

（7）分析的类别。当研究的关系复杂、分析的项目较多，那么样本数量可多些；反之，则可少些。一般应保证每一分析小类的样本数量不少于 10。

根据研究经验，有限总体数量与样本数量的关系如表 2-4 所示。

表 2-4　有限总体数量与样本数量的关系

总体数（N）	10	20	50	100	200	500	1 000	2 000	5 000	10 000	50 000	100 000
样本数（n）	10	19	44	80	133	217	278	322	357	370	382	384

注：可信度为 95%，允许误差为 5%

从总体与样本数量的关系表中可以看出，样本数并不是与总体数量的增加同步增加的。当总体数量不断增加时，样本数的增长逐步减缓。例如，总体数为 1 000，抽取 278 个被试便可满足可信度 95%、允许误差不超过 5%的取样要求；如果总体为 10 000，满意样本数为 370；如果总体为 100 000，满意样本数为 384。由此可见，当总体达到 10 000 以上，接近于无限总体时，样本数量的增长逐步减缓，在总体数量与样本数量曲线图上呈一条负加速的增长曲线，如图 2-5 所示。

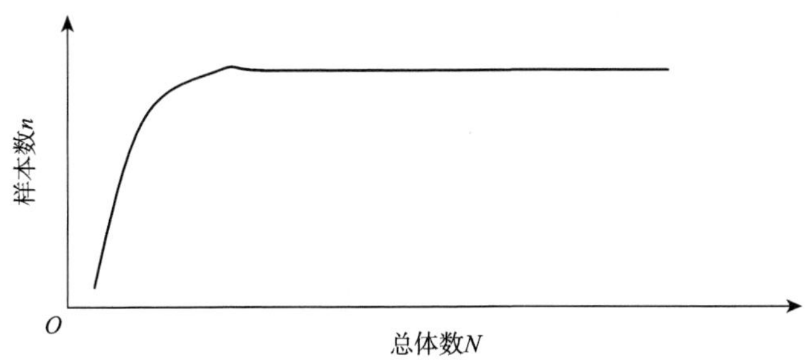

图 2-5 有限总体数量与样本数量关系曲线示意图

具体确定所需的样本容量有一些方便的计算公式。对于不同的抽样方法，计算公式存在不同之处。以下介绍适用于简单随机取样的样本容量计算公式。

若是估计平均值，则调查某项公共服务的平均满意度时，其样本容量计算公式为

$$n = \frac{Z^2\sigma^2}{E^2}$$

式中，Z 为标准误的置信度；σ 为总体标准差；E 为允许的误差值。其中，标准误是指样本平均值的标准差（standard deviation）。在正态分布中，68%的样本会落在总体参数值 ± 1 个标准误的范围内，95%的样本会落在 ± 2 个标准误的范围内，99%的样本会落在 ± 3 个标准误的范围内。

Z 和 E 可由调查者指定，如果可以指定置信度为 95%，那么 Z=2（2 个标准误）；允许误差为 0.5，即 E=0.5。确定 σ 则需要估计总体的标准差，可采用经验判断、历史调查、试点调查和二手数据等方式。

若是估计比例，如调查支持某项公共政策的人的比例，其样本容量计算公式为

$$n = \frac{Z^2P(P-1)}{E^2}$$

式中，P 为总体比例。

估计比例问题所需的样本容量在对 P 的估计上有明显的优势。P（P–1）在 P=0.5 时取到最大值 0.25，那么若代入 P=0.5，便可得到 n 的最大估计值。

第四节 研究的效度和信度

在研究中，如何判断研究的质量，以及评价研究结果的有效性和可信性呢？在不断地研究和知识积累的过程中，人们总结出了几个重要的评价指标，即效度和信度。通过

研究评价，既有助于更深入地认识研究结果的有效性和可靠性，也有助于更进一步地完善研究体系。

一、研究的效度

效度，即有效性，它是指测量工具或手段能够准确测出所需测量的事物的程度。效度可分为内部效度、外部效度、结构效度（construct validity）、测评效度（measurement validity）和统计结论效度（statistical conclusion validity）等。

（1）内部效度。内部效度是指研究的自变量与因变量之间存在一定关系的明确程度。如果自变量和因变量之间的关系并不会由于其他变量的存在而受到影响，那么这项研究就具有内部效度。要使研究有较高的内部效度，就必须控制各种外部变量，消除它们对研究结论的影响。这些外部变量通常包括历史事件（history）效应、自然成熟（maturation）效应、测试（testing）效应、工具（instrumentation）效应、统计回归（statistical regression）效应、选择（selection）效应、实验损耗（experimental mortality）效应、实验效果扩散（diffusion or imitation of treatments）效应、补偿（compensation）效应、补偿竞争（compensatory rivalry）效应、士气沮丧（demoralization）效应等。

历史事件效应指的是在认定的原因之外，还有别的原因也能导致同样的结果。而这个别的原因，在验证的过程中没有被排除。例如，学生经过新东方英语培训，效果很好。但在培训的同时，学生也在某个大学听课，或邂逅了一位教导英语有方的老师或朋友，受益匪浅。那么，这个英语提高的效果中间，就有非新东方培训带来的效应。这个效应就叫历史效应。自然成熟效应是指儿童或成人对某一事务认知过程的自然成熟能改变他们的行为，而不是认定的某一个原因。例如，吸食毒品现象、贪玩现象等，不是因为受到社区的管理、罚款等手段的影响，而是自然心理成熟或别的发展过程导致他们行为的改变。测试效应指的是测试本身对人的行为的改变。例如，有人考过一次托福或美国研究生入学考试（graduate record examination，GRE），熟悉了考试方法，下次再考时，即使后来上短训班等学英文，并没有什么成效，但第二次还是比第一次考得好。分数提高的原因，是测试，而不是短训班的学习。工具效应指的是前后考试用的不是同一种测量方法，如面试与笔试之间的可比性差，造成对因果关系的判断失误或不准确。统计回归效应指的是数据的季节或周期性变化会导致数据的波动，影响结论。例如，在某一个城市犯罪率有季节性。夏天高，冬天低。当政府在春天采取政策，加强警力和社会治安工作，到了夏季，会发现犯罪率还是比冬天高。不是因为措施没有效果，而是季节性的犯罪率影响了统计数据。合理的比法是与上一年同期相比。否则，统计数字的季节性波动会掩盖真正的政策效果。选择效应指的是在用两组数据比较时，两组数据的起始点并不相同。例如，将北京大学、清华大学的一些课程的教学质量与一个普通大学相比，很可能教学质量差不多，但毕业生的水平不一样。原因不是北京大学、清华大学教学好，而是进入这些名校的学生一开始就系统性的不一样，都是学习尖子，自学能力较强。实验损耗效应、实验效果扩散效应、补偿效应、补偿竞争效应和士气沮丧效应等都源于著名的霍桑实验[①]。当时一个名叫梅尔的哈佛大学教授，领导了一个管理团队，在西电公司做了一系列科学管理方法的有效性实验。他把工人分成实验组和比较组［控制组（controlled group）］，发现不论他们是否像对实验组一样改善比较组的工作环境，如灯光照明、休息时间等，比较组的工作效率都提高了。这里面有不少人为的因素，如有一组效率特高或特低的好几个人同时退出实验（实验损耗），或两组工人下班后的互相交流（实验结果扩散），控制组领导的高额薪酬或爱心补偿（补偿），或工人心理的竞争（补偿竞争）、心理放弃（士气沮丧），这些都会影响实验结果的比较。

（2）外部效度。外部效度是指研究结果能够一般化和普遍适用到样本来自的总体和到其他总体中的程度，即研究结果和变量条件、时间及背景的代表性和普遍适用性。外部效度可以细分为总体效度和生态效度两类。要提高研究的外部效度，应注意在研究中消除和控制如下因素：①被试的代表性差；②操作定义不明确；③研究对被试的反作用；④事前测量与实验处理的相互影响；⑤多重处理的干扰；⑥实验者效应；⑦研究与实际情境相差较大；⑧被试选择与实验处理的交互作用。

（3）结构效度。结构效度是指测量结果体现出来的某种结构与测值之间的对应程度。结构效度分析所采用的方法是因子分析（factor analysis）。因子分析的主要功能是从量表全部变量（题项）中提取一些公因子，各公因子分别与某一群特定变量高度关联，这些公因子即代表了量表的基本结构。通过因子分析可以考察问卷是否能够测量出研究者设计问卷时假设的某种结构。在因子分析的结果中，用于评价结构效度的主要指标有累积贡献率、共同度（communalities）和因子负荷。累积贡献率反映公因子对量表或问卷的累积有效程度；共同度反映由公因子解释原变量的有效程度；因子负荷反映原变量与某个公因子的相关程度。

（4）测评效度。测评效度是指测量的指标是否能够准确测出想要测量的东西或概念。这里面也包括几个重要的维度，如测量的灵敏度、是否能够区别出细微的事件以及情感差别等。测量的内容涵盖能力，如果问大学生年龄，过去从 18 岁开始就可以，而现在可能有 12~13 岁的大学生。如果在调查过程中不包括他们，就会忽略少年大学生的情况，存在统计内容涵盖不够的测评效度问题。

（5）统计结论效度。统计结论效度是指关于研究的数据分析处理程序的效度检验，或者说，它是检验研究结果的数据分析程序与方法有效性的指标。统计结论效度的基本问题是研究误差、变异来源与如何适当地运用统计显著性检验（significant testing），它不涉及系统性偏差的来源问题。要提高统计结论的效度，首先必须保证数据的质量；其次要明确各种统计检验方法的基本假设和适用条件，选用适宜的统计程序；此外还应注意适当增大样本容量。

---

① 在美国科学革命时代，一个名叫梅尔的哈佛大学教授，领导一个管理团队做的一系列科学管理方法的有效性实验。他们论证了在工作过程中人的因素的重要作用。

二、研究的信度

信度是指测量（或研究）结果的一致性或稳定性程度，是反映被测特征真实程度的指标。一般而言，两次或两个测量的结果越一致，则误差越小，所得的信度也就越高，它具有以下几个特征：①信度是指测验所得到结果的一致性或稳定性，而非测量或量表本身。②信度值是指在某一特定类型下的一致性，而非泛指一般的一致性，信度系数会因不同时间、不同受试者或不同评分者而出现不同的结果。③信度是效度的必要条件，而非充分条件。信度低效度一定低，但信度高未必表示效度也高。④信度检验完全依赖于统计方法。

可以举例说明关于信度的问题：如果想知道某人的体重，我们可以叫两个人来估计，一个人的估计为 150 磅（1 磅≈0.453 6 千克），另一个人的估计为 300 磅，那么我们就可以认为，叫别人来估计体重是非常不可信的方法。如果用磅秤，连续测量两次的结果都是相同的，那么我们可以说，在测量体重方面，用磅秤的方法要比叫人来估计更可信。我们可以从以下三个方面来理解信度。

（1）信度是指实得分数和真分数相差的程度，相差越小，测量结果的信度就越高。信度系数（R_{XX}）可定义为真分数方差与实得分数方差的比率，即 $R_{XX}=\sigma_T^2/\sigma_X^2$。由于真分数在实际测量中是得不到的，而真分数方差等于实得分数方差减去随机误差分数方差，所以，信度系数也可表示为 $R_{XX}=1-\sigma_E^2/\sigma_T^2$。

（2）信度是指统计量与参数之间的接近程度。在统计学中，样本的数字特征（如样本的平均数）称为统计量，总体的数字特征（如总体的平均数）称为总体参数，简称参数。各种统计量都存在信度问题。统计量越接近参数，其信度就越高。知道了统计量与参数的接近程度，便可对参数进行区间估计。通常各种统计量的信度以各自的标准误来表示。这一原理和方法也适用于查明实得分数与真分数的接近程度。对实得分数的标准误差进行估计，可以利用区间估计的公式计算出实得分数与真分数的接近程度，从而得出测量结果的信度系数。

（3）信度是指一种测量工具先后两次施测于相同被试所得结果前后一致的程度。一致性的程度越大，信度越高。一致性程度的高低以相关系数的大小来表示，称为信度系数。

信度系数越大，表明测量的可信程度越大。究竟信度系数要多少才算有高的信度，学者们观点不一。有些学者的观点如下：0.60~0.65（最好不要）；0.65~0.70（最小可接受值）；0.70~0.80（相当好）；0.80~0.90（非常好）。由此，一份信度系数好的量表或问卷，最好在 0.80 以上，0.70~0.80 还算是可以接受；分量表最好在 0.70 以上，0.60~0.70 则可以接受。若分量表的内部一致性系数在 0.60 以下或者总量表的信度系数在 0.80 以下，则应考虑重新修订量表或增删题项。

在实际应用中，信度主要有五种基本类型，即重测信度（test-retest reliability）、复本信度（alternate-form reliability）、折半信度（split-half reliability）、内部一致性信度（internal consistent reliability）和评分者信度（scorer reliability）。

（1）重测信度。重测信度是指用同样的测试工具对同一被试间隔一定时间的重复测试，计算两次测试结果的相关系数。假如第一次测量时的观测值是 X，第二次的观测值是 Y，那么重测信度就等于 X 与 Y 的相关系数。很显然重测信度是稳定系数，即跨时间的一致性。在进行重测信度的评估时，还应注意以下两个重要问题：一是重测信度一般只反映由随机因素导致的变化，而不反映被试行为的长久变化。二是不同的行为受随机误差影响不同。重测信度所考察的误差来源是时间的变化所带来的随机影响。在评估重测信度时，必须注意重测间隔的时间。

（2）复本信度。复本信度是以两个测验复本来测量同一群体，然后求得应试者在这两个测验上得分的相关系数。复本信度的高低反映了这两个测验复本在内容上的等值性程度。两个等值的测验互为复本。计算复本信度的主要目的在于考察两个测验复本的题目取样或内容取样是否等值。复本信度也考虑两个复本实施的时间间隔。复本信度的主要优点在于：能够避免重测信度的一些问题，如记忆效果、练习效应等干涉变量对测验成绩的影响；减少了辅导或作弊的可能性。复本信度的局限性在于：如果测量的行为易受练习的影响，则复本信度只能减少而不能消除这种影响；有些测验的性质会由于重复而发生改变；有些测验很难找到合适的复本。

（3）折半信度。折半信度是指将一个测验项目按奇偶项分成两半，分别记分，计算这个测验两部分项目分数之间的相关系数，再据此确定整个测量的信度系数 R_{XX}。测验越长，信度系数越高。在进行折半信度分析时，如果量表中含有反意题目，应先将反意题目的得分进行逆向处理，以保证各个题目得分方向的一致性，然后将全部题目按奇偶或前后分为尽可能相等的两半，计算两者之间的相关系数（R_{hh}），即半个量表的信度系数，再用斯皮尔曼–布朗（Spearman-Brown）公式 $R_{XX} = 2R_{hh} / \left(1 + R_{hh}\right)$，求出整个测验的信度系数 R_{XX}。

（4）内部一致性信度。内部一致性信度主要反映测验内部题目之间的关系，考察测验的各个题目是否测量了相同的内容或特质。内部一致性信度也称同质性信度（homogeneity reliability），是指测验内部的各题目在多大程度上考察了同一内容。内部一致性信度通常用克劳伯克（Cronbach）α 系数来表示，α 系数的计算公式如下：

$$R_{\alpha} = \frac{K}{K-1}\left(1 - \frac{\sum S_i^2}{S^2}\right)$$

式中，K 为测验工具所包含的题目数量；S_i 为第 i 个测验题目的标准差；S_i^2 为第 i 个测验题目的方差；S 为整个测验的标准差；S^2 为整个测验总得分的方差。

（5）评分者信度。评分者信度是指不同评分者对同样对象进行评定时的一致性。最简单的估计方法就是随机抽取若干份答卷，由两个独立的评分者打分，再求每份答卷两个评判分数的相关系数。这种相关系数的计算既可以用积差相关方法，也可以采用 Spearman 等级相关（Spearman rank-order correlation）方法。

影响信度的因素很多。提高测量的信度要相应地从多方面着手，主要方法有以下几种：①增加测验或量表的长度；②测验时间、测验难度适当；③测验内容尽量增强同质性；④测验程序和环境尽量标准化；⑤评分尽量客观确定。

三、研究的效度和信度关系

研究的信度和效度有密切的关系。美国社会学家艾尔·巴比在《社会研究方法》一书中用图 2-6 很清晰地说明了信度和效度两者之间的关系。

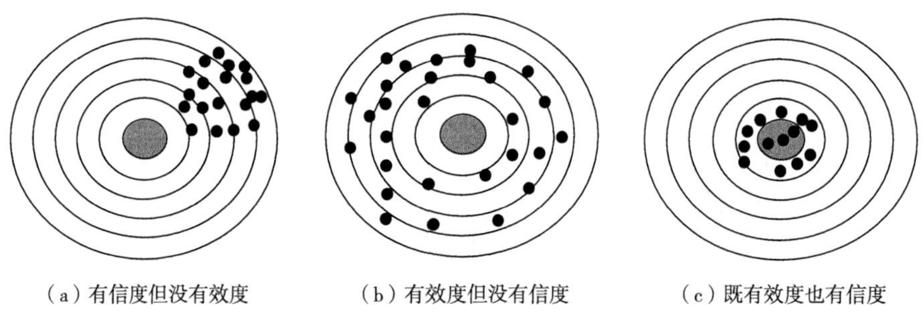

图 2-6 信度和效度之间的关系图示

效度和信度的关系可以用测量值（X_0）的构成公式来理解。测量值（X_0）所包含的成分如下：

$$X_0 = X_T + X_S + X_R$$

式中，X_T 表示欲测量属性的真值；X_S 表示系统误差；X_R 表示随机误差。

效度和信度的关系可以分为以下几种情况。

第一，如果测量是完全有效的，则其排除了随机误差和系统误差的影响，在公式 $X_0 = X_T + X_S + X_R$ 中，有 X_R=0 和 X_S=0，因而 X_0=X_T。此时测量必然是完全可信的。

第二，如果测量是完全可信的，则其排除了随机误差的影响，在公式 $X_0 = X_T + X_S + X_R$ 中，有 X_R=0，因而 $X_0 = X_T + X_S$。测量可以达到完全有效，也可能达不到，因为有可能会存在系统误差而导致测量无效。

第三，如果测量是不可信的，则其不能排除随机误差，因此，$X_0 \neq X_T$，即测量无效。

第四，如果测量无效，则可能会出现三种情况：不能排除随机误差，测量不可信；不能排除系统误差，测量仍然可信；随机误差和系统误差都不能排除，测量不可信。

综上所述，我们可以这样概括效度和信度之间的关系：信度是效度的必要而非充分条件。可信可以导致有效，也可以导致无效。有效必先可信，不可信则必然无效。无效可以可信，也可以不可信。效度和信度两者之间的关系也可以用图 2-7 描述。图 2-7 中实线箭头表示必要联系，虚线箭头表示可能联系。

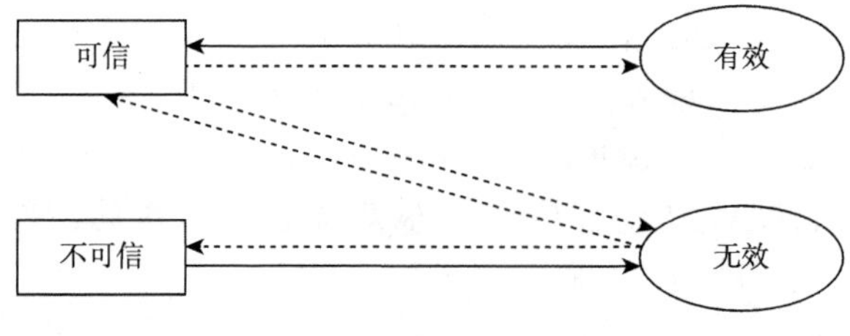

图 2-7 效度和信度关系的描述

➢复习思考题

1. 什么是研究设计？研究设计需要回答的关键问题是什么？
2. 举例说明研究设计涉及的基本要素。
3. 举例说明概率取样和非概率取样的本质差别。
4. 确定研究样本的大小需要考虑哪些因素？
5. 什么是效度？效度有哪些主要类型？
6. 什么是信度？信度有哪些主要类型？
7. 举例说明研究效度和信度之间的关系。

第三章

文献法

人类知识是一代又一代积累起来的。千百年来积累的各种知识几乎全部汇集在文献资料上，文献资料是人类智慧的结晶，是人类知识的海洋。科学研究工作者要想有所创新，就必须先从已有的有关文献中吸取营养，批判地继承他人已有的研究成果，从而开阔视野，扩展思路，受到启发。一般来说，科学研究需要充分地占有资料，进行文献调研，以便掌握有关的科研动态和前沿进展，了解前人已取得的成果、研究的现状等。这是科学、有效、少走弯路地进行任何科学工作的必经阶段。

第一节　文献的概念与分类

一、文献的概念

文献是一个经历了多次变化的概念。最初，文献既指“古典文籍”，又指熟悉这些“古典文籍”的人。到了近代，“文献”变为专指“古典文籍”或“图书资料”等“物”，而不再有“人”的含义。同时，这些“古典文籍”或“图书资料”包含了人类以往的知识或理论，但这些知识或理论的载体仅限于纸张、雕版、羊皮、泥板等包含文字或静态图形的载体。到了现代，由于计算机技术的发展，特别是多媒体技术的发展，使人类知识或理论的载体更加丰富多彩。所以，文献通常被定义为如下形式：以文字、图像、公式、声频、视频和代码等手段将信息、知识记录或描述在一定的物质载体上，并能起到存贮和传播信息情报与知识作用的一切载体。《中华人民共和国国家标准 GB 3792. 1—83 文献著录总则》认为，文献是“记录有知识的一切载体”。构成文献的四要素如下：①知识内容；②物质载体；③记录符号；④记录手段。

二、文献的分类

现代文献的类型多种多样，按照不同的划分标准，可以划分出不同类型的文献。一般而言，文献的类型可以按载体性质、出版形式和加工深度三个标准进行分类。按载体性质划分为印刷型（printing）、缩微型（microform）、机读型（machine-readable）、视听型（audio-visual）和实物型五类；按出版形式划分为图书、期刊、专利文献、科技报告、会议文献、政府出版物、学位论文、标准文献、技术档案和报纸十大类型；按文献的加工深度可分为零次文献、一次文献（primary literature）、二次文献（secondary literature）和三次文献（tertiary literature）四类。

（一）按文献的载体性质划分

（1）印刷型。印刷型文献是以纸张为载体的出版物，是传统的记录知识、信息的方式。其优点是便于阅读、可广泛流传；缺点是体积大、占用空间多，同时难以实现机械化、自动化。

（2）缩微型。缩微型文献是以感光材料为载体的，利用摄影技术将文献影像体积缩小记录在胶卷或胶片上。缩微型文献可将很多文献集中在小小的胶片上贮藏，其特点是体积小、容量大、成本低，便于复制、携带和保存，节省库位。美国一些图书馆从 20 世纪 70 年代起逐渐广泛应用，将过期文献进行缩微复制，既便于保密，又方便存放，同时，图书馆可腾出更多的空间和书架来放新的书刊。但缩微文献在阅读上不太方便，使用时须借助阅读机，不像印刷型文献随时可看。

（3）机读型。机读型是用计算机阅读的文献，通过各种编码并根据一定的程序把文献录在计算机的磁带、磁盘和光盘等载体上。机读文献的特点如下：存储量大，如一张光盘可存储 40 万条左右文献摘要等内容，检索时很快就可出结果，查准率、查全率高，并且还可以一边查找一边根据所查课题进行修改，使之更符合要求，方便快捷，很受读者欢迎。目前，中文生物医学文献也录入光盘、软盘，大大节约了读者查文献的时间，具有高速度、高效率、高效果的特点。目前全国高等院校大多采用光盘进行文献检索（document retrieval），并且有的正在或已经准备在互联网上查找文献，这将为图书馆情报职能的发挥起到很大的推动作用。

（4）视听型。视听型文献包括唱片、录音带、录像带、科技电影和幻灯片。例如，心脏杂音可录入唱片，将手术过程拍成影片。能听其声、观其形是视听文献的优点，便于理解和掌握。视听文献容易保存，可以反复使用。随着我国社会的不断进步，利用这类文献的人会越来越多。但视听文献必须借助于录音机、录放机、放映机和幻灯机等才能阅览。

（5）实物型。实物型也是一种非文字形式文献。例如，博物馆陈列的各种文物，展览馆陈列的各种展品，资料馆陈列的各种样品，等等。它们都负载着十分丰富的知识和信息，而且具有强烈的真实感，用文字是难以描述的。这种类型的文献数量不少，其作用也是不能忽视的。

（二）按出版物的形式划分

（1）图书。图书是指对某一领域的知识进行系统阐述或对已有研究成果、技术和经验等进行归纳、概括的出版物。图书按学科划分为社会科学和自然科学图书，按文种划分为中文图书和外文图书，按用途划分为普通图书和工具书。其特点是内容比较系统、全面、成熟、可靠，但出版周期较长，传递信息速度慢。图书有图书号，如 ISBN 978-7-03-047432-2。ISBN 是国际标准书号，后面共有 13 位数字，这 13 位数字分为五段，各段之间用短横线相连。“978”为第一段组号，是语言区域代码。“7”为第二段组号，是国家、语言或区位代码。“03”是出版者代号。“047432”是第四段组号，又叫书序号或书名号。这里的“47432”是指第 47432 种。“2”为第五段组号，又叫检验码或校验号。它的作用是可用其检查 ISBN 后面的数字是否有误。

（2）期刊。一般是指定期或不定期连续出版的刊物。期刊一般都有一个比较稳定的编辑部，按照一定的宗旨和编辑原则，选登众多著者的文章，有时也采用增刊和特辑形式刊登某一著者的专著。其特点如下：出版周期短，反映情报快；材料原始，内容新颖，信息含量大；学科面广，内容丰富。期刊有刊号：ISSN 为国际标准刊号，CN 为国内标准刊号。

（3）专利文献。专利文献是指有关专利申请说明书、批准公报及分类、文摘索引等记录载体材料的总称，主要是指专利说明书。其特点如下：内容新颖、出版迅速；涉及技术领域广泛、实用性强；具有法律效力；技术上具有单一性和保守性；重复量大。专利有专利号，国家用两个字母代替，US 表示美国，GB 表示英国，FR 表示法国，CH 表示瑞士，CA 表示加拿大，CN 表示中国。

（4）科技报告。科技报告也称研究报告或技术报告，它是 20 世纪 40 年代后大量出现的一种文献类型，是研究人员对某学科或课题进行研究的阶段报告、成果报告和总结报告。科技报告涉及的内容广泛、专、深、具体，而且是最新的研究成果，往往能反映出一个国家或一个专业的科研水平。科技报告的代号有机构代号，如 TID-7641 代表美国原子能委员会技术情报局的科技报告，STAN-CS-82-916 是美国斯坦福大学计算机系 1983 年出的报告。类型代号，如 TN 代表技术札记，TT 代表技术译文，密级代号 C 表示是保密报告，ARR 是绝密报告。

（5）会议文献。会议文献是指在各科学技术会议上选读、发表或提交的论文、报告、讨论记录等文献资料。它含有大量的最新情报信息，是了解世界科学技术发展动向、水平和最新成就的主要渠道，是参考价值很高的文献。会议文献的出版形式一般有以下几种：以单卷式出版，以会议名称作为出版物名称，按会议届次编号，定期或不定期出版文集，以期刊形式、图书、科技报告、视听资料等形式出版。会议类型较多、文献出版形式多样、命名方式复杂及文献收藏分散等给文献检索带来很多困难。

（6）政府出版物。政府出版物是指各国政府及其所属机构发表或出版的各种文献资料。从性质上看，可分为两大类：一是行政性文件，包括政府公报、各种政府法律文件、方针政策、指示决议和统计资料等；二是科技性文献，包括科技报告、调查报告、科普资料和技术政策等文献资料。科技性文献占 30%~40%，其出版形式多样化，既有印刷品，也有视听资料。政府出版物对了解一个国家的科技政策、经济政策以及科技活动和水平具有一定的参考价值。

（7）学位论文。高等院校或研究机构的学生为获取某种学位而撰写的学术论文，包括学士学位论文、硕士学位论文和博士学位论文。学位论文是原始研究成果，有一定的独创性，对研究工作有一定的参考价值。学位论文除少数在有关期刊上登载全文或摘要或以书本形式单册发行外，大多数学位论文不对外发行，属非卖品，仅供内部参考。由于学位论文数量不断增加，质量参差不齐，多数未公开发行，所以难以收集和利用。

（8）标准文献。标准文献是标准化组织或有关机构对工农业产品和零部件的质量、规格、生产过程及检验方法等所做的技术规定，是生产和建设的共同依据。标准文献有国际标准、区域标准、国家标准、行业标准和企业标准等。标准文献有统一的生产过程、明确的适用范围和用途，而且实效性强并有一定的约束性。其特点是具有严肃性、法律性、时效性和滞后性。

（9）技术档案。技术档案是生产建设和科学技术部门在技术活动中所形成的，有一定具体工程对象的技术文件、图样、图表、照片、原始记录的原本或复制本等，它是生产建设和科研工作中用以积累经验、汲取教训和提高质量的重要文献。技术档案一般具有保密性和内部性等特点。

（10）报纸。报纸是一种以刊载新闻和评论为主的定期出版物，它与期刊有相同的特点，但是比期刊时间性更强，出版周期更短，报道信息更快。报纸的学术内容较少，但与人们的日常生活关系很密切，所以拥有大量的读者。其类型按内容划分为综合性报纸、专门性报纸、知识性报纸和参考性报纸等。按出版周期划分为日报、周报和旬报等。

除上述几种文献外，还有新闻稿件、手稿、地图等其他形式的文献。

此外，文献还可以分为公开发表的文献和未公开发表的文献，这是以文献的公开化程度作为分类标准的。公开发表的文献又有首次发表与转载之分。转载的文献有的是全文转载，有的只是摘录式的转载。在公开发表的文献中还有索引文献和综合性文献。索引文献是对现有文献整理后的产物，其编制方式很多，常用的有按作者姓氏笔画、按书名或论文题目第一个字的笔画以及按内容涉及的专业与专题等三种分类；综合性文献是对前一段时期内发表的与某一专题有关的文章汇集或综述。未公开发表的文献分为国家文件（如教育主管部门的文件，省、市政府与教育有关的文件，以及内部参考等）、学校档案文献（如校内文件、各种会议记录、有关校内活动的录像和录音等）和私人文献（如个人的日记、相册、书信、自传和原著手稿等）。

（三）按加工深度划分

（1）零次文献。零次文献是指未经正式发表或尚未形成正规载体的一种文献形式，如书信、手稿、会议记录和笔记等。其具有客观性、零散性和不成熟性等特点。

（2）一次文献。一次文献是以著者本人在科研、生产工作中取得的科技成果为依据，撰写、创作的原始文献。不论其载体形式、出版类型如何，都属于一次文献。大多数阅读性图书、期刊论文、科技报告、专利文献、会议文献、学位论文和技术档案等都是一次文献。一次文献直接记载了科研和生产中创造发明成果的原始资料，是科技人员宝贵的参考资料。其具有创造性、新颖性、分散性和数量庞大等特点。

（3）二次文献。二次文献是指对一定范围、类型的一次文献进行整理加工、简化和组织而成的系统化、条目化的文献，包括目录、索引和文摘等。它是重要的文献检索工具，是供查找一次文献和了解有关知识信息线索而创立的文献形式。其具有浓缩性、汇集性和系统性等特点。

（4）三次文献。三次文献是根据某种需要，以二次文献为工具，对所需一次文献内容进行综合分析、筛选、凝练而成的文献，包括综述、述评、动态、年鉴、手册和百科全书等，是参考性的检索工具，既具备检索性能，又具有重要的参考价值。其具有综合性、针对性强、参考价值高等特点。

英国的马克·桑德斯等在《研究方法教程——管理学专业学生用书》一书中，将文献分为一手文献（出版的和未出版的）、二手文献和三手文献。他认为，这几种文献来源常常是相互重叠的。例如，一手文献里的参考文献资源可以出现在杂志里，某些书的索引也有可供参考的一手文献和二手文献。

不同的文献资料种类代表了来自源码资料的信息流。从一手文献到二手文献和三手文献，信息流的详细程度和权威性都大大下降，但更容易获取。因为一手文献难以确定来源，所以常被称为“灰色文献”。认识信息流有助于识别所需要的最适当的信息来源。有些研究项目只使用二手文献信息源，而其他一些项目则必须使用一手文献来源。

第二节　文献法的特点、作用和实施过程

文献法是指根据一定的研究目的或课题，通过调查文献来获得资料，从而全面、正确地了解掌握所要研究问题的一种方法。它所要解决的问题是如何在浩如烟海的文献群中选取适用于课题的资料，并对这些资料做出恰当分析和使用。文献调查法不与研究对象直接打交道，而是间接地通过查阅各种文献获得信息。在公共管理研究中，文献法具有特殊的地位和作用。

一、文献法的特点

文献法是一种古老而又富有生命力的科学研究方法。对现状的研究，不可能全部通过观察与调查，它还需要对与现状有关的种种文献做出分析。

（一）文献法的优点

第一，研究不受时空限制。每个人的亲身实践和经验总是受到时间与空间的限制，我们无法亲历前人的生活，也不可能直接观察、访问前人的思想和活动。即使是同时代的人，也往往受到一些因素的制约，如资金、人力、时间等。这些制约因素的存在，使研究者在某些情况下无法对难以接近的研究对象进行研究。这时就需要以文献检索来补充信息，通过文献检索这种间接的资料获取方式，突破时空等种种限制。例如，在调查人力较少而需要大量的宏观数据时，就只能通过文献检索掌握国家有关部门进行的统计数据；有些单位不能进入或禁止进入（如国家保密单位），无法进行观察，就需要进行文献检索以了解有关情况；有些拟定的访谈对象不接受访谈，或由于某些原因无法对其进行访谈，也只能进行文献检索。

第二，研究不受研究对象“反应”的干扰。一般文献并不是为了研究目的而留下的，

它多是在事件发生的当时，真实自然地记录下来的，它的信息真实度很高，而且研究者在收集资料的过程中，一般不会使被收集的资料本身发生变化，也不会受到原先留下文献资料者的直接言行影响。而这种干扰在访谈、实验等方法中很难避免，这样就会影响研究结果的准确性。因此，运用文献法进行公共管理研究，较好地避免了研究对象在被研究过程中的各种"反应"对研究的干扰，研究过程的真实性较强。

第三，研究体现批判性和创新性的结合。在运用文献法进行公共管理研究过程中，研究者总是以自己的思想、观点和方法研究与分析问题，取其精华、去其糟粕，研究体现批判性。在对文献资料进行深入探讨、分析、比较、鉴别的研究中，研究者又总是对各种文献资料加以重新组合，寻找新的联系，发现新的规律，形成新的观点和新的理论，研究体现创新性。所以，文献法可以说是批判和创新的有机结合。

第四，信息容量大，而且可以节省大量的人力、物力和财力。采用文献法进行研究，信息容量不受限制，只要能够收集到的文献资料，都可能作为研究的资料，不受研究对象、研究场所和研究情景等因素的限制。进行公共管理调查，是在寻找第一手资料（原始资料），而文献检索是在寻找第二手资料。一般来说，寻找第一手资料（进行观察、访谈、问卷调查等）的成本很大，需要动员大量的人力、物力和财力。如果已经有前人进行了同样的社会调查，已经寻找到了今人所需要的资料，那么今人就没有必要重复前人的社会调查，就可以通过文献检索把前人调查所得的资料"拿来"。这可以节省大量的差旅费、调查费和问卷印制费等，是提高公共管理研究效率的有效方式。

（二）文献法的局限性

文献法从表面上看似乎很简单，只需一头扎进故纸堆里闭门造车就能出成果。其实不然，研究者要从浩如烟海的文献中找到所需的材料，要从搜集到的资料中挑选出有价值的真品，要从文献的文字描述中重构事实真相，要对远离我们的历史过程做出客观的解释和评价，这些都并非是件容易的事。

文献法也有其自身的局限性，集中表现在以下四个方面。

第一，文献往往具有一定的主观性。首先，在一些研究文献中，作者往往出于特殊目的和意图夸大或掩盖部分事实，从而使文献记载出现偏差。其次，文献的保存常具有选择性，凡符合社会需要和当事人利益的文献，保存的时间便长久些；凡知名人士所写的文献，可得到较好保护。最后，文献资料可能会带有原作者的主观偏见。编写文献有各种各样的目的和意图，如有的是为了给自己树碑立传，其中夸大成分较多；有的是为了适应某时期、某种形势的要求而作，可能会过分强调当时的时代特征；还有的是为了迎合某人的需要或秉承某人的旨意而写，常常会歪曲事实，甚至炮制伪假文献。

第二，文献往往具有一定的历史局限性。文献内容与客观事实之间总是存在一定距离的。由事实变为文字记载的过程中，往往会渗入作者的主观愿望，无论是有意的还是无意的，历史的局限性、时代的特征、阶级的烙印或多或少会反映在文献的字里行间。历史原因、政治因素和技术手段等使原始资料失实的可能性很大。这些都会对文献的信度产生影响，而文献研究者往往无法控制这些因素的出现。

第三，文献抽样往往缺乏代表性。因为文献资料大多以文字记载的形式保存，所以能否留下文献资料，在很大程度上取决于文化程度的高低，受教育程度高的人写文献的可能性相对较大，故若仅仅依据现存文献来了解和分析人们所处的生活状况、生活情形及思想观念，可能只能了解社会中某一阶层的情况，其文献抽样未必具有代表性。

第四，文献收集的难度较大。许多研究领域几乎没有文献可利用，而且保留下来的文献常常由于主观原因进行了一定的选择，往往不是很完整，尤其是第一手资料。还有一些政府机关的文献和档案由于保密的原则并不对外公开，一些未公开发表的文献需经当事人许可方可获得和使用，否则会因侵犯隐私而触犯法律。这就加大了文献的收集难度，造成了文献的相对不足。

正是由于文献具有上述局限性，所以文献法的可靠性和可信性往往受到质疑。“纸上得来终觉浅”，要把纸上的东西还原成事实，一方面有赖于原始文献描述的真实程度，另一方面还取决于研究人员的想象力和推理能力。研究人员通常凭自己的知识经验对文献的真实性和可靠性进行定性判断，但由于缺乏统一标准，结果常常会因人而异，很难进行比较研究，所以，文献法要求研究者具有科学严谨的研究态度、雄厚的研究功底，以及多种社会科学知识的扎实基础和较高的分析能力。

二、文献法的作用

开展一项公共管理课题研究，无论是在立题之前，还是在研究过程中，乃至研究完成后的论文写作，都离不开查阅有关文献资料。美国科学基金委员会调查统计，一个科研人员用在一个科研项目中研究图书情报资料上的时间占全部科研时间的 1/3 至 1/2。所以说利用科学文献是实现利用“前人劳动成果”的重要措施和方法，是研究取得成功的重要保障。

第一，有利于确定公共管理研究选题。查阅文献是公共管理研究中的一个重要步骤，严谨的研究者往往在确定研究选题时便开始查阅文献了。查阅文献可以帮助我们了解有关问题的历史和研究现状，从而为确定研究选题提供参考。现代社会是信息化社会，信息呈几何级数涌现，许多问题别人已经注意，可能有人已经研究过或者正在进行研究。如果我们确定的选题是别人已经研究或正在研究的，那么，我们就是在做重复劳动，必然徒劳无功。在确定研究选题前，研究者应先就相关问题查阅大量资料，对该问题研究的历史、现状、前景有一个全面的了解，从中发现存在的问题或不足，从而对自己的课题进行周密的论证、选题、立题，避免重复他人的劳动，浪费人力、物力。

第二，有利于确定公共管理研究问题。确定研究选题之后，还要更深入地精读有关文献，在搜集和分析有关文献基础上，将研究逐步具体化，确定研究的具体问题。通过文献法发现问题，有两个基本的方式：其一，通过文献检索了解前人已经发现的问题。其二，找到不同的人对同一问题的不同看法，或同一人在不同时期、不同文章中对同一问题的不同的看法，对论据进行比较、分析或找到自相矛盾之处。因为按照形式逻辑的基本规则，两个相互矛盾的说法必然至少有一个是错误的。通过文献检索迅速地发现问题，从而使公共管理研究者可以迅速地找到进行公共管理研究的“切入点”。在很多研究报告或论文的结论与展望部分，一般都会对研究的主要成果进行总结，并指明需要进一步深入研究的几个问题，这对确定研究内容有很高的参考价值。

第三，有利于快速进入公共管理研究前沿。没有继承和借鉴，科学不能得到迅速的发展，这决定了人们在研究先前的历史事实时需要借助于文献的记载，在发展科学领域时需要继承文献中的优秀成果。现代科学研究不仅需要以人与人之间的协作为条件，同样需要以利用前人的研究劳动成果为条件。公共管理发展的规律和动力就是在继承的基础上进行创新。这就是说，公共管理研究要想在理论上有所创新，首先就需要继承。只有充分查阅了某一研究课题的文献后，才能了解到前人对本问题已经做了哪些研究，解决了哪些问题，还有哪些问题没有解决和亟待解决，这样就可以在前人研究的基础上开展新的研究，也就是"站在巨人的肩膀上"去攀登新的科学高峰，创造和构建新的公共管理理论。因此，文献法是帮助人们迅速走到公共管理研究前沿的有效途径。

第四，有利于为公共管理研究提供科学的论证依据。公共管理文献资料是公共管理研究的记录，它记载了前人的科研成果，有事实、数据、理论、方法以及有关科研工作的假设，有前人的研究总结、经验教训，它反映了公共管理的研究水平、学术思想和最新成就。进行公共管理研究，应该了解国内外最新的公共管理理论、手段和研究方法。通过查阅文献资料，从过去和现在的有关研究成果中得到启发，不仅可以找到获得科学回答的线索，使研究范围内的概念、理论具体化，而且为更科学地论证自己的论点提供有说服力的、丰富的事实和数据资料。

第五，有利于补充和丰富公共管理的实证研究成果。文献法和实证研究方法相辅相成，对研究者都是不可或缺的。研究者通过查阅文献有助于构建理论假设，而通过实证能验证、完善和发展理论假设，从而最终能够丰富文献，而且这样的文献更有价值。在公共管理研究中提倡使用实证研究方法，但不排斥思辨，更不排斥使用文献法。可以利用文献资料对实证研究成果进行补充，进一步解释和论证实证研究成果。另外，通过对以往的文献资料进行研究，也可以判定实证研究成果的先进性、科学性和实用性。

三、文献法的实施过程

文献法的操作主要有以下五个过程：确定研究问题并拟订研究计划、文献检索、文献收集与积累、文献鉴别、文献分析与形成结论。

（一）确定研究问题并拟订研究计划

研究问题的确定及研究计划的拟订是任何研究的第一步。通常，研究者必须首先明确其研究目的，进而确定其研究方向和研究问题。在研究问题确定以后，同样重要的是针对所要研究的问题拟订研究计划。研究计划是研究工作的蓝图，它指导研究者按一定步骤、在各个层次上秩序井然地展开研究。文献研究工作计划主要包括研究的目的和意义、研究的主要内容和阶段、收集文献的途径和方法、研究工作的进一步安排和时间分配、研究人员的具体分工、研究经费的预算、研究成果的形式等。

（二）文献检索

文献检索就是根据研究的目的查找所需要的文献，以满足研究的要求。

根据研究课题确定文献检索的范围，即文献的时间范围和内容范围。严格意义上的公共管理研究都应该从文献检索开始，文献检索是确定公共管理研究选题的基础，也是进一步开展研究的前提。

公共管理研究常用的文献主要有档案、相关文件、工作记录、汇报总结、统计数据、报刊、书籍、各种声像资料，以及数量巨大、更新迅捷的网络资料等。应该尽可能地搜集与研究课题有关的方方面面的资料，如档案和文件等可以考虑到相关单位的资料室、档案馆、博物馆去查找；统计数据可以查找各级各类统计年鉴或者相关单位的统计报表；书籍、报刊则可以到大型图书馆去借助各种检索工具查阅。当前网络信息十分发达，网络系统中的资料尤其值得重视，利用网络能使我们检索文献更加高效、便捷。

（三）文献收集与积累

文献收集是重要而艰苦的工作，通过对文献的浏览、精读和收录（可充分利用现代化手段来进行收录），形成文献的提纲、摘录和摘要。文献的搜集要全面、客观。对确定要搜集的文献，最好是选择原始的第一手材料，这样才能保证它的客观真实性；对第二手材料，要认真考察它的出处，要跳出使用者的治学态度和主观立场。再者，应该具有历史责任感和现实精神，对搜集到的资料去伪存真、去粗取精。

文献积累是收集文献工作的另一个方面。每个研究课题都需要汇集积累一定的文献资料，而每个课题的研究过程还是一个新的文献资料的积累过程。文献积累在内容上要尽量全面。所谓“全面”，就是要求研究者不仅要收集课题所涉及的内容，还应注意收集由不同的人从不同的角度对同一问题同一方面的记载或评论的文献，同时还应该收集不同的甚至是相反的观点，不要轻易否定或忽视与自己相左的观点。积累文献可以把文献完整地保存下来，也可以通过写读书笔记、做卡片、摘记等方式，有重点地采集与自己课题有关的部分。

（四）文献鉴别

搜集、发掘到的文献只是供我们研究的一堆原料，如果不加以鉴别，资料再多也无助于认识和说明要考察或研究的问题，相反，有时还会引起混乱。鉴别文献的方法可分为“外审”和“内审”两类。

外审法是指对文献本身真伪的鉴别，包括对作者真伪的鉴别和对文献版本的鉴别。首先是对作者真伪的鉴别。通过对作者的其他作品来确定作者的语言风格，核实文献的风格是否与之一致；分析全部文献的体例是否一致；分析文献的思想观点和逻辑是否前后一致。其次是对文献版本的鉴别。可以通过对文献物质载体的物理性质的技术测定来判断文献形成的年代，如根据纸质、纸的脆裂程度、手稿上墨水的褪色程度或同位素的衰变程度来测定。

内审法是指对文献所载内容是否属实的鉴别。内审法的主要方法有以下几种：文献间的相互参照；实物与文献的相互参照；文献与其产生历史背景的相互参照；文献与其作者生平、立场与基本观点相互参照。

综上所述，外审法和内审法都是通过比较来进行鉴别的，去伪存真，以提高所收集文献的质量。在具体研究中，可根据被审文献的性质和复杂程度，采取多种方法或交错复核的方法。

（五）文献分析与形成结论

完成了对文献的鉴别后，就进入了文献分析过程。这是一个对已经收集并经过鉴别的文献内容进行分析、描述和整理，并从中得出研究结论的过程。

文献分析与整理方法主要有非结构式的定性分析方法和结构式的定量分析方法，它们各自从不同侧面对文献中所包含的信息进行加工和整理。

定性分析一般是对文献中所包含的信息进行分类，选取典型的例证加以重新组织，并在定性的基础上得出结论。文献的定性分析在辨别过去的趋势并用该信息去预测与此相关的未来模式方面具有特别的价值。

定量分析又叫内容分析，是对明显的文献内容进行客观而有系统的量化并加以描述的一种研究方法。定量方法有助于确定一个过去时代的事实。现在它已成为教育研究领域内一种重要的文献分析方法。特别是随着电子计算机的普遍应用，文献的定量研究越来越广泛。可以说，定量分析帮助提供对过去真实情况的描述。在公共管理研究中，研究者对各类公共管理文献资料，如论文、调研报告、会议文献、专题论著及政府规划、政府计划和政府报告等进行定量分析，从不同角度进行多方面研究。定量分析方法主要用于趋势分析、比较分析和意向分析等。

文献整理是指研究者对自己掌握的文献进行创造性的分析、综合、比较、概括等思维加工的过程。研究者通过对文献的分析与整合，从文献资料中得出事实判断或归纳、概括出原则或原理，形成结论，撰写研究报告（或论文）。

第三节 文献检索

文献检索就是以科学的方法利用专门的工具，从大量的文献资料中迅速、准确、完整地查找到文献资料的过程。文献检索是科学研究工作中的一个重要步骤，它贯穿研究的全过程。文献不仅为选题提供依据，选题以后必须围绕选题广泛地查阅文献资料，文献检索关系到研究的进程、质量以及能否出成果，因此必须掌握文献检索的技能。文献检索的途径和方法可以分为三大类，即图书馆文献检索、光盘数据库文献检索和搜索引擎文献检索。

一、图书馆文献检索

通过图书馆进行文献检索，通常是根据文献的外表特征和内容特征，利用目录、索引、文摘等检索工具来查找和获得所需要的文献的方法。

（一）检索工具

（1）目录。目录是检索工具中最悠久、使用最广泛的检索工具。国内权威的目录有以下几种：《全国总书目》（1949 年至今），国家版本图书馆编（一年一册）；《全国新书目》（月刊），国家版本图书馆编。

（2）索引。索引提供文献标题或主字码编目的篇名，但不提供文献的任何文摘或其他描述。索引是将图书、报刊资料中具有检索意义的信息，如词语、人名、书名、刊名、篇名和主题等分别摘录或加以注释，记明出处页码，按字的顺序或分类排列，附在书后或单独编辑成册。其中，《全国报刊索引》（月刊，上海图书馆编辑出版）是查找 1949 年后报刊资料的主要工具之一；《报刊资料索引》（年刊，中国人民大学书报资料中心编辑发行，原名为《复印报刊资料索引》）是很实用的专业文献检索工具。

（3）文摘。文摘是以简洁的形式对文献内容进行简明的介绍、摘录或描述。它提供的信息比目录和索引更多。根据编写的目的和用途，文摘可分为指示性文摘和报道性文摘。指示性文摘仅仅提供主要的线索和简要的内容；报道性文摘更详细一些，一般包括原文的主要内容及原文的主题范围、观点、思想方法和重要数据、推理过程和论证结果等。例如，《新华文摘》、《中国社会科学文摘》、《全国高等学校文科学报文摘》及 *Dissertation Abstract International*（国际论文摘要）（刊登各个大学博士论文摘要）。

（4）参考工具书。参考工具书是从大量的书籍中搜集编辑有关的内容，按一定的编排方式写成条目，专门供读者查找的文献。参考工具书可分为辞典、词典、百科全书、统计资料、年鉴、手册、大事记和传记等。参考工具书具有如下特点：内容丰富，可靠性、实效性强，观点新颖，具有很大的参考价值。

（5）国内外期刊。期刊写作群体庞大，出版周期短，内容新颖，反映了有关学科领域的最新动态和最高水平。

（二）检索途径

文献检索是通过将表示检索要求特征的信息与存贮（记录）在文献数据库中的文献特征信息进行相符性比较来实现的。文献特征信息包括内容特征信息（如分类号、检索词、代码等）和外表特征信息（如题名、著者、文献类型、文种、发表时间等）。文献的特征构成文献检索的途径，常用的途径主要有以下几种。

（1）著者途径。著者途径是专业人员把文献的作者按照一定的排检方法组织起来后形成的检索系统。它比较适合对某一特定作者所著文献的查找。如果只知道文献著者的姓名而不十分明确文献的准确名称，则可通过查找著者姓名来查找文献，图书馆均有按著者姓名笔画或拼音音序排列的馆藏文献著者目录。

（2）书名或篇名途径。书名或篇名途径是专业人员把文献的名称按照一定的排检方法组织起来后形成的检索系统。用户只要知道文献的名称，就可以查找到原始文献。一般情况下，图书馆的书名目录即提供了这样的检索途径，只要知道文献的名称，就可按笔画或拼音较顺利地查找到所需的文献。但应注意的是，一般图书馆、资料室只对图书进行按书名编目，对论文、研究报告及专业杂志中的单篇文献则往往不进行这样的编目，因而不容易查找。

（3）分类途径。分类途径是专业人员把文献的名称按照学科自身的体系组织起来的检索系统。它比较适合对某一特定学科中特定类别的文献进行查找。这是我国目前常用的重要检索方法之一。分类目录是每个图书馆必有的基础目录体系。从学科专业角度检索文献，要明确所查文献属于哪一学科、哪一类别，在分类体系中处于什么位置。为此，应掌握我国的学科系统分类法。根据《中华人民共和国国家标准》，文献分类以《中国图书馆分类法》为依据。

（4）主题途径。主题途径是专业人员根据文献的主题词组织起来的检索系统。由于文献主题词有一个或几个，所以这就为用户提供了较为宽阔的检索途径，可以根据主题词将分散在各学科中与“主题”有关的文献资料全部检索出来，而且较为完整、全面。国内主要使用主题索引的专用工具书有《汉语主题词表》《中国分类主题词表》。

以国家图书馆的检索为例，主要的检索途径有以下几种。

第一种，快速查找馆藏论文及英文原版书，具体方法如下：选择“快速检索”或“词组短语”检索方式→输入主题词→选择“主题”字段→点击“限制检索”按钮→选择“馆藏位置”等参数→点击“主题”字段按钮。

第二种，查找馆藏期刊，具体方法如下：选择“复杂检索”方式→选择参数 serials→输入期刊题名→点击“检索目录”按钮。

第三种，查找馆藏丛书，具体做法如下：选择“复杂检索”方式→选择参数 mono series→输入丛书题名→点击“检索目录”按钮。

第四种，主题检索，具体做法如下：选择“快速检索”方式，然后点击“主题”按钮。

第五种，著者检索，具体做法如下：中文著者姓名检索，可选择“快速检索”或“拼音检索”方式。英文著者姓名检索，可选择“快速检索”方式，然后输入著者姓、名或名、姓；另外，还可选用“词组短语”检索方式，输入著者姓名。

第六种，题名（书名）检索。如果只记得部分题名（关键词），可选用“快速检索”方式；如果能记得准确题名，可选用“词组短语”检索方式。

当需要寻找的关键词不止一个时，需按关键词的重要性顺序输入。在搜索时，为了提高准确度，可以利用布尔逻辑进行搜索。常用的布尔逻辑运算有三个连接词，即“and”、“or”和“not”。“and”意味着在题目或文章中必须同时出现所输入的两个关键词才符合检索条件，这样就增加了检索的专指性，使检索范围缩小；“or”意味着在题目或文章中只要出现所输入的关键词中的一个就可以了，它使检索范围变宽；“not”意味着在题目或文章中出现其中一个关键词而不是另一个关键词时才符合检索条件，可以排除不希望出现的检索词，提高检索的准确性。

（三）检索方法

1. 直接法

直接法是指直接利用检索工具（系统）检索文献信息的方法，这是文献检索中最常用的一种方法。它又分为顺查法、倒查法和抽查法。

（1）顺查法。顺查法是指按照时间的顺序，由远及近地利用检索系统进行文献信息检索的方法。这种方法能收集到某一课题的系统文献，它适用于较大课题的文献检索。例如，已知某课题的起始年代，现在需要了解其发展的全过程，就可以用顺查法从最初的年代开始，逐渐向近期查找。

（2）倒查法。倒查法是由近及远，从新到旧，逆着时间的顺序，利用检索工具进行文献检索的方法。此法的重点是放在近期文献上，使用这种方法可以最快地获得最新资料。

（3）抽查法。抽查法是指针对项目的特点，选择有关该项目的文献信息最可能出现或最多出现的时间段，利用检索工具进行重点检索的方法。

2. 追溯法

追溯法是指不利用一般的检索工具，而是利用已经掌握的文献末尾所列的参考文献，进行逐一地追溯查找“引文”的一种最简便的扩大情报来源的方法。它还可以从查到的“引文”中再追溯查找“引文”，像滚雪球一样，依据文献间的引用关系获得越来越多的内容相关文献。

3. 综合法

综合法又称为循环法，它是把上述两种方法加以综合运用的方法。综合法既要利用检索工具进行常规检索，又要利用文献后所附参考文献进行追溯检索，分期分段地交替使用这两种方法。也就是先利用检索工具（系统）检到一批文献，再以这些文献末尾的参考目录为线索进行查找，如此循环进行，直到满足要求时为止。

综合法兼有直接法和追溯法的优点，可以查得较为全面而准确的文献，是实际中采用较多的方法。对查新工作中的文献检索，可以根据查新项目的性质和检索要求将上述检索方法融会在一起，灵活处理。

（四）检索步骤

第一，分析检索课题。分析检索课题是为了明确检索的目的和要求，使检索有的放矢，便于确定合适的检索途径，选择最佳的检索方法，运用积极的检索思维。对所研究课题的历史沿革、现状、发展等背景资料进行全面的分析，明确研究课题的性质及预期达到的目标，分析确定课题与相关学科门类的关系，可以较好地解决检索范围过大和过小的问题。具体可以从以下三方面入手：一是分析检索课题的学科门类；二是分析检索课题的内容主题；三是分析检索课题的检索条件。

第二，确定检索途径。上文已经介绍了检索的多种途径，但适用于各项研究的检索途径却各不相同，各种检索途径均有优劣，应根据实际加以选择。例如，对已知书名可运用书名途径；已知著者可用著者途径；如果需要对某一领域的资料进行较全面的检索，可用分类途径；对某一主题进行检索，则可从主题词或关键词途径进行检索。

第三，选用科学适用的检索工具，科学地使用检索工具。必须挑选有声誉的优秀出版社的权威检索工具，熟悉并掌握检索工具的特点、说明及范例。

二、光盘数据库文献检索

光盘检索系统主要有三种形式：一是采用 CD-ROM（compact disc read-only memory，即只读光盘）驱动器附加在独立微机上的单用户工作方式。每次只能装入一张光盘，供一个人使用，一张光盘检索完毕后，再换另一张光盘检索。二是使用网络服务器将多个光盘驱动器或光盘库、光盘塔和计算机连接起来，构成一个光盘网络系统，多个用户可同时在终端机上检索任何一张光盘中的数据。三是将网络系统接入学校或地区的校园或局域网络，用户可通过联入网络的个人计算机随时访问光盘数据库中的数据。当前使用比较多的光盘信息检索形式主要为第二种和第三种形式，尤以第二种形式最为突出。近年来，光盘技术与光盘信息检索系统发展很快，目前国内外已研制开发了大量的光盘文献数据库，为公共管理研究提供了丰富的文献资料。

（一）中外文主要数据库介绍

世界各国政府、研究机构和公司已开发了数以万计的文献数据库，为公共管理研究文献的检索提供了丰富的检索资源。以下介绍几个公共管理研究常用的中外文文献数据库。

（1）中国知识资源总库：由光盘国家工程研究中心、清华同方股份有限公司出版。它是我国目前最大的、连续动态更新的文献数据，包括中国期刊全文数据库、中国优秀博硕士学位论文全文数据库、中国重要会议论文全文数据库、中国重要报纸全文数据库、中国图书全文数据库、中国年鉴全文数据库、中国引文数据库、中国期刊信息与知识数据库 8 个数据库。其中，中国期刊全文数据库分为 9 大专辑，收录 1994 年以来国内 6 600 种核心与专业特色中英文期刊的全文。其中中国期刊全文数据库收录的核心期刊约占 80%，年收录量达十几万篇，这些期刊覆盖了我国的 131 个基本学科。

（2）《中文社会科学引文索引》（*Chinese social sciences citation index*，CSSCI）：作为我国社会人文科学主要文献信息查询与评价的重要工具，CSSCI 提供来源文献、被引文献、优化检索等多种信息检索。已开发 CSSCI（1998~2005 年）8 年的数据，来源文献 54 余万篇，引文文献 320 余万篇。

（3）万方数据资源：由万方数据集团公司开发的网上数据库联机检索系统，该系统提供科技信息、商务信息等 108 个数据库的网上检索，有期刊论文、会议论文、学位论文、科技成果、专利数据、产品信息、标准、法律法规、科技名录、高等院校信息、公共信息等各类数据资源。万方数据资源还提供约 2 000 种电子全文期刊（数字化期刊）的检索、浏览、打印和下载。

（4）中国科技期刊数据库：由科学技术部西南信息中心开发的全文数据库，收录了 1989 年至今的科技期刊数据，检索途径广，具有关键词、刊名、作者、机构、题名、文摘、分类号、ISSN、CN、馆藏号等检索入口。

（5）超星数字图书馆：内含 22 万册以上中文图书，主题丰富、扫描完整，并可进行检索，是现今最大的电子书数字图书馆，包含经法社、文哲、史地、生医、科学、工程及其他六大类图书。

（6）方正 Apabi 数字图书系统：该系统是目前我国很具影响力且颇受好评的数字图书系统，涵盖了社会学、哲学、宗教、历史、经济管理、文学、休闲娱乐、数学、化学、地理、生物、医学、工程和机械等多种学科，同时方正 Apabi 还为读者提供了优质的借阅服务和方便的阅览工具。

（7）EBSCO：该数据库是目前世界上最大的多学科学术期刊全文数据库。这个数据库提供了 7 876 种期刊的文摘和索引、3 990 种学术期刊的全文。其中，100 多种全文期刊回溯到 1975 年或更早，大多数期刊有 PDF 格式的全文。这个数据库几乎覆盖了所有的学术研究领域，包括社会科学、人文科学、教育学、计算机科学、工程学、物理学、化学、语言学、艺术、文学、医学和种族研究等。

（8）OECD（Organization for Economic Co-operation and Development，即经济合作与发展组织）的出版物数据库：OECD 出版物包括将近 1 000 本电子书、报告，以及 24 个期刊和 24 个统计数据库。OECD 共出版书籍、报告 4 000 余种，现在可以通过 PDF 的形式在网上提供从 1998 年以来出版的将近 1 000 种图书、报告。OECD 出版的 24 种期刊全部在线，分为一般期刊、参考类期刊、统计类期刊三大类，包括经济、金融、教育、能源、法律和科技等各领域。OECD 还有 24 个在线统计数据库，用户可以自行创建表格，将 OECD 中的数据整理建立成自己想要的数据库格式。所用的软件都可以在其网上免费下载，无须培训，操作简单。其数据不仅来自 OECD 的 30 个成员方，而且也有来自中国、俄罗斯、巴西的统计数据。

（9）Dialog：该数据库于 20 世纪 60 年代由美国洛克西德导弹和空间公司开始创建，1972 年发展成为国际性的联机检索系统，目前是世界上规模最大的综合性商业联机数据库检索系统，拥有全文、数目、指南、事实及数据型数据库 500 多个，内容涉及农业、基础科学、工业技术、生物与医药、能源与环境、专利与商标、厂商机构名录、金融、商务、时事新闻、社会科学和人文科学等各个领域。

（10）OCLC：（Online Computer Library Center，Inc.，即联机图书馆计算机中心），是一个面向图书馆的文献信息服务机构。它的联机检索服务 First Search，自 1991 年发行以来深受用户的欢迎。CALIS（China Academic Library and Information System）订购了 OCLC 的 13 个综合性数据库，内容涉及工程和技术、工商管理、人文和社会科学、医学、教育、大众文化等领域。1999 年 8 月，OCLC 推出了新研制的 New FirstSearch 检索系统。新系统的检索功能强大、界面友好、操作简便并易于获取全文。

（11）ISI Web of Science：ISI 美国科学情报研究所创建的网络版文献数据库涉及自然科学、工程技术、社会科学及艺术与人文等领域，为学院、社团、政府及非营利性组织提供支持的综合平台。ISI Web of Science 是著名的 SCI（science citation index，即科学引文索引）的网络版及其扩充，是国内外学术评价极为重要的工具。

（12）OCLC-Net Library：该数据库是世界上著名的电子图书数据库系统，目前收录了全球 312 家出版社的近 5 万种电子图书，这些图书涉及自然科学和人文科学各个领域，其中不仅包含学术性强的著名专业著作，还收录最新出版的各类图书。

（二）数据库文献检索方法

各个数据库的文献检索方法虽然各有特点，但总体来看，基本检索方法还是相似的。我们以中国期刊全文数据库为例说明文献检索的方法。

1. 登录中国期刊全文数据库网页

登录中国期刊全文数据库网页后，系统提供的基本检索方式有快速检索、标准检索和专业检索等。各种检索方式的检索功能有所差异，但基本上遵循由高向低兼容的原则，即标准检索中包含快速检索的全部功能，专业检索中包括标准检索的全部功能，如图 3-1 所示。

图 3-1 中国期刊全文数据库网页

2. 选择“快速检索”功能

选择“快速检索”后，进入快速检索界面。在此页面上，用户可利用检索框和文献分类目录完成简单检索和一般的逻辑组合检索。如果要进行更复杂的检索，可点击页面右上方的“标准检索”和“专业检索”链接，进入标准检索和专业检索。《中国期刊全文数据库》设有 17 个“检索项”，即主题、篇名、关键词、摘要、作者、第一责任人、单位、刊名、参考文献、全文、智能检索、年、期、基金、中图分类号、ISSN 和统一刊号。

快速检索即在“检索项”输入框内选定一种检索途径（如“篇名”），接着在“检索词”输入框内输入某个检索词（如“地方政府信用”），然后单击“检索”按钮后即可出现检索结果，在检索结果概览区中选择需要的某一篇文章在“细阅区”内仔细查看有关信息，最后根据需要进行下载。例如，在“检索框”内输入“地方政府信用”，结果检索到 3 282 篇有关政府信用问题研究的论文，如图 3-2 所示。

3. 选择“标准检索”功能

选择“标准检索”功能后，进入标准检索界面。标准检索是一种比快速检索要复杂一些的检索方式。但也可以进行简单检索。高级检索的特有功能如下：多项双词逻辑组合检索、双词频控制。

多项双词逻辑组合检索：多项是指可选择多个检索项；双词是指一个检索项中可输入两个检索词（在两个输入框中输入），每个检索项中的两个词之间可进行五种组合，即并且、或者、不包含、同句和同段，每个检索项中的两个检索词可分别使用词频、最近词和扩展词；逻辑是指每一检索项之间可使用逻辑与、逻辑或、逻辑非进行项间组合。

例如，在第一个“检索项”空格内选择“第一作者”，第二个“检索项”空格内输入“范柏乃”，在相应的“检索词”空格内填写“地方政府”，结果检索到 14 篇论文，如图 3-3 所示。

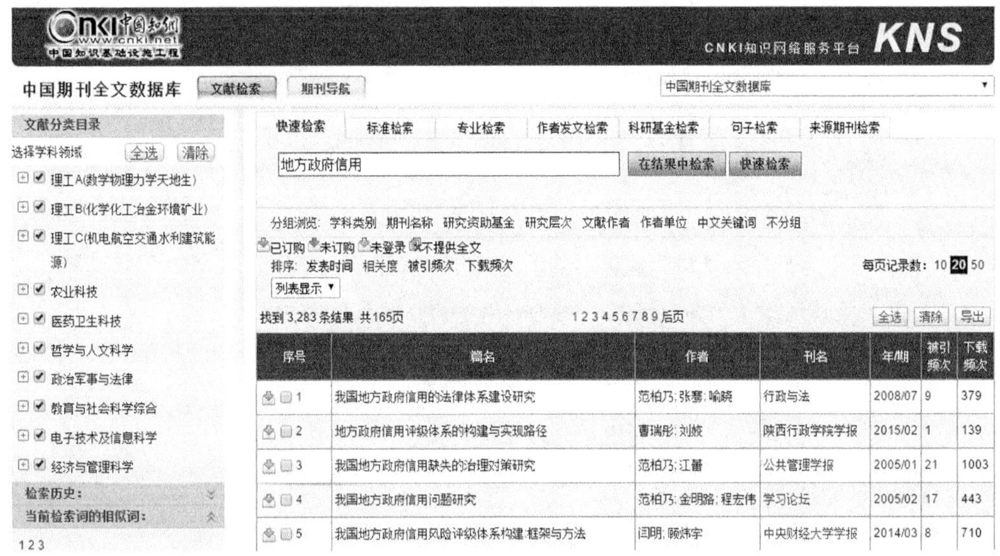

图 3-2 有关政府信用问题研究的搜索结果——快速检索

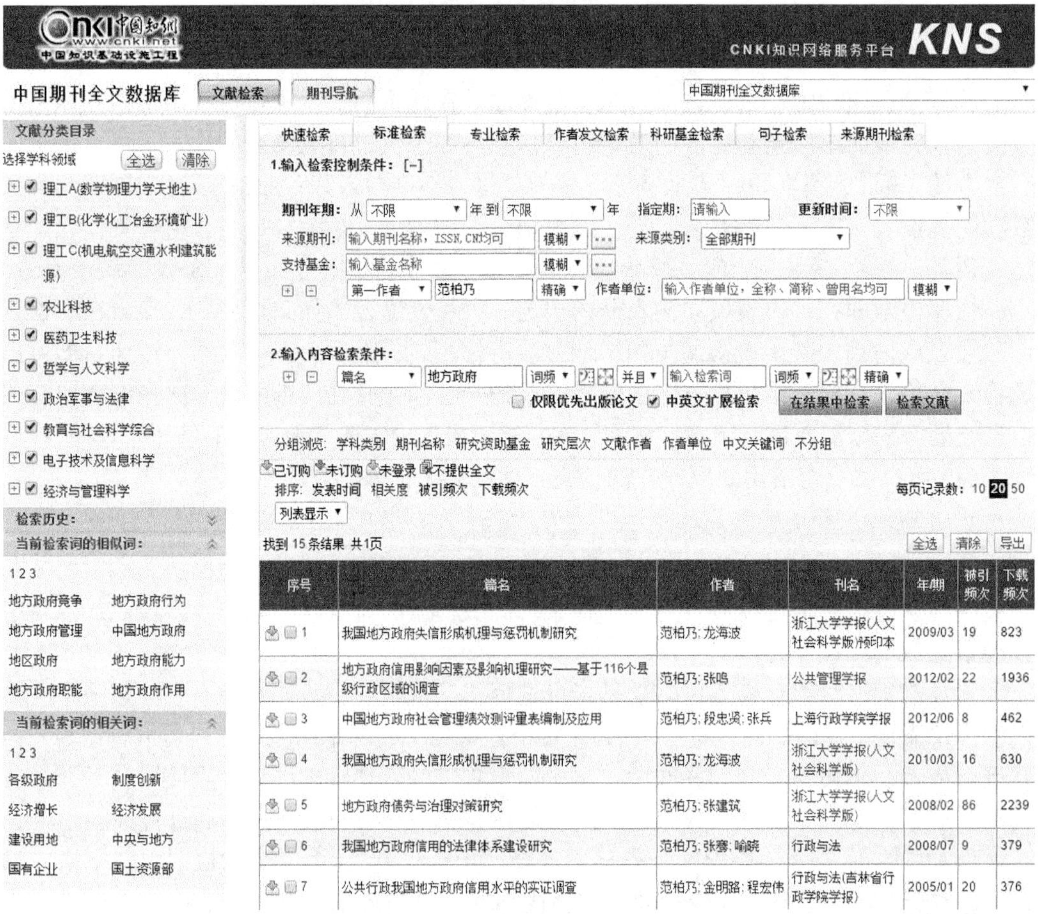

CNKI 中国知网 www.cnki.net 中国知识基础设施工程

CNKI知识网络服务平台 KNS

中国期刊全文数据库 文献检索 期刊导航 中国期刊全文数据库

文献分类目录

选择学科领域 全选 清除

理工A(数学物理力学天地生)

理工B(化学化工冶金环境矿业)

理工C(机电航空交通水利建筑能源)

农业科技

医药卫生科技

哲学与人文科学

政治军事与法律

教育与社会科学综合

电子技术及信息科学

经济与管理科学

检索历史：

当前检索词的相似词：

1 2 3

地方政府竞争 地方政府行为

地方政府管理 中国地方政府

地区政府 地方政府能力

地方政府职能 地方政府作用

当前检索词的相关词：

1 2 3

各级政府 制度创新

经济增长 经济发展

建设用地 中央与地方

国有企业 国土资源部

快速检索 标准检索 专业检索 作者发文检索 科研基金检索 句子检索 来源期刊检索

1.输入检索控制条件：[–]

期刊年期：从 不限 年 到 不限 年 指定期：请输入 更新时间：不限

来源期刊：输入期刊名称，ISSN，CN均可 模糊 来源类别：全部期刊

支持基金：输入基金名称 模糊

第一作者 范柏乃 精确 作者单位：输入作者单位，全称、简称、曾用名均可 模糊

2.输入内容检索条件：

篇名 地方政府 词频 并且 输入检索词 词频 精确

仅限优先出版论文 中英文扩展检索 在结果中检索 检索文献

分组浏览：学科类别 期刊名称 研究资助基金 研究层次 文献作者 作者单位 中文关键词 不分组

已订购 未订购 未登录 不提供全文

排序：发表时间 相关度 被引频次 下载频次 每页记录数：10 20 50

列表显示

找到 15 条结果 共1页 全选 清除 导出

序号	篇名	作者	刊名	年期	被引频次	下载频次
1	我国地方政府失信形成机理与惩罚机制研究	范柏乃; 龙海波	浙江大学学报(人文社会科学版)预印本	2009/03	19	823
2	地方政府信用影响因素及影响机理研究——基于116个县级行政区域的调查	范柏乃; 张鸣	公共管理学报	2012/02	22	1936
3	中国地方政府社会管理绩效测评量表编制及应用	范柏乃; 段忠贤; 张兵	上海行政学院学报	2012/06	8	462
4	我国地方政府失信形成机理与惩罚机制研究	范柏乃; 龙海波	浙江大学学报(人文社会科学版)	2010/03	16	630
5	地方政府债务与治理对策研究	范柏乃; 张建筑	浙江大学学报(人文社会科学版)	2008/02	86	2239
6	我国地方政府信用的法律体系建设研究	范柏乃; 张赛; 喻晓	行政与法	2008/07	9	379
7	公共行政我国地方政府信用水平的实证调查	范柏乃; 金明路; 程宏伟	行政与法(吉林省行政学院学报)	2005/01	20	376

图 3-3 有关政府信用问题研究的搜索结果——标准检索

4. 选择“专业检索”功能

选择“专业检索”功能后，进入专业检索界面。专业检索比高级检索功能更强大，但需要检索人员根据系统的检索语法编制检索公式进行检索，适用于熟练掌握检索技术的专业检索人员。例如，在检索框内输入“第一责任人=范柏乃”，则可以检索到172篇相关论文，如图3-4所示。

图3-4 专业检索页面

三、搜索引擎文献检索

搜索引擎的优点主要表现为以下几点：检索面广，信息量大，大多数搜索引擎进行的是全文检索，能深入每个网址的深层挖掘信息，从而有利于检索结果的查全性；检索功能强，每个搜索引擎都能够提供多种检索功能；信息更新速度快，其自动跟踪软件每天不停地在网上搜索，其信息更新速度要比人工建立的检索工具快；特别适用于特定主题词的检索。国内主要网络搜索引擎有Google、Baidu、新浪、雅虎中国、网易、搜狐和3721等；国际主要网络搜索引擎有Yahoo!、AlVista、Excite、InfoSeek、Lycos和AOL等。值得提出的是，运用搜索引擎进行检索与通过专业数据库进行检索相比，前者产生的干扰明显较大，比较费时。尤其是当检索策略使用不当时更容易影响检索的效果和质量，其优点则在于更新速度大大快于专业数据库。

第四节 文献综述

文献综述是在对某研究领域的文献进行广泛阅读和理解的基础上，对该领域研究成果的综合和思考，是高度浓缩的文献产品。根据涉及的内容范围不同，文献综述可以分成两类：一类是较为宏观的，涉及的范围为整个领域、专业或某一大的研究方向；一类是较为微观的，这类综述可以涉及相当小的研究方向甚至某个论题，谈论的问题更为具体与深入。

一、文献综述的特征和意义

文献综述反映当前某一领域中某分支学科或重要专题的历史现状、最新进展、学术见解和建议，它往往能反映出有关问题的新动态、新趋势、新水平、新原理和新技术等。文献综述是针对某一研究领域分析和描述前人已经做了哪些工作，进展到何种程度，要求对国内外相关研究的动态、前沿性问题做出较详细的综述，并提供参考文献。作者一般不在其中发表个人见解和建议，也不做任何评论，只是客观概括地反映事实。

文献综述与“读书报告”、“读书笔记”和“研究进展”等有相似的地方，它们都是从某一方面的专题研究论文或报告中归纳出来的。但是，文献综述既不像“读书报告”“读书笔记”那样单纯把一级文献客观地归纳报告，也不像“研究进展”那样只讲科学进程，其特点是“综”，“综”是要求对文献资料进行综合分析、归纳整理，使材料更精练明确、更有逻辑层次；“述”就是要求对综合整理后的文献进行比较专门的、全面的、深入的、系统的论述。总之，文献综述是作者对某一方面问题的历史背景、前人工作、争论焦点、研究现状和发展前景等内容进行评论的科学性论文。

对具体科研工作而言，一个成功的文献综述能够以其严密的分析评价和有根据的趋势预测，为新课题的确立提供强有力的支持和论证，在某种意义上，它起着总结过去、指导提出新课题和推动理论与实践新发展的作用。

二、文献综述的基本结构

文献综述的内容决定文献的形式和结构。由于课题、材料的占有和资料结构等方面的情况多种多样，所以很难完全统一或限定各类文献综述的形式和结构。但是，文献综述一般都包含以下几个部分：①综述题目；②作者单位；③摘要；④关键词；⑤前言；⑥主体部分；⑦总结部分；⑧参考文献。下面着重介绍前言、主体部分、总结部分及参考文献。撰写文献综述时可按这四部分拟写提纲，再根据提纲进行撰写。

（一）前言

前言主要是说明写作的目的，介绍有关的概念、定义以及综述的范围，同时扼要说明有关主题的现状或争论焦点，使读者对全文要叙述的问题有一个初步的轮廓。这部分主要包括以下四方面内容。

（1）说明写作的目的。

（2）有关概念的定义。

（3）规定综述的范围，具体包括以下内容：专题涉及的学科范围，综述范围切忌过宽、过杂；时间范围，必须声明引用文献起止的年份。

（4）扼要说明有关问题的现况或争论焦点，引出所写综述的核心主题，这是广大读者最关心而又感兴趣的，也是写作综述的主线。

（二）主体部分

主体部分主要包括论据和论证。通过提出问题、分析问题和解决问题，比较各种观点的异同点及其理论根据，从而反映作者的见解。为了把问题说得明白透彻，可分为若干个小标题分述。这部分应包括历史发展、现状分析和趋向预测几个方面的内容：①历史发展，即要按时间顺序，简要说明这一课题的提出及各历史阶段的发展状况，体现各阶段的研究水平。②现状分析，即介绍国内外对课题的研究现状及各派观点，包括作者本人的观点。将归纳、整理的科学事实和资料进行排列以及必要的分析。对有创造性和发展前途的理论或假设要详细介绍，并引出论据。对有争论的问题要介绍各家观点或学说，并进行比较，指出问题的焦点和可能的发展趋势，并提出自己的看法。对陈旧的、过时的或已被否定的观点可从简。对一般读者熟知的问题只要提及即可。③趋向预测，即在纵横对比中肯定所综述课题的研究水平、存在问题和不同观点，提出展望性意见。这部分内容要写得客观、准确，不但要指明方向，而且要提示捷径，为有志于攀登新高峰者指明方向，搭梯铺路。主体部分没有固定的格式，有的按问题发展历史依年代顺序介绍，也有的按问题的现状加以阐述。不论采用哪种方式，都应比较各家学说及论据，阐明有关问题的历史背景、现状和发展方向。主体部分的写法有下列几种。

一是纵式写法，“纵”是“历史发展纵观”。它主要围绕某一专题，按时间先后顺序或专题本身发展层次，对其历史演变、目前状况和趋向预测进行纵向描述，从而勾画出某一专题的来龙去脉和发展轨迹。纵式写法要把握发展脉络，即对某一专题在各个阶段的发展动态进行扼要描述，已经解决了哪些问题，取得了什么成果，还存在哪些问题，今后发展趋向如何，对这些内容要把发展层次交代清楚，文字描述要紧密衔接。撰写综述不要孤立地按时间顺序罗列事实，把它写成了“大事记”或“编年体”。纵式写法还要突出一个“创”字。有些专题时间跨度大，科研成果多，在描述时就要抓住具有创造性和突破性的成果进行详细介绍，而对一般性、重复性的资料就从简从略。这样既突出了重点，又做到了详略得当。纵式写法适合于动态性综述。这种综述描述专题的发展动向明显，层次清楚。

二是横式写法，“横”是“国际国内横览”。它就是对某一专题在国际和国内的各个方面（如各派观点、各家之言、各种方法、各自成就等）加以描述和比较。通过横向对比，既可以分辨出各种观点、见解、方法和成果的优劣利弊，又可以看出国际水平、国内水平和本单位水平，从而找到差距。横式写法适用于成就性综述。这种综述专门介绍某个方面或某个项目的新成就，如新理论、新观点、新发明、新方法、新技术和新进展等。因为是“新”，所以时间跨度短，但却引起国际、国内同行关注，纷纷从事这方面研究，发表了许多论文，如能及时加以整理，写成综述向同行报道，就能起到借鉴、启示和指导的作用。

三是纵横结合式写法。在同一篇综述中，同时采用纵式与横式写法。例如，写历史背景采用纵式写法，写目前状况采用横式写法。通过“纵”“横”描述，才能广泛地综合文献资料，全面系统地认识某一专题及其发展方向，做出比较可靠的趋向预测，为新的研究工作选择突破口或提供参考依据。无论是纵式、横式或是纵横结合式写法，都要求做到以下几点：一要全面系统地搜集资料，客观公正地如实反映；二要分析透彻，综合恰当；三要层次分明，条理清楚；四要语言简练，详略得当。

（三）总结部分

总结部分与研究性论文的小结有些类似，将全文主题进行扼要总结，对所综述的主题有研究的作者，最好能提出自己的见解。

（四）参考文献

由于参考文献不仅表示对被引用文献作者的尊重及引用文献的依据，而且也为评审者审查提供查找线索。参考文献的编排应条目清楚，查找方便，内容准确无误。参考文献著录格式如下：

（1）期刊作者. 题名［J］. 刊名，出版年，卷（期）：起止页码。

（2）专著作者. 书名［M］. 版本（第一版不著录）. 出版地：出版者，出版年：起止页码。

（3）论文集作者. 题名［C］. 编者. 论文集名，出版地：出版者，出版年：起止页码。

（4）学位论文作者. 题名［D］. 保存地点. 保存单位. 年份。

（5）专利文献题名［P］. 国别. 专利文献种类. 专利号. 出版日期。

（6）标准代号，标准名称［S］. 出版地：出版者，出版年。

（7）报纸作者. 题名［N］. 报纸名. 出版日期（版次）。

（8）报告作者. 题名［R］. 保存地点. 年份。

（9）电子文献作者. 题名［电子文献及载体类型标识］. 文献出处，日期。

三、文献综述的基本要求

（1）文献要“全”和“新”。收集大量的文献资料是写好综述的前提，否则，随便搜集一点资料就动手撰写是不可能写出好的综述的。此外，尽可能查阅和引用最新文献资料。普赖斯指数，即引用最近5年内发表的文献数应达70%左右，普赖斯指数越高，越能反映文献综述的新颖程度，也越易于发表或引导新课题研究。

（2）文献要有代表性、可靠性和科学性。在搜集到的文献中可能出现观点雷同，有的文献在可靠性及科学性方面存在差异，因此，在引用文献时应注意选用代表性、可靠性和科学性较好的文献。

（3）综合性要强，焦点要集中。应能够紧紧围绕中心论题旁征博引，做到放得开、收得拢，即为了集中于焦点，广泛综述国内外的相关研究成果。

（4）引证要准确，评价要客观。要引用原作者的原文（防止对原作者论点的误解），不能从二手材料来判定原作者的"错误"，以免以讹传讹或断章取义；既要注意引证与自己观点相同的文献，也要引证不同的文献；发表观点和见解要做到论据充足，分析客观。

（5）采用文献中的观点和内容时应注明来源，模型、图表、数据应注明出处，不要含糊不清。

（6）要发表自己的观点和见解。应在综述文献的基础上对所引用的原理、方法、成果或结论等发表自己的意见，而不是纯粹从文献到文献的堆砌。

（7）所有提到的参考文献都应和所研究问题直接相关。

➢复习思考题

1. 文献的概念与特点。
2. 如何对文献进行科学分类。
3. 文献法的概念、特点与作用。
4. 文献检索的基本要求、主要途径和具体方法。
5. 试比较非结构式定量研究和结构式定性研究。
6. 文献综述在公共管理研究中的意义和作用。
7. 结合你的研究课题写一篇文献综述。

第四章

访　谈　法

质的研究方法是社会科学研究的重要方法，它使用归纳法分析资料和形成理论，通过与研究对象互动对其行为和意义建构获得解释性理解。质的研究方法以研究者本人作为研究工具，在自然情境下采用多种资料收集方法，对社会现象进行整体性探究。其中最常用的资料收集方法有访谈法、观察法及实物分析法。

第一节　访谈法的内涵

一、访谈法的含义

访谈法是访谈者通过与受访者之间的口头交谈，借以了解受访者的动机、态度、个性和价值观念等，以收集研究的第一手资料的一种研究方法。在访谈过程中，尽管谈话者和听话者的角色经常在交换，但归根到底访谈者是听话者，受访者是谈话者。访谈法作为一种研究方法，与日常谈话是有区别的。访谈有明确的目的性，访谈者与受访者接触较为正规，受访者所提供的信息应该大致限定在访谈目的之内。访谈法具有两个明显的特点：一是整个访谈是访谈者与受访者互相影响、互相作用的过程；二是它具有特定的科学目的和一整套设计、编制和实施的原则。

访谈是一种言语事件，本身就是“现实”存在的一种方式，反映的是一种特定的社会现实。访谈作为一种言语事件有方法论的重要意义：

（1）访谈本身就是参与双方共同建构的一个社会事件，对双方都有一定的“现实”意义。访谈的言语风格是双方共同建构的。双方都是在把访谈作为一种社会事件的理解上进行提问和回答。访谈者的提问为对方的意义建构提供了一个契机。而对方回答，不论是回忆还是对现实的描述，都是一种对事实或意义的重构。访谈所获得的结果不是访谈者独自从对方那里“收集”来的，而是交谈双方在访谈这一特定社会情境下相互建构出来的。访谈并不能做到真正的客观，但也必须认识到双方共同建构社会现实的真实性。

（2）访谈作为言语事件，其本身是一个有机的整体。交谈双方的每一段对话都是这一言语事件的一个部分，各部分之间是相互联系的。受访者回答不仅针对问题本身，还针对访谈的整体情境。访谈双方的社会角色、交往目的和个人的兴趣都可能影响到受访者的回答。受访者存在自己接受访谈的动机，这将影响并引导受访者谈话的内容和方式。

（3）访谈作为言语行为，不仅可以表达意义，而且可以"以言行事"和"以言取效"。"以言行事"是指说话者使用语言来完成某种超出语言的行为；"以言取效"是指说话者借助语言来达到改变听话人的思想和行为的效果。

访谈作为言语事件表明访谈不是一方"客观"地向另一方了解情况的过程，而是双方相互作用，共同构建"事实"和"行为"的过程。交谈双方实际上是在一起营造访谈的氛围和话语情境。

二、访谈法的意义与局限性

访谈法作为定性研究的重要方法，越来越多地受到公共管理研究者的重视。访谈是研究性的交流活动，通过研究者的主动询问，以及被研究者的深情倾诉，从而建构公共管理研究问题的理论意义。

（一）访谈法的意义

在公共管理研究中，访谈法的意义主要表现在以下几个方面：

（1）访谈法是定量研究的必要补充。在公共管理研究中定量研究主要用于变量之间关系的确定、变量的未来预测，以及事物的数量特征描述等。在解释变量间的关系和定义结论时要依靠访谈法等方法收集资料，以便合理地解释变量之间的关系。定量研究对我们研究事件发展的宏观趋势和事物的数量程度有很大帮助。例如，通过定量研究确立民主选举的结果，了解某一地区的教育质量水平，等等。但是，定量研究在研究和解释微观问题与个案时有本身的劣势，因为数据不能完全描述个体之间存在的具体差异和深层次的动机、态度、个性与价值观念等，这就需要借助访谈法等方法获取第一手资料做必要的补充。

（2）访谈法可以对访谈对象进行全面深入的观察。访谈者在进行访谈时，不仅可以了解访谈对象口头表述的内容，而且可以同时从访谈对象身上了解更多的信息。访谈对象在表述一个观点或陈述一个事实时，言谈举止的表现往往隐藏着重大的信息。如果访谈者没有对访谈对象进行访谈，访谈对象的这些隐蔽的信息往往失去了表现的机会。因此，访谈过程是进行观察的良好时机，访谈对象的言辞、语气、神态和动作等都可以使访谈者更加深入地了解访谈对象，从而对访谈对象的看法和说法是否可信、是否全面等做出较为全面准确的判断，以鉴别其回答的真实可靠程度。

（3）访谈法灵活性强。访谈者可以根据访谈过程中的具体情况来灵活决定诸如是否需要进一步问一些与调查主题有关的其他问题，是否需要重复或进一步解释那些访谈对象不太理解的问题等。另外，灵活性还表现在访谈者可以为不同的访谈对象准备与之适合的一套问题，这就使访谈法较其他方法具有更强的适应性。

（4）访谈法可以使用比较复杂的调查问卷或访谈提纲。由于有访谈者作为访谈对象的指导者，尤其是那些受过良好训练并富有访谈经验的访谈调查员，他们可以利用一些问卷或访谈提纲了解一些比较复杂的问题。

（5）访谈法可以克服问卷调查中问卷回收率低的缺点。在访谈调查中，一些由于种种原因不愿在问卷调查中作答的调查对象，或出于礼貌或者其他缘故却愿意向访谈者谈出他们对调查者需要调查的那些问题的观点、看法或意见、建议。

（二）访谈法的局限性

在公共管理研究中，访谈法是了解现状、确立研究问题，以及建构公共管理理论的重要方法。但访谈法的局限性也不能忽视，主要表现在以下几个方面。

首先，费用多、时间长，从而使访谈调查的应用范围受到局限。由于这种缺点的存在，许多经费少、时间短而又规模大的调查项目不宜使用访谈调查法。

其次，标准化程序低，难于统计分析。访谈中即使研究者设计好一整套访谈提纲，由于具体访谈情境的变化，也就不得不对访谈提纲做出一定程度的调整或修改。这样一方面使访谈更适应每一个在年龄、性别、文化程度、种族、风俗习惯及个性特征等各方面可能存在差异的访谈对象；另一方面则带来了标准化程度低的缺点，难以进行统计分析。

最后，极易产生偏差。访谈调查是访谈者与访谈对象的互动过程。在这个过程中，无论是访谈对象还是访谈者都极易导致各种偏差。从访谈对象这方面看，访谈中他可能极易受到访谈者的性别、种族、社会地位、年龄、服装、外貌、谈话中的表情甚至语调等许多因素的影响，从而可能导致偏差。很多时候访谈对象的心境、访谈经验及文化程度等也会使其作答时发生各种偏差。从访谈者这方面看，由于受经验、文化水平和社交能力等的影响，他们有时候不小心漏掉了一些该问的问题和该记下的答案或意见，有时问一些不相干、可有可无的甚至带有偏见和自相矛盾的问题，所以调查结果有很大的随意性，容易出现一些显而易见的错误或偏差。

此外，访谈调查还有诸如没有足够的时间让访谈对象深思熟虑、不能保证受访者匿名、不能查阅有关资料及易受环境的干扰等缺点。

三、访谈法的分类

由于研究问题的性质、目的或对象的不同，访谈法具有不同的形式。根据访谈进程的标准化程度，可将访谈法分为结构式访谈（structured interview）和非结构式访谈（instructured interview）；根据访谈时是否借助于一定的中介物，可将访谈法分为直接访谈（direct interview）和间接访谈（indirect interview）；按访谈对象的数量，可分为个别访谈和集体访谈；按访谈中的提问方式，可将访谈法分为定向型访谈和非定向型访谈；按访谈时间或次数，可将访谈法分为一次性访谈与重复性访谈。

（一）结构式访谈和非结构式访谈

1. 结构式访谈

结构式访谈，又称控制式访谈。它是研究者根据预定目标，事先拟好访谈提纲或访谈的具体问题，通过访谈者主动询问、受访者逐一回答的方式进行。结构式访谈组织比较严密，条理清楚，访谈者对整个谈话过程也容易掌握和控制，访谈结果便于统计分析，对不同访谈对象的回答还易于进行对比，运用这种方法比较节省时间。这种方法类似于问卷调查法，只是不让被试笔答，仅用口答而已。结构式访谈可能使受访者感到拘束，产生顾虑。此外，由于难以根据双方的具体情况灵活地采用适当的方式、程序进行，所以访谈结果可能缺乏深度。

结构式访谈最大的特点是整个访谈过程是严格控制和标准化的。访谈对象按照统一的标准与方法选取，通常采用概率抽样。访谈中，访谈员对访谈对象提出的问题都必须严格按照统一问卷上问题的顺序和方式，根据访谈指南的统一口径对访谈对象的疑问做出解释，同时对访谈对象回答的记录也是完全统一的。

2. 非结构式访谈

非结构式访谈，又称为非标准化访谈和自由访谈，它是一种半控制或无控制的访谈。它没有事先统一问卷和提问的标准顺序，而只是一个大致范围或一个题目细化后的问题大纲，由访谈员与访谈对象在这一范围内就问题大纲自由交谈，而具体问题可在访谈过程中边谈边形成边提出。与结构式访谈相比，非结构式访谈最大的特点是能充分发挥访谈员和访谈对象的积极性、灵活性。非结构式访谈的实施方式不同，通常分为重点访谈、深度访谈和客观陈述式访谈几种类型。

（1）重点访谈。重点访谈又称为集中访谈，是集中于某一特定问题的访谈。所谓重点不是指对访谈对象的重点挑选，而是指访谈所侧重的内容。它通常针对的是访谈对象在一定情境中因为受到某种刺激而产生的特殊反应，调查研究者从这些反应中获取信息，再进行分析、解释。调查研究者需事先对情境本身有所研究，即通过深入分析这一情境的主要因素、模式及条件等，得出有关的若干假设，并根据这些假设提出若干侧重点，然后根据这些侧重点进行访谈，搜集有关个人的经历或特殊感受的资料。重点访谈实际上是一种半结构式访谈，并不是完全无结构的，即虽然没有事先确定问卷或访谈提纲，但主题和侧重点是预定的。在实际访谈中，访谈者也往往预设一些问题，既有封闭式的，又有开放式的，由访谈对象根据这些问题自由陈述自己的经验和认识。访谈员可以根据情况随时提出新问题，调整预设问题，以获得事先未曾预料的大量新资料。

重点访谈适用于调查人们由于某种特殊经验而引起的态度变化。但是，此方法的使用需要高度技巧和想象力，对访谈者的素质要求很高，而且所收集的资料多是不可比较的，分析解释的难度较大，因此不适用于定量分析。

（2）深度访谈。深度访谈是一种无结构的、直接的、个人的访问。在访问过程中，一个掌握高级技巧的调查员深入地访谈一个被调查者，以对某一问题的潜在动机、信念、态度和感情进行了解。它具有两个最重要的特征：第一，它的问题是事先部分准备的（半结构的），要通过访谈员进行大量改进，但只是改进其中的大部分。作为整体的访谈是你和你的被访者的共同产物。第二，要深入事实内部。

深度访谈与重点访谈相似，都是一种半结构式访谈。访谈是灵活机动的、无一定之规的，但事先也选取了问题的某些方面作为访谈重点。在深度访谈中，也经常会出现意外的信息。访谈员可以像重点访谈那样，就这些意外的信息进行充分交流和探讨，使调查研究更加全面和深入。

（3）客观陈述式访谈。客观陈述式访谈又称非引导式访谈，是让访谈对象客观地陈述对自己和周围社会的认识，即访谈者鼓励访谈对象把自己的信仰、价值观、行为及生活环境客观地加以描述。这一类型常用于了解有关个人、组织、群体的客观事实及访谈对象的主观态度。

在这一类型访谈中，访谈者基本上只是一个听众。访谈一般从中性的简单提问开始，在访谈过程中，访谈者的所有提问几乎完全依赖于尽可能中立的简单插问，以避免访谈员的主观因素对访谈对象的影响，使访谈对象能自由地谈出其最深层的主观思想，自然流露出甚至连访谈对象自己都未意识到或不愿承认的感情。访谈员从访谈对象那里获得客观资料后，再进行加工，形成对这些资料的某种解释。

（二）直接访谈和间接访谈

1. 直接访谈

直接访谈，又称面对面访谈（face-to-face interview），即访谈者与受访者进行面对面的交谈。直接访谈的突出特点是，访谈者与受访者直接发生相互影响、相互作用。这种方法的优点在于，访谈者不仅能与受访者广泛、深入地探讨有关问题，了解受访者的思想、态度、情感和其他各种情况，而且还能亲自观察受访者的有关特征和他们在访谈过程中的许多非言语信息，从而加深对谈话内容的理解，有利于判断访谈结果的真实可靠性。但是，运用这种方法对访谈者的要求较高，同时，访谈者与受访者相互直接作用的情况又易于影响访谈结果。此外，该方法还比较费时费力。

2. 间接访谈

间接访谈就是访谈者通过一定的中介物与受访者进行非面对面的交谈。目前，间接访谈的主要方式是电话访谈。电话访谈适用于访谈内容较少、较简单的调查研究。其优点是收集数据资料时间快，研究费用省，对访谈者的要求不太高，保密性较强，对某些不适宜采用面对面交谈的问题，受访者可以通过电话向访谈者说明。但是，电话访谈对没有拥有电话者无法使用，适用范围有限，访谈问题一般应少而且简单，访谈时间短，因而，访谈者难以深入探讨有关问题，更不能直接观察受访者的有关特征和各种非言语信息，所以不利于对访谈结果进行分析与解释。

（三）个别访谈和集体访谈

1. 个别访谈

个别访谈是指由访谈者对每一个受访者逐一进行单独访谈，以收集研究资料的一种调查方法。这种访谈基本上只限于访谈者与受访者之间的信息传递，双方的交谈不会受到访谈外的第三者的直接影响。访谈者只要控制好访谈环境，就能较好地打开受访者的言路，特别是对那些无结构的访谈最为有利。

个别访谈可以到受访者的实际活动环境中去面谈，也可以在其他环境中面谈，甚至还可以通过电话谈话。个别访谈通常是为了获得受访者的某些事实、态度、意见方面的资料，多数情况下是非结构性的研究设计。

个别访谈具有灵活性强、适用范围广、控制性较强等特点；不足之处是费时、费力，限制了大规模的调查研究。此外，访谈者和被访谈者都可能在访谈中出现偏见与错误。个别访谈多用于一些规模小及一些敏感性问题的调研过程中，也常用于一些个案的研究之中。

2. 集体访谈

集体访谈是指由一名或数名访谈者亲自召集一些调查对象就访谈者需要调查了解的主题征求意见的一种调查方法。国内将这种形式的访谈称为“调查会”或“座谈会”。集体访谈一次参加的人以 10 人左右为宜，并尽可能使参加的人具有一定的代表性，同时要注意每个人都能有自由发表意见的机会。

集体访谈法的优点如下：与个别访谈法相比，集体访谈法的突出优点是了解情况快，工作效率高，其最大的优点是集思广益，有利于把调查与研究结合起来，把认识问题与探索解决问题的办法结合起来。此外，集体访谈法简便易行，可适用于文化程度较低的调查对象，有利于与受访者交流思想和感情，有利于对访谈过程进行指导和控制，等等。

集体访谈法的缺点如下：与个别访谈法相比，集体访谈法最大的缺点是无法完全排除受访者之间社会心理因素的影响。集体访谈法的另一个缺点是，有些问题不宜采用集体访谈。此外，集体访谈法占用受访者的时间较多。

（1）集体访谈的设计。如果研究目的是对同一团体中的不同成员进行对比，看他们对研究问题的看法存在什么异同，可以采取如下几种策略：第一，在同一团体中使用相同的访谈问题，看不同参与者的回答是否存在异同；第二，在同一团体中就同一研究问题使用不同的访谈问题进行提问，看这些不同的访谈问题是否会导致参与者提供不同的回答；第三，对同一团体系统地变换提问题的程序以及问题的语言表达，看成员之间的反应有什么区别。

如果研究的目的是对一个社会现象进行追踪调查，了解同一团体在一段时间内就该社会现象的看法或态度所发生的变化，我们可以在不同时段对这一团体进行访谈。

如果研究的目的是对不同团体之间的异同进行比较，我们可以对这些团体询问同样的访谈问题，看它们的反应是否存在差异。

如果研究的目的是对数个团体在时间上的变化进行对比研究，我们可以同时对数个团体进行多次追踪访谈，在考察每一个团体是否发生变化的同时，对比数个团体所发生变化之间的异同。

（2）集体访谈的抽样。在焦点团体访谈中，为了便于交流，所有成员都应该可以面对面地看到对方，也都应该有充分发言的机会。因此，团体的样本不宜过大，一般为 6~10 人。如果研究的目的只是对有关问题进行初步的探索，希望在短时间内得到较多人的看法，也可以适当增加人数。

如果研究涉及多个团体，一般来说，团体的数量为 3~4 个比较适宜。如果研究的目的是尽可能多地获得对有关议题的不同看法，需要对资料进行细致的内容分析，那么也可以适当增加团体的数量，如 6~8 个。

在挑选参与者时应该注意其同质性，他们在社会地位、教育背景、职业、性别、种族、年龄和辈分等方面异质性太强，可能会产生戒备心理，不愿意主动发言。这种情况对社会经济地位较低的人来说尤其明显，但这里所说的异质性不是态度和看法上的不同。访谈参与者不同的态度和看法正是焦点团体访谈所希望发现的。

当然，如果研究的目的是了解具有不同背景的人聚在一起时如何互动，也可以有意把他们放到一起进行访谈。例如，如果我们希望了解父亲和母亲对自己孩子的教育有什么不同看法，就应该将父亲和母亲召集到一起进行讨论。

除非有特殊要求，否则最好选择对研究者和参与者都是陌生人的人。这是因为陌生人彼此不熟悉，对研究更加有新奇感，可能比较积极地投入讨论。此外，陌生人之间不必像熟人那样讲究交情和面子，可以比较坦率地发表自己的看法。从研究者的角度看，我们对陌生人的情况不了解，他们提供的信息应该更加有价值。

当然，如果讨论只适合在参与者相互之间是熟人的情况下进行（如某商店内部营业员对该商店经营管理的看法），那么我们只能选择熟人。

不要把对研究者是熟人和陌生人的人同时混合在一个团体内。如果这两种人混在一起，研究者可能有意无意地对他们表露出亲疏之分，研究者这种区别对待的态度可能使参与者产生不平等感，特别是对那些与研究者是陌生人的人来说。

（3）集体访谈的实施。研究者不仅要许诺自己对参与者的信息绝对保密，而且应该要求参与者对彼此的信息绝对保密。这一点在团体访谈中特别重要，因为它直接关系到参与者对访谈的信任程度，对访谈的质量有很大的影响。

进行集体访谈前，研究者应向参与者交代基本规则，具体包括以下几点：①一次只允许一个人说话，不要“开小会”；②不要让少数几个人统治会场；③参与者可以自己组织讨论，不必等待研究者介入，发言的人要面向大家，不要只是朝着研究者一个人；④后面发言的人应该尽量与前面发言人的谈话内容挂钩；⑤尽量使用自己的日常语言；⑥所有在场的人的经历和看法同样重要，没有“好坏”之分，欢迎发表不同意见。

为了避免“集体性思维”和“同伴压力”，建议每一位参与者进行一个简短的发言，之后再放开讨论。另外一个办法是，请所有参与者在发言之前先花几分钟写下自己的想法，以便强化他们在团体中发言的愿望和能力。

（四）定向型访谈和非定向型访谈

1. 定向型访谈

定向型访谈也称结构访谈，是由访谈者按照事先设计好的访谈调查问卷或提纲依次向访谈对象提问并要求访谈对象按规定标准进行回答的一种调查方法。这种方法最显著的特点就是访谈问卷或访谈提纲的标准化。

定向型访谈通常用于了解访谈对象某种特定行为或态度，或者验证调查者的某种理论假设。例如，我们了解“2011 年应届本科毕业生的升学志愿”的情况，就可以使用定向型访谈调查来进行。

2. 非定向型访谈

非定向型访谈是指事先不设计完整的调查问卷以及详细的访谈提纲，也不规定标准的访谈程序，而是由访谈者和访谈对象就某些问题自由交谈，访谈对象可以比较随便地提出自己的意见，而不管访谈者想得到什么样的答案的一种访谈调查方法。在非定向型访谈调查中，虽然也有调查讨论的主题，但访谈者并没有要求所有的访谈对象按统一格式和标准的程序作答。

非定向型访谈多用于人们对某一特定事件的态度或行为变化、个案研究等方面。

（五）一次性访谈和重复性访谈

1. 一次性访谈

一次性访谈也称横向型访谈，是指对人们在某一生活时刻或某段时期内的思想、态度及行为等方面情况进行的一次性完成的调查方法。

2. 重复性访谈

重复性访谈也称跟踪访谈或纵向型访谈，是指不是一次完成而是要经过多次访谈才能完成的调查方法。

第二节 访谈法的实施程序与实施策略

访谈是一门艺术。即便访谈研究设计得再科学，如果实际访谈过程控制不好，访谈技巧运用不当，得不到受访者的积极配合，那么，就难以取得真实、完整、有用的资料。因此，要使访谈法能收集到所研究问题的资料，系统地掌握访谈法的实施程序和访谈技巧是十分重要的。

一、访谈法的实施程序

根据研究经验，访谈法的实施程序可以分为如图 4-1 所示的 10 个基本步骤。

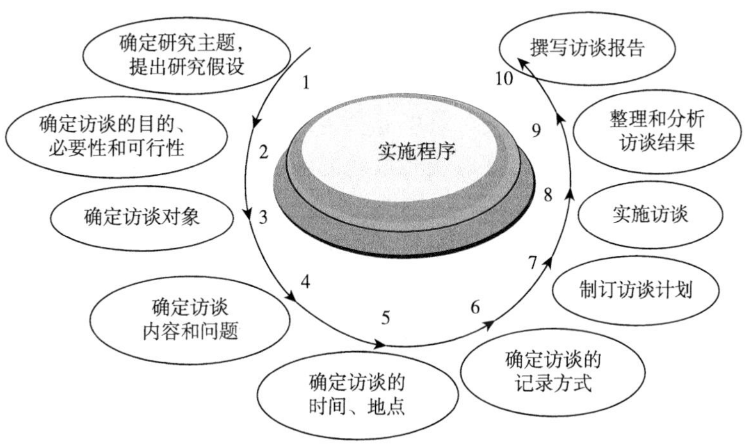

图 4-1 访谈法的实施程序

（一）确定研究主题，提出研究假设

确定研究主题，提出研究假设：发现问题、构筑概念、发展操作定义、提出研究假设。

（二）确定访谈的目的、必要性和可行性

访谈这种调查方式与观察法、问卷调查法等方法一样，都是因为研究者无法确定某种情况的真伪而需要进行调查。调查就是为了了解情况，或者说，调查就是为了以事实来确定某个判断的真伪。进行访谈的直接目的就是通过访谈验证研究假设的真伪。

实施访谈的必要性包括两个相互联系的方面：首先，实施访谈验证了某种假设对解决某个理论问题或实践问题是有益的，即这个拟议中的访谈具有理论价值或实践价值；其次，进行访谈对验证某种假设是必不可少的，不访谈（独立地进行访谈或与其他调查方法结合使用）就不能对该假设进行验证。

确定访谈的可行性，就是确定拟议中的访谈是否能够按计划实施。确定可行性时主要考虑两个方面：第一，拟议中的访谈对象是否接受访谈者的访谈。访谈者与访谈对象的关系、访谈对象的性格、访谈的话题、访谈的时间和地点等因素均会影响到访谈对象是否接受访谈。第二，访谈者自己能否进行访谈。访谈者是否具备访谈的知识、经验和技巧，以及访谈者是否具备访谈时间，这些均影响到访谈者能否进行访谈。

（三）确定访谈对象

确定访谈对象应以有利于获得所需要的真实信息为原则。首先，选择的范围应当与问题的范围一致或相关。只有在与问题一致或相关的范围内，访谈者才可能获得所需要的信息。有时访谈者希望获得的信息可以直接确定访谈对象的选择范围。例如，希望了解高等院校女教师对素质教育的看法，就只能在“高等院校教师，且女性”的范围内进行选择。有时访谈者希望获得的信息与许多群体相关，如访谈者希望了解农村失学儿童失学的原因，相关的群体就包括失学儿童、失学儿童以前的老师、失学儿童以前的同学、失学儿童的家长、失学儿童的邻居等多个群体。其次，在与问题的范围一致或相关的范围内，访谈对象的选择可以是随机选择的，也可以是人为指定的，两种方式各有利弊。随机选择可以比较客观地了解该群体内的各种不同观点、态度，但实施的可行性会遇到一些问题（如某些随机选择的访谈对象可能会拒绝接受访谈），而人为指定可以提高实施的可行性，但人为指定有可能有意或无意地排除了某些类别的对象，从而使访谈结果的信度和效度降低。最后，在人为指定的范围内，对访谈对象的选择应主要考虑以下两个因素：一是所选择的访谈对象应不会坚决拒绝访谈；二是所选择的访谈对象应能够为访谈者提供所需要的信息。

在确定了访谈对象之后，在可能的条件下，应充分认识、了解访谈对象的性别、年龄、民族、职业、文化、专长、经历、性格、兴趣和爱好等，这对有针对性地选择适当的访谈方法、建立良好的人际关系，以及取得受访者的配合和信任具有重要意义。

（四）确定访谈内容和问题

确定访谈的内容，即确定在访谈中需要了解哪些方面的问题。访谈者做出的假设决定了访谈内容的范围：凡是有利于验证假设的内容都是需要访谈的内容。通常访谈者需要事先拟定访谈提纲，以便实施访谈时依照提纲进行有步骤的提问，使访谈得到的信息比较系统。如果由于某种原因访谈者只能对某个访谈对象进行一次访谈，那么访谈计划一定要十分周详，因为访谈者即使在访谈之后发现还需要在某些方面提问，也没有补救的机会。访谈者还需要事先设计访谈时的一些问题，因为某些问题可能是比较敏感的问题，事先设计好提问的恰当方式，既可以得到所需要的信息，又不至于刺激访谈对象，使访谈对象感到难堪。

有时还需要访谈者对访谈的内容进行预试（pre-testing）与修改，即在正式访谈实施前先做先行性访谈，对访谈内容和问题进行筛选、修改。

（五）确定访谈的时间、地点

访谈是两个人或多个人之间的互动，所以需要事先确定访谈的时间，包括确定访谈的次数、每次访谈的日期、每次访谈的开始时间、每次访谈的持续时间。

访谈时间、地点的确定通常要考虑两个方面的因素：一是应能够满足研究目的的需要；二是以访谈对象方便为原则，以有利于访谈对象准确回答问题、畅所欲言为原则。一般来说，最佳访谈时间是受访者学习、工作、劳动、家务不太繁忙，而且心情比较舒畅的时候。至于访谈地点，视情况而定。如果是有关工作方面的问题，可考虑在工作地点进行访谈；若是有关个人或家庭方面的问题，自然在家里访谈为宜。如果是公共场所，需要事先“踩点”，以确定该地点是否适宜访谈。

（六）确定访谈的记录方式

访谈的记录方式包括手工记录和机器记录（录音记录、录像机记录等）两种。手工记录的优点是访谈所需要的经费较少（省去了购置记录仪器、设备的经费）；缺点是记录的信息量较少，在访谈对象语速较快时，访谈者往往连语言信息都无法记录完整，更不用说记录非语言信息了。机器记录的优点是记录完整，不仅有利于访谈者对访谈对象进行观察，而且有利于访谈者集中精力进行提问；缺点是访谈的成本较高。

（七）制订访谈计划

访谈者在充分做好访谈前的一系列准备工作之后，要根据研究目的要求和受访者的特点制订一个严密的访谈计划，一般包括以下内容：第一，对访谈目的、必要性和可行性的说明；第二，对访谈项目的说明；第三，对访谈对象的说明；第四，对访谈时间和地点的安排；第五，对访谈记录方式的说明；第六，对访谈资料整理的安排以及对访谈（包括资料整理、访谈资料的分析和撰写访谈报告）的日程安排；第七，对访谈所需要的资金和其他物质条件（如记录仪器）的说明；第八，对访谈中可能存在的信度和效度问题的说明。

事先制订好并充分熟悉访谈计划的内容，而且在访谈过程中要紧紧围绕访谈目的进行，这是确保访谈取得预期效果的前提。如果没有一个好的访谈计划，将直接影响访谈者良好形象的建立，影响到访谈对象的合作程度。访谈计划是访谈者对整个访谈活动的整体安排，是对前五项安排和其他相关事项的归纳，是实施访谈的依据。

（八）实施访谈

按照事先拟订的访谈计划进行访谈，内容包括以下几点：①根据设计的方案进行实地访谈或电话访谈，记录访谈资料。②控制（controlling），监测访谈进展、解答问题、了解访谈是否顺利实施。③复查（follow-up），研究者可抽出部分已访谈过的样本进行交叉求证访谈，了解访谈者实际进行情况。

（九）整理和分析访谈结果

检查收回资料是否有错误或遗漏。公共管理研究中对原始资料的利用非常重要，要从大量的事实证据中抽象出关于事物本质的知识，对资料有一个较为系统的把握，可以为下一步的资料收集提供方向和聚焦的依据。对访谈录音记录的整理，应按照时间顺序将声音信号变为文字信号进行记录，应严格按照访谈时的原话进行整理，而不能任意进行省略。整理访谈录音记录时，对访谈双方同时出现的语句、访谈对象语气的变化、节奏的变化、访谈对象动作和访谈对象的表情等，均应以括号或其他形式加以标注。对访谈手头记录的整理，应根据访谈时记录的要点回忆当时的情景和对话，根据回忆最大限度地补齐记录。由于人的记忆随着时间的流逝而急剧衰减，所以访谈手头记录的整理是访谈之后最急迫的事情。

访谈结果整理完毕以后，研究者就需要按照一定的标准进行归类和分析，找到访谈结果的主线并建立起必要的关系，同时将资料输入计算机进行必要的统计分析。对访谈结果进行分析主要是解决以下问题：第一，访谈对象的表述有哪些是可信的，有哪些是不可信的，理由是什么；第二，访谈对象的陈述哪些方面可以证明访谈之前的理论假设，哪些方面不能证明这些理论假设，哪些方面可以证伪这些理论假设；第三，访谈所得到的结论可以在多大范围内适用，理由是什么。

（十）撰写访谈报告

在对访谈结果进行分析并得出结论之后，就需要撰写访谈报告，以便使更多的人了解访谈的结论。访谈报告需要回答以下问题：第一，对访谈计划的回顾；第二，对访谈过程的描述；第三，对访谈结果的分析和陈述。

二、访谈法的实施策略

要使访谈顺利进行并获得满意的效果，访谈者应掌握基本的访谈技巧。这主要包括如何接近受访者、取得受访者的信任，以及怎样处理受访者的拒绝和积极展开交谈的技巧。

（一）接近受访者的技巧

访谈者要与受访者进行交流，首先就得接近受访者。对受访者来说，访谈者是陌生人，如何让他们愿意接受访谈不是件很容易的事，在生活节奏快的城市，我们经常见到访谈被拒绝的情形。1969 年，美国密歇根大学出版的《访谈者手册》提示访谈者应做好如下准备工作：做自我介绍，并告诉他（受访者）代表谁，必要时可出示身份证明；告诉受访者有关访谈者要做的工作，包括该研究的目的，保证机密处理其答案，为其保密；告诉受访者选他作为访谈对象的原因，并非故意令他受窘，而是从总体中按抽样方法选出的；选定受访对象后，可事先以函件告知受访者；此外，还可将过去所做的访谈结果或摘要供其参考，并进而强调本研究的重要性；访谈者宜采用正面的方式，征得受访者愿意接受访谈。可以说“我想进来和您谈谈有关这方面的问题”，而不要说“我可以进来吗？”或“您现在有时间吗？”如果是后面的问法，对方的回答很可能就是“不可以”“没有时间”。总而言之，不要让受访者有说“不”而拒绝访谈的机会。一般而言，访谈者应具备应变能力，给人亲切的感觉、保持适度的敏感性，才能顺利接近访谈者。

由于种种原因，一些受访者可能会拒绝交谈。遇到这种情况，访谈者要机敏，迅速分析遭到拒绝的原因，并设法加以克服。如果受访者是出于安全的考虑，对访谈者有怀疑，访谈者就要立即提供有关介绍信和身份证、工作证等，并说明有关访谈的保密规定；如果受访者是对研究的问题不感兴趣或认为没有价值时，访谈者就应当更详细地向对方说明研究的重要性；如果受访者确实很忙，则应与其另约时间。

（二）谈话的技巧

访谈时，要努力营造一个亲切友好的谈话气氛，打破陌生的隔阂。访谈双方见面，作为访谈的主动一方——调查者，应亲切称呼受访者，使对方感到你的来访是善意的。在接近访谈对象后，应注意观察受访者的衣着打扮、外貌特点、行为举止等情况，并以此来调节自己谈话的方式。例如，对穿着比较讲究的受访者，应庄重、严肃、彬彬有礼；而对不修边幅的受访者，应该尽可能坦率、随和些。打破僵局，形成访谈的友好而融洽的气氛非常重要，要使受访者感到舒适、无拘束，能畅所欲言。

谈话时，应从题外到题内，等到谈话投机，再转入正题。提问要做到言简意切，通俗易懂，尽量少用名词术语，避免对方不明白，发生误解。在与被调查对象进行谈话时，访谈者必须集中精力倾听，倘若对方离题，不要表现出不耐烦的厌倦情绪，要耐心等待有利时机，用插话的方法提出问题，引导对方把话题转到谈话的主题上，使受访者觉得他提供的情况很有价值，乐意继续说下去。

如果受访者的回答不完全，访谈者就需要进行适当的追问。例如，向受访者说“请把你的意思再给我解释一下”“请告诉我更多这方面的情况”“你讲得很有启发性”等。在实际谈话过程中，根据追问的目的不同，其方式是多种多样的。既有详尽式追问、说明性追问，也有系统追问和假设追问，还有情感反应性追问、正面追问。不同的方式有不同的功用，这就需要访谈者在实际交谈过程中根据具体情况灵活运用。

成功的访谈经验表明，访谈者在谈话过程中要充分注意以下几点。

（1）访谈的目的是了解而不是表达。访谈的目的是调查访谈对象的看法、说法，而不是陈述访谈者的看法，如果访谈者在进行访谈时急于表达自己的意见，就可能产生以下结果：其一，访谈者夸夸其谈，使访谈对象没有机会表达自己的观点；其二，访谈者先陈述了他自己的观点，使访谈对象受其影响，被迫顺着访谈者的思路谈话；其三，访谈对象虽然不同意访谈者的观点，但因为访谈者先陈述了观点，访谈对象不愿意与其争论，从而不谈自己的观点。这些结果，都会使访谈者无法了解访谈对象的真实想法，都会使访谈者了解到扭曲的信息，从而无法实现访谈的初衷。

（2）访谈者不能诱导访谈对象。访谈的目的是使访谈对象说出真实的看法或想法，是从访谈对象身上了解客观（访谈对象的看法等主观因素对访谈者而言是客观的）的信息。而若访谈者在进行访谈时对访谈对象进行诱导，就无法了解客观的信息。诱导常用的手段包括以下几点：其一，先陈述自己的观点，然后问访谈对象的看法。其二，先陈述一些进行判断的“大前提”，然后让访谈对象说出“结论”。其三，先说出某些著名人物，如正面的人物或反面的人物的观点，然后让访谈对象说出看法。这时，访谈对象往往会“因人兴言”而对著名的正面人物的话加以赞同，或“因人废言”而对著名的反面人物的话加以批驳。无论访谈者采用何种诱导手法，所达到的结果是相同的：与其说访谈者听到了访谈对象的说法，不如说访谈者听到了自己的说法。诱导使访谈者不能了解访谈对象的真实想法，而只能了解到访谈者希望访谈对象说出的想法。

（3）访谈者不能在访谈时对访谈对象进行价值判断。没有经验的访谈者在进行访谈时往往忍不住对访谈对象的看法或说法进行价值判断。进行价值判断的主要形式包括以下几点：其一，先陈述自己对某个事物的价值判断，之后再询问访谈对象对该事物的看法；其二，对第三者的观点进行价值判断，而第三者的观点与访谈对象的观点有逻辑联系；其三，对访谈对象的观点进行批驳。其结果如下：访谈者的价值判断使访谈对象产生戒备心理，从而不敢、不愿或不屑于真实地表达自己的看法；访谈者的观点与访谈对象的观点不一致，使访谈对象三缄其口，不能深入陈述自己的观点；访谈者批驳了访谈对象的观点，使访谈对象不得不违心地放弃自己的观点。这些结果都与访谈的初衷相违背。

（三）提问的技巧

提问的技巧主要有提纲法、追尾法、延伸法和对比法。

（1）提纲法，即按照访谈之前拟定的提问提纲中问题的顺序进行访谈。此种方式的优点是不容易冷场，访谈者可以从容地按照既定的问题一个接一个地提问，特别适合访谈经验不足的人使用。该方式的缺点是，访谈之前拟定的提问顺序与访谈的话题走向、话题宽度等往往不一致，使访谈者事先拟定的提问顺序失效。按照既定的顺序进行提问，有时会显得十分生硬，不利于访谈者与访谈对象之间的互动。

（2）追尾法，即对访谈对象刚刚进行的陈述中的疑点或未能充分阐明的内容进行追问。此种方式可以使访谈顺着访谈对象的思路展开，使访谈者充分了解访谈对象的观点，可以使访谈更加深入，使访谈者和访谈对象真正互动起来。但此种方式对访谈者有一定难度，需要访谈者随时发现访谈对象陈述中的疑点。有时追尾式的提问会使访谈对象感到厌烦，尤其是该问题涉及访谈对象的隐私时。

（3）延伸法，即对访谈对象没有陈述内容进行追问。例如，访谈对象谈到在某种情况下会如何行动，访谈者可问在相反的情况下会如何行动。此种方式可以拓宽访谈的范围，避免访谈的片面性，但需要访谈者随时发现访谈对象没有涉及的领域，有一定的难度。

（4）对比法，即比较访谈对象在不同段落（常常是对不同提问的回答）中的陈述，发现疑点，进行追问。此种方式可以比较深入地了解访谈对象的观点，但实施起来的难度较大，需要访谈者反应敏锐，对整个访谈的进程有总体的把握。

（四）倾听的技巧

积极倾听是理解信息的关键一环。要明白对方的意思，需要倾听对方所传达的信息。积极倾听本身是一种鼓励形式，能提高对方的自信心和自尊心，加深彼此之间的感情。积极倾听的访谈者能收集到更多的信息，从而做出更明智的判断。倾听过程中，访谈者需要避免先入为主的思想，认真地听取全部有效信息。倾听受访者要掌握以下一些技巧。

一是要消除外在与内在的干扰。外在和内在的干扰是妨碍倾听的主要因素，因此要改进倾听技巧的首要方法就是尽可能消除干扰。必须把注意力完全放在对方的身上，才能掌握对方的肢体语言，明白对方说了什么、没说什么，以及对方的话所代表的感觉与意义。

二是要面带微笑。人们常说“没有笑脸的人不要开店”。微笑会使两个陌生人成为朋友，这对访谈也同样有效。事实表明，面带微笑的倾听有利于营造一个良好的谈话氛围。

三是自然大方。最好的姿态是在椅子上坐着，稍微向他那边倾身，不要像在家里看电视那样坐在椅子里。好的姿势是倾听的必要条件。

四是适时赞同。赞成对方所说的话，可以轻轻地点一点头，表示赞许。对他们所说的话感兴趣时，要展露一下你的笑容。利用身体语言（如头部、臂部的摆动）表达你的意思，可以使对方感到心情愉快，增加谈话的效果。

五是非必要时，避免打断他人的谈话。善于听别人说话的人不会因为自己想强调一些微枝末节、想修正对方话中一些无关紧要的部分、想突然转变话题，或者想说完一句刚刚没说完的话，就随便打断对方的话。经常打断别人说话就表示我们不善于听人说话，个性激进、礼貌不周，很难和人沟通。虽然说打断别人的话是一种不礼貌的行为，但是如果是“乒乓效应”则是例外。所谓的“乒乓效应”是指听人说话的一方要适时地提出许多切中要点的问题或发表一些意见感想，来响应对方的说法。还有一旦听漏了一些地方，或者是不懂的时候，要在对方的话暂时告一段落时，迅速地提出疑问之处。

六是应辨别真相与假象。访谈法存在种种局限性，访谈对象向访谈者提供的信息有可能是虚假的、片面的，访谈对象有可能言行不一。因此，访谈者要随时对访谈对象的陈述进行真伪判断。

（五）访谈记录的技巧

无论是结构式访谈还是非结构式访谈，一般在访谈过程中都需要做记录。访谈记录对资料的整理分类、对比分析至关重要。记录应围绕访谈内容进行，突出访谈问题的变量和结构。记录应尽可能详尽，尤其是那些开放式问题的回答和围绕主题展开的额外说明更要注意记录下来。不仅要记录言语的资料，还要把言语交流中的非言语信息（如动作、表情）记录在案，这些都对分析资料有积极的意义。记录中不要试图去总结、分析和改正记录中的语句毛病，能详尽记下最好，不能详尽的，可记下关键词或用符号记录均可，目的是帮助事后回忆。另外，记录不要妨碍对方的谈话，不要让他觉得你未记完而停下来等你记，也不要因他想看你记下了什么而分散其注意力。访谈结束后，要抓紧时间整理笔记，防止有效信息的遗漏。记录的方式有表格记录、选择答案记录、笔记记录。征得受访者同意也可录音或录像。

（六）结束访谈的技巧

访谈活动的最后一步就是做好访谈的结束工作。为此，应严格控制和掌握访谈时间。访谈者应尽可能按预定时间准时结束访谈。时间对受访者和访谈者来说都是十分宝贵的。如果因种种原因未能完成访谈内容，需推迟结束访谈，则应征得对方的同意，如对方已有其他活动安排，则只能另约时间。按原计划应当一次完成的访谈，访谈者应尽最大努力去克服各种困难，善于控制访谈过程，力争一次完成。否则，将带来不必要的麻烦和时间、精力的损失。访谈者还要善于根据访谈气氛的变化和临时出现的各种特殊情况，灵活地把握访谈的结束时间。结束访谈时，访谈者应真诚地感谢受访者对研究工作的支持与合作，感谢对方奉献宝贵时间和提供有价值的信息资料，同时还应表示从对方那学到了很多知识。

第三节 访谈法的应用实例[①]

一、访谈目的

社会文化震荡是现代社会的显著特点，它对个体心理产生了强烈的冲击并引发出各种心理问题，因此，研究社会文化震荡对个体心理健康的影响源和影响机制，才能为社会发展和个体心理救助提供有效建议。

通过访谈初步了解影响个体心理健康的社会文化震荡影响源，即社会文化事件或现象，以及起调节作用的心理中介，如认知、体验、处理和态度的作用。这对揭示社会文化震荡影响个体心理健康的机制，为社会发展和个体心理救助提出建设性意见，以增强社会成员的文化变迁适应能力，以及丰富文化和心理发展理论具有重要的现实意义。

---

① 张向葵，阳泽，于海峰. 透视文化变迁下的个体心理状态——社会文化震荡影响个体心理健康的访谈研究. 东北师大学报（哲学社会科学版），2006,（1）：124-127.

二、访谈对象与材料

（一）访谈对象

本书采用访谈法。访谈采取定向联系和随机抽样法，在长春市共获得 133 名访谈对象，其中男性 65 名，女性 68 名；老年 22 名，中年 29 名，青年 82 名。访谈前赠送小礼物以激发访谈动机。

（二）访谈材料

访谈材料是访谈提纲。访谈提纲包括访谈目的、个人基本情况和访谈基本内容。个人基本情况包括性别、年龄、受教育程度等，共 12 项；访谈内容分为两部分，其差异是文化事件或现象发生时间的不同，一个是目前，一个是过去。访谈基本内容包括以下几点：①在社会和你的生活中，有哪些事件或现象对你的冲击很大？②其中最重要的事件或现象有哪些？③选择最重要的事件或现象，谈谈是怎么看的（合理、不合理、兼有、不清楚）？有什么感受（正性、负性、兼有、不清楚）？如何处理（逃避、搁置、解决、幻想、求助、自责）？持什么态度（肯定、否定、不置可否）？经历过这个事件或现象后，你的心理状况（性格、情绪、观念）有什么变化（无变化、积极变化、消极变化、兼有积极和消极）？

三、程序安排

第一步：对访谈者进行两次有关访谈技巧和注意事项的集中培训。

第二步：拟订访谈方案，安排访谈任务。

第三步：联系访谈对象，进行访谈并收集访谈资料。

第四步：对访谈资料进行整理，从中析出属于文化的事件或现象，并对访谈内容进行编码，其中内容编码由老师指导 5 名心理学系本科学生，采取“分别编码”加“讨论”方式完成，具有较高的无偏一致性，编码者一致性信度为 0.78~0.92。之后对经过编码的内容进行量化处理，并对结果进行统计分析。

四、访谈结果与分析

（一）影响个体心理健康的社会文化震荡有系统的影响源

我们从访谈得到的总计 283 件中华人民共和国成立以来社会和生活事件或现象中，采用排除法（即排除个人化和自然性事件）和包容法（即必须是普遍的和变迁的），采取保守原则（即宁缺毋滥、排除犹豫事项）共析出文化事件或现象 144 件。然后对相互包含的事件或现象进行合并，得到 37 类文化事件或现象。最后对这 37 类文化事件或现象进行再分类，形成了四大文化震荡类型，即思想观念嬗变、社会家庭问题、冲突与动荡、社会变革与发展。其中，思想观念嬗变是指在精神领域发生的巨大变化，如婚恋观念开放、拜金主义等；社会家庭问题是在社会家庭里出现的突出矛盾，如社会腐败、社会不公、就业难等；冲突与动荡是指影响深远的重大社会与历史劫难，如“文化大革命”；

社会变革与发展是指为了推进社会更快发展而采取的比较激烈的手段或措施，如高等院校“扩招”、打破铁饭碗和股份制改革等。

针对上述研究及结果，我们认为确立系统的社会文化震荡影响源是研究的开始和最重要的一步。在这里我们采取了析出、编码和分类三个步骤。首先是析出。由于在现实世界里对个人产生影响的不仅有社会文化（广义）因素，还有自然的和完全个人化的因素，因此，必须从对个体产生影响的众多因素中析出社会文化因素。在这里我们以事件或现象作为社会文化因素的基本单位，以突现或巨变为震荡性社会文化的特点。以此为前提，在对访谈对象（133 人）有重大影响的事件或现象中，根据排除法、包容法和保守原则析出所需社会文化事件或现象。其次是编码。由于这些事件或现象是访谈所得，存在表述混乱、相互重合等情况，所以需要编码。经过一致性较好的编码，我们获得了37 件表述清晰、层次比较一致的社会文化事件或现象，这些事件或现象构成了社会文化震荡影响源的基本单位。最后是分类。由于不同个体接受社会文化影响存在明显差异，所以作为基本单位的社会文化震荡影响源的分布极其分散。为了明显看到社会文化震荡影响源的分布，我们对访谈到的 37 件社会文化事件或现象进行了再分类。分类结果分为思想观念嬗变型、社会家庭问题型、冲突与动荡型、社会变革与发展型，这样社会文化震荡源的分布就比较明显地集中在这四个方面。由于访谈对象有限，所以这个结果还需要其他研究（如文献法）的补充，但它无疑可以为我们的后续研究提供有益的启示以及奠定客观坚实的基础。

（二）社会变革与发展型文化影响显著而持久，思想观念嬗变等则表现出时代性

访谈结果显示，社会变革与发展对人们的影响始终是最大的，思想观念嬗变与社会家庭问题的影响及变化趋势比较一致，但与冲突和动荡有明显差异，尤其在时间上的变化恰好相反，即思想观念嬗变与社会家庭问题是现在的影响大于过去；而冲突与动荡是过去的影响大于现在。

分析这种现象产生的原因：一是从社会文化的性质看，社会变革与发展通常是全局性的，并且有相对较长的周期，因而对个体的心理影响全面而持久。相比社会变革与发展，思想观念嬗变和社会家庭问题常是局部的，延续时间也不太长，因而对个体心理影响就显得很有限。冲突与动荡既可能是全局性的、持续时间较长，也可能是局部的、持续时间较短。相比社会变革与发展，可能很多人出于某种戒备或防御已在一定程度上隐匿了冲突与动荡对他们的影响。二是从社会文化变迁的特点看，除去“文化大革命”时期，中华人民共和国成立以来多数时间，中国很长时间都处于持续而紧张的社会变革之中，特别是改革开放政策已超出内部变革的范围，影响更加持久而深远，这也是为什么社会变革与发展对个体心理影响持久的重要原因。相对社会变革与发展，思想观念嬗变和社会家庭问题现在比过去更突出，所以对个体心理的影响现在更明显；同时当前我国社会稳定、民族团结，冲突与动荡较之过去明显减少，所以冲突与动荡的影响力明显下降。

（三）个人背景明显分化了社会文化震荡的影响

对访谈结果的统计分析显示，个人背景不同，社会文化震荡的影响也就不同。在所

涉及的 12 项个人背景中，对社会文化震荡具有明显区别效果的有 7 项。具体来说，不同性别在接受思想观念嬗变影响中表现出明显差异，女性比男性更容易受到思想观念嬗变的影响；职业类型不同，社会变革与发展的影响表现出明显差异，脑体劳动者要大于脑力劳动者，脑力劳动者又大于体力劳动者。在认为有重要影响的社会文化中，社会家庭问题在性格和政治面貌上表现出明显差异，中间型和外向型性格的人受到的冲击比内向型性格的人更大；党员比民主人士和其他人士更明显。不同信仰在接受思想观念嬗变和冲突与动荡影响中表现出显著差异，信仰宗教者比其他人更多地受到了思想观念嬗变的影响，但冲突与动荡对其他信仰和没有信仰的人影响更大。不同婚姻状况受到思想观念嬗变的影响各不一样，丧偶和未婚的人大于已婚的。社会变革与发展的影响在不同的工作状况中表现出明显差异，离退休受到的影响最大。

分析上述结果可以发现，个人背景在社会文化震荡中表现出两大特点：一是在同一背景向度中不同类型者受到的影响程度不同；二是不同背景向度往往受到不同类型文化震荡的显著影响。个人背景对社会文化震荡的这种分化作用暗藏着一种调解机制，即因为个人背景的不同，不同个体受到不同社会文化震荡不同程度的影响，这使社会个体相互间的救助与保护成为可能。同时提示，针对社会文化震荡而建立的社会防御与救助应该考虑个人背景的不同，才会有针对性和实效性。

（四）社会文化震荡明显影响个体事后情绪变化与观念变化

我们将个体的心理变化主要分为性格变化、情绪变化和观念变化三种，访谈结果显示，社会文化震荡主要对个体事后的情绪和观念变化有明显影响，对性格变化的影响则不明显。其中可能的原因是，在个体心理结构中，性格更稳定，不容易因外界因素的影响而改变。具体分析这种影响，其中思想观念嬗变主要带来了积极的情绪变化，而社会家庭问题则产生了更多消极情绪变化，社会变革与发展对情绪变化的影响是消极与积极参半；另外，思想观念嬗变对观念变化有积极影响，而社会家庭问题偏向产生消极观念变化，冲突与动荡、社会变革与发展对观念变化的影响偏向于积极。该结果表明，社会文化震荡下个体的情绪变化与观念变化有很多不一致之处，即情绪上难以接受因而出现消极情绪变化并不意味着在观念上也拒绝。例如，社会变革与发展在情绪上的影响是消极与积极参半，但在观念上却偏向积极影响。又如，冲突与动荡对情绪的影响不明显，但在观念上却偏向积极影响。这说明人们并没有用感性体验代替理智判断，也没有用理性判断强行改变感性体验。这种情绪与观念变化之间的某种不一致及相互影响可能对整个心理状态具有积极的调节作用，即不容易出现某种心理变化走向极端的情况。

（五）社会文化震荡对心理中介认知、体验和态度影响明显

访谈结果显示，社会文化震荡发生时，个体对它们的认知、体验和态度存在很大的差异。具体来说，基本上认为思想观念嬗变和社会变革与发展比较合理，并持肯定态度和伴随正向体验；但对社会家庭问题和冲突与动荡则基本认为不合理，并持否定态度和伴随负向体验。这从一个侧面说明思想观念嬗变和社会变革与发展虽然也存在这样或那样的问题，但从整体来说它们还是为人们所基本认可；但社会家庭问题和冲突与动荡却

难得人心，为人们所拒绝。这显示人们对社会文化震荡存在两种基本心理加工模式：一是对那些体现某种必然发展趋势、可能代表前进方向的变化，尽管存在种种局限，人们仍倾向从正面去加工它们；二是对那些引起混乱和不稳定的变化，不管是人为原因还是自然结果，也不管理由多么充分，人们都倾向于从反面去加工它们。这提示我们在研究社会文化震荡时，应分清哪些是代表历史必然和前进的方向，哪些是代表暂时的和不合理的现象，这两种不同性质的社会文化震荡应有不同的心理救助机制。

（六）心理中介对个体事后情绪变化和观念变化具有重要的调节作用

访谈结果揭示，凡是正向的心理加工对情绪变化和观念变化均产生了积极的影响，而负向的心理加工则相反。这意味着，即使是负面的社会文化震荡，只要进行正向的心理加工，也可以降低它对心理的消极影响；即使是正面的社会文化震荡，如果人们从反面去加工它，也会产生消极影响。在这里一些模糊判断的影响较为复杂，如“不清楚”的认识和体验偏向产生消极影响，而“不表态”的态度则偏向积极影响。就前一种现象分析，“不清楚”意味着个体认识和体验的不明确，因而对可能产生的消极影响无法明确地进行防御或抵制；后一种情况“不表态”可能是一种策略，即在无法做出判断时并不强行表态，这样可以使自己有一个缓冲的空间。不同处理对心理变化的影响虽不明显，但仍呈现一定趋势：在大多数情况下，积极面对解决问题将产生积极的心理变化，如果搁置一下，可能也无大碍；但幻想和逃避虽可求一时解脱，但最终会使自己的处境更加不利；适当的自责可能感觉不痛快，但在一定程度上有助于性格与观念发展。总之，社会文化震荡对个体心理直接作用与经过心理加工（心理中介）两者的效果可能存在很大差异，如果充分调动心理中介因素，社会文化震荡的影响可以得到某种程度的改变和控制。

➤复习思考题

1. 比较分析访谈法、观察法、问卷调查法的优点和不足。
2. 访谈法与晤谈法有什么不同？
3. 对访谈法进行分类，并对不同类型的访谈法进行比较分析。
4. 如何对集体访谈进行设计？
5. 结合实际研究，说明访谈法实施的基本程序。
6. 要成功地运用访谈法需要掌握哪些技巧？
7. 合格的访谈者需要具备哪些基本条件。
8. 举例说明如何在公共管理研究中运用访谈法？

第五章

问卷调查法

问卷调查法最初由英国的高尔顿（Galton）创立。高尔顿受其表兄达尔文进化论的影响，决心研究人类的遗传变异问题，遂于1882年在英国伦敦设立人类学调查实验室。研究需要搜集反映人类学生理特征和心理特征的大量数据，但高尔顿觉得一一访问调查相当费时费钱，于是就把需要调查的问题都印成卷面寄发出去，没想到取得了重大成功。因此，这种方法就流传到世界各个国家。

第一节　问卷调查法的特点与适用范围

问卷调查法是通过书面形式，以严格设计的测量项目或问题对研究对象进行调查，搜集研究资料和获取研究数据，从而进行研究的一种方法。研究者将所要研究的问题编制成问题表格，以邮寄、当面作答或者追踪访问方式填答，从而了解被试对某一现象或问题的看法和意见。

一、问卷调查法的优点

问卷是研究者用来收集资料的一种技术，它的性质重在对个人意见、态度和兴趣的调查。问卷的目的，主要是在经由填答者填写问卷后，从而得知有关被试对某项问题的态度、意见和看法，然后比较、分析大多数人对该项问题的看法，以作为研究者参考。在公共管理研究方面，很多问题无法直接测量，只能通过问卷调查法进行间接调查。现在使用问卷进行调查的公共管理研究者越来越多，互联网也给问卷调查带来更多的机会。与其他调查方法相比，问卷调查法具有如下优点：

（1）问卷调查法效率较高、费用较低。问卷调查可以在较大范围内进行，如全国、一个省或一个地区，且在较短时间内就可获得大量调查对象的材料，其费用通常也较其他方法低。尤其是电子问卷克服了纸质问卷的一些缺点，可以通过网站、E-mail、QQ等形式进行发送与回收，调查结果可直接采用数据库记录，方便实施与调整，成本更加低廉。因此可以说问卷调查法是效率高、费用低的研究方法。

（2）调查结果受别人干扰较少。问卷调查一般不要求调查对象在问卷上署名。采用报刊和邮寄方式进行问卷调查，更增加了其匿名性，它有利于调查对象无所顾忌地表达自己的真实情况和想法。特别是当问卷内容涉及一些较为敏感的问题和个人隐私问题时，在非匿名状态下，调查对象往往不愿意表达自己的真实情况和想法。因此，任何个人，无论是研究者还是调查员，都不可能把主观偏见带入调查研究之中，被调查者能够自由地表达意见和看法，调查结果受别人干扰较少，减少了主观因素对调查结果的真实性所产生的不利影响。

（3）调查结果便于统计处理与分析。问卷是严格按照统一原则和固定结构进行设计的，标准化程度较高，其调查问题的表达形式、提问的顺序、答案的方式与方法都是固定的，而且是一种文字交流方式，这样有利于对某种社会同质性的被调查者的平均趋势与一般情况进行比较分析，又可以对某种社会异质性的被调查者的情况进行比较分析。由于问卷调查大多是使用封闭型回答方式进行调查，所以，在资料的搜集整理过程中，可以对答案进行编码，并输入计算机，进行定量处理和分析。统计分析软件也为调查结果的统计处理和分析提供了十分便利的条件。

（4）能够做大样本的调查研究。问卷调查与访谈调查情况不同，访谈法必须面对面地提出问题，收集口述材料。由于人力、财力所限，调查的样本数不可能太多，调查的地域不可能太广。而问卷调查依赖调查对象自我填答，问卷可以通过邮寄分发，也可以面对面分发。因此，问卷调查法不受人数限制，调查的人数可以较多，能够做一些大样本的调查研究。

二、问卷调查法的局限性

问卷调查法由于具有上述优点，已被越来越多的公共管理研究者所采用。但问卷调查法也有其局限性，主要体现在以下几个方面：

（1）调查问卷设计难。调查问卷主体内容设计得好坏，将直接影响整个专项调查的价值。问题的设计需要大量的经验，不同的人针对同一个问题，尤其是面向思维的问题，设计问卷差别可能会很大。设计问题不理想时，会散漫零乱，不易整理，且难以应用统计方法进行分析以及对结果进行科学解释。

（2）问卷调查结果广而不深。问卷调查是一种用文字进行对话的方法，如果问题太多，被访者会产生厌烦情绪，问题太多会令填答者生厌，故而置之不理。问题含糊不清，便不能得到确实的回答。当填答者不合作、言不由衷时，所得结果会不可靠。因此，通常情况下，公共管理研究者将问卷设计得比较简短，这样也就不可能深入探讨某一问题及其原因。

（3）问卷调查结果的普遍性难以得到有效保证。如果问卷的回收率较低，样本的代表性将难以保证。而问卷的回收率受问卷长度、问题难易程度、是否涉及隐私、参与调查获得多少回报等因素影响。在一般情况下，问卷的回收率都不会很高。所选样本或所回收的有效问卷如果不能代表样本的总体，其调查结果的代表性和普遍性就难以得到有效保证。

（4）问卷调查的实施难度较大。问卷调查的前提是调查对象能够真实回答，对那些“拒绝作答”、“不懂”、“装好”、“装坏”或“随机作答”的人束手无策。问卷调查法源于西方，适用于鼓励“普遍主义”与“诚实”的西方文化。但中国人不习惯对陌生人、公众、外界随便袒露自己的心声，因此会有较高的拒访率。例如，有很多人在回答收入等涉及个人隐私的问题时，由于面子问题，喜欢吹牛，所填数据会偏高，或是由于害怕“露富”，所答的数据会比实际值偏低，这样就会影响到公共管理研究的数据质量。

（5）问卷调查法缺乏弹性，难以充分挖掘一些深层次的信息。问卷中大部分问题的答案由问卷设计者预先划定了有限的范围，缺乏弹性，使调查对象的作答受到限制，从而可能遗漏一些更为深层、细致的信息。特别是对一些较为复杂的问题，依据简单的填答难以获得研究所需要的丰富材料。问卷对设计要求比较高，如果在设计上出现问题，调查一旦进行便无法补救。

三、问卷调查法的适用范围

由于问卷调查法使用的是书面问卷，问卷的回答有赖于调查对象的阅读理解水平，它要求被调查者首先要能看懂调查问卷，能理解问题的含义，懂得填答问卷的方法，而在现实生活中，并不是所有的人都能达到这样的文化程度，所以它只适用于有一定文化水平的调查对象。

从被调查的内容看，问卷调查法适用于对现时问题的调查；从被调查的样本看，问卷调查法适用于较大样本的调查；从调查的过程看，问卷调查法适用于较短时期的调查；从被调查者所在的地域看，问卷调查法在城市中比在农村中适用，在大城市比在小城市适用；从被调查者的文化程度看，问卷调查法适用于初中及以上文化程度的对象。

第二节　问卷的类型、结构与基本原则

根据调查目的、调查对象和调查方法来设计科学、有效的调查问卷是一项技术性较强的工作。在问卷设计之前，要熟悉和掌握调查问卷的基本类型、基本结构和基本原则，然后结合实际需要与可能，全面、慎重地思考，多方征询意见，把调查问卷设计得科学、实用，以保证取得较好的调查效果。

一、问卷的类型

根据分类标准的不同，问卷可以分成不同的类别。从形式上分，我们一般把问卷分为非结构式问卷和结构式问卷两种；根据问卷调查法传递问卷的方法不同，问卷可分为报刊问卷、邮政问卷和送发问卷；根据问卷的填答者不同和调查方法不同，调查问卷可分为自填问卷和访问问卷。

（一）非结构式问卷和结构式问卷

非结构式问卷，又称为开放式问卷，它的特点是在问题的设置和安排上没有严格的

结构形式，受试者可以依据本人的意愿自由回答。非结构式问卷一般较少作为单独的问卷进行使用，往往是在对某些问题需要进一步深入调查时，与结构式问卷结合使用。通过非结构式问卷，我们可以收集到范围较广泛的资料，可以深入发现某些特殊的问题，探询到某些特殊的调查对象的特殊意见，也可以获得某项研究的补充和验证资料。有时研究者可以根据受试者的反应形成另一个新问题，做出进一步的调查，使研究者与调查对象之间形成交流，使研究更为深入。

对文化程度不高、文字表达有一定困难的调查对象，不宜采用非结构式问卷进行调查，而且问卷所收集到的资料也难以数量化，难以进行统计分析。研究者需要具有较高的研究分析能力，才可能从回收的问卷中做出判断和分析。因此，这类问卷多适用于进行进一步深入调查。

结构式问卷，又称为封闭式问卷，它的特点如下：问题的设置和安排具有结构化形式，问卷中提供有限量的答案，被试只能选择作答。由于结构式问卷已设置了有限的答案供被试选择作答，所以它适用于广泛的、不同阶层的调查对象。同时结构式问卷有利于控制和确定研究变量之间的关系，易于量化和进行数据的统计处理，因此，这类问卷被普遍使用。

由于结构式问卷是限制性选答，所以回收的问卷难以发现特殊的问题，也就难以获得较深入、详尽的资料。因此，通常在以结构式问卷为主的情况下，可以加入一些非结构式问题，结构式和非结构式两种类型的问卷结合使用可以获得较好的效果。

（二）报刊问卷、邮政问卷和送发问卷

（1）报刊问卷：报刊问卷是将调查问卷登载在报刊上，随报刊发行传递到被调查者手中，并号召报刊读者对问卷做出书面回答后，按规定时间寄还给报刊编辑部或调查组织者。报刊问卷的优点如下：以报刊读者为调查对象，有稳定的传递渠道以及广泛的传递面；费用和时间比较节省；能保证匿名性；回答的质量一般比较高。报刊问卷的缺点如下：调查者对被调查者无法选择；问卷回收率比较低；调查者难以控制对问卷产生影响的各种因素。

（2）邮政问卷：邮政问卷是调查者通过邮局向被调查者寄发问卷，被调查者按规定填写问卷后，再通过邮局将问卷寄给调查者。邮政问卷的优点如下：可以加强对被调查者的选择性，提高回答问卷的质量；能保证匿名性；比较节省人力和时间。邮政问卷的缺点如下：问卷回收率比较低；无法全面控制回答过程。

（3）送发问卷：送发问卷也称留置问卷，是调查者将问卷送发给被调查者，被调查者按规定填答后，再由调查者取回问卷。送发问卷的突出优点如下：问卷回收率高；问卷回收及时。送发问卷的突出缺点如下：无法对填答过程进行全面控制；调查的费用、人力花费比较高。

（三）自填问卷和访问问卷

自填问卷是指由调查者发给（或邮寄给）被调查者，由被调查者自己填写的问卷。

访问问卷则是由调查者按照事先设计好的问卷或问卷提纲向被调查者提问，然后根

据被调查者的回答进行填写的问卷。

一般而言，访问问卷要求简便，最好采用两项选择题进行设计；而自填问卷由于可以借助于视觉功能，在问题的制作上相对可以更加详尽、全面。

二、问卷的结构

一份调查问卷一般包括以下七个部分，即问卷的名称、封面信、被调查者的基本情况、指导语、调查内容、编码和结束语。其中，调查内容是问卷的核心部分，是每一份问卷都必不可少的内容，而其他部分则根据研究需要可取可舍。有些以选择题形式出现的问卷还将问题与备选答案分开，形成问卷和答题卡，这样做有利于重复使用问卷，减少研究成本。

（1）问卷的名称。问卷的名称应简明扼要，概括公共管理调查的主题，以使被调查者明确主要的调查内容和调查目的。对国家确定的调查问卷，还应在表头的左上方列出“《中华人民共和国统计法》第七条规定：国家机关、企业事业单位和其他组织以及个体工商户和个人等统计调查对象，必须依照本法和国家有关规定，真实、准确、完整、及时地提供统计调查所需的资料，不得提供不真实或者不完整的统计资料，不得迟报、拒报统计资料。”

（2）封面信。一份完整的专项调查问卷，还需要一封封面信。封面信是一封给被调查者的短信。它的作用在于向被调查者介绍和说明调查者的身份、调查的内容、调查的目的与意义等，它一般印在问卷表的封面或封二，封面信的篇幅宜小不宜大，二三百字最好，虽然它的篇幅短小，但在问卷调查过程中却有特殊的作用，研究者能否让被调查者接受调查并使他们认真如实地填写问卷，在很大程度上取决于封面信的质量，如涉及需要为被调查者保密的内容，必须指明予以保密不对外提供等内容，以消除被调查者的顾虑。

（3）被调查者的基本情况。被调查者的基本情况主要是指被调查者的一些主要特征，如对非政府组织进行专项调查，其基本情况是指组织名称、组织代码、通信地址、组织规模、组织登记注册类型和员工人数等。具体列入多少项目，应根据调查目的、调查要求而定，并非多多益善。设置这些项目，一是为了满足对调查资料进行分组研究的需要；二是以便进一步了解被调查者的情况；三是为了满足查询的需要。

（4）指导语。指导语是用来指导被调查者填写问卷的一组说明。它的作用与仪器的使用说明书相似，有些指导语集中在封面信之后，并标有“填表说明”的标题，其作用是对填表的方法、要求、注意事项等做出一个总的说明。

（5）调查内容。调查内容是调查者所要调查的基本内容，这是调查问卷中最重要的部分。由于采用问卷的形式，所以调查问卷的主体内容应主要是根据调查目的，提出调查的问题和可供选择的答案。调查问卷的主体内容设计得好坏，将直接影响整个专项调查的价值。

调查问卷的主体内容主要包括以下三个方面：一是人们的行为，包括对被调查者本人的行为或通过被调查者了解他人的行为。例如，对消费者的消费行为进行专项调查，就要调查消费者的具体消费行为。二是人们的行为后果。例如，对开征利息税社会效应进行专项调查，就要对被调查者调查开征利息税后对其实际收入的影响、开征利息税后将如何处置在银行的存款等。三是人们的态度、意见、感觉和偏好等。例如，进行下岗职工再就业意向专项调查，就要调查目前是否有就业愿望、不愿再就业的原因、未能就业的原因、现在寻找工作的方式、希望从事哪些新工作、对政府及有关部门实施的再就业工程的要求或建议等。

设计调查问卷的主体内容应注意以下两点：一是内容不宜过多、过繁，应根据需要而确定；二是上述三项内容并非每个专项调查问卷中都要设置，应根据调查的需要而决定。

（6）编码。对样本数量较大的调查问卷，为了便于计算机的汇总、分类和统计，一般要设立编码栏。编码就是给每个问题及其答案编上数码。一般编码放在问题的右边，编码的序号与问题的序号相一致。如果是样本数量较小的调查，或采用手工汇总的调查，可不设编码栏。

（7）结束语。结束语一般放在问卷的最后面，用来简短地对被调查者的合作表示感谢，也可征询一下被调查者对问卷设计和问卷调查本身的看法与感受。

三、问卷设计的基本原则

一份完善的问卷要具备三方面功能：①能正确反映调查目的和具体问题，突出重点，能使被调查者乐意合作，协助达到调查目的；②能正确记录和反映被调查者回答的事实，提供正确的情报；③统一的问卷还便于资料的统计和整理。要真正达到研究目的，获得客观、科学的结论，在问卷设计上必须遵循一些基本的原则。

（一）有效性原则

问卷的效度是指问卷题目的有效性和准确性，即问卷题目是否准确地反映和代表了调查者的目的与目标。问卷题目的效度越高，问卷资料利用率就越高，反之，效度越低，问卷资料利用率就越低。问卷的设计必须有效和准确地收集到所需的资料。

为了提高问卷的效度，设计问卷时，首先，需要明确问卷调查的目标。任何问卷调查都有一定的目标，即证实或证伪某个结论。明确调查目标是问卷设计的首要条件。只有目标十分明确，才能提出明确的假设，才能围绕假设来设计题项。因为为了不同的调查目标所提出的假设不同，问卷的结构、题目的总体安排、子量表和内容的构成都会是不同的。也就是说，只有目标和假设明确，才能选择好合适的问卷设计形式。

其次，要建立目标分级体系。问卷设计的过程就是将调查目标逐步具体化。为此，总目标以及各层次的具体目标就构成了目标分级体系。问卷中所有大小问题均应纳入“目标分级体系”之中，所要调查的每一个具体问题在问卷中都有反映。若问卷遗漏了某方面的设计题目，其结果就会缺乏调查所需的某方面的资料，从而影响目标的实现。但是，如果存在“目标分级体系”以外的问题，这就意味着是与问卷调查无关的问题，这些问题不应在调查问卷中出现。通过“目标分级体系”可以剔除无用的题目，同时可以鉴别、补充出遗漏的题目。

最后，语句的理解保持一致性。所谓语句理解一致性，是指研究者与被试以及被试之间对问答题项的语句的理解要一致。如果不一致，就达不到研究者所要测量的目的。

语句含混不清、易产生歧义，以及双重否定句或者带有情绪色彩的语句等，这些都容易造成对语句意义理解的不一致，从而影响调查的效度。因此，问题语句的设计应简单明确、具体，应避免含混不清、多重含义或隐含某种诱导等。

（二）可信性原则

可信性原则即问卷的调查结果必须确保能够客观真实地反映调查对象的情况。要提高调查结果的可信性，问卷的设计过程中需要特别注意以下三点：

（1）指标中所使用的概念语言要清楚、具体、准确和通俗易懂，要使被调查者一看就明白，而且不至于有各种不同的理解。例如，在犯罪原因的调查中，有人使用“有无前科”作为测量是否重新犯罪的指标。“前科”这个词是一个专门的法律术语，不通俗，而且在司法实践中也有不同的解释。用它来作为指标，被调查者可能因为不懂或理解错误而做出不真实的回答，从而影响调查结果的信度。

（2）指标的内容应在被调查人的知识和经验范围之内。这就要求在设计问卷时，对那些被调查人难以判断而又必须测量的指标，可以把它们分解为若干更为具体明确的问题，使被调查者能够理解，做出正确的回答。例如，调查者问被调查者的家长是不是“县团级干部”时，一般群众很难做出判断。这时，最好把这一问题分成“工作单位”“职务”“级别”等几个问题进行提问，至于判断是否“县团级干部”，可以根据调查结果，由调研人员在分析资料时来做。

（3）将备选答案中的层次进行适当的合并。如果备选项中层次过多，被调查者很难准确地把握相邻两个层次之间的差别，从而随便回答，造成指标可信度下降。在这种情况下，最好把有些层次进行适当合并，从而提高指标的信度。

（三）统计分析原则

问卷题目和答案的设计、安排要有利于数据处理。第一，考虑对结果进行统计分析和比较分析，在问卷正文部分应该设计有关被调查者基本情况的一些变量的题目，如性别、职称、学历和工作年限等。为了便于统计，题目和页码应该标有数码。第二，尽量采用结构式的题目，其答案应依等级顺序排列。例如，①很喜欢；②喜欢；③一般；④不喜欢；⑤很讨厌。统计时，答案的序号数码既有类别意义，表示不同答案的类别，又有大小意义，表示厌恶的程度。第三，要求调查指标是能够累计和便于累计的，指标的累计与相对数的计算是有意义的，能够通过数据清楚明了地说明所要调查的问题。

（四）心理原则

一份问卷最终是否可以获得很好的调查效果，不仅取决于问卷题目的设计，还需要考虑到题目数量和问卷版式设计两个方面要符合人的心理、思维与视觉反应特点及规律。首先，题目数量要符合人的心理特点。题目较多对调查者获取较多的信息是有帮助的。但是，题目数量越多填写问卷时间就会越长，被调查者会有疲倦感，从而可能会草率完成调查，这样就会对问卷的可靠性产生影响。问卷一般采用选择题型，问题数量控制在25个以内，并保证被调查者可以在20分钟内完成，这样的调查效果是比较理想的。其次，版式设计要符合人的心理特点。问卷的题目不能堆放拥挤而不整齐，必须使卷面清爽、明朗、有较多的空间。有些问卷需要考虑到被调查者的接受程度，所以要在样式和排版方面追求新颖、美观。问卷的设计就要考虑到是否利于被调查者完成填写，而不会造成漏题、错选等问题。最后，问题的排列要符合人的心理特点。问题排列的顺序应是先易后难，先封闭后开放，敏感性问题放在后面，以防止从一开始遇到难题或敏感性问题而产生厌恶、畏难，从而影响后面问题的回答。先问事实方面的问题，再问观念、态度方面的问题；可以相互检验的问题必须分隔开；同时要按照逻辑顺序，相同或相近内容、有逻辑联系的内容应该尽量放到一起。此外，问题题目的陈述方式应该契合被调查者的心理需要，应该使其看起来亲切、感到无比的尊重。

第三节　问卷设计的程序与技术

问卷是问卷调查的主要工具，科学地设计问卷是问卷调查关键性的环节。问卷设计的质量，直接影响到问卷调查的回收率、有效率以及被试的回答质量。一份高质量的问卷，并不是随心所欲设计的，而是遵循一定的设计程序，根据课题研究的目的和要求，构建问卷设计的总体框架，再依据总体框架设计整个问卷的动态过程。

一、问卷设计的基本程序

不同研究目的和不同类型的问卷设计程序会有一定的差异，但一份高质量的问卷一般需要经过以下八个基本程序，即明确问卷调查的目的、确定调查的主题和资料范围、构建问卷设计的框架体系、拟定并编排问题、确定问题的表述方式、问卷的排版和布局、进行问卷预调查、问卷的修订和定稿。

（1）明确问卷调查的目的。在问卷设计中，最重要的一点就是必须明确调查目的和内容，这是问卷设计的前提和基础。为什么要做调查，调查需要了解什么。公共管理调查的目的是为决策部门提供参考依据，目的可能是制定长远性的战略性规划，也可能是制定某阶段或针对某问题的具体政策或策略。无论是哪种情况，在进行问卷设计时都必须对调查的目的有一个清楚的认知，并且在调查计划书中进行具体的细化和文本化，以指导问卷设计。调查的内容可以是涉及民众的意见、观念、习惯、行为和态度的任何问题，可以是抽象的观念，如人们的理想、信念、价值观和人生观等，也可以是具体的习惯或行为。

（2）确定调查的主题和资料范围。根据调查目的的要求，研究调查内容、所需收集的资料及资料来源、调查范围等，酝酿问卷的整体构思，将所需要的资料一一列出，分析哪些是主要资料，哪些是次要资料，哪些是可要可不要的资料，淘汰那些不需要的资料，再分析哪些资料需要通过问卷取得、需要向谁调查等，并确定调查地点、时间及对象。

（3）构建问卷设计的框架体系。将问卷调查的目的进行分解，建立目标分级体系，并依据分级体系构建问卷设计的框架体系。在构建的框架体系基础上，进一步将大问题分解，直至提出具体的问题。同时还应考虑问卷的形式，是用开放式、封闭式还是半封闭式？若采用封闭式，是采用肯否式、多重选择式或数字式、排序式？究竟采用何种形式应根据研究者的时间、研究范围、对象、目的、分析方法和解释方法等加以综合考虑。

（4）拟定并编排问题。首先构想每项资料需要用什么样的句型来提问，尽量详尽地列出问题，然后对问题进行检查、筛选，看它有无多余的问题，有无遗漏的问题，有无不适当的问题，以便进行删、补、换。

（5）确定问题的表述方式。问题的表述应使应答者一目了然，并愿意如实回答。语气要亲切，符合应答者的理解能力和认识能力，避免使用专业术语。对敏感性问题采取一定的技巧调查，使问卷具有合理性和可答性，避免主观性和暗示性，以免答案失真。根据经验，问题的表述方式要力求做到以下几点：用词清楚而简洁；避免提带有双重或多重含义的问题；最好不用反义疑问句，避免使用否定句；注意避免问题的从众效应和权威效应；避免诱导性的用语。

（6）问卷的排版和布局。内容上相互有联系的问题在一起，即先问同一个框架的问题，再问另一个框架的问题。同一个框架的问题一般也按逻辑次序、时间次序或内容体系排列，以保持回答者的注意力和思维序列。问题的排列一般是先易后难、先简后繁、先具体后抽象。回答问卷的时间控制在 20 分钟左右，问卷中既不浪费一个问句，也不遗漏一个问句。问卷排版布局总的要求是整齐、美观以及便于阅读、作答和统计。

（7）进行问卷预调查。为了确保问卷的有效性，需要对问卷进行预调查，对所确定的问卷结构和内容进行再次验证，以证实其合理性及有效性。通常可以在小范围内抽取适量的样本（样本量一般为 30~50），按照拟定好的调查问卷实施预调查。根据测评的结果和调查过程中遇到的问题，对调查问卷进行必要的、适当的调整和修改。预调查的作用集中体现在可以检测出问卷中存在的毛病或不合理之处，这些毛病或不合理之处包括以下几点：①不合理的结构影响被调查者回答问卷的流程，甚至会误导被调查者，引起反感，进而直接影响到达到调查目标。②不合理的问题和说明。③问卷过长或过短。问卷过长就会引起被调查者的反感，进而影响其能否据实回答问题；问卷过短，调查者无法获得全面而具体的信息。④问题种类选择不当。问题种类与问题表达的内容直接相关，以能否准确表达问题要实现的目的为标准衡量问题种类选择是否得当。

（8）问卷的修订和定稿。根据预调查的结果对问卷进行修订和完善。问卷题目应选用具有代表性的题目（代表测量特征）和内部一致性高的题目（能反映研究目的的一致性高的题目）。通过题目分析，保留高相关的题目，删除低相关的题目。当问卷的修订工作完成以后，确定没有必要再进一步修改后，可以考虑定稿，并正式投入使用。

二、问卷指导语的设计

指导语即用来指导被调查者填答问卷的各种解释说明。它包括对如何填写问卷、如何回答问题的说明，以及对问卷中某些问题的含义进行进一步解释等。有些问卷的填答方法比较简单，指导语很少，常常只在封面信中用一两句话说明即可。有些比较复杂的问卷的指导语由两部分组成，先在卷首语中总体概括阐述，再在问卷正文部分每种题型之前给出具体的答题指导。

（一）问卷指导语的功能

指导语是一份高质量问卷的重要组成部分，在很大程度上决定调查对象是否愿意认真地回答。指导语在问卷调查中担负着三项功能。

（1）建立初步的心理融洽，引起调查对象回答的意向与动机。具体地说，应从以下三个方面给予说明：①说明调查者的身份（研究者身份），强调是为了进行科学研究，而非其他私人目的，以取得调查对象的信任；②说明研究的目的与价值，对其价值的阐述最好能与调查对象的本人利益联系起来，以激发其回答的动机；③说明需要调查对象协作与支持的重要性。

（2）消除调查对象的顾虑。要保证调查材料的真实、可靠，还必须消除调查对象的顾虑，使他们能无拘无束地畅所欲言。消除调查对象的顾虑可从两方面说明：①说明本问卷是匿名问卷或无须知道调查对象的姓名，以消除调查对象不愿把自己的想法暴露的顾虑。②说明调查对象的回答不存在对错，以减少调查对象顾虑回答是愚蠢的或不正常的。我们可以在指导语中恰当地指出这一点。例如，我们无须知道您的真实姓名，我们感兴趣的是您本人的想法和事实的真实情况，因为后者才是最主要的。您的回答只是在概括的、不记名的前提下才会使用。

（3）通俗简明地阐述回答的内容和具体要求，如回答的具体要求包括问卷填写的规则、回答的方式及回答问卷需要的大致时间等。要做到交底清楚、要求明确。回答者心中有数、心中有底。

（二）问卷指导语的类型

通常而言，问卷指导语可以分为卷首语和问题指导语两大类，具体又可以分为五种基本类型。

1. 卷首语

卷首语是一封给被调查者的短信，主要是简单地向被调查者介绍此次问卷调查的主要目的、意义、调查者的身份和填写要求等，用于拉近和被调查者的关系，赢得被调查者的信任与合作。【例 5-1】~【例 5-3】是三份调查问题的卷首语。

【例 5-1】 收集各地人们对影响生活的各种事情和问题的看法的指导语。

我们是洛杉矶加利福尼亚州州立大学调查研究中心的研究员。在研究中，我们请求洛杉矶人民告诉我们，对影响你们生活的各种事情和问题你们是怎么想的。这个信息对科学研究者是有价值的。您的家庭对这一调查的支持是非常重要的，因为它代表上百个其他不在我们的样本中的人。您告诉我们的每一个情况都将得到严格保密。您的姓名绝对不会与这项重要研究的结果连在一起。

在下列每个问题中，请您选一项最符合您想法的答案（在括号中打钩），若所列举的答案均不符合您的想法，请在“其他”一栏里填明您所想的具体内容。谢谢您的合作！

【例 5-2】 向毕业学生收集对学校各方面工作的看法和建议的指导语。

亲爱的同学：当您即将离开母校，奔赴工作岗位的时候，一定有很多心里话要对母校说。下面这张问卷表为您表达多方面的想法提供了途径。此表采用无记名问卷形式，仅供分析改进工作之用，并不涉及个人隐私。因此，为了保证调查结果的真实性，谨请您根据自己的实际情况，实事求是地完成全部题目。对您的协助表示诚挚的谢意！

对下面的每一个问题，请您根据自己的实际情况做出“是”或“不是”的选择，选择没有对错之分。回答问卷无时间限制，但不要拖得太长，也不要未看懂问题便回答。

【例 5-3】 工作家庭冲突状况问卷调查的指导语。

我们正在进行工作家庭冲突状况的研究调查，大约需要占用您 15 分钟的时间。恳请您根据自己的实际情况在相应的项目上做出选择。您的合作对我们论文的完成以及该课题的顺利进行有重要意义。

本问卷采用匿名的方式进行，除研究人员之外，没有任何人会看到您的答案，我们也会为您做好保密工作，请您放心作答。对您的合作再次表示感谢！

如果您有什么与之相关的疑惑，或者关于问卷您有任何好的建议，您都可以通过 E-mail 或者 MSN（Microsoft service network）跟我们交流，我们会尽力给您满意的答复。

2. 选出答案做记号的说明

一般用圆括号“(　)”或方框“□”来限定答案前或后的空间，并要求回答者在他要选择的答案前或后的圆括号或方框内做记号。

●请在您所选答案前的（　）内打上√。

您孩子的性别：（1）男　（2）女

●请在您所选答案前的 □ 内打上√。

您的家庭居住地：□城市　□集镇　□农村

3. 选择答案数目的说明

如果问卷的题型有多种，指导语一般在填写须知中说明；如果问卷的题型不多，也可以直接写在问题的后面，如“选择一项”“有几项选几项”“可以多选”等。

4. 填写答案要求的说明

例如，凡在回答中需选择“其他”一项作为答案的，请在后面的“____”中用简短的文字注明实际情况。

填写须知如下：①如果遇文字提示“可以多选”，则可选择多于一个的选项，只要您认为合适的都要选上；②如果您选择“其他”这一选项，请务必在____上或空格内写明相关内容。

5. 答案适用于哪些被调查者的说明

问卷中有的问题可能只是适用于某一类人。当这类问题出现时，可说明由特定的一类人填写，其他的人则跳过这些问题。

此外，针对不同的调查对象，指导语的内容强调的重点应有所不同。在向某个问题或领域征求意见时，应突出表明专家意见对问题结论的重要性，以满足他们的心理需求。

在设计问卷的指导语时，文字要简洁、亲切，但又不要太随便。要仔细推敲，不要遗漏所要传达的信息，更不能因表达之误，使回答者产生困惑或歧义。

三、问题的设计

问卷编制和设计的关键是问题的设计。如果研究者的目的不是对调查对象进行一般性的描述，而是要进一步探讨社会现象之间的相关或者因果关系，那么问卷中要提什么问题、不提什么问题以及怎样提这些问题，都要从研究目的出发，经过深思熟虑之后才能设计出质量优良的问卷，获得目标信息。

（一）问题的类型

理想的问题设计应该能使调查者获得所需要的信息，同时被调查者又能轻松、方便地回答问题。这就要求调查者能依据具体调查内容要求，设计选用合适的问题进行调查。问题的类型很多，按其内容和性质，可分为背景性问题、事实性问题、意见性问题、解释性问题和检验性问题五种类型。

1. 背景性问题

背景性问题主要是被调查者个人的基本情况，如性别、年龄、民族、文化程度、婚姻情况、行业、职业、职务或职称、收入、宗教信仰和党派团体等。有时还包括被调查者家庭的某些基本情况，如家庭人口、家庭类型、家庭收入等。它们是对问卷进行分析研究的重要依据。

2. 事实性问题

事实性问题是要求被调查者依据现有的客观事实和客观行为来回答问题，不必提出主观看法。例如，“您家住宅面积有多少平方米？”“您家庭的年人均收入是多少？”“您家庭的年消费支出是多少？”“您家庭的年旅游支出是多少？”“您家庭的年医疗费支出是多少？”等，这些都是事实方面的问题。又如，“您村外出劳动力主要到什么地方干活？”“您今年外出旅游到了哪些地方？”等，这些都是行为方面的问题。事实性问题的主要特点是问题简单，回答方便，调查覆盖面广，调查结果便于统计处理，但也存在不足，如由于时间长等，被调查者对某些事实记忆不清，或由于某些被调查者的心理因素影响，而使回答的结果在一定程度上失真。

3. 意见性问题

意见性问题是指人们的思想、感情、态度和愿望等一切主观世界状况方面的问题，主要用来了解对有关问题的意见、看法、要求和打算。例如，“您认为我国医疗制度改革是成功的还是失败的？”“您认为部分工人失业是经济体制改革过程中不可避免的现象吗？”“您对自己目前所得到的报酬是否满意？”“您希望自己的孩子将来从事什么职业？”“您单位的收入分配制度是否合理？”等。意见性问题的主要特点是从这类询问中可以广泛地了解被调查者对某个问题、事件或行为的意见、看法、要求和打算，为调查者收集到被调查者的普遍性要求和主流意见，但它也存在明显的不足，主要是这类问题仅能了解被调查者的意见、看法，而无法了解产生这些意见、看法的深层次内在原因，如上面提到的问题“您认为我国医疗制度改革是成功的还是失败的？”这一问题，调查者只能知道被调查者对我国医疗制度改革的判断结果，而并不能了解被调查者究竟是根据什么判断我国医疗制度改革是成功的还是失败的。

4. 解释性问题

解释性问题主要是用来了解被调查者的行为、意见、看法产生的原因。根据询问是否给出问题的选择答案，相应地可分为封闭式解释性问题和开放式解释性问题。这类问题在一定程度上可以弥补意见性问题存在的不足，如前面提到的“您认为我国医疗制度改革是成功的还是失败的？”这一问题，若想进一步了解判断医疗制度改革成功还是失败的原因，可提出“您为什么判断我国目前医疗制度改革是成功的还是失败的？”这就是解释性问题。解释性问题的主要特点是能够较为深入地了解被调查者的心理活动，从而找到问题及问题产生的原因，为解决问题提供依据。但是这类问题也存在不足：一是结果较为复杂，尤其是开放式的阐述问题，答复的结果不易整理；二是此类问题涉及被调查者的主观因素较前面两种问题多，被调查者容易因各种原因而回避问题，或只讲问题的次要方面，从而使调查结果的真实性受影响。

5. 检验性问题

检验性问题是为检验回答是否真实、准确而设计的问题。例如，在问卷中先问“您今年多少岁？”，之后在问卷后问“您哪年结婚？”“当时多少岁？”。又如，先问收入再问支出，或先问支出后问收入等。这类问题一般安排在问卷的不同位置，通过互相检验来判断回答的真实性和准确性。

在上述五类问题中，背景性问题是任何问卷都不可缺少的。因为背景情况是对调查对象分类和对不同类型被调查者进行对比研究的重要依据。其他四类问题则根据调查的目的、内容而定。

（二）问题的结构

问题的结构，即问题的排列组合方式。它是问卷设计中的一个重要问题。为了便于被调查者回答问题，也便于调查者对调查资料的整理和分析，设计的问题一般可采取以下几种方式排列。

1. 按问题的性质或类别排列

例如，把背景方面的问题放在问卷的前面或后面，把经济方面的问题、生活方面的问题、家庭方面的问题等相对集中地放在一起。这样就便于被调查者按问题的性质先回答完一类问题，再回答另一类问题，而不至于使他们回答问题时思路经常中断和来回跳动。

2. 按问题的复杂程度或困难程度排列

一般来说，应该先易后难，由浅入深；先客观事实方面的问题，后主观状况方面的问题；先一般性质的问题，后特殊性质的问题。特别是敏感性强、威胁性大的问题，更应安排在问卷的后面。这有利于增强被调查者回答问题的信心，有利于把回答逐步引向深入，而不至在一开头就把他们难住，而不知如何回答。

3. 按问题的时间顺序排列

一般来说，应该根据调查事物的过去、现在、将来的历史顺序来排列问题。当然，也可以反过来，先问当前的有关问题，然后由近及远地追溯过去的情况。但是，无论是由远到近还是由近及远，问题的排列时间在顺序上都应该有连续性、渐进性，而不应该来回跳跃，打乱被调查者回答问题的思路。

总之，问题的排列要有逻辑性。但是，在特殊情况下，也不排除对某些问题非逻辑安排。例如，许多人在回答逐年生产或收入情况时，往往有“不断增加”的回答定势。为了打破这种回答定势，就可以把有关问题的时间顺序颠倒一下，或分别安排在问卷的不同部分询问。此外，检验性问题也应分别设计在问卷的不同部分，否则就难以起到检验作用。

（三）选择问题的判别标准

绝大多数的问卷调查都会使用不同的方式来提出问题，并且采取不同的测量方法来记录被调查者的回答或是反应。问题选择是进行问卷调查最不可或缺的程序，是研究者直接获得被研究者信息的主要途径。经验表明，所选择的问题是否合适有以下判断标准。

1. 问题是否与研究目标相一致

必须围绕研究课题和研究假设选择最必要的问题，不能随心所欲地提出问题。问题数量过少、过于简略，则无法验证研究假设和达到研究目的；相反，数量过多、过于繁杂，不仅会大大增加工作量和调查成本，而且会降低回答质量，降低问卷的回复率和有效率，也不利于实现研究目标。为了实现研究目标和提高研究效果，除了少数背景性问题外，问卷的各类题目要与研究目的和研究假设直接相关，与研究主题无关的问题应该删去，可有可无的问题尽量不要列入问卷当中。

2. 问题是否符合客观实际情况

所选择的问题必须符合客观实际情况，不能落后或超越现实。例如，在 2002 年调查农村居民拥有耐用消费品情况时，如果仅仅设计手表、自行车、缝纫机、收音机等老“几大件”，就大大落后于实际；如果设计上微波炉、笔记本电脑、小轿车等项目，则又可能超过了现实。

3. 问题是否超出被调查者的能力

问卷设计者应根据调查者的能力来提问题，如果所提的问题超出了被调查者的能力范围，将会使作答者难以回答。例如，有的问卷向农民询问：“您的价值观是什么？”“您家农业生产的成本是多少？”“腐败现象的根源是什么？”对这样一些问题，农民一般是不可能理解和回答的，即使勉强回答了，也不可能正确地反映真实情况。在选择问题时，必须考虑到被调查者的知识、经验和能力，不能超越他们的理解能力、记忆能力、计算能力和回答能力提问题，问题不要过于抽象和复杂，更不要把问题理论化。做到这一点，一种可行的办法是，问卷设计者要换位思考，先把问题内容加以描述或具体化，然后再征求别人的意见。

4. 问题是否能让被调查者愿意回答

在选择问题时要坚持自愿性原则，必须考虑被调查者是否自愿真实回答问题。凡被调查者不可能自愿真实回答的问题，都不应该正面提出，尽量避免那些会给被调查者带来社会压力、心理压力的问题，以及避免涉及被调查者个人隐私的问题。例如，有的问卷提出这样的问题："您是否有过腐败行为？""您家有多少存款？"等。对这类问题，被调查者一般都不可能自愿做出真实回答，或者干脆不予理睬，因此一般都不宜正面提出。有关个人隐私的问题，编制者应该尽量避免将其列入，除非这是研究者研究的主题，而且事先获得作答者的合作，否则这种问题不可能得到真正的答案。

5. 问题的类型是否合适

有些问卷的问题适合采用封闭式的类型，有些则应该采用开放式的类型。一般而言，开放式的问题比较能获得充足的数据，但其缺点是费时，而且作答的对象在教育程度上不能太低。因此，问题的类型应该视作答的对象、研究的主题、可以应用的时间等因素而定。

（四）问题表述的基本原则

问卷调查一般是自填式的书面调查，被调查者只能根据书面问卷来理解问题和回答问题，因此，问题的表述就成为问卷设计的重点和难点。要设计一份高质量的问卷，需要遵循一些问题表述的基本原则。

1. 通俗性原则

通俗性原则即表述问题的语言要通俗，不要使用被调查者感到陌生的语言，特别是不要使用过于专业化的术语。例如，对一般居民就不宜问："您家有几位育龄妇女？""您所接触的领导干部是否缺乏公共责任？"；对一般农民就不宜问："您家生产的稻谷每百斤（1斤=0.5千克）的成本是多少？""您家的消费结构怎样？"等。因为一般被调查者不可能准确理解"育龄妇女""公共责任""成本""消费结构"等专业术语的含义。在问题表述时，应尽量用通俗的语言，避免使用诸如"年龄结构""阶层""气质类型"等专业术语。

2. 简明性原则

简明性原则即表述问题的语言应该尽可能简单明确，不要冗长和啰唆。通常作答者在填答一份问卷时都不希望花太多的时间，假如问卷的问题简单清楚，一目了然，作答者的配合度会较高；反之，若问题复杂又冗长，作答者有可能会应付了事。冗长的问题，只是浪费作答者的时间而已。实践证明，简明的问题，回答率和有效率一般都较高；冗长、啰唆的问题，容易含混不清、产生歧义，回答率和有效率反而大大下降。

3. 准确性原则

准确性原则即表述问题的语言要准确，不要使用模棱两可、含混不清、容易产生歧义的语言或概念。对每一个问题的表述都必须规范、具体、意义明确，使每一位被调查者对问题都有一致的理解。如果问题表述含混不清，或出现歧义，则只能得到含混不清的回答，从而影响调查的准确性。例如，您家的住房面积是多少？在这个问题中"住房面积"这一词语就容易引起歧义，可能被理解为建筑面积，也有可能被理解为使用面积。又如，您的年收入是多少？对"收入"问题，应对收入的内容进行界定，是税后收入还是税前收入，是否包括第二职业收入、投资收益、转移收入等。由于被调查者之间存在不同的理解，收集到的数据也就失去了分析的意义。在表述问题时应该避免使用“也许”“好像”“可能”这些模棱两可的语言。对“经常”“有时”“偶尔”这些含混不清的词语应当作具体说明。例如，“经常”是指每周一次或更多，“有时”是指每月一至二次，“偶尔”是指每季一次或更少等。对“专业大户”“先进企业”“落后单位”这些容易产生歧义的概念，则应该设计出明确的操作定义。

4. 具体性原则

具体性原则即问题的内容要具体，不要设计抽象、笼统的问题。例如，“您认为青年人应该建立什么样的人生观？”“您所在单位的社会风气好吗？”“当代青年是否缺乏见义勇为精神？”“您所在的社区是否是一个和谐的社区？”等，对“人生观”、“社会风气”、“见义勇为精神”和“和谐社区”这样一些抽象、笼统的问题，人们的看法往往很不相同，在没有明确操作定义的情况下，被调查者是无法回答的，即使勉强回答出来了，也是无法进行科学分析的。

5. 单一性原则

单一性原则即一个句子只能提及一个观念(答案)，以免作答者混淆，应避免出现“双重问题”。例如，“当您遇到挫折时，您是否会努力不懈而且尝试用新的方法去解决”？这个句子就涵盖了“努力不懈”及“尝试用新的方法”两个观念，有时作答者只符合了其中的一个观念，这对作答者将会造成困扰。上述例子最好将其改为两个句子：“当您遇到挫折时，您是否会努力不懈去解决？”；“当您遇到挫折时，您是否会尝试用新的方法去解决？”又如，“您如何评价单位的住房制度改革和医疗制度改革？”这个句子存在“住房制度改革”和“医疗制度改革”两个答案，如果被调查者对两项改革的评价不一致，如对住房制度改革表示支持，而对医疗制度改革持否定态度，那么这个问题就无从回答了。因此，这个句子也应该改为两个句子。

6. 中立原则

问题的表述必须中立，不能使用带有感情色彩、倾向性和诱导性的语言，也要避免和防止对答案倾向性的暗示。问题表述不能隐含假设或期望的结果。心理学研究成果表明，人们有从众的心理。如果提问的措辞有明显的倾向性，仿佛是在鼓励或者期待被访者做出某种特定的回答，如“您认为在公共场所吸烟应该被禁止，是吗？”，还有诸如“您觉得自己对孩子溺爱吗？”“您对舍己救人、见义勇为这类行为的看法如何？”等。除了预设了道德和伦理观念的框架之外，这类问题在问法上也带有明显的倾向性，容易影响被访者的真实判断，往往导致被访者做出问题倾向所指的那个回答。因此，在问题的表述上必须保持价值中立原则，不要使用较明显的褒义或是贬义的词语。

问题的表述是整个问卷设计中最重要环节，需要设计者具有一定的专业知识和细致认真的工作作风。一般来说，为保证问卷设计的质量，在问题设计前，一定要做尽可能详细的探索性研究。通过查阅文献，向有实际经验的专家和实际工作者咨询访问等，为设计问题奠定基础。在问题设计完毕和全面开展调查之前，要进行试验性调查，即小规模的试调查，以便于及时发现设计中的问题，及时修订完善。

（五）问题答案的设计

答案是问题的重要组成部分，答案设计的优劣直接影响到问卷设计的质量。经验表明，问题答案的设计应该注意以下四个方面的问题。

一是与问题匹配，答案的设计首先要考虑与问题意思相匹配。提出什么问题，就要在问题的可能范围内确定答案，否则就可能出现张冠李戴、答非所问的情况。

二是语言简单易懂，答案的语言必须简单易懂，越简洁明确的答案，越有利于被调查者选择。

三是答案相互之间不能重叠或包含。如果一个被调查者可同时选择属于某一个问题的两个或更多的答案，其意义或反映的事实是相同的，那么这一问题的答案就一定是有相互交叉的关系。

四是答案无遗漏，对一些相对复杂的问题，有时很难把所有的答案都罗列出来，遇到这样的问题，就要在所列的若干个答案后面，再加上一项选择——“其他”，这样就使无法在已经罗列的答案中选择的被调查者有一个选项。

问卷通常分为开放式问卷（非结构型问卷）和封闭式问卷（结构型问卷）两种基本类型。开放式问卷由于不需要列出答案，所以形式很简单。在设计时只要提出问题，然后在问题下留出一块大小适当的空白即可。封闭式问卷的答案设计通常有以下七种基本类型。

（1）填空法，即在问题后面划一短横线，让回答者填写。

例如：①您的年龄____岁；②您的工龄____年；③您的教龄____年。

填空法通常适用于那些对回答者来说既容易回答也易于填写的问题。

（2）是否法，即问题的答案只有“是”和“否”两种（或者其他肯定形式和否定形式），回答者根据自己的情况选择其中的一种。

例如：			
	①您是共产党员吗？	是　□	不是　□
	②您家有保姆吗？	有　□	没有　□
	③您是否赞成费改税？	赞成□	不赞成□
	④您是否坚持每天进行体育锻炼？	是　□	不是　□

是否法问卷是在民意调查问卷中使用得最多的一种方法。这种方法适用于互相排斥的定类问题，优点是简单明了，可以得到明确的判断；缺点是所获信息量太小，两种极端的回答类型有时往往难以了解和分析被调查者群体中客观存在的不同态度层次。

（3）多项单选法，即给出的答案至少在两个以上，回答者根据自己的情况选择其中的一项。这种回答方法适用于有各种互不排斥的答案的定类问题，设计问题的答案类型时，应包括所有可能的情况，但又不宜过多。

例 1：您的年龄段（请在相应的选项前打“√”）

○20 岁以下 ○20~24 岁 ○25~30 岁 ○31~40 岁 ○41~55 岁 ○55 岁以上

例 2：您的文化程度（请在相应的选项前打“√”）

○初中及以下 ○高中或者中专 ○大专 ○本科 ○本科以上

例 3：您的税后月收入水平（请在相应的选项前打“√”）

○1 000 元以下 ○1 000~2 000 元 ○2 001~4 000 元 ○4 001~10 000 元 ○10 000 元以上

例 4：您最希望参加安全生产培训的类型有（从中选择一项，并在相应选项前打“√”）

○法规标准学习 ○安全基本知识 ○岗位技能培训 ○考试辅导 ○其他

（4）多项限选法，是指在所列举的多个答案中，要求回答者根据自己的情况从中选择若干个答案。

例如，您认为您所在的城镇亟须解决的社会问题是什么？（请从下列答案中选择三项，并打“√”）

①住房紧张 ②交通拥挤 ③空气污染 ④水源不足

⑤人口膨胀 ⑥社会秩序不好 ⑦服务设施差 ⑧管理混乱

多项限选法的优点如下：在有些情况下它比多项选一的方法更能反映被调查者的实际情况，因为在很多情况下人们存在不止一种选择，但是我们无法从答案中看出被选择的顺序，无法区分选项间的程度差别。

（5）多项排序法，旨在列举多个选择答案，让被调查者从中选择两个以上的答案，并对所选择的答案按某个标准进行排序。

例 1：您认为您所在的城镇亟须解决的社会问题是什么？（请从所列的八个答案中选择五项，按重要程度对其进行排序，把相应的编号填写在下面的空格内，左边第一格填写最亟须解决的社会问题的号码，依次类推）

①住房紧张 ②交通拥挤 ③空气污染 ④水源不足

⑤人口膨胀 ⑥社会秩序不好 ⑦服务设施差 ⑧管理混乱

例 2：您认为当前国家公务员腐败最严重的表现是什么？（请按严重程度对其进行排序，并把相应的编号填写在下面的空格内，左边第一格填写最严重选项的号码，依次类推。）

①损公肥私 ②行贿受贿 ③拉帮结派 ④公款旅游 ⑤假文凭、假证件

⑥贪污 ⑦大吃大喝 ⑧提干走后门 ⑨养情人 ⑩公款赌博

（6）多项任选法，即在所提供的答案中让被调查者任意选择一项或几项答案的问题表述形式。

例 1：您选择远程教育培训时考虑最多的因素是什么？（请从中选择一项或多项答案，并打“√”）

□价格 □便利 □教学质量 □网站的信赖度 □课件的表现形式 □其他

例 2：您不参加安全生产培训的原因是什么？（请从中选择一项或多项答案，并打“√”）

□价格太高 □单位不愿意支付费用 □没有必要

□时间有限 □本地区没有相关培训 □其他

（7）等级评定法，即在所提的问题后面列出不同等级的答案，由被调查者根据自己的意见或感受选择一个例行答案的回答方法。等级评定法在公共管理研究中也得到大量应用，如公众对公共产品或公共服务的满意程度、对政府绩效的评价，以及对收入分配的心理感觉等都可以采用等级评定法。常见的等级评定法包括 5 点量表和 7 点量表，有时也使用 3 点量表、9 点量表和 11 点量表。

等级评定法通常采用表格式和矩阵式两种表达方式。

第一，表格式：您对所在的城市以下 10 个问题是否满意？（请在适当的方框内打"√"）

项目	很满意	较满意	中等程度	较不满意	不满意
①职工就业问题					
②社会治安问题					
③市民素质问题					
④收入分配问题					
⑤政府效率问题					
⑥环境保护问题					
⑦社会公德问题					
⑧孩子教育问题					
⑨城市建设问题					
⑩医疗保障问题					

第二，矩阵式：您对所在的城市以下 10 个问题是否满意？（请在适当的方框内打"√"）

	很满意	较满意	中等程度	较不满意	不满意
①职工就业问题	□	□	□	□	□
②社会治安问题	□	□	□	□	□
③市民素质问题	□	□	□	□	□
④收入分配问题	□	□	□	□	□
⑤政府效率问题	□	□	□	□	□
⑥环境保护问题	□	□	□	□	□
⑦社会公德问题	□	□	□	□	□
⑧孩子教育问题	□	□	□	□	□
⑨城市建设问题	□	□	□	□	□
⑩医疗保障问题	□	□	□	□	□

➢复习思考题

1. 什么是问卷调查法？
2. 问卷的一般结构应包括哪些内容？
3. 问卷设计的基本程序是什么？

4. 问卷设计应遵循哪些基本原则?
5. 简述问题的类型与结构。
6. 问题表述应注意遵循哪些原则?
7. 设计问卷答案应考虑哪些主要问题?
8. 比较分析问卷调查法、访谈法的优点和缺陷。
9. 设计一份对地方政府绩效进行评价的问卷调查表。

第六章

实　验　法

英国哲学家培根认为"实验是科学之父"。意大利的伽利略（1564—1642 年）最先设计了物理斜面实验，因此被公认为是实验法的创始人。而后力学、光学、化学、生理学和遗传学等自然科学开始广泛地运用实验法来验证假设和发展理论。然而实验法并不是自然科学所特有的方法。自然科学需要实验科学的支撑，社会科学同样也需要实验的检验。19 世纪末 20 世纪初，心理学、教育学、管理学、经济学和社会学等社会科学开始运用实验法。美国经济学家弗农·史密斯（Vernon Smith）在亚利桑那大学进行了长达六年的经济学实验，发表了一系列开创性的研究成果，为实验经济学奠定了基础，并确立了实验经济分析所采用的方法、工具和体系。由于在实验经济学领域做出了杰出的贡献，他获得了 2002 年度诺贝尔经济学奖。

第一节　实验法的内涵、要素、特征与局限性

实验是发现真理的基础，也是检验真理的方式。在科学史上，重大的发现和突破都与科学实验紧密联系。科学理论的发展不仅是以生产实践为基础的，而且要依靠科学实验提供精确的数据，再经过分析、判断、推理而形成理论；科学理论是否正确，也都必须经过实践的检验，其中就包括科学实验。

一、实验法的内涵及基本要素

实验法是在自然科学研究中创造形成的，后来被运用于社会科学研究。实验是将事物置于控制的或特定的条件下加以观测。具体来说，实验是人们根据研究目的，利用科学仪器和设备，人为地控制或模拟自然现象（自然科学实验）和社会现象（社会科学实验），排除干扰，突出主要因素，在有利的条件下研究和探索自然规律与社会规律。

实验法的定义如下：研究者按照研究目的，经过精心的设计，充分地控制实验的环境，创设一定的实验条件，科学地选择研究对象，以确立自变量与因变量之间的因果关

系，探索研究对象的本质和规律的一种研究方法。实验法的基本目标是判定两个变量之间是否存在因果关系。

任何一项实验研究，一般都会涉及一些基本要素。一个完整的实验需要具备自变量与因变量、实验组与控制组、实验环境、实验操作和实验结果五个因素，在设计、组织、实施或评价一项实验时，必须将这些因素都考虑进来，才能符合科学的实验精神，才能充分发挥实验的作用。

（一）自变量与因变量

自变量是指不受其他研究变量影响而自身变化的变量。任何变量的变化都有一定的原因，但当某个变量被作为其他变量的原因来研究时，这一变量就被视为自变量。一个事物或概念是否可作为自变量完全取决于所研究的问题，而不是那个事物或概念本身。因变量是指随着其他研究变量变化而变化的变量。因变量往往是自变量变化后的结果。在实验研究中，自变量是我们做实验控制的变量，而因变量是因为自变量改变而发生改变的变量（也就是实验所得到的结果）。实验研究的基本目标是探讨变量之间的因果关系，研究自变量对因变量的影响。与一般意义上的自变量不同的是，实验中的自变量通常都是二分变量，也就是说它通常只有两个取值，即有和无，就是给予实验刺激（experimental stimulus）或不给予实验刺激。

（二）实验组与控制组

实验组是实验过程中接受实验刺激的那一组对象。即使是在最简单的实验设计（design of experiments）中，也至少会有一个实验组。控制组也称为对照组，它是各方面与实验组都相同，但在实验过程中并不给予实验刺激的一组对象。实验者在实验中增加一个控制组，将实验组和控制组放到相同的环境条件下，给实验组加以实验刺激，而控制组没有实验刺激。然后比较实验组和控制组的前测与后测结果，如两组的前测和后测结果的变化情况不同，说明实验刺激的因素产生了作用；若情况是一样的，说明这种变化是由其他因素引起的。

（三）实验环境

实验必须在一定的环境中才能完成，这些环境是与实验对象密切相关的外部条件。在此环境中，能进行现象的重复与模拟演示，能及时获取并处理相关数据，能正确高效地分析客观事实，以保证实验在实验主体一定的控制范围内得以有效地操作实施。实验环境包括硬性实验环境与软性实验环境两部分。硬性实验环境是指实验中必备的仪器、设备、软件和场所等，这是实验的实施平台，如专门的实验室。软性实验环境是指实验中所涉及的专业知识、历史资料、规章制度和行为规范等内容，这是实验成功的基础。

（四）实验操作

实验操作就是实验的各个环节中所进行的具体活动，是在一定的环境中为了既定的实验目的而实施的实验步骤。实验操作根据具体的研究目的和实验对象的规律来进行，不同的实验有不同的操作内容。公共管理实验操作内容主要包括以下几点：确定实验自变量的操作原则、方法与实施程序；规定实验对象的选择原则、分组方法和实施程序；制定无关变量控制的目标、原则、方法与程序；提出阶段性实验目标达成的评价标准和方法以及终极目标达成的评价标准和方法，即进行因变量观测设计；确定实验资料的积累要求、实验数据的处理方法。

（五）实验结果

在既定目的的指引下，在有控制的环境中，通过实验操作能重现部分社会事实，虚拟出一些现实中尚未发现或是不能随时发生的现象，通过反复操作能使实验者全面清晰地认识事物的客观发展状态，这些情况往往以数据或是文字的形式记录保存下来，就是实验结果。实验结果是实验“投入”的最终“产出”，是一项实验的价值所在。将实验结果与现实状况进行比较分析，就可以深入把握事物本质和客观规律。实验结果是一种非常有价值的历史资料，可以供现实活动参考，同时是对一项实验活动进行评价总结的依据。当然实验结果有可能正确，也有可能不正确时，在使用时需要注意。

二、实验法的特点

一般来说，在实验研究过程中，研究者通过引入（或操纵）一个变量（即自变量），以观察和分析它对另一个变量（即因变量）所产生的效果。从方法论上看，实验是定量研究的一种特定类型，在检验变量之间的因果关系方面，实验研究具有最突出的效用。实验法具有主动性、可控制性、可重复性、精确性和因果性等一些基本特点。

（一）主动性

在实验中研究者处于主动状态，可以主动地操纵实验条件，人为地改变对象的存在方式和变化过程，使它服从于认识的需要。在公共管理研究中，研究者可以有计划地引起或改变某种需要研究的公共管理现象，对某些在自然观察中不易观察到的公共管理现象和公共管理行为进行研究，而不必消极地等待它们的自然出现，从而扩大研究范围。通过科学的实验设置，研究者可以在实验中主动地消除或抵消无关变量的影响，自变量也可以按研究者的计划改变，从而考察因变量的变化，精确地确定自变量与因变量之间的关系。此外，研究者可以通过反复验证，主动地揭示某种公共管理现象或公共管理行为的发生、发展和变化的规律。

（二）可控制性

实验法的精髓在于对实验条件的控制。没有控制，便无所谓实验。控制条件通常是指主动操纵自变量，客观地测定因变量，严格地控制无关变量。控制是实验法不同于观察法、访谈法和问卷调查法的根本特点。观察法、访谈法和问卷调查法往往是以不干涉研究对象的原有状态为前提的，它们不要求人为地去控制各种条件，只是等待行为的自然呈现。而实验法则要主动地去控制条件或创设条件，从而使有关现象在一定条件下产生，或将某些因素分离出来进行观测，或将某些因素控制起来使之不对结果产生影响，以纯化研究变量之间的关系。为了很好地探索公共管理研究问题的因果关系，以确保某种公共管理现象或公共管理行为的变化是由自变量的变化所引起的，就必须排除其他无关因素的影响，控制无关因素，使实验除了自变量以外的其他条件保持一致，这样才能保证公共管理实验研究具有一定的效度，否则，实验就失败了。

（三）可重复性

实验是可以重复验证的，对同一被试或相似被试在相似的控制条件下，应得出相似的研究结果。这种重复验证的程度越高，实验研究的可靠性和有效性也就越高。不能重复验证的实验，人们很难判断其数据的准确性和结论的可靠性。可重复验证也是实验研究成果推广运用的必备条件，是评判实验优劣的标准之一。公共管理实验与自然科学实验一样，只要公共管理实验理论假设正确，设计严密，操作严谨，通过人为地改变条件，可以在相同的情况下重复进行，可在不同地区、不同单位产生该实验同样的预期效果。

（四）精确性

在公共管理实验研究中，可以针对研究项目的需要进行合适的实验设计，有效地控制实验环境，并反复进行研究，造成便于精确测量和运用机械方法纪录的条件，使研究更为精密，以提高研究的精确性。实验研究使研究者有可能准确地、精细地、分别地研究公共管理问题的各个层面或组成部分的某个具体问题，深入细致地研究某些特定因素（自变量）对公共管理现象（因变量）的影响和效果。

（五）因果性

实验以发现、确认事物之间的因果联系为直接宗旨和主要任务，本质上是按因果推论逻辑设计与实施的，它是揭示事物之间因果联系的有效工具和必要途径。实验法在建立因果关系方面优于其他研究方法。观察法、调查法都是对自然发生的现象进行描述、归纳与分析，不能主动操纵、干预研究对象，难以排除原因与结果之外第三变量的干扰，最终也很难确认事物间的因果联系，只能对某种可能性的原因进行推测。与观察法、调查法相比较，实验法不仅常利用实验组与控制组的对比来确定变量的共变关系，用预测与后测来了解实验前后情况，决定变量发生变化的时间顺序，而且更重要的是采用各种控制方法、技术来改变研究对象的存在状态，排除了无关因素的干扰，从而满足了因果推论的基本条件，成为揭示变量间因果联系的有效方法。例如，看暴力电视与儿童侵犯性行为的关系，通过调查和观察发现两者有联系，但有人认为看暴力电视是原因，侵犯性行为是结果，也有人认为具有侵犯性行为的儿童更喜欢看暴力电视。要解决这样的问题，探求其中的因果关系，只能运用实验法。可找两类性格不同的儿童，向他们提供暴力电视，观测其行为表现。也可让两组被试任意选择电视节目，通过比较来确定看暴力电视与侵犯性行为的因果关系。

三、实验法的局限性

实验法在现代公共管理研究中具有相当重要的地位。实验法增强了公共管理研究的科学性，这使公共管理学有机会借鉴一些自然科学特别是一些精确科学的研究方法。借助于实验的方法，可以对一些公共管理问题进行较为精确的研究和测量，能够提供有关公共管理实际问题的相对可靠的知识。实验法将事物间的因果联系以可检验的方式显现出来，最终不是靠思辨的力量而是靠事实的说服力，不是由推理的逻辑而是以操作性的实践，不是以定性的方式而是以定量的方法来证明、确认研究对象的因果联系的客观存在，保证了研究过程的可重复性、结论的可检验性和认识结果的客观性。但同时，我们也应该清楚地认识到实验法在公共管理研究中的局限性。

（一）研究周期较长，成本较高

虽然实验研究能在相对较短的时间中创造一种我们所需要的情形和事件，但是，这里的“相对较短的时间”是相对其自然产生的情形来说的。事实上，创设公共管理实验条件和环境，引发某种公共管理现象和公共管理行为，以及观察和测定自变量对因变量的影响过程与影响力等，都需要相当长的一段时间，而且需要投入较多的人力、物力和财力。在很多情境下，公共管理研究者没有足够多的时间、精力和财力来完成一项公共管理实验研究。

（二）无关变量的控制难度较大

无关变量也就是非实验因素，主要来自实验者、实验对象和实验环境三个方面。对无关变量的控制就是要从这三个方面着手，努力排除或减少非实验因素对实验过程的干扰。由于无关变量会影响因变量的测定，会对判断自变量和因变量的因果关系造成干扰，所以在实验设计时需要对其进行控制。控制无关变量是实验研究的一个关键问题。为了使自变量和因变量的对应关系显现出来，必须“净化”实验过程中的变量，也就是说要把无关因素人为地控制起来。如果研究者在实验中对无关变量缺乏适当的、准确的控制能力，也就无法确定实验所得到的结果究竟是他所假设的因素（自变量）所导致的，还是一些其他未能加以控制的无关变量所导致的。一般来说，对无关变量控制的程度越高，研究结果的准确程度也就越高，实验结果的可信度也越高。只有加强对无关变量的控制并对结果进行适当的统计处理，才能将无关变量对实验结果的影响减小到最低限度。在公共管理实验中，由于公共管理活动本身的复杂性和各种影响因素之间联系的复杂性，很难采取经典实验法经常采用的随机、消除、恒定、平衡和抵消等方法对无关变量进行有效控制。

（三）一些复杂的公共管理问题很难进行实验研究

实验研究的目标就是检验和证明因果关系。因此，在进行一项公共管理具体实验时，研究者应了解所要引入的自变量是什么，特别是要清楚如何引入作为自变量的实验刺激。为了检验和证明因果关系，自变量必须能够很好地被“孤立”。这即是说，所要引入和观测其效果的变量必须能够与其他变量隔离开，即实验环境能够很好地“封闭”起来。在很多公共管理实际研究中，这一点往往是最难做到的。例如，如果研究者希望研究电视节目对青少年行为的影响，他就必须从青少年所受到的家庭影响、学校影响、同龄群体影响和其他大众传媒影响中，严格地“孤立”出“电视的影响”这一因素，显然，这在实践上常常是相当困难的。此外，自变量（实验刺激）必须是可以改变的，同时是容易操纵的。最简单的改变是“有”和“无”，对应的操纵则是“给予实验刺激”和“不给予实验刺激”；更为复杂的改变则是程度上的变化，如刺激程度的“强”、“中”和“弱”以及刺激时间的长短等。显然，在公共管理研究中，操纵和控制自变量的强弱也是相当困难的一件事情。在所有实验中，公共管理实验可能要比物理实验、化学实验、教育实验等复杂和困难得多。这是因为公共管理实验通常涉及公共管理事件和公共管理行为，这是很难控制和重复的。经验表明，越是宏观的公共管理现象，越是综合性较强的公共管理行为，如公共安全、公共危机、公民道德和社会伦理等问题，就越难通过严格意义上的实验法进行研究。

（四）研究的外部效度通常较低

外部效度是指实验结果的概括性和代表性，即实验结果是否可以推论到实验对象以外的其他被试，或实验情境以外的其他情境。一个实验越能实现这个目标，就表示该实验越有良好的外部效度。如果在实验室里的实验结果，只是用于实验室环境，而不能推论到日常生活情境，则说明这个实验设计的外部效度（生态效度）不高。公共管理实验，为了很好地探索因果关系，确保因变量的变化是由自变量的变化所引起的，就必须排除其他无关因素的影响，控制无关因素，使自变量很好地被“孤立”，势必要人为地创设实验所需要的环境和条件，而人为创设的环境和条件往往与实际的公共管理情景存在较大的差距，这样势必会降低研究的外部效度，影响研究结果的应用和推广。

正是由于这些原因和限制，在公共管理研究中，实验法的应用不如文献法、观察法、访谈法和问卷调查法等研究方法广泛。

第二节　实验法的分类和操作程序

一、实验法的分类

随着自然科学的不断进步、实验手段的日益提高，实验方法的种类也越来越多。分类是对事物的一种分析方法。用不同的标准对实验进行分类，就是从不同的角度对实验进行分析，多角度的分析可以使我们对实验的认识更全面、更深入。

（一）实验室实验和现场实验

根据实验的实施场所不同，可以将实验分为实验室实验（laboratory experiment）与现场实验（field experiment）。

1. 实验室实验

实验室实验是指在有专门设备的实验室中进行，并对实验的条件、控制以及实验设计都有严格规定的实验。具体来说，就是在实验室对影响内部效度的无关变量加以严格控制，有效地操纵某一变量；采取随机抽样和实验顺序随机安排；设置实验组与控制组；主试者通过实验器材，考察被试行为或心理的一种实验法。实验室实验要有严格的实验设计，包括选择被试（实验组、控制组）、挑选实验器材以及确定实验顺序和数据分析方法等。实验室实验能较好地控制实验条件和进程，实验环境可以较好地“封闭”，实验者能够较清楚确切地观察到自变量对因变量的影响，较准确地考察被试的公共管理行为，较精确地揭示自变量与因变量之间的因果关系，这是实验室实验的主要优点。但实验室实验在实验内容上局限性比较大。实验室实验的结果在推广性、普遍性和概括性上往往较差。原因之一是较多的实验室实验都是以一定区域研究对象的有限取样为实验对象的，而他们与众多的不同区域的成员之间存在许多差别；原因之二是实验室的环境与现实的公共管理环境之间的差别也很大。

2. 现场实验

现场实验是指在实际情境中进行的实验，也称为实地实验。主试通过实验器材，在被试现实的工作或生活中，对一部分无关变量加以控制，人为操纵某一变量，考察被试公共管理行为或心理的一种实验法。现场实验法，不但在情境上要保持真实，而且要将实验器材、主试的位置，放在被试不易觉察的地方。实验顺序安排也要加以隐蔽，不要影响被试原来的工作或生活。显示某一变量，要顺其自然，使实验组被试以自然的方式（不是勉强的或为了某项任务）做出反应。在现场实验中，研究者可以在真实的公共管理环境背景中观察到被试的自然反应，但同时研究者却又常常难以对众多有可能影响因变量的实验背景、实验条件进行控制，难以孤立出自变量的独立影响。他所能做的工作仅仅是观察发生了什么事情，即仅仅是对他无法控制的现象所产生的可能的影响进行测量。

由于人们对公共管理研究结果的现实意义或外部效度越来越重视，所以公共管理研究中的实验越来越倾向于实地实验。

（二）前实验、真实验和准实验

根据实验控制条件的严密程度不同，也就是根据对内在无效来源和外在无关因素的控制程度，能否随机选择和分配被试以及能否主动操纵实验变量，可将实验分为前实验、真实验和准实验三种类型。

1. 前实验

前实验是一种不够规范的实验。实验前缺乏清晰的假设，实验中往往不设对照组，对无关变量和实验环境的控制不够严格，干扰实验因素很多，因此，实验结论一般只具有或然性。

2. 真实验

真实验是指实验研究人员能够随机地把实验对象分派到实验组或控制组，也可以对实验误差来源加以控制，使实验结果能够完全归因于自变量改变的实验。这也是一种对所有可能影响实验效果的因素都做了充分控制的实验。真实验设计必须具有一些必备的条件。例如，随机指派实验对象以形成两个或多个相同的组，前测和后测，实验环境的封闭，实验刺激的控制和操纵，等等，这样的实验通常称为真实验。然而，对公共管理研究来说，很难开展类似于自然科学或者心理学中常见的十分严格、十分完备的真实验。例如，实验者有时不能完全控制对自变量的操纵，有时仅仅只能进行后测，有时不能将被试随机分配到不同的实验条件中，进而极大地限制了真实验在公共管理研究中的运用。

3. 准实验

准实验是指实验研究人员无法随机分派实验对象到实验组或控制组，也不能完全控制实验误差来源的实验。准实验是一种接近实验法而又不十分合格的实验。从该方法“企求”完成的任务和达到的目的看，它接近实验法即揭示事物间的因果关系，但从控制要求上看，又不足以称为实验法，因为控制过程无法做到十分严格。准实验是 D. T. 坎贝尔和 J. C. 斯坦利首创的。“准”是“类似于”、“接近于”、“几乎是”或者“半”的意思。D. T. 坎贝尔和 J. C. 斯坦利指出，通过仔细地选择被试和测量方法，人们可以建立“在产生正确因果推论的能力上与真实实验相近的研究设计”。因此，准实验设计是在更好的实验设计无法实行的时候所使用的有实用价值的设计。

准实验设计对无关变量的控制比非实验设计要严格，但不如真实验设计对无关变量控制的充分和广泛。通常准实验设计不易对被试进行随机取样。总的说来，与标准实验相比，准实验设计具有三方面特点：①有时对自变量（如被试特点的自变量）无法有意识地操纵；②不能严格地控制无关变量；③无法按照随机抽样原则抽取被试，也没有随机地把被试分配到各种试验处理中。

由于公共管理问题的复杂性和难控制性以及传统实验的局限性，准实验在公共管理研究中越来越受到重视。准实验在公共管理研究中可以采取如下一些措施：第一，实验对象是由实地情景中已存在的公共管理部门、政府处室的公共管理者构成，而不是根据某一特定的研究假设和实验目的特别设立的；第二，根据研究假设和实验目的通常需要选择若干职能相等的政府处室作为研究对象，如选择一个地方政府的三个处室作为研究对象，第 1 个处室为实验组，第 2 个和第 3 个处室为控制组；第三，准实验中的考核（包括前测、后测）往往采取同平时政府部门相同的常规考核办法，考核表不是为某个实验而专门设计的。

（三）对比实验、析因实验、探索性实验和模拟实验

依据实验在科学研究过程中的不同作用，可将实验分为对比实验（contrast experiment）、析因实验（factorial experiment）、探索性实验（exploratory experiment）和模拟实验（simulation experiment）等。

1. 对比实验

运用对比实验，就是将某个研究的事物同一个已经确定知道其结果的事物做对比，以便确定某种因素的影响。实施这种方法时，总要将进行研究的对象分成两个相似的组，

其中一个为对照组，另一个是实验组，然后通过实验（也就是在对照中）判定实验组具有某种性质或受某种影响。对比实验被广泛地应用于工农业生产、生物和医学等领域的创新研究。例如，农田中比较几个品种的优劣、比较几种施肥法的优劣、比较几种田间管理方法的优劣等，都是使用对比实验来研究新品种、新施肥法和新田间管理方法。工业上比较几种工艺流程、设备性能、操作方法的优劣也使用对比实验，以完善新工艺、新设备和新方法。在公共管理研究领域，我们也可以运用对比实验来比较不同的公共政策、不同的管理方案和不同的改革措施的效果等。

2. 析因实验

析因实验是一种将两个或多个因素的各水平交叉分组，进行实验（或试验）的设计。它不仅可以检验各因素内部不同水平间有无差异，还可检验两个或多个因素间是否存在交互（interaction）作用。如果因素间存在交互作用，表示各因素不是独立的，一个因素的水平发生变化，会影响其他因素的实验效应；反之，如果因素间不存在交互作用，表示各因素是独立的，任一因素的水平发生变化，不会影响其他因素的实验效应。该设计是通过各因素不同水平间的交叉分组进行组合的。因此，总的实验组数等于各因素水平数的乘积。例如，两个因素各有 3 个水平时，实验组数为 $3\times3=9$；四个因素各有 2 个水平时，实验组数为 $2^4=16$。所以，应用析因实验设计时，分析的因素数和各因素的水平数不宜过多。一般因素数不超过 4，水平数不超过 3。这种实验方法的优点如下：它是一种高效率的实验设计方法，不仅能够分析各因素内部不同水平间有无差别，还具有分析各种组合的交互作用的功能；缺点是与正交试验设计相比，其属全面性试验。因此，研究的因素数与水平数不宜过多。

3. 探索性实验

探索性实验以探索某种科学现象或科学规律为目标，通过探索研究对象的因果关系以及问题的解决，尝试建构某种科学理论体系，具有较强的创新性。这类实验有科学的理论假设、严格合理的条件控制、比较规范的实验程序以及对资料数据的统计处理，寻求尽可能大的内部效度，并以现行的科学理论解释实验结果。例如，英国科学家汉弗莱·戴维（Humphry Davy，1778—1829 年）在真空中使两块冰在水的冰点上互相摩擦，结果冰融化了，证明了冰融化所要求的热是由摩擦产生的，推翻了“热素”说。探索性实验的特点是从已知的原因来发现它将产生的未知结果，一般用来研究公共管理理论体系中的根本性问题，有重要的理论意义和实践指导作用。

4. 模拟实验

模拟实验就是指在研究过程中，由于对研究对象不能或不允许进行实际实验，为了取得对研究对象的认识，根据已知的事实、经验和一定的科学理论，设计和构想出研究对象的“替代物”——模型，通过对模型的实验，以获取研究对象的信息和资料。模拟实验使实验者突破了传统的实验室实验的思维模式，增强了直观性和可认识性。在科学实验中，由于受到了各种主客观条件的限制而无法对某些公共管理行为和公共管理现象进行直接研究时，人们便可以通过模拟实验进行研究。首先设计出与该公共管理现象或公共管理行为（称为原型）相似的模型，然后通过模型来间接地研究原型的规律性。模拟实验的主要特征是创造出类似于公共管理活动的各种条件来研究公共管理现象和公共管理行为，它在公共管理研究中具有广泛的应用前景。

（四）定性实验和定量实验

从实验结果的性质进行分类，可以分为定性实验（quality experiment）和定量实验（quantity experiment）。

1. 定性实验

定性实验是判定研究对象具有哪些性质的实验，包括判定某些因素是否存在，以及某些因素之间具有什么性质关系等一类的实验。它的特点是回答“有没有”或者“是不是”等问题。例如，科学史上著名的“费城实验”就是定性实验。1752年7月的一天，北美洲费城的上空电闪雷鸣，大雨滂沱，富兰克林（Franklin，1706—1790年）冒着雷击的危险向云层放风筝。通过风筝把“天电”接收起来，第一次用实验证明云中的闪电和地面上物体摩擦所带的电在性质上是完全相同的，终于破除了关于“天电”的种种迷信说法。又如，德国的物理学家赫兹（Hertz，1857—1894年）证明电磁波存在的实验；俄国物理学家列别捷夫（1866—1912年）证明光具有压力的实验；美国物理学家戴维孙（Davisson，1881—1958年）和革末（Germer，1896—1971年）证明电子具有波粒二象性的电子衍射实验。

2. 定量实验

定量实验就是测定对象的某些数值，以确定某些因素之间数量关系的实验。例如，物理学中焦耳测定热功当量的实验、汤姆逊测定电子荷质比的实验以及化学上的定量分析实验等，都是定量实验。通过定量实验，有时可以得到相应的经验定律或经验公式。同样，通过定量实验，我们可以测定不同组织结构和组织体制下的行政效率，并概括出影响行政效率的主要因素。

定性实验和定量实验虽然是不同性质的实验，但是它们之间又是不可割裂的。定性实验是定量实验的基础，只有在确定了某一物质的组成成分以后，才能进一步测定其含有的数值。同时，也只有经过定量实验，才能对这一物质的整体性质有所了解。因此，从定性实验发展到定量实验，这是认识不断深化的表现。特别是当定量实验与数学方法相结合之后，它在科学技术发展过程中的作用日益突出，运用范围也日益广泛，这是现代科学技术发展的重要特点之一。实验方法离不开仪器的帮助，而仪器的精密度直接影响实验的效果，这对定量实验尤为突出。定量实验的精确与否，又会直接引起研究对象性质判别上的差异。

二、实验法的操作程序

一项完整的实验操作程序通常包括以下内容：选择研究课题，提出研究假设→确定研究变量，给出操作定义→选择实验对象，创设实验环境→操纵自变量，控制无关变量→实施实验，进行前测和后测→整理分析资料，撰写实验报告。

（一）选择研究课题，提出研究假设

必须从理论和实际的需要以及现实可行性出发，选择公共管理研究课题。从理论方面看，课题应有助于促进当前公共管理理论和公共管理科学的发展，最好是学科核心领域的前沿性专题和重大公共管理理论问题。从实际的需要看，研究课题要紧密结合公共管理发展的客观需要，能够解决社会实际问题，对公共管理实践有较大的促进作用。从可行性看，要选择通过公共管理实验研究可以解答的课题；要根据研究者的主客观条件来选题。

任何实验都是有理论框架和研究假设的，即都是在一定理论的指导下，通过实际的观察、测量等手段来检验假设的正确与否。实验假设在前，实验实施在后；先有理论框架，再有实践操作。整个实验过程通常是围绕验证研究假设展开的，假设是实验研究的核心。研究假设通常是陈述两个社会现象或事物之间的因果关系或相关关系。

（二）确定研究变量，给出操作定义

在科学研究中，概念或属性往往会在质或量上有所变动，即同一概念或属性往往会以不同的状态或分量表现出来。研究者将这种具有变动特点并可以进行量度的概念称为变量。在实际的研究中，有些概念测量起来较为困难，它们的量度指标不易确定。这就需要通过“操作定义”使这些概念变成可以进行量度的变量。

所谓操作定义就是一些具体的、可测量的指标对概念所做的说明。其做法是把抽象定义所界定的概念一步一步从抽象层次下降到经验层次，分解为一些具体的、可测量的指标，这些指标一般都是与概念中的变量相对应的。这一过程也就是概念的操作化过程。

概念操作化的关键就是寻找一定的、能够明显区分的测量指标来说明概念的属性，其中每一项指标反映概念的某一方面或某一变量。寻找测量指标可以综合采用经验的办法和理性的办法。经验的办法是研究者通过对概念的大致理解，提出若干指标，再从中筛选出适宜者；理性的办法是通过大量查阅文献，找出概念的各种含义，根据其变量列出备选的指标，再从中筛选出适宜者。

（三）选择实验对象，创设实验环境

实验对象要具有充分的代表性，是典型环境中的典型对象，对于复杂的事物来说，还应该具有不同类型、不同层次的代表性。

选择实验对象一般有两种方法：第一种，按照随机原则从调查对象的总体中抽取。这种方法适用于调查对象总体中个体单位较多、个体之间同质性较强、实验者对调查对象总体情况了解较少的情况。第二种，主观挑选，即由实验者根据实验调查的目的、要求和对调查对象总体情况的了解，有意识地挑选那些具有代表性的单位进行实验。这种方法适用于调查对象总体中个体单位较少、个体之间异质性较强、实验者对调查对象总体情况了解较多的情况。多数实验调查采用前一种方法，以使各实验组成员的构成及其状况尽可能均等。

要特别注意实验对象和实验环境的匹配问题，所有实验对象和实验环境的各方面状况应尽可能相同或相似。只有这样，才能对实验结果进行比较研究和量化分析，才能保

证实验结论的客观、准确。

（四）操纵自变量，控制无关变量

自变量是变化的措施和条件，又称实验处理（experimental treatment）。它是研究者创设和操纵的情境或刺激物，用它能促使被试产生反应和变化。实验目的是看自变量的介入会引起被试什么反应和变化。对引入自变量的控制主要是在实验激发的过程中，严格执行设计方案，有计划地、系统地安排实验激发的环境和程度，使它们有序地作用于被试。

无关变量也就是非实验因素，主要来自实验者、实验对象和实验环境三个方面。对无关变量的控制，就是要从这三个方面着手，努力排除或减少非实验因素对实验过程的干扰。一是在实验者方面，首先不能把无关变量引入实验激发中来。其次必须公平地对待实验对象，保持实验方法的稳定性和一致性。对不同的实验对象，实验激发的方式、强度和范围等要一致；检测的方法、工具和标准等要一致；统计分析的方法、依据和标准要一致。二是在实验对象方面，主要是解决前测的干扰影响和故意不配合的问题。除了要加强与实验对象的沟通，努力使他们做到对实验活动理解、支持和实事求是以外，还应尽量使他们在测量时觉察不到实验的真实意图。可以在一些自然环境中采用一些不太敏感的方式进行测试。三是与实验无关的社会环境因素对实验过程的干扰最多也最复杂，对它们的控制难度较大，通常是根据具体情况，选择适用方法。通过以上控制手段，虽然不能说可以彻底排除所有非实验因素对实验过程的干扰，但实验结论的客观性、准确性能够大大提高，则是可以肯定的。操纵自变量和控制无关变量的示意图如图 6-1 所示。

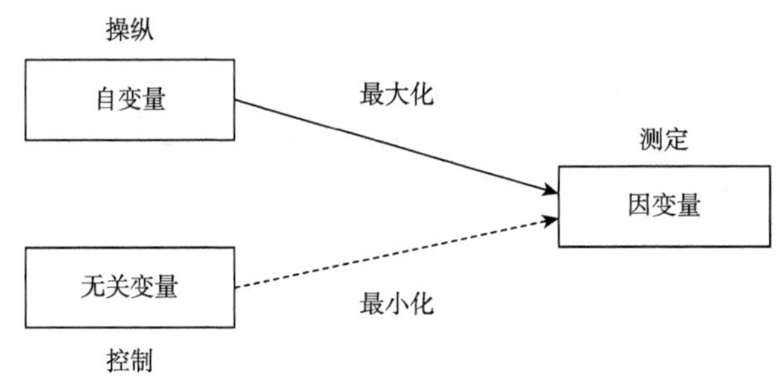

图 6-1 操纵自变量和控制无关变量的示意图

（五）实施实验，进行前测和后测

实验的前测是指实验前对被试进行的与实验相关的某些特质的测验。通过前测可以使实验者了解被试某些特质的现有水平，从而为判断实验效果建立一个基准，同时可以利用前测进行取样和分组。进行前测要注意以下问题：前测必须测出实验所研究的特质；前测要客观，尽量采用标准化测验；在测验过程中，测验人员不要给被试任何暗示。

实验的后测是和实验前测相对而言的，在实验中，后测同样是至关重要的，没有后测，实验的统计工作就无从进行，也无法得出实验的结论。实验的后测，要注意以下几点：后测要在停止实施实验变量后立即进行。这样可以避免因被试受到其他因素的影响而发生特质水平的变化；后测和前测必须是同质测验；保证后测和前测分数的同值性。

（六）整理分析资料，撰写实验报告

对在实验过程中积累起来的资料，采用科学的统计方法进行统计分析，一般是先用描述统计的方法把反映结果的原始资料加以列表、图示或计算该资料的平均数、标准差和相关系数等，然后用推断统计的方法来检验自变量与因变量之间的关系。实验措施是否有效果要让统计下结论，而不能凭感觉推断，也不能用奖状或上级的奖励来代替统计推断，先进称号和其他的荣誉只能作为重要的参考指标。在实验中常用的推断统计方法有 z 检验、T 检验、F 检验等。

实验最后的一个工作，就是撰写实验报告。实验报告书的格式和内容依实验研究问题的性质而定。一般来说，实验报告书的内容包括以下几点：①实验研究的问题，在报告书的开始，应当写出实验研究的问题；②实验的目的，说明实验问题的重要性以及实验的动机和目的等；③实验的计划，说明实验被试、实验方法、实验时间、实验材料、实验情境和实验步骤等；④实验的结果分析，要用统计方法分析实验结果；⑤实验的结论，结论要依据实验事实的材料，对实验研究的问题应做出明确的解答。

图 6-2 为实验研究流程图。

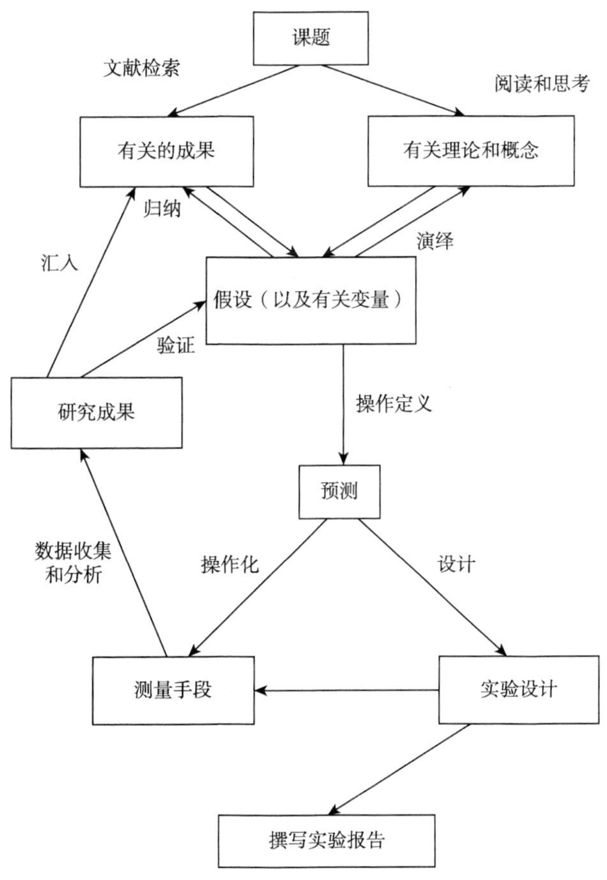

图 6-2 实验研究流程图

第三节 实验效度的影响因素及控制

实验效度（experimental validity）是指实验方法能够达到实验目的的程度。实验目的是验证假设，同时验证自变量和因变量之间的关系，使实验结果的推论可用以解释和预测其他同类现象。由于不同的实验者在设计上和在无关变量的控制程度上极不相同，实验的效度也会有很大不同。此外，每种实验都有几个不同的组成部分，其中每一部分也会影响整个实验的效度。了解影响实验效度的因素，将有助于提高实验设计的科学性。实验效度主要包括内部效度和外部效度。

一、实验的内部效度及其影响因素

实验的内部效度实质上反映了实验对变量间因果关系揭示的准确程度，即因变量 Y 的变化在多大程度上来自自变量 X。若有证据表明，因变量 Y 的变化确由自变量 X 引起，而不是由其他变量引起，那么这一实验设计的内在效度就高。坎贝尔曾经把内部效度定义为“实验的刺激确实造成特定情况下的某种显著差异”的程度。要使一项实验达到较高的内部效度，首先必须明确影响实验内部效度的各种因素，然后采取各种有效措施，控制这些影响因素，突出自变量与因变量之间的关系。美国学者坎贝尔和斯坦利认为以下八种因素是影响实验内部效度的主要因素。

1. 历史因素

假定研究者所用研究实验设计为 O_1XO_2，即在给予实验处理(X)之前进行测验(O_1)，实验处理（X）之后再进行测验（O_2），自 O_1 至 O_2 这段时间内，影响因变量 O_2 的因素，除了 X 之外，可能还有某些特殊事件。这些特殊事件干扰实验结果即为历史效应。例如，研究者希望通过研究检验某项工作丰富化方案对提高公共部门行政效率的作用。但是，在此方案实施期间，该公共部门引进了一套新的办公设备，因此混淆了工作丰富化方案对行政效率的影响，使行政效率（因变量）变化的原因复杂化了。该例中，新的办公设备的引进就是一种历史因素。所以，行政效率的提高，不能简单地认定为单纯由工作丰富化方案（实验处理）所导致。一般来说，实验时间越长，实验处理以外的其他事件的影响的可能性就越大。

2. 成熟因素

成熟因素是指实验对象在实验期间随着实验进程的推移而产生的生理与心理的发展、成长（知识、技能、经验）和变化。如果一次公共管理实验时间过长，被试出现疲劳感或对实验失去兴趣；或者进行一个长时间的公共管理追踪实验，并进行相应的实验处理，被试在这一过程中相应的知识和技能可能会发生较大的变化。类似的成熟因素形成干扰实验处理的效果，导致了被试前测和后测之间的差异，难以单纯归因于实验处理的效应，在一定程度上会影响实验的内部效度。成熟因素具有动态的性质，控制的方法是使实验对象的选择与分组尽可能随机化，并设立控制组，使两组受到的成熟因素的影响是等同的。

3. 测试经验

在公共管理研究实验中，研究者为了取得实验前被试的初始状态的成绩，常常对被试实施前测验，这种前测验可能会积极或消极地影响实验处理实施后所进行的测验，特别是当前测验与后测验的内容是相同的时候，它对后测验的影响就更大。在实验被试要接受多次测试的情况下，会在多次测试中产生学习效应，影响到下次测试的结果，从而降低实验的内部效度。

4. 测量工具的使用

在实验过程中，测量工具（如实验仪器、量表等）不同、控制方式的不一致、评价者身心发生变化（如评价者在评价后测时，变得比前测时较为疲劳、粗心或严格）等都可能改变实验的结果，从而混淆实验处理的效应。例如，在公共管理实验中，如果前测的公共管理能力试题比后测容易，则被试公共管理能力的变化有可能是测量工具不同引起的结果，而非公共管理培训（实验处理）的效果。同一主试者对实验处理后的评价，可能会因为对实验较为熟悉，或更为了解实验的目的，或因疲劳与厌烦，而改变评价的标准，结果导致实验效果受到影响，进而降低实验的内部效度。这种因素与实验设计的关系不大，主要靠研究者或测试者加强基本训练和严格测试手段消除影响。

5. 统计回归效应

统计回归现象是指被试的测量分数在第二次测量时有向团体平均数回归（趋近）的倾向。换言之，高分组的被试在第二次测量时，其分数由于向平均数回归而有降低的趋势，但是低分的被试，其分数却有升高的趋势。因此，在一些公共管理实验中，实验处理后的第二次测量结果比第一次测量结果升高或降低可能是受到了统计回归效应的影响，很难归因于是实验处理所产生的效果。统计回归效应混淆了实验处理的效应，降低了实验的内部效度。控制的办法是在研究中把极端分数的被试单独分成实验组和控制组，注意他们的结果差异，进而做出有关自变量效应的正确结论。

6. 差异的选择

在实验过程中，由于没有采用随机化的方法选择和分配被试，所以造成在实验处理前实验组与控制组之间被试在能力和特质方面存在较大的差异，实验结果中出现的差异就有可能是由原来研究组之间存在的差异所造成的，而非实验处理的结果。例如，公共管理研究者为了证明所设计的工作丰富化方案有利于提高行政效率，在选择被试时，选择了一个各方面表现较好的公共部门作为实验组，而将另外一个平时表现一般的公共部门作为控制组，结果是接受工作丰富化方案的实验组的行政效率优于没有接受工作丰富化方案的控制组的行政效率，这样我们就不能把实验组与控制组行政效率的差异简单地归因于工作丰富的方案。在实验过程中，这种差异的选择因素往往会干扰实验处理的效应，从而降低实验的内部效度。因此，在进行公共管理实验时，研究者必须考虑不同组别被试在各项特质（实际素质）上是否一致，如果被试的选择方法不当，实验组和控制组的被试在实验处理前就会存在系统性差异，从而掩盖实验处理的效应，降低实验的内部效度。解决的最好方法就是利用随机化程序选择被试，并将被试随机化分配到实验组和控制组当中。

7. 实验消耗

在一项延续时间较长的公共管理实验中，要使参加实验的被试人数保持不变是相当困难的。实验消耗也称为被试流失，这是指在实验过程中，参加实验的被试人数和结构发生了变化，导致实验组与控制组的测量结果的不可比性，混淆了实验处理的效应，降低了实验的内部效度。例如，公共管理研究者进行一项为期一年的公共管理能力开发研究，采用随机化方法将一年级的 MPA（master of public administration，即公共管理硕士）学员分为实验组和控制组，实验组参加"公共管理能力开发"课程学习，控制组不参加这门课程的学习。在实验实施过程中，由于种种原因，不少 MPA 学员退出了实验组，而控制组却无此现象。实验结束以后，如果实验组 MPA 学员的公共管理能力优于控制组，那么我们很难把这个结果单纯地归因于实验组的 MPA 学员参加了学习"公共管理能力开发"课程（即接受了实验处理），因为很可能是实验组当中一部分学习能力较低的 MPA 学员退出了实验所造成的。实验前，即使研究者采用了随机抽样和随机分配的方法得到实验组与控制组，但由于两组当中有不同比率的被试中途退出了实验，造成了所剩下的两组被试在能力和特质方面存在差异，引起了实验结果的偏差，进而降低了实验的内部效度。

8. 样本选择与其他因素之间的交互作用

在实验设计中，如果研究者对变量缺乏精确控制，上述诸因素常会产生交互作用的效果，这一效果与实验处理的效果相混淆，使研究者无法确定实验结果的来源，而误认为是实验处理的作用。在诸因素的交互作用中，选择与成熟因素的交互作用是最常见的。例如，在公共管理教育研究实验中，有时由于条件限制会出现实验组和控制组在年龄上不等同的现象，如果研究者忽视了这个问题，选择被试时就有可能使实验组和控制组在年龄上有较大差异。如果公共管理研究者选择了一批年龄较小的 MPA 学员作为实验组，将另一批年龄较大的 MPA 学员作为控制组，研究者对实验组被试实施两年时间的公共管理能力开发训练，而对控制组没有实施这种训练。在实验结束后，用同一测验对两组 MPA 学员的公共管理能力进行施测，如果发现实验组 MPA 学员的成绩提高幅度明显大于控制组，则得出的结论是公共管理能力开发训练对提高 MPA 学员的公共管理能力有很大作用。这一结论显然是难以令人信服的。因为从理论上讲，由于参加实验组的 MPA 学员年龄较小，参加实际工作的时间也较短，缺乏公共管理经验，但他们的学习能力和接受知识的能力较强。在两年时间内，即使他们不接受公共管理能力开发训练，他们的公共管理能力提高的速度也会明显快于年龄较大的控制组。在该实验当中，差异性的选择与成熟因素交互影响干扰了实验的结果，从而降低了实验的内部效度。

除了上面的一些影响因素之外，实验处理的扩散或模仿（diffusion or imitation of treatment）、补偿性等同（compensatory equalization）、报复性士气低落（resentful demoralization of the disadvantaged）、霍桑效应（hawthorne effect）和实验者的期望（experimenter expectancy）等因素在一定程度上也会混淆实验处理的效应，从而降低实验的内部效度。

二、实验的外部效度及其影响因素

外部效度是指实验和研究的结果能够推广到其他总体、时间和情境中去的程度，即实验效果的普遍性。一个实验越能实现这个目标，就表示该实验的外部效度越好。如果在实验室里实验的结果只能用于实验室环境，而不能推论到日常的生活情境，这说明实验缺乏外部效度（生态效度）。

美国学者坎贝尔和斯坦利认为，前测验的反作用、选择偏差与实验变量的交互作用效果、实验安排的反作用效果和多重实验处理的干扰是影响实验外部效度的主要因素。

1. 前测验的反作用影响

前测验的反作用影响是指前测对后测的作用。在采用有前测验和后测验的实验设计时，前测验有可能增加或降低被试对实验处理的敏感作用。由于被试在前测验时已经察觉本身正处在实验环境中，所以对后来进行的测验就比较注意，他们本来的特征也就被有意或无意地掩盖下来。在这种情况下，用这类有前测验的实验设计所得到的结果，就不能直接推论到无前测验的实验中去。否则，将会导致错误。例如，公共管理研究者欲了解一周的反腐败教育对 MPA 学员反腐败问题的态度改变的效果。学习之前，先测量学员对反腐败问题的态度，由于前测验的影响，学员在以后一周的反腐败学习期间，特别集中注意学习和前测验有关的问题与内容，结果学员后测验结果较前测验有很大的改变。这种改变可能是前测所产生的敏感性作用的结果（因为前测使学员对反腐败问题的学习更容易引起警觉和重视）。但在没有前测的实验情境下的一周的反腐败学习，可能就不会引起反腐败态度的很大改变（即对反腐败问题的态度）。因此，有前测的实验结果只能推论到有前测经验的背景当中，而不能推论到其他没有前测经验的团体中去。

2. 选择偏差与实验变量的交互作用效果

从理论上讲，进行实验的被试必须具有代表性、必须从将来预期推论和解释同类行为现象的总体中进行随机取样，但实验上这是很难做到的。因为如果总体很大，即使能够随机取样，但参加公共管理实验的被试通常是自愿的，所以也很难把被随机选上的人全部请来做实验。如果总体是无限的，随机取样实际上是行不通的。因此，由于种种原因或者抽样方法缺乏科学性，研究者所选择的样本总会产生一定的偏差，这种在选择中有偏差的样本是很难完全代表总体的，这种实验结果的可推论性也将受到极大的限制，这样自然就会降低实验的外部效度。例如，某公共管理研究者想对自己设计的工作丰富化方案进行研究，并试图证明它对提高行政效度是有价值的。在选择实验组和控制组时，由于条件限制，他很难采用随机化方法抽取和分配被试，结果在实验前实验组的被试各方面条件明显优于控制组。在实验处理后（即实验组接受工作丰富化方案，控制组没有接受工作丰富化方案），再测试两组的行政效率，结果发现实验组的行政效率明显高于控制组。产生这种结果可能是由两种原因造成的：一是选择的影响，实验组的行政效率在实验前就高于控制组，实验后（即使没有接受工作丰富化的方案）也会出现同样结果；二是选择偏差与实验变量交互作用的结果，即这种工作丰富化改革方案可能对条件较好的公务员是有效的，那么在对这种实验结果进行推论时就受到了限制，它只能在条件较好的公务员中推广，而不适用一般的公务员，从而失去了进行全面推广的价值。

3. 实验安排的反作用效果

实验是在控制条件下进行的，实验室中的仪器设备或实验环境的人为性会影响和改变被试的典型行为。在实验研究过程中，如果被试了解了实验的安排或因参加实验而受刺激，那么他们就可能会产生霍桑效应，即在实验中接受实验刺激的被试感到自己受到了特殊的对待，因而在实验中的表现与平时大大不同。参加实验的被试往往可能为投实验者所好，而改变正常的行为方式，努力表现实验者所期望的行为。例如，让 MPA 学员参加一项工作丰富化改革方案的实验，他们在实验期间会表现出比平时更浓厚的兴趣、更高的主动性、更努力的工作表现，结果使实验效果产生很大的改变。但在一般的工作环境（即非实验情境）中，他们的行为表现和工作努力程度则可能与此完全不同。由此可见，在实验情况下所得的结果，可能和自然情境下的结果差别很大，这就是实验结果很难推广应用的原因。

4. 多重实验处理的干扰

同一组被试在短期内接受两种或两种以上的实验处理时，前一实验处理往往会对后一实验处理产生积极或消极的影响，使被试产生练习效应或疲劳效应，因此，用这种实验设计得到的结果就不能适用于非重复实验处理的情境。

三、实验控制的基本方法

要提高实验效度，除了具体分析和了解影响实验效度的各种因素外，关键问题是要对影响效度的各种因素进行有效控制。实验控制的基本原则就是最大最小控制原则，也就是使自变量产生最大变化，使其他无关变量与误差产生最小的影响。具体来说，实验控制通常有以下方法。

1. 物理控制

物理控制就是注意实验情境的物理条件是否保持恒定，刺激的呈现是否标准，以及反应的记录是否客观一致等物理性因素的控制。例如，为了使实验情境保持恒定，以免干扰实验变量对因变量的效果，要设法控制声音、灯光、气氛和周围环境等物理因素。

2. 随机化控制

随机化是实验控制的最基本方法。在研究设计中采用随机化程序可以避免许多无关变量，通过随机化可以将被试间的差异减小到最低限度，可以保证逻辑上的合理性等，可以提高研究结果的内在效度和外在效度。研究设计中的随机化是指对被试差异的控制，即随机在总体中抽取被试，具体方法有简单随机抽样、系统随机抽样、分层随机抽样和整群随机抽样等。随机分组即随机确定实验组与对照组，具体方法有完全随机设计、随机区组设计、被试间设计、被试内设计和配对组设计等。随机分派实验处理，即随机决定哪个组接受什么实验处理。例如，用简单随机抽样从总体中抽取 100 个被试，然后将这 100 个被试用抽签的方式随机分配到实验组和对照组，每组 50 人，由同一主试采用两种不同的实验处理（自变量）进行实验，至于哪个组为实验组，哪个组为对照组，可以通过投掷分币随机确定。

3. 平衡控制

平衡是指通过设立控制组，将无关变量的影响平均分配到实验组和控制组，使各组之间的差异尽可能相等，组与组之间保持同质。实验组是指接受实验处理的被试组；控制组又称对照组，是指除了没有接受实验处理外，其他条件与实验组相似的被试组。实验组和控制组的唯一区别就是实验组接受实验处理，控制组没有。例如，等组实验就是按平衡原理设计的，两个组除实验处理不同外，其余条件均相等，做到两组基本同质，这样有些无关变量在实验处理实施前便得到了有效的控制。在实验中，研究者经常采用平衡控制法，因为其组织形式简单，因果关系明了，易为他人理解和接受。

4. 对外部情境的控制

实验研究通常要探讨的是自变量和因变量之间的关系，要解释自变量和因变量的关系必须排除无关变量对实验处理的干扰。很多无关变量来自实验的外部因素，因此在实验设计时对外部情境的控制显得格外重要。对外部情境的控制通常有消除法和恒定法等。消除法是指设法将无关变量排除在实验之外，不让它参与到实验过程中。例如，性别可能会影响因变量的测定，那么被试的选择可以都选男性或都选女性。恒定法是指设法将某些因素在实验中保持恒常不变，或将某个变量设置为常量加以控制，使某个无关变量的影响在实验前后保持不变。

5. 对人为因素的控制

实验设计中还必须考虑人为因素对实验结果造成的影响。例如，被试知道自己参与实验或了解实验真实意图而可能做出的反常行为，表现出情绪高涨、加倍努力，或投实验者所好而行事，从而影响实验结果的可靠性。同样，当研究者了解哪些被试接受实验处理，哪些被试未接受实验处理，常会有意无意地给予某些暗示，赋予某种期望，从而影响实验结果的客观性。对人为因素的控制可以采用盲法，盲法有单盲和双盲之分。单盲是指被试不知道自己在参与实验或正在接受某种实验处理；双盲是指实验者和被试均不知道自己在参与实验或不知道谁接受、谁没有接受实验处理。盲法控制的目的就是要排除实验者和被试主观态度对实验结果造成的影响，以便准确地研究实验处理的真实效应。

6. 实验设计模式的控制

在实验中人们常常用不同的实验设计模式来控制无关变量。不同的实验设计模式是针对特定的无关变量控制而设计的，每一种实验模式都有自己特定的控制条件。常用的实验设计模式有单组后测设计（one-group posttest design）、单组前后测设计（one-group pretest-posttest design）、静态组后测设计、静态组前后测设计、等组后测设计、等组前后测设计和所罗门四组设计等（实验设计方法详见本章的第四节）。

提高实验结果的外在效度，取决于实验设计的合理性和精确性、被试取样的代表性，以及使实验情境与教育教学情景尽可能一致。对外在效度的检验通常在研究实施以后，可采用以下一些方法：由其他研究者通过重复来验证；以实际效果来验证；用元分析的互证来验证；与其他研究成果比较来验证。

第四节 实验设计方法

一项实验的成败在很大程度上取决于实验设计的好坏。凡是成功的实验都是以精心的科学设计为基础的。实验设计是指根据某一实验的具体目的要求，对各种变量进行精心安排，以获取预期结果的一种模式。一个科学合理的实验设计方案，不仅能够依据研究目的规定具体的研究任务和所要采取的技术路线与方法，而且能够用较少的人力、物力、财力及时间进行实验，最大限度地减少误差，获得可靠的结果。

库珀（Cooper）和辛德勒（Schindler）把实验设计方法分为前实验设计、准实验设计与真实验设计三大类型。这里根据他们的分类对实验设计方法进行讨论。为了简明地表示各种实验设计的特征，下面先介绍实验设计的一些常用符号及其含义：

（1）X 表示实验处理或自变量。

（2）—表示无实验处理。

（3）O 表示实验观测，包括因变量的测定。

（4）G 表示组，实验组或控制组。

（5）R 表示被试已进行随机分配。

（6）S 表示被试。

（7）-·-·-·-·-·-·-·-·-·- 表示虚线上下面的组别为非等组。

（8）字母后下标的数字表示次数。例如，O_1 表示观测 1，O_2 表示观测 2；X_1 表示实验处理 1，X_2 表示实验处理 2。

一、前实验设计

前实验设计主要包括三种形式，分别是单组后测设计、单组前后测设计和静态组比较设计（static group comparison design）。它们的共同特点是由于对内部效度的影响因素控制不够充分，所以实验的内部效度较低。

【设计 6-1】 单组后测设计。

$$G \quad X \quad O$$

单组后测设计只有一组被试且不是随机选择，没有对照组，实验中只给予一次实验处理，实验后进行了一次测试，将后测的结果作为实验处理的效应。例如，某政府部门对公务员进行公共管理培训（X），一年后，参加培训的公务员公共管理能力有所提高（O），研究者就下结论，公务员参加公共管理培训有利于提高公共管理能力。这个结论是很难令人信服的，因为研究者没有对诸如“历史”“成熟”“差异的选择”等影响内部效度的因素进行控制，内部效度很低；另外，由于缺少前测和控制组的比较，无法得出“公共管理培训是引起公务员公共管理能力提高”这一具有因果关系的判断。因此，采用该设计模式，要真正发现和确立实验处理的效应，通常需要反复进行几次。通过多轮反复，可以把认识不精确、不全面、不深刻的成分筛选掉。

【设计 6-2】 单组前后测设计。

$$G \quad O_1 \quad X \quad O_2$$

单组前后测设计的特征如下：单组前后测设计比单组后测设计有所改进，增加了前测（O_1），这样可对实验处理前后的差异（$d=O_2-O_1$）进行比较。在【设计 6-2】中，对公务员实施公共管理培训前，先对公务员的公共管理能力进行测试，增加了前测，然后对其参加公共管理培训后进行测试，再比较前后测的公共管理能力是否有差异。我们可以采用两个相关样本平均数差异的显著性检验方法，以检验公务员公共管理能力前后两次测验成绩的差异是否显著。

单组前后测设计的优点如下：①通过前测，研究者可以了解被试在实验处理前的一些信息；②通过前后测，可以得到被试在实验处理前后两次测试产生变化的直接数据，这个数据在一定程度上可以说明实验处理的效应；③被试兼作控制组，便于估计被试个体态度对实验结果的影响。

单组前后测设计的缺陷如下：①由于没有控制组进行比较，无法控制历史因素、成熟因素等对测试结果的影响。②实验处理的使用可能产生安慰剂效应。因为对任何人而言，可能仅仅是接受了一项新的措施（实验处理）就会激发学习动机，导致被试因更努力地学习而提高测试成绩。③因前测对后测产生练习或疲劳的效应，对前测的保持与遗忘的个别差异等因素，可能会对被试后测成绩产生不同的影响，进而产生实验的误差。

【设计 6-3】 静态组比较设计。

$$\begin{array}{ccc} G_1 & X & O_1 \\ \hdashline G_2 & & O_2 \end{array}$$

静态组比较设计的特征如下：静态组比较设计具有实验组和控制组两组被试，但这两组被试在实验处理前就已经形成，而不是采用随机化的原则组成的。在该模式中，虚线表示上、下两组均为静态组，它们没有经过研究者的随机分配。虚线上面为实验组，在实验组中研究者操纵一种实验处理 X 对其被试进行研究，O_1 为处理后的反应效果；虚线下面为控制组，不接受任何处理，O_2 为控制组的反应效果。

静态组比较设计的优点如下：由于引入了控制组，在实验过程中，当出现与处理同时发生的无关因素影响后测成绩时，O_1 与 O_2 应该说是同时受到同样的影响，该设计可以控制历史和测验等因素对测试结果的影响，所以，在一定程度上提高了研究的内部效度，实验处理效应可用两组后测值差来表示，即 $d=O_1-O_2$。

静态组比较设计的缺陷如下：该设计中的控制组并不是通过随机化过程产生的，不能保证实验组和控制组是等同的。此外，这种实验缺乏前测，后测差异可能包含两组之间本来就存在的差别。

二、准实验设计

准实验设计在控制程度上是介于前实验设计与真实验设计之间的一种实验设计。它比前实验设计的效度要好得多，能对一部分影响实验效度的因素进行控制，但又不如真实验设计那样对整个研究过程作充分、严格的控制。

【设计 6-4】 单组相等时间样本设计。

$$X\,O_1 \quad — \; O_2 \qquad X\,O_3 \quad — \; O_4$$

单组相等时间样本设计的特征如下：这种设计是对一组被试抽取两个相等的时间样

本，在其中一个时间样本出现实验处理（X），另一个时间样本不出现实验处理（—），即采取常规处理的方式，然后比较这两段时间测试的分数。

单组相等时间样本设计的优点如下：相等时间样本设计在控制影响内部效度的因素方面是完全有效的。通常在单组实验设计中，“历史”作为影响内部效度的主要因素很难控制。但是在相等时间样本设计中，“历史”因素能被较好地控制。这主要是由于在多次分开的实验背景中都出现了处理 X，在这些实验背景条件下出现众多一致的无关事件与处理 X 共同影响实验结果的可能性极小。另外，其他影响内部效度的因素也同时得到了较好的有效控制。

单组相等时间样本设计的缺陷如下：相等时间样本设计在控制影响外部效度的因素方面并不理想，集中体现在以下几点。第一，测验的反作用效果会影响该设计的外部效度。该设计采用单组被试，并在这些实验处理后进行测验，这些测验会增加或降低被试对实验变量的敏感性，使实验结果的推广受到限制。第二，实验安排的反作用效果会影响该设计的外部效度。当采用相等时间样本时，由于不同的实验处理实施于同一组被试，而且这些实验处理可能会使被试产生一种新异的感觉，所以他们很容易知道自己在接受实验，所以该实验结果不能推论到无这种反作用效果的群体。第三，选择偏差与实验变量的交互作用可能会影响该设计的外部效度。由于只采用一个被试组，研究者在选择被试时可能会出现偏差，从而造成被试对某种性质的实验适应或不适应，所得到的实验结果只适用于与参加实验的被试同性质的群体。研究者可以通过选择被试的过程，对这一影响外部效度的因素进行控制。第四，重复实验处理的干扰也会影响该设计的外部效度。同一组被试接受不同的实验处理称为多重实验处理 X 的干扰。采用相等时间样本设计的目的是要对实验处理（X）与不处理（—）的效果进行比较，一般来说，（X）是研究者控制的实验处理，而（—）是一种常规处理。在实验过程中，实验处理（X）的循环出现，使（X）的某些延伸效应可能会推延到没有处理的阶段，从而低估了实验处理（X）的效应。同时，处理（X）的循环出现会增加实验处理对被试的影响，产生练习效应或疲劳效应。因此，由该设计得到的实验结果不易直接推广到非重复处理的情境中去。

【设计 6-5】 单组时间序列设计。

$$G \quad O_1 \quad O_2 \quad O_3 \quad O_4 \quad X \quad O_5 \quad O_6 \quad O_7 \quad O_8$$

单组时间序列设计是指对一个被试组或个体做一系列周期性测量，并在测量的时间序列中引进实验变量（X），然后观测引进实验变量后的一系列测量结果，并与引入实验变量前的一系列测量结果相比较，研究实验变量插入前后测量结果的变化趋势，从而推断实验处理是否产生效果。

可以使用该设计对公共管理实际问题进行研究。例如，在公共管理研究过程中，研究者考虑某种特殊的行政改革方案可能对工作效率产生影响，他只需将行政人员在实施行政改革（实验处理 X）前的几次工作效率进行测试，并在实验处理（X）作用一段时间以后，再对工作效率进行相同次数的测试，最后将两者加以比较，以确定实验处理是否产生效果。

图 6-3 表示在实验处理 X 引入后（竖直虚线），时间序列设计可能产生的结果，每种结果用一条折线表示，折线上的某些点是对应时间系列中某一次测量的成绩。如图 6-3 所

示，我们可以初步分析出处理 X 产生的效应：A 线和 B 线在处理 X 前后出现了跳跃，基本可以分析出两条线在处理 X 前后的成绩有一定的提高；在 C、D 和 E 线上，处理 X 前后可能引起成绩上的差异；在 F、G 和 H 线上，基本可以否定在处理 X 前后实验结果有显著差异。尽管我们已经看到在 F、G 和 H 线上处理 X 前后的实验结果 O_4 与 O_5 之间的跳跃幅度很大，而且甚至高出了 A、B 和 C 线上的 O_4 与 O_5 之间的跳跃幅度，但是我们用时间序列设计进行研究是从 O_1~O_8 的总体趋向上做出结论，而不是仅考虑某一段的局部特点。上述分析结果只是从图 6-3 上得到的，实际情况究竟如何，还要进行统计检验。

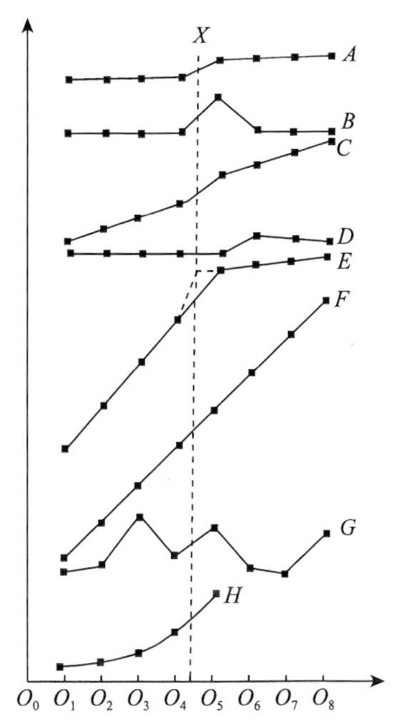

图 6-3　单组时间序列设计

时间序列实验设计的统计检验方法是先求出前四次测验和后四次测验的两条回归直线方程，然后检验两条回归直线方程有无显著差异。若无显著差异，说明行政改革方案（实验处理 X）对行政效率没有影响，可以求出共同的回归直线方程；若有显著差异，说明行政改革方案（实验处理 X）对行政效率有影响。

【设计 6-6】　单组多因子实验设计。

$$G\ (O_1 \quad X_1 \quad O_2)(O_3 \quad X_2 \quad O_4)$$

该实验设计以单组作为实验对象，施加两种或两种以上的实验处理。每一种实验处理均实施前测和后测，然后比较各种实验处理的效果，从而得出两种实验处理谁优谁劣的结论。例如，要对一个 MPA 教学班进行两种教学方法的对比实验。其具体做法如下：在实施甲种方法（X_1）前进行一次测验（O_1），在实施甲种方法（X_1）后，再进行一次测验（O_2），对两次测验成绩进行比较，可求出甲种方法（X_1）所产生的效果。同样，用乙种方法（X_2）实验一次，可得出乙种方法（X_2）所产生的效果。最后，对这两种教学方法所产生的效果进行比较，即（O_2-O_1）-（O_4-O_3），分析哪一种教学方法的效果比较好。

在内部效度方面，这种设计的缺点是实验结果可能受到“历史”“测量的工具”等因素的影响。在外部效度方面，缺点是“多重实验处理的干扰”即后一实验处理在实验对象中所产生的变化，可能受到前一实验处理的影响。

运用该实验设计时要注意：两个实验处理（X_1 和 X_2）之间不应互相影响；每次测定之间不应互相影响，即前测不应对后测造成影响；每次测定的指标应统一。

【设计 6-7】 非等组前后测设计。

$$\begin{array}{llll} G_1 & O_1 & X & O_2 \\ \hdashline G_2 & O_3 & — & O_4 \end{array}$$

非等组前后测设计的特征如下：非等组前后测设计涉及一个实验组和一个控制组，并且每组都有前测和后测。在该设计中，实验组和控制组是非同质的，两组被试不是随机分配的，常以现实情境中的自然单位为实验组和控制组。

非等组前后测设计的优点如下：由于设置了控制组，所以该设计控制了历史、成熟和测验等因素对测试结果的影响。当实验组的前后测差异大于控制组前后测差异时，这是实验处理作用的效果，而非历史、成熟和测验等因素对测验结果的影响。此外，由于两组都实施了前测，研究者可以通过前测了解被试在实验前的成绩和背景，所以研究者得以控制选择因素。

非等组前后测设计的缺陷如下：首先，研究者在选择被试时如果忽视了年龄这一因素，不同年龄的被试分别作为实验组和控制组，会出现选择和成熟的交互作用的影响，从而降低实验的内部效度。其次，由于该设计模式有前测，被试经过前测可能对实验变量非常敏感，进而非常重视研究者的实验，造成测验的反作用效果。最后，研究者在选择被试时，如果出现某种偏差，选择了都具有某种特性的被试作为实验组，也可能会造成选择偏差与实验处理的交互作用，影响实验结果的推广。

根据实验目的，研究者可以对非等组前后测实验设计做一些变形处理：

$$\begin{array}{llllll} G_1 & O_1 & X & O_2 & & \\ \hdashline G_2 & & & O_3 & X & O_4 \end{array}$$

这种设计实际上是在实施单组前后测设计的基础上，再重复实施一次单组前后测实验，目的在于控制偶然事件对实验结果的影响，以提高实验结果的可靠性。如果 $O_2>O_1$，并且 $O_4>O_3$，则实验处理的效果可以得到证明。

$$\begin{array}{lllllll} G_1 & O_1 & X & O_2 & & & \\ \hdashline G_2 & O_3 & — & O_4 & X & O_5 \end{array}$$

这种设计实际上是以非等组前后测设计为基础的，在控制组后再设置一个单组前后测设计，这样可再次确认实验处理的效应。

【设计 6-8】 非等组前后测时间序列设计。

$$\begin{array}{ll} G_1 & O_1\ O_2\ O_3\ O_4\ X\ O_5\ O_6\ O_7\ O_8 \\ \hdashline G_2 & O_9\ O_{10}\ O_{11}\ O_{12}\ O_{13}\ O_{14}\ O_{15}\ O_{16} \end{array}$$

非等组前后测时间序列设计是由单组时间序列设计和非等组前后测实验设计组合成的新型准实验设计。在该实验设计中充分控制了“历史”、“成熟”、“测验”、“选择”与

“选择和成熟的交互作用”等因素对实验内部效度的影响。但测验的“反作用效果”以及“选择偏差与实验处理的交互作用”可能成为影响研究外部效度的主要因素。

【设计 6-9】 循环式设计。

	X_1	X_2	X_3	X_4
组A	t_1O	t_2O	t_3O	t_4O
组B	t_3O	t_1O	t_4O	t_2O
组C	t_2O	t_4O	t_1O	t_3O
组D	t_4O	t_3O	t_2O	t_1O

循环式设计的特征如下：该设计模式要求每一种自变量在每一横行和纵列只出现一次，不允许重复。在该设计中，研究者为了达到对实验控制的目的，使各组被试都接受不同的实验处理，对实验处理的顺序和实验时间的顺序采用轮换的方法。其基本特点如下。第一，每个因素在每个被试的实验次数相同；第二，每个顺序在每个因素的实验次数相同；第三，每个顺序在每个被试的实验次数相同。

循环式设计的优点如下：四种处理 X 的各自分数的总和可以进行互相比较。这时，每个总和之间的差异不能被简单地解释为由处理前的组间差异而造成的，也不能简单地解释为练习的效应或历史、成熟等因素的作用。因为在该设计中，基本控制了成熟、历史、测验和选择因素对实验结果的影响。所以可解释为不同实验处理 X 的作用。同样，行的总和之间也可以进行比较，以判断分析组与组之间的差异。

循环式设计的缺陷如下：由于不能采用随机分配被试的方法，各被试组只能选择尽可能相等的固定整组，所以人为选择被试组的差异可能造成组与组之间的差异。这种选择因素也可能与历史、成熟、练习效应等产生交互作用的效应。通常，由于选择偏向产生的效应只能通过随机分配被试的方法加以排除，至少通过随机选择被试才能限制抽样误差，而平衡对抗设计很难达到这个目的。

三、真实验设计

真实验设计对实验条件的控制程度要求较高，同时实验者可以有效地操纵研究变量。真实验设计是在随机化原则的基础上，选择和分配被试，从而基本控制与实验目的无关的变量对实验结果的影响，使实验结果能客观地反映实验处理的作用，为实验结果的推广奠定基础。

【设计 6-10】 完全随机化前后测设计（completely randomized pretest-posttest control group design）。

$$
\begin{array}{cccc}
RG_1 & O_1 & X & O_2 \\
RG_2 & O_3 & — & O_4
\end{array}
$$

完全随机化前后测设计的特征如下：完全随机化前后测设计通过随机化程序将实验

对象分派到实验组和控制组，使实验组和控制组保持同质，两组均实施前测与后测。实验处理的效应可表示为 $d=(O_2-O_1)-(O_4-O_3)$。

完全随机化前后测设计的优点如下：这种实验设计可以较好地消除历史、成熟、测验经验、选择、统计回归、测量工具的使用等因素对内部效度的干扰，达到较高的内部效度。

完全随机化前后测设计的缺陷如下：由实验消耗、局部历史因素、实验处理的扩散或模仿、补偿性等同、补偿性对抗、报复性士气低落等因素对内部效度造成的影响仍无法消除。另外，这种实验设计的外部效度不如内部效度高，这主要是由两个原因造成的。一是测试经验，测试经验的影响在有关态度改变的研究中非常显著。二是实验消耗，尽管对实验对象进行了随机化分组，但如果实验消耗过快，可能不得不使用大量的志愿者来补充实验对象的不足，这样就会使样本的代表性降低。

【设计 6-11】 随机化后测设计（randomized posttcst control group design）。

$$\begin{array}{ccc} \mathrm{RG}_1 & X_1 & O_1 \\ \mathrm{RG}_2 & X_2 & O_2 \\ \mathrm{RG}_3 & X_3 & O_3 \\ \mathrm{RG}_4 & X_4 & O_4 \\ \vdots & \vdots & \vdots \\ \mathrm{RG}_n & X_n & O_n \end{array}$$

随机化后测设计的特征如下：随机化后测设计是将被试随机地分成 n 个小组，并将 n 个实验处理随机地分配到各个小组当中（根据实验目的，其中有一组可以是不接受实验处理的控制组），然后对所有小组进行后测验，获得各组的后测验分数 O_1，O_2，O_3，…，O_n。

随机化后测设计的统计分析方法如下：①当 n 等于 2，并有一组是不接受实验处理的控制组时，只要求得实验组和控制组后测的差数（$d=O_2-O_1$），并采用两个独立样本 T 检验或 z 检验的方法来检验其差数的统计显著性。如果检验结果表明两组后测分数差异是显著的，便说明这种差异是实验处理的结果。②当 n 大于 2 时，我们可以采用方差分析方法来检验实验处理的实验效应。我们将总离差平方和（SS_T）分解为组间离差平方和（即实验处理离差平方和，SS_A）与组内离差平方和（即误差离差平方，SS_E）两部分，并运用 F 统计量检验实验处理效应的统计显著性。

随机化后测设计的优点如下：首先，由于通过随机化程序分派被试和实验处理，所以较好地控制了历史、成熟和统计回归因素对内部效度的影响；其次，由于实验是在同等条件下进行的，所以它控制了选择和被试的中途退出等影响内部效度的因素；最后，由于各组被试没有进行前测验，所以控制了测验与实验处理交互作用对实验外部效度的影响，从而提高了实验的外部效度。

随机化后测设计的缺陷如下：在随机化设计中，把可以控制的个别差异作为实验误差而没有加以有效控制，从而增大了实验误差，影响了实验结果的精确性和有效性。

【设计 6-12】 随机化区组设计（randomized block design）。

当进行实验时，我们希望得出的实验误差尽可能小。随机化区组设计是指先按一定规则将试验单元划分为若干个区组(blocks),使区组内的实验对象的个别差异尽可能小,即保证区组内的同质性,并使每个区组均接受所有 K 个实验处理,且各个区组内每个实验处理仅有一个观测,其顺序是随机决定的,如表 6-1 所示。

表 6-1 随机化区组单因素设计的模型

区组	实验处理					区组平均
	X_1	X_2	X_3	…	X_k	
1(优良)	O_{11}	O_{12}	O_{13}	…	O_{1k}	$\overline{O}_1$
2(中等)	O_{21}	O_{22}	O_{23}	…	O_{2k}	$\overline{O}_2$
3(较差)	O_{31}	O_{32}	O_{33}	…	O_{3k}	$\overline{O}_3$
处理平均	$O_{.1}$	$O_{.2}$	$O_{.3}$	…	$O_{.k}$	$\overline{O}_{.k}$

随机化区组设计的统计分析方法:可以采用方差分析方法来检验实验处理的效应。我们将总离差平方和(SS_T)分解为实验处理离差平方和(SS_A)、区组离差平方和(SS_B)和误差离差平方和(SS_E)三个部分,并运用 F 统计量检验实验处理效应、组区效应的统计显著性。

随机化区组设计与完全随机设计相比,它的主要优点是考虑到个别差异对实验结果的影响(即区组效应),而把实验单元(被试)划分为几个区组,并在统计计算上将这种影响从组内误差中分离出来,从而增加实验数据的有效信息,降低实验误差,进一步精确地反映实验处理的作用。但这种实验设计也有不足之处,主要是在划分区组时有一定困难。如果在同一个区组内的各实验单元(被试)的差异较大,就会出现较大的误差,这种情况研究者应该引起注意。

【设计 6-13】 所罗门四组设计。

$$
\begin{array}{llll}
RG_1 & O_1 & X & O_2 \\
RG_2 & O_3 & — & O_4 \\
RG_3 & & X & O_5 \\
RG_4 & & — & O_6
\end{array}
$$

所罗门四组设计的特征如下:所罗门设计通过随机化程序将实验对象分派到实验组和控制组,使四个组保持同质,两个实验组中,一个组实施前测与后测,另一个组实施后测;两个控制组中,一个组实施前测与后测,另一个组实施后测。

所罗门四组设计的优点如下:所罗门设计可以区分前测、实验刺激、外部因素以及它们之间的交互作用对因变量的影响,“历程”和“成熟”等因素引起的误差既可控又可测,因此内部效度较高。

所罗门四组设计的缺陷如下:第一,设置四个组,实验对象大量增加,时间和成本也成倍增加;第二,当前测、实验刺激、外部因素之间的交互作用过强时,很难对自变量和因变量之间是否具有因果关系做出判断,即内部效度降低;第三,尽管该设计可以确定外部因素对自变量是否有影响,也可计算出影响的大小,但无法确定究竟哪些变量与因变量之间还存在因果关系。

【设计 6-14】 完全随机化析因实验设计（randomized factorial design）。

完全随机化析因实验设计的特征如下：完全随机化析因实验设计是指实验中包括两个或两个以上因素（自变量），并且每个因素都有两个或两个以上的水平，各因素的各个水平互相结合，构成多种结合处理的一种实验设计模式。最简单的因子设计是 2×2 因子设计，即有两个因子，每个因子有两个水平，共有 4 种组合，如图 6-4 所示。

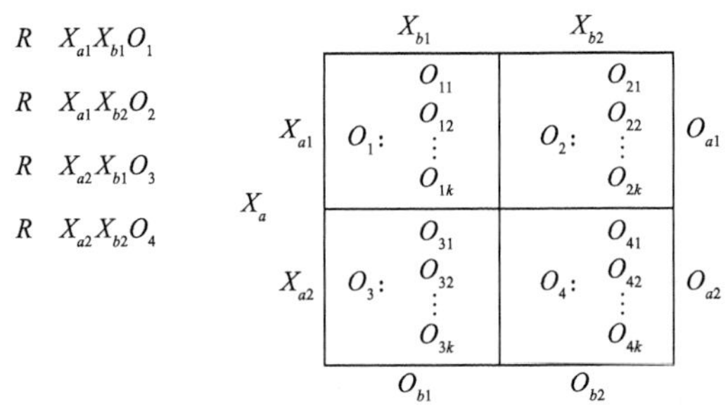

图 6-4 2×2 完全随机化设计的基本模式

在完全随机化析因实验设计中，研究者可以考察各个自变量交互作用对因变量的主要影响效应（交互作用）；并同时考察各个变量对同一因变量的主要影响效应［主效应（main effect）］以及一个因素的各个水平在另一个因素的某个水平上的效应（简单效应）。

析因实验设计的重要作用也是区别于单因素实验设计的一个重要特征，在于它能够分析出因素之间的交互作用，从而为选择最优的实验处理组合提供科学的依据。

完全随机化析因实验设计的统计分析方法如下：可以采用方差分析方法来检验不同实验处理及其交互作用的效应。我们将总离差平方和（SS_T）分解为实验处理（A）的离差平方和（SS_A）、实验处理（B）的离差平方和（SS_B）、实验处理 A、B 交互作用的离差平方和（SS_{AB}）以及误差离差平方和（SS_E）四个部分，并运用 F 统计量检验实验处理 A 效应、实验处理 B 效应、实验处理 A、B 交互作用效应等的统计显著性。

➢复习思考题

1. 实验法的内涵及基本要素。
2. 简述实验法的优点和缺陷。
3. 从不同角度对实验法进行分类。
4. 举例说明实验法的操作程序。
5. 举例说明影响实验内部效度的主要因素及控制措施。
6. 举例说明影响实验外部效度的主要因素及控制措施。
7. 举例说明准实验设计的基本方法。
8. 举例说明实验法在公共管理研究中的运用。

第七章

数据的描述统计

统计数据的描述统计分析可以从三个统计特征数的分析开始：一是数据分布的集中趋势（central tendency）；二是数据分布的离散程度；三是数据分布的偏斜度与峰度。

第一节　集中趋势的度量

集中趋势是指一组数据向某中心值靠拢的倾向，集中趋势的测度实际上就是对数据一般水平代表值或中心值的测度。不同类型的数据用不同的集中趋势测度值，低层次数据的集中趋势测度值适用于高层次的测量数据，反过来，高层次数据的集中趋势测度值并不适用于低层次的测量数据，选用哪一个测度值来反映数据的集中趋势，要根据所掌握的数据的类型来确定。集中趋势的特征数，是代表一组数据典型水平或集中趋势的统计量。常用的集中趋势的特征数包括算术平均数（arithmetic mean）、几何平均数（geometric mean）、中位数（median）、众数（mode）与调和平均数（reciprocal mean）等，它们的作用都是度量次数分布的集中趋势。集中趋势特征数的计算是公共管理研究中处理数据的重要方法。

一、算术平均数

算术平均数简称为均数（mean）。样本平均数通常用 $\bar{x}$ 表示，总体平均数用希腊字母 μ 表示。

平均数适用于对称分布，特别是正态或近似正态分布的计量资料。算术平均数在统计学中具有重要地位，是集中趋势的最主要测度值。根据所掌握数据形式的不同，算术平均数有简单算术平均数（simple arithmetic mean）和加权算术平均数（weighted arithmetic mean）。

（1）简单算术平均数。未经分组整理的原始数据，其算术平均数的计算就是直接将一组数据的各个数值相加除以数值个数。设样本数据为 x_1，x_2，…，x_n，则样本均值 $\overline{X}$

的计算公式为

$$\bar{x}=\frac{x_1+x_2+\cdots+x_n}{n}=\frac{\sum_{i=1}^{n}x_i}{n}$$

（2）加权算术平均数。根据分组整理的数据计算的算术平均数，就要以各组变量值出现的次数或频数为权数计算加权的算术平均数。设原始数据被分成 k 组，各组的组中值分别为 x_1，x_2，…，x_k，各组相应的频数分别为 f_1，f_2，…，f_k，则样本的加权算术平均数为

$$\bar{x}=\frac{x_1f_1+x_2f_2+\cdots+x_kf_k}{f_1+f_2+\cdots+f_k}=\frac{\sum_{i=1}^{k}x_if_i}{\sum_{i=1}^{k}f_i}$$

上式中是用各组的组中值代表各组的实际数据，使用代表值时是假定各组数据在各组中是均匀分布的，但实际情况与这一假定会有一定的偏差，使利用分组资料计算的平均数与实际的平均值会产生误差，它是实际平均值的近似值。

二、几何平均数

几何平均数，是指社会经济现象的同质总体在时间上变动速度的平均数，也即统计总体在一段时期内的平均发展速度。因此，它属于动态平均数，是与静态平均数在含义上、计算方法上都不相同的另一种类型的平均数。

平均发展速度一般用几何平均数表示。平均发展速度是总速度的平均，但平均发展速度不等于各年发展速度之和的平均，而等于各年环比发展速度的连乘积的平均。因此，求环比发展速度的平均数，不能用总和法，按算术平均数公式计算，只能按连乘法，用几何平均数公式来计算。

根据掌握的数据资料不同，几何平均数可分为简单几何平均数和加权几何平均数两种。

（1）简单几何平均数。根据未经分组的资料计算平均数。几何平均数的计算公式如下：

$$\bar{x}_G=\sqrt[n]{x_1\cdot x_2\cdot\cdots\cdot x_n}=\sqrt[n]{\prod_{i=1}^{n}x_i}$$

（2）加权几何平均数。当掌握的数据资料为分组资料，且各个变量值出现的次数不相同时，应用加权方法计算几何平均数。加权几何平均数的公式如下：

$$\bar{x}_G=\sqrt[f_1+f_2+\cdots+f_n]{x_1^{f_1}\cdot x_2^{f_2}\cdot\cdots\cdot x_n^{f_n}}=\sum f\sqrt{\prod_{i=1}^{n}x_i^{f_i}}$$

在上面两个计算公式中，$\bar{x}_G$ 表示几何平均速度；x_1，x_2，x_3，…，x_n 分别表示各年环比发展速度；n 表示环比发展速度的项数；f_i 为每个环比发展速度的权重。

时间数列中几何平均发展速度等于各环比发展速度的连乘积的 n 次方根，故几何平均速度的计算公式也可以表示为

$$\overline{x}_G = \sqrt[n]{\frac{a_1}{a_0} \times \frac{a_2}{a_1} \times \cdots \times \frac{a_n}{a_{n-1}}} = \sqrt[n]{\frac{a_n}{a_0}}$$

式中，a_0，a_1，a_2，a_3，…，a_n分别表示各个不同时期的发展水平指标；a_1/a_0，a_2/a_1，a_3/a_2，…，a_n/a_{n-1}分别为环比发展速度。

当需要计算某一周期内的平均经济增长率、人口增长率、科技进步速度和社会发展速度时，若用算术平均数来计算会得出错误的结果。几何平均数可以解决这个问题。几何平均数通常用于计算指数、百分比和增长速度的平均数。

几何平均数的主要作用如下：①它是计算平均发展速度的最优方法；②当社会经济总体是等比增长时，采用几何平均数反映其发展情况比较合适，此时几何平均数具有更强的代表性。

三、中位数

中位数是一组按大小顺序排列的观察值中位居中间的数值，通常用M_e表示。它常用于描述偏态分布资料的集中趋势。中位数是一个位置代表值，因此它不受极端变量值的影响，特别是当分布末端无确定数据不能求算术平均数和几何平均数时，可以用中位数来表示数据分布的集中趋势。

对于已分组的数据来说，中位数的计算公式如下：

$$M_e = L + \frac{\frac{\sum f}{2} - S'_{m-1}}{f_m} \cdot i$$

$$M_e = U - \frac{\frac{\sum f}{2} - S'_{m+1}}{f_m} \cdot i$$

式中，S'_{m-1}为到中位数组前面一组为止的向上累计频数；S'_{m+1}则为到中位数组后面一组为止的向下累计频数；f_m为中位数组的频数；i为中位数组的组距。

中位数的定义表明，中位数就是将某变量的全部数据均等地分为两半的那个变量值。因此，一组观测值中小于中位数（M_e）的个数和大于中位数（M_e）的个数相等。M_e是累积频率为 0.50 所对应的X的值，如图 7-1 所示。

四、众数

众数是指一组数据中出现次数最多的变量值，用 M_0 表示。从变量分布的角度看，众数是具有明显集中趋势点的数值，一组数据分布的最高峰点所对应的变量值即为众数。当然，如果数据的分布没有明显的集中趋势或最高峰点，众数也可以不存在；如果有多个高峰点，也就有多个众数。

众数是集中趋势的测度值之一，出现次数最多的变量值，不受极端值的影响，可能没有众数或有几个众数，适用于定类数据、定序数据、定距数据和定比数据。在统计实践中，当一组数据出现不同质的情况，或分布中出现极端数据时，用众数来描述数据的

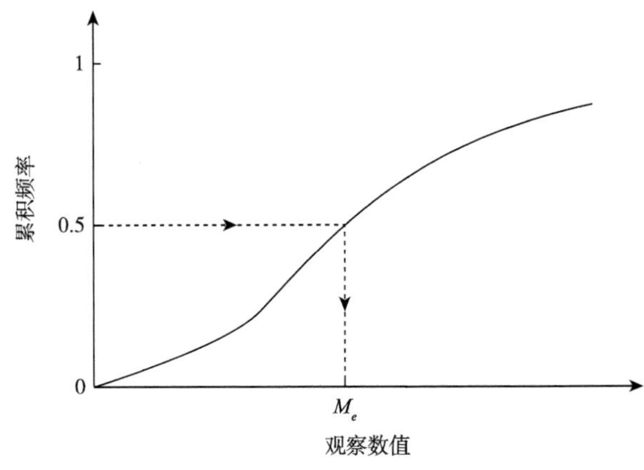

图 7-1 中位数示意图

集中趋势较为合适。

设众数组的频数为 f_m，众数前一组的频数为 f_{-1}，众数后一组的频数为 f_{+1}。当众数相邻两组的频数相等时，即 $f_{-1}=f_{+1}$，则众数组的组中值即为众数；当众数组前一组的频数多于众数组后一组的频数时，即 $f_{-1}>f_{+1}$，则众数会向其前一组靠拢，众数小于其组中值；当众数组后一组的频数多于众数组前一组的频数时，即 $f_{-1}<f_{+1}$，则众数会向其后一组靠拢，众数大于其组中值。基于这种思路，借助于几何图形而导出的分组数据众数的计算公式如下：

$$M_0 \doteq L+\frac{f_m-f_{-1}}{\left(f_m-f_{-1}\right)+\left(f_m-f_{+1}\right)}\times i$$

$$M_0 \doteq U-\frac{f_m-f_{+1}}{\left(f_m-f_{-1}\right)+\left(f_m-f_{+1}\right)}\times i$$

式中，L 表示众数所在组的下限；U 表示众数所在组的上限；i 表示众数所在组的组距；f_m 为众数组的频数；f_{-1} 为众数组前一组的频数；f_{+1} 为众数组后一组的频数。

上述下限和上限公式是假定数据分布具有明显的集中趋势，且众数组的频数在该组内是均匀分布的，若这些假定不成立，则众数的代表性就会很差。从众数的计算公式可以看出，众数是根据众数组及相邻组的频率分布信息来确定数据中心点位置的，因此，众数是一个位置代表值，它不受数据中极端值的影响。

五、调和平均数

在统计分析中，有时由于统计资料的原因没有掌握总体单位数（频数），只有每组的变量值和相应的标志频数。这种情况下就不能直接运用算术平均方法来计算，而需要以迂回的形式，即用每组的标志频数除以该组的变量值推算出各组的单位数，才能计算出平均数，这就是说要运用调和平均的方法。

调和平均数也称倒数平均数，它是对变量（x）的倒数求平均，然后再取倒数而得到的平均数。根据掌握的统计资料不同，调和平均数可以分为简单调和平均数和加权调和平均数。

（1）简单调和平均数：

$$\overline{R}=\frac{1}{\dfrac{\dfrac{1}{x_1}+\dfrac{1}{x_2}+\cdots+\dfrac{1}{x_n}}{n}}=\frac{n}{\dfrac{1}{x_1}+\dfrac{1}{x_2}+\cdots+\dfrac{1}{x_n}}=\frac{n}{\sum\dfrac{1}{x}}$$

（2）加权调和平均数：

$$\overline{R}=\frac{1}{\dfrac{\dfrac{m_1}{x_1}+\dfrac{m_2}{x_2}+\cdots+\dfrac{m_n}{x_n}}{m_1+m_2+\cdots+m_n}}=\frac{m_1+m_2+\cdots+m_n}{\dfrac{m_1}{x_1}+\dfrac{m_2}{x_2}+\cdots+\dfrac{m_n}{x_n}}=\frac{\sum_{i=1}^{n}m_i}{\sum_{i=1}^{n}\dfrac{m_i}{x_i}}$$

六、集中趋势度量的例题分析

【例 7-1】　2016 年中国某城镇 3 000 户居民家庭人均可支配收入的频数分布情况如表 7-1 所示，请计算其算术平均数、中位数和众数。

表 7-1　中国某城镇家庭人均可支配收入分布情况

年收入分组/元	组中值 X/元	频数 f	累积频数
6 000~12 000	9 000	200	200
12 000~18 000	15 000	300	500
18 000~24 000	21 000	400	900
24 000~30 000	27 000	400	1 300
30 000~36 000	33 000	600	1 900
36 000~42 000	39 000	400	2 300
42 000~48 000	45 000	400	2 700
48 000~54 000	51 000	200	2 900
54 000~60 000	57 000	100	3 000
总计		3 000	

解：（1）算术平均数为

$$M(X)=\frac{\sum_{i=1}^{k}X_i f_i}{\sum_{i=1}^{k}f_i}=31\,600\text{（元）}$$

（2）中位数。

$$\overline{X}_{\text{med}}=30\,000+\frac{\dfrac{3\,000}{2}-1\,300}{600}\times 6\,000=32\,000\text{（元）}$$

（3）众数。

$$\overline{X}_{\text{mod}}=30\,000+\frac{600-400}{(600-400)+(600-400)}\times 6\,000=33\,000\text{（元）}$$

【例 7-2】　1980 年我国总人口约为 9.9 亿人；2015 年达到了 13.7 亿人，是 1980

年的 1.4 倍（表 7-2）。

表 7-2 1980~2015 年我国总人口及增长速度

年份	人口数/万人	环比增长速度
1980	98 705	—
1985	105 851	1.072
1990	114 333	1.080
1995	121 121	1.059
2000	126 743	1.046
2005	130 756	1.032
2010	134 091	1.026
2015	137 462	1.025

（1）测算 1980~2015 年，我国平均每 5 年的人口增长速度。

（2）测算 1980~2005 年，我国平均每 5 年的人口增长速度。

（3）如果 2005~2015 年不实行计划生育政策，请测算 2015 年我国的人口总数。

解：（1）$M_G=(1.072\times1.080\times1.059\times1.046\times1.032\times1.026\times1.025)^{1/7}\approx1.048$，即 1980~2015 年，我国平均每 5 年的人口增长速度为 4.8%。

（2）$M_G=(1.072\times1.080\times1.059\times1.046\times1.032)^{1/5}\approx1.058$，即 1980~2005 年，我国平均每 5 年的人口增长速度为 5.8%。

（3）$P=130\ 756\times(1.058)^2\approx146\ 364$（万人），即 2015 年我国的人口总数达到 14.636 4 亿人。

【例 7-3】 东方信托投资公司某笔投资的年收益率是按复利计算的，该笔投资的年收益情况如表 7-3 所示，请测算该笔投资 25 年的平均年收益率。

表 7-3 东方信托投资公司某笔投资的收益率

年收益率/%	环比增长率/%	年数/F
3	103	1
4	104	4
8	108	8
10	110	10
15	115	2
总计	—	25

解：用几何平均数求该笔投资的年收益率

$$X_G=[(103\%)^1\times(104\%)^4\times(108\%)^8\times(110\%)^{10}\times(115\%)^2]^{1/25}$$
$$=(7.650\ 4)^{1/25}$$
$$=108.48\%$$

则该笔投资的年平均收益率为 8.48%。

【例 7-4】 某汽车公司某年 1~12 月生产的平均成本和总成本如表 7-4 所示。请测算：

（1）该公司汽车的月平均生产量。

（2）该公司某年汽车的平均生产成本。

表 7-4　某汽车公司某年 1~12 月生产的平均成本和总成本

月份	平均成本/万元	生产总成本/亿元
1	41.8	1 421.2
2	41.4	1 863.0
3	42.7	2 433.9
4	41.2	1 442.0
5	41.6	2 329.6
6	43.7	2 053.9
7	42.5	3 697.5
8	41.6	1 414.4
9	41.1	2 219.4
10	42.5	2 550.0
11	41.6	2 329.6
12	41.3	1 858.5
总计		25 613.0

解：（1）每个月的生产总成本除以平均成本，就可以得到该公司汽车的月平均生产量，分别为 34、45、57、35、56、47、87、34、54、60、56、45。

（2）通过计算加权调和平均数，就可以得到该公司汽车的平均生产成本，即

$$\overline{R}=\frac{1}{\dfrac{\dfrac{m_1}{x_1}+\dfrac{m_2}{x_2}+\cdots+\dfrac{m_n}{x_n}}{m_1+m_2+\cdots+m_n}}=\frac{m_1+m_2+\cdots+m_n}{\dfrac{m_1}{x_1}+\dfrac{m_2}{x_2}+\cdots+\dfrac{m_n}{x_n}}$$

$$=\frac{1\,421.2+1\,863+\cdots+2\,329.6+1\,858.5}{34+45+\cdots+56+45}$$

$$=41.988\,5$$

即该公司汽车的平均生产成本约为 42 万元。

第二节　离散趋势的度量

公共管理研究或调查所得到的数据，大都具有随机变量的性质。而对这些随机变量的描述，仅有集中趋势的度量是不够的。集中量数只描述数据的集中趋势和典型情况，它还不能说明一组数据的全貌。数据除典型情况之外，还有变异性的特点。对数据变异性即离散趋势进行度量的一组统计量，称作差异量数，这些差异量数有标准差或方差（variance）、全距（range）、平均差（mean absolute deviation，M.D.）、四分位差及各种百分差等。如果一组数据是产品质量检查的结果，那么数据的变异情况说明生产是否稳定；如果数据是测量的结果，那么变异的情况说明测量方法是否正确、仪器是否精密；如果数据是学生的成绩，那么变异的情况说明成绩是否整齐（而不是高低）。

一、极差

极差又称全距，是指总体中最大标志值与最小标志值之差。用极差反映总体分布的

离散程度十分简便。其计算公式如下：

$$R = x_{\max} - x_{\min}$$

式中，$x_{\max}$ 和 $x_{\min}$ 分别为数据中的极大值与极小值。可以看出，极差的计算非常简便，所以在现场检查时经常利用，但是极差没有考虑各中间值。

二、四分位差

四分位差是先将一组数据按大小排列成序，然后将其四等分，去掉序列中最高的 1/4 和最低的 1/4，仅就中间的一半数值来测定数据的离散程度，通常用符号 Q 来表示。也就是说，四分位差是在中间的 50% 的数据的全距。与极差相比，四分位差的优势是能够克服极端值的影响。其计算公式如下：

$$Q = Q_3 - Q_1$$

式中，Q_1 为第 1 四分位数，即第 25 百分位数；Q_3 为第 3 四分位数，即第 75 百分位数。

三、平均差

平均差是离差（样本值与均值之差）的绝对值的平均数，即

$$\text{M.D.} = \frac{1}{n}\sum_{i=1}^{n}\left|x_i - \bar{x}\right|$$

对于已分组的频数分布（组数为 k）：

$$\text{M.D.} = \frac{1}{n}\sum_{i=1}^{k} f_i\left|x_i - \bar{x}\right|$$

平均差反映全部标本数据平均的误差，比极差和四分位差更能全面地反映总体的数据变动情况，它的缺点是绝对值不适于进行进一步的数学分析。

四、方差和标准差

方差也称变异数、均方，常用符号 S^2 表示；作为总体参数时，常用符号 σ^2 表示。它是每个数据与该组数据平均数之差平方后的均值，即离均差平方后的平均数。方差，在数理统计中又常称为二阶中心矩或二级动差。它是度量数据分散程度的一个很重要的统计特征数。标准差即方差的平方根，常用 S 或 SD 表示。若用 σ 表示，则是指总体的标准差。

（1）总体方差。

$$\sigma^2 = \frac{1}{n}\sum_{i=1}^{n}\left(x_i - \bar{x}\right)^2 \text{（未分组的数据）}$$

$$\sigma^2 = \frac{1}{n}\sum_{i=1}^{k} f_i\left(x_i - \bar{x}\right)^2 \text{（已分组的数据）}$$

（2）样本方差。

$$S^2 = \frac{1}{n-1}\sum_{i=1}^{n}\left(x_i - \bar{x}\right)^2 \text{（未分组的数据）}$$

$$S^2=\frac{1}{n-1}\sum_{i=1}^{k}f_i\left(x_i-\overline{x}\right)^2 \text{（已分组的数据）}$$

方差可以起到与平均差相同的作用，且避免了绝对值的运算。但方差也有缺点，那就是所取的单位是 x 的单位的平方（当 x 为身高，单位为厘米时，方差的单位为平方厘米；当 x 为成绩，单位为分时，方差单位为分的平方，这都是不好解释的），所以用它的正平方根，即标准差。

（3）总体标准差。

$$\sigma=\sqrt{\frac{1}{n}\sum_{i=1}^{n}\left(x_i-\overline{x}\right)^2} \text{（未分组的数据）}$$

$$\sigma=\sqrt{\frac{1}{n}\sum_{i=1}^{k}f_i\left(x_i-\overline{x}\right)^2} \text{（已分组的数据）}$$

（4）样本标准差。

$$S=\sqrt{\frac{1}{n-1}\sum_{i=1}^{n}\left(x_i-\overline{x}\right)^2} \text{（未分组的数据）}$$

$$S=\sqrt{\frac{1}{n-1}\sum_{i=1}^{k}f_i\left(x_i-\overline{x}\right)^2} \text{（已分组的数据）}$$

方差与标准差是表示一组数据离散程度的最好的指标。其值大，说明离散程度大；其值小，说明数据比较集中。它是统计描述与统计分析中最常应用的差异量数。它基本具备一个良好的差异量数应具备的条件：①反应灵敏，每个数据取值发生变化，方差或标准差都随之变化；②由一定的计算公式严密确定；③容易计算；④适合代数运算；⑤受抽样变动的影响小，即不同样本的标准差或方差比较稳定；⑥简单明了，这一点与其他差异量数比较稍有不足，但其意义还是较明白的。除上述之外，方差还具有可加性特点，它是对一组数据中造成各种变异的总和的测量，能利用其可加性分解并确定出属于不同来源的变异性（如组间、组内等），并可进一步说明每种变异对总结果的影响。在描述统计部分，只需要标准差就足以表明一组数据的离散趋势了。

五、变差系数

当所观测的样本水平比较接近，而且是对同一个特质使用同一种测量工具进行测量时，要比较不同样本之间离散程度的大小，一般可直接比较标准差或方差的大小。标准差值大，说明该组数据较分散；标准差值小，则说明该组数据较集中。标准差的单位与原数据的单位相同，因而有时称它为绝对差异量。在对不同样本的观测结果的离散程度进行比较时，常会遇到下述情况：①两个或多个样本所测的特质不同，即所使用的观测工具不同，如何比较其离散程度？②即使使用的是同一种观测工具，但样本的水平相差较大时，如何比较它们的离散程度？在第一种情况下，标准差的单位不同，显然不能直接比较标准差的大小。第二种情况虽然标准差的单位相同，但两样本的水平不同，这可从平均数的大小明显不同确定。通常情况下，平均数的值较大，其标准差的值一般也较大，平均数的值较小，其标准差的值也较小。这种情况下，若直接比较标准差取值的大小，借以比较不同样本的分散情况是无意义的。可见，上述两种情况下，若用绝对差异量进行直接比较以确定其分散程度的大小是不行的，这时可用相对差异量进行比较。最常用的相对差异量就是变差系数（coefficient of variation）。

变差系数又称变异系数、相对标准差等，通常用符号 CV 表示，其计算公式如下：

$$\mathrm{CV}=\frac{S}{\overline{X}}\times 100\%$$

式中，S 为某样本的标准差；$\overline{X}$ 为该样本的平均数。变异系数是一个无量纲的量，它适合用在比较有不同算术平均数或有不同量纲的两组数据的情况。

六、离散趋势度量的实例

【例 7-5】 我国某年某大学公共管理学院 MPA 报考人数为 315 人，缺考 6 人，其余 309 人的英语考试成绩如表 7-5 所示，请计算相关的表征离散趋势的特征数。

表 7-5 某年某大学公共管理学院 MPA 报考人员英语成绩

编号	分数	编号	分数	编号	分数	编号	分数	编号	分数	编号	分数	编号	分数	编号	分数	编号	分数	编号	分数
1	61.00	32	83.00	63	51.00	94	50.00	125	60.00	156	40.00	187	46.00	218	48.00	249	27.00	280	34.00
2	75.00	33	61.00	64	73.00	95	67.00	126	35.00	157	45.00	188	49.00	219	50.00	250	36.00	281	30.00
3	78.00	34	62.00	65	46.00	96	51.00	127	42.00	158	45.00	189	57.00	220	26.00	251	39.00	282	32.00
4	63.00	35	82.00	66	52.00	97	55.00	128	45.00	159	57.00	190	42.00	221	34.00	252	46.00	283	34.00
5	77.00	36	67.00	67	53.00	98	75.00	129	46.00	160	57.00	191	44.00	222	42.00	253	27.00	284	16.00
6	77.00	37	61.00	68	57.00	99	60.00	130	54.00	161	37.00	192	41.00	223	43.00	254	30.00	285	19.00
7	49.00	38	67.00	69	48.00	100	49.00	131	66.00	162	38.00	193	43.00	224	33.00	255	35.00	286	30.00
8	65.00	39	62.00	70	50.00	101	44.00	132	34.00	163	41.00	194	45.00	225	34.00	256	33.00	287	36.00
9	76.00	40	62.00	71	61.00	102	53.00	133	46.00	164	45.00	195	21.00	226	20.00	257	34.00	288	30.00
10	67.00	41	68.00	72	62.00	103	56.00	134	38.00	165	47.00	196	40.00	227	34.00	258	20.00	289	28.00
11	68.00	42	72.00	73	65.00	104	59.00	135	40.00	166	49.00	197	37.00	228	44.00	259	24.00	290	24.00
12	73.00	43	52.00	74	45.00	105	61.00	136	47.00	167	60.00	198	36.00	229	28.00	260	26.00	291	26.00
13	73.00	44	63.00	75	53.00	106	36.00	137	68.00	168	66.00	199	40.00	230	42.00	261	27.00	292	32.00
14	74.00	45	73.00	76	60.00	107	44.00	138	42.00	169	41.00	200	45.00	231	45.00	262	31.00	293	23.00
15	65.00	46	59.00	77	68.00	108	47.00	139	54.00	170	42.00	201	58.00	232	49.00	263	27.00	294	34.00
16	75.00	47	62.00	78	54.00	109	52.00	140	43.00	171	51.00	202	30.00	233	36.00	264	35.00	295	31.00
17	63.00	48	66.00	79	73.00	110	58.00	141	46.00	172	38.00	203	34.00	234	39.00	265	48.00	296	19.00
18	76.00	49	73.00	80	55.00	111	58.00	142	54.00	173	43.00	204	35.00	235	49.00	266	31.00	297	23.00
19	60.00	50	54.00	81	45.00	112	40.00	143	56.00	174	46.00	205	44.00	236	37.00	267	34.00	298	24.00
20	65.00	51	60.00	82	54.00	113	44.00	144	81.00	175	53.00	206	60.00	237	38.00	268	38.00	299	17.00
21	65.00	52	62.00	83	62.00	114	47.00	145	35.00	176	63.00	207	25.00	238	43.00	269	29.00	300	10.00
22	68.00	53	65.00	84	41.00	115	50.00	146	36.00	177	63.00	208	53.00	239	27.00	270	22.00	301	16.00
23	64.00	54	69.00	85	41.00	116	56.00	147	38.00	178	30.00	209	39.00	240	33.00	271	37.00	302	28.00
24	73.00	55	42.00	86	56.00	117	65.00	148	56.00	179	45.00	210	43.00	241	41.00	272	24.00	303	14.00
25	59.00	56	50.00	87	58.00	118	57.00	149	57.00	180	49.00	211	47.00	242	41.00	273	25.00	304	24.00
26	60.00	57	72.00	88	61.00	119	48.00	150	61.00	181	56.00	212	48.00	243	21.00	274	31.00	305	21.00
27	64.00	58	79.00	89	64.00	120	51.00	151	49.00	182	34.00	213	49.00	244	33.00	275	48.00	306	15.00
28	70.00	59	55.00	90	54.00	121	53.00	152	37.00	183	43.00	214	11.00	245	70.00	276	39.00	307	14.00
29	48.00	60	55.00	91	65.00	122	53.00	153	38.00	184	54.00	215	34.00	246	33.00	277	33.00	308	48.00
30	67.00	61	56.00	92	75.00	123	59.00	154	44.00	185	45.00	216	36.00	247	52.00	278	29.00	309	15.00
31	55.00	62	57.00	93	75.00	124	60.00	155	37.00	186	46.00	217	45.00	248	25.00	279	31.00		

解：将表 7-5 中的数据整理成频数分布表，如表 7-6 所示。

表 7-6　309 位考生英语成绩频数分布表

分组序号	分组	组中值	频数	累积频数
1	10~20	15	11	11
2	20~30	25	29	40
3	30~40	35	60	100
4	40~50	45	75	175
5	50~60	55	55	230
6	60~70	65	53	283
7	70~80	75	23	306
8	80~90	85	3	309

（1）极差为 R=最大值−最小值=83−10=73。

（2）四分位差为 $Q = Q_3 - Q_1$。

$$Q_3 = 60 + \frac{309 \times 75\% - 230}{53} \times 10 \approx 60.33$$

$$Q_1 = 30 + \frac{309 \times 25\% - 40}{60} \times 10 \approx 36.21$$

$$Q = Q_3 - Q_1 = 60.33 - 36.21 = 24.12$$

（3）方差和标准差。

$$\overline{x} = \frac{x_1 f_1 + x_2 f_2 + \cdots + x_k f_k}{f_1 + f_2 + \cdots + f_k} = \frac{\sum_{i=1}^{k} x_i f_i}{\sum_{i=1}^{k} f_i}$$

$$= \frac{15 \times 11 + 25 \times 29 + 35 \times 60 + 45 \times 75 + 55 \times 55 + 65 \times 53 + 75 \times 23 + 85 \times 3}{309}$$

$$\approx 47.94$$

$$S^2 = \frac{\sum_{i=1}^{k} f_i \left(x_i - \overline{x}\right)^2}{n-1} = \frac{\sum_{i=1}^{k} f_i \left(x_i - 47.94\right)^2}{309-1} \approx 250.06$$

$$S = \sqrt{\frac{\sum_{i-1}^{k} f_i \left(x_i - \overline{x}\right)^2}{n-1}} = \sqrt{250.06} \approx 15.81$$

（4）变差系数。

$$\mathrm{CV} = \frac{S}{\overline{\overline{X}}} \times 100\% = \frac{15.81}{47.94} \times 100\% \approx 32.98\%$$

第三节　偏斜度与峰度的度量

集中趋势和离散趋势是数据分布的两个重要特征，但要全面了解数据分布的特点，还需要知道数据分布的形状是否对称、偏斜的程度以及分布的扁平程度等。偏斜度和峰度就是对这些分布特征的描述。偏斜度是对数据分布的偏移方向和程度所做的进一步描述；峰度是用来对数据分布的扁平程度所做的描述。对偏斜程度的描述用偏斜度系数；扁平程度的描述用峰度系数。

一、动差法

动差又称矩，原是物理学上用以表示力与力臂对重心关系的术语，这个关系和统计学中变量与权数对平均数的关系在性质上很类似，所以统计学也用动差来说明频数分布的性质。

一般来说，取变量的 a 值为中点，所有变量值与 a 之差的 K 次方的平均数称为变量 X 关于 a 的 K 阶动差，用式子表示为

$$\frac{\sum (X-a)^K}{N}$$

当 a=0 时，即变量以原点为中心，上式称为 K 阶原点动差，用大写英文字母 M 表示。

一阶原点动差为 $M_1=\frac{\sum X}{N}$，即算术平均数。

二阶原点动差为 $M_2=\frac{\sum X^2}{N}$，即平方平均数。

三阶原点动差为 $M_3=\frac{\sum X^3}{N}$。

……

当 $a=\overline{X}$ 时，即变量以算术平均数为中心，上式称为 K 阶中心动差，用小写英文字母 m 表示。

一阶中心动差为 $m_1=\frac{\sum\left(X-\overline{X}\right)}{N}=0$。

二阶中心动差为 $m_2=\frac{\sum\left(X-\overline{X}\right)^2}{N}=\sigma^2$。

三阶中心动差为 $m_3=\frac{\sum\left(X-\overline{X}\right)^3}{N}$。

……

二、偏斜度

偏斜度是对统计数据分布偏斜方向及程度的度量。统计数据的频数分布有的是对称的，有的是不对称的，即呈现偏态。在偏态的分布中，又有两种不同的形态，即左偏态和右偏态。我们可以利用众数、中位数和算术平均数之间的关系判断分布是左偏态还是右偏态，但要度量分布偏斜的程度，就需要计算偏斜度了。

采用动差法计算偏斜度系数是用变量的三阶中心动差 m_3 与 σ^3 进行对比，计算公式为

$$\alpha=\frac{m_3}{\sigma^3}$$

当分布对称时，变量的三阶中心动差 m_3 由于离差三次方后正负相互抵消而取得 0 值，则 $\alpha=0$；当分布不对称时，正负离差不能抵消，就形成正的或负的三阶中心动差 m_3。当 m_3 为正值时，表示正偏离差值比负偏离差值要大，可以判断为正偏态或右偏态；反之，当 m_3 为负值时，表示负偏离差值比正偏离差值要大，可以判断为负偏态或左偏态。$|m_3|$ 越大，表示偏斜的程度就越大。三阶中心动差 m_3 含有计量单位，为消除计量单位的影响，就用 σ^3 去除 m_3，使其转化为相对数。同样，α 的绝对值越大，表示偏斜的程度就越大。

三、峰度

峰度是用来衡量统计数据分布的集中程度或分布曲线的尖峭程度的指标。其计算公式如下：

$$\alpha_4=\frac{m_4}{\sigma^4}=\frac{\sum(X-\bar{X})^4F_i}{\sigma^4\cdot\sum F_i}$$

统计数据分布曲线的尖峭程度与偶数阶中心动差的数值大小有直接关系，m_2 是方差，于是就以四阶中心动差 m_4 来度量分布曲线的尖峭程度。m_4 是个绝对数，含有计量单位，为消除计量单位的影响，将 m_4 除以 σ^4，就得到无量纲的相对数。衡量数据分布的集中程度或分布曲线的尖峭程度往往是以正态分布的峰度作为比较标准的。在正态分布条件下，$\frac{m_4}{\sigma^4}=3$，将各种不同分布的尖峭程度与正态分布比较。

当峰度 $\alpha_4>3$ 时，表示分布的形状比正态分布更尖更高，这意味着分布比正态分布更集中在平均数周围，这样的分布称为尖峰分布，如图 7-2（a）中的虚线所示；$\alpha_4=3$ 时，分布为正态分布；$\alpha_4<3$ 时，表示分布比正态分布更扁平，意味着分布比正态分布更分散，这样的分布称为平峰分布，如图 7-2（b）中虚线所示。

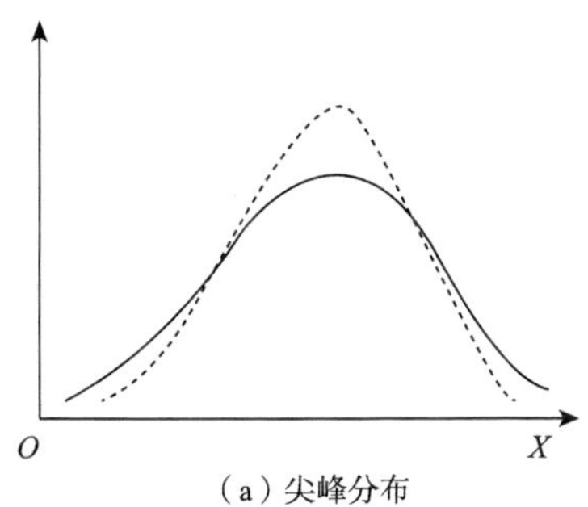

（a）尖峰分布

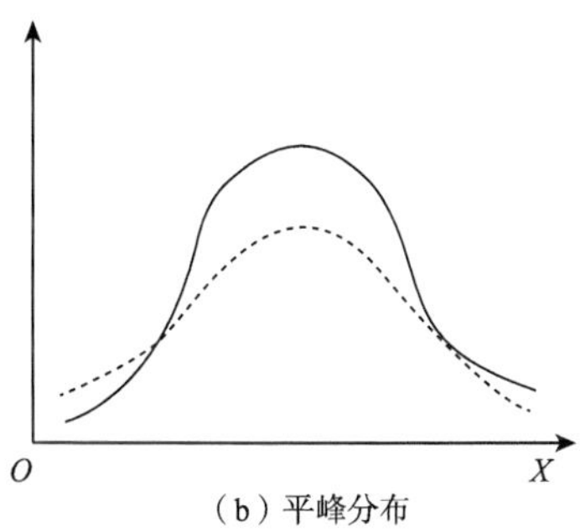

（b）平峰分布

图 7-2 尖峰分布与平峰分布示意图

第四节 SPSS在描述统计中的应用

一、SPSS简介

SPSS是世界上著名的统计分析软件之一。它由美国斯坦福大学的三位研究生于1968年研制，同年成立了SPSS公司，并于1975年在芝加哥组建了SPSS总部。20世纪80年代以前，SPSS统计软件主要应用于企事业单位。1984年，SPSS总部首先推出了世界上第一个统计分析软件微机版本SPSS/PC+，开创了SPSS微机系列产品的开发方向，极大地扩充了它的应用范围，并使其能很快地应用于自然科学、技术科学和社会科学的各个领域。随着SPSS产品服务领域的扩大和服务深度的增加，SPSS公司已于2000年正式将英文全称更改为Statistical Product and Service Solutions，意为“统计产品与服务解决方案”，标志着SPSS的战略方向正在做出重大调整。

SPSS的基本功能包括数据管理、统计分析、图表分析和输出管理等。SPSS统计分析过程包括描述性统计、均值比较、一般线性模型、相关分析、回归分析、对数线性模型、聚类分析（cluster analysis）、数据简化、生存分析、时间序列分析和多重响应等几大类，每类中又分多个统计过程，如回归分析中又分线性回归分析、曲线估计（curve estimation）、Logistic回归、Probit回归、加权估计、两阶段最小二乘法（two-stage least squares，TSI）和非线性回归等多个统计过程，而且每个过程中又允许用户选择不同的方法及参数。

SPSS可以直接读取EXCEL及DBF数据文件，现已推广到各种操作系统的计算机上。SPSS功能强大，具有完整的数据输入、编辑、统计分析、报表和图形制作等功能。在国际学术界有条不成文的规定，即在国际学术交流中，凡是用SPSS软件完成的计算和统计分析，可以不必说明算法，由此可见其影响之大和信誉之高。

SPSS除了数据录入及部分命令程序等少数输入工作需要键盘键入外，大多数操作可通过“菜单”、“按钮”和“对话框”来完成，操作简单，易学易用，已经在我国的公共管理科学研究中发挥了重要作用。

二、SPSS的基本操作

（一）启动SPSS

单击Windows的［开始］按钮，在［所有程序］菜单项［IBM SPSS Statistics］中找到［IBM SPSS Statistics 20］并单击（图7-3）。

（二）打开SPSS的主窗口

SPSS启动成功后，打开SPSS的主窗口［Data View］。SPSS的主窗口名为IBM SPSS Statistics Data Editor（数据编辑窗口），如图7-4所示。

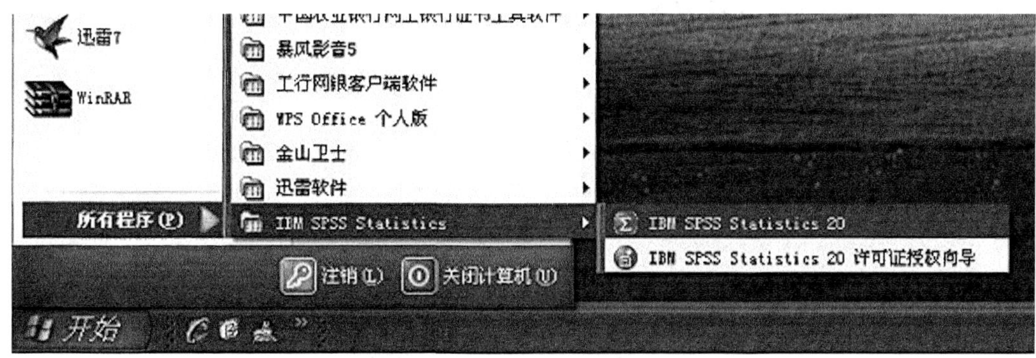

图 7-3　SPSS 软件打开示意图

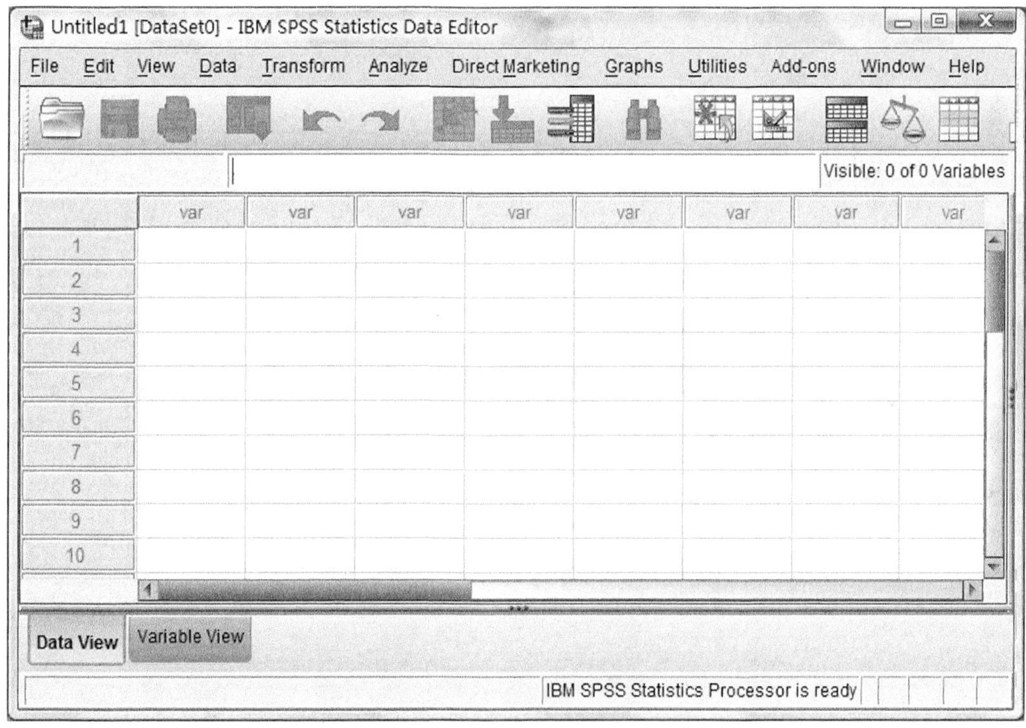

图 7-4　数据编辑窗口

在 SPSS 主窗口的菜单栏中，共有 12 个选项。

（1）File：文件管理菜单，有关文件的调入、存储、显示和打印等。

（2）Edit：编辑菜单，有关文本内容的选择、拷贝、剪贴、寻找和替换等。

（3）View：视图菜单，运用“视图”菜单可显示或隐藏状态行、工具栏、网络线、值标签和改变字体等。

（4）Data：数据管理菜单，有关数据变量定义、数据格式选定、观察对象的选择、排序、加权、数据文件的转换、连接和汇总等。

（5）Transform：数据转换处理菜单，有关数值的计算、重新赋值和缺失值替代等。

（6）Analyze：统计菜单，有关一系列统计方法的应用。

（7）Direct Marketing：直销菜单，有关了解顾客、改进营销活动等。

（8）Graphs：作图菜单，有关统计图的制作。

（9）Utilities：用户选项菜单，有关命令解释、字体选择、文件信息、定义输出标题和窗口设计等。

（10）Add-ons：附加程序菜单，有关输出管理系统控制、数据文件注释、定义和使用变量集、运行脚本、定制对话框等。

（11）Window：窗口管理菜单，有关窗口的排列、选择和显示等。

（12）Help：求助菜单，有关帮助文件的调用、查询和显示等。

点击菜单选项即可激活菜单，这时弹出下拉式子菜单，用户可根据自己的需求再点击子菜单的选项，完成特定的功能。

（三）定义变量

打开［Variable View］进入变量定义窗口，对变量进行定义。变量定义包括 11 个方面的内容，分别为［Name］、［Type］、［Width］、［Decimals］、［Label］、［Values］、［Missing］、［Columns］、［Align］、［Measure］和［Role］，如图 7-5 所示。

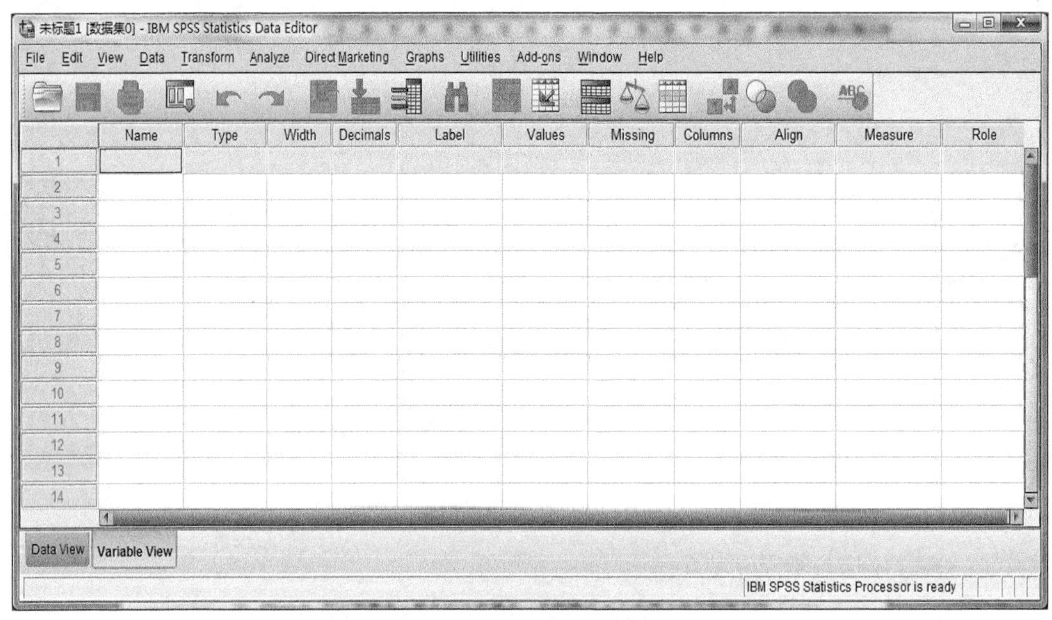

图 7-5 变量定义窗口

（1）［Name］：定义变量名。要求定义变量名不能超过 8 个字符（中文和英文均可以），但变量名的定义字符应不同于 SPSS 软件的运算符，如 all，and，by，not，or，to，with，eq，ge，gt，le，lt，ne，以及“(”，“)”，“/”，“?”等符号。

（2）［Type］：定义变量类型。SPSS 的主要变量类型有 Numeric（标准数值型）、Comma（带逗点的数值型）、Dot（逗点做小数点的数值型）、Scientific notation（科学记数法）、Date（日期型）、Dollar（带美元符号的数值型）、Custom currency（自定义型）、String（字符型）、Restricted Numeric（integer with leading zeros）（受限数值，值限于非负整数的变量，在显示值时，填充先导 0 以达到最大变量宽度），如图 7-6 所示。

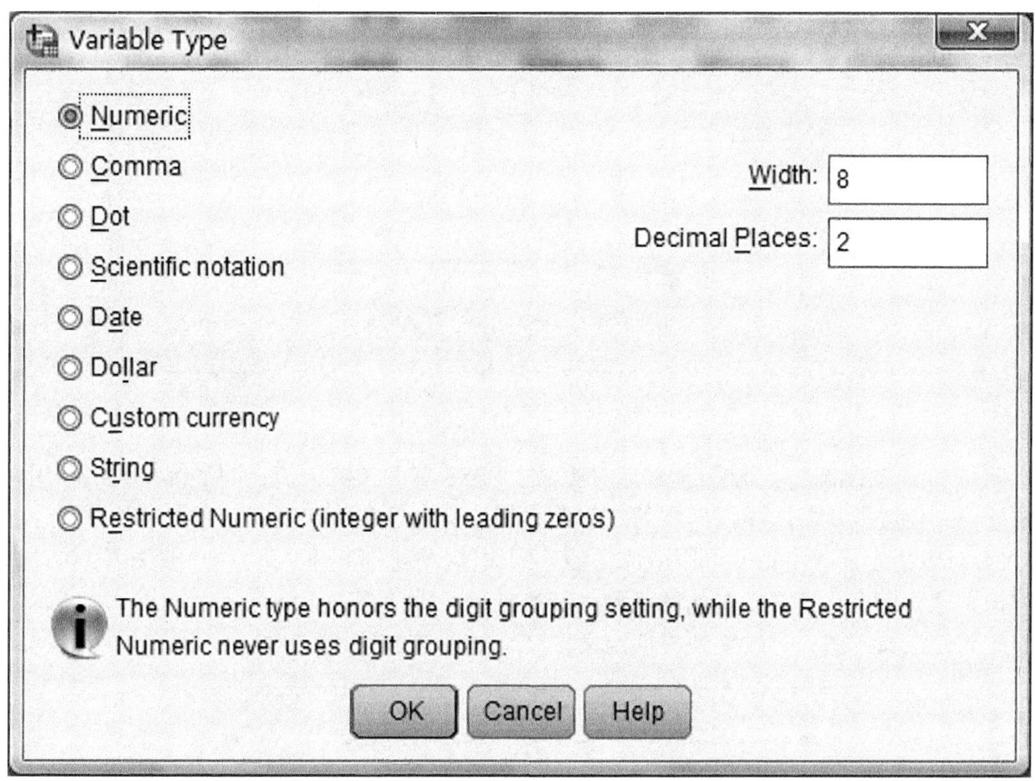

图 7-6　变量类型窗口

（3）［Width］：设置变量长度。设置数值变量的长度，当变量为日期型时无效。

（4）［Decimals］：设置变量小数点位数。设置数值变量的小数点位数，当变量为日期型时无效。

（5）［Label］：设置变量标签。变量标签是对变量名的进一步描述，变量只能由不超过 8 个字符组成，8 个字符经常不足以表示变量的含义。而变量标签可长达 120 个字符，变量标签对大小写敏感，显示时与输入值完全一样，需要时可用变量标签对变量名的含义加以解释。

（6）［Values］：设置变量值标签。变量值标签是对变量值进一步说明，主要针对名义变量和等级变量。单击［Values］相应单元，在如图 7-7 所示的对话框中进行设置。

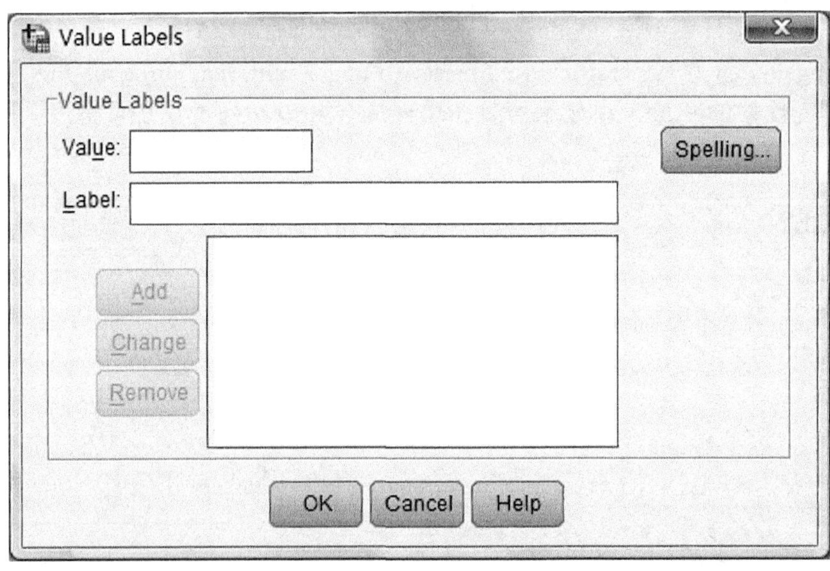

图 7-7 变量值标签窗口

（7）［Missing］：缺失值的定义方式。SPSS 有两类缺失值，即系统缺失值和用户缺失值。在数据长方形中任何空的数字单元都被认为是系统缺失值，用点号（·）表示。SPSS 可以指定那些由特殊原因造成的信息缺失值，然后将它们标为用户缺失值，统计过程识别这种标识，带有缺失值的观测被特别处理。默认值为［None］。单击［Values］相应单元中的按钮，可改变缺失值定义方式，如图 7-8 所示。

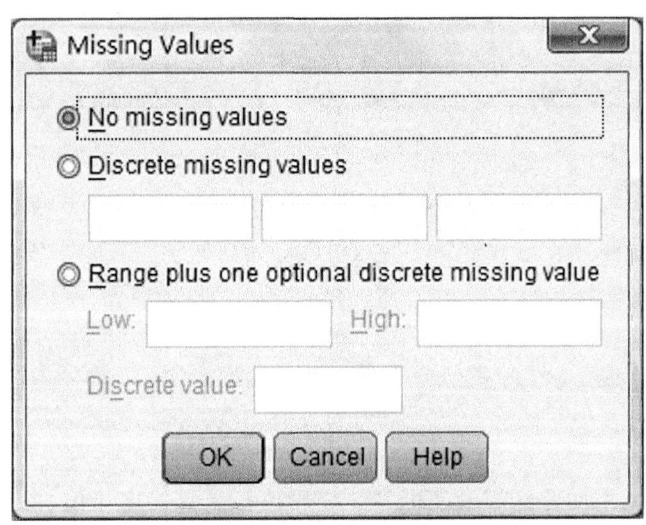

图 7-8 缺失值定义窗口

（8）［Columns］：设置变量的显示宽度。设置在屏幕上变量的显示宽度默认为 8 位，也可以根据需求自己设置。

（9）［Align］：设置变量显示的对齐方式。选择变量值显示时的对齐方式有［Left］

（左对齐）、[Right]（右对齐）和 [Center]（居中对齐）。

（10）[Measure]：设置变量的测量尺度。按测量精度的要求，SPSS 将测量变量分为三大类，即分类变量 [Nominal]、顺序变量 [Ordinal]、等距变量和等比变量 [Scale]。等距变量和等比变量经常不加以区别。如果变量为等距变量或等比变量，则在[Measure]相应单元的下拉列表中选择 [Scale]；如果变量为顺序变量，则选择 [Ordinal]；如果变量为分类变量，则选择 [Nominal]。

（11）[Role]：设置变量的角色。分配变量的角色包括 [Input]（变量用作输入）、[Target]（变量用作输出或目标）、[Both]（变量同时用作输入和输出）、[None]（变量没有角色分配）、[Partition]（分区，用于将数据划分为单独的训练、检验和验证样本）和 [Split]（拆分，包括以便与 IBM SPSS Modeler 相互兼容，具有此角色的变量不会在 IBM SPSS Statistics 中用于拆分文件变量）。

（四）数据的输入与编辑

定义变量后就可以输入数据。由于各种原因，已经输入的数据往往会有错误，这就需要进行编辑。用 Windows 的基本操作方式可实现对数据的编辑。

三、SPSS 在描述统计中的应用实例

运用 SPSS 对【例 7-5】中的我国某年某大学公共管理学院 309 位 MPA 考生的英语成绩进行初步的统计分析。

运用 SPSS 进行数据初步统计分析的基本程序如下：

（1）在 SPSS 中录入表 7-6 的原始数据，建立 SPSS 数据文件（SPSS 数据文件见本书配套的数据文件“SPSS7-数据的描述统计”）。

（2）在主菜单中选择 [Analyze] → [Descriptive Statistics] → [Frequencies]，如图 7-9 所示。

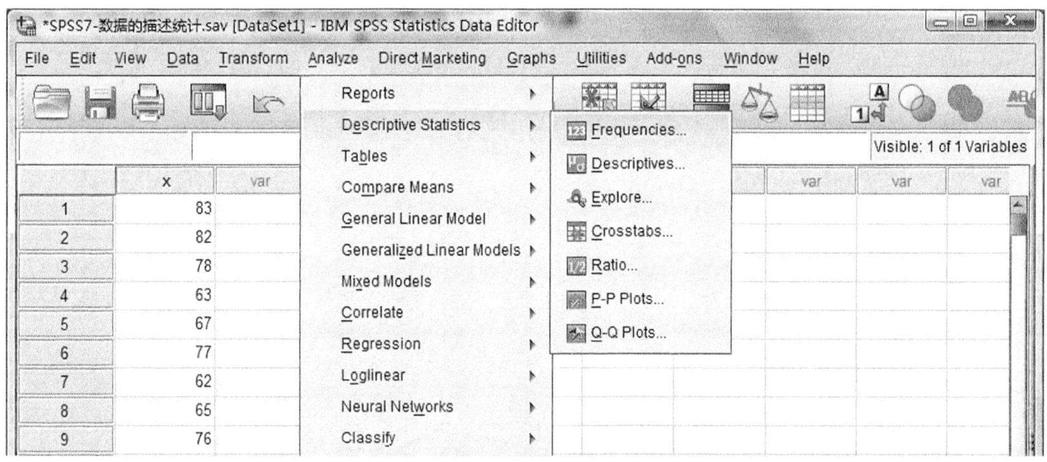

图 7-9　描述性统计分析

（3）打开［Frequencies］对话框，把分析变量（X）输入右框，如图 7-10 所示。

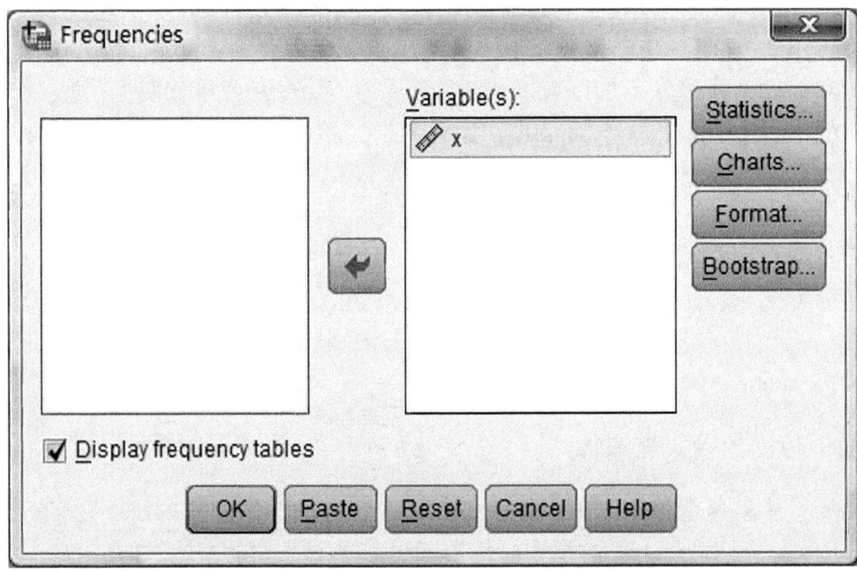

图 7-10 ［Frequencies］对话框示意图

（4）打开［Frequencies：Statistics］对话框，做如图 7-11 所示的选择，并单击［Continue］。

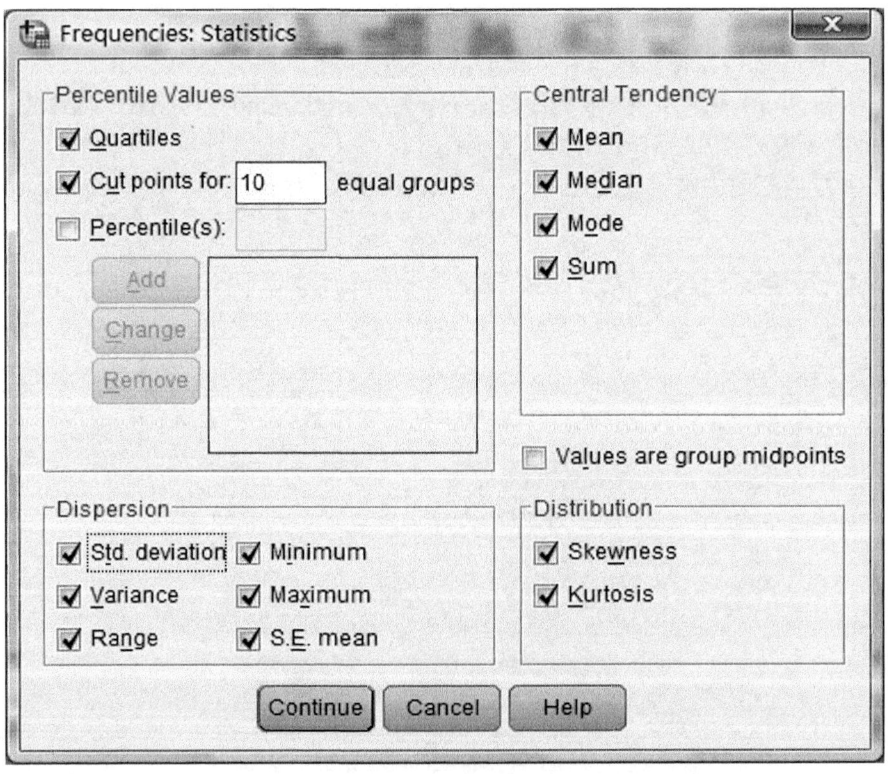

图 7-11 ［Frequencies：Statistics］对话框

（5）打开[Frequencies：Charts]对话框，进行如图 7-12 所示的选择，并单击[Continue]。

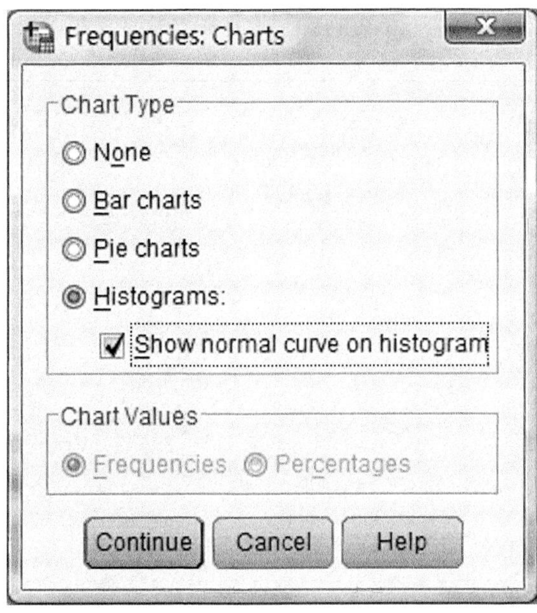

图 7-12　［Frequencies：Charts］对话框示意图

（6）单击［OK］，输出结果如表 7-7、表 7-8 和图 7-13 所示。

表 7-7　基本统计表

	有效	309
	缺失	0
均值		47.39
均值的标准误		0.891
中值		47.00
众数		34[a]
标准差		15.663
方差		245.342
偏度		−0.017
偏度的标准误		0.139
峰度		−0.610
峰度的标准误		0.276
全距		73
最小值		10
最大值		83
和		14 643

续表

	有效	309
	缺失	0
百分位数	10	27.00
	20	34.00
	25	36.00
	30	38.00
	40	43.00
	50	47.00
	60	52.00
	70	57.00
	75	60.00
	80	62.00
	90	68.00

a 存在多个众数，显示最小值

表 7-8 频数和频率分布表

有效	频率	百分比	有效百分比	累积百分比
10	1	0.3	0.3	0.3
11	1	0.3	0.3	0.6
14	2	0.6	0.6	1.3
15	2	0.6	0.6	1.9
16	2	0.6	0.6	2.6
17	1	0.3	0.3	2.9
19	2	0.6	0.6	3.6
20	2	0.6	0.6	4.2
21	3	1.0	1.0	5.2
22	1	0.3	0.3	5.5
23	2	0.6	0.6	6.1
24	5	1.6	1.6	7.8
25	3	1.0	1.0	8.7
26	3	1.0	1.0	9.7
27	5	1.6	1.6	11.3
28	3	1.0	1.0	12.3
29	2	0.6	0.6	12.9
30	6	1.9	1.9	14.9
31	5	1.6	1.6	16.5
32	2	0.6	0.6	17.2
33	6	1.9	1.9	19.1

续表

有效	频率	百分比	有效百分比	累积百分比
34	12	3.9	3.9	23.0
35	5	1.6	1.6	24.6
36	7	2.3	2.3	26.9
37	6	1.9	1.9	28.8
38	7	2.3	2.3	31.1
39	4	1.3	1.3	32.4
40	5	1.6	1.6	34.0
41	7	2.3	2.3	36.2
42	7	2.3	2.3	38.5
43	7	2.3	2.3	40.8
44	7	2.3	2.3	43.0
45	12	3.9	3.9	46.9
46	8	2.6	2.6	49.5
47	5	1.6	1.6	51.1
48	8	2.6	2.6	53.7
49	9	2.9	2.9	56.6
50	5	1.6	1.6	58.3
51	4	1.3	1.3	59.5
52	4	1.3	1.3	60.8
53	7	2.3	2.3	63.1
54	8	2.6	2.6	65.7
55	5	1.6	1.6	67.3
56	7	2.3	2.3	69.6
57	7	2.3	2.3	71.8
58	4	1.3	1.3	73.1
59	4	1.3	1.3	74.4
60	9	2.9	2.9	77.3
61	7	2.3	2.3	79.6
62	7	2.3	2.3	81.9
63	5	1.6	1.6	83.5
64	3	1.0	1.0	84.5
65	8	2.6	2.6	87.1
66	3	1.0	1.0	88.0
67	5	1.6	1.6	89.6
68	5	1.6	1.6	91.3
69	1	0.3	0.3	91.6
70	2	0.6	0.6	92.2
72	2	0.6	0.6	92.9
73	7	2.3	2.3	95.1

续表

有效	频率	百分比	有效百分比	累积百分比
74	1	0.3	0.3	95.5
75	5	1.6	1.6	97.1
76	2	0.6	0.6	97.7
77	2	0.6	0.6	98.4
78	1	0.3	0.3	98.7
79	1	0.3	0.3	99.0
81	1	0.3	0.3	99.4
82	1	0.3	0.3	99.7
83	1	0.3	0.3	100.0
合计	309	100.0	100.0	

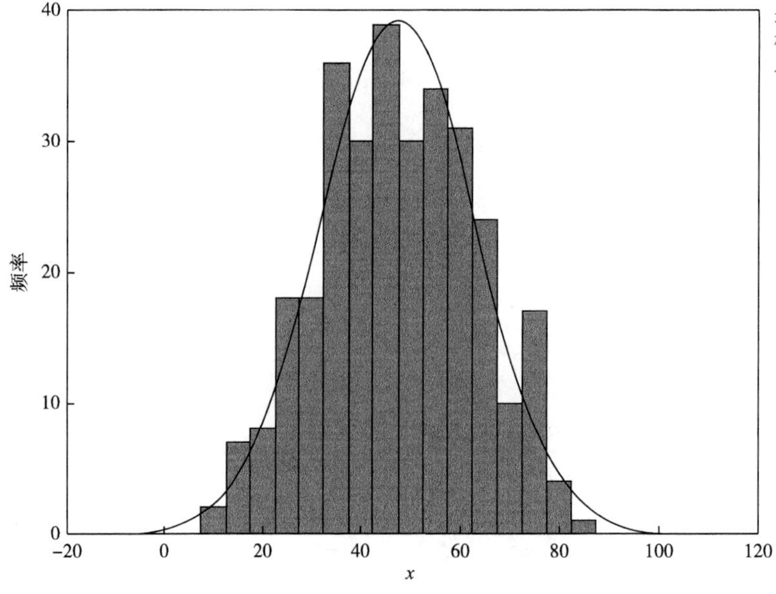

图 7-13　带曲线的正态分布图

➤复习思考题

1. 举例说明什么是集中趋势。
2. 集中趋势有哪些统计特征数，对它们的优点和缺点进行比较分析。
3. 举例说明什么是离散趋势。
4. 离散趋势有哪些统计特征数，对它们的优点和缺点进行比较分析。
5. 简要说明偏斜度的概念。
6. 简要说明峰度的概念。
7. 结合某个研究课题，运用 SPSS 进行描述性统计分析。

第八章

假设检验

在公共管理研究中，常常需要对所研究的问题提出某种假设，而这种假设的真假性有待检验，因此，我们利用样本值 x_1，x_2，…，x_n 所提供的信息，应用统计分析方法检验这个假设是否正确，从而对假设做出拒绝或接受的判断，这就是本章所要讨论的假设检验（hypothesis testing）问题。

第一节　假设检验的基本问题

一、假设与假设检验

假设是科学研究中广泛应用的方法，它是根据已知理论与事实对研究对象所做的假定性说明。统计学中的假设一般专指用统计学术语对总体参数所做的假定性说明。在进行任何一项研究时，都需要根据已有的理论和经验事先对研究结果做出一种预想的假设。这种假设叫科学假设，在统计学上称为研究假设。对这种研究假设进行证实或证伪的过程就叫假设检验。

假设检验过程先要提出个原假设，如某正态总体的均值等于 5。这种原假设也称为零假设（null hypothesis），记为 H_0。与此同时必须提出备选假设（或称为备择假设，alternative hypothesis），如总体均值大于 5。备选假设记为 H_1。备选假设应该按照实际所代表的方向来确定，即它通常被认为可能比零假设更符合数据所代表的现实。著名统计学家费舍曾指出："可以说，每一实验的存在，仅仅是为了给事实一个反驳虚无假设的机会。"在假设检验中 H_0 总是作为直接被检验的假设，而 H_1 与 H_0 对立，二者择一。

由于统计中假设检验的目的在于检验差异，所以这种检验又叫差异的显著性检验。假设检验，就是事先对总体（随机变量）的参数或总体分布形式做出一个假设，然后利用样本信息来判断这个假设（原假设）是否合理，即判断总体的真实情况与原假设是否显著地有差异。或者说，假设检验要判断样本与我们对总体所做的假设之间的差异是纯属机会变异，还是由我们所做的假设与总体真实情况之间不一致所引起的。

例如，一名被告正在受到法庭的审判。根据英国的法律，先假定被告是无罪的，于是，证明他有罪的责任就是原告律师的事情了。用假设检验的术语表示，那就是要建立一个假设，记为 H_0：被告是无罪的。另一个可供选择的假设记作 H_1：被告是有罪的。法庭陪审团要审查各种证据，以确定原告律师是否证实了这些证据与无罪这一基本假设不一致。如果陪审员们认为证据与无罪这一基本假设不一致，他们就拒绝该假设而接受其备择假设 H_1，即认为被告有罪。

又如，教育部要检验 2012 年录取的大学新生平均身高是否达到了 170 厘米的标准，这就需要提出原假设（H_0）：2012 年大学新生（总体）的平均身高（μ）是 170 厘米。为了检验这个假设是否正确，需要根据随机取样的原则，从 2012 年的大学新生总体中选取样本并计算样本的平均高度，以此来检验原假设的正确性。

需要检验的原假设 H_0：μ=170 厘米（即大学新生总体平均高度等于 170 厘米）。其备择假设就是 H_1：$\mu \neq 170$ 厘米（即大学新生总体平均高度不等于 170 厘米）。

总体平均数的假设有三种情况：

（1）H_0：$\mu = \mu_0$；H_1：$\mu \neq \mu_0$。

（2）H_0：$\mu \geqslant \mu_0$；H_1：$\mu < \mu_0$。

（3）H_0：$\mu \leqslant \mu_0$；H_1：$\mu > \mu_0$。

假设检验从对总体参数所做的一个假设开始，然后搜集样本数据，计算出样本统计量，进而运用这些数据测定假设的总体参数在多大程度上是可靠的，并做出接受还是拒绝原假设的判断。

假设检验一般分为参数假设检验和非参数假设检验两种类型。参数假设检验对变量的要求较为严格，适用于等距变量和比率变量，非参数假设检验对变量的要求较为自由，既适合于等距变量和比率变量，也适用于类别变量和顺序变量（表 8-1）。

表 8-1 参数和非参数假设检验对变量的要求

<table>
<tr><th>变量测量层次</th><th>数学性质</th><th>描述统计量</th><th>适宜的统计分析</th></tr>
<tr><td>分类变量</td><td>=、≠</td><td>众数
频率
列联系数</td><td rowspan="2">非参数统计分析</td></tr>
<tr><td>等级变量</td><td>=、≠
>、<</td><td>中位数
百分位数
Kendall 相关
Spearman 相关</td></tr>
<tr><td>等距变量</td><td>=、≠
>、<
+、−</td><td>平均值
方差
Pearson 相关</td><td rowspan="2">参数统计分析
非参数统计分析</td></tr>
<tr><td>等比变量</td><td>=、≠
>、<
+、−
×、/</td><td>几何均值
变差系数
多重相关系数</td></tr>
</table>

二、假设检验的小概率事件

小概率原理：小概率事件在一次试验中是几乎不可能发生的，假若在一次试验中事件 A 事实上发生了。那只能认为事件 A 不是来自我们假设的总体，也就是认为我们对总体所做的假设不正确。就有理由怀疑该假设的真实性，“拒绝”这一假设（图 8-1）。

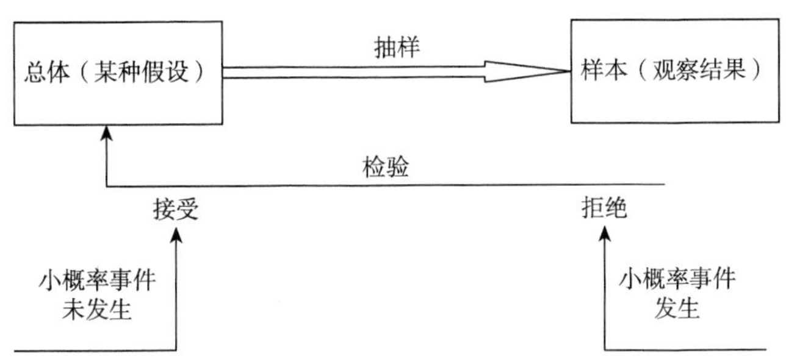

图 8-1 小概率原理示意图

例如，有一个厂商声称，它的产品的合格品率很高，可以达到 99%，那么从一批产品（如 100 件）中随机抽取一件，这一件恰恰是次品的概率非常小，只有 1%。如果厂商的宣传是真的，随机抽取一件是次品的情况几乎是不可能发生的。但如果这种情况确实发生了，就有理由怀疑原来的假设，即产品中只有 1% 的次品的假设是否成立，这时就有理由推翻原来的假设，可以做出厂商的宣传是假的这样一个推断。

依据小概率原理推断可能会犯错误。上例中 100 件产品中确实只有 1 件是次品，如恰好在一次抽取中被抽到了，犯错误的概率是 1%，也就是说我们在冒 1%的风险做出厂商宣传是假的这样一个推断。

三、Ⅰ型错误和Ⅱ型错误

由于“抽样”样本的随机性和局部性，它所提供的关于总体特征的信息必然存在缺陷，它的缺陷也将传递到假设检验的最终决策中，这就潜伏了犯错误的可能。

陪审团做决定时发生的情况，对原假设 H_0（被告无罪）来说，存在四种可能情况：

（1）H_0 为真，即被告无罪，陪审团也确认他无罪，接受 H_0。陪审团做出了正确的决断。

（2）H_0 为真，即被告无罪，但陪审团确认他有罪，拒绝 H_0，陪审团做出了错误的决断。

（3）H_0 不真，即被告有罪，陪审团也确认他有罪，拒绝 H_0，陪审团做出了正确的决断。

（4）H_0 不真，即被告有罪，但陪审团确认他无罪，接受 H_0，陪审团做出了错误的决断。

在上述第二种和第四种可能情况下，陪审团决断错误。

Ⅰ型错误（弃真错误）：原假设 H_0 本来为真，却错误地否定了。

上述第二种情况就属于弃真错误。

Ⅱ型错误（取伪错误）：原假设 H_0 非真，但做出接受 H_0 的选择。

上述第四种情况就属于取伪错误。

犯两种错误的概率如下：在假设检验中，犯Ⅰ型错误（type Ⅰ error）的概率记为 α，α 也称为显著性水平。犯Ⅱ类错误（type Ⅱ error）的概率记为 β（图 8-2）。

陪审团审判		
判决	真实的情况	
	无罪	有罪
无罪	判决正确	判决错误
有罪	判决错误	判决正确

→

假设检验		
结论	总体参数的实际情况	
	原假设为真	备择假设为真
未拒绝原假设	结论正确	第二类错误
拒绝原假设	第一类错误	结论正确

图 8-2　假设检验的四种可能结果

假设检验中犯Ⅰ型错误的概率，称为显著性水平（level of significance），即指当零假设实际上是正确时，检验统计量（test statistic）落在拒绝域内的概率，通常用［$\alpha=p$（rejectH_0/H_0istrue）］表示。它体现了对原假设的“保护”程度，水平越小，拒绝原假设要求的理由就越充分，对原假设的保护越严密。α 的取值一般有 1%、5%。这种只对第一类错误的概率加以控制，而不考虑犯第二类错误的概率的检验，称为显著性检验。

人们自然希望犯这两类错误的概率越小越好。但对于一定的样本容量 n，两类错误有相反的关系（图 8-3），减小 α 会引起 β 增大，减小 β 会引起 α 增大。

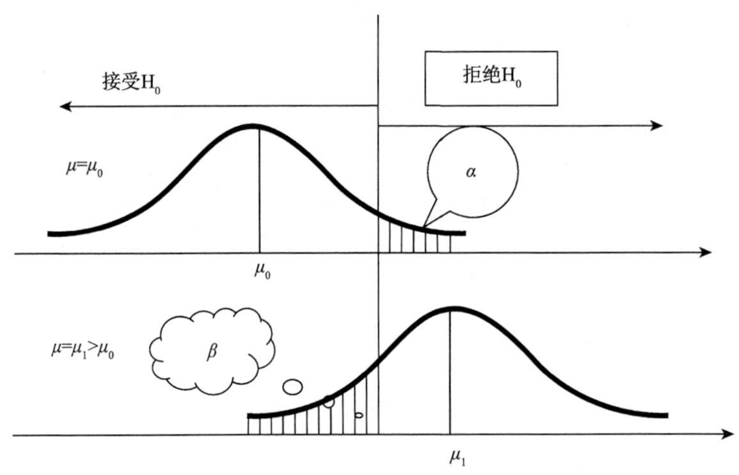

图 8-3　假设检验中犯两类错误的关系

图 8-3 中的上面的图显示，如果原假设 H_0：$\mu=\mu_0$ 为真，样本的统计结果落入阴影中的概率为 α，若给予拒绝，犯弃真错误的概率为 α；下面的图显示，如果原假设 H_0：$\mu=\mu_0$ 为伪，因为 $\mu_1>\mu_0$，若接受原假设，犯取伪的错误，其概率为 β。

图 8-3 表明，如果临界点沿水平方向右移，α 将变小而 β 变大；如果向左移，α 变大而 β 将变小，从图示上说明了在假设检验中 α 和 β 此消彼长的关系。

可能带来的后果越严重，危害越大的那一类错误，在假设检验中作为首要的控制目标。人们通常都遵守首先控制犯 α 错误作为假设检验的基本原则。

这是因为原假设的目标通常是明确的，而替换假设则通常是模糊的。所以，人们常常把最关心的问题作为原假设提出，将较严重的错误放到了 α，这就能够在假设检验中对 α 错误实施有效控制。

四、双侧检验和单侧检验

对总体平均数的假设检验可分为两种类型，即双侧检验（two-tail test）和单侧检验（one-tail test）。

（一）双侧检验

原假设是 μ 等于某一数值 μ_0，只要 $\mu>\mu_0$ 或 $\mu<\mu_0$ 二者中有一个成立，就否定原假设，即：H_0：$\mu=\mu_0$，H_1：$\mu\neq\mu_0$。

双侧检验的目的是，观察在规定的显著性水平下所抽取的样本统计量是否显著高于或低于假设的总体参数。标准正态（或 t）分布曲线下 2 个尾部面积各占 $\alpha/2$，这样就有了 2 个拒绝区域。如果样本统计量落在任一拒绝区域，就拒绝原假设。双侧检验的示意图如图 8-4 所示。

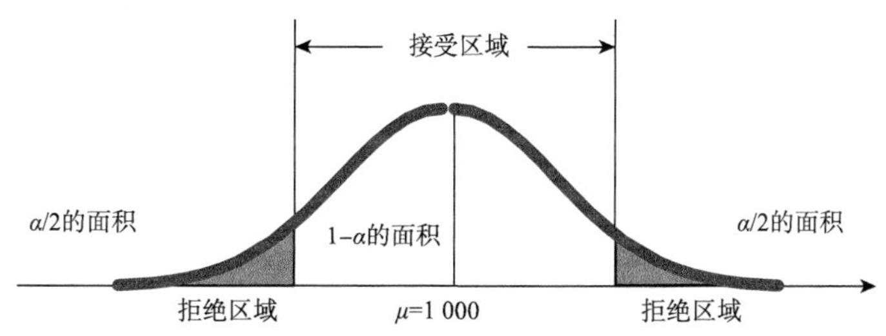

图 8-4　双侧检验的示意图

（二）单侧检验

单侧检验主要关心带方向性的检验问题，具体可分为两种情况：一种是所考察的数值越大越好；另一种是数值越小越好。单侧检验可分为左侧检验和右侧检验两种，它们都只有一个拒绝区域。

（1）左侧检验。假设 H_0：$\mu\geqslant\mu_0$，H_1：$\mu<\mu_0$，就使用左侧检验。拒绝区域在临界值左端。左侧检验适用于担心样本统计量会显著地低于假设的总体参数的情况。左侧检验的示意图如图 8-5 所示。

（2）右侧检验。假设 H_0：$\mu\leqslant\mu_0$，H_1：$\mu>\mu_0$。只要样本平均数显著超过假设的总体参数，就拒绝原假设 H_0。拒绝区域在临界值的右侧。右侧检验的示意图如图 8-6 所示。

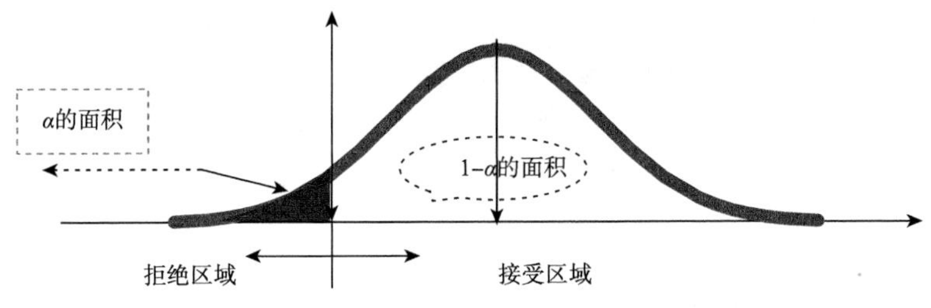

图 8-5 左侧检验的示意图

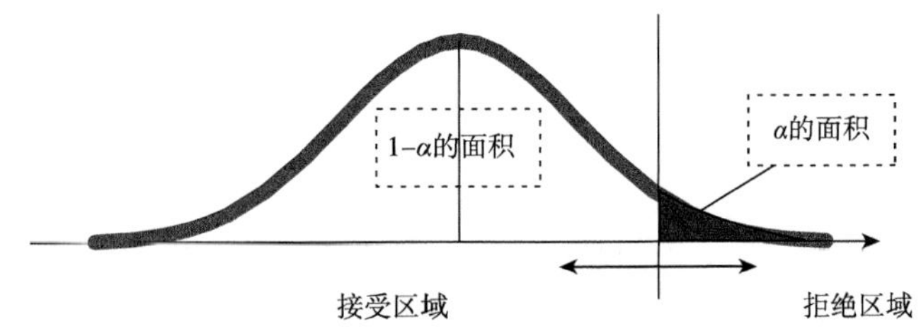

图 8-6 右侧检验的示意图

双侧和单侧检验问题如表 8-2 表示。

表 8-2 双侧和单侧检验问题

假设	研究的问题		
	双侧检验	左侧检验	右侧检验
H_0	H_0：$\mu=\mu_0$	H_0：$\mu\geqslant\mu_0$	H_0：$\mu\leqslant\mu_0$
H_1	H_1：$\mu\neq\mu_0$	H_1：$\mu<\mu_0$	H_1：$\mu>\mu_0$

五、假设检验的一般程序

（1）建立适当的原假设和备择假设。根据研究问题的需要提出假设，包括原假设 H_0 和备择假设 H_1。同时，与备择假设相对应，指出所做检验为双侧检验还是左侧检验或右侧检验。

（2）构造检验统计量，收集样本数据，计算检验统计量的样本观察值。

（3）选择适当的显著性水平 α。α 通常取 5%或 1%。显著性水平就是小概率水平，但小概率并不能说明不会发生，仅仅是发生的概率很小罢了。如果原假设正确我们接受了，或原假设错误我们拒绝了，这表明我们做出了正确的决定。

（4）根据所选择的显著水平 α，确定临界值和拒绝区域。

（5）把检验统计量的值与临界值进行比较。

（6）做出接受或拒绝原假设的统计决策。

第二节 参数假设检验

参数假设检验是一种应用非常广泛的统计推断方法，是公共管理研究者经常用到的基本研究方法。它先对总体待估参数的取值做出某种陈述（称之为假设），然后利用样本信息在事先给定的显著性水平 α 下来判断所做假设是否成立的一种检验方法。参数假设检验要求总体（或变量）符合某些假定的条件，如总体分布为正态、方差齐性等，就总体的某些参数（如均值、方差和比例）等进行检验的一种统计分析方法，它适用于等距变量和等比变量的资料。

设总体 X 有 N 个单位，从该总体中随机地抽取 n 个单位（X_1，X_2，X_3，…，X_n）构成随机样本，称其为总体 X 的一个容量为 n 的随机样本。再设 ψ（X_1，X_2，X_3，…，X_n）为一个不包含未知参数的函数，则称 ψ（X_1，X_2，X_3，…，X_n）为一个统计量。

统计量有三个基本特征：一个统计量就是样本的一个函数；统计量中不能包含任何未知参数；统计量是一个随机变量。统计量 T 服从标准正态分布的检验方法称为 μ 检验法。类似地，统计量 T 分别服从 T 分布、χ^2 分布和 F 分布的检验方法，分别称为 T 检验法、χ^2 检验法和 F 检验法。

一、单个正态总体均值和方差的假设检验

设总体 $X \sim \mathrm{N}\left(\mu,\sigma^2\right)$，给定显著性水平 α。X_1，X_2，…，X_n 为来自总体 X 的样本，$\overline{X}=\frac{1}{n}\sum_{i=1}^{n}X_i$，$S^2=\frac{1}{n-1}\sum_{i=1}^{n}\left(X_i-\overline{X}\right)^2$，$S=\sqrt{S^2}$。关于总体均值 μ 与方差 σ^2 参数假设检验如表 8-3 所示。

表 8-3 单个正态总体均值和方差的假设检验

原假设 H_0	备择假设 H_1	检验统计量	H_0 为真时统计量的分布	拒绝域
$\mu=\mu_0$ （σ^2 已知）	$\mu<\mu_0$ $\mu>\mu_0$ $\mu\neq\mu_0$	$T=\frac{\overline{X}-\mu_0}{\sigma/\sqrt{n}}$	$\mathrm{N}(0,1)$	$t\leqslant-\mu_\alpha$ $t\geqslant\mu_\alpha$ $\lvert t\rvert\geqslant\mu_{\alpha/2}$
$\mu=\mu_0$ （σ^2 未知）	$\mu<\mu_0$ $\mu>\mu_0$ $\mu\neq\mu_0$	$T=\frac{\overline{X}-\mu_0}{S/\sqrt{n}}$	$t(n-1)$	$t\leqslant-t_\alpha(n-1)$ $t\geqslant t_\alpha(n-1)$ $\lvert t\rvert\geqslant t_{\alpha/2}(n-1)$
$\sigma^2=\sigma_0^2$ （μ 已知）	$\sigma^2<\sigma_0^2$ $\sigma^2>\sigma_0^2$ $\sigma^2\neq\sigma_0^2$	$T=\frac{1}{\sigma_0^2}\sum_{i=1}^{n}\left(X_i-\mu\right)^2$	$\chi^2(n)$	$t\leqslant\chi_{1-\alpha}^2(n)$ $t\geqslant\chi_\alpha^2(n)$ $t\geqslant\chi_{\alpha/2}^2(n)$或 $t\leqslant\chi_{1-\alpha/2}^2(n)$
$\sigma^2=\sigma_0^2$ （μ 未知）	$\sigma^2<\sigma_0^2$ $\sigma^2>\sigma_0^2$ $\sigma^2\neq\sigma_0^2$	$T=\frac{(n-1)S^2}{\sigma_0^2}$	$\chi^2(n-1)$	$t\leqslant\chi_{1-\alpha}^2(n-1)$ $t\geqslant\chi_\alpha^2(n-1)$ $t\geqslant\chi_{\alpha/2}^2(n-1)$或 $t\leqslant\chi_{1-\alpha/2}^2(n-1)$

二、两个正态总体的均值差与方差比的假设检验

设有两个正态总体 $X\sim\mathrm{N}\left(\mu_1,\sigma_1^2\right)$，$Y\sim\mathrm{N}\left(\mu_2,\sigma_2^2\right)$，且 X 与 Y 相互独立。X_1，X_2，…，X_{n_1} 与 Y_1，Y_2，…，X_{n_2} 分别是来自总体 X 与 Y 的两个互相独立的样本（表 8-4）。

$$\overline{X}=\frac{1}{n_1}\sum_{i=1}^{n_1}X_i\,,\quad \overline{Y}=\frac{1}{n_2}\sum_{i=1}^{n_2}Y_i\,,\quad S_1^2=\frac{1}{n_1-1}\sum_{i=1}^{n_1}\left(X_i-\overline{X}\right)^2\,,$$

$$S_2^2=\frac{1}{n_2-1}\sum_{i=1}^{n_2}\left(Y_i-\overline{Y}\right)^2\,,\quad S_0^2=\frac{(n_1-1)S_1^2+(n_2-1)S_2^2}{n_1+n_2-2}\,,$$

$$S_1=\sqrt{S_1^2}\,,\quad S_2=\sqrt{S_2^2}\,,\quad S_0=\sqrt{S_0^2}$$

表 8-4 两个正态总体的均值差与方差比的假设检验

原假设 H_0	备择假设 H_1	检验统计量	H_0 为真时统计量的分布	拒绝域
$\mu_1-\mu_0=\delta$（σ_1^2 和 σ_2^2 已知）	$\mu_1-\mu_2<\delta$ $\mu_1-\mu_2>\delta$ $\mu_1-\mu_2\neq\delta$	$T=\dfrac{\overline{X}-\overline{Y}-\delta}{\sqrt{\dfrac{\sigma_1^2}{n_1}+\dfrac{\sigma_2^2}{n_2}}}$	$N(0,1)$	$t\leqslant-\mu_\alpha$ $t\geqslant\mu_\alpha$ $\|t\|\geqslant\mu_{\alpha/2}$
$\mu_1-\mu_0=\delta$（$\sigma_1^2=\sigma_2^2=\sigma^2$ 未知）	$\mu_1-\mu_2<\delta$ $\mu_1-\mu_2>\delta$ $\mu_1-\mu_2\neq\delta$	$T=\dfrac{\overline{X}-\overline{Y}-\delta}{S_0\sqrt{\dfrac{\sigma_1^2}{n_1}+\dfrac{\sigma_2^2}{n_2}}}$	$t(n_1+n_2-2)$	$t\leqslant-t_\alpha(n_1+n_2-2)$ $t\geqslant t_\alpha(n_1+n_2-2)$ $\|t\|\geqslant t_{\alpha/2}(n_1+n_2-2)$
$\sigma_1^2=\sigma_2^2$（μ_1 和 μ_2 已知）	$\sigma_1^2<\sigma_2^2$ $\sigma_1^2>\sigma_2^2$ $\sigma_1^2\neq\sigma_2^2$	$T=\dfrac{\sum_{i=1}^{n_1}(X_i-\mu_1)^2}{\sum_{i=1}^{n_2}(Y_i-\mu_2)^2}\cdot\dfrac{n_2}{n_1}$	$F(n_1,n_2)$	$t\leqslant F_{1-\alpha}(n_1,n_2)$ $t\geqslant F_\alpha(n_1,n_2)$ $t\leqslant F_{1-\alpha/2}(n_1,n_2)$ 或 $t\geqslant F_{\alpha/2}(n_1,n_2)$
$\sigma_1^2=\sigma_2^2$（μ_1 和 μ_2 未知）	$\sigma_1^2<\sigma_2^2$ $\sigma_1^2>\sigma_2^2$ $\sigma_1^2\neq\sigma_2^2$	$T=\dfrac{S_1^2}{S_2^2}$	$F(n_1-1,n_2-1)$	$t\leqslant F_{1-\alpha}(n_1-1,n_2-1)$ $t\geqslant F_\alpha(n_1-1,n_2-1)$ $t\leqslant F_{1-\alpha/2}(n_1-1,n_2-1)$ 或 $t\geqslant F_{\alpha/2}(n_1-1,n_2-1)$

三、单个总体比率的假设检验

如果样本容量 n 与原总体比率 p_0 满足：$np_0\geqslant5$，$n(1-p_0)\geqslant5$ 时，用 U 检验法，见表 8-5。

表 8-5 单个总体比率的假设检验

H_0	H_1	$np_0\geqslant5$，$n(1-p_0)\geqslant5$ 时 $U=\dfrac{X_0-np_0}{\sqrt{np_0(1-p_0)}}$ 在显著水平 α 下拒绝 H_0，接受 H_1	备注 X_0：样本中具有某种性质的数据个数
$p=p_0$ $p\leqslant p_0$ $p\geqslant p_0$	$p\neq p_0$ $p>p_0$ $p<p_0$	$\|U\|>\mu_{\alpha/2}$ $U>\mu_\alpha$ $U<-\mu_\alpha$	

四、两个总体比率的假设检验

比较两个总体比率有无显著差异时，如比较两种机车生产产品的次品率有无显著差异，可取容量 n_1 和 n_2 皆足够大，$n_1p_1\geqslant5$，$n_1(1-p_1)\geqslant5$；$n_2p_2\geqslant5$，$n_2(1-p_2)\geqslant5$，用 U 检验法，见表 8-6。

表 8-6　两个总体比率差异的假设检验

H_0	H_1	$U=\dfrac{\overline{p}_1-\overline{p}_2}{\sqrt{\hat{p}(1-\hat{p})\left(\dfrac{1}{n_1}+\dfrac{1}{n_2}\right)}}$ 在显著水平 α 下拒绝 H_0，接受 H_1	备注
$p_1=p_2$	$p_1\neq p_2$	$\lvert U\rvert>\mu_{\alpha/2}$	X_1，X_2 分别为两样本中具有某种性质的数据个数 $\overline{p}_1=\dfrac{X_1}{n_1}, \overline{p}_2=\dfrac{X_2}{n_2}$ $\hat{p}=\dfrac{X_1+X_2}{n_1+n_2}$
$p_1\leqslant p_2$	$p_1>p_2$	$U>\mu_\alpha$	
$p_1\geqslant p_2$	$p_1<p_2$	$U<-\mu_\alpha$	

五、参数假设检验的实例

【例 8-1】 某高级中学共有 2 000 余名高中生，某研究者采用随机方法抽取 9 名学生测量他们的体重（单位：千克），结果为 49.7、49.8、50.3、50.5、49.7、50.1、49.9、50.5 和 50.4。设该校学生的体重服从于正态分布，是否可以认为学生的体重均值为 50 千克（取显著水平 $\alpha=0.05$ ）。

解：设该校学生的体重 $\xi\sim N\left(\mu,\sigma^2\right)$，要检验的假设是

$$H_0:\ \mu=\mu_0=50\ ;\ H_1:\ \mu\neq\mu_0$$

因为未知 σ，考虑统计量 $T=\dfrac{\overline{x}-\mu_0}{S^*/\sqrt{n}}\sim T(n-1)$，其中 $\mu_0=50$，$n=9$，则样本均值及修正样本标准差分别为

$$\overline{x}=50.1\ ,\ \ S^*\approx 0.335$$

由此得统计量 T 的观测值：

$$T=\frac{50.1-50}{0.335/\sqrt{9}}\approx 0.896$$

查表得

$$T_{\frac{\alpha}{2}}(n-1)=T_{0.025}(8)=2.31$$

因为

$$\lvert T\rvert<T_{0.025}(8)$$

所以接受原假设 H_0，即在显著水平 $\alpha=0.05$ 下，可以认为每位学生的平均体重为 50 千克。

【例 8-2】 一个女子减肥俱乐部广告宣称，参加其训练班一个月，平均体重至少可以减轻 8.5 千克以上。为了检验该俱乐部是否存在虚假广告欺骗消费者行为，国家工商行政管理总局有关人员随机地抽取 10 名参加者训练前的体重记录，又随机地抽取另 10 名参加者训练后的体重记录，分别得到如表 8-7 所示的相关数据，在 5%的显著性水平条件下判断该俱乐部是否存在虚假广告行为。

表 8-7　10 名参加者的体重测量结果

样本	样本容量	均值	方差
训练前	n_1=10	X_1=101.25	S_{21}=63.40
训练后	n_2=10	X_2=91.40	S_{21}=50.49

解：H₀：$\mu_1-\mu_2\leqslant 8.5$（该俱乐部存在虚假广告行为）

H₁：$\mu_1-\mu_2>8.5$（该俱乐部不存在虚假广告行为）

根据题意构造如下的检验统计量：

$$T=\frac{\left(\overline{X}_1-\overline{X}_2\right)-\left(\mu_1-\mu_2\right)}{\sqrt{\frac{\left(n_1-1\right)S_1^{\ 2}+\left(n_2-1\right)S_2^{\ 2}}{\left(n_1+n_2-2\right)}\left(\frac{n_1+n_2}{n_1n_2}\right)}}\sim T_{n_1+n_2-2}$$

根据样本提供的相关数据计算检验统计量的值：

$$T=\frac{\left(\overline{X}_1-\overline{X}_2\right)-\left(\mu_1-\mu_2\right)}{\sqrt{\frac{\left(n_1-1\right)S_1^2+\left(n_2-1\right)S_2^2}{\left(n_1+n_2-2\right)}\left(\frac{n_1+n_2}{n_1n_2}\right)}}$$

$$=\frac{\left(101.25-91.40\right)-8.5}{\sqrt{\frac{\left(10-1\right)\times 63.40+\left(10-1\right)\times 50.49}{10+10-2}\times\left(\frac{10+10}{10\times 10}\right)}}=\frac{1.35}{\sqrt{56.945\times 0.2}}\approx 0.40$$

这是关于单侧的 T 检验问题，其自由度 n=18，$\alpha=5\%$，查表得临界值：$T_{0.05}(18)=1.7341$。因为 T 值小于临界值，所以应该接受原假设，即该俱乐部存在虚假广告行为。

若把减重视为一总体，研究人员关心其均值是否大于 8.5 千克。根据上述资料，可以计算出接受或拒绝原假设的临界点：

$$8.5+T_\alpha\hat{\sigma}_{\bar{x}_1-\bar{x}_2}=8.5+1.734\times 3.375\approx 14.352$$

因为 $\bar{x}_1-\bar{x}_2$=9.85<14.352，所以接受原假设，即该俱乐部存在虚假广告行为。上述决策如图 8-7 所示。

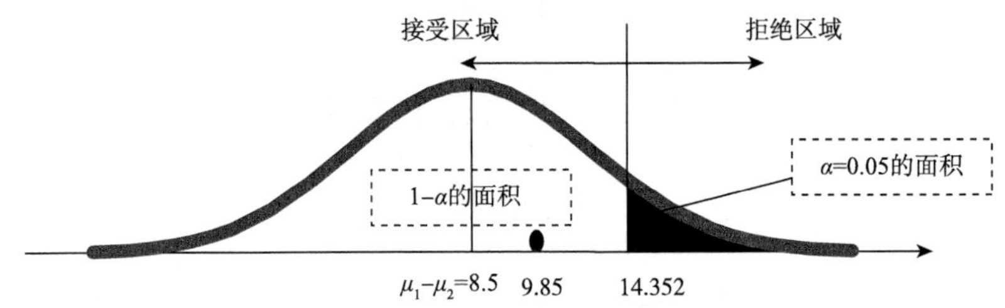

图 8-7 右单侧检验示意图

【例 8-3】一个女子减肥俱乐部广告宣称，参加其训练班一个月，平均体重至少可以减轻 8.5 千克。为了检验该俱乐部是否存在虚假广告欺骗消费者行为，国家工商行政管理总局有关人员随机地抽取 10 名参加者训练前后的体重记录，得到如表 8-8 所示的相关数据。在 5%显著性水平条件下试判断该俱乐部是否存在虚假广告行为。

表 8-8 训练前后的体重记录（单位：千克）

训练前	94.5	101.0	110.0	103.5	97.0	88.5	96.5	101.0	104.0	116.5
训练后	85.0	89.5	101.5	96.0	86.0	80.5	87.0	93.5	93.0	103.0

解：H_0：$\mu_1-\mu_2 \leqslant 8.5$（该俱乐部存在虚假广告行为）

H_1：$\mu_1-\mu_2>8.5$（该俱乐部不存在虚广告行为）

由于它们是相关样本，所以不能直接使用 T 检验统计量，必须先计算差值（表 8-9）。

表 8-9　训练前后的体重差值（单位：千克）

差值	9.5	11.5	8.5	7.5	11	8	9.5	7.5	11	14.5

计算得到差值样本的均值和标准差分别为

$$\overline{X}=\frac{\sum x}{n}=98.5/10=9.85，S=\sqrt{\frac{\sum(x-\overline{x})^2}{n-1}}\approx 2.199$$

构造检验统计量：

$$T=\frac{\overline{X}-\mu}{S/\sqrt{n}}$$

计算得到检验统计量的值：

$$T=\frac{\overline{X}-\mu}{S/\sqrt{n}}=\frac{9.85-8.5}{2.199/\sqrt{10}}\approx 1.941$$

查表得

$$T_{0.05}(9)=1.833$$

因为 $t>1.833$，所以拒绝原假设，即该俱乐部不存在虚假广告行为。

根据上述资料，可以计算出接受或拒绝原假设的临界点。该临界点为

$$8.5+t_a\sigma_{\overline{x}}=8.5+1.833\times 0.695\approx 9.77$$

右单侧检验示意图如图 8-8 所示。

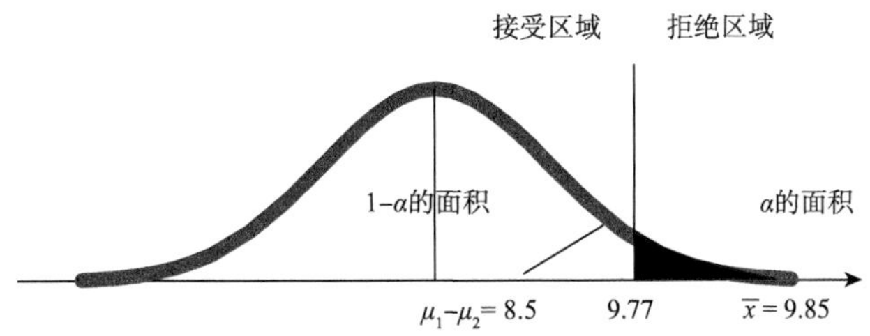

图 8-8　右单侧检验示意图

因为 $\overline{x}=9.85>9.77$，故拒绝原假设，接受替换假设，即可以认为该俱乐部的宣传是可信的。

【例 8-4】　为了研究沪深两地证券市场上市公司 2016 年每股收益的波动性。我们随机地从两地市场（沪市 A 股、深主板 A 股）抽取 61 种股票进行分析，结果如下：沪市均值为 0.32，方差为 0.90；深市均值为 0.25，方差为 0.75，试在 5%的显著性水平条件下，判断两个证券市场上股票每股收益的总体方差有无显著差异。

解：H_0：$\sigma_1^2=\sigma_2^2$（齐性），H_1：$\sigma_1^2\neq\sigma_2^2$

构造检验统计量：

$$F = \frac{S_1^2}{S_2^2} \bigg/ \frac{\sigma_1^2}{\sigma_2^2} \sim F\left(n_1 - 1, n_2 - 1\right)$$

$$F = \frac{S_1^2}{S_2^2} \bigg/ \frac{\sigma_1^2}{\sigma_2^2} = \frac{0.90}{0.75} = 1.20$$

查表得

$$F_{0.025}(60,60) = 1.67$$

$$F_{0.975}(60,60) = \frac{1}{1.67} \approx 0.599$$

因为 F 介于两个临界值之间，所以接受原假设，即两个证券市场上股票每股收益的总体方差无显著差异。

【例 8-5】 为了研究浙江省 A 和 B 两个地区城市居民的电脑普及率，某研究者分别从这两个地区随机地抽取了 200 户城市居民进行调查，结果发现，在随机抽样的样本中这两个地区拥有电脑的家庭分别为 65 户和 85 户。试在 5%的显著性水平条件下判断 A 地区城市居民的电脑普及率是否低于 B 地区。

解：设 A 地区和 B 地区城市居民的电脑普及率分别为 P_1 与 P_2。

提出假设：H_0：$P_1 - P_2 \geqslant 0$；H_1：$P_1 - P_2 < 0$。

构造检验统计量，并根据相关的样本数据计算统计量的值：

$$\frac{\left(\hat{P}_1 - \hat{P}_2\right) - \left(P_1 - P_2\right)}{\sqrt{\frac{P_1 q_1}{n_1} + \frac{P_2 q_2}{n_2}}} \sim \mathrm{N}(0,\ 1)$$

$$\frac{\left(\hat{P}_1 - \hat{P}_2\right) - \left(P_1 - P_2\right)}{\sqrt{\frac{P_1 q_1}{n_1} + \frac{P_2 q_2}{n_2}}} = \frac{(85/200 - 65/200)}{\sqrt{\frac{\frac{85}{200} \times \frac{115}{200}}{200} + \frac{\frac{65}{200} \times \frac{135}{200}}{200}}} \approx 2.07$$

查表可知，临界值 $Z_{0.05}$=1.65。

由于 Z 大于临界值，所以应该拒绝原假设，接受备择假设，即 A 地区城市居民的电脑普及率低于 B 地区。

第三节 非参数的假设检验

第二节的假设检验都是在已知总体的分布类型（如正态分布）下进行的。但是在许多问题中，总体不一定属于正态分布，甚至总体的分布未知。本节介绍统计上常用的不依赖于总体分布及其参数知识的检验——非参数检验（nonpara-metric tests）方法。

非参数检验是一种与总体分布状况无关的检验方法，它不依赖于总体分布的形式，应用时可以不考虑被研究对象为何种分布以及分布是否已知。非参数检验主要是利用样本数据之间的大小比较及大小顺序，对两个或多个样本所属总体是否相同进行检验，而不对总体分布的参数（如平均数、标准差等）进行统计推断。当样本观测值的总体分布类型未知或知之甚少，无法肯定其性质，特别是观测值明显偏离正态分布，不具备参数检验的应用条件时，常用非参数检验。非参数检验具有计算简便、直观、易于掌握、检验速度较快等优点。非参数检验法从实质上讲，只是检验总体分布的位置（中位数）是否相同，所以对于总体分布已知的样本也可以采用非参数检验法，但是它不能充分利用样本内所有的数量信息，检验的效率一般要低于参数检验方法。例如，非配对资料的秩和检验，其效率为 T 检验的 86.4%，就是说以相同概率判断出差异显著，T 检验所需的样本个数要少 13.6%。非参数检验内容很多，本节重点讨论 Kolmogorov-Smirnov 检验、卡方检验法、普通符号检验法（sign tests）、符号秩和检验法（signed rank-sum test）、曼-惠特尼 U 检验法（the Mann-Whitrney U test）和游程检验（run test）等几种类型。

一、Kolmogorov-Smirnov 检验

Kolmogorov-Smirnov（柯尔莫哥洛夫-斯米尔诺夫）检验（K-S 检验）是用两名俄罗斯数学家名字命名的非参数检验法，其基本思路是通过统计计算得到理论分布和实际分布偏差的最大值 d_i，并根据给定的置信水平和样本容量求取 K-S 检验临界值 d_n，当 $d_n>d_i$ 时，接受原假设，否则拒绝原假设。K-S 检验通常用于以下情况：检验一组样本数据的实际分布与某一指定的理论分布是否相符合（单样本），推断样本是否来自正态分布总体、均匀分布总体、指数分布或泊松分布总体；检验两个总体是否符合同一分布（两个样本）。

K-S 检验的基本程序如下。

（1）提出假设。H_0：经验分布与理论分布服从于同一个分布；H_1：经验分布与理论分布不服从于同一个分布。

（2）构造检验统计量。设 $S_n(x)$ 表示经验分布函数，$F_n(x)$ 表示理论分布函数，对于任意的 x 值，可以构造一个 D 统计量：

$$D = \mathrm{Max}\left|S_n(x) - F_n(x)\right|$$

（3）查找 K-S 表，根据给定的显著性水平得到临界值 d_n。

（4）做出接受或拒绝 H_0 的决策。当 $D < d_n$ 时，接受原假设；反之，则拒绝原假设。

二、卡方检验法

卡方（χ^2）检验应用于计数数据的分析，对总体的分布不做任何假设。卡方检验主要应用于两种情况：

（1）卡方检验能同时检验按一个标准做两项或多项分类的观测次数与理论次数之间是否一致的问题，这和比率的显著性检验类似，这里的观测次数相当于比率检验中的样本比率，理论次数相当于事先所定的那个比较标准。不同之处在于比率检验只针对两项分类（具有某属性和不具有某属性），而卡方检验可以针对多项分类，这一类检验称为拟合优度检验。

（2）卡方检验还可以用于检验两个或两个以上因素（各有两项或以上的分类）之间是否相互影响的问题，这种检验称为独立性检验。独立性分析是卡方检验最常用的，两

个独立的分类方法应用在同一群体时看其是否服从零假设，如果两者不独立则说明具备某种联系。该检验常用于非连续性数据的假设检验。例如，要讨论血型与性格的关系，血型有 A、B、AB、O 四类，性格采用心理学上的 A 型性格来划分，即有 A 型和 B 型两种，每个人可能是它们之间交叉所形成的八种类型中的一种，那么血型与性格之间到底有没有关系。

卡方检验是由英国统计学家皮尔逊（Pearson）推导的。理论证明，实际观察次数（f_0）与理论次数（f_e，又称期望次数）之差的平方再除以理论次数所得的统计量，近似服从卡方分布，可表示为

$$\chi^2=\sum\frac{(f_0-f_e)^2}{f_e}\sim\chi^2(k-1)$$

当 f_e 越大（$f_e\geqslant5$），近似得越好。显然 f_0 与 f_e 相差越大，卡方值就越大；f_0 与 f_e 相差越小，卡方值就越小。因此，它能够用来表示 f_0 与 f_e 相差的程度。

三、普通符号检验法

普通符号检验法是根据样本各对数据之差的正负符号多少来检验两个总体分布的异同，而不去考虑差值的大小。每对数据之差为正值用"+"表示，负值用"–"表示。可以设想，如果两个总体分布相同，则正或负出现的次数应该相等；若不完全相等，至少不应相差过大，否则超过一定的临界值就认为两个样本所来自的两个总体差异显著，具有不同的分布。

设两个总体分别为 X_1 和 X_2，它们的分布皆未知，以 $F_1(x)$ 和 $F_2(x)$ 分别表示两个总体的分布函数。我们要检验 $F_1(x)=F_2(x)$ 是否成立。

于是有

$$H_0: F_1(x)=F_2(x)，H_1: F_1(x)\neq F_2(x)$$

为此对两个总体分别独立地抽取 m 个元素，即得到 m 对数据：

$$(a_1, b_1),(a_2, b_2),\cdots,(a_m, b_m)$$

如果 $F_1(x)=F_2(x)$ 假设成立，那么 $a_i>b_i$ 或 $a_i<b_i$（i=1，2，…，m）应该有相同的概率（1/2），且样本 $a_i>b_i$ 与 $a_i<b_i$ 的个数差异不应该很大。

令 $a_i>b_i$ 的事件为 y_i，其取值为 1，0。

$$y_i=\begin{cases}1, & a_i>b_i\\0, & a_i<b_i\end{cases}$$

于是，有

$$y=y_1+y_2+\cdots+y_m$$

服从二项分布。根据二项分布计算并比较 $a_i>b_i$ 或 $a_i<b_i$ 差异的临界值 $S_\alpha(n)$。

依据上述理论，我们给出符号检验的基本程序如下。

（1）将两总体的样本数据进行比较。$a_i>b_i$ 记为"+"，"+"的个数记为 n_+；$a_i<b_i$ 记为"–"，"–"的个数记为 n_-；$a_i=b_i$ 记为"0"，"0"的个数记为 n_0。

（2）求出 n：$n=n_++n_-$。

（3）在显著水平 α 下，根据 n 值查符号检验表得其临界值 $S_\alpha(n)$。

（4）判别显著性：

若 $S_0=\min\{n_+, n_-\}<S_\alpha(n)$，则拒绝 H_0，接受 H_1，认为 $F_1(x)$ 与 $F_2(x)$ 有显著差异。

若 $S_0=\min\{n_+, n_-\}>S_\alpha(n)$，则接受 H_0，认为 $F_1(x)$ 与 $F_2(x)$ 无显著差异。

四、符号秩和检验法

普通符号检验虽然具有对所要检验的两个总体分布形态以及方差的齐性（homogeneity of variance）无须做任何假定、计算简便迅速等优点，但由于它只考虑符号的正负，而不考虑差数数值的大小，所以没有充分利用样本数据本身提供的信息，检验有效性相对较低。为了克服这一缺陷，威尔科克森（Wilcoxon）提出了符号秩和检验法。其适用条件与普通符号检验法相同，但它的精度比普通符号检验法高，因为它不仅考虑了差值的正负号，还同时考虑差值的大小。

符号秩和检验法检验的基本程序如下。

（1）提出假设：H_0：$F_1(x)=F_2(x)$，H_1：$F_1(x)\neq F_2(x)$。

（2）计算每对样本观测值之差数。

（3）将差数取绝对值，并按大小顺序赋予等级，等级相同取其平均等级。

（4）给每个等级重新恢复正负号，分别将正负号等级相加，并用 T_+ 和 T_- 表示。

（5）建立检验统计量：$T=\min(T_+, T_-)$。

（6）在给定的显著性水平上，查表求得临界值，并做出决策。

当 n 较大时，通常当 $n\geqslant 25$，T 的抽样分布逼近于正态分布。

均值为 $\mu_T=\dfrac{n(n+1)}{4}$。

标准差为 $\sigma_T=\sqrt{\dfrac{n(n+1)(2n+1)}{24}}$。

$$T\sim n\left(\frac{n(n+1)}{4},\sqrt{\frac{n(n+1)(2n+1)}{24}}\right)$$

$$Z_T=\frac{T-\mu_T}{\sigma_T}=\frac{T-\dfrac{n(n+1)}{4}}{\sqrt{\dfrac{n(n+1)(2n+1)}{24}}}$$

在此基础上，根据一般的正态分布方法进行检验。

五、曼–惠特尼 U 检验法

曼–惠特尼 U 检验法是由 H. B. Mann 和 D. R. Whitney 于 1947 年提出的。它适用于两个独立样本的检验。U 检验法的特点是用顺序数据，而不是正负符号，对数据利用比较充分。

U检验法的一般步骤如下。

（1）将两个独立总体中抽取的两个随机样本的两组数据混合，并按照大小顺序编排等级。最小的数据等级为 1，第二小的数据等级为 2，以此类推（若有数据相等的情形，则取这几个数据排序的平均值作为其等级）。

（2）分别计算两个独立样本的等级与 T_x 和 T_y。

（3）构造检验统计量：

$$U_X = n_1 n_2 + \frac{n_1(n_1+1)}{2} - T_X$$

$$U_Y = n_1 n_2 + \frac{n_2(n_2+1)}{2} - T_Y$$

且

$$U_X + U_Y = n_1 n_2$$

故检验统计量为

$$U = \min(U_x, U_y)$$

式中，n_1 为第一个样本的量；n_2 为第二个样本的量。

（4）查曼-惠特尼 U 检验表格，得到临界值（U_a）。

（5）把 U 值与临界值（U_a）进行比较，并做出决策。当 $U > U_a$ 时，接受原假设；当 $U < U_a$ 时，拒绝原假设。

在大样本情况下（即两个样本中至少有一个大于 25，或者是两个样本均大于 10），U 的抽样分布逼近于正态分布。

均值为

$$\mu_U = \frac{n_1 n_2}{2}$$

标准差为

$$\sigma_u = \sqrt{\frac{n_1 n_2 (n_1 + n_2 + 1)}{12}}$$

$$U \sim \mathrm{N}\left(\frac{n_1 n_2}{2}, \sqrt{\frac{n_1 n_2 (n_1 + n_2 + 1)}{12}}\right)$$

$$Z_U = \frac{U - \mu_U}{\sigma_U} = \frac{U - \frac{n_1 n_2}{2}}{\sqrt{\frac{n_1 n_2 (n_1 + n_2 + 1)}{12}}}$$

在基础上，根据一般的正态分布方法进行检验。

六、游程检验

游程，是指依时间或其他顺序排列的有序数列中，具有相同事件或符号的连续部分，称为一个游程。一个游程中的事件或符号的个数称为游程的长度。例如，在甲、乙两个符号序列中，甲为 AABBBAAABBBB；乙为 AAAAABBBBBBB。若用 V 表示游程的个数，L 表示游程的长度，则甲序列的 V=4，L 依序为 2，3，3，4；乙序列的 V=2，L 依序为 5，7。用 n 表示样本含量，则甲序列 n=12，“A”号有 5 个，即 n_1=5；“B”号有 7 个，即 n_2=7。

所谓游程检验是根据样本容量及游程个数来判断某一样本观察序列是否服从于随机分布的一种非参数检验方法。其基本思想如下：若从两类事件的发生是随机排列的总体做随机抽样，当 n_1 与 n_2 一定时，V 值则不会太大或太小，若 V 值太大或太小，将怀疑此样本并非来自该总体。

游程个数检验的基本程序如下。

（1）建立原假设（H_0）和备择假设（H_1）。

（2）计算实际游程的个数（V），并确定 n_1 和 n_2。

（3）查游程检验表得到理论游程个数的上限（V_U）和下限（V_L）。

（4）判断决策：如果 $V_L \leqslant V \leqslant V_U$，则接受原假设，反之，则拒绝原假设。

当 n_1>20 或 n_2>20 时，游程个数 V 的抽样分布逼近于正态分布。

$$E(V)=\frac{2n_1n_2}{n_1+n_2}+1$$

$$\sigma_V=\sqrt{\frac{2n_1n_2(2n_1n_2-n_1-n_2)}{(n_1+n_2)^2(n_1+n_2-1)}}$$

$$V\sim \mathrm{N}\left(\frac{2n_1n_2}{n_1+n_2}+1,\sqrt{\frac{2n_1n_2(2n_1n_2-n_1-n_2)}{(n_1+n_2)^2(n_1+n_2-1)}}\right)$$

$$Z_V=\frac{V-E(V)}{\sigma_V}=\frac{V-\left(\dfrac{2n_1n_2}{n_1+n_2}+1\right)}{\sqrt{\dfrac{2n_1n_2(2n_1n_2-n_1-n_2)}{(n_1+n_2)^2(n_1+n_2-1)}}}$$

在上述基础上，根据一般的正态分布方法进行检验。

七、非参数假设检验的实例分析

【例 8-6】 公共汽车按计划每 15 分钟通过某一站点，但由于受到各种不可预测因素的影响，可能出现晚到和早到的现象。现通过一天的随机观察（共 20 次），获得一系列数据，如表 8-10 所示。请检验公共汽车通过某一站点的时间是否服从于 $\mu=1.6$，$\sigma=3$ 的正态分布。

表 8-10 公共汽车到达时间统计表

到达时间（x）	−5	−3	−1	0	1	2	4	7	8
观察频次（f）	1	1	2	1	5	5	3	1	1

解：（1）H_0：$S_n(x)=F_n(x)$ ［$F_n(x)$ 为正态分布］；H_1：$S_n(x)\neq F_n(x)$。

（2）将每个实际观察值标准化，再通过标准正态分布表查得累积概率密度函数，计

算出 D 值（表 8-11）。

表 8-11 K-S 检验统计表

x	Z=（x−1.6）/3	F（x）	观察频次（f）	S_n（x）	$D=\lvert S_n(x)-F_n(x)\rvert$
−5	−2.20	0.013 9	1	0.05	0.036 1
−3	−1.53	0.063 0	1	0.10	0.037 0
−1	−0.87	0.192 2	2	0.20	0.007 8
0	−0.53	0.298 1	1	0.25	0.048 1
1	−0.20	0.420 7	5	0.50	0.079 3
2	0.13	0.551 7	5	0.75	0.198 3
4	0.80	0.788 1	3	0.90	0.111 9
7	1.80	0.964 1	1	0.95	0.014 1
8	2.13	0.983 4	1	1.00	0.016 6

（3）$D=\max\lvert S_n(x)-F_n(x)\rvert=0.198\,3$。

（4）根据显著性水平 $\alpha=5\%$，$n=20$，查表得 $d_\alpha=0.294$。

（5）因为 $D=0.198\,3<d_\alpha=0.294$，所以接受原假设。故公共汽车到达时间服从 $\sigma=3$ 的正态分布。

【例 8-7】 美国某一研究者为研究不同阶层市民对雨衣的偏好程度，他对 New York、Chicago、Los Angeles、Dallas 和 Atlanta 等地区进行了长期观察，结果如表 8-12 所示。试判断不同阶层对雨衣的偏好程度是否相同。

表 8-12 不同阶层市民对雨衣的偏好程度

雨衣种类	中上阶层	中下阶层	合计
米黄色雨衣	553	137	690
黑色雨衣	123	482	605
合计	676	619	1 295

解：H_0：不同阶层市民对雨衣的偏爱程度没有显著差别（即服从均匀分布）

H_1：不同阶层市民对雨衣的偏爱程度有显著差别（即不服从均匀分布）

根据均匀分布规律，计算得到理论频数（表 8-13）。

表 8-13 不同阶层市民对雨衣的偏好的理论和实际分布情况

雨衣种类	中上阶层	中下阶层	合计
米黄色雨衣	553（360）	137（330）	690
黑色雨衣	123（316）	482（289）	605
合计	676	619	1 295

$$\chi^2=\sum_{i=1}^{k}\frac{(f_0-f_e)^2}{f_e}=\frac{(553-360)^2}{360}+\frac{(123-316)^2}{316}+\frac{(137-330)^2}{330}+\frac{(482-289)^2}{289}\approx 463$$

在 $\alpha=1\%$ 条件下，经查表得到临界值为 $\chi^2_{0.01}(1)=0.02$，因为 $\chi^2>\chi^2_{0.01}(1)=0.02$，所以拒绝原假设。

【例 8-8】 为了研究广告对促销的实际作用，某销售公司对 15 个分公司葡萄酒的销售情况进行了调查，结果如表 8-14 所示。试判断广告是否促进了葡萄酒销量的显著增加。

表 8-14 广告对葡萄酒销售的影响

分公司	1	2	3	4	5	6	7	8	9	10	11	12	13	14	15
广告前每日销量	2	2	2	2	2	3	3	3	2	3	2	3	2	3	4
广告后每日销量	2	3	3	4	4	2	3	4	3	3	4	2	3	4	4
差值符号	0	+	+	+	+	−	0	+	+	0	+	−	+	+	0

解：H_0：$P(-)=P(+)$（广告后销售量没有显著增加）

H_1：$P(-)<P(+)$（广告后销售量显著增加）

由题意得 $n=11$，负号个数 $k=2$，正号个数 $L=9$，当 $P=0.5$ 时，$k\leqslant 2$ 的概率为

$$P\{k\leqslant 2\}=\sum_{k=0}^{2}C_{11}^{k}P^{k}(1-P)^{11-k}=\sum_{k=0}^{2}C_{11}^{k}0.5^{11}=0.032\,7$$

根据小概率的原理，拒绝原假设。

【例 8-9】 为了研究某一安眠药物对青少年睡眠的影响。研究者抽取 10 名青少年进行临床试验，结果服用前平均需入睡时间（单位：分钟）分别为 72、94、92、67、86、85、58、79、69 和 82；服用后平均所需入睡时间（单位：分钟）分别为 75、87、72、65、92、85、59、73、64 和 71。试判断该安眠药物对青少年入睡是否有显著效果。

解：H_0：该安眠药物对青少年入睡没有显著效果。

H_1：该安眠药物对青少年入睡具有显著效果（表 8-15）。

表 8-15 某一安眠药物对青少年睡眠的影响

服用前平均入睡所需时间/分钟	服用后平均入睡所需时间/分钟	服用前后之差	等级	T_+	T_-
72	75	−3	3		3
94	87	7	6.5	6.5	
92	72	20	9	9	
67	65	2	2	2	
86	93	−7	6.5		6.5
85	85	0			
58	59	−1	1		1
79	73	6	5	5	

续表

服用前平均入睡所需时间/分钟	服用后平均入睡所需时间/分钟	服用前后之差	等级	T_+	T_-
69	64	5	4	4	
82	71	11	8	8	
合计				34.5	10.5

$$T=\min\left(T_+,\ T_-\right)=10.5$$

当 $\alpha=5\%$ 时，查威尔逊表得 T 的临界值（单侧）为 $T_{0.05,\ 9}$=8。

由于 $T>T_{0.05,9}$=8，所以接受原假设，故认为该药物对青少年的入睡没有显著效果（这说明当服用前后不存在显著差异时，T_+值与 T_-值应该比较接近，即这两个值与均值不应该偏离很大）。

【例 8-10】 某一研究者想评价 A、B 两种汉字输入方法的教学效率高低，决定用每个学员每分钟的汉字输入数作为衡量指标。使用 A 方法随机抽取 8 名学员，测得每分钟输入字数为 45、47、49、50、51、52、53 和 55；使用 B 方法随机抽取 6 名学员，测得每分钟输入字数为 44、45、46、48、49 和 53。试判断 A、B 两种汉字输入法的教学效率有无显著性差异。

解：H_0：这两种输入方法的教学效率无显著性差异。

H_1：这两种输入方法的教学效率有显著性差异（表 8-16）。

表 8-16　A、B 两种汉字输入方法的教学效率高低

等级	字数	方法	等级	字数	方法
1	44	B	7.5	49	B
2.5	45	A	9	50	A
2.5	45	B	10	51	A
4	46	B	11	52	A
5	47	A	12.5	53	A
6	48	B	12.5	53	B
7.5	49	A	14	55	A

将两种输入方法的输入字数从小到大按顺序排列，并赋予相应等级：

$$U_X=n_1n_2+\frac{n_1\left(n_1+1\right)}{2}-T_X=8\times6+\frac{8\left(8+1\right)}{2}-71.5=12.5$$

$$U_Y=n_1n_2+\frac{n_2\left(n_2+1\right)}{2}-T_Y=8\times6+\frac{6\left(6+1\right)}{2}-33.5=35.5$$

$$U=\min\left(U_X,U_Y\right)=\min\left(12.5,33.5\right)=12.5$$

当 $\alpha=5\%$ 时，在双侧检验时，查曼-惠特尼 U 检验表得临界值为 $U_{0.05}$=8。

由于 $U>U_{0.05}$=8，故接受原假设，即两种汉字输入法的教学效率没有显著差异。

【例 8-11】 某商场按顺序记录的开门后最初进入的 16 名顾客的性别如下：男女女

男男男女女女女男女男男女男。试判断：男、女顾客到达商场的顺序是否是随机的（$\alpha=5\%$）？

解：H_0：男女顾客到达该商场的顺序是随机的。

H_1：男女顾客到达该商场的顺序不是随机的。

根据题意得到：n_1=男顾客数=8；n_2=女顾客数=8；$n_1+n_2=16$，实际游程 V=9。

当 $\alpha=5\%$ 时，查游程检验表可得 $V_L=4$，$V_U=14$。

所以 $V_L \leqslant V \leqslant V_U$。

故接受原假设，即认为男女顾客到达该商场是随机的。

第四节 SPSS 在假设检验中的运用

一、单样本的 T 检验

【例 8-12】 某高级中学共有 2 000 余名高中生，某研究者采用随机方法抽取 9 名学生测量他们的体重（单位：千克）。测量结果如下：49.7、49.8、50.3、50.5、49.7、50.1、49.9、50.5、50.4。假设 H_0：该校学生的体重的均值 μ=50（千克），请判断原假设 H_0 是否正确。

运用 SPSS 进行单样本的 T 检验（one-sample T test），基本程序如下：

（1）将【例 8-12】的数据输入 SPSS，建立 SPSS 数据文件（SPSS 数据文件见本书配套的数据文件“SPSS8-单样本的 T 检验”）。

（2）选择主菜单［Analyze］→［Compare Means］→［One-Sample T Test］模块（图 8-9）。

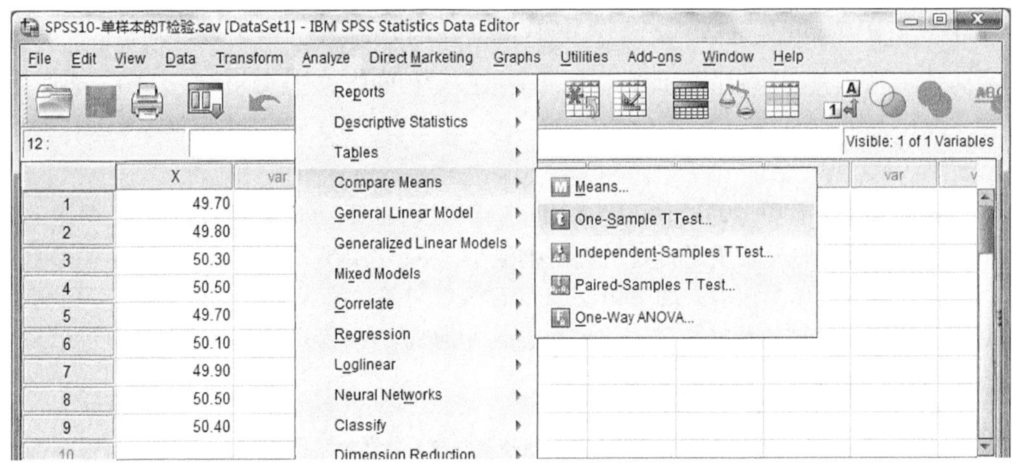

图 8-9 单样本 T 检验示意图

（3）将分析变量 x 输入［Test Variable（s）］，同时将［Test Value］设置“50”（图 8-10）。

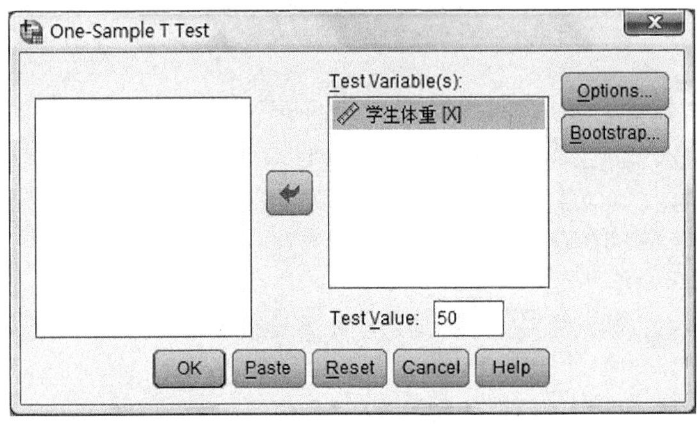

图 8-10 ［One-Sample T Test］对话框示意图

（4）点击［OK］输出运算结果（表 8-17 和表 8-18）。

表 8-17 单个样本统计量

N	均值	标准差	均值的标准误差
9	50.100 0	0.335 4	0.111 8

表 8-18 单个样本检验

	Test Value = 50					
	T	df	显著性（双侧）	均值差值	差分的 95%置信区间	
					下限	上限
体重	0.894	8	0.397	0.100 00	−0.157 8	0.357 8

结果说明：表 8-18 显示，检验统计量的 T 值为 0.894，显著性概率 P 值为 0.397，因为 $P>5\%$，所以接受原假设，即有理由认为该校学生的体重总体均值等于 50（千克）。

二、相互独立的两组样本的 *T* 检验

【例 8-13】 有甲、乙两种不同的自主创新激励政策，分别对某省甲、乙两地的中小企业实施激励（假设企业通过随机方法抽取），甲、乙两地分别选择 10 家企业参与自主创新激励政策的实验研究。如果用 R&D（研究与开发）投入的增长率来测度两种不同的自主创新激励政策的激励效果（结果如表 8-19 所示），试分析甲、乙两种自主创新激励政策的激励效果有无显著差异。

表 8-19 甲、乙两种不同的自主创新激励政策的激励效果（单位：%）

甲	14.3	15.5	16.2	13.2	15.6	14.7	17.5	18.3	15.2	16.5
乙	13.2	11.3	12.7	13.0	12.8	11.6	12.9	11.5	12.3	11.9

运用 SPSS 进行两个独立样本的 T 检验基本程序如下：

（1）将【例 8-13】的数据输入 SPSS，建立 SPSS 数据文件（SPSS 数据文件见本书配套的数据文件“SPSS8-两个独立样本的 T 检验”）。

（2）选择主菜单［Analyze］→［Compare Means］→［Independent-Samples T Test］模块（图 8-11）。

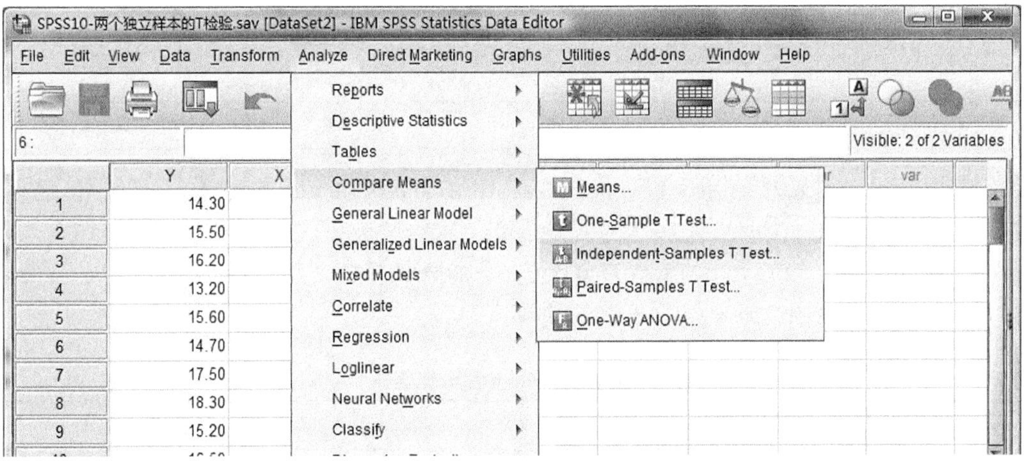

图 8-11 两个独立样本 T 检验软件示意图

（3）将激励效果变量（Y）输入［Test Variable（s）］，将激励方法变量（X）输入［Grouping Variable］（图 8-12）。

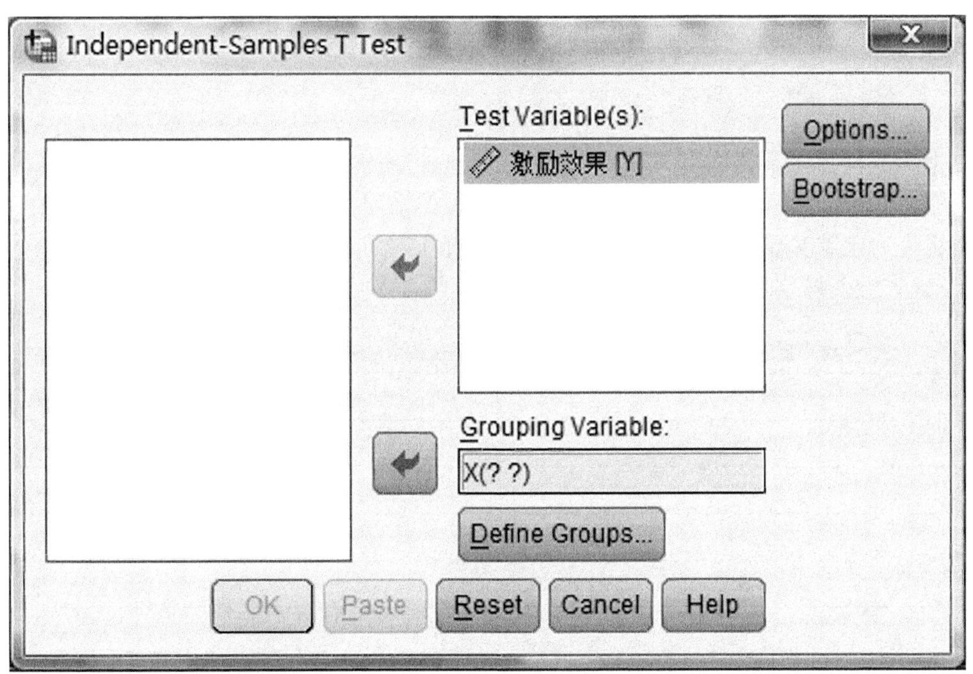

图 8-12 ［Independent-Samples T Test］对话框示意图

（4）点击［Define Groups］，在［Group1］中输入“0”，在［Group2］中输入“1”，再点击［Continue］。

（5）点击［OK］输出运算结果（表 8-20）。

表 8-20 组统计量

激励方法		N	均值	标准差	均值的标准误差
激励效果	甲政策	10	15.700 0	1.505 5	0.476 1
	乙政策	10	12.320 0	0.695 7	0.220 0

结果说明：表 8-21 显示，Levene’s Test for Equality of Variances 的检验结果表明，F=3.216，P=0.090，说明方差齐性的假设成立。这样就应该以上面一行的输出结果来判断 T 检验的结果。T 检验的结果是 P=0.000，是小概率事件，否定原假设，即甲、乙两种自主创新激励政策的激励效果有显著的差异。

表 8-21 独立样本检验

	方差方程的 Levene 检验		均值方程的 T 检验						
	F	Sig.	T	df	显著性（双侧）	均值差值	标准误差值	差分的 95%置信区间	
								下限	上限
假设方差相等	3.216	0.090	6.445	18	0.000	3.380 0	0.524 5	2.278 1	4.481 9
假设方差不相等			6.445	12.676	0.000	3.380 0	0.524 5	2.244 0	4.516 0

三、相互关联的两组样本的 T 检验

【例 8-14】 某省制定了一项激励中小企业自主创新的财政政策，并采用随机方法选择 20 个县市参加财政政策激励效果的试验。如果用 20 个县市的中小企业 R&D 投入占销售收入比重变动来测度财政政策对中小企业自主创新的激励效果（结果如表 8-22 所示），试分析该财政政策对中小企业自主创新有无激励效果。

表 8-22 财政政策实施前后的中小企业 R&D 投入占销售收入比重（单位：%）

财政政策实施后	财政政策实施前
1.23	1.13
1.45	1.32
1.76	1.68
1.34	1.30
2.01	1.92
2.23	1.98
1.97	1.78
1.58	1.51
2.12	1.87

续表

财政政策实施后	财政政策实施前
1.56	1.50
1.46	1.49
1.98	1.81
2.21	2.15
1.87	1.61
1.65	1.42
1.43	1.56
1.39	1.42
1.87	1.45
1.92	1.67
1.59	1.32

运用 SPSS 进行两个相关样本的 T 检验，其基本程序如下：

（1）将【例 8-14】的数据输入 SPSS，建立 SPSS 数据文件（SPSS 数据文件见本书配套的数据文件“SPSS8-两个相关样本的 T 检验”）。

（2）选择主菜单［Analyze］→［Compare Means］→［Paired-Samples T Test］模块（图 8-13）。

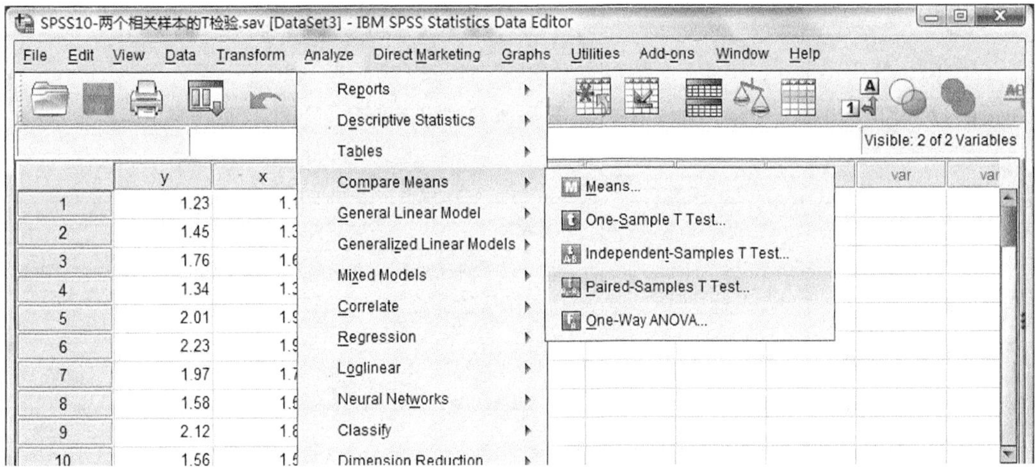

图 8-13 配对样本的 T 检验软件示意图

（3）将变量（y）和（x）输入［Paired Variables］（图 8-14）。

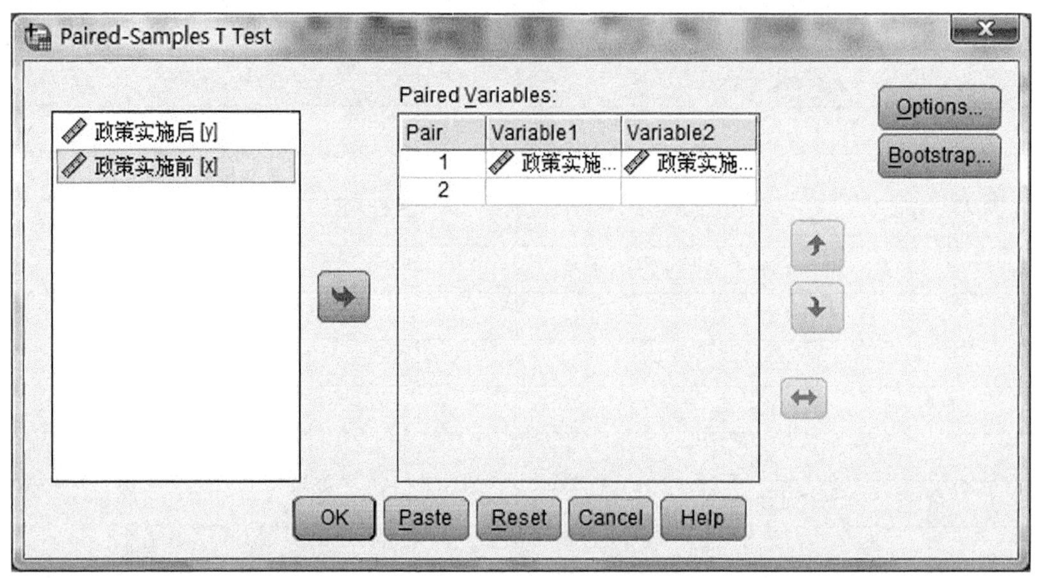

图 8-14 ［Paired-Samples T Test］对话框示意图

（5）点击［OK］输出运算结果（表 8-23）。

表 8-23 成对样本统计量

		均值	N	标准差	均值的标准误差
对 1	政策实施后	1.731 0	20	0.302 9	0.067 74
	政策实施前	1.594 5	20	0.261 2	0.058 41

结果说明：表 8-24 显示，T检验的结果是 $T=4.679$，$P=0.000$，是小概率事件，否定原假设，即该省制定的财政政策对中小企业自主创新有明显的激励效果。

表 8-24 成对样本检验

		成对差分					T	df	显著性（双侧）
		均值	标准差	均值的标准误差	差分的 95%置信区间				
					下限	上限			
对 1	政策实施后-政策实施前	0.136 5	0.130 5	0.029 18	0.075 44	0.197 6	4.679	19	0.000

四、Kolmogorov-Smirnov 检验

【例 8-15】 某大学某届 MPA 学员共 200 人，“定量分析方法”课程考试成绩如表 8-25 所示，试判断 200 位 MPA 学员“定量分析方法”课程考试成绩服从于何种理论分布？

表 8-25 200 位 MPA 学员“定量分析方法”课程考试成绩

编号	成绩	编号	成绩	编号	成绩	编号	成绩	编号	成绩	编号	成绩	编号	成绩	编号	成绩	编号	成绩	编号	成绩
1	70.00	21	80.00	41	80.00	61	75.00	81	68.00	101	68.00	121	85.00	141	79.00	161	85.00	181	83.00
2	45.00	22	90.00	42	72.00	62	88.00	82	35.00	102	87.00	122	86.00	142	63.00	162	87.00	182	81.00
3	82.00	23	75.00	43	80.00	63	78.00	83	83.00	103	82.00	123	70.00	143	64.00	163	90.00	183	79.00
4	75.00	24	90.00	44	90.00	64	64.00	84	79.00	104	77.00	124	69.00	144	68.00	164	88.00	184	74.00
5	81.00	25	65.00	45	75.00	65	61.00	85	82.00	105	76.00	125	64.00	145	76.00	165	84.00	185	71.00
6	70.00	26	74.00	46	85.00	66	74.00	86	86.00	106	72.00	126	68.00	146	83.00	166	82.00	186	83.00
7	91.00	27	54.00	47	65.00	67	85.00	87	79.00	107	69.00	127	81.00	147	85.00	167	79.00	187	81.00
8	72.00	28	82.00	48	82.00	68	91.00	88	78.00	108	45.00	128	84.00	148	82.00	168	76.00	188	66.00
9	82.00	29	86.00	49	81.00	69	74.00	89	75.00	109	81.00	129	88.00	149	89.00	169	72.00	189	63.00
10	62.00	30	68.00	50	78.00	70	78.00	90	82.00	110	75.00	130	74.00	150	83.00	170	70.00	190	71.00
11	73.00	31	75.00	51	68.00	71	85.00	91	84.00	111	84.00	131	86.00	151	84.00	171	75.00	191	77.00
12	84.00	32	80.00	52	75.00	72	64.00	92	74.00	112	68.00	132	72.00	152	87.00	172	85.00	192	79.00
13	81.00	33	73.00	53	82.00	73	67.00	93	79.00	113	64.00	133	69.00	153	92.00	173	84.00	193	74.00
14	82.00	34	83.00	54	72.00	74	72.00	94	35.00	114	76.00	134	80.00	154	88.00	174	74.00	194	73.00
15	89.00	35	74.00	55	83.00	75	87.00	95	80.00	115	81.00	135	84.00	155	85.00	175	83.00	195	78.00
16	73.00	36	71.00	56	74.00	76	69.00	96	78.00	116	67.00	136	88.00	156	95.00	176	78.00	196	76.00
17	78.00	37	93.00	57	71.00	77	63.00	97	78.00	117	88.00	137	70.00	157	74.00	177	76.00	197	81.00
18	85.00	38	74.00	58	78.00	78	65.00	98	62.00	118	70.00	138	74.00	158	80.00	178	72.00	198	67.00
19	69.00	39	82.00	59	76.00	79	71.00	99	64.00	119	70.00	139	82.00	159	73.00	179	74.00	199	79.00
20	60.00	40	62.00	60	76.00	80	77.00	100	68.00	120	64.00	140	79.00	160	54.00	180	76.00	200	82.00

运用 SPSS 进行 K-S 检验的基本程序如下：

（1）将表 8-25 的数据输入 SPSS，建立 SPSS 数据文件（SPSS 数据文件见本书配套的数据文件“SPSS8-非参数 K-S 检验”）。

（2）选择主菜单[Analyze]→[Nonparametric Tests]→[Legacy Dialogs]→[1-Sample K-S] 模块（图 8-15）。

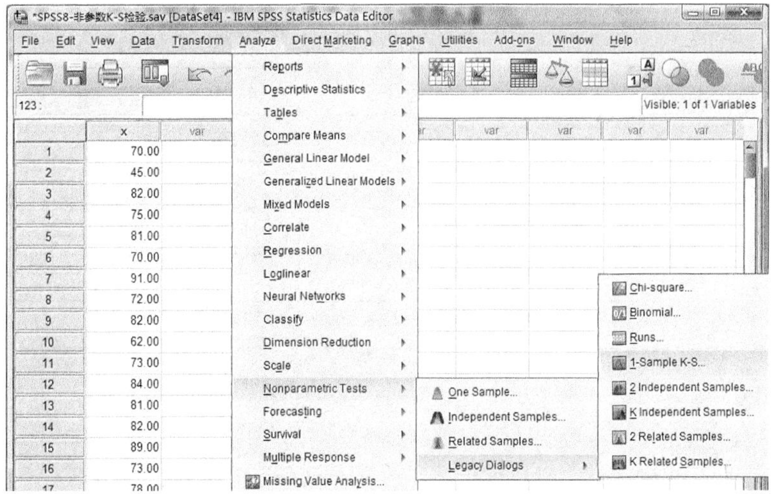

图 8-15 Kolmogorov-Smirnov 检验软件示意图

（3）将分析变量输入［Test Variable List］，并选择所有的分布（图 8-16）。

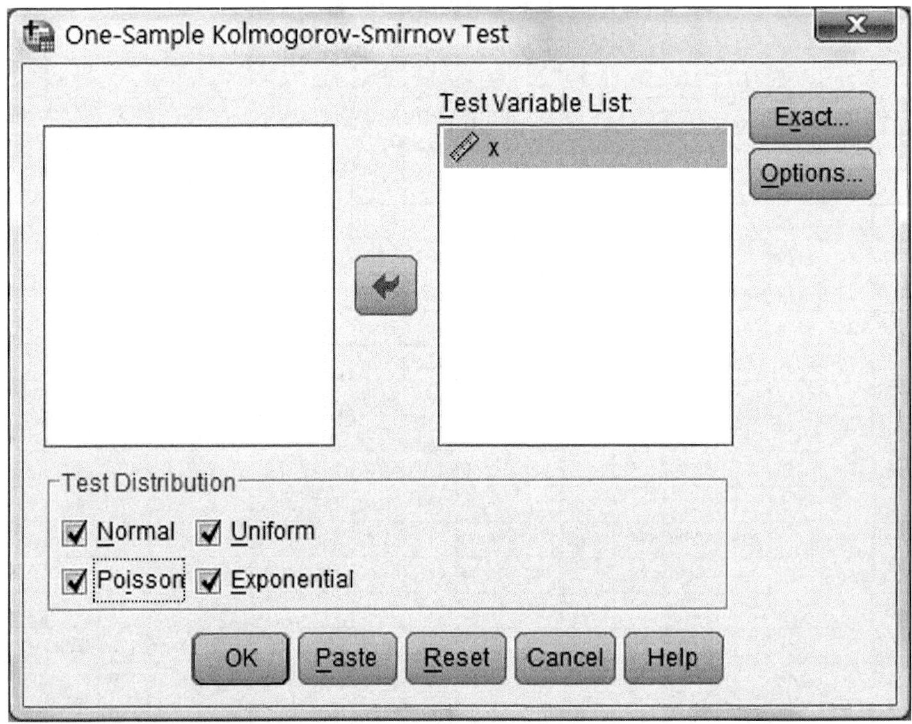

图 8-16 ［One-Sample Kolmogorov-Smirnov Test］对话框示意图

（4）单击［OK］，输出运算结果（表 8-26~表 8-29）。

表 8-26 单样本 Kolmogorov-Smirnov 检验（一）

		x
N		200
正态参数[a, b]	均值	76.120 0
	标准差	9.440 40
最极端差别	绝对值	0.081
	正	0.049
	负	−0.081
Kolmogorov-Smirnov *Z*		1.148
渐进显著性（双侧）		0.143

a 检测分布为正态分布

b 根据数据计算得到

表 8-27 单样本 Kolmogorov-Smirnov 检验（二）

		x
N		200
均匀参数[a, b]	均值	35.00
	标准差	95.00
最极端差别	绝对值	0.413
	正	0.062
	负	−0.413
Kolmogorov-Smirnov Z		5.845
渐进显著性（双侧）		0.000

a 检验分布为均匀分布
b 根据数据计算得到

表 8-28 单样本 Kolmogorov-Smirnov 检验（三）

		x
N		200
Poisson 参数[a, b]	均值	76.120 0
最极端差别	绝对值	0.065
	正	0.028
	负	−0.065
Kolmogorov-Smirnov Z		0.921
渐进显著性（双侧）		0.364

a 检验分布为 Poisson 分布
b 根据数据计算得到

表 8-29 单样本 Kolmogorov-Smirnov 检验（四）

		x
N		200
指数参数[a, b]	均值	76.120 0
最极端差别	绝对值	0.517
	正	0.290
	负	−0.517
Kolmogorov-Smirnov Z		7.313
渐进显著性（双侧）		0.000

a 检验分布为指数分布
b 根据数据计算得到

结果说明：由 K-S 检验的输出结果可知，正态分布检验、均匀分布检验、泊松分布检验和指数分布检验的概率分别为 0.143、0.000、0.364、0.000，所以可以认为该校该届 MPA 学员的“定量分析方法”课程考试成绩服从正态分布和泊松分布，而不服从均匀分布和指数分布。

五、χ^2 检验

【例 8-16】 某省工商行政管理部门在打假中，一周内查到的假冒产品数量如表 8-30 所示，试判断每天查到的假冒产品有无显著性差异。

表 8-30 一周内查到的假冒产品数量（单位：件）

周日	周一	周二	周三	周四	周五
假冒产品	150	159	145	162	149

运用 SPSS 进行卡方检验的基本程序如下：

（1）将“周日”设为变量 x（用 1、2、3、4、5 分别表示周一、周二、周三、周四和周五），“假冒产品”设为变量 w，在 SPSS 中录入相应的数据，建立 SPSS 数据文件（SPSS 数据文件见本书配套的数据文件“SPSS8-非参数卡方检验”）。

（2）打开 SPSS 数据文件，选择［Data］→［Weight Cases］（图 8-17）。

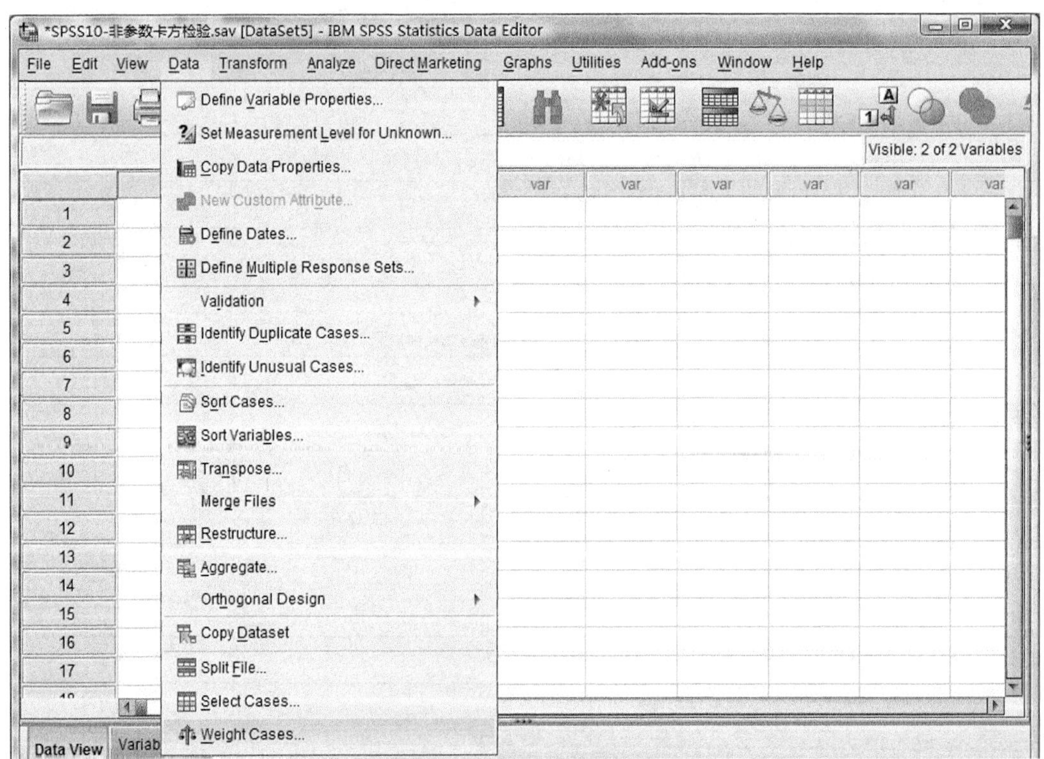

图 8-17 加权个案软件示意图

（3）进入［Weight Cases］，并将 *w* 输入［Frequency Variable］框中，并点击［OK］（图 8-18）。

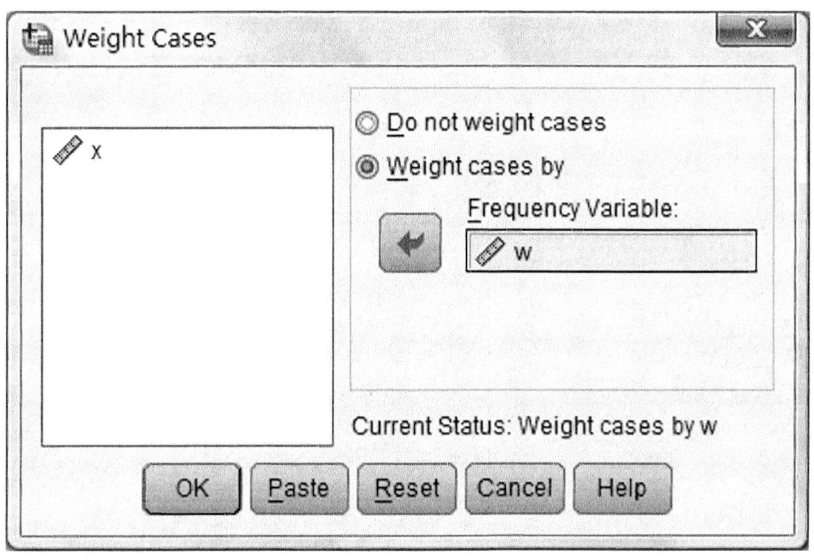

图 8-18 ［Weight Cases］对话框示意图

（4）选择主菜单［Analyze］→［Nonparametric Tests］→［Legacy Dialogs］→［Chi-square］模块（图 8-19）。

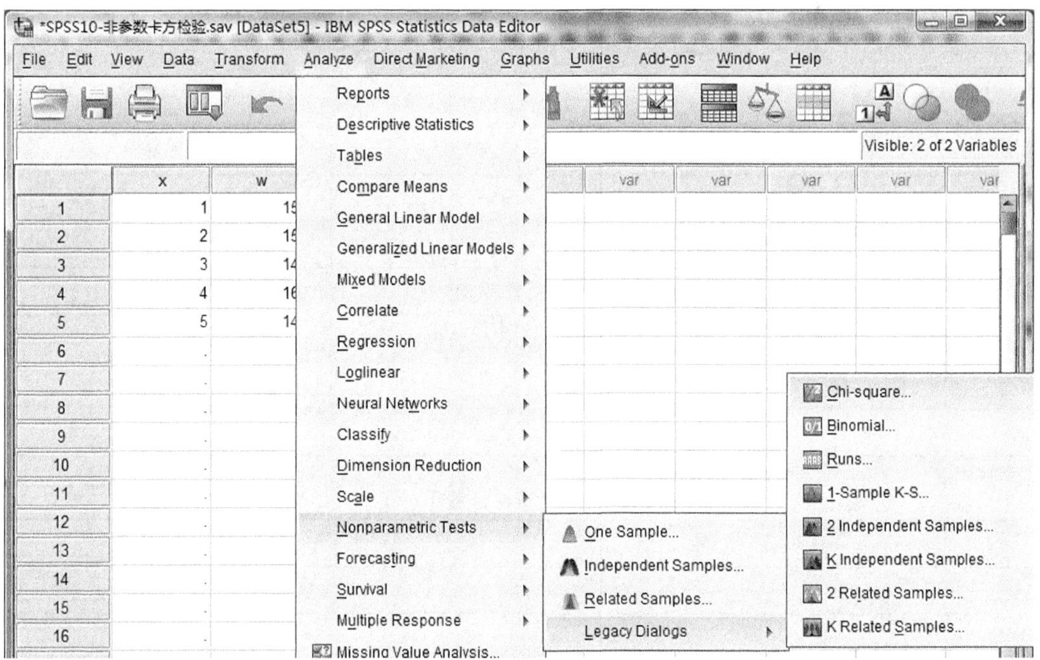

图 8-19 卡方检验软件示意图

（5）将分析变量输入［Test Variable List］（图 8-20）。

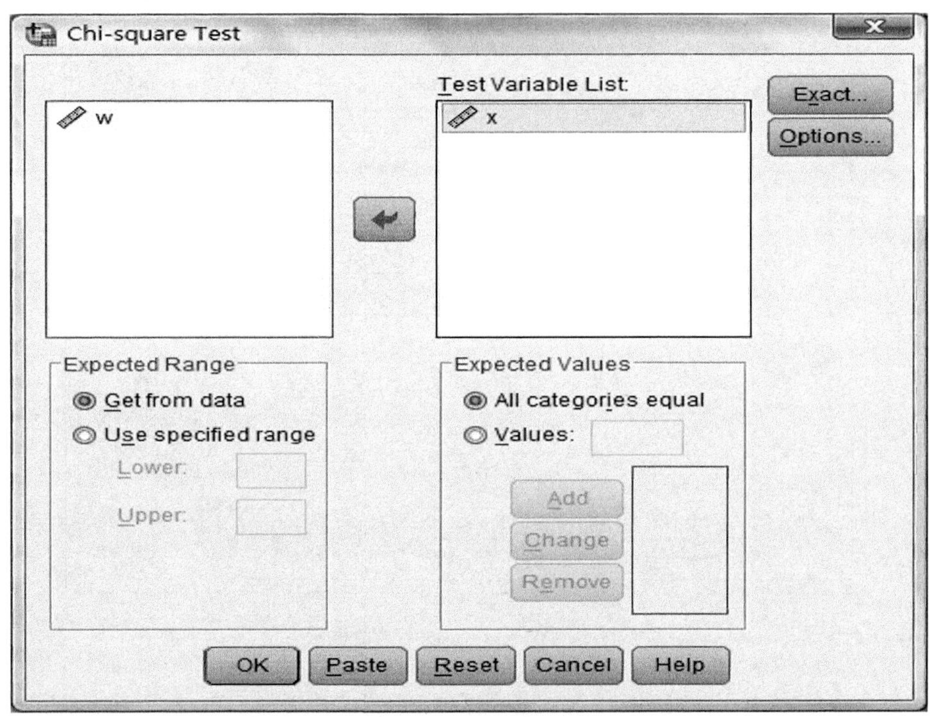

图 8-20 ［Chi-square Test］对话框示意图

（6）单击［OK］，输出运算结果（表 8-31 和表 8-32）。

表 8-31 x

	观察数 N	期望数 N	残差
1	150	153.0	−3.0
2	159	153.0	6.0
3	145	153.0	−8.0
4	162	153.0	9.0
5	149	153.0	−4.0
合计	765		

表 8-32 检验统计量（一）

	x
卡方	1.346[a]
df	4
渐进显著性	0.853

a 0 个单元 (0.0%) 具有小于 5 的期望频率，单元最小期望频率为 153.0

结果说明：检验结果为非小概率事件，所以接受原假设，即该省工商行政管理部门一周内每天查到的假冒产品数量无显著性差异。

六、Binomial 检验法

【例 8-17】 将一枚硬币抛 30 次，正面出现 23 次，反面出现 7 次。试判断该硬币的正面出现概率是否为 0.75。

运用 SPSS 进行 Binomial 检验的基本程序如下：

（1）将“正面或反面”设为变量 x（用 1、0 分别表示正面和反面），“出现次数”设为变量 w，在 SPSS 中录入相应的数据，建立 SPSS 数据文件（SPSS 数据文件见本书配套的数据文件“SPSS8-非参数 Binomial 检验”）。

（2）打开 SPSS 数据文件，选择［Data］→［Weight Cases］（图略）。

（3）进入［Weight Cases］，并将 w 输入［Frequency Variable］框中，并点击［OK］（图略）。

（4）选择主菜单［Analyze］→［Nonparametric Tests］→［Legacy Dialogs］→［Binomial］模块（图 8-21）。

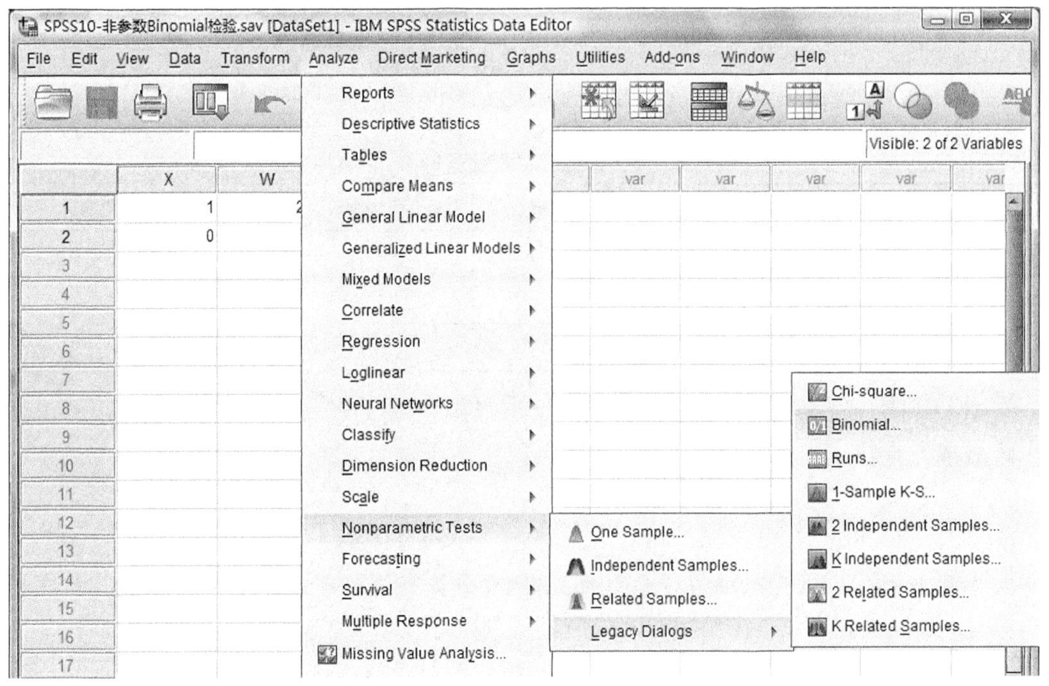

图 8-21 二项式检验软件示意图

（5）将分析变量“x”输入［Test Variable List］，并在［Test Proportion］框中输入 0.75（图 8-22）。

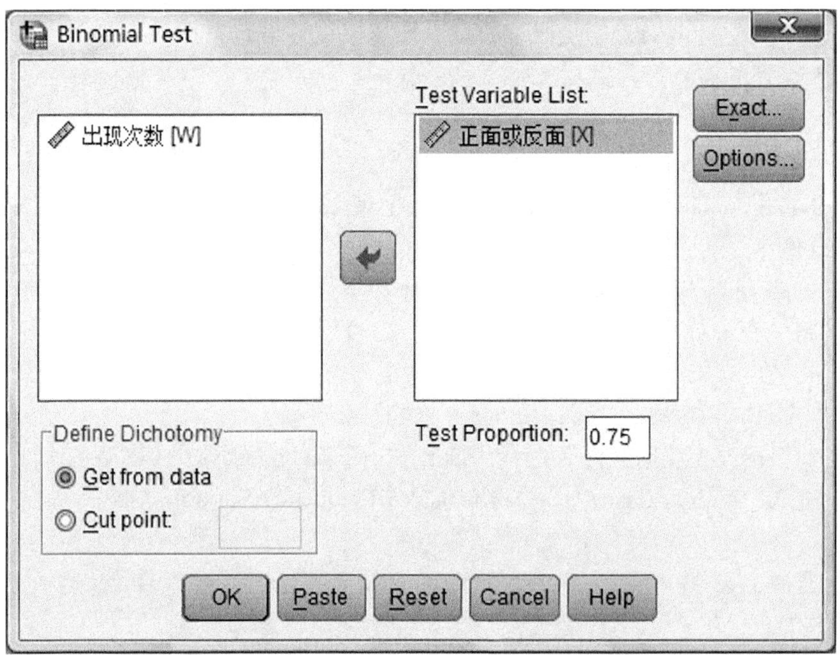

图 8-22 ［Binomial Test］对话框示意图

（6）单击［OK］，输出运算结果（表 8-33）。

表 8-33 二项式检验

	类别	N	观察比例	检验比例	精确显著性（单侧）
组 1	正面	23	0.77	0.75	0.514
组 2	反面	7	0.23		
总数		30	1.00		

结果说明：检验结果为非小概率事件，所以接受原假设，即可以认为该硬币的正面出现概率为 0.75。

七、游程检验法

【例 8-18】 某儿童医院对近期出生的 50 名婴儿进行了统计分析，如果用 1 代表男婴儿，2 代表女婴儿，按出生时间先后其排列顺序如下：

11211212211112212212212212211222211212121112111112 2

试判断男女婴儿的出生是否是随机的。

运用 SPSS 进行 Binomial 检验的基本程序如下：

（1）在 SPSS 中录入相关的原始数据，建立 SPSS 数据文件（SPSS 数据文件见本书配套的数据文件“SPSS8-非参数游程检验”）。

（2）打开 SPSS 数据文件，依次选择主菜单［Analyze］→［Nonparametric Tests］→［Legacy Dialogs］→［Runs］模块（图 8-23）。

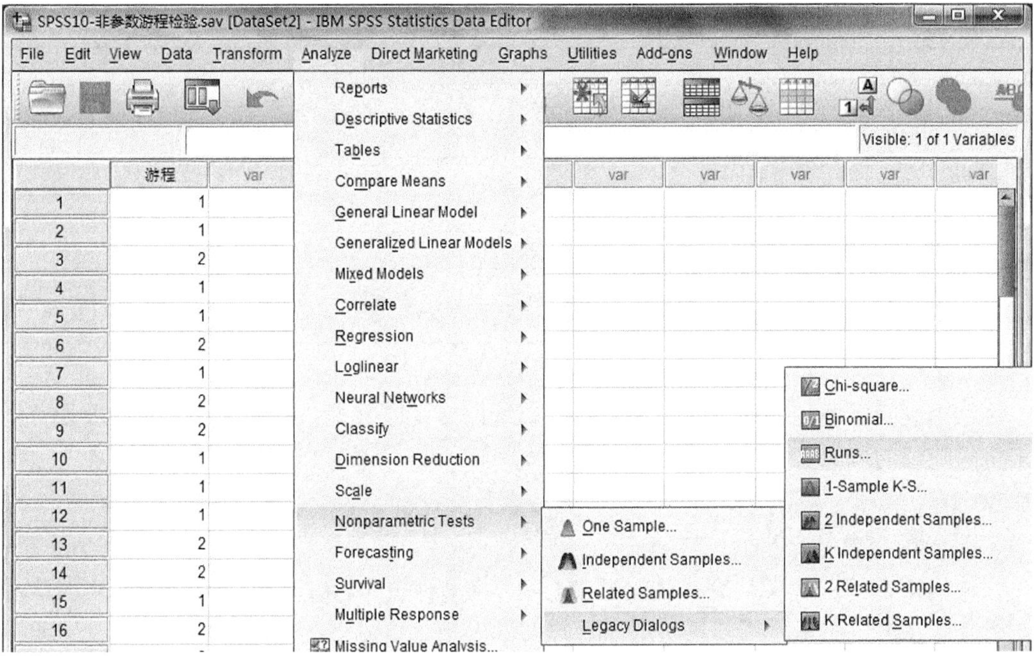

图 8-23 游程检验软件示意图

（3）把分析变量送入［Test Variable List］，并在［Cut Point］下面选择［Mean］（图 8-24）。

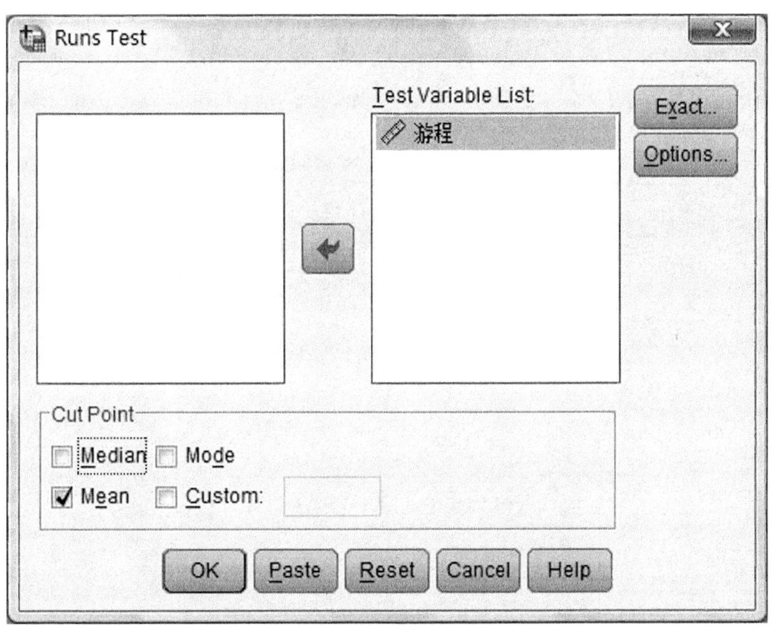

图 8-24 ［Runs Test］对话框示意图

（4）单击［OK］，输出运算结果（表 8-34）。

表 8-34 游程检验

	游程
检验值[a]	1.48
案例<检验值	26
案例≥检验值	24
案例总数	50
游程数	28
Z	0.584
渐进显著性（双侧）	0.559

a 均值

结果说明：检验结果为非小概率事件，所以接受原假设，则该儿童医院男女婴儿的出生是随机的。

八、Wilcoxon 检验

【例 8-19】 为了研究某安眠药物对青少年睡眠的影响，研究者抽取 10 名青少年进行临床试验，结果服用前平均所需入睡时间（单位：分钟）分别为 72、94、92、67、86、85、58、79、69 和 82；服用后平均所需入睡时间（单位：分钟）分别为 75、87、72、65、92、85、59、73、64 和 71。试判断该安眠药物对青少年入睡是否有显著效果。

运用 SPSS 进行威尔科克森符号检验的基本程序如下：

（1）将“服用前平均所需入睡时间”设为变量 x，“服用后平均所需入睡时间”设为变量 y，在 SPSS 中录入相应的数据，建立 SPSS 数据文件（SPSS 数据文件见本书配套的数据文件“SPSS8-非参数 Wilcoxon 检验”）。

（2）打开 SPSS 数据文件，选择主菜单[Analyze]→[Nonparametric Tests]→[Legacy Dialogs] → [2 Related Samples] 模块（图 8-25）。

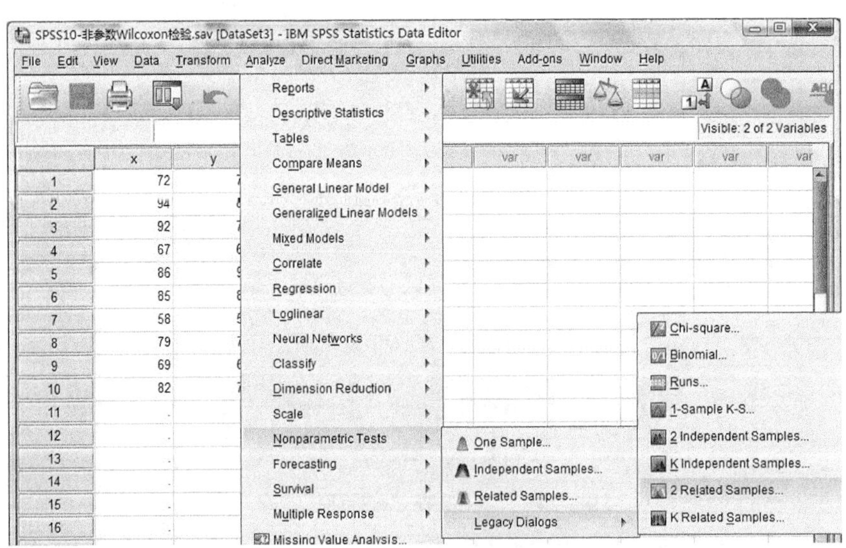

图 8-25 两个关联样本检验软件示意图

（3）把分析变量 x 和 y 输入［Test Pairs］，并选择［Wilcoxon］（图 8-26）。

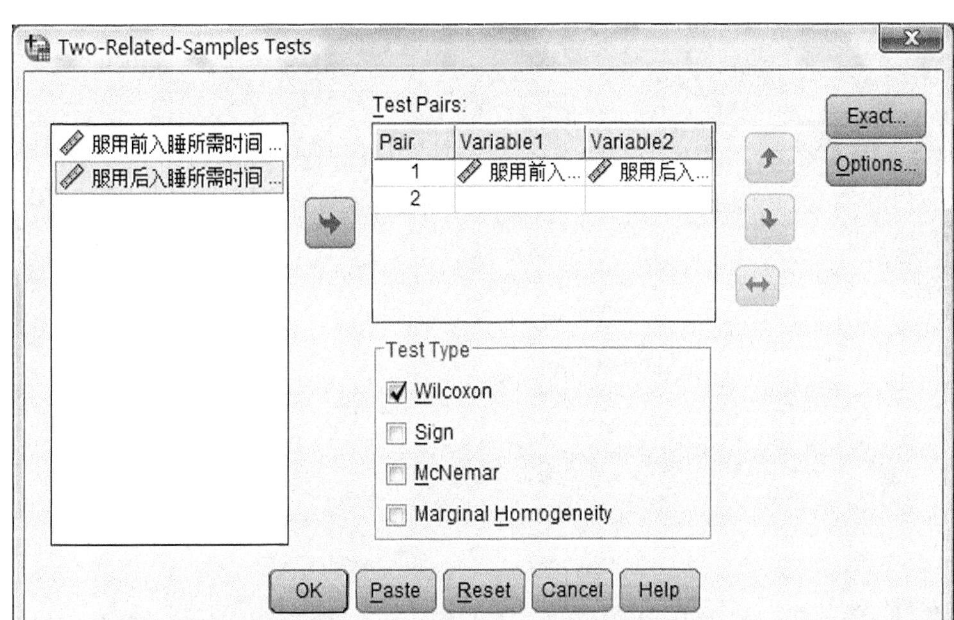

图 8-26 ［Two-Related-Samples Tests］对话框示意图

（4）单击［OK］，输出运算结果（表 8-35）。

表 8-35 检验统计量（二）[a]

	服用后入睡所需时间–服用前入睡所需时间
Z	-1.423^{a}
渐进显著性（双侧）	0.155

a Wilcoxon 带符号秩检验

结果说明：检验结果为非小概率事件，所以接受原假设，即可以认为该安眠药物对青少年入睡没有显著效果。SPSS 的计算结果与手工计算结果是完全一致的。

九、Mann-Whitrney U 检验

【例 8-20】 某研究者想评价 A、B 两种汉字输入方法的教学效率高低，决定用每个学员每分钟的汉字输入数作为衡量指标。在使用 X 方法的学员中随机抽取 8 名，测得每分钟输入字数为 45、47、49、50、51、52、53 和 55；在使用 Y 方法的学员中随机抽取 6 名，测得每分钟输入字数为 44、45、46、48、49 和 53。试判断 A、B 两种汉字输入法的教学效率有无显著性差异。

运用 SPSS 进行 Mann-Whitrney U 检验的基本程序如下：

（1）将“每分钟汉字输入数”设为变量 x，“输入方法”设为变量 y（用 1 代表方法 A，0 代表方法 B），在 SPSS 中录入相应的数据，建立 SPSS 数据文件（SPSS 数据文件见本书配套的数据文件“SPSS8-非参数 U 检验”）。

（2）打开 SPSS 数据文件，选择主菜单[Analyze]→[Nonparametric Tests]→[Legacy Dialogs] → [2 Independent Samples] 模块（图 8-27）。

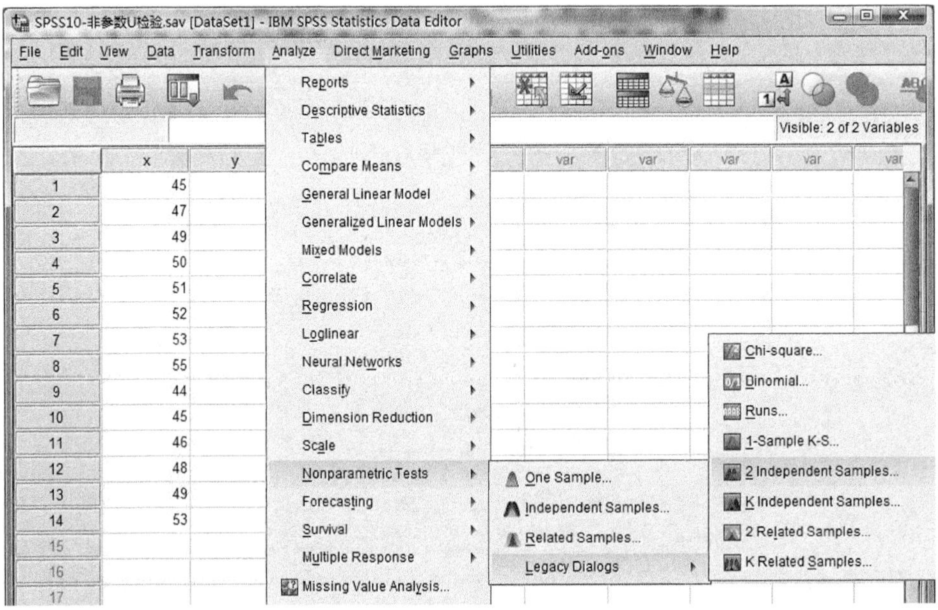

图 8-27　两个独立样本检验软件示意图

（3）把分析变量 x 输入［ Test Variable List ］，将 y 输入［ Grouping Variable ］，并选择［ Mann-Whitrney U ］（图 8-28）。

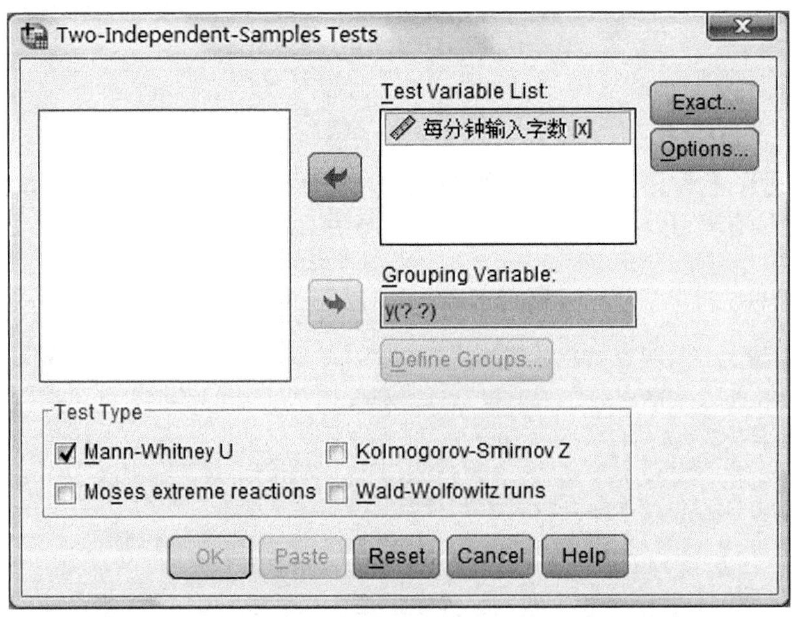

图 8-28　［ Two-Independent-Samples Tests ］对话框示意图

（4）单击［OK］，输出运算结果（表 8-36）。

表 8-36 检验统计量（三）

	X
曼-惠特尼检验值	12.500
秩和检验值	33.500
Z	−1.490
渐进显著性（双侧）	0.136
精确显著性［2（单侧）］	0.142

结果说明：检验结果为非小概率事件，所以接受原假设，即可以认为 A、B 两种汉字输入法的教学效率无显著性差异。SPSS 的计算结果与手工计算结果是完全一致的。

➢复习思考题

1. 举例说明什么是假设检验。
2. 举例说明假设检验的基本程序。
3. 比较说明参数检验和非参数检验对变量的要求有何不同。
4. 举例说明什么是 K-S 检验。
5. 比较说明普通符号检验法和符号秩和检验法有何不同。
6. 在什么条件下可以使用 U 检验法？
7. 简述曼-惠特尼 U 检验法的一般步骤。
8. 结合某个研究课题，运用 SPSS 进行参数检验和非参数检验。

第九章

方 差 分 析

第一节　方差分析的概述

一、方差分析的由来

T 检验法（z 检验法也是如此）适用于样本平均数与总体平均数及两样本平均数间的差异显著性检验，但在公共管理研究中经常会遇到比较多个处理优劣的问题，即需进行多个平均数间的差异显著性检验。这时，若仍采用 T 检验法就不适宜了，其原因主要包括以下几点。

（1）检验过程烦琐。例如，某个实验包含 5 个处理，采用 T 检验法要进行 $C_5^2=10$ 次两两平均数的差异显著性检验；若有 k 个处理，则要做 $k(k-1)/2$ 次类似的检验。

（2）无统一的实验误差，误差估计的精确性和检验的灵敏性低。对同一实验的多个处理进行比较时，应该有一个统一的实验误差的估计值。若用 T 检验法进行两两比较，由于每次比较需计算一个 $S_{\bar{x}_1-\bar{x}_2}$，故各次比较误差的估计不统一，同时没有充分利用资料所提供的信息而使误差估计的精确性降低，从而降低检验的灵敏性。例如，实验有 5 个处理，每个处理重复 6 次，共有 30 个观测值。进行 T 检验时，每次只能利用两个处理共 12 个观测值估计实验误差，误差自由度为 $2\times(6-1)=10$；若利用整个实验的 30 个观测值估计实验误差，显然估计的精确性高，且误差自由度为 $5\times(6-1)=25$。可见，在用 T 检验法进行检验时，估计误差的精确性低，误差自由度小，使检验的灵敏性降低，容易掩盖差异的显著性。

（3）推断的可靠性低，检验的Ⅰ型错误率高。即使利用资料所提供的全部信息估计了实验误差，若用 T 检验法进行多个处理平均数间的差异显著性检验，由于没有考虑相互比较的两个平均数的秩次问题，所以会增加犯Ⅰ型错误的概率，降低推断的可靠性。

由于上述原因，多个平均数的差异显著性检验不宜用 T 检验，须采用方差分析法。

方差分析是由英国统计学家 R. A. Fisher 于 1923 年提出的。这种方法是将 k 个处理的观测值作为一个整体看待，把观测值总变异的平方和及自由度分解为对应于不同变异来源的平方和及自由度，进而获得不同变异来源总体方差估计值；通过计算这些总体方差的估计值的适当比值，就能检验各样本所属总体平均数是否相等。方差分析实质上是关于观测值变异原因的数量分析，它在公共管理研究中的应用十分广泛。

二、方差分析的常用术语

（1）实验指标（experimental index）。为衡量实验结果的好坏或处理效应的高低，在实验中具体测定的性状或观测的项目称为实验指标。由于实验目的不同，选择的实验指标也不相同。

（2）实验因素（experimental factor）。实验中所研究的影响实验指标的因素叫做实验因素。当实验中考察的因素只有一个时，称为单因素实验；若同时研究两个或两个以上的因素对实验指标的影响时，则称为两因素或多因素实验。实验因素常用大写字母 A，B，C 等表示。

（3）因素水平（level of factor）。实验因素所处的某种特定状态或数量等级称为因素水平，简称水平。例如，比较三种激励措施下组织绩效的高低，这三种激励措施就是三个因素水平。因素水平用代表该因素的字母添加足标 1，2，3 等来表示。如 A_1，A_2，…，A_n，B_1，B_2，…，B_m。

（4）实验处理。事先设计好的实施在实验单位（experimental unit）上的具体项目叫实验处理，简称处理。在单因素实验中，实施在实验单位上的具体项目就是实验因素的某一水平。在多因素实验中，实施在实验单位上的具体项目是各因素的某一水平组合。例如，进行 3 种金融政策和 3 种税收政策对企业自主创新能力影响的两因素实验，整个实验共有 9（3×3）个水平组合，实施在实验单位（实验企业）上的具体项目就是某金融政策与某种税收政策的结合。所以，在多因素实验时，实验因素的一个水平组合就是一个处理。

（5）实验单位。在实验中能接受不同实验处理的独立的实验载体叫做实验单位，实验单位往往也是观测数据的单位。

（6）重复（repetition）。在实验中，将一个处理实施在两个或两个以上的实验单位上，称为处理有重复。处理实施的实验单位数称为处理的重复数。

三、方差分析的应用条件

与其他统计分析方法一样，在应用方差分析时也有一定的条件限制。研究所获得的数据需要满足一些基本的条件，否则由它得出的结论将会产生错误。

（1）分布的正态性（normality）。方差分析与 z 检验和 T 检验一样，也需要样本必须来自正态分布的总体。但是在公共管理研究领域中，大多数变量是可以假定其总体分布是满足正态分布的基本要求的，因此，进行方差分析时并不需要去检验总体分布是否服从正态分布。当有证据表明总体不服从正态分布时，可以将数据做某种转换，经过转换以后的数据就可以接近正态分布。

（2）变异的可分解性（decomposability）。方差分析所依据的一个基本原理是变异的可分解性，总变异可以分解成几个不同来源的部分，这几个部分变异的来源在意义上必须明确，而且彼此要相互独立。该条件一般情况下也都是能够满足的。通常情况下，总变异可以分解为组间变异和组内变异两部分，组间变异是实验处理引起的变异，而组内变异是指实验误差及个体差异引起的变异。由于被试分组是随机分配的，个体差异及实验误差带有随机性质，所以组内变异与组间变异是相互独立的。

（3）方差的齐性。各实验条件（处理）下实验结果的总体方差相等，即方差齐性。考察实验结果是否满足第三个条件，可用 Levene 和 Bartlett 法。Levene 方差齐性检验由 H. Levene 于 1960 年提出。M. B. Brown 和 A. B. Forsythe 于 1974 年对 Levene 检验进行了扩展，使对原始数据的数据转换不但可以使用数据与算术平均数的绝对差，也可以使用数据与中位数和调整均数（trimmed mean）的绝对差，从而使 Levene 检验的用途更加广泛。Levene 检验主要用于检验两个或两个以上样本间的方差是否齐性，要求样本为随机样本且相互独立。国内常见的 Bartlett 多样本方差齐性检验主要用于正态分布的资料，对于非正态分布的数据，检验效果不理想。Levene 检验既可以用于正态分布的资料，也可以用于非正态分布的资料或分布不明的资料，其检验效果比较理想。在 SPSS 中，采用 Levene 的方差齐性检验。

第二节　单因素完全随机化设计的方差分析

只安排一个实验处理因素（单因素），且该实验处理因素有 a 个水平（$a>2$），即 a 个实验处理组，将 N 个实验单位采用随机方法分派到各个实验处理组中或者采用随机取样的方法，从 a 个实验处理组所对应的总体中分别抽取 n_i 个实验单位（$\sum_{i=1}^{a} n_i = N$）进行实验处理。这种实验设计叫做单因素完全随机化设计（completely randomized design）。其目的主要是比较 a 个实验处理组间的实验效应有无显著的差异。各实验处理组的实验单位可以相同，也可以不同，相同时为平衡设计（balanced design），设计效率较高；不同时为非平衡设计（unbalanced design），效率较低。单因素完全随机化设计简单明了，应用十分广泛。

一、单因素完全随机化设计方差分析的基本原理

在实验中仅有一个实验因素，并分为 k 个不同的水平。在完全随机化的单因素实验设计中，为了考察因素 A 的 k 个水平 A_1，A_2，…，A_k 对实验指标 Y 的影响（如 k 种激励措施对组织绩效的影响），假设在固定的 A_i 条件下做实验。所有可能的实验结果组成一个总体 X_i，它是一个随机变量。可以把它分解为两部分：

$$X_i = \mu_i + \varepsilon_i$$

式中，μ_i 纯属 A_i 作用的结果，称为在 A_i 条件下 X_i 的真值（也称为在 A_i 条件下 X_i 的理论平均）；ε_i 为实验误差（也称为随机误差），是服从正态分布的随机变量。如果在独立地进行实验过程中，除 A_1，A_2，…，A_k 不同外，其余条件均不变，那么 ε_1，ε_2，…，ε_i 就

应该是独立同分布的随机变量，即

$$\varepsilon_i \sim \mathrm{N}\left(0,\sigma^2\right)$$

因为

$$E\left(X_i\right)=\mu_i$$

$$D\left(X_i\right)=D\left(\varepsilon_i\right)=\sigma^2$$

式中，μ_i 和 σ^2 都为未知参数（i=1，2，…，k）。

为了估计和检验上述参数，就要做重复实验。假定在 A_i 水平下重复做 m 次实验，得到观测值 $X_{i1},X_{i2},X_{i3},\cdots,X_{im}$（为方便起见，不再与小写字母加以区别，也可以表示数值），这相当于从第 i 个正态总体 $\mathrm{N}\left(\mu_i,\sigma^2\right)$（$i=1$，2，…，$k$）中，随机抽取一个容量为 m 的样本，则有

$$\bar{X}_i=\frac{\sum_{j=1}^{m}X_{ij}}{m}\quad (i=1,\ 2,\ \cdots,\ k;\ j=1,\ 2,\ \cdots,\ m) \tag{9-1}$$

式中，X_{ij} 表示在 A_i 条件下第 j 次实验的结果，用公式表示就是

$$X_{ij}=\mu_i+\varepsilon_{ij}\quad (i=1,\ 2,\ \cdots,\ k;\ j=1,\ 2,\ \cdots,\ m) \tag{9-2}$$

这里值得注意的是，每次实验结果只能得到 X_{ij}，而式（9-2）中的 μ_i 和 ε_{ij} 都不能直接观测到。

为了便于比较和分析因素 A 的水平 A_i 对指标影响的大小，通常把 μ_i 再分解为

$$\mu_i=\mu+\alpha_i\quad (i=1,\ 2,\ \cdots,\ k) \tag{9-3}$$

式中，$\mu=\frac{1}{k}\sum_{i=1}^{k}\mu_i$ 称为总体平均数，它是比较 A_i 作用大小的一个基点，并且称 $\alpha_i=\mu_i-\mu$ 为第 i 个水平 A_i 的效应。它表示水平 A_i 的真值 μ_i 比总体水平 μ 差多少。a_1，a_2，…，a_k 满足约束条件：

$$a_1+a_2+\cdots+a_k=0$$

把式（9-3）代入式（9-2）中可得

$$X_{ij}=\mu+\alpha_i+\varepsilon_{ij}$$

$$\sum a_i=0\quad (i=1,\ 2,\ \cdots,\ k;\ j=1,\ 2,\ \cdots,\ m)$$

于是单因素方差分析的数学模型可写成如下形式：

$$\begin{cases} X_{ij}=\mu+\alpha_i+\varepsilon_{ij} \\ \varepsilon_{ij}\sim \mathrm{N}\left(0,\sigma^2\right) \\ \sum_{i=1}^{r}\alpha_i=0 \end{cases}$$

单因素方差分析要解决的问题包括以下两点：①分析观测值的偏差；②检验各水平效应 a_1，a_2，…，a_k 有无显著差异。

二、单因素完全随机化设计方差分析的基本过程

单因素完全随机化设计方差分析的数据结构如表 9-1 所示。

表 9-1　单因素完全随机化设计方差分析的数据结构

因子水平 \ 观测值 \ 重复观测次数		j				$T_i=\sum_{j=1}^{n_i}x_{ij}$	$\bar{x}_i=\frac{T_i}{n_i}$	$\bar{x}_i^2$
		1	2	…	n_i			
i	1	x_{11}	x_{12}	…	x_{1n_1}	T_1	$\bar{x}_1$	$\bar{x}_1^2$
	2	x_{21}	x_{22}	…	x_{2n_2}	T_2	$\bar{x}_2$	$\bar{x}_2^2$
	⋮	⋮	⋮	…	⋮	⋮	⋮	⋮
	r	x_{r1}	x_{r2}	…	x_{rn_r}	T_r	$\bar{x}_r$	$\bar{x}_r^2$
合计		—				$T=\sum_{i=1}^{r}T_i$	$\bar{x}=\frac{T}{n}$	$\bar{x}^2$

（1）建立假设。

原假设 H₀：$\mu_1=\mu_2=\cdots=\mu_s$，即所有实验处理水平的总体平均数是相等的，不存在处理效应。

备择假设 H_1：其中至少有两个实验处理的总体平均数是不相等的，处理效应不为 0。

（2）将总方差的平方和分解为组间平方和与组内平方和。

总离差平方和为

$$\begin{aligned}\mathrm{SST}&=\sum_{i=1}^{r}\sum_{j=1}^{n_i}\left(x_{ij}-\bar{x}_{..}\right)^2\\&=\sum_{i=1}^{r}\sum_{j=1}^{n_i}\left[\left(x_{ij}-\bar{x}_{i.}\right)+\left(\bar{x}_{i.}-\bar{x}_{..}\right)\right]^2\\&=\sum_{i=1}^{r}\sum_{j=1}^{n_i}\left(\bar{x}_{i.}-\bar{x}_{..}\right)^2+\sum_{i=1}^{r}\sum_{j=1}^{n_i}\left(x_{ij}-\bar{x}_{i.}\right)^2\end{aligned}$$

即 SST=组间离差平方和 SSA+组内离差平方和 SSE。

$$\mathrm{SST}=\sum_{i=1}^{r}\sum_{j=1}^{n_i}\left(x_{ij}-\bar{x}_{..}\right)^2=\sum_{i=1}^{r}\sum_{j=1}^{n_i}x_{ij}^2-\frac{x_{..}^2}{n}$$

$$\mathrm{SSA}=\sum_{i=1}^{r}\sum_{j=1}^{n_i}\left(\bar{x}_{i.}-\bar{x}_{..}\right)^2=\sum_{i=1}^{r}\frac{x_{i.}^2}{n_i}-\frac{x_{..}^2}{n}$$

$$\mathrm{SSE}=\mathrm{SST}-\mathrm{SSA}$$

（3）构造 F 统计量。

$$F=\frac{\mathrm{SSA}}{r-1}\Big/\frac{\mathrm{SSE}}{n-r}\sim F\left(r-1,n-r\right)$$

（4）给出方差分析表，并计算 F 统计量的值，如表 9-2 所示。

表 9-2　方差分析（一）

方差来源	方差平方和	自由度	均方	F 统计量
组间方差（效应）	SSA	$r-1$	MSA=SSA/（$r-1$）	F=MSA/MSE
组内方差（误差）	SSE	$n-r$	MSE=SSE/（$n-r$）	
总离差	SST	$n-1$		

（5）在给定的显著性水平下查得 F 的临界值，并进行决策。

当 F 小于临界值时，接受原假设；当 F 大于临界值时，拒绝原假设。

（6）平均数的多重比较（multiple comparisons）。

F 值显著或极显著，否定了无效假设 H_0，表明实验的总变异主要来源于处理间的变异，实验中各处理平均数间存在显著或极显著差异，但并不意味着每两个处理平均数间的差异都显著或极显著，也不能具体说明哪些处理平均数间有显著或极显著差异，哪些差异不显著。因而，有必要进行两两处理平均数间的比较，以具体判断两两处理平均数间的差异显著性。统计上把多个平均数两两间的相互比较称为多重比较。

多重比较的方法甚多，最常用的是最小显著差数法（least significant difference，LSD）。LSD 的基本做法如下：在 F 检验显著的前提下，先计算出显著水平为 α 的最小显著差数 LSD_α，然后将任意两个处理平均数的差数的绝对值 $\left|\bar{x}_{i.}-\bar{x}_{j.}\right|$ 与其比较。若 $\left|\bar{x}_{i.}-\bar{x}_{j.}\right|>\mathrm{LSD}_\alpha$ 时，则 $\bar{x}_{i.}$ 与 $\bar{x}_{j.}$ 在 α 水平上差异显著；反之，则在 α 水平上差异不显著。

三、单因素完全随机化设计方差分析的实例

【例 9-1】　某公共管理研究者采用随机抽样方法研究某省东部、北部、中部、南部和西部五个地区 10 年间每周发生的交通事故次数，若从五个地区（视为五个不同总体）独立地各选取 12 周发生的交通事故次数作为研究对象，五个地区 12 周每周发生的交通事故次数如表 9-3 所示。请在 α =1%的显著性水平下检验该省五个地区 10 年间每周发生的交通事故次数是否存在显著差异。

表 9-3　每周发生的交通事故次数（单位：次）

地区	东部	北部	中部	西部	南部	合计
交通事故次数	8.00	10.00	13.00	12.00	8.00	51
	9.00	11.00	12.00	11.00	9.00	52
	10.00	12.00	10.00	11.00	7.00	50
	9.00	13.00	12.00	10.00	10.00	54
	9.00	11.00	14.00	9.00	11.00	54
	7.00	12.00	12.00	12.00	9.00	52
	8.00	11.00	10.00	9.00	9.00	47
	10.00	10.00	11.00	12.00	11.00	54
	9.00	12.00	12.00	8.00	10.00	51

续表

地区	东部	北部	中部	西部	南部	合计
交通事故次数	7.00	11.00	10.00	9.00	9.00	46
	13.00	12.00	11.00	11.00	11.00	58
	14.00	14.00	10.00	10.00	10.00	58
$\sum x_i$	113	139	137	124	114	627
$\bar{x}_{i.}$	9.416 7	11.583 3	11.416 7	10.333 3	9.500 0	10.450 0

这是一个单因素方差分析问题，a=5，N=60。单因素方差分析的基本程序如下。

（1）提出假设。H_0：五个地区每天发生的交通事故数没有显著差异；H_1：五个地区每天发生的交通事故数有显著差异。

（2）将总平方和分解为组间平方和与组内平方和。

$$C = x_{..}^2 / ab = 627^2 / (5\times 12) = 6\,552.15$$

$$\begin{aligned}\text{SS}_{总和} &= \sum\sum x_{ij}^2 - C = (8^2 + 13^2 + \cdots + 11^2 + 10^2) - 6\,552.15 \\ &= 6\,725.00 - 6\,552.15 = 172.850\end{aligned}$$

$$\begin{aligned}\text{SS}_{组间} &= \frac{1}{12}\sum x_{i.}^2 - C = \frac{1}{12}(113^2 + 139^2 + 137^2 + 124^2 + 114^2) - 6\,552.15 \\ &= 6\,602.583 - 6\,552.15 = 50.433\end{aligned}$$

$$\text{SS}_{组内} = \text{SS}_{总和} - \text{SS}_{组间} = 172.850 - 50.433 = 122.417$$

$$\text{df}_T = ab - 1 = 5\times 12 - 1 = 59$$

$$\text{df}_t = k - 1 = 5 - 1 = 4$$

$$\text{df}_e = \text{df}_T - \text{d}f_t = 59 - 4 = 55$$

（3）计算均方和 F 值，并列出方差分析表，如表 9-4 所示。

表 9-4　不同区域发生交通事故的方差分析表

变异来源	平方和	自由度	均方	F 值
组间（效应）	50.433	4	12.608	5.665
组内（误差）	122.417	55	2.226	
总变异	172.850	59		

（4）把计算得到的 F 值与查表得到的临界值进行比较，并做出决策。

查 F 分布表得临界值为 $F_{\frac{0.01}{2}}(4,59) = 4.14$，由于 F 值大于临界值，所以否定原假设，即表明五个地区每周发生的交通事故次数具有显著的差异。

运用 SPSS 对【例 9-1】进行方差分析的基本程序如下：

（1）将表 9-3 中的数据输入 SPSS，建立 SPSS 数据文件（SPSS 数据文件见本书配套的数据文件“SPSS9-方差分析 1”）。

（2）选择主菜单 [Analyze] → [Compare Means] → [One-Way ANOVA]（图 9-1），打开单因素方差分析对话框。

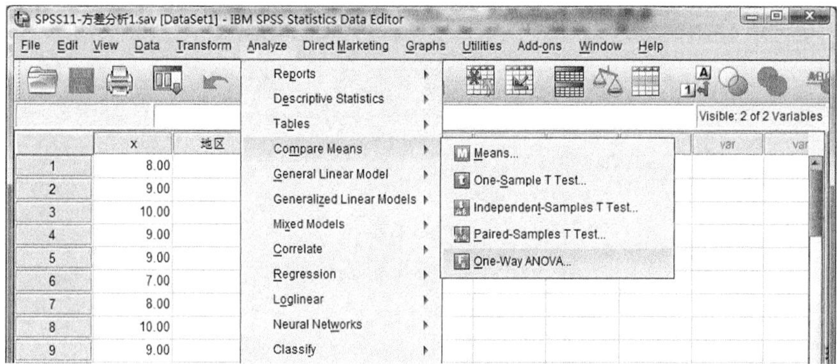

图 9-1　单因素方差分析软件示意图

（3）将变量“*x*”（交通事故发生次数）输入［Dependent List］框中，将变量“地区”（分类变量）输入［Factor］框中，如图 9-2 所示。

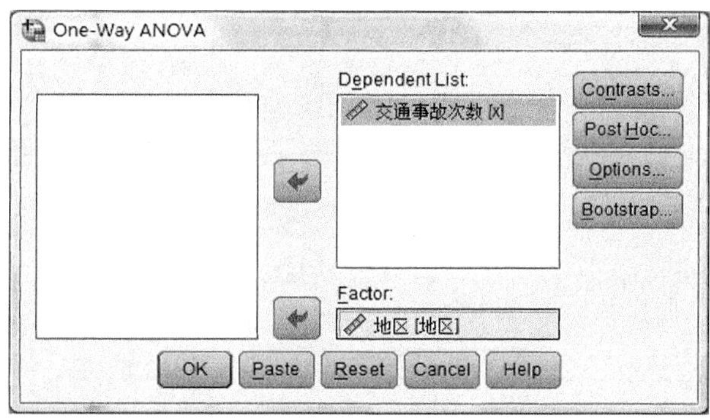

图 9-2　［One-Way ANOVA］对话框示意图

（4）进入［Post Hoc］，选择如图 9-3 所示的选项，将显著性水平设为 5%。

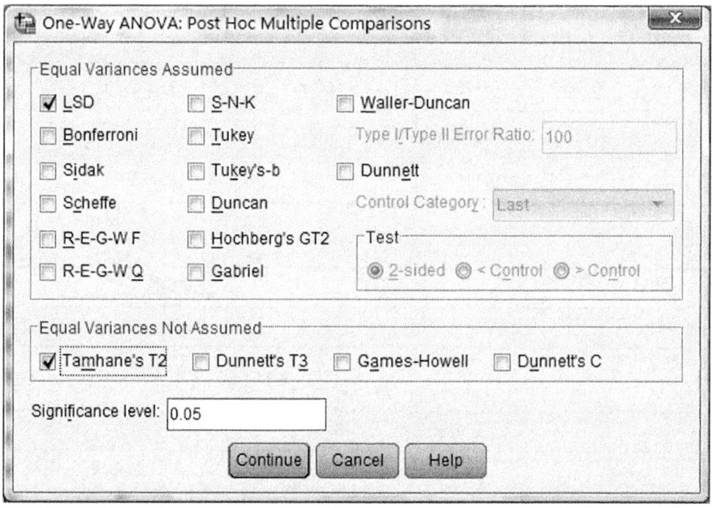

图 9-3　［One-Way ANOVA：Post Hoc Multiple Comparisons］对话框示意图

（5）进入［Options］，并进行如图 9-4 所示的选项，点击［Continue］。

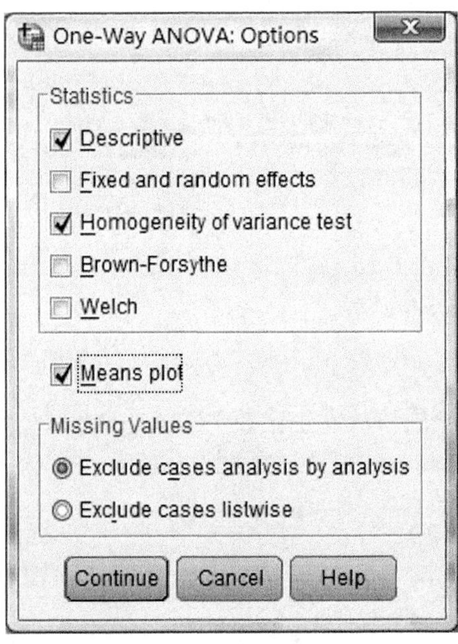

图 9-4 ［One-Way ANOVA：Options］对话框示意图

（6）点击［OK］，输出单因素方差分析结果（表 9-5~表 9-8）。

表 9-5 描述性统计量（一）

	N	均值	标准差	标准误差	均值的 95%置信区间		极小值	极大值
					下限	上限		
东部	12	9.416 7	2.151 5	0.621 1	8.049 7	10.783 6	7.00	14.00
北部	12	11.583 3	1.164 5	0.336 2	10.843 4	12.323 2	10.00	14.00
中部	12	11.416 7	1.311 4	0.378 6	10.583 5	12.249 9	10.00	14.00
西部	12	10.333 3	1.370 7	0.395 7	9.462 4	11.204 2	8.00	12.00
南部	12	9.500 0	1.243 2	0.358 9	8.710 1	10.289 9	7.00	11.00
合计	60	10.450 0	1.711 6	0.221 0	10.007 8	10.892 2	7.00	14.00

表 9-6 方差齐性检验

Levene 统计量	df1	df2	显著性
0.993	4	55	0.419

表 9-7 单因素方差分析

	平方和	df	均方	F	显著性
组间	50.433	4	12.608	5.665	0.001
组内	122.417	55	2.226		
总数	172.850	59			

表 9-8 多重比较（一）

	(I)地区	(J)地区	标准差（I–J）	标准误差	显著性	99%置信区间	
						下限	上限
最小显著差别	东部	北部	−2.166 7*	0.609 1	0.001	−3.387 3	−0.946 1
		中部	−2.000 0*	0.609 1	0.002	−3.220 6	−0.779 4
		西部	−0.916 7	0.609 1	0.138	−2.137 3	0.303 9
		南部	$-8.333\ 3\times10^{-2}$	0.609 1	0.892	−1.303 9	1.137 3
	北部	东部	2.166 7*	0.609 1	0.001	0.946 1	3.387 3
		中部	0.166 7	0.609 1	0.785	−1.053 9	1.387 3
		西部	1.250 0*	0.609 1	0.045	2.941×10^{-2}	2.470 6
		南部	2.083 3*	0.609 1	0.001	0.862 7	3.303 9
	中部	东部	2.000 0*	0.609 1	0.002	0.779 4	3.220 6
		北部	−0.166 7	0.609 1	0.785	−1.387 3	1.053 9
		西部	1.083 3	0.609 1	0.081	−0.137 3	2.303 9
		南部	1.916 7*	0.609 1	0.003	0.696 1	3.137 3
	西部	东部	0.916 7	0.609 1	0.138	−0.303 9	2.137 3
		北部	−1.250 0*	0.609 1	0.045	−2.470 6	$-2.940\ 7\times10^{-2}$
		中部	−1.083 3	0.609 1	0.081	−2.303 9	0.137 3
		南部	0.833 3	0.609 1	0.177	−0.387 3	2.053 9
	南部	东部	8.333×10^{-2}	0.609 1	0.892	−1.137 3	1.303 9
		北部	−2.083 3*	0.609 1	0.001	−3.303 9	−0.862 7
		中部	−1.916 7*	0.609 1	0.003	−3.137 3	−0.696 1
		西部	−0.833 3	0.609 1	0.177	−2.053 9	0.387 3
事后检验	东部	北部	−2.166 7	0.609 1	0.068	−4.436 1	0.102 8
		中部	−2.000 0	0.609 1	0.124	−4.314 3	0.314 3
		西部	−0.916 7	0.609 1	0.925	−3.251 6	1.418 3
		南部	$-8.333\ 3\times10^{-2}$	0.609 1	1.000	−2.375 7	2.209 0
	北部	东部	2.166 7	0.609 1	0.068	−0.102 8	4.436 1
		中部	0.166 7	0.609 1	1.000	−1.409 7	1.743 1
		西部	1.250 0	0.609 1	0.225	−0.368 8	2.868 8
		南部	2.083 3*	0.609 1	0.003	0.553 8	3.612 8
	中部	东部	2.000 0	0.609 1	0.124	−0.314 3	4.314 3
		北部	−0.166 7	0.609 1	1.000	−1.743 1	1.409 7
		西部	1.083 3	0.609 1	0.465	−0.619 5	2.786 2
		南部	1.916 7*	0.609 1	0.013	0.294 4	3.538 9
	西部	东部	0.916 7	0.609 1	0.925	−1.418 3	3.251 6
		北部	−1.250 0	0.609 1	0.225	−2.868 8	0.368 8
		中部	−1.083 3	0.609 1	0.465	−2.786 2	0.619 5
		南部	0.833 3	0.609 1	0.760	−0.829 2	2.495 8

续表

	(I)地区	(J)地区	标准差(I−J)	标准误差	显著性	99%置信区间	
						下限	上限
事后检验	南部	东部	8.333×10^{-2}	0.609 1	1.000	−2.209 0	2.375 7
		北部	−2.083 3*	0.609 1	0.003	−3.612 8	−0.553 8
		中部	−1.916 7*	0.609 1	0.013	−3.538 9	−0.294 4
		西部	−0.833 3	0.609 1	0.760	−2.495 8	0.829 2

*均值差的显著性水平为 0.05

表 9-5 是关于变量 x 的描述性统计分析结果，主要给出了五个地区的平均数、标准差、95%置信度的置信区间以及最大值和最小值。

表 9-6 是关于变量 x 来自于五个总体（五个地区）方差齐性的检验结果。结果表明，变量 x 的方差是齐性的，即五个地区交通事故发生数的方差是相等的，这样就满足了方差分析的一个最重要的条件。

表 9-7 是方差分析表。由表 9-7 可知，方差总平方和是 172.850，组间平方和是 50.433，组内平方和是 122.417，F 值是 5.665，显著性水平是 0.1%。所以，应该拒绝原假设 H_0，即五个地区 10 年间每周发生的交通事故次数存在显著差异。可见，SPSS 的分析结果与手工计算结果是完全一致的。

表 9-8 是两两多重比较检验的结果，给出了所选择的 LSD 和 Tamhane's T2 的两两检验的结果。由于前面已经得出方差具有齐性的结论，所以这里应当读取“方差具有齐性”的 LSD 的检验结果（即表 9-8 的前面部分）。结果表明，在 $\alpha=5\%$ 的显著性水平下，某省在 10 年间每周发生的交通事故次数在一些地区两两之间存在显著差异（相应的数字右上角标有“*”）。

第三节 随机区组设计的方差分析

在单因素完全随机化实验设计的方差分析中，人们通常把实验数据的方差总平方和分解为由实验处理因素引起的组间平方和以及由实验误差因素引起的组内平方和两部分。实际上，人们将组内变异理解为实验误差，从而使单因素完全随机化实验设计隐藏一个不可忽视的缺陷。事实上，组内平方和不仅反映了实验的随机误差，而且也反映了实验组内被试间的个别差异。单因素完全随机化实验设计把可以控制的个别差异作为随机误差而不加以控制，从而增大了实验误差，这是单因素完全随机化实验设计的缺陷。

一、随机区组设计方差分析的基本原理

当我们进行实验时，总希望得出的实验误差尽可能小。单因素随机化区组实验设计（randomized block design）就是从实验误差中将被试的个别差异区分出来，从而增加实验数据的有效信息，降低实验误差的一种实验设计方法。

随机区组设计的早期应用是在农业田间实验研究上。在农业上，当进行不同品种作物的实验时，需要考虑水分、土质等土壤因素对不同品种作物的影响。因此，按水分、土质等土壤因素把土地划分成一块一块的“区域”，每块“区域”中土壤因素基本相同，然后把每一“区域”再分成小“区”，每个小“区”种植一个品种，以比较在同一“区域”下不同品种作物的差异，每一块“区域”叫做一个区组。后来这个区组的概念也沿用到农业以外的其他研究领域。

随机化区组设计，简称随机区组设计。随机区组设计只安排一种实验处理因素，同时控制一种非实验处理因素。把被试对象分配成若干个区组，同一区组内的被试对象的非处理因素大致相近，不同区组间被试对象的非处理因素有差距。例如，比较甲、乙、丙三种激励政策对公共组织的影响，为了控制公共组织个体差异的影响，可选择 n 个公共组织，将每个公共组织随机分配给甲、乙、丙三种激励政策。这种设计就是随机区组设计。

随机区组设计与完全随机设计相比，它的主要优点是考虑到个别差异对实验结果的影响（即区组效应），而把实验单元（被试）划分为几个区组，并在统计计算上将这种影响从组内误差中分离出来，从而进一步反映出实验处理的作用。但这种实验设计也有不足之处，主要是使区组内的被试保持同质性有很大的困难。如果在同一个区组内的被试个体差异较大，就会出现较大的误差，可能还会得出错误的研究结论。

随机区组实验设计的原则是同一区组内的被试应尽量“同质”，每一区组内被试的人数分配可以分为三种情况：①一名被试作为一个区组。这时每名被试（区组）均需接受全部处理，在接受处理的顺序上要采用随机化的方法。②每个区组内被试的人数是实验处理数的整数倍。③区组内的基本单元不是一名被试或几名被试，而是以一个团体为单元。总之，每一区组应该接受全部实验处理；每一种实验处理在不同的区组中重复的次数应该相同。

单因素随机区组实验设计的基本模式如表 9-9 所示。

表 9-9 单因素随机区组实验设计的基本模式

实验处理	区组						合计 $x_{i.}$	平均 $\bar{x}_{i.}$
	B_1	B_2	…	B_j	…	B_b		
A_1	x_{11}	x_{12}	…	x_{1j}	…	x_{1b}	$x_{1.}$	$\bar{x}_{1.}$
A_2	x_{21}	x_{22}	…	x_{2j}	…	x_{2b}	$x_{2.}$	$\bar{x}_{2.}$
⋮	⋮	⋮	…	⋮	…	⋮	⋮	⋮
A_i	x_{i1}	x_{i2}	…	x_{ij}	…	x_{ib}	$x_{i.}$	$\bar{x}_{i.}$
⋮	⋮	⋮	…	⋮	…	⋮	⋮	⋮
A_a	x_{a1}	x_{a2}	…	x_{aj}	…	x_{ab}	$x_{a.}$	$\bar{x}_{a.}$
合计 $x_{.j}$	$x_{.1}$	$x_{.2}$	…	$x_{.j}$	…	$x_{.b}$	$x_{..}$	$\bar{x}_{..}$
平均 $\bar{x}_{.j}$	$\bar{x}_{.1}$	$\bar{x}_{.2}$	…	$\bar{x}_{.j}$	…	$\bar{x}_{.b}$		

在这个模式中，A_1，A_2，A_3，…，A_a 表示 a 个实验处理，区组的个数为 b，每个区组可以是一名被试，也可以是一个被试组集合。x_{1j}，x_{2j}，…，x_{ij}，…，x_{aj} 表示第 j 个区

组实验处理后的实验结果。对这样的实验设计所获得的数据进行方差分析就称为随机区组设计的方差分析。

随机区组实验设计方差分析的数学模型如下：

$$\begin{cases} y_{ij} = \mu + \alpha_i + \beta_j + \varepsilon_{ij} \\ \sum_{i=1}^{r} \alpha_i = 0, \quad \sum_{j=1}^{s} \beta_j = 0 \qquad (i = 1,2,3,\cdots,r; \quad j = 1,2,3,\cdots,s) \\ \varepsilon_{ij} \sim \mathrm{N}(0,\sigma^2) \text{且相互独立} \end{cases}$$

由此可见，随机区组实验设计的数据结果和方差分析方法完全类同无重复条件下的双因素实验设计的方差分析。

二、随机区组设计方差分析的基本过程

（1）建立假设。

原假设：H_{01}：$\alpha_1=\alpha_2=\cdots=\alpha_r=0$，即所有实验处理水平的总体平均数是相等的，不存在实验处理效应。

H_{02}：$\beta_1=\beta_2=\cdots=\beta_s=0$，即所有区组水平的总体平均数是相等的，不存在区组效应。

（2）将总方差的平方和分解为组间平方和、组内平方和与误差平方和。

$$\begin{aligned} \mathrm{SST} &= \sum_{i=1}^{a}\sum_{j=1}^{b}\left(x_{ij} - \bar{x}_{..}\right)^2 \\ &= \sum_{i=1}^{a}\sum_{j=1}^{b}\left[\left(x_{i.} - \bar{x}_{..}\right) + \left(\bar{x}_{.j} - \bar{x}_{..}\right) + \left(x_{ij} - \bar{x}_{i.} - \bar{x}_{.j} + \bar{x}_{..}\right)\right]^2 \\ &= \sum_{i=1}^{a}\sum_{j=1}^{b}\left(\bar{x}_{i.} - \bar{x}_{..}\right)^2 + \sum_{i=1}^{a}\sum_{j=1}^{b}\left(x_{.j} - \bar{x}_{..}\right)^2 + \sum_{i=1}^{a}\sum_{j=1}^{b}\left(x_{ij} - \bar{x}_{i.} - \bar{x}_{.j} + \bar{x}_{..}\right)^2 \\ &= \mathrm{SSA} + \mathrm{SSB} + \mathrm{SSE} \end{aligned}$$

$$\mathrm{SST} = \sum_{i=1}^{a}\sum_{j=1}^{b}\left(x_{ij} - \bar{x}_{..}\right)^2 = \sum_{i=1}^{a}\sum_{j=1}^{b} x_{ij}^2 - \frac{x_{..}^2}{ab}$$

$$\mathrm{SSA} = \sum_{i=1}^{a}\sum_{j=1}^{b}\left(x_{i.} - \bar{x}_{..}\right)^2 = \sum_{i=1}^{a}\frac{x_{i.}^2}{b} - \frac{x_{..}^2}{ab}$$

$$\mathrm{SSB} = \sum_{i=1}^{a}\sum_{j=1}^{b}\left(x_{.j} - \bar{x}_{..}\right)^2 = \sum_{j=1}^{b}\frac{x_{.j}^2}{a} - \frac{x_{..}^2}{ab}$$

$$\mathrm{SSE}=\mathrm{SST}-\mathrm{SSA}-\mathrm{SSB}$$

（3）计算自由度。

总自由度为

$$\mathrm{df}_T = ab-1$$

实验处理（A 因素）的自由度为

$$\mathrm{df}_A = a-1$$

区组（B 因素）的自由度为

$$\mathrm{df}_B = b-1$$

误差自由度为

$$df_e= df_T - df_A- df_B = (a-1)(b-1)$$

相应均方为

$$MS_A = SS_A / df_A，MS_B = SS_B / df_B，MS_e = SS_e / df_e$$

（4）给出方差分析表，并计算 F 统计量的值（表 9-10）。

表 9-10 方差分析（二）

方差来源	方差平方和	自由度	均方	F 统计量
实验处理（A 因素）效应	SSA	$a-1$	MSA=SSA/（$a-1$）	F（A）=MSA/MSE
区组（B 因素）效应	SSB	$b-1$	MSB=SSB/（$b-1$）	F（B）=MSB/MSE
误差	SSE	（$a-1$）（$b-1$）	MSE=SSE/（$a-1$）（$b-1$）	
总方差	SST	$ab-1$		

（5）在给定的显著性水平下查得 F 的临界值，并进行决策。

当 F 小于临界值时，接受原假设；当 F 大于临界值时，拒绝原假设。

三、随机区组设计方差分析的实例

【例 9-2】 有四种企业技术创新专利激励政策（A 因素），分别设为 A_1、A_2、A_3、A_4。为了研究这四种专利激励政策的激励效果，按随机区组实验设计的原则，将企业分为“技术创新能力强”、“技术创新能力较强”、“技术创新能力一般”和“技术创新能力差”四种类型（即区组，B 因素），分别设为 B_1、B_2、B_3、B_4。现分别从每种类型企业中随机抽取 4 家企业（共 16 家），它们分别被随机地分配参加一种企业技术创新能力专利激励政策的实验研究。经过两年时间后，对企业的年均发明专利增长率进行统计，结果如表 9-11 所示。试比较这四种企业技术创新专利激励政策的激励效果是否有显著的差别？

表 9-11 企业年均发明专利增长率（一）（单位：%）

专利激励政策（A 因素）	区组（B 因素）			
	B_1	B_2	B_3	B_4
A_1	8	10	9	9
A_2	17	20	19	18
A_3	25	26	23	24
A_4	30	29	31	28

这是一个区组随机化实验设计的实验结果。A 因素（专利激励政策）有 4 个水平，即 a=4；B 因素（区组）也有 4 个水平，即 b=4，共有 16（$a \times b$=4 × 4）个观测值。

随机区组实验设计方差分析的基本程序完全类同于单因素完全随机化实验设计的方差分析。由于采用手工计算过程更为繁杂，所以仅运用 SPSS 对其进行方差分析，基本程序如下：

（1）将专利激励政策变量设为“a”，区组变量设为“b”，这两个变量均是分类变量，各自有 4 个水平，用 1、2、3、4 表示，将激励效果变量设为“*x*”。

（2）将表 9-11 的数据输入 SPSS，建立 SPSS 数据文件（SPSS 数据文件见本书配套的数据文件“SPSS9-方差分析 2”）。

（3）选择主菜单［Analyze］→［General Linear Model］→［Univariate］，如图 9-5 所示。

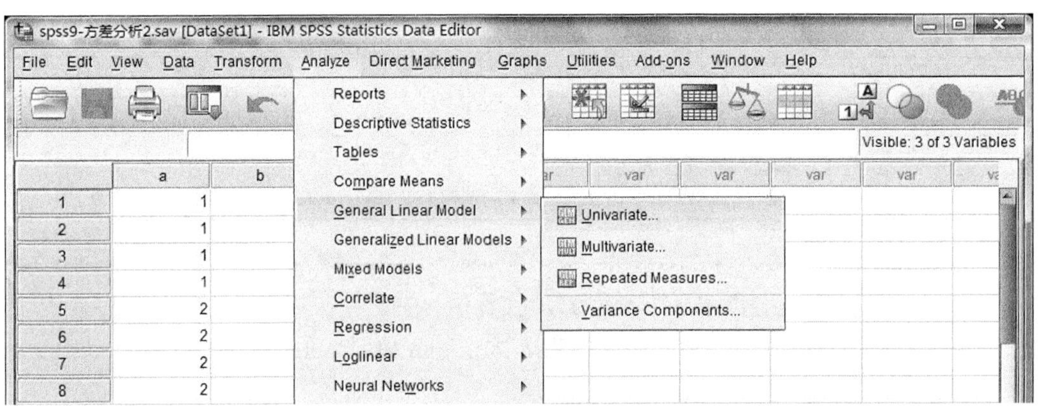

图 9-5 单变量软件示意图

（4）打开方差分析对话框，并将变量 *x* 送入［Dependent Variable］框中，把变量 *a* 和 *b* 送入［Fixed Factor（s）］框中，如图 9-6 所示。

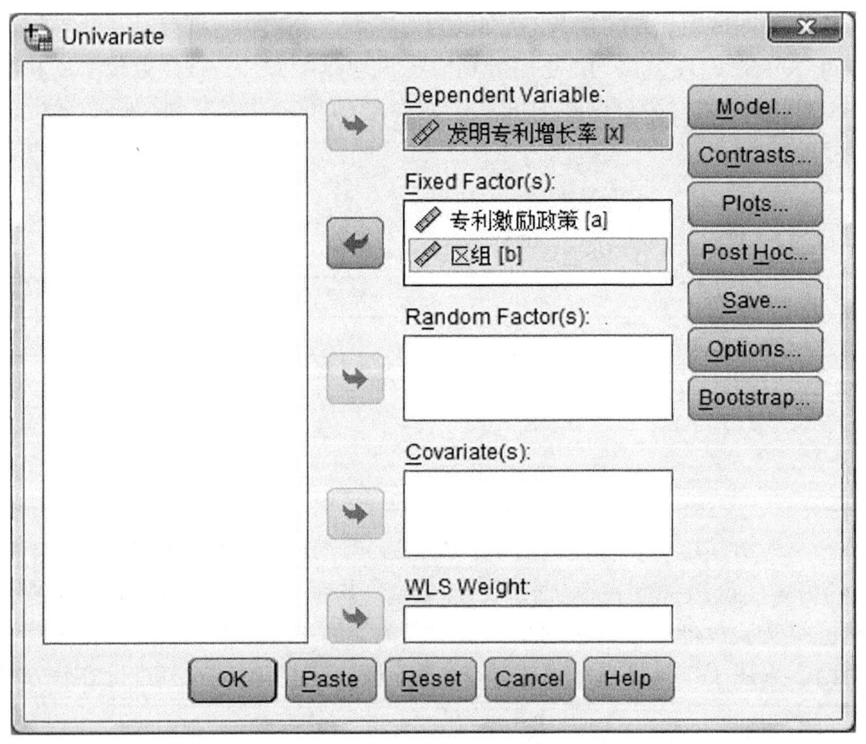

图 9-6 ［Univariate］对话框示意图

（5）打开［Model］模块，点击［Custom］（用户自定义模式），并做出如图 9-7 所示的选项，并点击［Continue］。

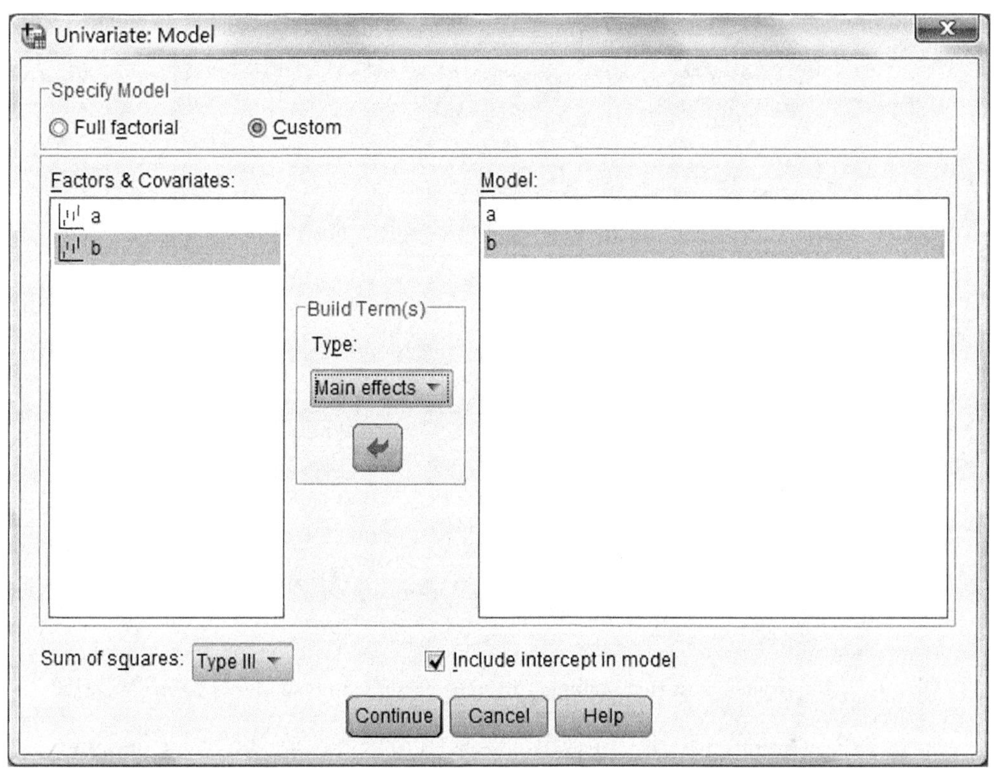

图 9-7 ［Univariate：Model］对话框示意图

（6）打开［Contrasts］模块，并做出如图 9-8 所示的选项，并点击［Continue］。

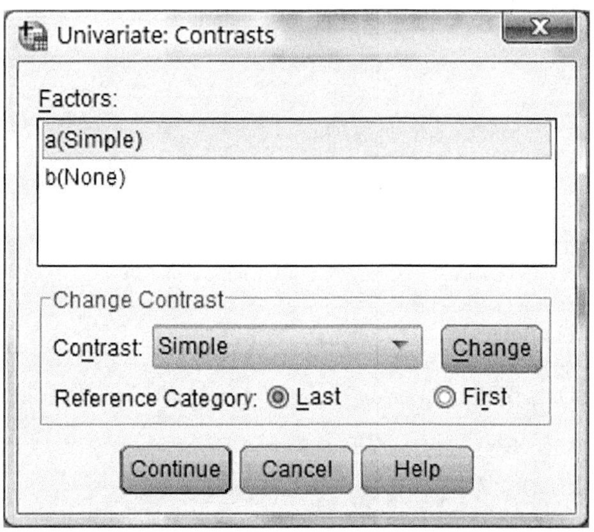

图 9-8 ［Univariate：Contrasts］对话框示意图

（7）打开［Post Hoc］模块，并做出如图 9-9 所示的选项，并点击［Continue］（SPSS 17 之后的版本，包括本书所采用的 SPSS 20 版本，其 Equal Variances Not Assumed 选项为灰色，无法勾选，图 9-9 为 SPSS 16 版本截图）。

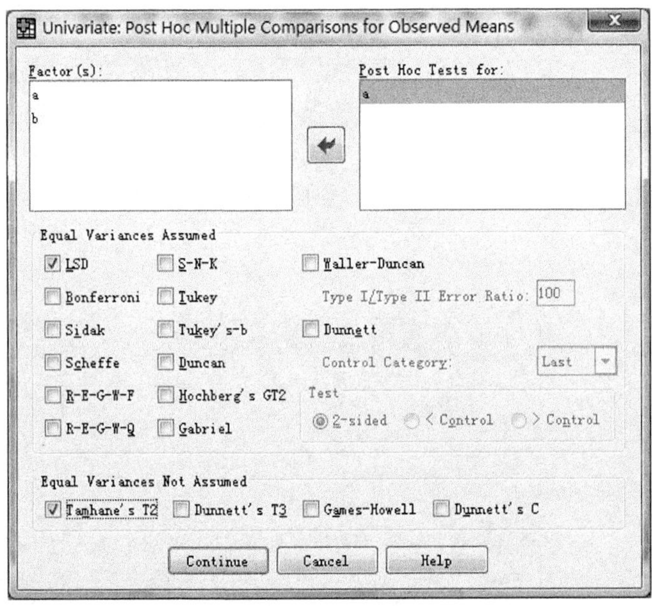

图 9-9 ［Univariate：Post Hoc Multiple Comparisons for Observed Means］对话框示意图

（8）打开［Options］模块，并做出如图 9-10 所示的选项，点击［Continue］。

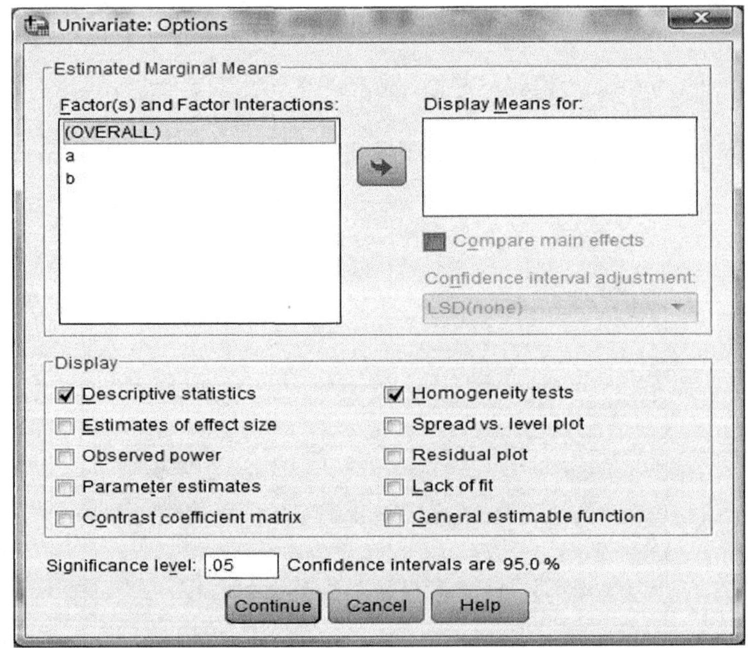

图 9-10 ［Univariate：Options］对话框示意图

（9）点击［OK］，输出方差分析结果。

SPSS 运算主要的输出结果如表 9-12~表 9-16 所示。

表 9-12 误差方差等同性的 Levene 检验（一）[a]

F	df1	df2	显著性
.	15	0	.

a 设计：截距+A+B

注：检验零假设，即在所有组中因变量的误差方差均相等

表 9-13 主体间效应的检验（一）

源	Ⅲ型平方和	df	均方	F	显著性
校正模型	938.000	6	156.333	119.745	0.000
截距	6 642.250	1	6 642.250	5 087.681	0.000
A	932.750	3	310.917	238.149	0.000
B	5.250	3	1.750	1.340	0.321
误差	11.750	9	1.306		
合计	7 592.000	16			
校正的合计	949.750	15			

注：$R^2 = 0.988$（调整 $R^2 = 0.979$）

表 9-14 对比结果（K Matrix）[a]

			因变量
简单对比			X
水平 1 vs. 水平 4	对比估量		−20.500
	假设值		0
	差别（假设估量）		−20.500
	标准误差		0.808
	显著性		0.000
	95%的置信区间	下限	−22.328
		上限	−18.672
水平 2 vs. 水平 4	对比估量		−11.000
	假设值		0
	差别（假设估量）		−11.000
	标准误差		0.808
	显著性		0.000
	95%的置信区间	下限	−12.828
		上限	−9.172

续表

			因变量
简单对比			X
水平 3 vs. 水平 4	对比估量		−5.000
	假设值		0
	差别（假设估量）		−5.000
	标准误差		0.808
	显著性		0.000
	95%的置信区间	下限	−6.828
		上限	−3.172

a 参考类别= 4

表 9-15　检测结果

源	平方和	df	均方差	F	显著性
对比	932.750	3	310.917	238.149	0.000
误差	11.750	9	1.306		

表 9-16　多重比较（二）

	（I）A	（J）A	均值差值（I−J）	标准误差	显著性	95%的置信水平	
						下限	上限
最小显著差别	1	2	−9.500 0*	0.807 9	0.000	−11.327 7	−7.672 3
		3	−15.500 0*	0.807 9	0.000	−17.327 7	−13.672 3
		4	−20.500 0*	0.807 9	0.000	−22.327 7	−18.672 3
	2	1	9.500 0*	0.807 9	0.000	7.672 3	11.327 7
		3	−6.000 0*	0.807 9	0.000	−7.827 7	−4.172 3
		4	−11.000 0*	0.807 9	0.000	−12.827 7	−9.172 3
	3	1	15.500 0*	0.807 9	0.000	13.672 3	17.327 7
		2	6.000 0*	0.807 9	0.000	4.172 3	7.827 7
		4	−5.000 0*	0.807 9	0.000	−6.827 7	−3.172 3
	4	1	20.500 0*	0.807 9	0.000	18.672 3	22.327 7
		2	11.000 0*	0.807 9	0.000	9.172 3	12.827 7
		3	5.000 0*	0.807 9	0.000	3.172 3	6.827 7
事后检验	1	2	−9.500 0*	0.807 9	0.000	−12.682 3	−6.317 7
		3	−15.500 0*	0.807 9	0.000	−18.682 3	−12.317 7
		4	−20.500 0*	0.807 9	0.000	−23.682 3	−17.317 7
	2	1	9.500 0*	0.807 9	0.000	6.317 7	12.682 3
		3	−6.000 0*	0.807 9	0.004	−9.509 7	−2.490 3
		4	−11.000 0*	0.807 9	0.000	−14.509 7	−7.490 3

续表

	（I）A	（J）A	均值差值（I–J）	标准误差	显著性	95%的置信水平	
						下限	上限
事后检验	3	1	15.500 0*	0.807 9	0.000	12.317 7	18.682 3
		2	6.000 0*	0.807 9	0.004	2.490 3	9.509 7
		4	−5.000 0*	0.807 9	0.009	−8.509 7	−1.490 3
	4	1	20.500 0*	0.807 9	0.000	17.317 7	23.682 3
		2	11.000 0*	0.807 9	0.000	7.490 3	14.509 7
		3	5.000 0*	0.807 9	0.009	1.490 3	8.509 7

* 均值差值的显著水平为 0.05

注：Tamhane 的检验结果是在 SPSS 16 中运行得到的；基于观测到的均值

表 9-12 是方差齐性检验的结果。在【例 9-2】中误差项的自由度（df2）为 0，所以 F 统计量的分母误差项的方差（即误差项的方差/自由度）不存在，因此 F 统计量的值无法显示。

表 9-13 是方差分析的总结果，分别给出截距（intercept）、A 因素（专利激励政策）、B 因素（区组）和误差项平方和、自由度和均方值。A 因素效应的 F 统计量的值为 238.149，达到了高度的统计显著性水平（P=0.000），而 B 因素效应的 F 统计量的值为 1.340，没有达到统计显著性水平。因此，A 因素（专利激励政策）对企业发明专利年均增长率的影响是显著的，而 B 因素（企业类型或区组）的影响是非显著的。R^2=0.988，即表明 A 和 B 两个因素对企业发明专利年均增长率的方差总解释能力达到了 98.8%。

表 9-14 是关于 A 因素（专利激励政策）第 1、第 2、第 3 三个水平与第 4 水平激励效果的对比分析结果。统计检验结果表明，三个水平与第 4 水平平均数差值均达到了高度统计显著性水平（结果均为 P=0.000）。这表明，第 1、第 2、第 3 三个水平与第 4 水平激励效果存在显著性差异。

表 9-15 是关于 A 因素（专利激励政策）的方差分析结果。结果显示，A 因素（专利激励政策）对企业发明专利年均增长率的影响是显著的。

表 9-16 是关于 A 因素（专利激励政策）效应的多重比较结果，“*” 表示在 $\alpha=5\%$ 的显著性水平下，A 因素的两个不同水平企业发明专利年均增长率存在显著性差别。

第四节 双因素实验设计的方差分析

本章第二节和第三节讨论了单因素实验中的方差分析，但在实际工作中，经常会遇到多因素实验问题，往往需要同时研究几种因素对实验结果的影响。

在公共管理研究中需要同时研究两种不同的政策（如金融政策和财政政策）对企业自主创新的影响。这样的问题就存在两个因素：一个因素是金融政策的类型（或强度）；另一个因素是财政政策的类型（或强度）。二者同时影响企业自主创新的能力。我们希望通过研究可以了解最能激励企业自主创新能力的金融政策和财政政策的类型（或强度）。由于有两个因素的影响，所以就产生一个新问题：不同类型的金融政策和不同类型的财政政策对企业自主创新的联合影响不一定是它们分别对企业自主创新能力影响的叠加，也就是说，金融政策类型和财政政策类型要搭配得当才能最有效地激励企业自主创新，这类各因素的不同水平的搭配所产生的影响在统计学中称为交互作用。各因素间是否存在交互作用是多因素方差分析中产生的新问题。

如果在一项试验中只有两个因素在改变，而其他因素保持不变，则称为双因素试验。双因素试验的方差分析就是观察两个因素的不同水平对研究对象的影响是否有显著性的差异。根据是否考虑两个因素的交互作用，可将双因素方差分析分为双因素重复试验的方差分析和双因素无重复试验的方差分析。双因素无重复实验的方差分析问题完全类同于随机区组实验设计的方差分析，所以本节不再讨论，只讨论双因素有重复实验设计的方差分析。

一、双因素有重复实验方差分析的基本原理

设 A 与 B 两因素分别具有 a 与 b 个水平，共有 ab 个水平组合，每个水平组合有 n 次重复，则全试验共有 abn 个观测值。

双因素有重复观测值实验设计方差分析的数据模式如表 9-17 所示。

表 9-17 双因素有重复观测值实验设计方差分析的数据模式

A 因素		B 因素				A_i 合计 $x_{i..}$	A_i 平均 $\bar{x}_{i..}$
		B_1	B_2	···	B_b		
A_1	x_{1jl}	x_{111}	x_{121}	···	x_{1b1}	$x_{1..}$	$\bar{x}_{1..}$
		x_{112}	x_{122}	···	x_{1b2}		
		⋮	⋮		⋮		
		x_{11n}	x_{12n}	···	x_{1bn}		
	$x_{1j.}$	$x_{11.}$	$x_{12.}$	···	$x_{1b.}$		
	$\bar{x}_{1j.}$	$\bar{x}_{11.}$	$\bar{x}_{12.}$	···	$\bar{x}_{1b.}$		
A_2	x_{2jl}	x_{211}	x_{221}	···	x_{2b1}	$x_{2..}$	$\bar{x}_{2..}$
		x_{212}	x_{222}	···	x_{2b2}		
		⋮	⋮		⋮		
		x_{21n}	x_{22n}	···	x_{2bn}		
	$x_{2j.}$	$x_{21.}$	$x_{22.}$	···	$x_{2b.}$		
	$\bar{x}_{2j.}$	$\bar{x}_{21.}$	$\bar{x}_{22.}$	···	$\bar{x}_{2b.}$		
⋮	⋮	⋮	⋮	⋮	⋮	⋮	⋮
A_a	x_{ajl}	x_{a11}	x_{a21}	···	x_{ab1}	$x_{a..}$	$\bar{x}_{a..}$
		x_{a12}	x_{a22}	···	x_{ab2}		
		⋮	⋮		⋮		
		x_{a1n}	x_{a2n}	···	x_{abn}		
	$x_{aj.}$	$x_{a1.}$	$x_{a2.}$	···	$x_{ab.}$		
	$\bar{x}_{aj.}$	$\bar{x}_{a1.}$	$\bar{x}_{a2.}$	···	$\bar{x}_{ab.}$		
B_j 合计 $x_{.j.}$		$x_{.1.}$	$x_{.2.}$	···	$x_{.b.}$	$x_{...}$	
B_j 平均 $\bar{x}_{.j.}$		$\bar{x}_{.1.}$	$\bar{x}_{.2.}$	···	$\bar{x}_{.b.}$		$\bar{x}_{...}$

双因素有重复实验方差分析的数学模型为

$$\begin{cases} y_{ijk}=\mu+\alpha_i+\beta_i+\gamma_{ij}+\varepsilon_{ijk} \quad (i=1,\cdots,r;\ j=1,\cdots,s;\ k=1,\cdots,\ t) \\ \sum_{i=1}^{r}\alpha_i=0,\ \ \sum_{j=1}^{s}\beta_j=0,\ \ \sum_{i=1}^{r}\gamma_{ij}=0,\ \ \sum_{j=1}^{s}\gamma_{ij}=0 \\ \varepsilon_{ijk}\sim \mathrm{N}\left(0,\sigma^2\right)\text{且相互独立} \end{cases}$$

式中，μ 为总平均数；α_i 和 β_j 分别为 A_i、B_j 的主效应；（$\alpha\beta$）$_{ij}$ 为 A_i 与 B_j 的交互效应（interaction effect），$\alpha_i=\mu_{i.}-\mu$，$\beta_j=\mu_{.j}-\mu$，$(\alpha\beta)_{ij}=\mu_{ij}-\mu_{i.}-\mu_{.j}+\mu$，$\mu_{i.}$、$\mu_{.j}$ 和 μ_{ij} 分别为 A_i、B_j、A_iB_j 观测值的总体平均数；且 $\sum_{i=1}^{n}\alpha_i=0$，$\sum_{j=1}^{b}\beta_j=0$，$\sum_{i=1}^{n}(\alpha\beta)_{ij}=\sum_{j=1}^{b}(\alpha\beta)_{ij}=\sum_{i=1}^{a}\sum_{j=1}^{b}(\alpha\beta)_{ij}=0$。

在表 9-17 中，

$$x_{ij.}=\sum_{l=1}^{n}x_{ijl},\qquad \overline{x}_{ij.}=\sum_{l=1}^{n}x_{ijl}/n$$

$$x_{i..}=\sum_{j=1}^{b}\sum_{l=1}^{n}x_{ijl},\qquad \overline{x}_{i..}=\sum_{j=1}^{b}\sum_{l=1}^{n}x_{ijl}/bn$$

$$x_{.j.}=\sum_{i=1}^{a}\sum_{l=1}^{n}x_{ijl},\qquad \overline{x}_{.j.}=\sum_{i=1}^{a}\sum_{l=1}^{n}x_{ijl}/an$$

$$x_{...}=\sum_{i=1}^{a}\sum_{j=1}^{b}\sum_{l=1}^{n}x_{ijl},\quad \overline{x}_{...}=\sum_{i=1}^{a}\sum_{j=1}^{b}\sum_{l=1}^{n}x_{ijl}/abn$$

二、双因素有重复实验方差分析的基本过程

（1）建立假设。

行因素 A 的检验（即检验因素 A 的每个水平 A_i 的效应 α_i 是否都等于零）。

$$\mathrm{H}_{01}:\ a_1=a_2=\cdots=a_r=0$$

$$\mathrm{H}_{11}:\ \text{至少有一个}\ a_i\ \text{不为零}$$

列因素 B 的检验（即检验因素 B 的每个水平 B_j 的效应 β_j 是否都等于零）。

$$\mathrm{H}_{02}:\ \beta_1=\beta_2=\cdots=\beta_s=0$$

$$\mathrm{H}_{12}:\ \text{至少有一个}\ \beta_j\ \text{不为零}$$

因素 A、B 交互作用 $I=A\bullet B$ 的检验（即检验因素 A 与因素 B 搭配的每对组合 $\left(A_i\bullet B_j\right)$ 的效应 γ_{ij} 是否都等于零）。

$$\mathrm{H}_{03}:\ \gamma_{11}=\gamma_{12}=\cdots=\gamma_{rs}=0$$

$$\mathrm{H}_{13}:\ \text{至少有一个}\ \gamma_{ij}\ \text{不为零}$$

（2）将总平方和进行分解。

$$\begin{aligned}\mathrm{SST} &= \sum_{i=1}^{a}\sum_{j=1}^{b}\sum_{k=1}^{c}\left(x_{ijk}-\bar{x}_{\dots}\right)^2\\ &= \sum_{i=1}^{a}\sum_{j=1}^{b}\sum_{k=1}^{c}\left[\left(\bar{x}_{i..}-\bar{x}_{\dots}\right)+\left(\bar{x}_{.j.}-\bar{x}_{\dots}\right)+\left(\bar{x}_{ij.}-\bar{x}_{i..}-\bar{x}_{.j.}+\bar{x}_{\dots}\right)+\left(x_{ijk}-\bar{x}_{ij.}\right)\right]^2\\ &= \sum_{i=1}^{a}\sum_{j=1}^{b}\sum_{k=1}^{c}\left(\bar{x}_{i..}-\bar{x}_{\dots}\right)^2+\sum_{i=1}^{a}\sum_{j=1}^{b}\sum_{k=1}^{c}\left(\bar{x}_{.j.}-\bar{x}_{\dots}\right)^2+\sum_{i=1}^{a}\sum_{j=1}^{b}\sum_{k=1}^{c}\left(\bar{x}_{ij.}-\bar{x}_{i..}-\bar{x}_{.j.}+\bar{x}_{\dots}\right)^2\\ &\quad+\sum_{i=1}^{a}\sum_{j=1}^{b}\sum_{k=1}^{c}\left(x_{ijk}-\bar{x}_{ij.}\right)^2\\ &= \mathrm{SSA}+\mathrm{SSB}+\mathrm{SSAB}+\mathrm{SSE}\end{aligned}$$

$$\mathrm{SST}=\sum_{i=1}^{a}\sum_{j=1}^{b}\sum_{k=1}^{c}\left(x_{ijk}-\bar{x}_{\dots}\right)^2=\sum_{i=1}^{a}\sum_{j=1}^{b}\sum_{k=1}^{c}x_{ijk}^2-\frac{x_{\dots}^2}{abc}$$

$$\mathrm{SSA}=\sum_{i=1}^{a}\sum_{j=1}^{b}\sum_{k=1}^{c}\left(x_{i..}-\bar{x}_{\dots}\right)^2=\sum_{i=1}^{a}\frac{x_{i..}^2}{bc}-\frac{x_{\dots}^2}{abc}$$

$$\mathrm{SSB}=\sum_{i=1}^{a}\sum_{j=1}^{b}\sum_{k=1}^{c}\left(x_{.j.}-\bar{x}_{\dots}\right)^2=\sum_{j=1}^{b}\frac{x_{.j.}^2}{ac}-\frac{x_{\dots}^2}{abc}$$

$$\mathrm{SST}=\sum_{i=1}^{a}\sum_{j=1}^{b}\sum_{k=1}^{c}\left(x_{ijk}-\bar{x}_{ij.}\right)^2=\sum_{i=1}^{a}\sum_{j=1}^{b}\sum_{k=1}^{c}x_{ijk}^2-\sum_{i=1}^{a}\sum_{j=1}^{b}\frac{x_{ij.}^2}{c}$$

$$\mathrm{SSAB}=\mathrm{SST}-\mathrm{SSA}-\mathrm{SSB}-\mathrm{SSE}$$

（3）构造 F 检验统计量，列出方差分析表（表 9-18）。

表 9-18 方差分析（三）

方差来源	平方和	自由度	均方	F 统计量
A 因素效应	SSA	$a-1$	MSA=SSA/（$a-1$）	F_A=MSA/MSE
B 因素效应	SSB	$b-1$	MSB=SSB/（$b-1$）	F_B=MSB/MSE
A 和 B 因素交互效应	SSAB	（$a-1$）（$b-1$）	MSB=SSAB/（$a-1$）（$b-1$）	F_{AB}=MSB/MSE
误差	SSE	ab（$n-1$）	MSE=SSE/ ab（$n-1$）	
总方差	SST	$abn-1$		

（4）在给定的显著性水平下，查 F 分布表，得到临界值，并做出决策。

当观察值 $F_A > F_{1-\alpha}((a-1),ab(n-1))$ 时，拒绝 H_{01}，否则接受 H_{01}。

当观察值 $F_B > F_{1-\alpha}((b-1),ab(n-1))$ 时，拒绝 H_{02}，否则接受 H_{02}。

当观察值 $F_{AB} > F_{1-\alpha}((a-1)(b-1),ab(n-1))$ 时，拒绝 H_{03}，否则接受 H_{03}。

三、双因素有重复实验方差分析的实例

【例 9-3】 有四种企业技术创新专利激励政策（A 因素），分别设为 A_1、A_2、A_3、A_4。为了研究这四种专利激励政策的激励效果，按随机区组实验设计的原则，将企业分为“技术创新能力强”、“技术创新能力较强”、“技术创新能力一般”和“技术创新能力

差”四种类型（即区组，B 因素），分别设为 B_1、B_2、B_3、B_4。现分别从每一种类型的企业中随机地抽取 16 家企业（共 64 家企业），每 4 家企业一组被随机地分配参加一种企业技术创新能力专利激励政策的实验研究。经过两年时间，对企业的年均发明专利增长率进行统计，结果如表 9-19 所示。试分析企业技术创新专利激励政策、企业类型及其交互作用的效应。

表 9-19 企业年均发明专利增长率（二）（单位：%）

专利激励政策（A 因素）	区组（B 因素）			
	B_1	B_2	B_3	B_4
A_1	7	9	9	7
	8	10	8	8
	6	8	12	9
	9	11	7	10
A_2	17	20	19	18
	18	21	20	16
	19	19	18	17
	16	22	17	19
A_3	25	26	23	24
	24	27	24	23
	26	28	22	25
	23	25	21	26
A_4	30	29	31	28
	29	30	29	29
	31	28	32	27
	32	27	33	30

这是一个双因素有重复实验设计的方差分析问题。A 因素（专利激励政策）有 4 个水平，即 $a=4$；B 因素（区组）也有 4 个水平，即 $b=4$；$n=4$，共有 64（$a \times b \times n=4 \times 4 \times 4$）个观测值。

运用 SPSS 进行双因素有重复实验设计方差分析的基本程序如下：

（1）将专利激励政策变量设为“a”，区组变量设为“b”，这两个变量均是分类变量，各自有四个水平，用 1、2、3、4 来表示，将激励效果变量设为“x”。

（2）将表 9-19 的数据输入 SPSS，建立 SPSS 数据文件（SPSS 数据文件见本书配套的数据文件“SPSS9-方差分析 3”）。

（3）选择主菜单［Analyze］→［General Linear Model］→［Univariate］（图略）。

（4）打开方差分析对话框，并将变量 x 送入［Dependent Variable］框中，把变量 a 和 b 送入［Fixed Factor］框中（图略）。

（5）打开［Model］模块，点击［Custom］（用户自定义模式），并做出如图 9-11 所示的选项（注意在框中选择了［Interaction］），并点击［Continue］。

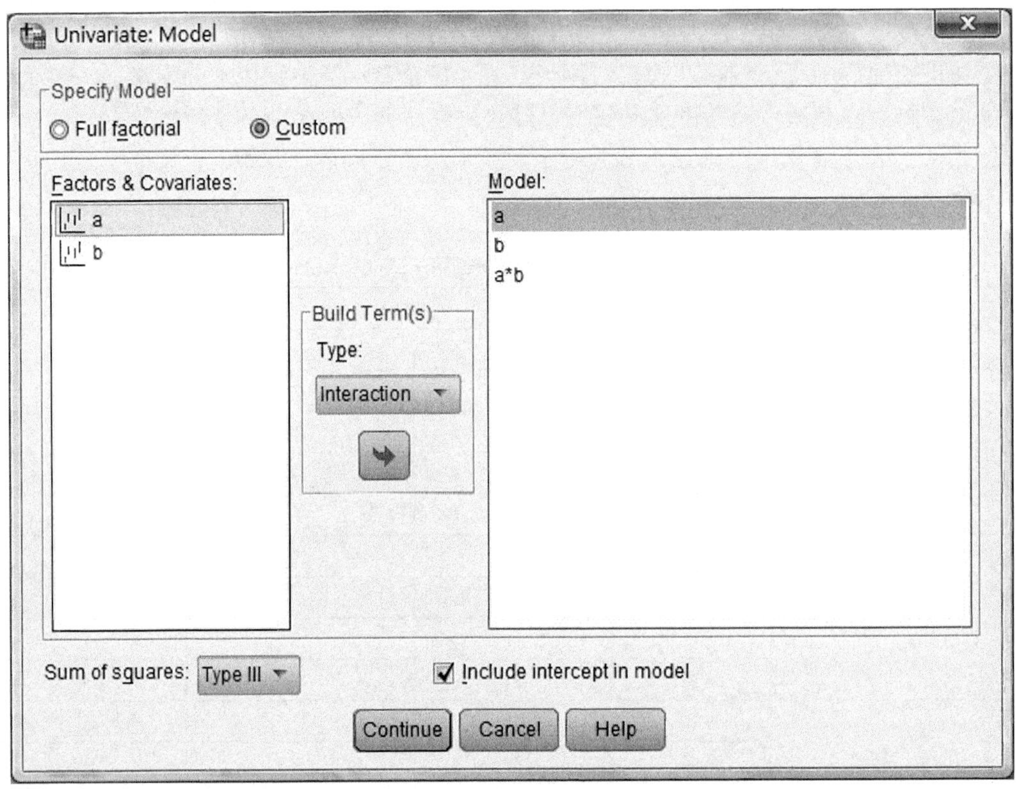

图 9-11 ［Univariate：Model］对话框示意图

（6）打开［Post Hoc］模块，并做出如图 9-9 所示的选项，并点击［Continue］。

（7）打开［Options］模块，并做出如图 9-10 所示的选项，并点击［Continue］。

（8）点击［OK］，输出方差分析结果。

在企业技术创新专利激励政策（*A* 因素）和企业类型（即区组，*B* 因素）两个因素作用下，企业年均专利增长率（%）的描述性统计结果如表 9-20 所示。该结果给出了平均值与标准差和。

表 9-20 描述性统计量（二）

A	*B*	均值	标准偏差	*N*
1	1	7.500 0	1.291 0	4
	2	9.400 0	1.140 2	5
	3	9.000 0	2.645 8	3
	4	8.500 0	1.291 0	4
	总计	8.625 0	1.586 4	16
2	1	17.500 0	1.291 0	4
	2	20.200 0	1.303 8	5
	3	18.333 3	1.527 5	3
	4	17.500 0	1.291 0	4
	总计	18.500 0	1.712 7	16

续表

A	B	均值	标准偏差	N
3	1	24.500 0	1.291 0	4
	2	25.800 0	1.923 5	5
	3	22.333 3	1.527 5	3
	4	24.500 0	1.291 0	4
	总计	24.500 0	1.861 9	16
4	1	30.500 0	1.291 0	4
	2	29.000 0	1.581 1	5
	3	31.333 3	2.081 7	3
	4	28.500 0	1.291 0	4
	总计	29.687 5	1.778 3	16
总计	1	20.000 0	8.914 4	16
	2	21.100 0	7.772 4	20
	3	20.250 0	8.550 7	12
	4	19.750 0	7.928 9	16
	总计	20.328 1	8.073 2	64

表 9-21 是方差齐性检验的结果。F 值为 0.579，P=0.876，表明因变量（x）的方差是相等的。

表 9-21 误差方差等同性的 Levene 检验（二）[a]

F	df1	df2	显著性
0.579	15	48	0.876

a 设计：截距+A+B+$A \cdot B$

注：检验零假设，即在所有组中因变量的误差方差均相等

表 9-22 是方差分析的结果，分别给出了截距、A 因素（专利激励政策）、B 因素（区组）、A 和 B 交互作用和误差项平方和、自由度和均方值，以及相关的 F 值和统计显著性水平。结果表明，A 因素（专利激励政策）、B 因素（区组）、A 和 B 交互作用对企业发明专利年均增长率的影响均是显著的。

表 9-22 主体间效应的检验（二）[a]

源	Ⅲ型平方和	df	均方	F	显著性
校正模型	3 997.309	15	266.487	117.568	0.000
截距	25 460.168	1	25 460.168	11 232.427	0.000
A	3 829.355	3	1 276.452	563.140	0.000
B	19.059	3	6.353	2.803	0.050
$A \cdot B$	53.328	9	5.925	2.614	0.015
误差	108.800	48	2.267		
总计	30 553.000	64			
校正的总计	4 106.109	63			

a R^2 =0.974（调整 R^2 =0.965）

表 9-23 是关于 A 因素（专利激励政策）效应的多重比较结果，“*” 表示在 $\alpha = 5\%$ 的显著性水平下，两个不同水平下，A 因素的企业发明专利年均增长率存在显著性差别。因为表 9-21 已经得出方差齐性的结论，所以 A 因素（专利激励政策）效应的多重比较结果应该看表 9-23 的上半部分，即 LSD 部分。

表 9-23 多重比较（三）

			均值差值（I–J）	标准误差	Sig.	95%置信区间	
	（I）A	（J）A				下限	上限
最小显著差别	1	2	−9.875 0*	0.532 3	0.000	−10.945 2	−8.804 8
		3	−15.875 0*	0.532 3	0.000	−16.945 2	−14.804 8
		4	−21.062 5*	0.532 3	0.000	−22.132 7	−19.992 3
	2	1	9.875 0*	0.532 3	0.000	8.804 8	10.945 2
		3	−6.000 0*	0.532 3	0.000	−7.070 2	−4.929 8
		4	−11.187 5*	0.532 3	0.000	−12.257 7	−10.117 3
	3	1	15.875 0*	0.532 3	0.000	14.804 8	16.945 2
		2	6.000 0*	0.532 3	0.000	4.929 8	7.070 2
		4	−5.187 5*	0.532 3	0.000	−6.257 7	−4.117 3
	4	1	21.062 5*	0.532 3	0.000	19.992 3	22.132 7
		2	11.187 5*	0.532 3	0.000	10.117 3	12.257 7
		3	5.187 5*	0.532 3	0.000	4.117 3	6.257 7
事后检验	1	2	−9.875 0*	0.532 3	0.000	−11.519 2	−8.230 8
		3	−15.875 0*	0.532 3	0.000	−17.600 1	−14.149 9
		4	−21.062 5*	0.532 3	0.000	−22.741 7	−19.383 3
	2	1	9.875 0*	0.532 3	0.000	8.230 8	11.519 2
		3	−6.000 0*	0.532 3	0.000	−7.781 9	−4.218 1
		4	−11.187 5*	0.532 3	0.000	−12.925 8	−9.449 2
	3	1	15.875 0*	0.532 3	0.000	14.149 9	17.600 1
		2	6.000 0*	0.532 3	0.000	4.218 1	7.781 9
		4	−5.187 5*	0.532 3	0.000	−7.000 4	−3.374 6
	4	1	21.062 5*	0.532 3	0.000	19.383 3	22.741 7
		2	11.187 5*	0.532 3	0.000	9.449 2	12.925 8
		3	5.187 5*	0.532 3	0.000	3.374 6	7.000 4

* 均值差值在 0.05 水平下显著

注：基于观测到的均值；误差项为均值方（错误）= 2.267

➢复习思考题

1. 简述方差分析的基本原理。
2. 简述方差分析的适用条件。

3. 简述方差分析的基本过程。

4. 什么叫单因素完全随机化设计方差分析？什么叫双因素有重复实验方差分析？比较分析它们的设计原则及优缺点。

5. 如何进行方差分析的显著性检验？

6. 结合某个研究课题，运用 SPSS 进行单因素完全随机化设计方差分析。

7. 结合某个研究课题，运用 SPSS 进行双因素有重复实验方差分析。

第十章

相关分析

自然界中的许多现象之间存在相互依赖、相互制约的关系，这些关系表现在量上主要有两种类型：一类是变量之间存在确定性的关系，即函数关系。例如，已知圆的半径是 R，则圆的面积可以用公式 $S=\pi R^2$ 来计算，这里 S 与 R 之间有确定的关系。另一类为相关关系，在这种关系中，变量之间存在不确定、不严格的依存关系，对于变量的某个数值，可以有另一变量的若干数值与之相对应，这若干个数值围绕它们的平均数呈现出有规律的波动。身高与体重、血压与年龄、商品的销售量与价格、利用外资与国内生产总值（GDP）、收入与支出、进口和出口、产品质量与用户满意度等变量之间存在密切关系，但并不存在确定性的关系，这些变量之间的关系称为相关关系。对于相关关系，虽然不能找出变量之间精确的函数关系，但是，通过大量的观测数据，可以发现它们之间存在统计规律性。

利用双变量数据（bivariate data）资料，通常可以进行相关分析。所谓相关是指两变量（X、Y）相互之间发生关联，因此，了解两变量之间的相关关系，通常有两种方式：一种是绘制数据散布图；另一种是计算相关系数（亦即表示相关程度强弱、相关方向异同的数值）。相关分析即试图利用相关系数衡量两变量之间的关系。不同的相关分析对变量性质有不同的要求，表 10-1 给出了两变量的性质及其适用的相关分析。

表 10-1　两变量的性质及其适用的相关分析

变量性质	分类变量	顺序变量	等距变量、等比变量
分类变量	列联相关 Φ 相关 V 相关		
顺序变量		Spearman 相关 Kendall T 系数 Kendall W 系数	
等距变量 等比变量	二列相关 点二列相关 多系列相关	Spearman 相关 Kendall T 系数 Kendall W 系数	Pearson 相关

第一节 Pearson 相关分析

一、Pearson 积差相关系数

如果两个随机变量，一个变量由小到大变化时，另一个变量也相应地由小到大（或由大到小）变化，并且测得两变量组成的坐标点在直角坐标系中呈线性趋势，就称这两个随机变量之间存在简单线性关系。

两变量间存在简单线性关系可以用皮尔森积差相关（Pearson product-moment correlation）来分析。Pearson 积差相关是由英国统计学家 Karl Pearson 于 1890 年提出的，通常适用于等距变量或等比变量测度的数据。Pearson 积差相关分析是描述两个变量之间是否存在线性关系、线性关系的方向（即正相关还是负相关）和线性关系的密切程度（即相关系数的大小）的分析方法。

以 r 表示样本的 Pearson 积差相关系数，则其计算公式为

$$r=\frac{\mathrm{COV}(x,y)}{\mathrm{SD}_x\mathrm{SD}_y}=\frac{\sum(x-\bar{x})(y-\bar{y})}{\sqrt{\sum(x-\bar{x})^2}\sqrt{\sum(y-\bar{y})^2}}$$

式中，$\mathrm{COV}(x,y)$ 表示 x、y 的协方差；SD_x 表示 x 的标准差；SD_y 表示 y 的标准差。两者之间的关系可用图 10-1 表示。

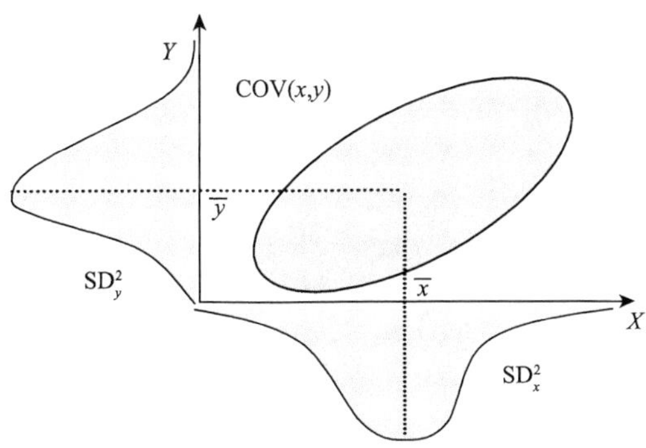

图 10-1　两个变量的协方差与标准差之间的关系

两个变量之间 Pearson 相关的性质可用图 10-2 中的散点图直观表示。

图 10-2（a）中的散点呈椭圆形分布，宏观而言两变量 X、Y 变化趋势是同向的，称为正线性相关或正相关（$0<r<1$）；反之，图 10-2（b）中的 X、Y 呈反向变化，称为负线性相关或负相关（$-1<r<0$）。图 10-2（c）中的散点在一条直线上，且 X、Y 是同向变化，称为完全正相关（perfect positive correlation，r=1）；反之，图 10-2（d）中的 X、Y 呈反向变化，称为完全负相关（perfect negative correlation，r=−1）。图 10-2（e）至图 10-2（h）中，两变量间毫无联系或可能存在一定程度的曲线联系而没有直线相关关系，称为零相关（zero correlation，r=0）。正相关或负相关并不一定表示一个变量的改变是另一个变量变化的原因，有可能同受另一个因素的影响。

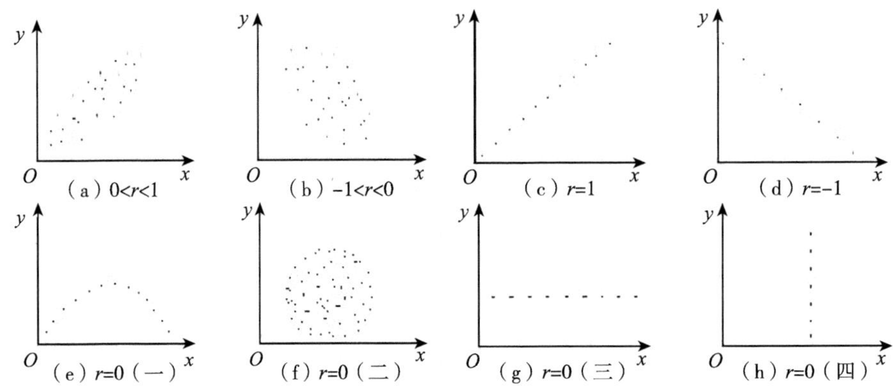

图 10-2 两个变量的 Pearson 积差相关

二、Pearson 积差相关的显著性检验

相关系数 r 是样本的简单相关系数，它只是总体相关系数 β 的估计值。从同一总体中抽出的不同样本会提供不同的样本相关系数，因而，样本相关系数也存在变异性。所以，即使从 $\beta=0$ 的总体做随机抽样，由于抽样误差的影响，所得 r 值也不一定等于零。故当计算出 r 值后，接着应进行统计显著性检验，以判断两变量的总体是否存在线性相关关系。

在小样本的条件下，数学上可以证明，在 x 与 y 都服从于正态分布并且又满足 $\beta=0$ 的条件下，可以使用费希尔（R. A. Fisher）的 T 检验来检验 r 的显著性。其检验的基本程序如下。

（1）提出假设：H_0：$\beta=0$；H_1：$\beta\neq0$。

（2）构造统计量：

$$T=|r|\sqrt{\frac{n-2}{1-r^2}}$$

该统计量服从自由度为（$n-2$）的 T 分布。

（3）在给定的显著性条件下，查 T 分布表得临界值为 $T_{\frac{\alpha}{2}}(n-2)$。

（4）比较实际的 T 值与临界值的大小，并进行决策。

当 T 值大于临界值时，则拒绝原假设；当 T 值小于临界值时，则接受原假设。

三、Pearson 积差相关分析实例

【例 10-1】 以 1991~2015 年的统计数据为依据（表 10-2），运用 SPSS 计算农村居民家庭人均纯收入和城镇居民家庭人均可支配收入两者之间的 Pearson 相关系数，并进行统计显著性检验。

表 10-2 城乡居民家庭人均收入（单位：元）

年份	农村居民家庭人均纯收入（x）	城镇居民家庭人均可支配收入（y）
2015	10 772.20	31 790.20
2014	9 892.00	29 381.64
2013	8 896.45	26 955.67
2012	7 917.76	24 565.00
2011	6 977.00	21 810.30
2010	5 919.00	19 109.40
2009	5 153.20	17 174.70
2008	4 760.60	15 780.80
2007	4 140.40	13 785.80
2006	3 587.00	11 759.50
2005	3 254.93	10 493.03
2004	2 936.40	9 421.60
2003	2 622.24	8 472.20
2002	2 475.63	7 702.80
2001	2 366.40	6 859.60
2000	2 253.42	6 280.00
1999	2 210.30	5 854.00
1998	2 162.00	5 425.10
1997	2 090.10	5 160.30
1996	1 926.10	4 838.90
1995	1 577.74	4 283.00
1994	1 221.00	3 496.20
1993	921.60	2 577.40
1992	784.00	2 026.60
1991	708.60	1 700.60

（1）在 SPSS 中录入对应的原始数据，建立 SPSS 数据文件（SPSS 数据文件见本书配套的数据文件“SPSS10-简单相关分析”）；

（2）打开 SPSS 数据文件，选择［Analyze］→［Correlate］→［Bivariate］（图 10-3）。

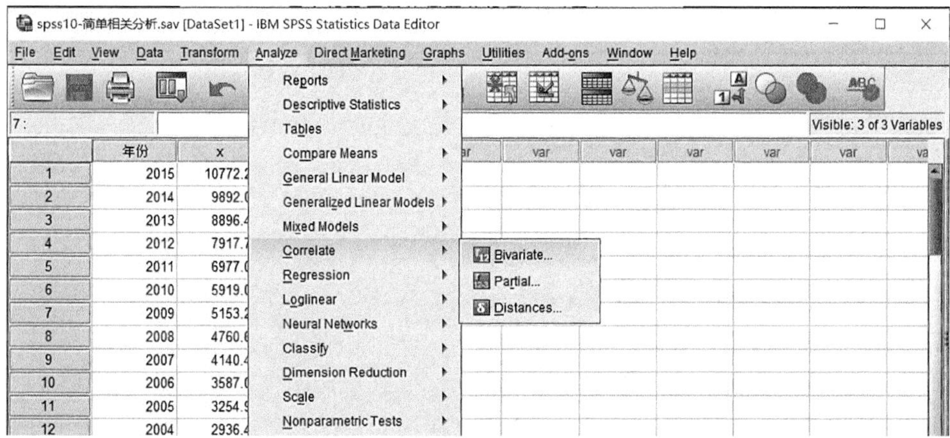

图 10-3 双变量相关软件示意图

（3）将分析变量 x 和 y 输入［Variables］分析框中，并采用默认设置（图 10-4）。

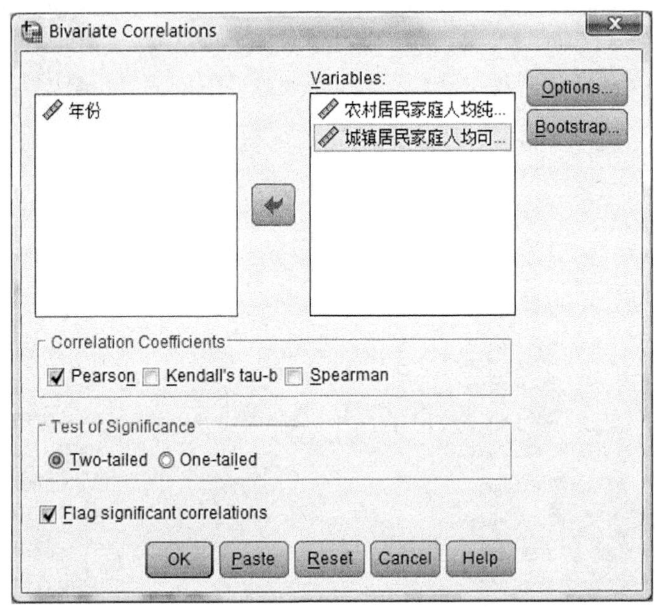

图 10-4 ［Bivariate Correlations］对话框示意图

（4）单击［OK］进行分析，输出结果，如表 10-3 所示。

表 10-3 相关系数（一）

		农村居民家庭人均纯收入（x）	城镇居民家庭人均可支配收入（y）
农村居民家庭人均纯收入（x）	Pearson 相关系数	1	0.996**
	显著性（双侧）		0.000
	N	25	25
城镇居民家庭人均可支配收入（y）	Pearson 相关系数	0.996**	1
	显著性（双侧）	0.000	
	N	25	25

**在 0.01 水平（双侧）上显著相关

从输出结果可以看出，农村居民家庭人均纯收入（x）和城镇居民家庭人均可支配收入（y）两者之间的 Pearson 相关系数 $r=0.996$，P=0.000，在 α=0.01 条件下达到统计显著性线性相关。

第二节 Spearman 和 Kendall 相关

Pearson 相关分析是最常用的相关分析方法，但其仅适用于计算等距变量或等比变量之间的相关系数。在公共管理研究中，经常会遇到大量的非等距变量和非等比变量（如顺序变量或等级变量），要研究这些变量之间关系的密切程度，就必须选用其他合适的度量方法。本节介绍 Spearman 相关和 Kendall 相关。

一、Spearman 等级相关

当两个等距变量或等比变量间呈线性相关时，可以采用 Pearson 积差相关系数来描述。对于非等距变量或非等比变量（如顺序变量、等级变量），可采用 Spearman 等级相关进行分析。Spearman 等级相关系数又称秩相关系数，利用两变量的秩次大小做线性相关分析。该方法对原始变量的分布不做要求，属于非参数统计方法，适用范围要广些。对于服从 Pearson 相关系数的数据亦可计算 Spearman 相关系数，但统计效能要低一些。

设有 n 个配对的样本观察值 x 和 y，R_x 表示 x 的等级，R_y 表示 y 的等级（也称为秩），$d=R_x-R_y$，则 Spearman 等级相关系数的公式为

$$r_d=1-\frac{6\sum_{i=1}^{n}d_i^2}{n(n^2-1)}$$

在小样本的条件下，可采用 T 检验对 Spearman 等级相关系数进行统计显著性检验，检验方法和程序与简单相关系数的统计显著性检验方法完全相同。

【例 10-2】 以 2015 年我国 31 个省（自治区、直辖市）的统计数据为依据（表 10-4），运用 SPSS 计算城镇居民家庭平均每人全年可支配收入（x）和城镇居民家庭平均每人全年消费性支出（y）两者之间的 Spearman 等级相关系数，并进行统计显著性检验。

表 10-4 2015 年镇居民家庭平均每人全年可支配收入和消费性支出（单位：元）

地区	城镇居民家庭平均每人全年可支配收入（x）	城镇居民家庭平均每人全年消费性支出（y）	地区	城镇居民家庭平均每人全年可支配收入（x）	城镇居民家庭平均每人全年消费性支出（y）
北京	52 859.2	36 642.0	湖北	27 051.5	18 192.3
天津	34 101.3	26 229.5	湖南	28 838.1	19 501.4
河北	25 152.2	17 586.6	广东	34 757.2	25 673.1
山西	25 827.7	15 818.6	广西	26 415.9	16 321.2
内蒙古	30 594.1	21 876.5	海南	26 356.4	18 448.4
辽宁	31 125.7	21 556.7	重庆	27 238.3	19 742.3
吉林	24 900.9	17 972.6	四川	26 205.3	19 276.8
黑龙江	24 202.6	17 152.1	贵州	24 579.6	16 914.2
上海	52 961.9	36 946.1	云南	26 373.2	17 675.0
江苏	37 173.5	24 966.0	西藏	25 456.6	17 022.0
浙江	43 714.5	28 661.3	陕西	26 420.2	18 463.9
安徽	26 935.8	17 233.5	甘肃	23 767.1	17 450.9
福建	33 275.3	23 520.2	青海	24 542.3	19 200.6
江西	26 500.1	16 731.8	宁夏	25 186.0	18 983.9
山东	31 545.3	19 853.8	新疆	26 274.7	19 414.7
河南	25 575.6	17 154.3			

注：数据不包含港澳台地区

（1）在 SPSS 中录入对应的原始数据，建立 SPSS 数据文件（SPSS 数据文件见本书配套的数据文件“SPSS10-Spearman 等级相关分析”）。

（2）打开 SPSS 数据文件，选择［Analyze］→［Correlate］→［Bivariate］。

（3）将分析变量 x 和 y 输入［Variables］分析框中，并在［Correlation Coefficients］一栏中选择［Spearman］（图 10-5）。

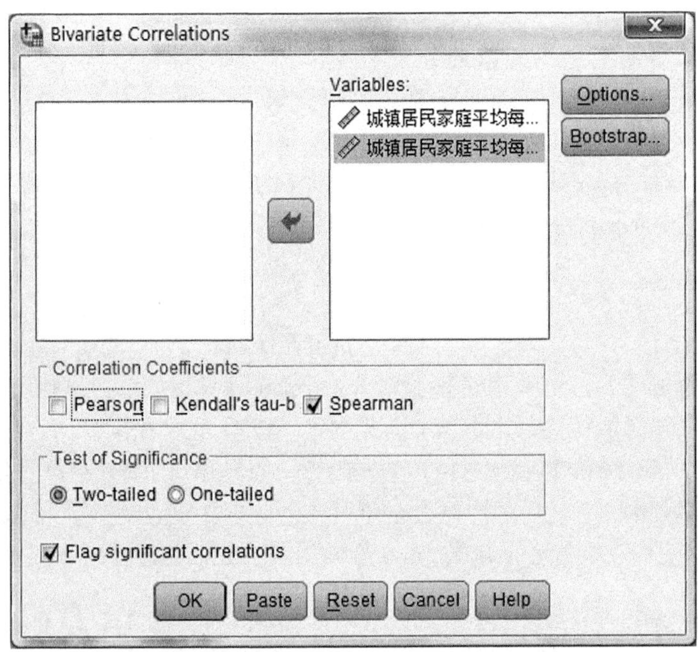

图 10-5 ［Bivariate Correlations］对话框示意图

（4）单击［OK］进行分析，输出结果，如表 10-5 所示。

表 10-5 相关系数（二）

			城镇居民家庭平均每人全年可支配收入（x）	城镇居民家庭平均每人全年消费性支出（y）
Spearman 的 rho	城镇居民家庭平均每人全年可支配收入（x）	相关系数	1.000	0.769**
		显著性（双侧）		0.000
		N	31	31
	城镇居民家庭平均每人全年消费性支出（y）	相关系数	0.769**	1.000
		显著性（双侧）	0.000	
		N	31	31

**在置信度（双侧）为 0.01 时，相关性是显著的

从输出结果可以看出，城镇居民家庭平均每人全年可支配收入（x）和城镇居民家庭平均每人全年消费性支出（y）两者之间的 Spearman 相关系数 r=0.769，P=0.000，在 α=0.01 条件下达到统计显著性相关。

二、Kendall-tau 相关

Kendall-tau 相关系数由统计学家 Kendall 提出，适用于度量两个顺序变量 X 与 Y 之间的相关，共有三种形式，即 tau-a、tau-b 和 tau-c，公式分别为

$$\text{tau-a} = \frac{N_s - N_d}{n(n-1)/2}$$

$$\text{tau-b} = \frac{N_s - N_d}{\sqrt{n(n-1)/2 - T_x}\sqrt{n(n-1)/2 - T_y}}$$

$$\text{tau-c} = \frac{2m\left(N_s - N_d\right)}{n^2(m-1)}$$

式中，N_s 为 X 和 Y 的同序对的数目；N_d 为 X 和 Y 的异序对的数目；T_x 为 X 中同分对的数目；T_y 为 Y 中同分对的数目；n 为样本容量；m 为 X 与 Y 等级数较小者。

所谓同序对是指变量大小顺序相同的两个样本观测值，即其 X 的等级高低顺序与 Y 的等级顺序相同，否则称为异序对；所谓同分对是指等级相同的一对样本观测值，如果样本容量为 n，则样本观测值两两组对的话一共可以有 $n\left(n-1\right)/2$ 对。

一般情况下，tau-a 在没有同分对时采用，它表示同序对的数目与异序对的数目的差在全部可能对数中所占的比例。当存在同分对时，常用 tau-b 和 tau-c；如果 X 和 Y 的等级数相同，则可用 tau-b，否则用 tau-c。在 SPSS 中采用 tau-b。

Kendall tau-b 等级相关系数用于反映分类变量相关性的指标，适用于两个分类变量均为有序分类的情况。对相关的有序变量进行非参数相关检验，取值范围在−1 到 1 之间，此检验适用于正方形表格。

【例 10-3】 以 2015 年我国 31 个省（自治区、直辖市）的统计数据为依据（表 10-6），运用 SPSS 计算农村居民家庭平均每人全年纯收入（x）和农村居民家庭平均每人全年消费性支出（y）两者之间的 Kendall 等级相关系数，并进行统计显著性检验。

表 10-6 2015 年农村居民家庭平均每人全年纯收入和消费性支出（单位：元）

地区	农村居民家庭平均每人全年纯收入（x）	农村居民家庭平均每人全年消费性支出（y）	地区	农村居民家庭平均每人全年纯收入（x）	农村居民家庭平均每人全年消费性支出（y）
北京	20 568.7	15 811.2	湖北	11 843.9	9 803.1
天津	18 481.6	14 739.4	湖南	10 992.5	9 690.6
河北	11 050.5	9 022.8	广东	13 360.4	11 103.0
山西	9 453.9	7 421.2	广西	9 466.7	7 582.0
内蒙古	10 775.9	10 637.4	海南	10 857.6	8 210.3
辽宁	12 056.9	8 872.8	重庆	10 504.7	8 997.7
吉林	11 326.2	8 783.3	四川	10 247.4	9 250.6
黑龙江	11 095.2	8 391.5	贵州	7 386.9	6 644.9
上海	23 205.2	16 152.3	云南	8 242.1	6 830.1
江苏	16 256.7	12 882.5	西藏	8 243.7	5 579.7
浙江	21 125.0	16 107.7	陕西	8 688.9	7 900.7
安徽	10 820.7	8 975.2	甘肃	6 936.2	6 829.8

续表

地区	农村居民家庭平均每人全年纯收入（x）	农村居民家庭平均每人全年消费性支出（y）	地区	农村居民家庭平均每人全年纯收入（x）	农村居民家庭平均每人全年消费性支出（y）
福建	13 792.7	11 960.8	青海	7 933.4	8 566.5
江西	11 139.1	8 485.6	宁夏	9 118.7	8 414.9
山东	12 930.4	8 747.6	新疆	9 425.1	7 697.9
河南	10 852.9	7 887.4			

（1）在 SPSS 中录入对应的原始数据，建立 SPSS 数据文件（SPSS 数据文件见本书配套的数据文件“SPSS10-Kendall’s tau-b 相关分析”）。

（2）打开 SPSS 数据文件，选择［Analyze］→［Correlate］→［Bivariate］。

（3）将分析变量 x 和 y 输入［Variables］分析框中，并在［Correlation Coefficients］一栏中选择［Kendall’s tau-b］（图 10-6）。

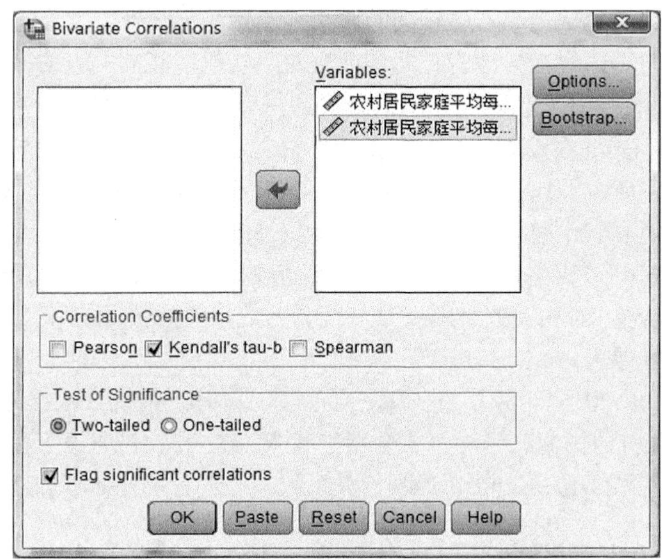

图 10-6　［Bivariate Correlations］对话框示意图

（4）单击［OK］进行分析，输出结果如表 10-7 所示。

表 10-7　相关系数（三）

			农村居民家庭平均每人全年纯收入（x）	农村居民家庭平均每人全年生活消费支出（y）
Kendall’s tau-b	农村居民家庭平均每人全年纯收入（x）	相关系数	1.000	0.665**
		显著性（双侧）		0.000
		N	31	31
	农村居民家庭平均每人全年生活消费支出（y）	相关系数	0.665**	1.000
		显著性（双侧）	0.000	
		N	31	31

**在置信度（双侧）为 0.01 时，相关性是显著的

从表 10-7 可以看出，农村居民家庭平均每人全年纯收入（x）和农村居民家庭平均每人全年消费性支出（y）两者之间的 Kendall 相关系数 $r=0.665$，P=0.000，在 α =0.01 条件下达到统计显著性相关。

三、Kendall 和谐系数

当多个变量值以等级次序表示，用 Kendall 提出的统计量或相关公式计算这几个变量之间的一致性程度，这个统计量称为肯德尔和谐系数（Kendall' s coefficient of concordance），它适用于多个等级变量之间是否一致的系数。

Kendall 和谐系数，又称 Kendall W 系数，它是检验评价意见一致性的方法。如果多个评价者同时评价多个对象（或指标），评价结果以等级记录（或以分数记录，但转换为等级），那么衡量多个评价者评价意见的一致性程度，要用肯德尔 W 系数。W 系数越大，说明评价者掌握评价标准的一致性程度越高，评价结果越可靠；反之，则说明评价者意见分歧较大，或把握评价指标不一致，评价结果的可靠性、客观性就较差。

设有 k 个评价者，对 n 个评价对象进行评价，将每个评价者的 n 个评价值按从小到大（或从大到小）的顺序赋予 1，2，3，4，…，n 等级，将第 i 个评价者第 j 个评价对象所对应的评价等级相加得 R_j（表 10-8）。

表 10-8 k 个变量的 n 个观测值

评价者＼评价对象	1	2	…	j	…	n
1	X_{11}	X_{12}	…	X_{1j}	…	X_{1n}
2	X_{21}	X_{22}	…	X_{2j}	…	X_{2n}
…	…	…	…	…	…	…
i	X_{i1}	X_{i2}	…	X_{ij}	…	X_{in}
…	…	…	…	…	…	…
k	X_{k1}	X_{k2}	…	X_{kj}	…	X_{kn}
R_j	R_1	R_2	…	R_j	…	R_n

则 Kendall 和谐系数 W 为

$$W=\frac{\mathrm{SS}}{\frac{1}{12}k^2n(n^2-1)}=\frac{\sum_{j=1}^{n}\left(R_j-\overline{R}_j\right)^2}{\frac{1}{12}k^2n(n^2-1)}$$

$$=\frac{\sum_{j=1}^{n}R_j^{\,2}-\frac{\left(\sum_{j=1}^{n}R_j\right)^2}{n}}{\frac{1}{12}k^2n(n^2-1)}=\frac{12\sum_{j=1}^{n}R_j^{\,2}}{k^2n(n^2-1)}-\frac{3(n+1)}{n-1}$$

W 值介于 0 与 1 之间，计算值都为正值，若表示相关方向，可从实际资料中进行分析。这种方法的原理是基于这样一种思想：如果各个评价者评价标准完全一致，那么评价者对评价对象的评价等级应该相同，其等级和的最大方差即最大可能应为 $SS = K^2\left(N^3 - N\right)/12$。如果评价者的评价标准不同，则其方差 SS 将变小，一致性程度降低。如果评价者的评价标准完全不同，则各个评价对象的评价等级之和应该趋于一致，其最大可能方差 SS 应为零。实际等级和的方差与最大可能的方差的比值便是和谐系数，其值必介于 0 与 1 之间。

Kendall 和谐系数的显著性检验基本程序如下：

（1）建立假设。

H_0：k 个变量不一致（$W=0$）。

H_1：k 个变量一致（$W>0$）。

（2）确定检验统计量。

当 $n\leqslant 7$ 时，检验统计量为

$$S = \sum_{j=1}^{n}\left(R_j - \overline{R}_j\right)^2 = \sum_{j=1}^{n} R_j^2 - \frac{1}{n}\left(\sum_{j=1}^{n} R_j\right)^2 \quad (j = 1, 2, \cdots, n)$$

当 $n>7$ 时，检验统计量为

$$\chi^2 = k(n-1)W \sim \chi^2(n-1)$$

χ^2 服从自由度为（$n-1$）的 χ^2 分布。

（3）在 α 显著水平下进行统计决策。

当 $n\leqslant 7$ 时，查“肯德尔一致性系数 W：S 的临界表”得 s^* 值，若 $S\geqslant s^*$，则拒绝 H_0；反之，则不拒绝 H_0。

当 $n>7$ 时，如果 $\chi^2 \geqslant \chi^2_\alpha(n-1)$，则拒绝 H_0；反之，则不拒绝 H_0。

【例 10-4】 在一次演讲比赛中，6 名评委对 10 名演讲者评分，结果如表 10-9 所示（已转换为等级分）。试根据表中的数据，检验评委们对演讲者的评价是否一致（$\alpha = 0.05$）。

表 10-9 6 名评委对 10 名演讲者的评分情况

评委＼演讲者	1	2	3	4	5	6	7	8	9	10
1	3	8	4	10	9	7	6	5	2	1
2	2	4	5	10	7	6	8	9	1	3
3	4	8	1	9	6	5	7	10	3	2
4	2	8	3	7	6	4	9	10	5	1
5	1	5	2	6	7	8	10	9	4	3
6	1	7	3	6	5	10	8	9	4	2
R_j	13	40	18	48	40	40	48	52	19	12

（1）建立假设。

H_0：6 个评委的评价不一致（$W=0$）。

H_1：6 个评委的评价一致（$W>0$）。

（2）$W=\frac{12\sum_{j=1}^{n}R_j^2}{k^2n\left(n^2-1\right)}-\frac{3\left(n+1\right)}{\left(n-1\right)}$

$$=\frac{12\times\left(13^2+40^2+18^2+48^2+40^2+40^2+48^2+52^2+19^2+12^2\right)}{6^2\times10\left(10^2-1\right)}-\frac{3\times\left(10+1\right)}{10-1}$$

$$\approx4.414-3.667=0.747$$

n=10，检验统计量如下：

$$\chi^2=k\left(n-1\right)W=6\times9\times0.747=40.338$$

查表得 $\chi^2_{0.05}\left(9\right)=16.919$。

（3）由于 $\chi^2>\chi^2_{0.05}\left(9\right)$，故拒绝 H_0，即可以认为 6 个评委对 10 名讲演者的评价是有高度的一致性。

我们可以用 SPSS 来计算【例 10-4】中 Kendall-W 系数，其基本程序如下：

（1）将演讲者设为变量（x_1~x_{10}），在 SPSS 中录入对应的原始数据，建立 SPSS 数据文件（SPSS 数据文件见本书配套的数据文件“SPSS10-Kendall’s W 系数分析”）。

（2）打开 SPSS 数据文件，选择［Analyze］→［Nonparametric Tests］→［Legacy Dialogs］→［K Related Samples］（图 10-7）。

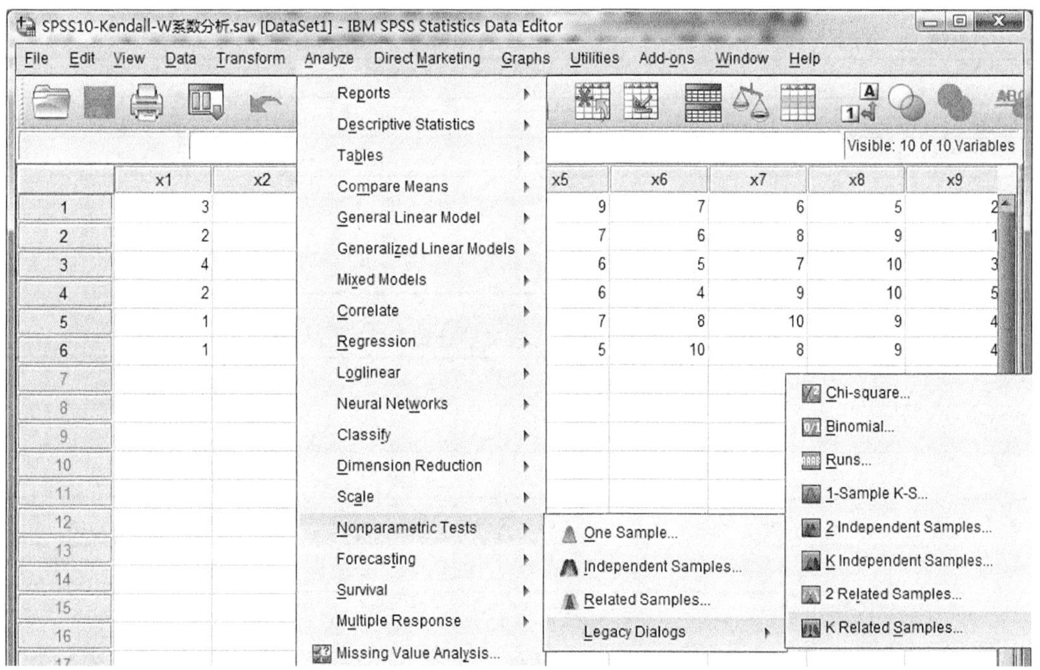

图 10-7 多个关联样本检验软件示意图

（3）将分析变量 x_1~x_{10} 输入［Test Variables］分析框中，并在［Test Type］一栏中选择［Kendall’s W］（图 10-8）。

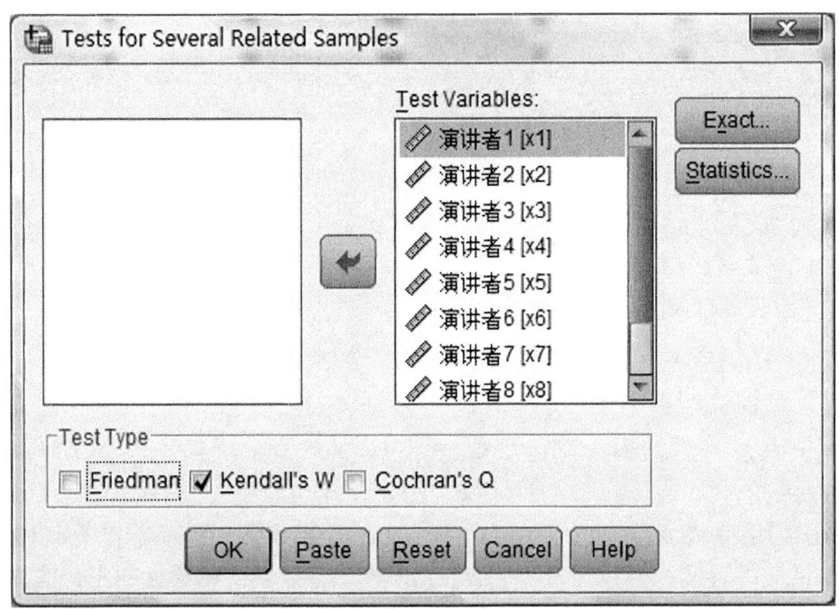

图 10-8 ［Test for Several Related Samples］对话框示意图

（4）单击［OK］进行分析，输出结果如表 10-10 和表 10-11 所示。

表 10-10 秩均值

变量	秩均值	变量	秩均值
x_1	2.17	x_6	6.67
x_2	6.67	x_7	8.00
x_3	3.00	x_8	8.67
x_4	8.00	x_9	3.17
x_5	6.67	x_{10}	2.00

表 10-11 检验统计量 [a]

N	6
Kendall's W	0.747
卡方	40.364
df	9
渐进显著性	0.000

a Kendall 协同系数

输出结果表明：第 10 个演讲者得分最低，其平均等级为 2.00 分，第 8 个演讲者得分最高，其平均等级为 8.67 分。统计检验结果表明：Kendall's W 系数为 0.747，Chi-Square 值为 40.364，拒绝 H_0 假设，即 6 位评委对 10 个演讲者的评价具有高度的一致性。可见，SPSS 运行结果与手工计算是一致的。

第三节 质量相关和品质相关

一、质量相关

质量相关是指一个变量为等距变量或等比变量，另一个变量为分类变量，求两个变量之间的线性相关。质量相关包括二列相关（biserial correlation coefficient）、点二列相关（point-biserial correlation coefficient）和多系列相关（multi-serial correlation）。

（一）二列相关

两个变量都属于连续性的变量，但其中的一个变量被人为地划分成二分变量（如按一定的标准将考试成绩划分成合格与不合格、通过与不通过、达标与不达标、好与差等），这两个变量之间的相关就称为二列相关。

进行二列相关分析需要满足如下一些基本条件：

（1）两个变量都是连续变量，且总体呈正态分布或接近正态分布。

（2）两个变量之间是线性关系（两个变量的关系用图像表示接近于一条直线）。

（3）其中的一个二分变量是人为划分的，其分界点应尽量靠近中值。

二列相关系数的计算公式如下：

$$R=\frac{\bar{X}_p-\bar{X}_q}{\sigma}\times\frac{pq}{Y}$$

式中，p 表示二分变量中某一类别频数的比率；q 表示二分变量中另一类别频数的比率；$\bar{X}_p$ 表示与二分变量中 p 类别相对应的连续变量的平均数；$\bar{X}_q$ 表示与二分变量中 q 类别相对应的连续变量的平均数；σ 表示连续变量的标准差；Y 表示正态曲线下与 p 相对应的纵线高度。

（二）点二列相关

在两个变量中，有一个变量属于连续性变量，另一个变量属于真正的二分变量（如性别的男与女、硬币的正与反、题目的对与错等），这两个变量之间的相关就称为点二列相关。从某种意义上讲，点二列相关是二列相关的特例。

点二列相关系数的计算公式如下：

$$R=\frac{\bar{X}_p-\bar{X}_q}{\sigma}\times\sqrt{pq}$$

式中，p 表示二分变量中某一类别频数的比率；q 表示二分变量中另一类别频数的比率；$\bar{X}_p$ 表示与二分变量中 p 类别相对应的连续变量的平均数；$\bar{X}_q$ 表示与二分变量中 q 类别相对应的连续变量的平均数；σ 表示连续变量的标准差。

（三）多系列相关

两个变量都是连续变量，其中一个变量按一定的标准被人为地分成多个类别，这两个变量之间的相关就称为多系列相关，如学习成绩与品德等级（优、良、中、差四档）之间的相关。

假设被人为分类的变量的第 i 类别（i=1，2，…，m）的数据的平均数为 $\bar{x}_i$，数据个数占总数的比率为 p_i，类别按一定顺序排列后，第 i 类别的上下限所对应的正态曲线的纵线高分别为 y_{L_i} 和 y_{H_i}，另一个变量数据的全体的标准差为 σ_t，则多系列相关的计算公式如下：

$$r_s=\frac{\sum_{i=1}^{m}\left(y_{L_i}-y_{H_i}\right)\bar{x}_i}{\sigma_t\sum_{i=1}^{m}\frac{\left(y_{L_i}-y_{H_i}\right)^2}{p_i}}$$

由于求 r_s 只考虑不同类别相互之间的差异，而没有考虑各类中不同数据差异对总体间相关性的影响，所以，在用 r_s 表示两个变量的相关程度时需要校正。设对 r_s 校正所得的结果为 r_s'，则校正的方法是

$$r_s'=r_s\sqrt{\sum_{i=1}^{m}\frac{\left(y_{L_i}-y_{H_i}\right)^2}{p_i}}$$

二列相关、点二列相关和多系列相关系数的显著性检验方法和程序可以参阅 Pearson 积差相关的显著性检验。

当 m=2 时，我们有第 i 类别（$i=1$，2）的数据的平均数为 $\bar{x}_i$，数据个数占总数的比率为 p_i，类别按一定顺序排列后，第 i 类别的上下限所对应的正态曲线的纵线高分别为 y_{L_i} 和 y_{H_i}，所收集的另一个变量的数据的全体标准差为 σ_t，满足以下关系：

$$y_{L_1}=y_{H_2}=0,\quad y_{H_1}=y_{L_2},\quad p_1+p_2=1$$

不妨设：

$$y_{H_1}=y_{L_2}=y,\quad p_1=p,\quad p_2=q,\quad \bar{x}_1=\bar{x}_p,\quad \bar{x}_2=\bar{x}_q$$

代入多系列相关系数公式可得

$$r_s=\frac{\sum_{i=1}^{m}\left(y_{L_i}-y_{H_i}\right)\bar{x}_i}{\sigma_t\sum_{i=1}^{m}\frac{\left(y_{L_i}-y_{H_i}\right)^2}{p_i}}=\frac{\left(0-y_{H_1}\right)\bar{x}_1+\left(y_{L_2}-0\right)\bar{x}_2}{\sigma_t\left[\frac{\left(0-y_{H_1}\right)^2}{p_1}+\frac{\left(y_{L_2}-0\right)^2}{p_2}\right]}$$

$$=\frac{-y\bar{x}_p+y\bar{x}_q}{\sigma_t\left[\frac{y^2}{p}+\frac{y^2}{q}\right]}=\frac{\bar{x}_p-\bar{x}_q}{\sigma_t}\frac{pq}{y}\qquad(\text{因为}p+q=1)$$

由此可见，二列相关系数是多系列相关的特例。

在 SPSS 中，相关系数统计功能模块中并没有直接提供二列相关、点二列相关和多系列相关的计算。其实，点二列相关系数就是当一列变量为连续变量时，另一列变量是值域为（0，1）情况下的 Pearson 积差相关系数，可以通过公式推导进行验证。因此，在 SPSS 中计算两个变量的点二列相关系数，就是计算这两个变量的 Pearson 相关系数。只是需要注意的是，其中的那列二分变量的取值范围必须是（0，1）。在 SPSS 中计算两

个变量的二列相关系数，也相当于直接计算两个连续变量的 Pearson 相关系数。

（四）质量相关系数计算实例

【例 10-5】 表 10-12 为 10 名考生一次测验的卷面总分和一道问答题的得分，试求该问答题的区分度（该问答题满分为 10 分，因此，得分 6 分和 6 分以上则为该题通过，6 分以下为不通过）。

表 10-12 10 位考生卷面总分和问答题得分（单位：分）

考生	1	2	3	4	5	6	7	8	9	10
卷面总分	75	57	73	65	67	56	63	61	65	67
问答题得分	7	6	7	4	7	4	4	4	7	6

解：问答题得分被人为地划分为通过和不通过两类，应求二列相关。

当 p=0.60 时，查正态分布表得到 x=0.25。

当 x=0.25 时，代入标准正态密度函数 $Y=\frac{1}{\sqrt{2\pi}}\mathrm{e}^{-\frac{x^2}{2}}$ 得到 Y=0.386 6。

$$\bar{X}_p=67.33\text{，}\quad \bar{X}_q=61.25\text{，}\quad \sigma=6.12$$

则可以通过公式计算得到二列相关系数：

$$R=\frac{\bar{X}_p-\bar{X}_q}{\sigma}\times\frac{pq}{Y}=\frac{67.33-61.25}{6.12}\times\frac{0.60\times0.40}{0.386\,6}\approx0.62$$

在此基础上，用 SPSS 来计算【例 10-5】中的二列相关系数，其基本程序如下：

（1）将卷面总分设为变量 x_1，问答题得分设为变量 x_2（1 表示“通过”，0 表示“没有通过”），在 SPSS 中录入对应的原始数据，建立 SPSS 数据文件（SPSS 数据文件见本书配套的数据文件“SPSS10-二列相关分析”）。

（2）打开 SPSS 数据文件，选择［Analyze］→［Correlate］→［Bivariate］。

（3）将分析变量 x_1 和 x_2 输入［Variables］分析框中，并采用默认设置。

（4）单击［OK］进行分析，输出结果如表 10-13 所示。

表 10-13 相关系数（四）

		卷面总分（x_1）	问答题得分（x_2）
卷面总分（x_1）	Pearson 相关系数	1	0.630
	显著性（双侧）		0.051
	N	10	10
问答题得分（x_2）	Pearson 相关系数	0.630	1
	显著性（双侧）	0.051	
	N	10	10

从输出结果可知，两个变量的 Pearson 相关系数为 0.630，这个结果与手工计算的二列相关系数结果是吻合的。

【例 10-6】 有一项是非选择测验，共有 50 题，每题选对得 2 分，满分为 100 分。现有20人的总成绩及对第5题的选答情况如表10-14所示,问第5题与总分的相关程度如何?

表 10-14　20 名学生的总分及第 5 题选答情况

学生	总分/分	第5题选答情况	学生	总分/分	第5题选答情况
1	84	对	11	78	对
2	82	错	12	80	错
3	76	错	13	92	对
4	60	错	14	94	对
5	72	错	15	96	对
6	74	错	16	88	对
7	76	错	17	90	对
8	84	对	18	78	错
9	88	对	19	76	错
10	90	对	20	74	错

解：p =答对学生的比率=10/20=0.5，q=1−p=0.5。

$$\bar{X}_p = 88.4\,,\quad \bar{X}_q = 74.8\,,\quad \sigma = 8.66$$

$$r = \frac{\bar{X}_p - \bar{X}_q}{\sigma}\sqrt{pq} = \frac{88.4 - 74.8}{8.66}\sqrt{0.5 \times 0.5} \approx 0.785$$

第5题与总分相关较高,相关系数约为0.785,即第5题的答对答错与总分有一致性。也可以说该题的区分度较高。

同样，我们可以用 SPSS 来计算【例 10-6】中点二列相关系数，其基本程序如下：

（1）将卷面总分设为变量 x_1，第 5 题选答情况设为变量 x_2（1 表示“对”，0 表示“错”），在 SPSS 中录入对应的原始数据，建立 SPSS 数据文件（SPSS 数据文件见本书配套的数据文件“SPSS10-点二列相关分析”）。

（2）打开 SPSS 数据文件，选择［Analyze］→［Correlate］→［Bivariate］。

（3）将分析变量 x_1 和 x_2 输入［Variables］分析框中，并采用默认设置。

（4）单击［OK］进行分析，输出结果如表 10-15 所示。

表 10-15　相关系数（五）

		卷面总分（x_1）	第 5 题选答情况（x_2）
卷面总分（x_1）	Pearson 相关系数	1	0.785**
	显著性（双侧）		0.000
	N	20	20
第 5 题选答情况（x_2）	Pearson 相关系数	0.785**	1
	显著性（双侧）	0.000	
	N	20	20

**在 0.01 水平下相关性是显著的（双侧）

从输出结果可知，两个变量的 Pearson 相关系数为 0.785，且在 $\alpha = 1\%$ 的条件下达到统计显著性水平。这个结果与手工计算的点二列相关系数结果是吻合的。

二、品质相关

若两个变量的值都是按性质不同划分成几种类别，那么这两个变量之间的相关就称为品质相关，包括列联相关系数（contingency coefficient）、Φ 相关系数（phi-coefficient）和 V 相关系数（Cramer's V）三种形式。

（一）列联相关系数

当两个变量均被分成两个以上类别，或其中一个变量被分成两个以上类别，这两个变量之间的相关程度可用列联相关系数来测度。如行政人员、现任教师、学生家长与对现有考试制度持赞同、不置可否、反对意见有无相关。

假设变量 x 被分成 a 个类别，y 被分成 b 个类别，而且 a 和 b 至少有一个大于 2，这时变量 x 与变量 y 的列联相关系数记为 C。

记 m_{ij} 为观察数据属于变量 x 的第 i 类别（i=1，2，…，a）、变量 y 的第 j 类别（j=1，2，…，b）的频数，记为

$$a_i = \sum_{i=1}^{b} m_{ij} \quad (i = 1, 2, \cdots, a)$$

$$b_i = \sum_{i=1}^{a} m_{ij} \quad (j = 1, 2, \cdots, b)$$

构造 $\chi^2 = N\left(\sum\sum \frac{m_{ij}^2}{a_i b_j} - 1\right)$，其中 $N = \sum\sum m_{ij}$，这样可以得到列联相关系数 C 的计算公式：

$$C = \sqrt{\frac{\chi^2}{N + \chi^2}}$$

若 χ^2 检验显著，则列联相关系数也显著。

（二）Φ 相关系数

当两个变量都是二分变量，无论是真正的二分变量还是人为的二分变量，这两个变量之间的相关系数就称为 Φ 相关系数。例如，性别的男与女和体育成绩的达标与不达标之间的相关；户口的城市与农村和创新能力的强与弱之间的相关。

Φ 相关系数的适用条件是 2×2 列联（contingency table cross tabulation）表，变量的数据结构如表 10-16 所示。

表 10-16　2×2 列联表

变量 B / 变量 A	B_1	B_2	合计
A_1	a	b	$a+b$
A_2	c	d	$c+d$
合计	$a+c$	$b+d$	$N=a+b+c+d$

Φ 相关系数的计算公式如下：

$$r_{\Phi}=\frac{ad-bc}{\sqrt{(a+b)(a+c)(b+d)(c+d)}}$$

容易证明：

$$r_{\Phi}=\pm\sqrt{\frac{\chi^2}{N}}$$

（三）V 相关系数

V 相关系数是鉴于 Φ 系数无上限、C 系数小于 1 的情况而提出的相关系数。其计算公式如下：

$$V=\sqrt{\frac{\chi^2}{N\cdot\min\left[(a-1),(b-1)\right]}}$$

当两个因素相互独立时，V=0；当两个因素完全相关时，V=1。

（四）品质相关分析的实例

【例 10-7】 某高校为了了解广大师生对学校某项改革政策的态度，共对 2 531 名学生和教师进行了抽样调查，抽样调查结果如表 10-17 所示。计算调查对象与态度之间的列联相关系数，并进行统计显著性检验。

表 10-17 问卷调查对象与态度关系的 3×3 列联表

态度 / 对象		C			总计
		赞成	不置可否	反对	
R	低年级学生	446	212	319	977
	高年级学生	273	193	324	790
	教师	262	325	177	764
	总计	981	730	820	2 531

解：根据公式 $\chi^2=N\left(\sum\sum\frac{m_{ij}^2}{a_ib_j}-1\right)$ 计算 χ^2 值。

$$\chi^2=2\,531\left(\frac{446^2}{981\times977}+\frac{212^2}{730\times977}+\cdots+\frac{177^2}{820\times764}-1\right)\approx130.02$$

则 $C=\sqrt{\frac{\chi^2}{N+\chi^2}}=\sqrt{\frac{130.2}{2\,531+130.2}}\approx0.221$。

查 χ^2 分布表，得到临界值 $\chi^2_{0.01}(4)=12.277$。

因为 $\chi^2=130.02>12.277$。

所以求得的列联系数 C=0.221 具有统计显著意义。

同样，我们可以用 SPSS 来计算【例 10-7】中的列联相关系数，其基本程序如下：

（1）将“调查对象”设为变量 R（1 表示低年级、2 表示高年级、3 表示教师），“态度”设为变量 C（1 表示赞成、2 表示不置可否、3 表示反对），列联表中的数字设为变量 W（1 表示“对”，2 表示“错”），在 SPSS 中录入对应的原始数据（数据结构如表 10-18 所示），建立 SPSS 数据文件（SPSS 数据文件见本书配套的数据文件“SPSS10-列联相关分析”）。

表 10-18 列联表输入的数据结构

R	C	W	R	C	W
1	1	446	2	3	324
1	2	212	3	1	262
1	3	319	3	2	325
2	1	273	3	3	177
2	2	193			

（2）打开 SPSS 数据文件，选择［Data］→［Weight Cases］（图 10-9）。

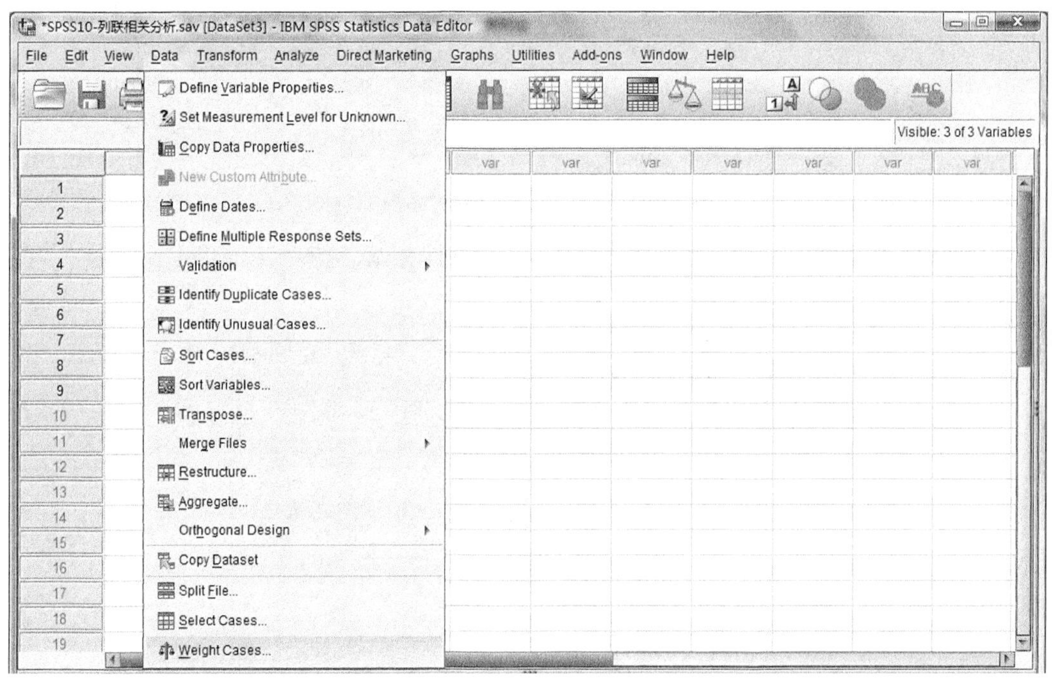

图 10-9 加权个案软件示意图

（3）进入［Weight Cases］，并将 W 输入［Frequency Variable］框中（图 10-10）。

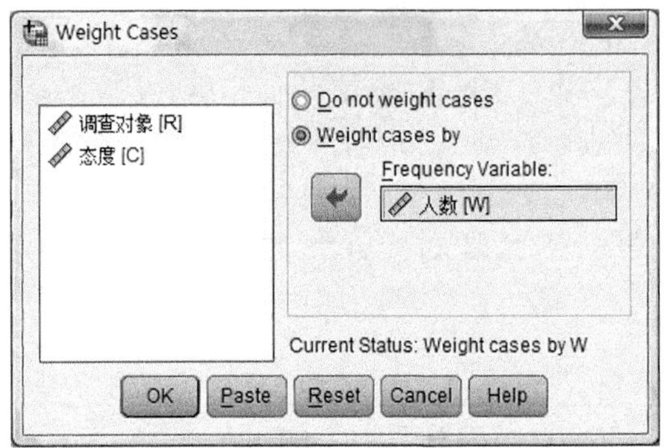

图 10-10 ［Weight Cases］对话框示意图

（4）选择［Analyze］→［Descriptive Statistics］→［Crosstabs］（图 10-11）。

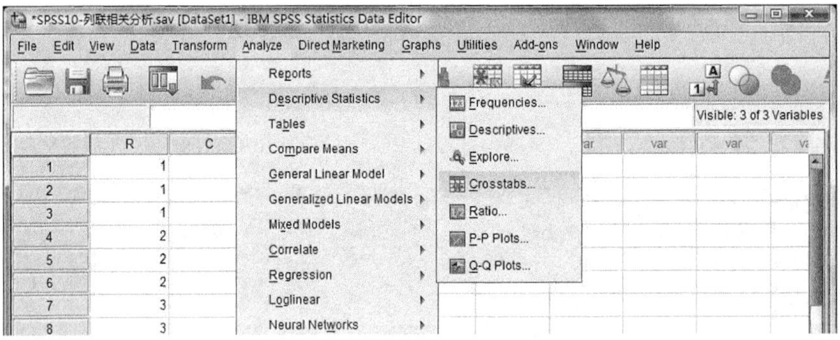

图 10-11 交叉表软件示意图

（5）进入［Crosstabs］，并将 *R*、*C* 分别输入［Row（s）］和［Column（s）］框中（图 10-12）。

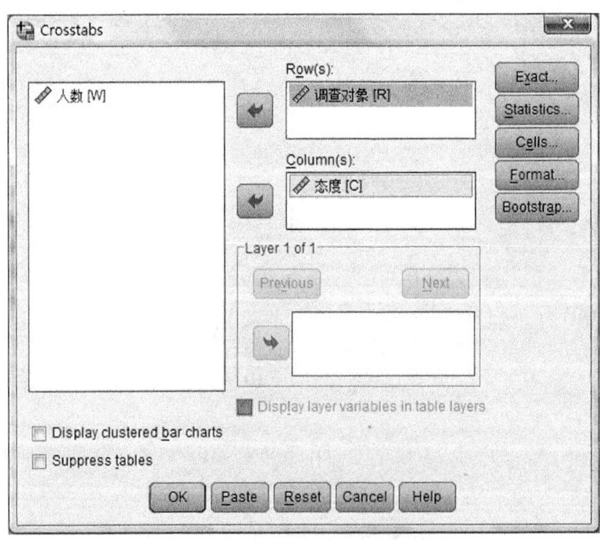

图 10-12 ［Crosstabs］对话框示意图

（6）进入[Statistics]，并选中[Chi-square]和[Contingency Coefficient]（图 10-13）。

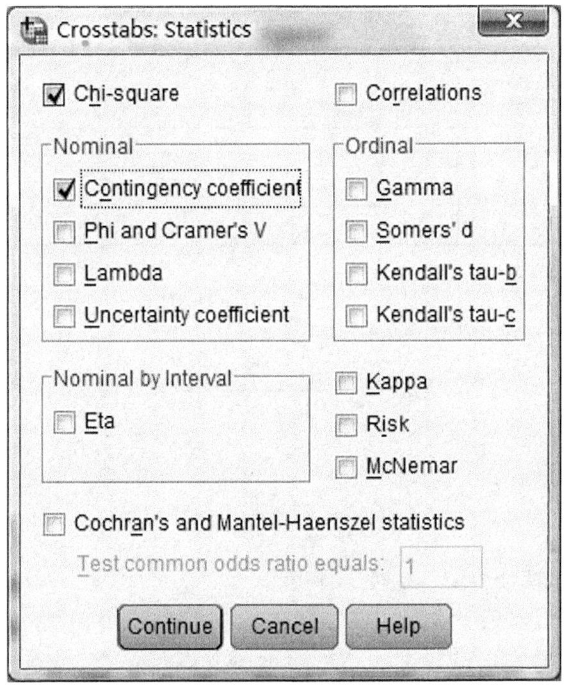

图 10-13 [Crosstabs：Statistics] 对话框示意图

（7）单击 [OK] 进行分析，输出结果如表 10-19 和表 10-20 所示。

表 10-19 卡方检验（一）

	值	df	渐进显著性
Pearson 卡方	130.017[a]	4	0.000
似然比	126.007	4	0.000
线性和线性组合	0.664	1	0.415
有效案例中的 N	2 531		

a 0 单元格（0.0%）的期望计数少于 5，最小期望计数为 220.36

表 10-20 对称度量（一）[a, b]

		值	渐进显著性
按标量标定	相依系数	0.221	0.000
有效案例中的 N		2 531	

a 不假定零假设

b 使用渐进标准误差假定零假设

从输出结果可知，χ^2=130.017，列联相关系数为 0.221，且具有统计显著性意义。这个结果与手工计算的结果是吻合的。

【例 10-8】 某研究者为了研究青年大学生的性别与对心理测验态度的关系，选取 170 名青年学生进行了一种心理测验，结果如表 10-21 所示。请计算青年大学生的性别与对心理测验态度的 Φ 相关系数。

表 10-21 心理测验项目反应 2×2 列联表

		C		总计
		肯定	否定	
R	男生	22	88	110
	女生	18	42	60
总计		40	130	170

解：根据公式 $\chi^2 = \frac{N(ab-bc)^2}{(a+b)(c+d)(a+c)(b+d)}$ 计算 χ^2 值：

$$\chi^2 = 170 \times \frac{(22\times 42 - 88\times 18)^2}{40\times 130\times 110\times 60} \approx 2.157\ 7$$

则有

$$r_{\Phi} = \sqrt{\frac{\chi^2}{N}} = \sqrt{\frac{2.157\ 7}{170}} \approx 0.112\ 7$$

查 χ^2 分布表，得到临界值 $\chi^2_{0.05}(1) = 3.84$。

因为 $\chi^2 = 2.157\ 7 < 3.84$，所以求得的 Φ 相关系数为 0.112 7，不具有统计显著意义，即青年男女大学生的性别与对心理测验反应态度之间是独立无关的。

同样，我们可以用 SPSS 来计算【例 10-8】中的列联相关系数，其基本操作程序如【例 10-7】(略)，主要输出结果如表 10-22 和表 10-23 所示（SPSS 数据文件见本书配套的数据文件“SPSS10-Φ 相关分析”)。

表 10-22 卡方检验（二）

	值	df	渐进显著性(双侧)	精确显著性(双侧)	精确显著性(单侧)
Pearson 卡方	2.158[a]	1	0.142		
连续性校正	1.638	1	0.201		
似然比	2.110	1	0.146		
确切概率				0.185	0.101
线性和线性组合	2.145	1	0.143		
有效案例中的 N	170				

a 0 单元格（0.0%）的期望计数小于 5，最小期望计数为 14.12

表 10-23 对称度量（二）

		值	渐进显著性
按标量标定	费值	−0.113	0.142
	克莱姆 V	0.113	0.142
有效案例中的 N		170	

从输出结果可知，χ^2=2.158，Φ 相关系数=−0.113，且不具有统计显著性意义。这个

结果与手工计算的结果也是一致的。

第四节 偏相关分析

线性相关分析计算两个变量间的相关关系，分析两个变量间线性关系的程度。往往因为第三个变量的作用，使相关系数不能真正反映两个变量间的线性程度，如身高、体重与肺活量之间的关系。如果使用 Pearson 相关计算其相关系数，可以得出肺活量与身高和体重均存在较强的线性关系。但实际上，如果对体重相同的人，分析身高和肺活量，是否身高越高，肺活量就越大呢？不是的。因为身高与体重有线性关系，体重与肺活量存在线性关系，所以得出身高和肺活量之间存在较强的线性关系是错误的。在研究商品的需求量和价格、消费者收入之间的关系时会发现，需求量和价格之间的相关关系实际上还包含了消费者收入对商品需求量的影响。

因此，在分析身高与肺活量之间的相关性时，就要控制体重在相关分析中的影响。在研究需求量和价格之间的关系时，就要控制消费者收入对商品需求量的影响。在控制年龄和工作经验两个变量的影响条件下，考察工资收入与受教育程度之间的关系。在控制了销售能力与其他经济指标的情况下，研究销售量与广告费用之间的关系等。

偏相关分析（analysis of partial correlation）的任务就是在研究两个变量之间的线性相关关系时，控制可能对其产生影响的其他变量。

剔除了一个变量 Z 影响后，两个变量的偏相关系数计算公式为

$$r_{xy,Z}=\frac{r_{xy}-r_{xZ}r_{yZ}}{\sqrt{\left(1-r_{xZ}^{2}\right)}\sqrt{\left(1-r_{xZ}^{2}\right)}}$$

剔除了两个变量影响后，两个变量的偏相关系数计算公式为

$$r_{xy,Z_1Z_2}=\frac{r_{xy,Z_1}-r_{xZ_2,Z_1}r_{yZ_2,Z_1}}{\sqrt{\left(1-r_{xZ_2,Z_1}^{2}\right)}\sqrt{\left(1-r_{yZ_2,Z_1}^{2}\right)}}$$

【例 10-9】 以 2015 年我国 31 个省（自治区、直辖市）城市人均消费性支出、地区生产总值和城市人均可支配收入的相关统计数据为依据（表 10-24），研究城市人均消费性支出与地区生产总值的关系。

表 10-24 2015 年我国各地区城市人均消费性支出、地区生产总值和城市人均可支配收入的情况

地区	城市人均消费性支出（Y）/元	地区生产总值（X_1）/亿元	城市人均可支配收入（X_2）/元
北京	36 642.0	23 014.6	52 859.2
天津	26 229.5	16 538.2	34 101.3
河北	17 586.6	29 806.1	25 152.2
山西	15 818.6	12 766.5	25 827.7
内蒙古	21 876.5	17 831.5	30 594.1

续表

地区	城市人均消费性支出（Y）/元	地区生产总值（X_1）/亿元	城市人均可支配收入（X_2）/元
辽宁	21 556.7	28 669.0	31 125.7
吉林	17 972.6	14 063.1	24 900.9
黑龙江	17 152.1	15 083.7	24 202.6
上海	36 946.1	25 123.5	52 961.9
江苏	24 966.0	70 116.4	37 173.5
浙江	28 661.3	42 886.5	43 714.5
安徽	17 233.5	22 005.6	26 935.8
福建	23 520.2	25 979.8	33 275.3
江西	16 731.8	16 723.8	26 500.1
山东	19 853.8	63 002.3	31 545.3
河南	17 154.3	37 002.2	25 575.6
湖北	18 192.3	29 550.2	27 051.5
湖南	19 501.4	28 902.2	28 838.1
广东	25 673.1	72 812.6	34 757.2
广西	16 321.2	16 803.1	26 415.9
海南	18 448.4	3 702.8	26 356.4
重庆	19 742.3	15 717.3	27 238.3
四川	19 276.8	30 053.1	26 205.3
贵州	16 914.2	10 502.6	24 579.6
云南	17 675.0	13 619.2	26 373.2
西藏	17 022.0	1 026.4	25 456.6
陕西	18 463.9	18 921.9	26 420.2
甘肃	17 450.9	6 790.3	23 767.1
青海	19 200.6	2 417.1	24 542.3
宁夏	18 983.9	2 911.8	25 186.0
新疆	19 414.7	9 324.8	26 274.7

解：手工计算偏相关系数是较为麻烦的，采用 SPSS 进行运算的基本程序如下：

（1）将“城市人均消费性支出”设为变量 Y、“地区生产总值”设为变量 X_1、“城市人均可支配收入”设为变量 X_2，在 SPSS 中录入对应的原始数据，建立 SPSS 数据文件（SPSS 数据文件见本书配套的数据文件“SPSS10-偏相关分析”）。

（2）先计算 Y 与 X_1 之间的 Pearson 相关系数，再计算偏相关系数。

（3）选择［Analyze］→［Correlate］→［Partial］（图 10-14）。

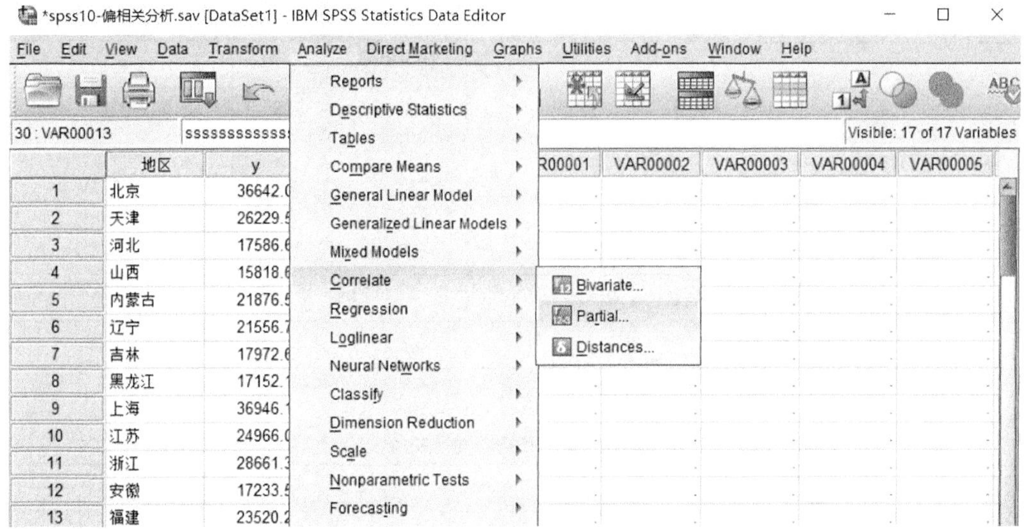

图 10-14 偏相关软件示意图

（4）进入［Partial Correlations］，将 Y 和 X_1 输入［Variables］分析变量框，将 X_2 输入［Controlling for］控制变量框（图 10-15）。

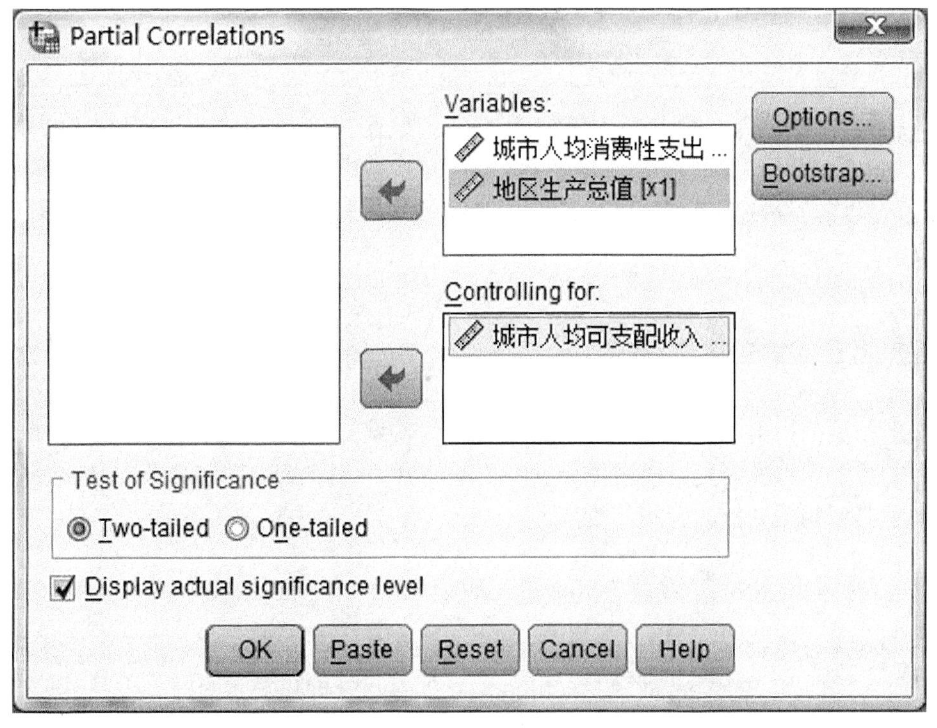

图 10-15 ［Partial Correlations］对话框示意图

（5）单击［OK］进行分析，Pearson 相关系数和偏相关系数输出结果如表 10-25 与表 10-26 所示。

表 10-25 相关系数（六）

		城市人均消费性支出	地区生产总值
城市人均消费性支出	Pearson 相关系数	1	0.338**
	显著性（双侧）		0.063
	N	31	31
地区生产总值	Pearson 相关系数	0.338**	1
	显著性（双侧）	0.063	
	N	31	31

**在 0.01 水平下相关性是显著的（双侧）

表 10-26 相关系数（七）

控制变量			城市人均消费性支出	地区生产总值
城市人均可支配收入	城市人均消费性支出	相关系数	1.000	−0.238
		显著性（双侧）		0.205
		df	0	28
	地区生产总值	相关系数	−0.238	1.000
		显著性（双侧）	0.205	
		df	28	0

从输出结果可知，城市人均消费性支出和地区生产总值之间的简单相关系数为 0.338，在 0.01 的水平上具有统计显著意义。但在将城市人均可支配收入控制起来的条件下，城市人均消费性支出和地区生产总值之间的偏相关系数为−0.238，且不具有统计显著意义。

第五节 典型相关分析

典型相关分析由 Hotelling 于 1936 年在《生物统计》期刊上发表的论文“两组变量之间的关系”中首次提出，后来 Cooley 和 Lohnes、Kshirsagar 和 Mardia、Kent、Bibby 等推动了典型相关分析的应用与推广。

一、典型相关分析的基本思想

典型相关分析是测度两组变量间整体相关关系的统计分析方法。与其他检测相关关系的统计方法（如 Pearson 简单相关分析、简单回归分析和多元回归分析等）一样，典型相关分析用来显示变量之间是否存在相互依存的变化关系，但与简单相关分析（即验证两个单一的观测变量之间相关关系的分析方法）和多元回归分析（即验证多个自测变量与一个因变量之间相关关系的方法）不同，它验证一组变量与另一组变量之间的整体相关性，即一个变量组的综合结果与另一个变量组的综合结果之间是否存在相关。例如，病人的各种临床症状与所患各种疾病之间的相关关系；原材料质量与产品质量之间的相关关系；居民的营养状况与其健康状况之间的相关关系；青少年生长发育和身体素质之间的关系；毕业生求职对用人单位的要求和用人单位招工的条件之间的相关关系；公务员的工作能力与工作绩效之间的关系；科技投入与科技产出间的关系；等等。测度这些变量组之间的关系需要运用典型相关分析（表 10-27）。

表 10-27 典型相关分析的变量

（$X_1, X_2, \cdots, X_n$）	（$Y_1, Y_2, \cdots, Y_n$）
病人的临床症状	所患各种疾病
原材料质量	产品质量
营养状况	健康状况
生长发育（肺活量）	身体素质（跳高）
毕业生对用人单位的要求	用人单位招工的条件
公务员的工作能力	公务员的工作绩效
科技投入	科技产出

典型相关分析方法的基本思想与主成分分析方法非常相似，也是降维，即根据变量间的相关关系，寻找一个或少数几个综合变量对（实际观察变量的线性组合）来替代原变量，从而将两组变量的关系集中到少数几对综合变量的关系上。提取时要求第 1 对综合变量间的相关性最大，第 2 对次之，依此类推。这些综合变量被称为典型变量。第 1 对典型变量间的相关系数则被称为第 1 典型相关系数。

典型相关分析关键就是采用主成分方法寻找到第 i 对典型变量（U_i, V_i）。

$$U_i = a_{i1}X_1^* + a_{i2}X_2^* + \cdots + a_{i,p}X_p^* = a'X^*$$
$$V_i = b_{i1}Y_1^* + b_{i2}Y_2^* + \cdots + b_{i,q}Y_q^* = b'Y^*$$
$$i = 1, 2, \cdots, \min(p, q) = m$$

式中，a'、b' 表示观测变量转换为典型变量的回归系数，在典型分析中称为典型系数（canonical coefficient）。

第 i 对典型变量（U_i, V_i）间的简单相关系数称为典型相关系数（canonical correlation coefficient），即为

$$\text{Can}R_i = \text{Corr}\,(U_i,\ V_i)$$

第 1 对典型变量的相关系数为

$$\text{Can}R_1 = \text{Corr}\,(U_1,\ V_1)\,(\text{使 } U_1 \text{ 与 } V_1 \text{ 间最大相关})$$

第 2 对典型相关变量相关系数为

$$\text{Can}R_2 = \text{Corr}\,(U_2,\ V_2)\,(\text{与 } U_1\text{、}V_1 \text{ 无关；使 } U_2 \text{ 与 } V_2 \text{ 间最大相关})$$

第 P 对典型变量相关系数为

$$\text{Can}R_P = \text{Corr}\,(U_P,\ V_P)\,(U_P \text{ 与 } V_P \text{ 间最大相关})$$

且满足条件：$1 \geqslant \text{Can}R_1 \geqslant \text{Can}R_2 \geqslant \cdots \geqslant \text{Can}R_P \geqslant 0$（图 10-16）。

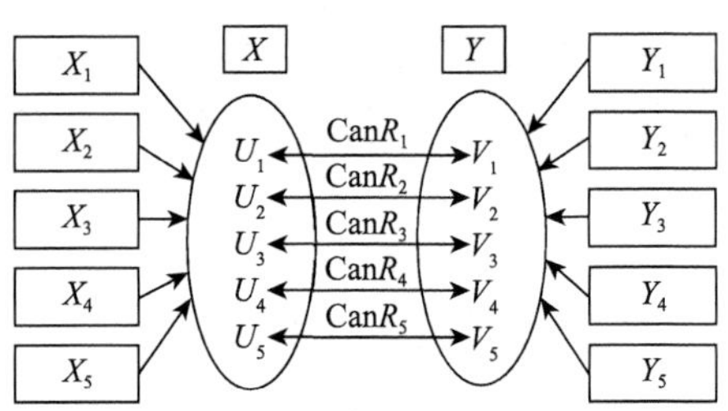

图 10-16　典型相关分析

二、运用 SPSS 进行典型相关分析

以科技投入与科技产出的典型相关分析为例。通过对这两组变量的典型相关分析来研究两者之间存在的内在关系。其中，科技投入变量组由 R&D 经费（X_1）、地方财政科技拨款（X_2）、R&D 人员（X_3）和 R&D 项目（X_4）构成，科技产出变量组由发明专利授权量（Y_1）、形成国家或行业标准数（Y_2）、高技术产品出口额（Y_3）和技术市场成交合同金额（Y_4）。考虑到科技投入与产出之间存在一定的时间延迟，我们假设该延迟时间为两年。所以，这里科技投入指标选用 2011 年数据，科技产出的指标选用 2013 年数据（原始数据如表 10-28 所示）。

表 10-28　我国不同地区科技投入和科技产出主要指标

地区	科技投入				科技产出			
	R&D 经费/亿元	地方财政科技拨款/亿元	R&D 人员/万人年	R&D 项目/1 000 项	发明专利授权量/件	形成国家或行业标准数/项	高技术产品出口额/亿美元	技术市场成交合同金额/亿元
北京	164.85	183.07	18.76	7.05	20 695	1 768	203.54	2 851.72
天津	210.78	60.17	4.49	10.52	3 141	53	192.89	276.16
河北	158.62	33.22	4.53	6.06	2 008	26	28.11	31.56
山西	89.59	27.17	3.69	2.35	1 332	40	32.28	52.77
内蒙古	70.16	28.21	1.54	1.32	549	61	11.00	38.74
辽宁	274.71	87.20	7.72	6.80	3 830	41	54.30	173.38
吉林	48.87	21.18	3.25	1.89	1 496	92	3.86	34.72
黑龙江	83.80	33.23	4.82	4.34	2 238	47	2.96	101.77
上海	343.76	218.50	9.01	12.38	10 644	278	887.10	531.68
江苏	899.89	213.40	16.05	31.93	16 790	162	930.09	527.50
浙江	479.91	143.90	12.94	28.67	11 139	95	142.76	81.50
安徽	162.83	77.03	3.62	8.43	4 241	130	28.26	130.83
福建	194.40	40.48	4.76	6.44	2 941	36	155.27	44.69
江西	76.98	21.32	2.71	2.61	923	23	34.42	43.06
山东	743.13	108.62	11.65	25.19	8 913	136	173.94	179.40

续表

地区	科技投入				科技产出			
	R&D 经费/亿元	地方财政科技拨款/亿元	R&D 人员/万人年	R&D 项目/1 000 项	发明专利授权量/件	形成国家或行业标准数/项	高技术产品出口额/亿美元	技术市场成交合同金额/亿元
河南	213.72	56.59	6.49	8.42	3 173	42	207.26	40.24
湖北	210.76	44.19	6.74	7.08	4 052	83	52.09	397.62
湖南	181.78	41.96	4.49	6.93	3 613	36	16.60	77.21
广东	899.44	203.92	19.95	29.24	20 084	242	2 564.31	529.39
广西	58.68	28.25	2.01	2.89	1 295	32	19.42	7.34
海南	5.78	9.83	0.13	0.30	449	21	5.71	3.87
重庆	94.40	25.04	3.16	4.52	2 360	20	248.36	90.28
四川	104.47	45.75	7.88	6.71	4 566	96	192.17	148.58
贵州	27.52	21.68	1.14	1.35	776	7	1.54	18.40
云南	29.93	28.30	1.78	1.51	1 312	17	20.19	42.00
西藏	0.16	3.38	0.07	0.02	44	0	0.56	0.00
陕西	96.68	29.01	6.51	4.21	4 133	111	47.39	533.28
甘肃	25.79	13.22	1.88	1.28	785	24	2.42	99.99
青海	8.20	3.76	0.29	0.13	91	0	0.24	26.89
宁夏	11.89	7.87	0.56	0.85	184	21	1.29	1.43
新疆	22.34	26.43	0.89	0.76	540	76	3.31	3.00

注：数据不包含港澳台地区

在 SPSS 中可以有两种方法来实现典型相关分析：一种是采用 Manova 过程；另一种是采用专门提供的宏程序。第二种方法在使用上非常简单，而输出的结果又较为详细，所以本节介绍第二种方法。

该程序名为 Canonical correlation.sps，就放在 SPSS 的安装路径之中，调用方式如下：

INCLUDE '程序所在路径\Canonical correlation.sps'.

CANCORR SETl=第一组变量的列表

/SET2=第二组变量的列表.

在程序中首先应当使用 include 命令读入典型相关分析的宏程序，然后使用 cancorr 名称调用，注意最后的“.”表示整个语句结束，不能遗漏。在 SPSS 中采用宏程序分析方法进行典型相关分析的基本程序如下：

（1）将科技投入变量组设为“X_1、X_2、X_3、X_4”，科技产出变量组设为“Y_1、Y_2、Y_3、Y_4”，把相关的原始数据输入到 SPSS，建立 SPSS 数据文件（SPSS 数据文件见本书配套的数据文件“SPSS10-典型相关分析”）。

（2）打开 SPSS 数据文件，选择［File］→［New］→［Syntax］（图 10-17）。

spss10-典型相关分析.sav [DataSet1] - IBM SPSS Statistics Data Editor

File Edit View Data Transform Analyze Direct Marketing Graphs Utilities Add-ons Window Help

New ▸ (Data, Syntax, Output, Script)
Open ▸
Open Database ▸
Read Text Data...
Close Ctrl+F4
Save Ctrl+S
Save As...
Save All Data
Export to Database...
Mark File Read Only
Rename Dataset...
Display Data File Information ▸
Cache Data...
Stop Processor Ctrl+Period
Switch Server...
Repository ▸
Print Preview

Visible: 9

		x4	y1	y2	y3	y4	var
	76	7.05	20695.00	1768.00	203.54	2851.72	
60.17	4.49	10.52	3141.00	53.00	192.89	276.16	
33.22	4.53	6.06	2008.00	26.00	28.11	31.56	
27.17	3.69	2.35	1332.00	40.00	32.28	52.77	
28.21	1.54	1.32	549.00	61.00	11.00	38.74	
87.20	7.72	6.80	3830.00	41.00	54.30	173.38	
21.18	3.25	1.89	1496.00	92.00	3.86	34.72	
33.23	4.82	4.34	2238.00	47.00	2.96	101.77	
18.50	9.01	12.38	10644.00	278.00	887.10	531.68	
13.40	16.05	31.93	16790.00	162.00	930.09	527.50	
43.90	12.94	28.67	11139.00	95.00	142.76	81.50	
77.03	3.62	8.43	4241.00	130.00	28.26	130.83	
40.48	4.76	6.44	2941.00	36.00	155.27	44.69	
21.32	2.71	2.61	923.00	23.00	34.42	43.06	
08.62	11.65	25.19	8913.00	136.00	173.94	179.40	

图 10-17 语法软件示意图

（3）进入［Syntax］，并在该语法窗口中键入下面的命令程序。

include file'E：\program\SPSS20\Samples\English\Canonical correlation.sps'.

cancorr set1=X1 X2 X3 X4

/set2=Y1 Y2 Y3 Y4.

（4）选择［Run］→［All］（图 10-18）。

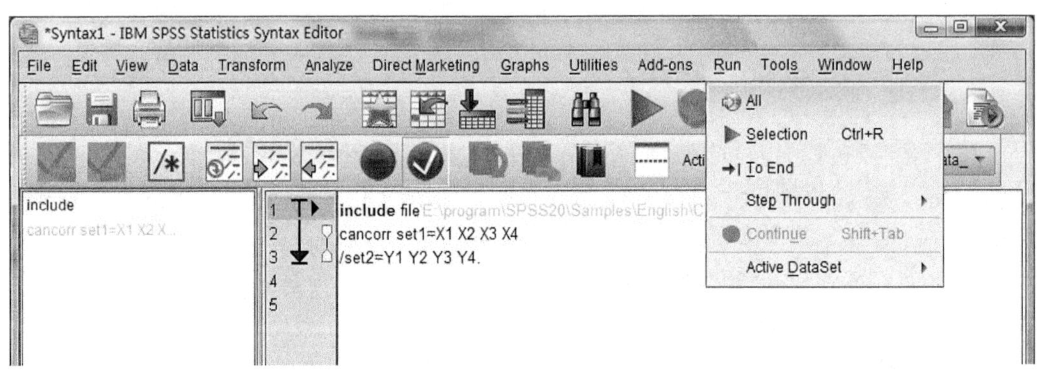

图 10-18 ［语法］编辑对话框示意图

（5）运行并输出结果，如表 10-29~表 10-34 所示（为了节省篇幅，对输出结果进行了适当的整理）。

表 10-29 科技投入与科技产出的相关矩阵

	x_1	x_2	x_3	x_4	y_1	y_2	y_3	y_4
x_1	1.000 0	0.813 2	0.823 6	0.962 7	0.787 7	0.128 2	0.743 7	0.198 0
x_2	0.813 2	1.000 0	0.892 9	0.813 9	0.932 9	0.517 0	0.709 2	0.563 6
x_3	0.823 6	0.892 9	1.000 0	0.825 2	0.967 3	0.591 1	0.683 2	0.648 7

续表

	x_1	x_2	x_3	x_4	y_1	y_2	y_3	y_4
x_4	0.962 7	0.813 9	0.825 2	1.000 0	0.787 8	0.134 6	0.662 4	0.191 5
y_1	0.787 7	0.128 2	0.743 7	0.198 0	1.000 0	0.666 4	0.717 5	0.714 3
y_2	0.932 9	0.517 0	0.709 2	0.563 6	0.666 4	1.000 0	0.154 7	0.976 8
y_3	0.967 3	0.591 1	0.683 2	0.648 7	0.717 5	0.154 7	1.000 0	0.221 5
y_4	0.787 8	0.134 6	0.662 4	0.191 5	0.714 3	0.976 8	0.221 5	1.000 0

表 10-30 典型相关系数及其显著性检验

典型相关		剩余相关测验为零				
			Wilk's	Chi-SQ	df	Sig.
1	0.991	1	0.002	155.960	16.000	0.000
2	0.908	2	0.120	54.152	9.000	0.000
3	0.547	3	0.681	9.800	4.000	0.044
4	0.168	4	0.972	0.734	1.000	0.392

表 10-31 科技投入变量组标准化及未标准化的典型系数

	Set-1 的标准化典型系数					Set-1 的未标准化典型系数			
	1	2	3	4		1	2	3	4
x_1	0.082	0.100	−3.732	−0.581	x_1	0.000	0.000	−0.015	−0.002
x_2	−0.274	−0.414	−0.176	2.278	x_2	−0.004	−0.006	−0.003	0.036
x_3	−0.382	−1.360	0.465	−1.892	x_3	−0.072	−0.256	0.087	−0.356
x_4	−0.482	1.699	3.349	0.124	x_4	−0.054	0.190	0.374	0.024

表 10-32 科技产出变量组标准化及未标准化的典型系数

	Set-2 的标准化典型系数					Set-2 的未标准化典型系数			
	1	2	3	4		1	2	3	4
y_1	−1.523	1.240	1.524	−0.253	y_1	0.000	0.000	0.000	0.000
y_2	0.424	−0.522	1.052	4.739	y_2	0.001	−0.002	−0.003	0.015
y_3	0.272	−0.592	−1.573	0.685	y_3	0.001	−0.001	0.003	0.001
y_4	0.229	−1.093	−1.576	−4.703	y_4	0.000	−0.002	−0.003	−0.009

表 10-33 科技投入和产出变量的典型负载及交叉负载系数矩阵

	Set-1 的典型负载系数				Set-1 的交叉负载系数			
	U_1	U_2	U_3	U_4	V_1	V_2	V_3	V_4
x_1	−0.919	0.278	−0.268	−0.081	−0.910	0.253	−0.147	−0.014
x_2	−0.940	−0.165	−0.070	0.291	−0.931	−0.150	−0.038	0.049
x_3	−0.956	−0.246	−0.003	−0.160	−0.947	−0.223	−0.001	−0.027
x_4	−0.941	0.335	−0.004	−0.052	−0.932	0.305	−0.002	−0.009

续表

	Set-2 的典型负载系数				Set-2 的交叉负载系数			
	U_1	U_2	U_3	U_4	V_1	V_2	V_3	V_4
y_1	−0.948	−0.314	−0.030	0.037	−0.939	−0.285	−0.016	0.006
y_2	−0.425	−0.855	0.285	0.083	−0.421	−0.776	0.156	0.014
y_3	−0.720	−0.026	−0.666	0.194	−0.713	−0.023	−0.364	0.033
y_4	−0.482	−0.849	0.191	−0.103	−0.478	−0.771	0.105	−0.017

表 10-34 冗余度分析

Set-1 冗余度自身解释系数		Set-2 冗余度自身解释系数	
U_1	0.882	V_1	0.865
U_2	0.069	V_2	0.057
U_3	0.019	V_3	0.006
U_4	0.030	V_4	0.001
Set-1 冗余度他方解释系数		**Set-2 冗余度他方解释系数**	
V_1	0.458	U_1	0.449
V_2	0.388	U_2	0.320
V_3	0.141	U_3	0.042
V_4	0.014	U_4	0.000

第 1、第 2、第 3 和第 4 对典型相关系数分别为 0.991、0.908、0.547、0.168；其中第 1、第 2、第 3 对典型相关系数达到统计显著性水平；第 4 对典型相关系数未能达到统计显著性水平。

由于原始变量的测量单位不同，不宜直接比较，所以我们采用标准化的典型系数，给出科技投入和科技产出典型变量的相关模型。

科技投入的第 1、第 2、第 3 典型变量分别为

$$U_1 = 0.082X_1 - 0274X_2 - 0.382X_3 - 0.482X_4$$

$$U_2 = 0.100X_1 - 0.414X_2 - 1.360X_3 + 1.699X_4$$

$$U_3 = -3.732X_1 \quad 0.176X_2 + 0.4651X_3 + 3.349X_4$$

科技产出的第 1、第 2、第 3 典型变量分别为

$$V_1 = -1.523Y_1 + 0.424Y_2 + 0.272Y_3 + 0.229Y_4$$

$$V_2 = 1.240Y_1 - 0.522Y_2 - 0.592Y_3 - 1.093Y_4$$

$$V_3 = 1.524Y_1 + 1.-52Y_2 - 1.573Y_3 - 1.576Y_4$$

典型负载系数（canonical loadings）是典型变量与本组的观测变量之间的两两简单相关系数。由表 10-33 可知，科技投入的第 1 典型变量 U_1，在 x_1、x_2、x_3、x_4 上均有较高荷重，说明 R&D 经费、地方财政科技拨款、R&D 人员和 R&D 项目这四个原始变量在科技投入中具有重要地位。同样，科技产出的第 1 典型变量 V_1 在 y_1、y_2、y_3 和 y_4 上有较高荷重，说明科技产出变量组由发明专利授权量、形成国家或行业标准数、高技术产品

出口额和技术市场成交合同金额在科技产出中均占有主导地位。

交叉负载系数（cross loadings）是典型变量与另一组观测变量之间的两两简单相关系数。由于第 1 对典型变量之间的高度相关，所以科技投入中四个主要变量与科技产出的第 1 对典型变量呈高度相关；而科技产出中的四个变量则与科技投入的第 1 典型变量也呈高度相关。这种一致性从数量上体现了科技投入和科技产出之间存在一定的内在关系，与科技投入和产出指标的实际意义是吻合的。

由表 10-34 可知，来自科技投入的方差被科技投入和科技产出第 1 典型变量解释的比例分别为 88.2%和 45.8%；来自科技产出的方差被科技产出和科技投入第 1 典型变量解释的方差比例为 86.5%和 44.9%。

➢复习思考题

1. 怎样进行 Pearson 积差相关系数的显著性检验？
2. 比较说明 Pearson 相关、Spearman 相关和 Kendall 相关对变量要求有何不同。
3. 简述二列相关、点二列相关和和多系列相关三者的区别与联系。
4. 比较说明简单相关和偏相关分析的特点。
5. 简述典型相关分析的基本思想。
6. 结合某个研究课题，运用 SPSS 进行偏相关分析。
7. 结合某个研究课题，运用 SPSS 进行典型相关分析。

第十一章

回归分析

"回归"（regression）是由英国著名生物学家兼统计学家高尔顿在研究人类遗传问题时提出的。为了研究父代与子代身高的关系，高尔顿搜集了 1 078 对父亲及其儿子的身高数据，他发现这些数据的散点图大致呈直线状态，也就是说，总的趋势是父亲的身高增加时，儿子的身高也倾向于增加。但是，高尔顿对试验数据进行了深入的分析，并发现了一个很有趣的现象——回归效应。当父亲高于平均身高时，他们的儿子身高比他更高的概率要小于比他更矮的概率；父亲矮于平均身高时，他们的儿子身高比他更矮的概率要小于比他更高的概率。它反映了一个规律，即这两种身高（父亲的身高和儿子的身高）有向他们父辈的平均身高回归的趋势。对于这个一般结论的解释是，大自然具有一种约束力，使人类身高的分布相对稳定而不产生两极分化，这就是所谓的回归效应。

回归分析和相关分析都是对多个变量之间依存关系的分析。只有存在相关变量才能进行回归分析，相关程度越高，回归效果越好。

相关分析与回归分析的不同点主要如下：①相关分析是研究变量之间的依存关系，但不区分哪个是自变量，哪个是因变量；而回归分析不仅研究变量之间的依存关系，而且要根据研究对象和目的，确定哪个是自变量（解释变量），哪个是因变量（被解释变量）。②相关分析主要是研究变量之间关系的密切程度和变化的方向；而回归分析则要通过建立回归模型和控制自变量来进行估计与预测。例如，从相关分析中我们可以得知"质量"和"用户满意度"变量密切相关，但是这两个变量之间到底是哪个变量受哪个变量的影响，影响程度如何，则需要通过回归分析来确定。

回归分析研究的主要内容包括以下几点：确定变量之间的相关关系和相关程度，建立回归模型，并根据实测数据来求解模型的各个参数，然后评价回归模型是否能够很好地拟合实测数据；如果能够很好地拟合，则可以根据自变量进行进一步预测。

第一节 一元线性回归

一、一元线性回归模型的基本概念

若有两个变量 x 和 y，其中 x 为非随机变量（即可控变量），y 为随机变量。且 x 和 y 有相关关系，则可用数学模型 $y = f(x) + e$ 近似地表示它们之间的关系，其中 e 是随机变量。方程 $\hat{y} = f(x)$ 称为回归方程（回归模型）。

若一元回归方程是线性的，称为一元线性回归。其数学模型为 $y_i = a + bx_i + e_i$。这个回归模型中的随机误差 e_i，要求满足如下的高斯基本假设：

（1）应当是服从正态分布的随机变量，即 e_i 满足“正态性”的假设。

（2）e_i 的均值为零，即 E（e_i）=0，我们称 e_i 满足“无偏性”的假设。

（3）e_i 的方差等于某个常数，即 $\mathrm{Var}(e_i) = u$，这就是说，所有的 e_i 分布的方差都相同（equal variance），即满足“等方差性”的假设。

（4）各个 e_i 间相互独立，即对于任何两个随机误差 e_i 和 e_j（$i \neq j$）其协方差等于零，即 COV（e_i，e_j）=0，（$i \neq j$）这称为满足“独立性”（independent）的假设。

综上所述，随机误差 e_i 必须服从独立的相同分布。

基于上述假定，随机变量的数学期望和方差分别是

$$E(y_i) = a + bx_i$$

$$\mathrm{Var}(e_i) = u$$

由此：y_i~N（$a+bx_i$，u）。

这就意味着，当 $X=x_i$ 时，y_i 是一个服从正态分布的随机变量的某一个取值。如果不考虑式中的误差项，就可以得到简单的方程：

$$\hat{y}_i = a + bx_i$$

这一方程就称为 Y 对 X 的一元线性回归方程。依据这一方程在直角坐标系中所做的直线就称为回归直线。其中，a、b 通常称为回归模型的参数，a 是回归直线的截距；b 是回归直线的斜率（回归系数）。

二、一元线性回归模型的参数估计

回归模型中的参数 a 与 b 在一般情况下都是未知数，必须根据样本数据（x_i，y_i）来估计。确定参数 a 与 b 值的原则是要使样本的回归直线同观察值的拟合状态最好，即要使偏差最小。为此，可以采用普通最小二乘法（ordinary least square，OLS）来解决这个问题。

对应于每一个 x_i，根据回归直线方程可以求出一个 $\hat{y}_i$，它就是 y_i 的一个估计值。估计值和观察值之间的偏差 $e_i = (y_i - \hat{y}_i)$，有 n 个观察值就有相应的 n 个偏差。要使模型的拟合状态最好，就是说要使 n 个偏差的总和最小。但为了计算方便，我们以误差的平方和最小为标准来确定回归模型的参数。这就要求：

$$Q=\sum_{i=1}^{n}\left(y_i-\hat{y}\right)^2=\sum_{i=1}^{n}\left(y_i-a-bx_i\right)^2 \tag{11-1}$$

是个极小值。

根据微积分中的极值定理，要使式（11-1）取极小值，其对 a 与 b 所求的偏导数应为 0，即

$$\frac{\partial Q}{\partial a}=-2\sum\left(y_i-a-bx_i\right)=0$$

$$\frac{\partial Q}{\partial b}=-2\sum\left(y_i-a-bx_i\right)x_i=0$$

经整理后可得

$$\sum y_i=na+b\sum x_i$$

$$\sum x_i y_i=a\sum x_i+b\sum x_i^2$$

求解上式可得

$$b=\frac{\sum x_i y_i-\frac{1}{n}\left(\sum x_i\right)\left(\sum y_i\right)}{\sum x_i^2-\frac{1}{n}\left(\sum x_i\right)^2}$$

$$a=\frac{\sum y_i}{n}-b\frac{\sum x_i}{n}$$

记

$$\bar{X}=\left(\sum x_i\right)/n\,,\ \bar{Y}=\left(\sum y_i\right)/n$$

$$S_{XX}=\sum\left(x_i-\bar{x}\right)^2=\sum x_i^2-\frac{1}{n}\left(\sum x_i\right)^2$$

$$S_{XY}=\sum\left(x_i-\bar{x}\right)\left(y_i-\bar{y}\right)=\sum x_i y_i-\frac{1}{n}\left(\sum x_i\right)\left(\sum y_i\right)$$

$$S_{YY}=\sum\left(y_i-\bar{y}\right)^2=\sum y_i^2-\frac{1}{n}\left(\sum y_i\right)^2$$

于是，得到参数 a 与 b 的简单表达形式，即

$$b=\frac{S_{XY}}{S_{XX}}$$

$$a=\bar{y}-b\bar{x}$$

求出参数 a 与 b 以后，就可以得到回归模型：

$$\hat{y}=a+bx$$

由此，只要给定了一个 x_i 值，就可以根据回归模型求得一个 $\hat{y}_i$ 来作为实际值 y_i 的预测值。

我们以 R&D 投入与 GDP 的关系为例来说明一元线性回归模型的求解问题。1994~2015 年中国 R&D 投入与 GDP 相关统计数据如表 11-1 所示。

表 11-1　1994~2015 年中国 R&D 投入与 GDP 相关统计数据（单位：亿元）

序号	年份	GDP	R&D 投入
1	2015	689 052.0	14 169.88
2	2014	643 974.0	13 015.63
3	2013	595 244.4	11 846.60
4	2012	540 367.4	10 298.41
5	2011	489 300.6	8 687.00
6	2010	401 202.0	7 062.58
7	2009	340 902.8	5 802.10
8	2008	314 045.4	4 616.00
9	2007	265 810.3	3 710.20
10	2006	216 314.4	3 003.10
11	2005	184 937.4	2 449.97
12	2004	159 878.3	1 966.33
13	2003	135 822.8	1 539.63
14	2002	120 332.7	1 287.64
15	2001	109 655.2	1 042.49
16	2000	99 214.6	895.66
17	1999	89 677.1	678.91
18	1998	84 402.3	551.12
19	1997	78 973.0	509.16
20	1996	71 176.6	404.48
21	1995	60 793.7	348.69
22	1994	48 197.9	306.26

将观察值 x_i 和 y_i（i=1，2，…，22）在平面直角坐标系中用点标出，所得的图称为散点图。由图 11-1 可以看出，y（GDP）与 x（R&D 投入）之间大致呈现线性相关关系，可见一元线性回归模型适用于对 y 与 x 关系的回归分析。

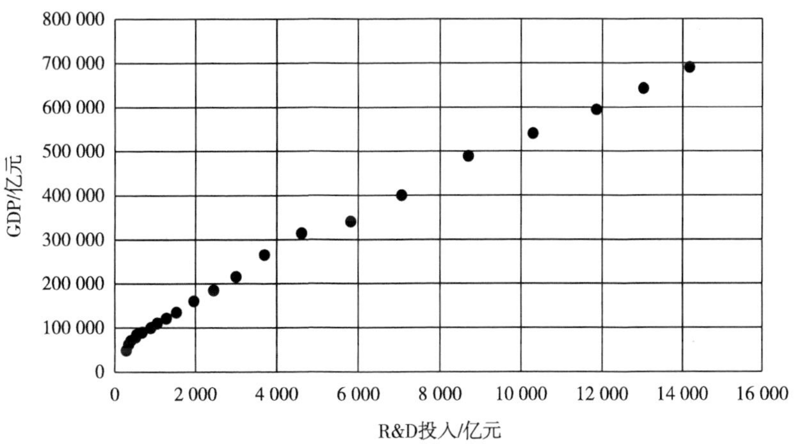

图 11-1　y（GDP）与 x（R&D 投入）关系的散点图

根据上述求解回归系数的公式，可以求得 a 与 b 的值，这里 n =22。

$$\sum x_i = 94\,191.84, \sum y_i = 5\,739\,274.9$$

$$\sum x_i^2 \approx 8.37\times10^8, \sum y_i^2 \approx 2.42\times10^{12}, \sum x_i y_i \approx 4.45\times10^{10}$$

$$S_{XX} = \sum x_i^2 - \frac{1}{n}\left(\sum x_i\right)^2 = 8.37\times10^8 - \frac{1}{22}\times(94\,191.84)^2 \approx 433\,603\,083.57$$

$$S_{XY} = \sum x_i y_i - \frac{1}{n}\left(\sum x_i\right)\left(\sum y_i\right) = 4.45\times10^{10} - \frac{1}{22}\times 94\,191.84\times 5\,739\,275.0$$

$$\approx 19\,884\,201\,086.04$$

$$S_{YY} = \sum y_i^2 - \frac{1}{n}\left(\sum y_i\right)^2 = 2.42\times10^{12} - \frac{1}{22}\times 5\,739\,275.0^2 \approx 918\,278\,537\,557.093$$

则有

$$\hat{b} = \frac{S_{xy}}{S_{xx}} \approx 45.856 \qquad \hat{a} = \overline{y} - \hat{b}\overline{x} = \frac{\sum y_i}{22} - \hat{b}\times\frac{\sum x_i}{22} \approx 64\,546.09$$

由此得到 y（GDP）对 x（R&D 投入）的一元线性回归模型为

$$\hat{y} = 64\,546.09 + 45.856x$$

三、一元非线性回归模型的线性处理方法

由于线性回归模型比较简单，所以在遇到非线性回归模型时，最好通过变换将其转换为线性回归模型。一些常用的非线性回归模型转换方法包括以下几种。

（一）成长曲线模型

成长曲线模型为 $y = \frac{1}{a + be^{-x}}$，即 $\frac{1}{y} = a + be^{-x}$，令

$$y' = \frac{1}{y},\quad x' = e^{-x}$$

则成长曲线模型就可转换为 $y' = a + bx'$。

（二）双曲线模型

双曲线模型为 $\frac{1}{y} = a + \frac{b}{x}$，令

$$y' = \frac{1}{y},\quad x' = \frac{1}{x}$$

则双曲线模型转换为 $y' = a + bx'$。

（三）幂函数模型

幂函数模型为 $y = ax^b$ 或 $y = ax^{-b}$（b>0）。

对幂函数两边取对数

$$\ln y = \ln a + b\ln x$$

令

$$y' = \ln y, \quad x' = \ln x, \quad a' = \ln a$$

则幂函数模型转换为 $y' = a \pm b'x'$。

（四）指数函数模型

指数函数模型为 $y = a\mathrm{e}^{bx}$ 或 $y = a\mathrm{e}^{-bx}$（$b>0$）。

两边取对数：

$$\ln y = \ln a \pm bx$$

令

$$y' = \ln y, \quad a' = \ln a$$

则指数函数模型转换为 $y' = a' \pm bx$。

（五）倒指数函数模型

倒指数函数模型为 $y = a\mathrm{e}^{-\frac{b}{x}}$ 或 $y = a\mathrm{e}^{\frac{b}{x}}$（$b>0$，$a>0$）。

两边取对数后做变换：

$$y' = \ln y, \quad x' = \frac{1}{x}, \quad a' = \ln a$$

则倒指数函数模型转换为 $y' = a' \pm b'x'$。

（六）对数函数模型

对数函数模型为 $y = a + b\ln x$。

经变换，得

$$x' = \ln x$$

则有 $y = a + bx'$。

第二节 多元线性回归

在公共管理研究中，很多情况下研究的变量是多个，这就需要用多元的方法才能更好地描述变量间的关系。就方法的实质来说，处理多元线性回归（multiple linear regression）的方法与处理一元线性回归的方法是基本相同的，只是多元线性回归方法复杂些，计算量大些，所以我们通常都运用统计软件进行处理。

一、数学模型和回归方程的求法。

设因变量 y 与自变量 x_1，x_2，…，x_k之间的关系式如下：

$$\begin{cases} y = b_0 + b_1x_1 + \cdots + b_kx_k + e \\ e \sim \mathrm{N}\left(0, \sigma^2\right) \end{cases} \tag{11-2}$$

通过取样得到 n 组观测数据：

$$(y_1;\ x_{11},\ x_{21},\ \cdots,\ x_{k1})$$
$$(y_2;\ x_{12},\ x_{22},\ \cdots,\ x_{k2})$$
$$\cdots$$
$$(y_n;\ x_{1n},\ x_{2n},\ \cdots,\ x_{kn})$$

式中，x_{ij} 为自变量 x_i 的第 j 个观测值；y_j 为因变量 y 的第 j 个值，代入式（11-2）得到模型的数据结构式：

$$\begin{cases} y_1 = b_0 + b_1x_{11} + b_2x_{21} + \cdots + b_kx_{k1} + e_1 \\ y_2 = b_0 + b_1x_{12} + b_1x_{22} + \cdots + b_kx_{k2} + e_2 \\ \cdots \\ y_n = b_0 + b_1x_{1n} + b_2x_{2n} + \cdots + b_kx_{kn} + e_n \\ \varepsilon_1, \varepsilon_2, \cdots, \varepsilon_n \text{独立同分布} \mathrm{N}\left(0, \sigma^2\right) \end{cases} \tag{11-3}$$

上述方程式（11-3）为 k 元正态线性回归模型，其中 b_0，b_1，$\cdots$，b_k 及 σ^2 是未知待估的参数。多元线性回归模型也需要符合多元回归的高斯假设条件。

我们同样可以采用最小二乘法来估计回归系数 b_0，b_1，$\cdots$，b_k，使 $Q\left(b_0, b_1, \cdots, b_k\right) \triangleq \sum_{t=1}^{n}\left[y_t - \left(b_0 + b_1x_{1t} + b_2x_{2t} + \cdots + b_kx_{kt}\right)\right]^2$ 达到最小的 $\hat{b}_0, \hat{b}_1, \cdots, \hat{b}_k$ 称为参数（b_0，b_1，$\cdots$，b_k）的最小二乘估计。

利用微积分知识，最小二乘估计就是对如下方程组进行求解：

$$\begin{cases} l_{11}b_1 + l_{12}b_2 + \cdots + l_{1k}b_k = L_{1y} \\ l_{21}b_1 + l_{22}b_2 + \cdots + l_{2k}b_k = L_{2y} \\ \cdots \\ l_{k1}b_1 + l_{k2}b_2 + \cdots + l_{kk}b_k = L_{ky} \\ b_0 = \overline{y} - b_1\overline{x} + b_2\overline{x}_2 + \cdots + b_k\overline{x}_k \end{cases} \tag{11-4}$$

式中，$\overline{y} = \frac{1}{n}\sum_{t=1}^{n} y_t$；$\overline{x}_i = \frac{1}{n}\sum_{t=1}^{n} x_{it}\left(i = 1, 2, \cdots, k\right)$；$L_{ij} = \frac{1}{n}\sum_{t=1}^{n}\left(x_{it} - \overline{x}_i\right)\left(x_{jt} - \overline{x}_j\right) = L_{ji}$ $(i, j = 1, 2, \cdots, k)$；$L_{iy} = \frac{1}{n}\sum_{t=1}^{n}\left(x_{it} - \overline{x}_i\right), \left(y_t - \overline{y}\right)$ $\left(i = 1, 2, \cdots, k\right)$。

通常将方程组（11-4）称为正规方程组，其中前 k 个方程的系数矩阵记为 $L^* = \left(l_{ij}\right)_{k\times k}$，当 L^* 可逆时，正规方程组有解，便可得 b_0，b_1，$\cdots$，b_k 的最小二乘估计 $\hat{b}_0, \hat{b}_1, \cdots, \hat{b}_k$，即

$$\begin{pmatrix} \hat{b}_1 \\ \vdots \\ \hat{b}_k \end{pmatrix} = \left(L^*\right)^{-1} \begin{pmatrix} L_{1y} \\ \vdots \\ L_{ky} \end{pmatrix},\quad \hat{b}_0 = \overline{y} - \hat{b}_1\overline{x}_1 - \cdots - \overline{b}_k\overline{x}_k$$

省略随机项即可得到经验回归方程为 $\hat{y} = \hat{b}_0 + \hat{b}_1x_1 + \cdots + \hat{b}_kx_k$。

k 元线性回归方程的图形为 k+1 维空间的一个平面，称为回归平面；$\hat{b}_0$ 称为回归常

数项，当 $x_1=x_2=\cdots=x_k=0$ 时，$\hat{y}=0$ 在 $\hat{b}_0$ 有实际意义时，$\hat{b}_0$ 表示 y 的起始值；$\hat{b}_i$（$i=1$，2，…，k）称为因变量 y 对自变量 x_i 的偏回归系数（partial regression coefficient），表示除自变量 x_i 以外的其余 $k-1$ 个自变量都固定不变时，自变量 x_i 每变化一个单位，因变量 y 平均变化的单位数值，确切地说，当 $\hat{b}_i>0$ 时，自变量 x_i 每增加一个单位，因变量 y 平均增加 $\hat{b}_i$ 个单位；当 $\hat{b}_i<0$ 时，自变量 x_i 每增加一个单位，因变量 y 平均减少 $\hat{b}_i$ 个单位。

采用传统的计算方法，求解多元线性回归模型的参数虽然较为复杂，但使用 SPSS 工具来求解却是比较简单的。

二、总体回归模型的显著性检验

上述讨论是在 y 与 x_1，x_2，…，x_k 之间呈现线性相关的前提下进行的，所求的模型方程是否有显著意义，还需对 y 与 x_i 间是否存在线性相关关系做显著性假设检验。对 $\hat{y}=\hat{b}_0+\hat{b}_1x_1+\cdots+\hat{b}_kx_k$ 是否有显著意义，可采用 F 检验方法。F 检验是指通过构造统计量 F 来检查多元线性回归模型中所有解释变量对被解释变量的共同影响是否显著。

可以证明多元线性回归的总离差平方和（SST）可分解为回归平方和（SSR）和残差平方和（SSE）两部分（图 11-2）。

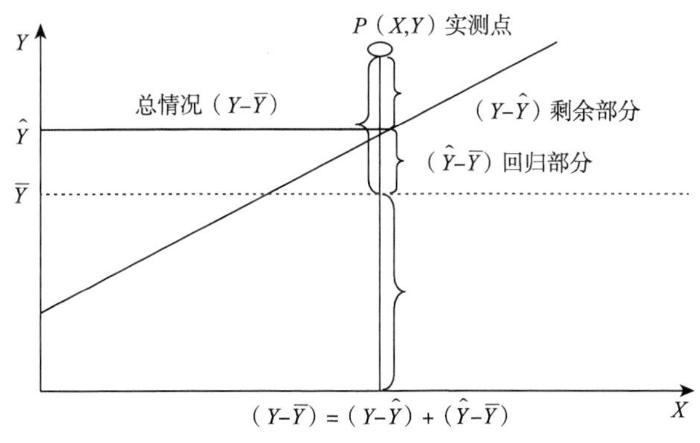

图 11-2 总离差分解图

从图 11-2 看到，因变量 y 的总变异 $(y-\bar{y})$ 由 y 与 x 间存在直线关系所引起的变异 $(\hat{y}-\bar{y})$ 与残差 $(y-\hat{y})$ 两部分构成，即

$$(y-\bar{y})=(\hat{y}-\bar{y})+(y-\hat{y}) \tag{11-5}$$

式（11-5）两端平方，然后对所有的 n 点求和，则有

$$\begin{aligned}\sum(y-\bar{y})^2&=\sum\left[(\hat{y}-\bar{y})+(y-\hat{y})\right]^2\\&=\sum(\hat{y}-\bar{y})^2+\sum(y-\hat{y})^2+2\sum(\hat{y}-\bar{y})(y-\hat{y})\\&=\sum(\hat{y}-\bar{y})^2+\sum(y-\hat{y})^2\end{aligned}$$

式中，$\sum(y-\bar{y})^2$ 反映了 y 的总变异程度，称为 y 的总平方和，记为 SST；$\sum(\hat{y}-\bar{y})^2$ 反映了 y 与 x 间存在直线关系所引起的 y 的变异程度，称为回归平方和，记为 SSR；

$\sum(y-\hat{y})^2$ 反映了除 y 与 x 存在直线关系以外的原因，包括随机残差所引起的 y 的变异程度，称为残差平方和，记为 SSE。这样就可以得到

$$\text{SST=SSR+SSE}$$

与此相对应，y 的总自由度 df_y 也划分为回归自由度 df_R 与残差自由度 df_e 两部分，即

$$\mathrm{df}_y=\mathrm{df}_R+\mathrm{df}_e$$

在直线回归分析中，回归自由度等于自变量的个数（k）减 1，即 $\mathrm{df}_R=k-1$；y 的总自由度 $\mathrm{df}_y=n-1$；残差平方和自由度 $\mathrm{df}_e=n-k$。于是有回归均方 $\mathrm{MSR}=\mathrm{SSR}/\mathrm{df}_R$，残差均方 $\mathrm{MSE}=\mathrm{SSE}/\mathrm{df}_e$。

多元线性回归模型显著性检验的基本程序如下。

第一步，提出假设。H_0：$b_1=b_2=\cdots=b_k=0$；H_1：b_1，b_2，…，b_k不同时等于 0。

第二步，构造统计量 F。

$$F=\frac{\mathrm{MSR}}{\mathrm{MSE}}=\frac{\dfrac{\mathrm{SSR}}{k-1}}{\dfrac{\mathrm{SSE}}{n-k}}$$

式中，n 为个体数；k 为自变量的个数。

$$\mathrm{SSR}=b_1l_{1y}+b_2l_{2y}+\cdots+b_kl_{ky}$$

$$\mathrm{SSE}=\mathrm{SST}-\mathrm{SSR}$$

$$\mathrm{SST}=\sum\left(Y-\bar{Y}\right)^2=l_{yy}$$

第三步，在给定的显著水平 α 下，查 F 分布表得临界值 $F_\alpha(k-1,n-k)$。其中，$k-1$ 为第一自由度，$n-k$ 为第二自由度。

第四步，比较统计量 F 和临界值 $F_\alpha(k-1,n-k)$ 的大小，得出如下结论。

（1）若 $F\geqslant F_\alpha(k-1,n-k)$，则拒绝 H_0，接受 H_1，说明解释变量 X_1 和 X_2 对被解释变量 Y 的共同影响显著。

（2）若 $F<F_\alpha(k-1,n-k)$，则拒绝 H_1，接受 H_0，说明解释变量 X_1 和 X_2 对被解释变量 Y 没有显著影响，总体回归模型不成立（表 11-2）。

表 11-2 回归方程显著性检验方差分析

方差来源	平方和	自由度	方差	统计量 F
回归	SSR	$k-1$	MSR=SSR/（$k-1$）	F=MSR/MSE
残差	SSE	$n-k$	MSE=SSE/（$n-k$）	
总离差	SST	$n-1$		

三、回归系数的显著性检验

前面我们了解的 F 检验考察的是解释变量 x 共同对被解释变量 y 的显著影响程度，即使 F 检验证明解释变量 x 共同对被解释变量 y 有显著影响，也并不说明每一个解释变量对被解释变量 y 有显著影响，因此，还必须对回归模型的参数分别进行统计检验，以

确定各个解释变量对被解释变量 y 是否有显著影响。

可以采用 T 检验法，对多元线性回归模型中的各个回归系数进行显著性检验，检验的基本程序如下。

第一步，提出假设。H_0：$\beta_j = 0$；H_1：$\beta_j \neq 0$。

第二步，构造统计量 $T_j = \dfrac{\hat{\beta}_j - \beta_j}{\text{Var}\left(\hat{\beta}_j\right)}$［它服从自由度为（$n-k$）的 T 分布］。

第三步，根据给定的显著水平 α 和自由度 $n-k$，查 T 分布临界值表可以得到相应的临界值 $t_{\frac{\alpha}{2}}(n-k)$。

第四步，比较判断。

若 $\left|t_j\right| > t_{\frac{\alpha}{2}}(n-k)$，则拒绝 H_0，接受 H_1，说明解释变量 X 对被解释变量 Y 有显著影响；若 $\left|t_j\right| < t_{\frac{\alpha}{2}}(n-k)$，则拒绝 H_1，接受 H_0，说明解释变量 X 对被解释变量 Y 没有显著影响。

四、多元回归模型的拟合优度检验

所谓回归模型的“拟合优度”，就是模型对样本数据的近似程度，常用决定性系数（R^2）来反映。

从相关分析角度来说，研究一个变量与多个变量的线性相关称为复相关分析（analysis of multiple correlation）。复相关中的变量没有因变量与自变量之分，但是在实际应用中，复相关分析经常与多元线性回归分析联系在一起，因此，复相关分析一般是指因变量 Y 与 k 个自变量 X_1，X_2，…，X_k 的线性相关。决定性系数（coefficient of determination）即是复相关系数（multiple correlation coefficient）的平方。

决定性系数的经济含义如下：Y（被解释变量）的变化中可以用 X（解释变量）的变化来说明和解释的部分，即模型的可解释程度，也即多元线性模型的回归平方（SSR）与总平方和（SST）之比。

决定性系数的计算公式为

$$R^2 = \frac{\text{SSR}}{\text{SST}}$$

由决定性系数的性质可以得到如下结论：

（1）$0 \leqslant R^2 \leqslant 1$，$R^2$ 越趋近于 1，则拟合优度越高；R^2 越趋近于 0，则拟合优度越低。

（2）$R^2 = 1$ 时，表明被解释变量 Y 的变化完全由解释变量 X 决定，此时残差为零。

（3）$R^2 = 0$ 时，表明被解释变量 Y 的变化完全与解释变量 X 无关，此时有解释的变差为 0。

五、多元线性回归模型的基本假设

与一元线性回归模型一样，多元线性回归模型的参数估计也是建立在一系列的理论假设基础之上的。例如，被解释变量与解释变量存在近似线性关系；误差项 e_i 满足“正态性”的假设，且同方差，即 e_i~N（0，σ^2）；误差项无自相关，即 COV（e_i，e_j）=0；解释变量之间不存在线性相关。在公共管理研究中，总体的实际情况是否符合这些基本假设还需要进一步检验。

（一）线性与非线性问题

多元线性回归模型参数估计的都是假设被解释变量（Y）与解释变量（X）之间存在线性相关关系，然后应用样本数据建立起它们之间的线性回归模型。但是如果总体中 Y 与 X 之间的关系并非是线性的，则模型的基本假设条件就不成立，应用模型来进行估计和预测就不可能得到有效的结果。

要检验 Y 与 X 之间是否存在线性相关关系，可以用残差散点图来分析残差 e_i =（$y_j-\hat{y}_j$）的散布情况。我们以残差 e_i 为纵坐标，以估计值 $\hat{y}_j$ 为横坐标，在直角坐标系中依次绘出点（$\hat{y}_j$，e_i）。分析观察点的散布情况，如果观察点随机地散布在横线 e_i =0 的周围，说明总体符合线性相关关系的假设是正确的。如果观察点的散布显示一定的规律性或系统性，则说明总体变量不符合线性相关关系的假设。

如果总体变量不符合线性相关关系的假设，则应根据具体情况重新建立模型。此时可考虑建立合适的非线性模型。对某些非线性模型可以进行变量转换，转换成线性模型再重新进行估计。

（二）正态性问题

回归模型还假设随机误差 e_i 服从正态分布。要检验总体残差是否满足正态分布的要求要通过建立标准残差 $E_j=e_j/\hat{\sigma}_\varepsilon$ 的直方图来检验。从理论上说，E_j 应服从标准正态分布，即 $E_j\sim\mathrm{N}(0,1)$。所以，应有近 50%的 E_j 为正，50%的 E_j 为负；68%的 E_j 落在−1 与 1 之间，96%的 E_j 落在−2 与 2 之间。若这一条件满足就说明总体基本符合正态性的假设。如果样本的容量不大时，E_j 在理论上应服从自由度为（$N-K-1$）的 T 分布。所以，对应于（$N-K-1$）的 T 分布，如果有 50%的值位于 $T_{0.25}$ 和 $T_{0.75}$ 之间，有 95%的值位于 $T_{0.025}$ 和 $T_{0.975}$ 之间，说明总体基本符合正态性的假设。

（三）异方差问题

为了保证回归参数估计量具有良好的统计性质，线性回归模型的一个重要假定是，总体回归函数中的随机误差项满足同方差性，即它们都有相同的方差。如果这一假定不满足，则称线性回归模型存在异方差。异方差是对同方差假定的违反，是指随机扰动项的方差（也是因变量 Y 的方差）随着自变量的取值变化，而不是一个常数。若线性回归模型存在异方差性，则用传统的最小二乘法估计模型，得到的参数估计量不是有效估计量，甚至也不是渐近有效的估计量，此时无法对模型参数进行有关显著性检验。

由于扰动项存在异方差时会造成严重的后果，所以必须对模型中的扰动项是否存在异方差进行检验。常用的检验方法有图示法、样本分段比较法（如 Goldfeld-Quandt 检验法）、残差回归检验法（如 Glejser 检验法）、Park（帕克）检验法和 White（怀特）检验法等。

1. 因变量 Y 与解释变量 X 的散点图

当 Y 与 X 的散点图分布的区域逐渐变宽、变窄或出现不规则的复杂变化时，都可能存在异方差。如图 11-3 所示，图 11-3（a）为同方差的情形；图 11-3（b）为递增异方差的情形；图 11-3（c）为递减异方差的情形；图 11-3（d）为复杂异方差的情形。

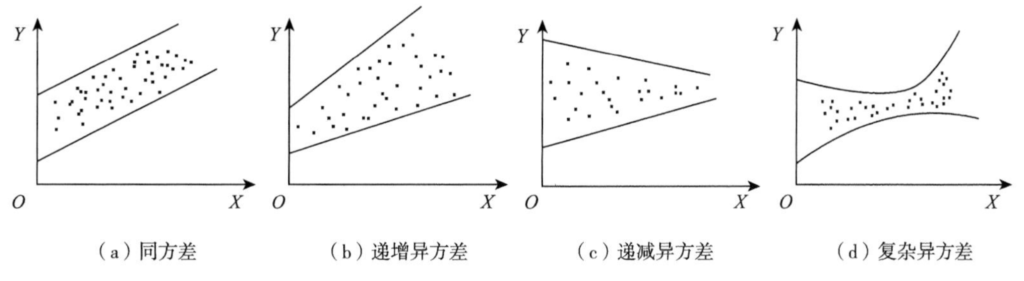

图 11-3 异方差条件下 Y 与 X 的散点图

2. 残差平方 e^2 与 X 的散点图

如果扰动项 ε 存在异方差，在残差平方 e^2 与 X 的散点图上，e^2 不会近似于某一常数。因此，可依此判断是否存在异方差。各种异方差情形所对应的 e^2 与 X 的散点图如图 11-4 所示。

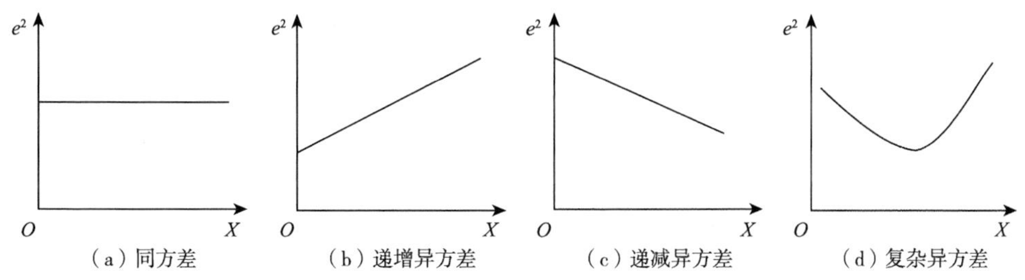

图 11-4 异方差条件下残差平方 e^2 与 X 的散点图

由于异方差存在时普通最小二乘估计量是非有效的，所以对已经检验出存在异方差的回归模型，就不应再直接采用普通最小二乘法来估计模型的参数。常用于处理异方差问题的方法是采用加权最小二乘法（weighted least squares，WLS）。

（四）自相关问题

回归模型还假设随机误差 e_i 之间相互独立，即 $\text{COV}(e_i, e_j) = 0 (i \neq j)$。自相关

（autocorrelation）是对随机扰动项之间相互独立假定的违背，是指扰动项序列相邻期之间不是随机独立而是存在相关关系，又称为序列相关。自相关主要表现在时间序列中。为明确起见，用 t，t-1，t-2 表示观测数据的时期，作为扰动项的下标。

当扰动项存在自相关时，就违背了多元线性回归模型的基本假定，如果仍直接用普通最小二乘法估计参数，将产生一系列后果。其主要影响后果如下：参数的估计量的方差增大，不再具有最小方差性；导致常用的 F 检验和 T 检验失效；如果不加处理地运用普通最小二乘法估计模型参数，进行预测时会带来较大方差的错误解释。

图示法是一种直观的检验方法，是把给定的回归模型直接用普通最小二乘法估计参数，求出残差项 e，e 作为扰动项 ε 的真实值的估计值，再绘出残差 e 的散点图，根据 e 的相关性来判断扰动项 ε 的自相关性。残差 e 的散点图通常有两种绘制方式：绘制 e_t-e_{t-1} 的散点图；按时间顺序绘制残差的散点图。在 e_t-e_{t-1} 散点图中，如果大部分点落在第一、第三象限，表明扰动项 ε 存在正自相关，如图 11-5（a）所示；如果大多数点落在第二、第四象限，表明扰动项 ε 存在负自相关，如图 11-5（b）所示。在 e_t-t 散点图中，如果 e_t 随时间变化并不频繁地改变符号，而是连续几个正的 e_t 后面跟着几个负的 e_t，表明扰动项存在正自相关，如图 11-5（c）所示；如果 e_t 随着时间的逐次变化频繁地改变符号，表明扰动项存在负自相关，如图 11-5（d）所示。

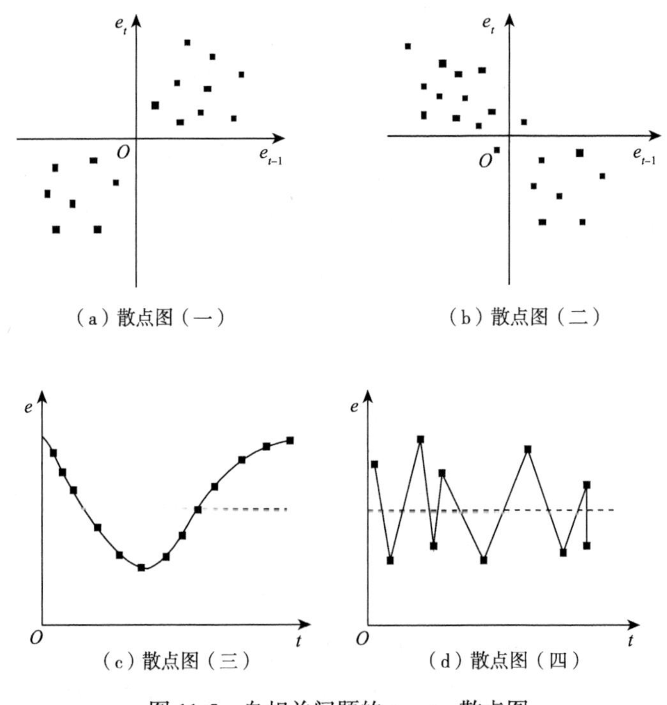

图 11-5　自相关问题的 e_t-e_{t-1} 散点图

（五）多重共线性

所谓多重共线性，是指多元线性回归模型中的若干解释变量或全部解释变量的样本观测值之间具有某种线性关系。多重共线性可分为完全多重共线性和不完全多重共线性两种情况。完全多重共线性，是指解释变量之间存在完全的线性关系（例如，解释变量 X_1 与 X_2 的相关系数为 1）；不完全多重共线性，是指解释变量之间存在近似的线性关系（例如，解释变量 X_1 与 X_2 的相关系数近似等于 1）。如果解释变量之间没有任何线性关系，则称无多重共线性（X_1 与 X_2 的相关系数为零），这正是标准线性回归模型的基本假定之一，但这时并不排除解释变量之间存在非线性关系。

在多重共线性现象的情况下用最小二乘法估计模型的参数会出现不稳定的情况。此时当模型中增加或减少一个变量时已在模型中的变量的系数也会变化。在多重共线性现象较严重的情况下，解释回归参数估计量的含义就没有什么实际意义了，而且会引起误导或导致错误的结论。如果自变量完全线性相关，那么其参数也就不确定。回归模型中存在多重共线性问题，将给模型的估计带来一系列后果。如果解释变量之间存在完全多重共线性，那么无法估计模型参数，参数估计的方差将为无穷大，这将使回归模型的普通最小二乘法估计完全失效。当然，在公共管理研究中，解释变量之间存在的完全多重共线性是比较少见的，但是解释变量之间具有高度相关性却是十分常见的。这是因为许多经济（或社会）变量之间往往都存在一定的相互联系，如影响家庭消费支出的可支配收入与家庭财富两个变量之间就存在明显的高度线性相关关系。尤其是在使用时间序列数据进行回归分析时，由于许多解释变量都有随时间的推移而同方向变动的趋势，往往使解释变量之间的线性相关性更为严重。在此情形之下，虽然可以计算出参数的估计值，但是参数的估计很不稳定，参数估计值对样本数据或样本容量变化极为敏感，甚至会改变参数的原有正确符号，同时估计量的方差可能会很大，从而导致对模型参数进行假设检验时，出现各参数估计量的 t 值均很低而 F 值却很高的取舍矛盾。

检验多重共线性的方法很多，通常可以通过计算自变量之间的简单相关系数或采用经验判断的方法判定，也可应用统计检验方法。解决多重共线性问题的方法是剔除一些重复变量重新进行估计。

第三节　Logistic 回归

线性回归模型的一个局限性是要求因变量是定量变量（定距变量、定比变量）而不能是定性变量（定序变量、定类变量）。但是在许多实际问题中，经常出现因变量是定性变量（分类变量）的情况。可用于处理分类因变量的统计分析方法有判别分析（discriminant analysis）、Probit 分析、Logistic 回归分析和对数线性模型等。在公共管理研究中应用最多的是 Logistic 回归分析。Logistic 回归分析根据因变量取值类别不同，又可以分为 Binary Logistic 回归分析和 Multinomial Logistic 回归分析。Binary Logistic 回归模型中因变量只能取两个值，即 1 和 0（虚拟因变量）；而 Multinomial Logistic 回归模型中因变量可以取多个值。

一、Logistic 函数的基本概念

Logistic 函数曲线是由比利时著名的生物数学家维尔玉斯特（Verhulst）为研究人口增长过程而导出的，但在学术界并没有引起足够的重视，以至于后来长期被湮没。1920

年，美国学者珀尔和利德（Pearl & Reed）在研究果蝇的繁殖中，同样发现了这个函数曲线，并在人口估计和预测中得到了较为广泛的应用与推广。

Logistic 函数方程原型为

$$p=\frac{L}{1+\exp\left[-\left(a+bt\right)\right]}$$

式中，t 为时间；p 为时间 t 上的人口数；L 为 p 的最大极限值；a 和 b 分别为有关参数。

Logistic 概率函数定义也可以改写为

$$p=\frac{1}{1+\exp\left[-\left(a+bx\right)\right]}$$

$$p=\frac{1}{1+\exp\left[b\left(-a/b-x\right)\right]}$$

Logistic 概率函数的基本性质如下：

（1）b 是正数，Logistic 函数随 x 增加而单调增加，反之为负，则单减。

（2）曲线的中心点为（$-a/b$，0.5）。

（3）b 的绝对值越大，曲线在中段上升或下降的速度越快，如图 11-6 所示。

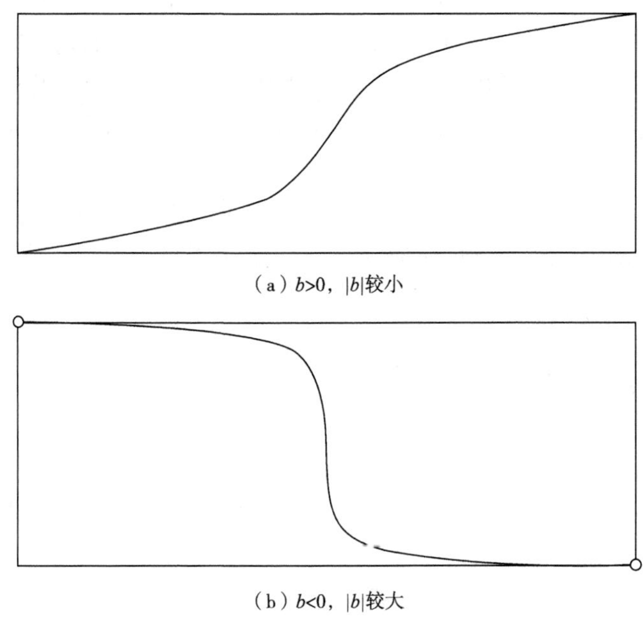

（a）$b>0$，$|b|$较小

（b）$b<0$，$|b|$较大

图 11-6 Logistic 函数曲线

二、Logistic 回归模型

我们可以通过简单的说明来导出 Logistic 回归模型。

在很多情况下，因变量只取两个值，表示一种决策、一种结果的两种可能性。例如，某个人能否拥有房子受到多种因素的影响，如家庭情况、工龄和收入情况等，但最终的可能性只有两个，要么拥有住房，要么没有住房。我们把 y=1 定义为拥有住房，y=0 定

义为其他情况，即

$$y=\begin{cases}1, & \text{拥有住房}\\ 0, & \text{其他情况}\end{cases}$$

从模型角度出发，不妨把事件发生的情况定义为y=1，事件未发生的情况定义为y=0。这样取值为0、1的因变量可以写为

$$y=\begin{cases}1, & \text{事件发生}\\ 0, & \text{事件没有发生}\end{cases}$$

可以采用多种方法对取值为0或1的因变量进行分析。通常以p表示事件发生的概率（事件未发生的概率为$1-p$），并把p看做自变量x_i的线性函数，即

$$p=P(y=1)=f(b_ix_i)\quad (i=1,2,3,\cdots,k)$$

不同的函数形式$f(b_ix_i)$有不同形式的模型，最简单的莫过于使$f(b_ix_i)$为线性函数，即

$$p=b_0+b_1x_1+b_2x_2+\cdots+b_kx_k \tag{11-6}$$

我们可能会认为可用普通最小二乘法对式（11-6）进行估计，但因p的值一定在区间［0，1］内，而且当p接近于0或1时，自变量即使有很大变化p的值也不可能变化很大，所以对式（11-6）直接用普通最小二乘法进行估计是行不通的。

从数学上看，函数p对x_i的变化在p=0或p=1的附近是不敏感的、缓慢的，且非线性的程度较高。于是要寻求一个p的函数$\theta(p)$，使它在p=0或p=1附近时变化幅度较大，而函数的形式又不是很复杂。由此引入p的Logistic变换，即

$$\theta(p)=\text{Logistic}(p)=\ln\left(\frac{p}{1-p}\right)$$

式中，Logistic（p）为因变量y=1的差异比（odds ratio）或似然比（likelihood ratio）的自然对数，称为对数差异比（log odds ratio）、对数似然比（log likelihood ratio）或分对数。很明显，$\theta(p)$以logit（0.5）=0为中心对称，$\theta(p)$在p=0和p=1的附近变化幅度很大，而且当p从0变化到1时，$\theta(p)$从$-\infty$变到$+\infty$。用$\theta(p)$代替式（11-6）中的p就克服了前面指出的两点困难。如果p对x_i不是线性的关系，$\theta(p)$对x_i就可以是线性的关系。用$\theta(p)$代替式（11-6）中的p，得

$$\theta(p)=\ln\left(\frac{p}{1-p}\right)=b_0+b_1x_1+b_2x_2+\cdots+b_kx_k=b_0+\sum b_ix_i$$

进一步转化为

$$p=\frac{\exp\left(b_0+\sum b_ix_i\right)}{1+\exp\left(b_0+\sum b_ix_i\right)}=\frac{1}{1+\exp\left[-\left(b_0+\sum b_ix_i\right)\right]}$$

这就是Logistic回归模型的一般表达方式。

三、Logistic 回归模型的参数估计

Logistic回归模型是对二分类因变量（因变量y只取两个值）进行回归分析时经常

使用的统计分析方法。与线性回归不同，Logistic 回归是一种非线性模型，因而普遍采用的参数估计方法是最大似然估计法（maximum likelihood）。可以证明，在随机样本条件下，Logistic 模型的最大似然估计具有一致性、渐进有效性和渐进正态性等基本特点。最大似然估计法的基本思想是先建立似然函数与对数似然函数，再通过使对数似然函数达到最大值来求解模型中未知参数的估计值，所得到的估计值称为参数的最大似然估计值。

随机抽样条件下，样本点的分布与总体分布相同，给定 x_i 时，得到观察值 y=1 的概率为 p_i，得到观察值 y=0 的概率为 $1-p_i$。则得到第 i 个观察值的概率为

$$l_i = p_i^{y_i}\left(1-p_i\right)^{1-y_i}$$

式中，$y_i=1, y_i=0$，其中 y_i 或 $1-y_i$ 只是表示对一个特定的观测，哪一项概率是有关的。当 y_i=1 时，$p(y_i)=p_i=p(y_i=1/x)$，否则 $p(y_i)=1-p_i=p(y_i=0/x)$。

当各个观察事件是独立发生时，则 n 个观察值所构成的似然函数 L 是每个观察值的概率的乘积，即

$$L=\prod_{i=1}^{n} l_i=\prod_{i=1}^{n} p_i^{y_i}\left(1-p_i\right)^{1-y_i}\ (i=1,2,\cdots,n) \tag{11-7}$$

对式（11-7）取对数，可以得到：

$$\begin{aligned}
\ln L &= \sum_{i=1}^{n}\left[y_i \ln p_i+\left(1-y_i\right)\ln\left(1-p_i\right)\right] \\
&= \sum_{i=1}^{n}\left[y_i \ln\frac{p_i}{1-p_i}+\ln\left(1-p_i\right)\right] \\
&= \sum_{i=1}^{n}\left[y_i\left(b_0+\sum_{i=1}^{n} b_i x_i\right)+\ln\left(1-\frac{\exp\left(b_0+\sum_{i=1}^{n} b_i x_i\right)}{1+\exp\left(b_0+\sum_{i=1}^{n} b_i x_i\right)}\right)\right] \\
&= \sum_{i=1}^{n}\left[y_i\left(b_0+\sum_{i=1}^{n} b_i x_i\right)-\ln\left(1+\exp\left(b_0+\sum_{i=1}^{n} b_i x_i\right)\right)\right]
\end{aligned} \tag{11-8}$$

对式（11-8）求偏导得

$$\begin{cases}
\dfrac{\partial \ln L}{\partial b_0}=\sum_{i=1}^{n}\left[y_i-\dfrac{\exp\left(b_0+\sum_{i=1}^{n} b_i x_i\right)}{1+\exp\left(b_0+\sum_{i=1}^{n} b_i x_i\right)}\right]=0 \\
\dfrac{\partial \ln L}{\partial b_j}=\sum_{i=1}^{n}\left[y_i-\dfrac{\exp\left(b_0+\sum_{i=1}^{n} b_i x_i\right)}{1+\exp\left(b_0+\sum_{i=1}^{n} b_i x_i\right)}\right]x_{ij}=0 \\
j=1,2,\cdots,m
\end{cases}$$

在线性回归中，似然函数方程是通过把偏差平方和分别对未知参数求偏导数所得到的，它对于未知参数都是线性的，因此很容易求解。但是在 Logistic 回归中，似然函数方程对于未知参数是非线性的关系，其求解是十分困难的。最大似然估计法是通过采用 Newton-Raphson 迭代方法计算完成的，如果借用 SPSS 软件的 Logistic 回归分析很容易计算得到未知参数，因此，我们不必了解未知参数的具体求解过程。

四、Logistic 回归模型的统计检验

Logistic 回归模型的统计检验，如果采用 Newton-Raphson 迭代方法进行参数估计，那么可利用迭代过程中的信息矩阵（information matrix）的逆矩阵，将该逆矩阵的对角元素开方，即可得到参数估计值 b_j 的渐近标准误 SE（b_j）。利用标准正态分布统计量 $z=\dfrac{b_j}{\mathrm{SE}\left(b_j\right)}$，或服从自由度为 1 的 Wald$\chi^2=z^2=\left[\dfrac{b_j}{\mathrm{SE}\left(b_j\right)}\right]^2$ 对求得的 Logistic 回归模型中的回归系数进行统计显著性检验。目前，大多数统计软件采用的是 Wald χ^2 对回归系数进行检验。

整个模型的拟合程度的好坏可采用拟合优度检验，常用的有 Pearson χ^2 检验和 Hosmer-Lemeshow 检验。Pearson χ^2 检验统计量的定义为

$$Q=\sum_{i=1}^{n}\frac{\left(o_i-e_i\right)^2}{e_i},\quad \mathrm{df}=k-2$$

式中，o_i 为样本观察频率；e_i 为期望频率；k 为分组个数。

Hosmer-Lemeshow 检验统计量的定义为

$$C=\sum_{i=1}^{n}\frac{\left(o_k-e_k\right)^2}{n_k p_k(1-p_k)},\quad \mathrm{df}=n-1-k$$

式中，o_k 为第 k 组成功者的观测个数，为第 k 组估计概率平均值。该检验是针对成功数的观察值与期望值差别的 χ^2 检验，因而 C 值大于 χ^2 分布的 100α 百分率点（或 P 值小于 α）表示模型是不合适的。

在检验时，如果能通过 Pearson χ^2 检验，那说明模型已是很好了。但实际上有很多情况下通不过。Hosmer-Lemeshow 检验比 Pearson χ^2 检验要宽松一些，因此目前一般应用 Hosmer-Lemeshow 方法进行检验。

第四节 SPSS 在回归分析中的应用

一、在一元线性回归分析中的应用

【例 11-1】 以 1994~2015 年中国 R&D 投入与 GDP 相关数据为依据（表 11-3），试估计 GDP（y）对 R&D（x）的一元线性回归模型。

表 11-3 1994~2015 年中国 GDP 总量与 R&D 投入原始数据（单位：亿元）

年份	GDP	R&D
2015	689 052.0	14 169.88
2014	643 974.0	13 015.63
2013	595 244.4	11 846.60
2012	540 367.4	10 298.41
2011	489 300.6	8 687.00
2010	401 202.0	7 062.58
2009	340 902.8	5 802.10
2008	314 045.4	4 616.00
2007	265 810.3	3 710.20
2006	216 314.4	3 003.10
2005	184 937.4	2 449.97
2004	159 878.3	1 966.33
2003	135 822.8	1 539.63
2002	120 332.7	1 287.64
2001	109 655.2	1 042.49
2000	99 214.6	895.66
1999	89 677.1	678.91
1998	84 402.3	551.12
1997	78 973.0	509.16
1996	71 176.6	404.48
1995	60 793.7	348.69
1994	48 197.9	306.26

该问题的一元线性回归模型为

$$y = b_0 + b_1 x$$

在 SPSS 中进行一元线性回归分析的基本操作程序如下：

（1）建立 SPSS 数据文件，定义“GDP”变量为 y，定义“R&D”变量为 x，并录入相应数据（SPSS 数据文件见本书配套的数据文件“SPSS 11-一元线性回归 GDP”）。

（2）选择主菜单［Analyze］→［Regression］→［Linear］（图 11-7），打开［Linear Regression］主对话框。

（3）在左边列表框中选定变量 y，输入［Dependent］框，选定变量 x，输入［Independent（s）］框（图 11-8）。

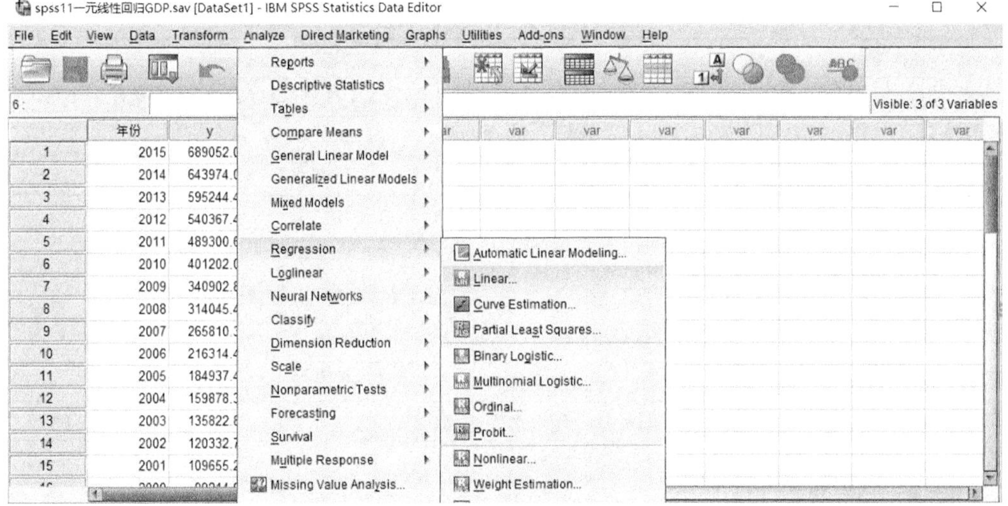

图 11-7　线性回归软件示意图

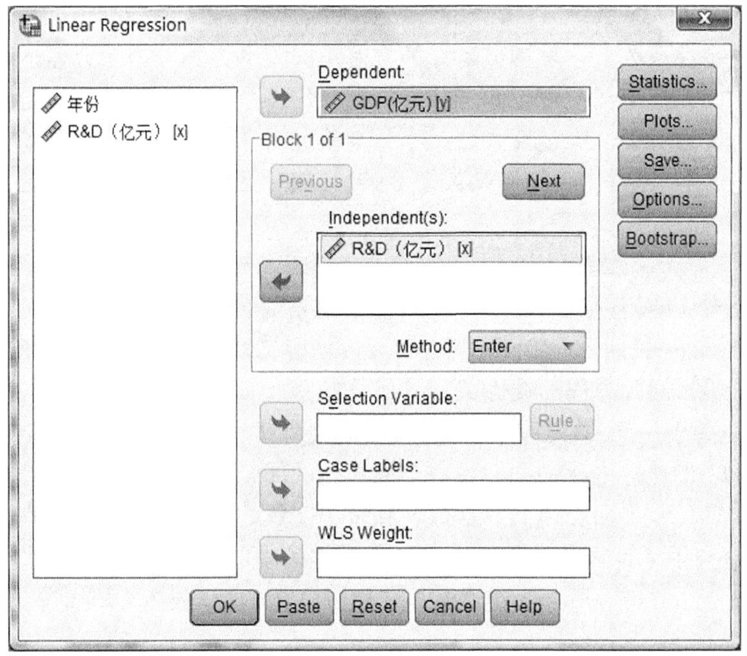

图 11-8　［Linear Regression］对话框示意图（一）

（4）单击［OK］按钮，得到如表 11-4~表 11-6 所示的结果。

表 11-4　模型汇总（一）

模型	R	R^2	调整的 R^2	标准差估计的误差
1	0.996[a]	0.993	0.993	17 926.831 80

a 预测变量：（常量），R&D（亿元）

表 11-5 ANOVA（一）[a]

模型		平方和	df	均值	F	显著性
1	回归	911 851 111 592.090	1	911 851 111 592.090	2 837.37	0.000[b]
	残差	6 427 425 964.998	20	321 371 298.250		
	总计	918 278 537 557.088	21			

a 因变量：GDP（亿元）

b 预测变量：（常量），R&D（亿元）

表 11-6 系数（一）[a]

模型		非标准化系数		标准系数	T	显著性
		B	标准误差	贝塔系数		
1	（常量）	64 537.217	5 309.795		12.154	0.000
	R&D（亿元）	45.858	0.861	0.996	53.267	0.000

a 因变量：GDP（亿元）

表 11-4 是关于一元线性回归模型的总体参数表，给出了复相关系数、复相关系数平方、调整后的复相关系数平方，以及回归的标准误差（即未解释的标准差）。复相关系数平方又称决定性系数，它是指被解释的方差（回归平方和）占总方差（总平方和）的百分比，是对回归模型拟合程度的综合度量，决定性系数越大，模型拟合程度越高，回归方程的解释能力越强。决定性系数越小，则模型对样本的拟合程度越差，其解释能力越差。根据表 11-4 可得，决定性系数为 0.993，该一元线性回归方程对总平方和的解释能力达到了 99.3%。

表 11-5 是关于一元线性回归模型的方差分析表，给出了回归平方和、残差平方和、总平方和、相对应的自由度，以及 F 统计量值及其显著性水平。F 检验是对回归总体线性关系是否显著的一种假设检验。根据表 11-5 的输出结果可知，F=2 837.37，P=0.000<0.05，所以拒绝零假设，回归方程的线性关系是显著的。

表 11-6 是关于一元线性回归模型的回归系数及其显著性检验表，给出了常数项和解释变量（R&D）的非标准化的回归系数与标准化的回归系数，以及 T 统计量值及其显著性水平。由上述可知，回归模型的常数项和解释变量的非标准化系数分别为 47 559.514 和 45.858，这与手工计算的结果是一致的。根据表中的 T 值和显著性水平可以看出，T=53.26，P=0.000<0.05，所以拒绝零假设，解释变量 R&D 投入（x）对被解释变量 GDP（y）具有显著的影响。

由此可得，以 GDP 为被解释变量和 R&D 为解释变量的一元线性回归模型为

$$y = 64\ 537.217 + 45.858x$$

二、一元回归模型的曲线估计

对于一元回归，若函数散点图不呈线性分布，我们就不能直接采用线性回归方法对回归模型进行参数估计。曲线估计就是根据所给变量的样本数据，寻求一种最适合的回归模型对样本数据进行拟合，估计回归模型的未知参数，并根据相关的回归模型预测因变量的变动趋势。

在 SPSS 中，可以通过“Curve Estimation”选项选取最佳的回归模型，拟合出相应的曲线，并对拟合结果进行分析和比较（表 11-7）。

表 11-7 SPSS 给出 11 种一元回归拟合模型

SPSS 函数	名称	方程
Linear	线性函数模型	$Y=b_0+b_1X$
Quadratic	二次函数模型	$Y=b_0+b_1X+b_2X^2$
Compound	复合函数模型	$Y=b_0 \cdot b_1^X$
Growth	生长函数模型	$Y=e^{(b_0+b_1X)}$
Logarithmic	对数函数模型	$Y=b_0+b_1\ln X$
Cubic	三次函数模型	$Y=b_0+b_1X+b_2X^2+b_3X^3$
S	S 曲线模型	$Y=e^{(b_0+b_1/X)}$
Exponential	指数函数模型	$Y=b_0e^{b_1X}$
Inverse	逆函数模型	$Y=b_0+b_1/X$
Power	幂函数模型	$Y=b_0X^{b_1}$
Logistic	Logistic 函数模型	$Y=1/\left(1/u+b_{0x}b_1^x\right)$

上面的几种模型和其他模型有重复，如 Logistic 等，由于本模型的功能有限，在重复的情况下最好用其他专用模型来分析。

【例 11-2】 以 1956~2015 年中国科技投入与 GDP 相关数据为依据（表 11-8），试对 GDP（y）与 R&D 投入（x）回归模型进行曲线估计。

表 11-8 1956~2015 年中国 GDP 总量与科技投入原始数据（单位：亿元）

年份	GDP	科技投入	年份	GDP	科技投入	年份	GDP	科技投入
1956	1 028.00	5.23	1976	2 943.70	39.25	1996	67 884.60	348.63
1957	1 068.00	5.23	1977	3 201.90	41.48	1997	74 462.60	408.86
1958	1 307.00	11.24	1978	3 624.10	52.89	1998	78 345.20	438.60
1959	1 439.00	19.15	1979	4 038.20	62.29	1999	82 067.50	543.85
1960	1 457.00	33.81	1980	4 517.80	64.59	2000	89 442.20	575.62
1961	1 220.00	19.49	1981	4 862.40	61.58	2001	95 933.00	703.26
1962	1 149.00	13.73	1982	5 294.70	65.29	2002	102 398.00	816.22
1963	1 233.00	18.61	1983	5 934.50	79.10	2003	135 822.80	975.54
1964	1 454.00	24.27	1984	7 171.00	94.72	2004	159 878.30	1 095.34
1965	1 716.10	27.17	1985	8 964.40	102.59	2005	184 937.40	1 334.91
1966	1 868.00	25.06	1986	10 275.20	112.57	2006	216 314.40	1 688.50
1967	1 773.90	15.35	1987	12 058.60	113.79	2007	265 810.30	2 135.79
1968	1 723.10	14.80	1988	14 928.30	121.12	2008	314 045.40	2 611.00
1969	1 937.90	24.15	1989	16 909.20	127.87	2009	340 902.80	3 276.84
1970	2 252.70	29.96	1990	18 547.90	139.12	2010	401 202.00	4 196.70
1971	2 426.40	37.68	1991	21 617.80	160.69	2011	489 300.60	4 797.22
1972	2 518.10	36.10	1992	26 638.10	189.26	2012	540 367.40	4 452.21
1973	2 720.90	34.59	1993	34 634.40	225.61	2013	595 244.40	5 084.30
1974	2 789.90	34.65	1994	46 759.40	268.25	2014	643 974.00	5 314.53
1975	2 997.30	40.31	1995	58 478.10	302.36	2015	689 052.00	5 862.57

注：科技投入仅是国家财政科技拨款

资料来源：根据中国统计出版社出版的《新中国五十年统计资料汇编》、《中国统计年鉴》、《中国科技统计年鉴》和科学技术部公布的统计数字编制而成

在 SPSS 中进行曲线回归分析的操作步骤如下：

（1）建立 SPSS 数据文件，定义“GDP”变量为 y，定义“国家财政科技投入”变量为 x，并录入相应数据（SPSS 数据文件见本书配套的数据文件“SPSS11-曲线估计GDP”）。

（2）选择主菜单［Analyze］→［Regression］→［Curve Estimation］（曲线估计）（图 11-9）。

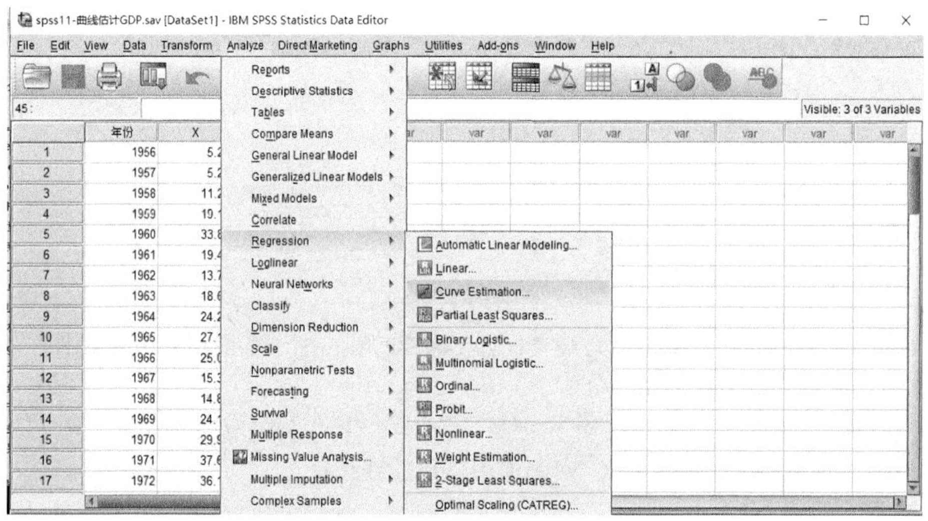

图 11-9 曲线估计软件示意图

（3）打开曲线估计主对话框，把 y 和 x 分别选入因变量框和自变量框中，选择 SPSS 提供的 9 类回归模型，并选择［Include constant in equation］（选择此项表示在方程式中计算常数项）和［Plot models］（选择此项根据所确定的模型产生模型图）（图 11-10）。

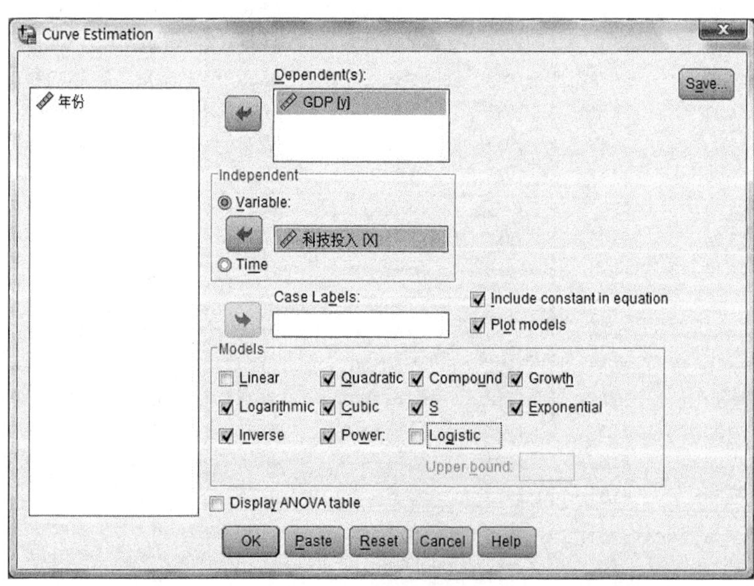

图 11-10 ［Curve Estimation］对话框示意图

（4）单击［OK］进行估计，得到的输出结果如表 11-9~表 11-11 所示。

表 11-9 曲线估计综合输出结果

方程	模型汇总					参数估计值			
	R^2	F	df1	df2	Sig.	常数	b_1	b_2	b_3
对数	0.688	128.125	1	58	0.000	−276 686.107	75 040.816		
倒数	0.119	7.857	1	58	0.007	137 167.165	−1 606 412.913		
二次	0.989	2 453.702	2	57	0.000	3 343.835	120.244	−0.001	
三次	0.994	2 887.833	3	56	0.000	−3 163.708	174.470	−0.033	4.071×10^{-6}
复合	0.602	87.865	1	58	0.000	6 359.027	1.001		
幂	0.975	2 289.188	1	58	0.000	70.376	1.077		
S	0.400	38.666	1	58	0.008	10.494	−35.482		
增长	0.602	87.825	1	58	0.000	8.758	0.001		
指数	0.602	87.865	1	58	0.000	6 359.027	0.001		

注：R^2 表示决定性系数，df 表示自由度，F 表示 F 检验值，Sig. 表示 F 检验值的实际显著性水平，即 P 值，b_1、b_2、b_3 表示常数项和相应变量的回归系数；自变量为科技投入

表 11-10 y 对 x 回归模型的回归系数显著性检验（分析路径：立方）

	非标准化系数		标准化系数	T	显著性
	B	标准误差	贝塔系数		
x	174.470	9.530	1.526	18.307	0.000
x^2	−0.033	0.005	−1.443	−6.785	0.000
x^3	4.071×10^{-6}	0.000	0.934	6.642	0.000
（常数）	−3 163.708	2 540.826		−1.245	0.218

表 11-11 y 对 x 回归模型的回归系数显著性检验（分析路径：平方）

	非标准化系数		标准化系数	T	显著性
	B	标准误差	贝塔系数		
x	120.244	6.516	1.052	18.453	0.000
x^2	−0.001	0.001	−0.060	−1.046	0.300
（常数）	3 343.835	3 106.916		1.076	0.286

可以看出，当选择 Cubic、Quadratic 和 Power 函数模型时，回归方程的决定性系数分别为 99.4%、98.9%和 97.5%，比其他函数模型的决定性系数高出很多。所以选择这三个函数模型构建的回归方程将具有较高的解释能力。在此基础上，我们还需要对这三个函数模型的回归系数进行显著性检验。

从回归系数的显著性检验结果可知，二次函数模型中 x^2 的回归系数没有达到显著性水平，即解释变量 x^2 对被解释变量 y 的影响是不显著的。而三次函数模型中所有参数均具有统计显著意义，所以选用二次函数模型拟合科技投入和 GDP 较为合适的 GDP（y）对科技投入（x）二次函数回归模型如下：

$$y=-3163.708+174.470x-0.033x^2+0.000\,004x^3$$

GDP 对科技投入曲线回归如图 11-11 所示。

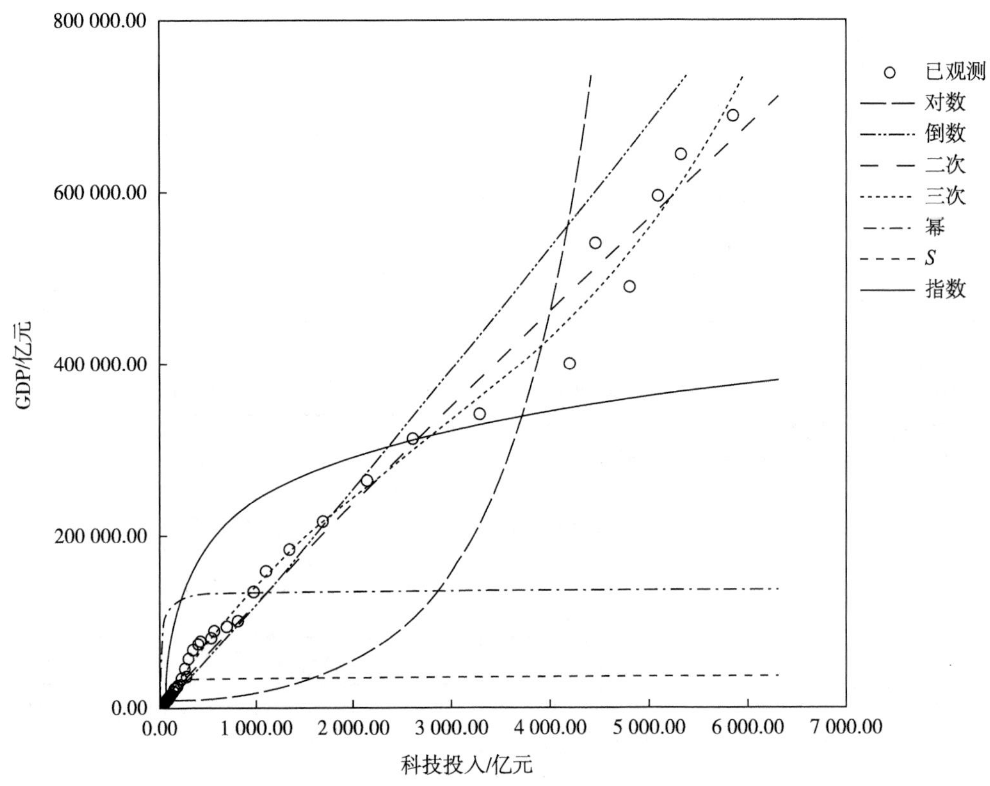

图 11-11 GDP 对科技投入曲线回归

三、在多元回归分析中的应用

【例 11-3】 以 1994~2015 年的统计数据为依据（表 11-12），估计 GDP（y）对 R&D 投入（x_1）、教育投入（x_2）和实际利用外资（x_3）的线性回归模型。

表 11-12 多元回归分析的原始数据

年份	GDP/亿元	R&D 投入/亿元	教育投入/亿元	实际利用外资/亿美元
2015	689 052.0	14 169.88	36 129.19	1 262.67
2014	643 974.0	13 015.63	32 806.46	1 197.05
2013	595 244.4	11 846.60	30 364.72	1 187.21
2012	540 367.4	10 298.41	28 655.31	1 132.94
2011	489 300.6	8 687.00	23 869.29	1 176.98

年份	GDP/亿元	R&D 投入/亿元	教育投入/亿元	实际利用外资/亿美元
2010	401 202.0	7 062.58	19 561.85	1 088.21
2009	340 902.8	5 802.10	16 502.71	918.04
2008	314 045.4	4 616.00	14 500.74	952.53
2007	265 810.3	3 710.20	12 148.07	783.49
2006	216 314.4	3 003.10	9 343.23	670.76
2005	184 937.4	2 449.97	8 418.84	638.05
2004	159 878.3	1 966.33	7 242.60	640.72
2003	135 822.8	1 539.63	6 208.27	561.40
2002	120 332.7	1 287.64	5 480.03	550.11
2001	109 655.2	1 042.49	4 637.66	496.72
2000	99 214.6	895.66	3 849.08	593.56
1999	89 677.1	678.91	3 349.04	526.59
1998	84 402.3	551.12	2 949.06	585.57
1997	78 973.0	509.16	2 531.73	644.08
1996	71 176.6	404.48	2 262.34	548.05
1995	60 793.7	348.69	1 877.95	481.33
1994	48 197.9	306.26	1 488.78	432.13

在 SPSS 中进行多元线性回归分析的基本操作程序如下：

（1）建立 SPSS 数据文件，定义“GDP”变量为 y，定义“R&D 投资”、“教育投入”和“实际利用外资”变量分别为 x_1、x_2 与 x_3，并录入相应数据（SPSS 数据文件见本书配套的数据文件“SPSS11-多元线性回归 GDP”）（图 11-12）。

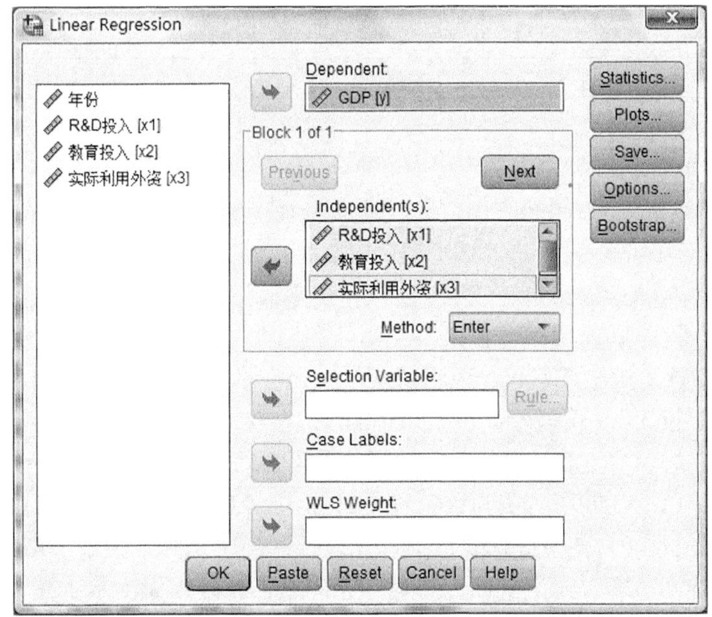

图 11-12 ［Linear Regression］对话框示意图（二）

（2）选择主菜单［Analyze］→［Regression］→［Linear］，打开［Linear Regression］主对话框。

（3）将左边列表框中变量 y 输入右边的［Dependent］框，将变量 x_1、x_2 和 x_3 输送到右边的［Independent（s）］框。

（4）单击［OK］按钮，得到的结果如表 11-13~表 11-15 所示。

表 11-13 模型汇总（二）

模型	R	R^2	调整的 R^2	标准差估计的误差
1	0.999[a]	0.999	0.999	7 547.702 9

a 预测变量：（常量），实际利用外资，R&D 投入，教育投入

表 11-14 ANOVA（二）[a]

模型		平方和	df	均方	F	显著性
1	回归	260 419 662 566.086	3	86 806 554 188.695	5 367.083	0.000[b]
	残差	414 885 723.169	18	23 049 206.843		
	总计	260 834 548 289.255	21			

a 因变量：GDP

b 预测变量：（常数），实际利用外资，R&D 投入，教育投入

表 11-15 系数（二）[a]

模型		非标准化系数		标准化系数	T	显著性
		B	标准误差	贝塔系数		
1	（常数）	−11 807.379	11 179.733		−1.056	0.305
	R&D 投入	3.381	5.760	0.073	0.587	0.565
	教育投入	15.058	2.570	0.808	5.860	0.000
	实际利用外资	90.924	24.051	0.122	3.780	0.001

a 因变量：GDP

输出结果的说明：

（1）决定性系数为 0.999，该三元线性回归方程对变量之间的关系的解释能力达到了 99.9%。

（2）F=5 367.083，P=0.000<0.05，所以拒绝零假设，回归方程的线性关系是显著的。

（3）除了常数项外，“教育投入”、“实际利用外资”这两个解释变量的 t 值较大，在 $\alpha = 0.05$ 的条件下拒绝零假设，说明这两个解释变量对被解释变量 GDP（y）的影响是显著的；“R&D 投入” t 值较小，p=0.565>0.05，在 $\alpha = 0.05$ 条件下不能拒绝零假设，说明该解释变量对被解释变量 GDP（y）的影响是不显著的。

由此可得，以“GDP”（y）为被解释变量和“R&D 投入”（x_1）、“教育投入”（x_2）和“实际利用外资”（x_3）为解释变量的三元线性回归模型为（由于“R&D 投入”这一解释变量的影响不显著，得出的回归模型存在问题，此处仅做演示）

$$y = -11807.379 + 3.381x_1 + 15.058x_2 + 90.924x_3$$

三元线性标准化回归模型为

$$y' = 0.073x_1' + 0.808x_2' + 0.122x_3'$$

四、在 Logistic 回归分析中的应用

【例 11-4】 表 11-16 是某年我国 32 家民营企业的财务数据和信用评级数据资料，试以其为依据进行 Logistic 回归分析。

表 11-16 Logistic 回归分析的原始数据

编号	x_1	x_2	x_3	x_4	x_5	x_6	y
1	12 418.61	10 000.00	0.00	110 492.05	20 500.00	43 003.25	1
2	1 209.42	1 100.00	0.00	72 983.18	0.00	30 482.87	1
3	11 129.02	1 300.00	0.00	248 764.40	5 300.00	60 142.44	1
4	19 488.79	0.00	0.00	228 680.10	0.00	124 131.34	1
5	23 319.22	12 000.00	0.00	61 138.08	0.00	56 701.36	1
6	219.52	1 280.00	0.00	7 522.30	1 480.00	1 827.12	0
7	249.26	0.00	0.00	450.41	0.00	411.00	0
8	4 700.89	850.00	0.00	27 376.63	850.00	5 992.91	1
9	294.68	80.00	0.00	6 568.08	0.00	133.82	0
10	260.14	3 000.00	0.00	7 433.15	0.00	8 759.83	1
11	19.76	70.00	0.00	461.04	0.00	171.29	0
12	74.23	80.00	0.00	314.27	160.00	132.23	0
13	502.73	238.00	0.00	2 836.79	0.00	785.44	0
14	559.35	546.06	5.00	2 210.27	0.00	697.94	0
15	120.38	55.58	0.00	151.24	0.00	72.59	0
16	4.62	0.00	0.00	1 304.23	720.00	745.06	0
17	543.25	438.00	0.00	789.61	0.00	586.04	0
18	670.35	290.00	0.00	2 120.01	0.00	946.66	0
19	670.72	1 150.00	0.00	931.14	0.00	1 759.91	0
20	140.60	243.00	0.00	496.45	288.00	354.86	0
21	610.26	1 700.00	20.00	2 517.77	3 275.00	3 954.87	0
22	443.38	2 500.00	0.00	3 367.03	450.00	2 764.48	1
23	1 487.18	1 400.00	0.00	6 392.40	1 034.41	3 370.61	1
24	114.03	350.00	0.00	1 001.91	60.00	391.46	0
25	2 175.13	5 308.68	0.00	10 966.11	0.00	5 581.34	1
26	5 280.10	6 220.00	0.00	20 291.27	0.00	8 587.53	1
27	428.61	240.00	0.00	828.91	65.83	662.04	0
28	951.20	500.00	0.00	4 980.68	500.00	871.05	1
29	30.13	670.00	0.00	1 964.22	340.00	723.22	1
30	2 356.97	1 060.00	0.00	17 031.25	0.00	4 970.50	1
31	1 698.14	1 900.00	0.00	8 019.07	1 900.00	2 353.81	1

32	258.59	467.10	0.00	1 319.59	998.00	492.52	0

注：x_1 为固定资产净值；x_2 为本年短期借款额；x_3 为本年长期借款额；x_4 为本年主营业务（工程结算）收入；x_5 为本年筹资活动现金流入；x_6 为本年负债总额；y 为信用评级（无风险或轻微风险 y=1；有风险 y=0）

在 SPSS 中进行 Logistic 回归分析的基本程序如下：

（1）在 SPSS 中录入对应的原始数据，建立 SPSS 数据文件（SPSS 数据文件见本书配套的数据文件“SPSS11-logistic 回归”）。

（2）在主菜单中选择［Analyze］→［Regression］→［Binary Logistic］（图 11-13）。

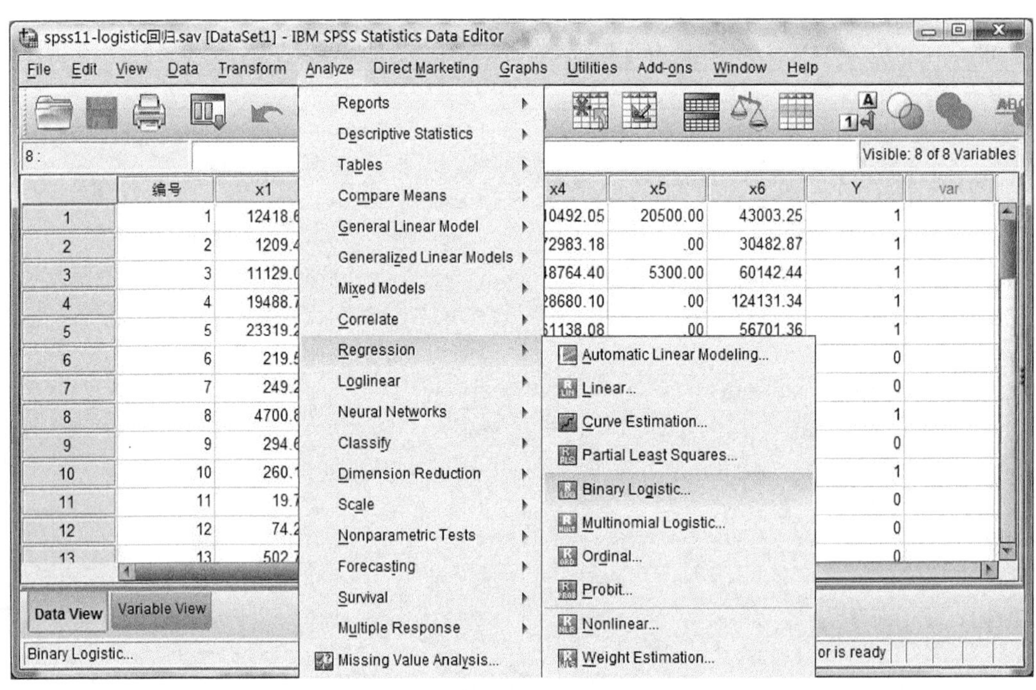

图 11-13 Logistic 回归软件示意图

（3）在［Logistic Regression］对话框中，选择 y 进入［Dependent］框作为因变量，选择 x_1、x_2、x_3、x_4、x_5 和 x_6 进入［Covariates］作为自变量（图 11-14）。单击［Method］的下拉菜单，SPSS 提供了 7 种回归分析方法：①［Enter］，所有自变量强制进入回归方程；②［Forward：Conditional］，以假定参数为基础做似然比检验，向前逐步选择自变量；③［Forward：LR］，以最大局部似然为基础做似然比检验，向前逐步选择自变量；④［Forward：Wald］，做 Wald 概率统计法，向前逐步选择自变量；⑤［Backward：Conditional］，以假定参数为基础做似然比检验，向后逐步选择自变量；⑥［Backward：LR］，以最大局部似然为基础做似然比检验，向后逐步选择自变量；⑦［Backward：Wald］，做 Wald 概率统计法，向后逐步选择自变量。

本例选择［Forward：Conditional］方法。

（4）单击［Logistic Regression］对话框中的［Options］按钮，在显示的子对话框中选择［Classification plots］和［Hosmer-Lemeshow goodness-of-fit］等选项（图 11-15），

并单击［Continue］返回主对话框。

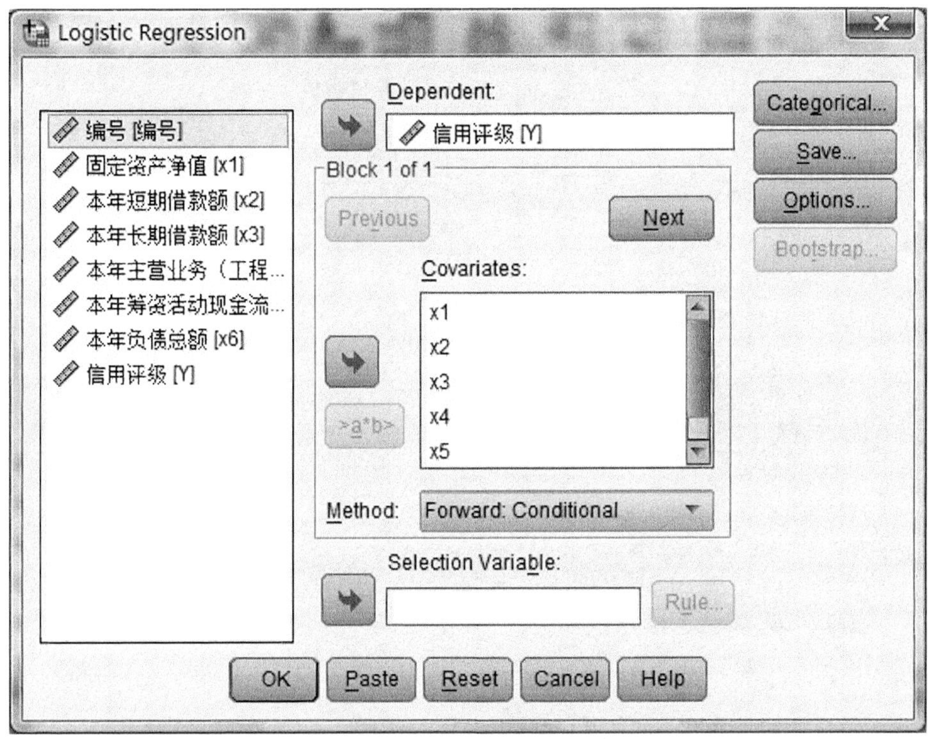

图 11-14 ［Logistic Regression］对话框示意图

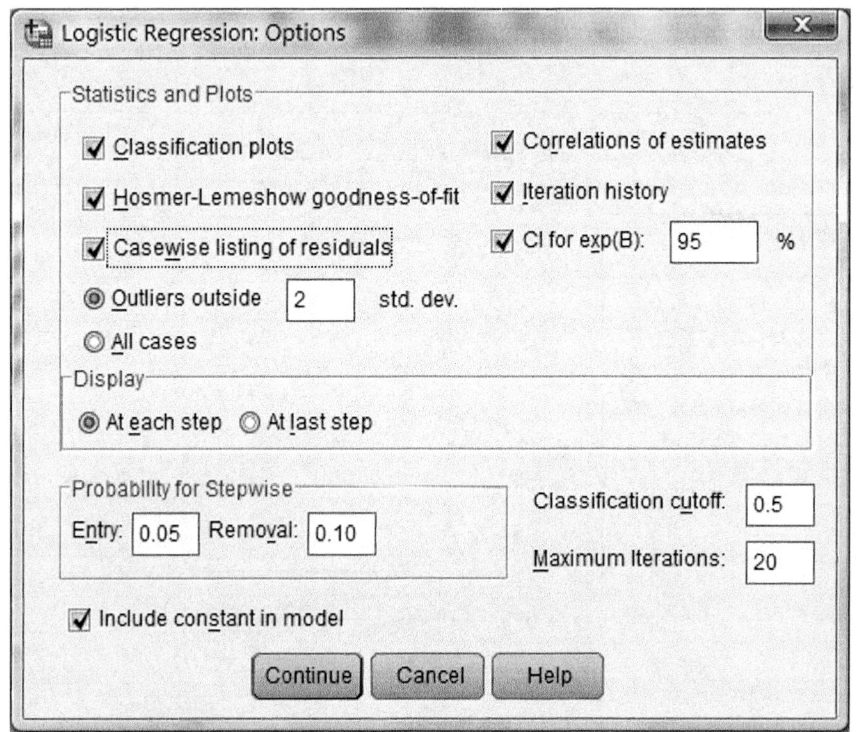

图 11-15 [Logistic Regression：Options] 对话框示意图

（5）单击主对话框中的 [OK] 按钮，主要结果输出如下。

Block 0：Beginning Block。Block 0 拟合的是只有常数的无效回归模型，表 11-17 为 Block 0 时的常数项系数，其系数值为−0.125。

表 11-17 方程中的变量（一）

		B	S.E.	Wald	df	显著性	Exp（B）
步骤 0	常量	−0.125	0.354	0.125	1	0.724	0.882

表 11-18 为分类预测表，在 17 例观察值为 0 的记录中，共有 17 例被预测为 0，在 15 例观察值为 1 的记录中也都被预测为 0，总预测准确率为 53.1%，这是不纳入任何解释变量时的预测准确率，相当于比较基线。

表 11-18 分类表（一）[a, b]

已观测			已预测		
			y		百分比校正
			0.00	1.00	
步骤 0	*y*	0.00	17	0	100.0
		1.00	15	0	0.0
	总计百分比				53.1

a 模型中包括常量

b 切割值为 0.500

表 11-19 为在 Block 0 处尚未纳入分析方程的候选变量，所做的检验表示如果分别将它们纳入方程，则方程的改变是否会有显著意义（根据所用统计量的不同，可能是拟合优度和 Deviance 值等）。可见，如果将 x_1 变量纳入方程，则方程的改变是有显著意义的（在 0.05 的显著度水平上），x_2、x_4 和 x_6 也是如此，由于 Stepwise 方法是一个一个地进入变量，下一步将会先纳入 P 值最小的变量 x_2，然后重新计算该表，再做选择。

表 11-19　不在方程中的变量（一）[a]

			得分	df	显著性
步骤 0	变量	x_1	7.601	1	0.006
		x_2	7.799	1	0.005
		x_3	1.360	1	0.244
		x_4	6.383	1	0.012
		x_5	1.625	1	0.202
		x_6	6.467	1	0.011

a 因冗余而未计算残差卡方

Block 1：Method = Forward Stepwise（Conditional）。表 11-20 是关于 Block 1 的 Newton-Raphson 迭代法的计算过程。在 Step1 中，经过 7 次迭代，x_2 被引入回归模型；在 Step 2 中，经过 10 次迭代，x_1 被引入回归模型。x_3、x_4、x_5、x_6 四个变量没有被引入回归模型，这表明这 4 个变量对回归模型的影响是非显著的。

表 11-20　迭代历史纪录[a, b, c, d, e]

迭代		−2 对数似然值	系数		
			常数	x_2	x_1
步骤 1	1	35.058	−0.732	0.000	
	2	31.403	−1.063	0.001	
	3	28.679	−1.519	0.001	
	4	27.881	−1.881	0.002	
	5	27.839	−1.982	0.002	
	6	27.839	−1.988	0.002	
	7	27.839	−1.988	0.002	
步骤 2	1	32.847	−0.800	0.000	0.000
	2	26.216	−1.332	0.001	0.000
	3	20.800	−2.056	0.001	0.000
	4	17.614	−2.841	0.002	0.001
	5	15.931	−3.409	0.002	0.001
	6	15.122	−3.862	0.002	0.002
	7	14.976	−4.176	0.002	0.003
	8	14.970	−4.255	0.002	0.003
	9	14.970	−4.258	0.002	0.003
	10	14.970	−4.258	0.002	0.003

a 方法：向前步进（条件）
b 模型中包括常量
c 初始-2 对数似然估计值：44.236
d 因为参数估计的更改范围小于 0.001，所以估计在迭代次数 7 处终止
e 因为参数估计的更改范围小于 0.001，所以估计在迭代次数 10 处终止

表 11-21 为回归方程中变量系数的统计显著性检验，分别给出了步骤 1 和步骤 2 的变量系数的显著性检验结果。在步骤 2 中，x_1 的 P 值为 0.104（略大于 0.1，勉强可接受），x_2 和常数项的系数都达到了较高的显著性水平。x_1、x_2 和常数项系数分别为 0.003、0.002 与−4.258。

表 11-21　方程中的变量（二）

		B	S.E.	Wald	df	Sig.	Exp（B）	EXP（B）的 95% C.I.	
								下限	上限
步骤 1[a]	x_2	0.002	0.001	5.939	1	0.015	1.002	1.000	1.004
	常量	−1.988	0.765	6.748	1	0.009	0.137		
步骤 2[b]	x_1	0.003	0.002	2.647	1	0.104	1.003	0.999	1.007
	x_2	0.002	0.001	4.431	1	0.035	1.002	1.000	1.003
	常量	−4.258	1.572	7.335	1	0.007	0.014		

a 在步骤 1 中输入的变量：x_2
b 在步骤 2 中输入的变量：x_1

表 11-22 为假设将这些变量单独移出回归方程，则回归方程的改变有无统计学意义。可见这些变量对回归方程都是有统计性显著意义的，因此应当保留在方程中。

表 11-22　如果移去项则建模[a]

变量		模型对数似然性	在−2 对数似然中的更改	df	更改的显著性
步骤 1	x_2	−22.709	17.579	1	0.000
步骤 2	x_1	−14.918	14.866	1	0.000
	x_2	−10.796	6.621	1	0.010

a 基于条件参数估计

表 11-23 说明的是在每一步中，尚未引入回归方程的变量如果再引入现有回归方程，则回归方程的改变有无统计学意义。可见在 Step1 时，x_1、x_4 和 x_6 还应该引入，而在 Step2 时，引入 x_1 后，其他变量是否引入都没有关系。

表 11-23　不在方程中的变量（二）[a]

			得分	df	显著性
步骤 1	变量	x_1	10.070	1	0.002
		x_3	5.359	1	0.021
		x_4	6.561	1	0.010
		x_5	0.054	1	0.816
		x_6	9.064	1	0.003
步骤 2	变量	x_3	2.421	1	0.120
		x_4	0.538	1	0.463

		x_5	1.429	1	0.232
		x_6	0.296	1	0.587
	总统计量		2.931	4	0.569

a 因冗余而未计算残差卡方

表 11-24 是关于样本分类的预测表，正确率由 Block 0 的 53.1%上升到 78.1%，最后达到 90.6%。在 Step1 中，信用评级为 0 的预测正确率为 82.4%，信用评级为 1 的预测正确率为 73.3%，总的预测正确率为 78.1%；在 Step2 中，信用评级为 0 的预测正确率为 94.1%，信用评级为 1 的预测正确率为 86.7%，总的预测正确率达到 90.6%。

表 11-24 分类表（二）[a]

已观测			已预测		
			信用评级		百分比校正
			0	1	
步骤 1	信用评级	0	14	3	82.4
		1	4	11	73.3
	百分比总计				78.1
步骤 2	信用评级	0	16	1	94.1
		1	2	13	86.7
	百分比总计				90.6

a 切割值是 0.500

由此可知，y 对 x_1 和 x_2 的 Logistic 回归模型为

$$\text{Logistic } p = \ln\frac{p(y=1)}{1-p(y=1)} = -4.258 + 0.003x_1 + 0.002x_2$$

或者

$$p(y=1) = \frac{1}{1+\exp(-4.258 + 0.003x_1 + 0.002x_2)}$$

➢复习思考题

1. 简述相关分析和回归分析的区别与联系。
2. 简述线性回归的高斯基本假定。
3. 简述 Logistic 回归分析的基本思想。
4. 运用 SPSS 软件如何进行多重共线性、异方差和自相关的检验。
5. 结合某个研究课题，运用 SPSS 软件进行 Logistic 回归分析。
6. 结合某个研究课题，运用 SPSS 软件进行逐步回归分析。

第十二章

因子分析、聚类分析和判别分析

第一节　因子分析

1904年，英国心理学家C. Spearman发表了"General Intelligence，Objectively Determined and Measured"一文，提出了智力是由"普通因素"和"特殊因素"构成的基本观点，并创立了因子分析的双因素（即普通因素与独特因素）方法。20 世纪 30 年代，L. L. Thurstone 认为智力是由一些"基本心理能力"构成的。为了寻找这些基本心理能力，他提出了通过旋转因素轴的方法确立"简单结构"的因子分析数学方法。他认为，旋转方法（rotation-method）得到的因素可以是相关的，也可以是不相关的，如果是相关因素则可以对其进行再次分析，得到高阶因素。与此同时，一些统计学家也对因子分析进行了深入的研究，提出了因子分析的各种数学模型及计算方法。1933 年，Hotelling 提出了因子分析的主成分法。1940 年，Lawley 提出了最大似然估计法。从此以后，因子分析被认为是一种有效的统计分析方法。70 年代，探索性因子分析方法已经成熟，不仅用于心理学的智力和性格的研究，而且也用于态度、学习等领域的研究。随着计算机的发展和普及，因子分析在社会学、经济学和管理学等学科中得到了广泛的运用。

一、因子分析的基本原理

在公共管理研究中，往往需要对反映事物的多个变量进行大量的观测，收集大量数据以便进行分析寻找规律。多变量大样本无疑会为公共管理研究提供丰富的信息，但也在一定程度上增加了数据采集的工作量和难度，更重要的是，在大多数情况下，许多变量之间可能存在相关性而增加了问题分析的复杂性，同时为分析带来不便。如果分别分析每个指标，分析又可能是孤立的，而不是综合的。盲目减少指标会损失很多信息，容易产生错误的结论。因此，需要找到一个合理的方法，减少分析指标的同时，尽量减少原指标包含信息的损失，对所收集的资料做全面的分析。由于各变量间存在一定的相关关系，所以有可能用较少的综合指标分别综合存在于各变量中的各类信息。因子分析是从研究相关矩阵内部的依赖关系出发，把一些具有错综复杂关系的变量归结为少数几个综合变量的一种降维的统计分析方法。

在公共管理研究中，收集到的数据往往是多指标的，而且各指标之间通常不是独立的，或多或少存在一定程度的关系。因子分析的目的是通过少数几个变量去描述这众多变量间的协方差关系。这少数几个变量是潜在的，而且是难以观察的。在众多的观察变量中，必定存在某些高相关的变量，把这些高相关的变量综合成一组。这样同一组内变量之间是高相关的，而与其他各组的变量却只有较低的相关或是不相关。这些组内高相关的变量可以设想是由一个共同的因子在影响它们而导致高相关，这个共同的因子称为公共因子。

因子分析以相关为基础，从协方差或相关矩阵开始把每个测量变量的方差分解成两个部分：一部分是由所有测量变量共同具有的少数几个因子引起的方差，即公共因子的方差；另一部分是每个测量变量特有的特殊因子引起的方差。公共因子和特殊因子之间是不相关的。若公共因子与特殊因子还存在相关，则说明特殊因子中还可以抽取公共因子。

因子分析的基本过程通常可分为以下两个步骤。

第一步：主因子分析。通过对原始变量的相关系数矩阵内部结构的研究，导出能控制所有变量的少数几个综合变量，通过这少数几个综合变量去描述原始的多个变量之间的相关关系。一般来说，这少数的几个综合变量是不可观测的，故称其为因子，我们又将这种通过原始变量相关系数矩阵出发的因子分析称为 R 型因子分析。因子分析所获得的反映变量间本质联系、变量与公共因子的关系的全部信息通过导出的因子负荷矩阵体现。

第二步：因子解释和命名。从因子分析导出的负荷矩阵的结构出发，把变量按与公共因子相关性大小的程度分组，使同组内变量间的相关性较高，不同组的变量的相关性较低，按公共因子包含变量的特点（即公因子内涵）对因子进行解释和命名。

二、因子分析的数学模型

设 m 个可能存在相关关系的原始变量 $X_1, X_2, \cdots, X_m$ 含有 p 个独立的公共因子 $F_1, F_2, \cdots, F_p$（$m \geqslant p$），原始变量 X_i 含有特殊因子 $\varepsilon_i\ (i=1,2,\cdots,m)$，各个 ε_i 之间互不相关，且与 $F_j\ (j=1,2,\cdots,p)$ 之间也互不相关，每个 X_i 可由 p 个公共因子和自身对应的特殊因子 ε_i 线性表达：

$$
\begin{cases}
X_1 = a_{11}F_1 + a_{12}F_2 + \cdots + a_{1p}F_p + \varepsilon_1 \\
X_2 = a_{12}F_1 + a_{22}F_2 + \cdots + a_{2p}F_p + \varepsilon_2 \\
\cdots \\
X_m = a_{m1}F_1 + a_{m2}F_2 + \cdots + a_{mp}F_p + \varepsilon_m
\end{cases}
$$

用矩阵表示为

$$\begin{pmatrix} X_1 \\ X_2 \\ \vdots \\ X_m \end{pmatrix} = \left(a_{ij}\right)_{m\times p} \cdot \begin{pmatrix} F_1 \\ F_2 \\ \vdots \\ F_p \end{pmatrix} + \begin{pmatrix} \varepsilon_1 \\ \varepsilon_2 \\ \vdots \\ \varepsilon_m \end{pmatrix}$$

简记为

$$\underset{(m\times1)}{\boldsymbol{X}} = \underset{(m\times p)}{\boldsymbol{A}} \cdot \underset{(p\times1)}{\boldsymbol{F}} + \underset{(m\times1)}{\boldsymbol{\varepsilon}} \tag{12-1}$$

且满足：

（1）$m \geqslant p$。

（2）COV（F，ε）=0（即 F 与 ε 是不相关的）。

（3）E（F）=0　COV（F）= $\begin{pmatrix}1 & & \\ & \ddots & \\ & & 1\end{pmatrix}_{p\times p} = I_p$（即 F_1，F_2，…，F_P 不相关，且方差皆为 1，均值皆为 0）。

（4）E（ε）=0　COV（ε）=I_m（即 $\varepsilon_1, \varepsilon_2, \cdots, \varepsilon_m$ 互不相关，且都是标准化的变量，假定 $X_1, X_2, \cdots, X_m$ 也是标准化的，但并不相互独立）。

式中，$\boldsymbol{A}$ 称为因子负荷矩阵，其元素 a_{ij} 表示第 i 个变量（X_i）在第 j 个公共因子 F_j 上的负荷，简称因子负荷，如果把 $\boldsymbol{X}_i$ 看成 p 维因子空间的一个向量，则 a_{ij} 表示 $\boldsymbol{X}_i$ 在坐标轴 F_j 上的投影；ε 称为误差或特殊因子。

因子分析的目的在于确定公共因子的个数 p 和各公共因素的系数 a_{ij}，并依据这些系数来确定公共因素的内涵。

三、因子负荷、方差贡献率和共同度

因子分析的最后结果通常以因子负荷矩阵的形式给出，这个矩阵的一般形式如表 12-1 所示。

表 12-1　因子负荷矩阵的一般格式

变量	因子负荷量				公共度（h^2）
	因子 1	因子 2	…	因子 p	
1	a_{11}	a_{12}	…	a_{1p}	$h_i^2 = \sum_{j=1}^{p} a_{1j}^2$
2	a_{21}	a_{22}	…	a_{2p}	$h_2^2 = \sum_{j=1}^{p} a_{2j}^2$
⋮	⋮	⋮	⋮	⋮	⋮
m	a_{m1}	a_{m2}	…	a_{mp}	$h_m^2 = \sum_{j=1}^{p} a_{mj}^2$
特征值	$S_1^2 = \sum_{i=1}^{m} a_{i1}^2$	$S_2^2 = \sum_{i=1}^{m} a_{i2}^2$	…	$S_p^2 = \sum_{i=1}^{m} a_{ip}^2$	$\sum_{i=1}^{m} h_i^2 = \sum_{j=1}^{p} s_j^2 = \sum_i \sum_j a_{ij}^2$
方差贡献率	$p_1 = \frac{S_1^2}{m}$	$p_2 = \frac{S_2^2}{m}$	…	$p_p = \frac{S_p^2}{m}$	$p = \sum_{j=1}^{p} \frac{S_j^2}{m}$

因子负荷 a_{ij} 是变量 X_i 与因子 F_j 的相关系数，它反映了变量 X_i 对因子 F_j 的依赖程度。

在矩阵 $\boldsymbol{A}$ 中，第 i 行的平方和为 $h_i^2=\sum_{k=1}^{p}a_{ik}^2=1-c_i^2$，$h^2$ 称为共同度。共同度是公共因子所占的 X_i 的方差，共同度越大，说明公共因子包含的 X_i 的信息就越多。

在 $\boldsymbol{A}$=（a_{ij}）中，第 j 列的平方和 $S_j^2=\sum_{k=1}^{m}a_{kj}^2$（$j$=1，2，…，$p$）代表公共因子 F_j 的特征值，表示公共因子 F_j 对所有原始变量 $X_1, X_2, \cdots, X_m$ 提供的方差贡献总和。

方差贡献率 $S_j^2\Big/\sum_{i=1}^{m}D\left(X_i\right)=\dfrac{S_j^2}{m}\times 100\%$ 表示 F_j 对所有原始变量的方差贡献率，方差贡献越大，F_j 就越重要。方差贡献率是衡量公共因子相对重要性的指标。一般选择几个公因子，就看所有公共因子的方差贡献率之和（称为累计方差贡献率）达到我们预想的百分比有几个公因子。

四、公共因子抽取、旋转和解释

因子分析的一个基本任务是从众多的变量中抽取若干个公共因子，从而达到减少变量的降维目标。在 SPSS 因子分析的因子抽取方法（extraction-method）模块中提供了七种公共因子抽取方法：①主成分分析法（principal components），这种方法认为各变量是因子的线性组合，并假定各因子不相关，主成分为方差最大的成分；②未加权最小平方法（unweighted least squares），这种方法使观测相关矩阵和再生相关矩阵的差矩阵的平方和最小；③最小平方法（generalized least squares），这种方法用变量的单值加权，使观测相关矩阵和再相关矩阵的差矩阵的加权平方和最小；④最大似然估计法，这种方法主要使用迭代方法来抽取公共因子；⑤主轴因子抽取法（principal axis factoring）；⑥α 因子抽取法（alpha factoring）；⑦映像因子抽取法（image factoring）；等等。这些方法本质上大都属于近似方法，是以相关系数矩阵为基础的，所不同的是相关系数矩阵对角线上的值，采用不同的共同性 h^2 估值。在这几种因子抽取方法中，较常使用的是主成分分析法和主轴因子抽取法两种。主轴法在研究中似乎是一种传统的手段。这两种方法由于在数学模型及功能上的不同，所以适用范围也是不同的。如果进行分析的目的是简化问题，找出几个制约观测变量的潜在变量，从而根据与公共因子的相关程度对观测变量加以分类，或者根据个体在公共因子上的不同水平对个体进行分类或排序，则可使用主成分分析法；若是问题的目的在于获取几个共同性的潜在变量，这几个共同性变量对观测变量的影响才使观测变量之间出现相关，则应使用主轴法。

因子抽取过程中的一个重要步骤就是确定需要抽取几个公共因子。确定因子抽取数目涉及因子模型与数据之间充分协调的问题，即因子抽取后对剩余残差及公共因子方差合理性的评价。确定因子抽取数目方法有许多种，包括统计方法和代数方法。统计方法的假定在实际应用中是一种理想化的模型，实际操作较为困难。而确定因子数目的代数方法主要有三种：①通过对相关矩阵秩的估计来确定因子抽取个数，这种方法的一个经验性近似标准就是依据特征值（eigenvalue）≥1 来做出判断。②通过计算公共因子的方差百分比来确定抽取个数。这是一个最早使用的经验性方法，即计算先后抽取的因子的方差比例，当累积比例达到某一经验性的标准时即停止抽取。至于这个经验性的比例标准如何确定，则需要结合具体情况进行主观的经验性判断，在早期的智力研究中这个标准通常是 85%。③使用图解法来确定因子抽取个数。即把特征值按大小排列后绘制一条曲线，在特征根发生急剧变化的临界点即为应该抽取的因子个数。这种方法在特征值出现显著变化的情况下效果是比较好的，但如果特征值逐渐下降，形成一条平缓的曲线时，图解法并不适用。这种方法有著名的 SCREET 碎石检验，是心理学家在进行基本个性因子研究的过程中提出的。

因子分析不仅是为了抽取公共因子，更重要的是要知道抽取的每个公共因子的实际意义，以便对实际问题进行分析。如果每个公共因子的含义不明确，不便于对实际背景进行解释，这时根据因子负荷阵的不唯一性，可对因子负荷阵进行旋转，使旋转后的因子负荷阵结构简化，便于对公共因子进行解释。所谓结构简化就是使每个变量仅在一个公共因子上有较大的负荷，而在其余公共因子上的负荷较小。这种变换因子负荷的方法称为因子旋转。

在 SPSS 因子分析的旋转方法模块中，共提供了五种因子旋转方法：①方差最大正交旋转法（varimax），这种方法使负荷量的变异数在因子内最大，即使每个因子上具有最高负荷的变量数最少；②直接斜交转轴法（direct oblimin），使因子负荷量的差积（cross-products）最小化；③四次方正交最大旋转法（quartimax），该方法使负荷量的变异数在变项内最大，即使每个变量中需要解释的因子数最少；④平均正交旋转法（equamax），这种方法使负荷量的变异数在因素内与变项内同时最大；⑤斜交转轴法（promax），将直交转轴（varimax）的结果再进行有相关的斜交转轴。

很多研究者在按正交因子模型做完因子分析后，总会得到模棱两可的解释。其根本原因出现在“正交”上。正交因子模型是一个理想化的模型，它要求公共因子间不相关，然而现实问题中，这些公共因子并非完全不相关的（可能相关性很小）。这样就出现了现实问题同模型间的矛盾。依因子分析模型把事实上存在关系的变量“强行”让它们不相关。但用正交模型做的结果，却要用实际收集到的数据去解释。于是，实际问题与模型的矛盾导致解释上的麻烦。

在实际应用因子分析中出现了难以解释的现象，根本原因是模型同实际数据的矛盾，而其直接原因表现在因子对变量的贡献不明确。对相同的数据做因子分析，结果会因人而异。因子解释和命名的是否妥当不仅与研究者本人对因子分析的把握程度有关，而且与研究者对实际问题所涉及的专业知识有关。

五、因子分析注意事项

（1）样本量不能太小。对因子分析而言，要求样本量比较充足，否则结果可能不太可靠，一般而言，要求样本量至少是变量数的五倍以上。

（2）各变量间应该具有一定的相关性。如果变量间彼此独立，则无法从中提取公因子，也就谈不上因子分析法的应用。

（3）KMO 检验。KMO 检验用于检查变量间的偏相关性，取值为 0~1。KMO 统计量越接近于 1，变量间的偏相关性越强，因子分析的效果越好。在实际分析中，KMO 统计量在 0.7 以上时，效果比较好；而当 KMO 统计量在 0.5 以下时，此时不适合应用因子分析法，应考虑重新设计变量结构或者采用其他统计分析方法。

（4）因子分析中各公因子应该具有实际意义。在主成分分析中，各主成分实际上是矩阵变换的结果，因此意义不明显。但在因子分析中，提取出的各因子应该具有实际意义，否则就应该重新设计要测量的原始变量。

六、SPSS 在因子分析中的应用

【例 12-1】 表 12-2 给出了中国地区科技竞争力的 23 个评价指标，表 12-3 采集了某年我国 31 个省（自治区、直辖市）各个评价指标的统计数据，请运用 SPSS 进行因子分析。

表 12-2 中国地区科技竞争力的 23 个评价指标

目标层	指标层（评价指标）	变量	单位
地区科技竞争力	1. 科技活动人员	x_1	万人
	2. 科学家工程师	x_2	万人
	3. 万人口科技活动人员	x_3	人
	4. R&D 人员	x_4	万人/年
	5. R&D 研究人员	x_5	万人/年
	6. 科技经费支出额	x_6	亿元
	7. 科技经费支出占 GDP 的比重	x_7	%
	8. R&D 经费	x_8	亿元
	9. R&D 经费占 GDP 的比重	x_9	%
	10. 地方财政科技拨款	x_{10}	亿元
	11. 地方财政科技拨款占地方财政支出的比重	x_{11}	%
	12. 高技术产业规模以上企业产值	x_{12}	亿元
	13. 高技术产业规模以上企业产值占全国比例	x_{13}	%
	14. 高技术产业规模以上企业增加值	x_{14}	亿元
	15. 高技术产业增加值规模以上企业占全国比例	x_{15}	%
	16. 高技术产业规模以上企业增加值率	x_{16}	%
	17. 规模以上工业企业增加值中高技术产业份额	x_{17}	%
	18. 高技术产品进出口额	x_{18}	亿美元
	19. 高技术产品进出口额占全国份额	x_{19}	%
	20. 高技术产品进口额	x_{20}	亿美元
	21. 高技术产品进口额占全国份额	x_{21}	%
	22. 高技术产品出口额	x_{22}	亿美元
	23. 高技术产品出口额占全国份额	x_{23}	%

表 12-3 因子分析原始数据

地区	x_1	x_2	x_3	x_4	x_5	x_6	x_7	x_8	x_9	x_{10}	x_{11}	x_{12}
北京	40.16	32.45	245.90	18.76	16.33	825.42	8.82	505.39	5.40	90.74	5.50	3 186.67
天津	11.27	7.74	101.10	4.49	3.74	232.17	4.60	114.69	2.27	22.34	3.31	2 211.02
河北	13.64	9.61	19.60	4.53	3.73	163.04	1.19	90.02	0.66	17.41	1.16	437.35
山西	12.80	7.65	37.70	3.69	2.82	157.62	2.75	49.25	0.86	15.80	1.50	154.90
内蒙古	4.20	3.09	17.50	1.54	1.29	48.30	0.79	24.20	0.40	9.22	0.85	171.32
辽宁	18.87	13.47	43.90	7.72	6.44	288.87	2.62	165.40	1.50	38.69	2.19	1 018.99
吉林	9.27	6.74	34.00	3.25	2.96	108.22	2.05	50.87	0.96	11.09	1.25	314.29
黑龙江	11.51	8.18	30.10	4.82	4.24	106.85	1.51	66.04	0.93	17.47	1.47	246.47
上海	22.79	16.95	122.70	9.01	7.63	528.71	4.34	307.46	2.52	105.77	4.85	5 631.04
江苏	43.79	27.56	57.40	16.05	12.07	900.15	3.50	430.20	1.67	68.73	2.69	9 661.04
浙江	34.78	21.65	68.70	12.94	8.91	509.36	2.71	281.60	1.50	71.54	3.96	2 847.81
安徽	11.32	7.46	18.50	3.62	2.97	195.62	2.66	71.79	0.97	15.96	1.28	281.91
福建	11.28	7.58	31.50	4.76	3.74	172.76	1.87	82.17	0.89	21.27	2.34	1 797.81
江西	7.26	4.55	16.60	2.71	2.16	79.50	1.45	48.79	0.89	8.74	0.97	445.65
山东	33.05	22.89	35.30	11.65	9.98	602.16	2.32	312.31	1.20	46.41	2.05	3 134.67
河南	19.22	12.22	20.50	6.49	4.83	220.81	1.47	101.13	0.67	25.23	1.35	642.24
湖北	17.35	12.51	30.40	6.74	5.82	216.84	2.35	111.32	1.21	18.76	1.47	695.64
湖南	13.64	9.32	21.50	4.49	3.59	148.13	1.61	73.55	0.80	20.49	1.51	328.06
广东	44.89	32.77	47.50	19.95	17.71	684.22	2.20	404.29	1.30	119.26	3.77	14 701.95
广西	6.67	4.33	14.00	2.01	1.77	65.86	1.11	22.00	0.37	13.19	1.34	173.75
海南	0.89	0.47	10.50	0.13	0.11	10.96	0.90	2.60	0.21	2.79	1.14	38.93
重庆	8.38	5.75	29.80	3.16	2.58	105.57	2.56	46.99	1.14	11.05	1.44	218.89
四川	20.89	13.89	25.70	7.88	6.29	290.14	2.76	139.14	1.32	20.78	1.18	1 107.33
贵州	3.92	2.37	10.40	1.14	0.92	35.30	1.29	13.74	0.50	9.98	1.25	204.14
云南	5.75	3.88	12.70	1.78	1.49	60.14	1.27	25.88	0.55	13.06	1.15	100.63
西藏	0.36	0.22	12.70	0.07	0.04	1.86	0.54	0.70	0.20	1.93	0.70	5.74
陕西	14.88	9.70	39.70	6.51	5.12	209.82	3.84	121.71	2.23	13.30	1.26	590.85
甘肃	5.33	3.60	20.40	1.88	1.46	60.40	2.24	25.72	0.95	7.31	1.08	54.95
青海	1.12	0.74	20.30	0.29	0.22	11.76	1.50	3.81	0.49	2.52	0.89	14.14
宁夏	1.45	1.01	23.80	0.56	0.47	19.83	2.23	7.47	0.84	4.79	1.98	22.64
新疆	3.02	2.09	14.40	0.89	0.79	32.81	0.93	10.02	0.28	12.84	1.61	20.34

续表

地区	x_{13}	x_{14}	x_{15}	x_{16}	x_{17}	x_{18}	x_{19}	x_{20}	x_{21}	x_{22}	x_{23}
北京	6.32	558.09	4.86	17.51	25.84	345.01	5.43	201.42	7.02	143.59	4.13
天津	4.38	608.68	5.93	27.53	20.61	280.74	4.42	118.09	4.11	162.65	4.68
河北	0.87	135.27	1.03	30.93	2.80	16.92	0.27	5.83	0.20	11.09	0.32
山西	0.31	58.41	0.37	37.71	2.08	6.14	0.10	3.47	0.12	2.67	0.08
内蒙古	0.34	56.85	0.43	33.18	2.24	1.28	0.02	1.08	0.04	0.20	0.01
辽宁	2.02	298.84	2.12	29.33	5.54	71.14	1.12	32.86	1.15	38.28	1.10
吉林	0.62	133.15	1.01	42.37	6.40	9.17	0.14	7.43	0.26	1.74	0.05
黑龙江	0.49	81.26	0.66	32.97	2.85	7.10	0.11	3.93	0.14	3.17	0.09
上海	11.16	933.07	9.24	16.57	16.98	1 146.42	18.06	568.47	19.81	577.95	16.62
江苏	19.15	2 093.37	17.33	21.67	16.19	1 457.99	22.97	582.93	20.31	875.06	25.16
浙江	5.64	596.91	4.55	20.96	7.88	169.77	2.67	62.01	2.16	107.76	3.10
安徽	0.56	91.37	0.73	32.41	3.57	9.28	0.15	4.31	0.15	4.97	0.14
福建	3.56	444.95	4.13	24.75	12.36	157.60	2.48	57.09	1.99	100.51	2.89
江西	0.88	140.46	1.06	31.52	7.71	9.12	0.14	4.00	0.14	5.12	0.15
山东	6.21	954.63	6.97	30.45	6.46	158.12	2.49	74.59	2.60	83.53	2.40
河南	1.27	234.43	1.58	36.50	3.18	6.10	0.10	3.65	0.13	2.45	0.07
湖北	1.38	301.01	2.13	43.27	9.23	24.75	0.39	10.70	0.37	14.05	0.40
湖南	0.65	101.82	0.84	31.04	3.57	5.17	0.08	2.75	0.10	2.42	0.07
广东	29.14	2 867.30	28.20	19.50	20.33	2 381.00	37.51	1 069.07	37.25	1 311.93	37.72
广西	0.34	67.96	0.57	39.11	4.47	4.38	0.07	2.33	0.08	2.05	0.06
海南	0.08	16.21	0.14	41.64	5.80	6.34	0.10	5.71	0.20	0.63	0.02
重庆	0.43	82.59	0.58	37.73	5.96	5.84	0.09	4.03	0.14	1.81	0.05
四川	2.19	394.72	2.44	35.65	9.82	44.04	0.69	28.23	0.98	15.81	0.45
贵州	0.40	78.10	0.67	38.26	8.77	1.38	0.02	0.77	0.03	0.61	0.02
云南	0.20	40.03	0.31	39.78	2.56	3.88	0.06	2.40	0.08	1.48	0.04
西藏	0.01	3.59	0.02	62.54	15.30	0.17		0.08		0.09	
陕西	1.17	199.23	1.70	33.72	8.36	14.15	0.22	8.84	0.31	5.31	0.15
甘肃	0.11	25.20	0.22	45.86	2.73	0.80	0.01	0.55	0.02	0.25	0.01
青海	0.03	8.17	0.06	57.78	2.38	0.25		0.24	0.01	0.01	
宁夏	0.04	8.32	0.05	36.75	2.23	1.47	0.02	1.33	0.05	0.14	
新疆	0.04	6.68	0.04	32.84	0.48	2.52	0.04	1.66	0.06	0.86	0.02

资料来源：中国科技统计网，http://www.sts.org.cn/kjnew/maintitle/MainTitle.htm

运用 SPSS 进行因子分析的基本程序如下：

（1）将原始数据录入 SPSS，建立 SPSS 数据文件（SPSS 数据文件见本书配套的数据文件“SPSS12-因子分析科技竞争力”）。

（2）选择［Analyze］→［Dimension Reduction］→［Factor Analysis］，打开因子分析主对话框（图 12-1）。

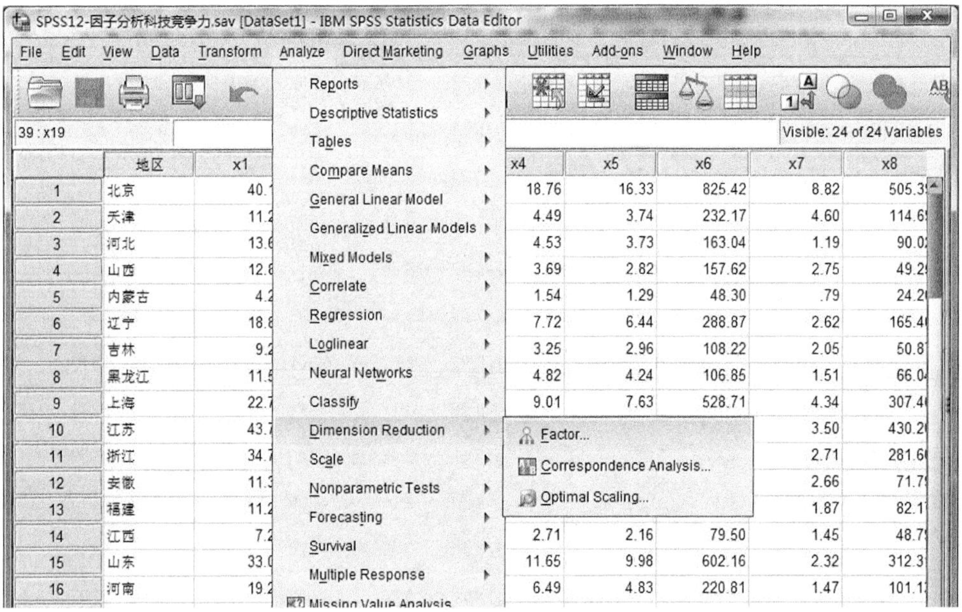

图 12-1 因子分析软件示意图

（3）将相关的分析变量输入右边的分析框中（图 12-2）。

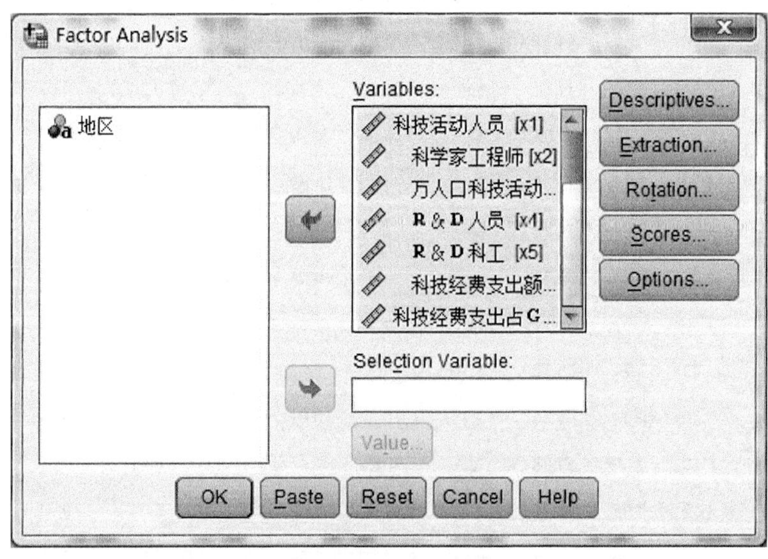

图 12-2 ［Factor Analysis］对话框示意图

（4）进入［Extraction］，选择如图 12-3 所示的选项，单击［Continue］。

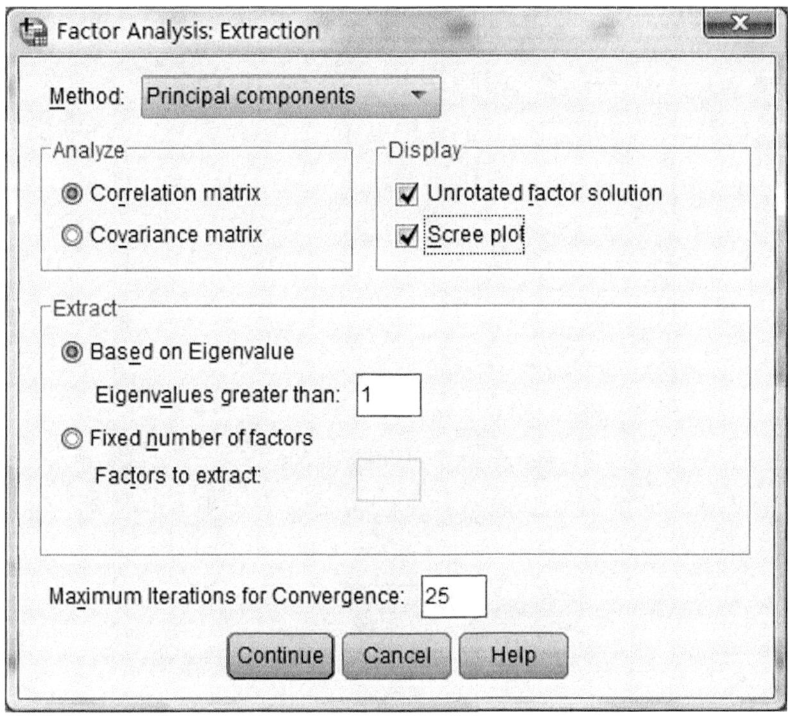

图 12-3　［Factor Analysis：Extraction］对话框示意图

（5）进入［Rotation］，选择［Varimax］和［Rotated solution］选项，单击［Continue］（图 12-4）。

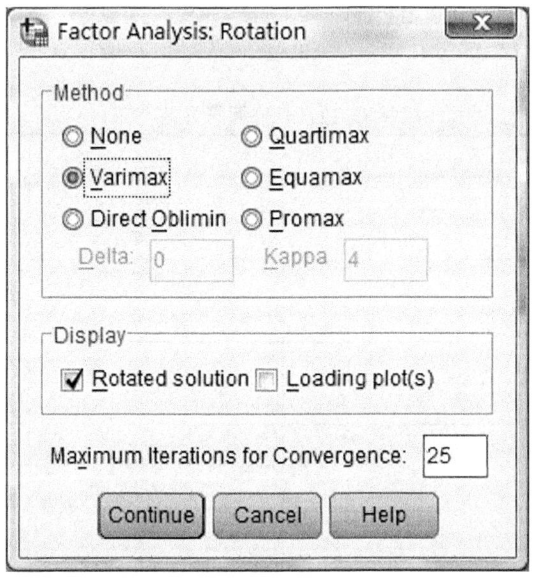

图 12-4　［Factor Analysis：Rotation］对话框示意图

（6）进入［Options］，选择［Exclude cases listwise］和［Sorted by size］选项，单击［Continue］（图 12-5）。

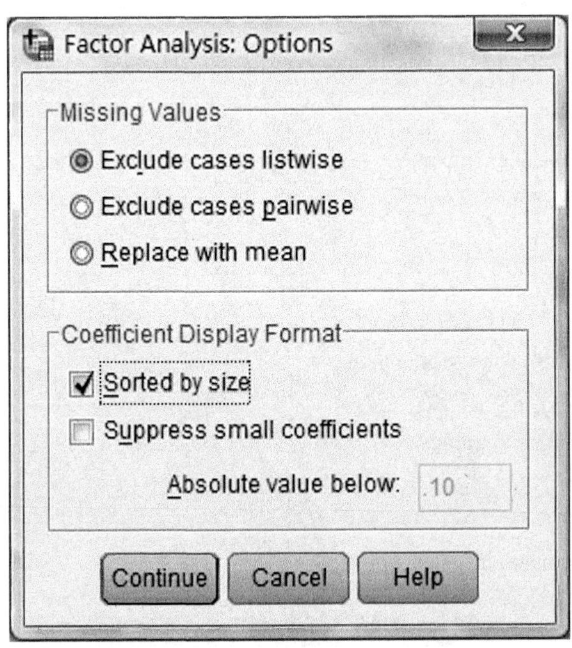

图 12-5 ［Factor Analysis：Options］对话框示意图

（7）单击［OK］，输出因子分析结果。

变量共同度是表示各变量中所含原始信息能被提取的公因子所表示的程度。从表 12-4 可以看出，除了“高技术产业规模以上企业增加值率”“规模以上工业企业增加值中高技术产业份额”两个评价指标的共同度为低于 70% 之外，其他 21 个评价指标的共同度都在 80%以上，因此提取出的公因子对各变量的解释能力是较强的。

表 12-4 公因子方差

指标	初始	提取
科技活动人员	1.000	0.847
科学家工程师	1.000	0.890
万人口科技活动人员	1.000	0.892
R&D 人员	1.000	0.905
R&D 研究人员	1.000	0.911
科技经费支出额	1.000	0.906
科技经费支出占 GDP 的比重	1.000	0.884
R&D 经费	1.000	0.948
R&D 经费占 GDP 的比重	1.000	0.929
地方财政科技拨款	1.000	0.909
地方财政科技拨款占地方财政支出的比重	1.000	0.830

续表

指标	初始	提取
高技术产业规模以上企业产值	1.000	0.996
高技术产业规模以上企业产值占全国比例	1.000	0.996
高技术产业规模以上企业增加值	1.000	0.970
高技术产业增加值规模以上企业占全国比例	1.000	0.982
高技术产业规模以上企业增加值率	1.000	0.583
规模以上工业企业增加值中高技术产业份额	1.000	0.628
高技术产品进出口额	1.000	0.976
高技术产品进出口额占全国份额	1.000	0.976
高技术产品进口额	1.000	0.960
高技术产品进口额占全国份额	1.000	0.960
高技术产品出口额	1.000	0.981
高技术产品出口额占全国份额	1.000	0.981

注：提取方法为主成分分析法

表 12-5 是方差分析结果，表中给出了各因子的累计方差，所提取的两个因子的方差贡献率分别为 52.933%和 37.677%，累计方差贡献率高达 90.610%。

表 12-5　解释的总方差

成分	初始特征值			旋转平方和载入		
	合计	方差的百分比/%	累积百分比/%	合计	方差的百分比/%	累积百分比/%
1	17.251	75.003	75.003	12.175	52.933	52.933
2	3.590	15.607	90.610	8.666	37.677	90.610
3	0.983	4.273	94.883			
4	0.550	2.392	97.275			
5	0.221	0.961	98.236			
6	0.198	0.859	99.095			
7	0.086	0.372	99.467			
8	0.056	0.244	99.711			
9	0.029	0.128	99.839			
10	0.017	0.073	99.912			
11	0.010	0.045	99.957			
12	0.005	0.021	99.978			
13	0.003	0.012	99.990			
14	0.001	0.005	99.995			
15	0.001	0.003	99.998			

续表

成分	初始特征值			旋转平方和载入		
	合计	方差的百分比/%	累积百分比/%	合计	方差的百分比/%	累积百分比/%
16	0.000	0.001	99.999			
17	0.000	0.001	100.000			
18	0.000	0.000	100.000			
19	4.418×10^{-8}	1.921×10^{-7}	100.000			
20	2.099×10^{-8}	9.127×10^{-8}	100.000			
21	9.891×10^{-9}	4.300×10^{-8}	100.000			
22	3.534×10^{-9}	1.536×10^{-8}	100.000			
23	8.584×10^{-17}	3.732×10^{-16}	100.000			

注：提取方法为主成分分析法

图 12-6 画出了各个因子对应的特征值，从图中可以看出，第一个、第二个特征值很大，第三个特征值相比于第一、第二个特征值比较小。可见，地区科技竞争力的 23 个评价指标主要是由前两个因子决定的。

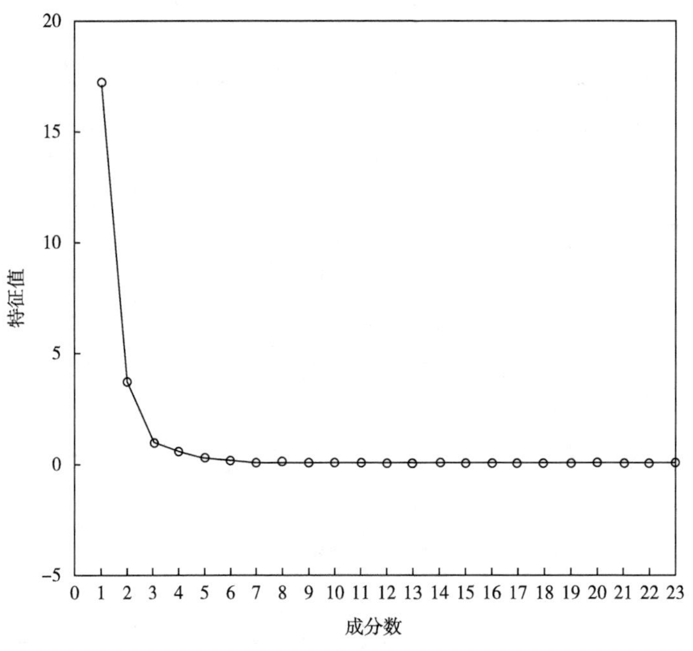

图 12-6 碎石图

表 12-6 给出了采取方差最大旋转后的因子负荷矩阵。因子负荷矩阵是各因子在各个评价指标上的载荷，即是各因子对各评价指标的影响度。在表 12-6 中，各个评价指标按照放置后的负荷系数大小排列。可以看出，第一个因子对“高新技术产业”方面的评价指标的影响较大，可以将第一个因子命名为“高新技术产业”因子；第二因子对“科技

资源”方面的评价指标影响较大，可以将第二个因子命名为“科技资源”因子。

表 12-6 旋转成分矩阵[a]

	成分	
	1	2
高技术产品出口额	0.967	0.216
高技术产品出口额占全国份额	0.967	0.217
高技术产品进出口额占全国份额	0.958	0.242
高技术产品进出口额	0.958	0.242
高技术产业增加值规模以上企业占全国比例	0.950	0.284
高技术产业规模以上企业产值	0.947	0.316
高技术产业规模以上企业产值占全国比例	0.947	0.316
高技术产品进口额	0.941	0.273
高技术产品进口额占全国份额	0.941	0.273
高技术产业规模以上企业增加值	0.935	0.310
地方财政科技拨款	0.691	0.658
R&D 经费占 GDP 的比重	0.030	0.963
万人口科技活动人员	0.050	0.943
科技经费支出占 GDP 的比重	0.006	0.940
地方财政科技拨款占地方财政支出的比重	0.384	0.826
R&D 经费	0.568	0.790
科技经费支出额	0.585	0.751
科学家和工程师	0.591	0.736
R&D 人员	0.610	0.730
R&D 研究人员	0.619	0.727
科技活动人员	0.610	0.689
规模以上工业企业增加值中高技术产业份额	0.441	0.658
高技术产业规模以上企业增加值率	−0.411	−0.643

a 旋转在 3 次迭代后收敛

注：提取方法为主成分分析法；旋转法：具有 Kaiser 标准化的正交旋转法

第二节 聚类分析

聚类分析起源于分类学，在早期的分类学中，人们主要依靠经验和专业知识来实现分类。随着生产技术和科学的发展，人类的认识不断加深，分类越来越细，要求也越来越高，有时仅凭经验和专业知识是不能进行确切分类的，往往需要定性和定量分析结合起来去分类，于是数学工具逐渐被引进分类学中，形成了数值分类学。后来随着多元分析的引进，聚类分析又逐渐从数值分类学中分离出来而形成一个相对独立的分支。

聚类分析又称集群分析，是研究“物以类聚”的一种多元统计分析方法，是应用较为广泛的统计分析技术。通过聚类分析，可以将性质相近的个体归为一类，性质差异较大的个体属于不同的类，类内个体具有较高的同质性，类间个体具有较高的异质性。

一、聚类分析的思想

我们所研究的样本或指标（变量）之间存在程度不同的相似性（亲疏关系）。于是根据一批样本的多个观测指标，具体找出一些能够度量样本或指标之间相似程度的统计量，以这些统计量为划分类型的依据，把一些相似程度较大的样本（或指标）聚合为一类，把另外一些彼此之间相似程度较大的样本（或指标）又聚合为另一类，关系密切的聚合到一个小的分类单位，关系疏远的聚合到一个大的分类单位，直到把所有的样本（或指标）聚合完毕，这就是分类的基本思想。例如，我们可以根据学校的研究实力、教学水平和学生素质等情况，将大学分成一流大学、二流大学等；国家之间根据其经济社会发展水平可以划分为发达国家、发展中国家等；自然界生物可以分为动物和植物；等等。

根据上述基本思想，我们对聚类分析的理解如下：根据已知数据，计算各观察个体或变量之间亲疏关系的统计量（距离或相似性程度）。根据某种准则［如最短距离法（nearest neighbor method）、最长距离法（furthest neighbor method）、中间距离法（median clustering method）和重心法（centroid clustering method）等］，使同一类内的差别较小，而类与类之间的差别较大，最终将观察个体或变量分为若干类。

在实际研究中，既可以对样本个体进行聚类（clustering for individuals），也可以对研究变量进行聚类（clustering for variables），对样本个体进行聚类通常称为 Q 型聚类，对研究变量进行的聚类称为 R 型聚类。

Q 型聚类分析的主要作用如下：可以综合利用多个变量的信息对样本进行分类；分类结果是直观的，聚类分析谱系图非常清楚地表现其数值分类结果；聚类分析所得到的结果比传统分类方法更细致、全面、合理。

R 型聚类分析的主要作用如下：不但可以了解个别变量之间关系的亲疏程度，而且可以了解各个变量组合之间的亲疏程度；根据变量的分类结果以及它们之间的关系，可以选择主要变量进行回归分析或 Q 型聚类分析。

二、距离和相似性

为了将样本（或指标）进行分类，就需要研究样本之间的关系。目前用得最多的方法通常有两种：一种方法是将一个样本看做 p 维空间的一个点，并在空间定义距离，距离越近的点归为一类，距离较远的点归为不同的类。另一种方法是用相似系数，性质越接近的样本，它们的相似系数的绝对值越接近 1，而彼此无关的样本，它们的相似系数的绝对值越接近于零。比较相似的样本归为一类，不怎么相似的样本归为不同的类。

设有 n 个样本，每个样本测得 p 项指标（变量），原始资料矩阵为

$$\boldsymbol{X} = \begin{matrix} X_1 \\ X_2 \\ \vdots \\ X_n \end{matrix} \begin{bmatrix} x_{11} & x_{12} & \cdots & x_{1p} \\ x_{21} & x_{22} & \cdots & x_{2p} \\ \vdots & \vdots & & \vdots \\ x_{n1} & x_{n2} & \cdots & x_{np} \end{bmatrix}$$

式中，$x_{ij}\left(i=1,2,\cdots,n;\ j=1,2,\cdots,p\right)$为第 i 个样本的第 j 个指标的观测数据。第 i 个样本 X_i 为矩阵 $\boldsymbol{X}$ 的第 i 行所描述，所以任何两个样本 X_K 与 X_L 之间的相似性，可以通过矩阵 $\boldsymbol{X}$ 中的第 K 行与第 L 行的相似程度来刻画；任何两个变量 x_K 与 x_L 之间的相似性，可以通过第 K 列与第 L 列的相似程度来刻画。

（一）距离

如果把 n 个样本（X 中的 n 行）看成 p 维空间中的 n 个点，则两个样本间相似程度可用 p 维空间中两点的距离来度量。令 d_{ij} 表示样本 X_i 与 X_j 的距离。常用的距离有明氏距离、马氏（Mahalanobis）距离和兰氏（Canberra）距离等。

1. 明氏距离

明氏距离是由德国数学家明可夫斯基（Minkowski）提出的，故称为明氏距离，计算方法如下：

$$d_{ij}(q) = \left(\sum_{a=1}^{p}\left|x_{ia} - x_{ja}\right|^q\right)^{\frac{1}{q}}$$

当 q=1 时，

$$d_{ij}(1) = \sum_{a=1}^{p}\left|x_{ia} - x_{ja}\right|$$

即绝对距离。

当 q=2 时，

$$d_{ij}(2) = \left(\sum_{a=1}^{p}\left(x_{ia} - x_{ja}\right)^2\right)^{\frac{1}{2}}$$

即欧氏（Euclidian）距离。

当 $q=\infty$ 时，

$$d_{ij}(\infty) = \max_{1\leqslant a\leqslant p}\left|x_{ia} - x_{ja}\right|$$

即切比雪夫距离。

明氏距离特别是其中的欧氏距离是人们较为熟悉的也是使用最多的距离，但明氏距离主要有三个方面的缺陷：①与各指标量纲有关；②没有考虑指标间的相关性；③没有考虑各指标可能具有不同的方差。当各变量的测量值相差悬殊时，使用明氏距离并不合理，常常需要先对数据标准化，然后用标准化后的数据计算距离。

2. 马氏距离

马氏距离是由印度统计学家马哈拉诺比斯于 1936 年引入的，故称为马氏距离。这一距离在多元统计分析中起着十分重要的作用。

设 $\boldsymbol{\Sigma}$ 表示指标的协差矩阵，即

$$\boldsymbol{\Sigma}=\left(\sigma_{ij}\right)_{p\times p}$$

式中，$\sigma_{ij}=\frac{1}{n-1}\sum_{a=1}^{n}\left(x_{ai}-\overline{x}_i\right)\left(x_{aj}-\overline{x}_j\right)$，$(i,j=1,2,\cdots,p)$。

$$\overline{x}_i=\frac{1}{n}\sum_{a=1}^{n}x_{ai}\qquad \overline{x}_j=\frac{1}{n}\sum_{a=1}^{n}x_{aj}$$

如果 $\boldsymbol{\Sigma}^{-1}$ 存在，则两个样本之间的马氏距离为

$$d_{ij}^2(M)=\left(X_i-X_j\right)'\boldsymbol{\Sigma}^{-1}\left(X_i-X_j\right)$$

这里 $\boldsymbol{X}_i$ 为样本 X_i 的 p 个指标组成的向量，即原始资料阵的第 i 行向量。样本 X_j 类似。

与此类似，样本 X 到总体 G 的马氏距离定义为

$$d^2\left(X,G\right)=\left(X-\mu\right)'\boldsymbol{\Sigma}^{-1}\left(X-\mu\right)$$

式中，$\boldsymbol{\mu}$ 为总体的均值向量；$\boldsymbol{\Sigma}$ 为协方差阵。

马氏距离的优点主要有以下几点：①不受各指标量纲的影响；②排除了各指标间相关性的干扰；③将数据做线性变换后马氏距离不变。

3. 兰氏距离

兰氏距离是由 Lance 和 Williams 最早提出的，故称兰氏距离。

$$d_{ij}(L)=\frac{1}{p}\sum_{a=1}^{p}\frac{\left|x_{ia}-x_{ja}\right|}{x_{ia}+x_{ja}}\quad\left(i,j=1,2,\cdots,n\right)$$

此距离仅适用于一切 $x_{ij}>0$ 的情况，这个距离有助于克服各指标之间量纲的影响，但没有考虑指标之间的相关性。

计算任何两个样本 X_i 与 X_j 之间的距离 d_{ij}，其值越小表示两个样本接近程度越大，d_{ij} 值越大表示两个样本接近程度越小。如果把任意两个样本的距离都计算出，则可排成距离矩阵 $\boldsymbol{D}$:

$$\boldsymbol{D}=\begin{bmatrix} d_{11} & d_{12} & \cdots & d_{1n}\\ d_{21} & d_{22} & \cdots & d_{2n}\\ \vdots & \vdots & & \vdots\\ d_{n1} & d_{n2} & \cdots & d_{nn}\end{bmatrix}$$

式中，$d_{11}=d_{22}=\cdots=d_{nn}=0$。$\boldsymbol{D}$ 是一个实对称矩阵，所以只需计算上三角形部分或下三角形部分即可。根据 $\boldsymbol{D}$ 可对 n 个点进行分类，距离近的点归为一类，距离远的点归为不同的类。

（二）相似系数

研究样本间的关系常用距离，研究指标间的关系常用相似系数。相似系数常用的有夹角余弦与相关系数。

1. 夹角余弦

图 12-7 中曲线 AB 和 CD 尽管长度不一，但形状相似。

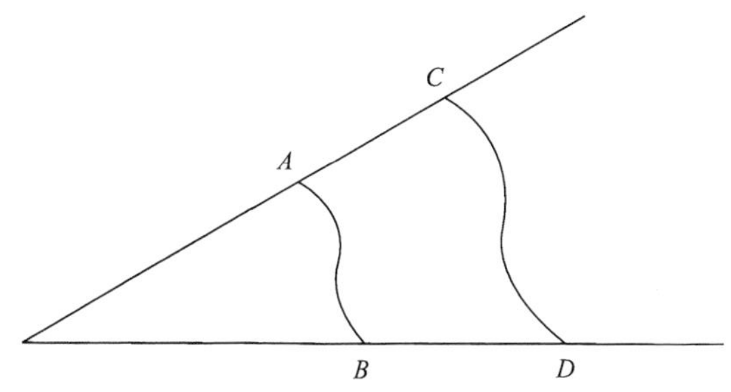

图 12-7　夹角余弦图

当长度不是主要矛盾时，要定义一种相似系数，使 AB 和 CD 呈现出比较密切的关系，则夹角余弦就适合这个要求。它的定义如下：

将任何两个样本 $\boldsymbol{X}_i$ 与 $\boldsymbol{X}_j$ 看成 p 维空间的两个向量，这两个向量的夹角余弦用 $\cos\theta_{ij}$ 表示，即

$$\cos\theta_{ij}=\frac{\sum_{a=1}^{p}x_{ia}x_{ja}}{\sqrt{\sum_{a=1}^{p}x_{ia}^2\cdot\sum_{a=1}^{p}x_{ja}^2}}\quad\left(0\leqslant\cos\theta_{ij}\leqslant 1\right)$$

当 $\cos\theta_{ij}=1$ 时，说明两个样本 X_i 与 X_j 完全相似；$\cos\theta_{ij}$ 接近于 1，说明 X_i 与 X_j 相似密切；$\cos\theta_{ij}=0$，说明 X_i 与 X_j 完全不一样；$\cos\theta_{ij}$ 接近于 0，说明 X_i 与 X_j 差别大。把所有两两样本的相似系数都计算出，可排成相似系数矩阵：

$$\boldsymbol{H}=\begin{bmatrix}\cos\theta_{11} & \cos\theta_{12} & \cdots & \cos\theta_{1n}\\ \cos\theta_{21} & \cos\theta_{22} & \cdots & \cos\theta_{2n}\\ \vdots & \vdots & & \vdots\\ \cos\theta_{n1} & \cos\theta_{n2} & \cdots & \cos\theta_{nn}\end{bmatrix}$$

式中，$\cos\theta_{11}=\cos\theta_{22}=\cdots=\cos\theta_{nn}=1$；$\boldsymbol{H}$ 为一个实对称阵，所以只需计算上三角形部分或下三角形部分，根据 $\boldsymbol{H}$ 可对 n 个样本进行分类，把比较相似的样本归为一类，不太相似的样本归为不同的类。

2. 相关系数

通常所说的相关系数，一般是指变量间的相关系数，作为刻画样本间的相似关系也可类似给出定义，即第 i 个样本与第 j 个样本之间的相关系数可定义为

$$r_{ij}=\frac{\sum_{a=1}^{p}\left(x_{ia}-\bar{x}_i\right)\left(x_{ja}-\bar{x}_j\right)}{\sqrt{\sum_{a=1}^{p}\left(x_{ia}-\bar{x}_i\right)^2\cdot\sum_{a=1}^{p}\left(x_{ja}-\bar{x}_j\right)^2}}\quad\left(-1\leqslant r_{ij}\leqslant 1\right)$$

式中，

$$\bar{x}_i = \frac{1}{p}\sum_{a=1}^{p} x_{ia}, \quad \bar{x}_j = \frac{1}{p}\sum_{a=1}^{p} x_{ja}$$

实际上，r_{ij} 就是两个向量 $\boldsymbol{X}_i - \bar{\boldsymbol{X}}_i$ 与 $\boldsymbol{X}_j - \bar{\boldsymbol{X}}_j$ 的夹角余弦，其中 $\bar{\boldsymbol{X}}_i = (\bar{x}_i, \cdots, \bar{x}_i)'$，$\bar{\boldsymbol{X}}_j = (\bar{x}_j, \cdots, \bar{x}_j)'$。若将原始数据标准化，则 $\bar{X}_i = \bar{X}_j = 0$，这时 $r_{ij} = \cos\theta_{ij}$。

$$\boldsymbol{R} = (r_{ij}) = \begin{bmatrix} r_{11} & r_{12} & \cdots & r_{1n} \\ r_{21} & r_{22} & \cdots & r_{2n} \\ \vdots & \vdots & & \vdots \\ r_{n1} & r_{n2} & \cdots & r_{nn} \end{bmatrix}$$

式中，$r_{11} = r_{22} = \cdots = r_{nn} = 1$，可根据 $\boldsymbol{R}$ 对 n 个样本进行分类。

三、系统聚类的方法

如样本之间的距离可以有不同的定义方法一样，类与类之间的距离也有各种定义。例如，可以定义类与类之间的距离为两类之间最近样本的距离，也可以定义为两类之间最远样本的距离，还可以定义为两类重心之间的距离等。类与类之间用不同的方法定义距离，就产生了不同的系统聚类方法。常用的八种系统聚类方法为最短距离法、最长距离法、中间距离法、重心距离法、类平均法（average linkage between group）、可变类平均法（flexible-beta method）、可变法与离差平方和法。系统聚类方法尽管很多，但归类的步骤基本上是一样的，所不同的仅仅是类与类之间的距离有不同的定义方法，从而得到不同的计算距离的公式。

下文用 d_{ij} 表示样本 x_i 与 x_j 之间的距离，用 D_{ij} 表示类 G_i 与 G_j 之间的距离。

（一）最短距离法

定义类 G_i 与 G_j 之间的距离为两类最近样本的距离，即

$$D_{ij} = \min_{x_i \in G_i, x_j \in G_j} d_{ij}$$

设类 G_p 与 G_q 合并成一个新类，记为 G_r，则任一类 G_k 与 G_r 的距离是

$$\begin{aligned} D_{kr} &= \min_{x_i \in G_k, x_j \in G_r} d_{ij} \\ &= \min\left\{ \min_{x_i \in G_k, x_j \in G_p} d_{ij}, \min_{x_i \in G_k, x_j \in G_q} d_{ij} \right\} \\ &= \min\left\{ D_{kp}, D_{kq} \right\} \end{aligned}$$

（二）最长距离法

定义类 G_i 与类 G_j 之间距离为两类最远样本的距离，即

$$D_{pq} = \max_{X_i \in G_p, X_j \in G_q} d_{ij}$$

最长距离法与最短距离法的并类步骤完全一样，也是将各样本先自成一类，然后将非对角线上最小元素对应的两类合并。设某一步将类 G_p 与 G_q 合并为 G_r，则任一类 G_k 与 G_r 的距离用最长距离公式为

$$D_{kr} = \max_{X_i \in G_k, X_j \in G_r} d_{ij}$$
$$= \max\left\{ \max_{X_i \in G_k, X_j \in G_p} d_{ij}, \max_{X_i \in G_k, X_j \in G_q} d_{ij} \right\}$$
$$= \max\left\{ D_{kp}, D_{kq} \right\}$$

再找非对角线最小元素的两类并类，直至所有的样本全归为一类为止。

可见，最长距离法与最短距离法只有两点不同：一是类与类之间的距离定义不同；二是计算新类与其他类的距离所用的公式不同。下文的几种系统聚类法之间的区别也表现在这两个方面，而并类步骤完全一样，所以在介绍下面几种系统聚类方法时，主要是介绍其定义和公式。

（三）中间距离法

定义类与类之间的距离既不采用两类之间最近的距离，也不采用两类之间最远的距离，而是采用介于两者之间的距离，故称为中间距离法。

如果在某一步将类 G_p 与类 G_q 合并为 G_r，任一类 G_k 和 G_r 的距离公式为

$$D_{kr}^2 = \frac{1}{2}D_{kp}^2 + \frac{1}{2}D_{kq}^2 + \beta D_{pq}^2 \quad \left(-\frac{1}{4} \leqslant \beta \leqslant 0\right)$$

当 $\beta = -\frac{1}{4}$ 时，由初等几何可知 D_{kr} 就是图 12-8 中三角形的中线。

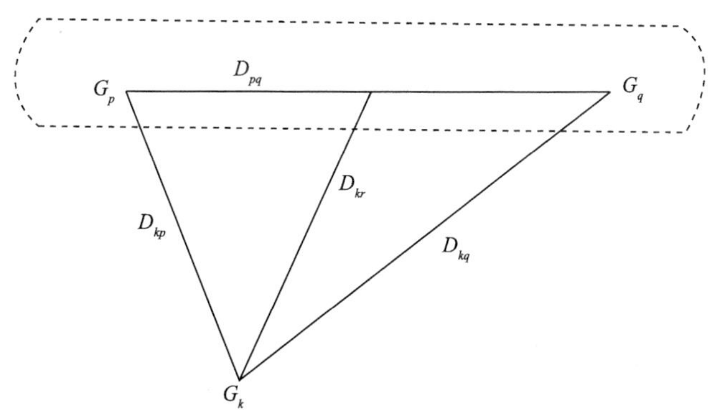

图 12-8　中间距离法示意图

如果用最短距离法，则 $D_{kr} = D_{kp}$；如果用最长距离法，则 $D_{kr} = D_{kq}$；如果取夹在这两边的中线作为 D_{kr}，则 $D_{kr} = \sqrt{\frac{1}{2}D_{kp}^2 + \frac{1}{2}D_{kq}^2 - \frac{1}{4}D_{pq}^2}$，由于距离公式中的量都是距离的平方，为了计算方便，可将表 $D_{(0)}$、$D_{(1)}$、$D_{(2)}$ 等中的元素，都用相应元素的平方代替而得表 $D_{(0)}^2$、$D_{(1)}^2$、$D_{(2)}^2$ 等。

（四）重心距离法

定义类与类之间的距离时，为了体现出每类包含的样本个数给出重心距离法。

重心法定义两类之间的距离就是两类重心之间的距离。设 G_p 和 G_q 的重心（即该类样本的均值）分别是 $\bar{\boldsymbol{X}}_p$ 与 $\bar{\boldsymbol{X}}_q$（注意一般它们是 p 维向量），则 G_p 和 G_q 之间的距离是 $D_{pq}=d_{X_pX_q}$。

设聚类到某一步，G_p 和 G_q 分别有样本 n_p 与 n_q 个，将 G_p 和 G_q 合并为 G_r，则 G_r 内样本个数为 $n_r=n_p+n_q$，它的重心是 $\overline{X}_r=\frac{1}{n_r}\left(n_p\overline{X}_p+n_q\overline{X}_q\right)$，某一类 G_k 的重心是 $\overline{X}_k$，它与新类 G_r 的距离（如果最初样本之间的距离采用欧氏距离）为

$$\begin{aligned}D_{kr}^2&=d_{X_kX_r}^2=\left(\overline{X}_k-\overline{X}_r\right)'\left(\overline{X}_k-\overline{X}_r\right)\\&=\left[\overline{X}_k-\frac{1}{n_r}\left(n_p\overline{X}_p+n_q\overline{X}_q\right)\right]'\left[\overline{X}_k-\frac{1}{n_r}\left(n_p\overline{X}_p+n_q\overline{X}_q\right)\right]\\&=\overline{X}_k'\overline{X}_k-2\frac{n_p}{n_r}\overline{X}_k'\overline{X}_p-2\frac{n_q}{n_r}\overline{X}_k'\overline{X}_q\\&\quad+\frac{1}{n_r^2}\left(n_p^2\overline{X}_k'\overline{X}_k+2n_pn_q\overline{X}_p'\overline{X}_q+n_p^2\overline{X}_q'\overline{X}_q\right)\end{aligned}\tag{12-2}$$

利用 $\overline{X}_k'\overline{X}_k=\frac{1}{n_r}\left(n_p\overline{X}_k'\overline{X}_k+n_q\overline{X}_k'\overline{X}_k\right)$ 代入式（12-2）可得

$$\begin{aligned}D_{kr}^2&=\frac{n_p}{n_r}\left(\overline{X}_k'\overline{X}_k-2\overline{X}_p'\overline{X}_q+\overline{X}_p'\overline{X}_q\right)+\frac{n_q}{n_r}\left(\overline{X}_k'\overline{X}_k-2\overline{X}_k'\overline{X}_q+\overline{X}_q'\overline{X}_q\right)\\&\quad-\frac{n_pn_q}{n_r^2}\left(\overline{X}_p'\overline{X}_p-2\overline{X}_p'\overline{X}_q+\overline{X}_q'\overline{X}_q\right)\\&=\frac{n_p}{n_r}D_{kp}^2+\frac{n_q}{n_r}D_{kq}^2-\frac{n_p}{n_r}\frac{n_q}{n_r}D_{pq}^2\end{aligned}$$

显然，当 $n_p=n_q$ 时即为中间距离法的公式。

如果样本之间的距离不是欧氏距离，可根据不同情况给出不同的距离公式。

重心法的归类步骤与以上三种方法基本上相同，所不同的是每合并一次类，就要重新计算新类的重心及各类与新类的距离。

（五）类平均法

重心法虽有很好的代表性，但并未充分利用各样本的信息，因此给出类平均法，它定义两类之间的距离平方为这两类元素两两之间距离平方的平均，即

$$D_{pq}^2=\frac{1}{n_pn_q}\sum_{X_i\in G_p}\sum_{X_j\in G_j}d_{ij}^2$$

设聚类到某一步将 G_p 和 G_q 合并为 G_r，则任一类 G_k 与 G_r 的距离为

$$\begin{aligned} D_{kr}^2 &= \frac{1}{n_k n_r} \sum_{X_i \in G_k} \sum_{X_j \in G_r} d_{ij}^2 \\ &= \frac{1}{n_k n_r} \left(\sum_{X_i \in G_k} \sum_{X_j \in G_p} d_{ij}^2 + \sum_{X_i \in G_k} \sum_{X_j \in G_q} d_{ij}^2 \right) \\ &= \frac{n_p}{n_r} D_{kp}^2 + \frac{n_q}{n_r} D_{kq}^2 \end{aligned}$$

类平均法的聚类步骤与上述方法完全类似，在此不再详述。

（六）可变类平均法

由于类平均法公式中没有反映 G_p 与 G_q 之间距离 D_{pq} 的影响，所以给出可变类平均法，此法定义两类之间的距离同上，只是将任一类 G_k 与新类 G_r 的距离改为如下形式：

$$D_{kr}^2 = \frac{n_p}{n_r}(1-\beta) D_{kp}^2 + \frac{n_p}{n_r}(1-\beta) D_{kq}^2 + \beta D_{pq}^2$$

式中，β 为可变的，且 $\beta > 1$。

（七）可变法

可变法定义两类之间的距离与上述方法相同，而新类 G_r 与任一类 G_k 的距离公式为

$$D_{kr}^2 = \frac{1-\beta}{2}\left(D_{kp}^2 + D_{kq}^2\right) + \beta D_{pq}^2 \tag{12-3}$$

式中，β 为可变的，且 $\beta > 1$。

显然在可变类平均法中取 $\frac{n_p}{n_r} = \frac{n_q}{n_r} = \frac{1}{2}$，即为式（12-3）。

可变类平均法与可变法的分类效果与 β 的选择关系极大，β 如果接近 1，一般分类效果不好，在实际应用中 β 常取负值。

（八）Ward 最小方差法

Ward 最小方差法（Ward’ minimum variance method）是由 Ward 提出的，故又称为 Ward 法。

设将 n 个样本分成 k 类，即 G_1，G_2，…，G_k，用 $X_i^{(t)}$ 表示 G_t 中的第 i 个样本（注意 $\boldsymbol{X}_i^{(t)}$ 是 p 维向量），n_t 表示 G_t 中的样本个数，$\overline{X}^{(t)}$ 是 G_t 的重心，则 G_t 中样本的离差平方和为

$$S_t = \sum_{i=1}^{n_t}\left(X_i^{(t)} - \overline{X}^{(t)}\right)'\left(X_i^{(t)} - \overline{X}^{(t)}\right)$$

k 个类的类内离差平方和为

$$S = \sum_{t=1}^{k} S_t = \sum_{t=1}^{k}\sum_{i=1}^{n_t}\left(X_i^{(t)} - \overline{X}^{(t)}\right)'\left(X_i^{(t)} - \overline{X}^{(t)}\right)$$

Ward 法的基本思想来自方差分析，如果分类正确，同类样本的离差平方和应当较小，类与类的离差平方和应当较大。具体做法是先将 n 个样本各自成一类，然后每次缩小一

类，每缩小一类离差平方和就要增大，选择使 S 增加最小的两类合并（因为如果分类正确，同类样本的离差平方和应当较小），直到所有的样本归为一类为止。

上文介绍了八种系统聚类方法，这些方法聚类的步骤是完全一样的，所不同的是类与类之间的距离有不同的定义法。尽管所给出的新类与任一类的距离公式不同，但这些公式在 1967 年由兰斯（Lance）和威廉姆斯（Williams）统一起来。当采用欧氏距离时，八种方法有统一形式的递推公式。

$$D_{KR}^2 = \alpha_p D_{kp}^2 + \alpha_q D_{kq}^2 + \beta D_{pq}^2 + \gamma | D_{kp}^2 - D_{kq}^2 | \tag{12-4}$$

如果不采用欧氏距离时，除重心法、中间距离法、离差平方和法之外，统一形式的递推公式仍成立。式（12-4）中参数 α_p、α_q、β、γ 对不同的方法有不同的取值。表 12-7 列出了上述八种方法中参数的取值。

表 12-7 八种不同系统聚类方法计算类间距离的统一表达式的参数取值

方法	a_p	a_q	β	γ
最短距离法	1/2	1/2	0	−1/2
最长距离法	1/2	1/2	0	1/2
中间距离法	1/2	1/2	$-1/4 \geqslant \beta \geqslant 0$	0
重心法	n_p/n_r	n_p/n_r	$-\alpha_p \alpha_q$	0
类平均法	n_p/n_r	n_p/n_r	0	0
可变类平均法	$(1-\beta)\ n_p/n_r$	$(1-\beta)\ n_p/n_r$	<1	0
可变法	$(1-\beta)/2$	$(1-\beta)/2$	<1	0
最小方差法	$n_i + n_p/n_i + n_r$	$n_i + n_p/n_i + n_r$	$-n_i/n_i + n_r$	0

四、SPSS 在聚类分析中的应用

【例 12-2】 表 12-8 给出了我国某年 31 个省（自治区、直辖市）10 项经济社会发展指标的统计数据，请运用 SPSS 对 31 个省（自治区、直辖市）进行聚类分析。

表 12-8 聚类分析的原始数据

指标	人均 GDP（x_1）/元	人均地方财政收入（x_2）/元	人均进出口贸易总额（x_3）/元	城市人均可支配收入（x_4）/元	农村人均纯收入（x_5）/元	城镇每百户有彩电（x_6）/台	农村每百户有电视（x_7）/台	万人国际互联网络用户数（x_8）/（户/万人）	百人固定电话和移动电话用户数（x_9）/（户/万人）	城镇每百户有电脑（x_{10}）/台
北京	69 248.03	11 548.77	12 235.5	26 738.48	11 668.59	137.63	138	6 284.9	154.91	96.96
天津	61 244.87	6 692.871	5 197.306	21 402.01	8 687.56	127.75	124	4 592.24	112.18	79.52
河北	24 501.71	1 517.007	421.176 7	14 718.25	5 149.67	118	120.97	2 618.56	72.89	57.3
山西	21 469.32	2 351.162	250.018 4	13 996.55	4 244.1	111.03	114.95	3 104.43	79.1	49.47
内蒙古	40 214.57	3 512.941	279.680 9	15 849.19	4 937.8	110.36	102.33	2 374	84.95	43.24
辽宁	35 222.25	3 684.232	1 457.152	15 761.38	5 958	121.76	113.18	3 692.98	102.13	60.97
吉林	26 569.14	1 778.008	428.625 4	14 006.27	5 265.91	120.58	113.75	2 650.07	78.68	50.57
黑龙江	22 443.81	1 677.111	424.190 1	12 565.98	5 206.76	107.6	109.24	2 383.69	71.51	42.22

续表

指标	人均 GDP（x_1）/元	人均地方财政收入（x_2）/元	人均进出口贸易总额（x_3）/元	城市人均可支配收入（x_4）/元	农村人均纯收入（x_5）/元	城镇每百户有彩电（x_6）/台	农村每百户有电视（x_7）/台	万人国际互联网络用户数（x_8）/(户/万人)	百人固定电话和移动电话用户数（x_9）/(户/万人)	城镇每百户有电脑（x_{10}）/台
上海	78 326.13	13 223.83	14 456.72	28 837.78	12 482.94	184.96	200.67	6 095.78	158.7	123.24
江苏	44 604.92	4 179.65	4 384.98	20 551.72	8 003.54	166.75	145.42	3 579.29	98.42	75.72
浙江	44 382.92	4 136.126	3 624.148	24 610.81	10 007.31	181.63	170.04	4 733.59	127.17	84.53
安徽	16 413.02	1 409.097	255.712 4	14 085.74	4 504.32	140.09	113.94	1 743.6	55.81	56.1
福建	33 737.33	2 570.797	2 196.019	19 576.83	6 680.18	175.45	124.95	4 491.32	107.08	89.15
江西	17 271.9	1 311.553	288.319 6	14 021.54	5 075.01	146.05	118.9	1 782.43	51.81	54.91
山东	35 792.58	2 321.608	1 468.31	17 811.04	6 118.77	121.05	117.34	2 923.88	79.74	70.87
河南	20 533.85	1 186.955	142.051 4	14 371.56	4 806.95	124.62	110.26	2 115.53	57.42	51.70
湖北	22 659.27	1 424.59	301.591 2	14 367.48	5 035.26	130.45	112.87	2 568.18	73.87	57.58
湖南	20 386.65	1 323.162	158.436 9	15 084.31	4 909.04	124.39	109.62	2 194.82	61.18	47.77
广东	40 965.51	3 786.897	6 340.465	21 574.72	6 906.93	142.77	118.4	5 042.54	127.52	91.54
广西	15 978.5	1 278.807	293.548 7	15 451.48	3 980.44	135.46	112.21	2 121.09	56.58	71.85
海南	19 144.4	2 062.819	564.958	13 750.85	4 744.36	118.22	99.59	2 823.85	78.6	49.73
重庆	22 840.19	2 291.606	269.762 9	15 748.67	4 478.35	144.61	103.28	2 808.67	72.35	62.03
四川	17 289.29	1 435.055	295.279 8	13 839.4	4 462.05	134.12	113.18	1 997.56	61.31	55.58
贵州	10 301.95	1 096.567	60.669 09	12 862.53	3 005.41	122.03	90.45	1 508.69	50.14	52.47
云南	13 497.59	1 527.571	176.057 6	14 423.93	3 369.34	122.36	96.54	1 846.42	55.12	46.52
西藏	15 217.74	1 037.458	138.640 1	13 544.41	3 531.72	127.23	69.8	1 827.4	61.34	35.1
陕西	21 659.07	1 949.285	222.836 5	14 128.76	3 437.55	125.41	114.19	2 637.86	83.57	62.3
甘肃	12 853.77	1 087.437	146.674 7	11 929.78	2 980.1	108.85	111.11	2 030.01	62.55	38.24
青海	19 401.94	1 574.342	105.290 7	12 691.85	3 346.15	104.74	103.34	2 763.32	73.62	36.01
宁夏	21 646.03	1 784.637	192.335 1	14 024.7	4 048.33	104.27	131.33	2 255.28	79.54	48.47
新疆	19 813.72	1 801.072	646.142 7	12 257.52	3 883.1	104.64	101.48	2 937.05	77.06	45.19

资料来源：中国科技统计网，http://www.sts.org.cn/kjnew/maintitle/MainTitle.htm

运用 SPSS 进行聚类分析的基本程序如下：

（1）将原始数据录入 SPSS，建立 SPSS 数据文件（SPSS 数据文件见本书配套的数据文件“SPSS12-聚类分析经济社会发展水平”）。

（2）选择［Analyze］→［Classify］→［Hierarchical Cluster］，打开聚类分析主对话框（图 12-9）。

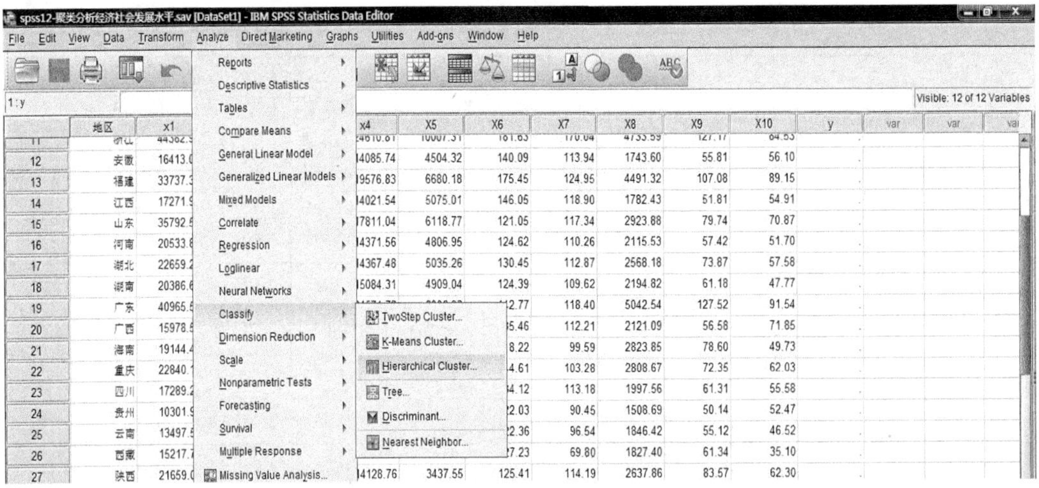

图 12-9　系统聚类分析软件示意图

（3）将分析变量输入［Variables］，地区输入［Label Cases by］，并单击［Cases］、［Statistics］和［Plots］（图 12-10）。

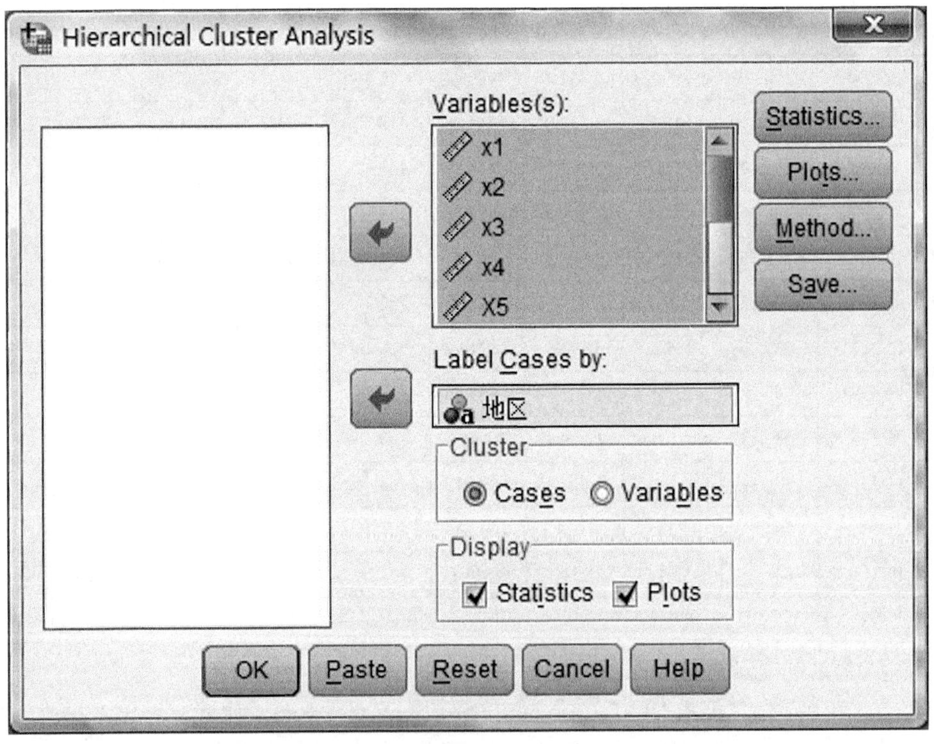

图 12-10　［Hierarchical Cluster Analysis］对话框示意图

（4）进入［Statistics］，选择［Agglomeration schedule］和［Range of solutions］，在［Minimum number of clusters］中输入 3，在［Maximum number of clusters］中输入“6”，单击［Continue］（图 12-11）。

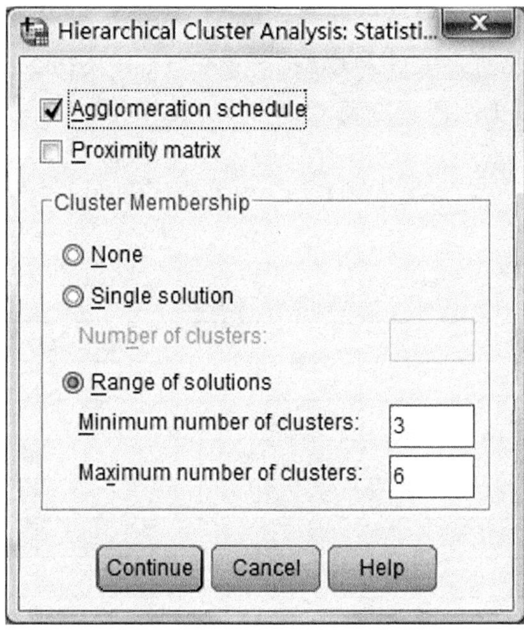

图 12-11　［Hierarchical Cluster Analysis：Statistics］对话框示意图

（5）进入［Plots］，选择［Dendrogram］、［All clusters］和［Vertical］，单击［Continue］（图 12-12）。

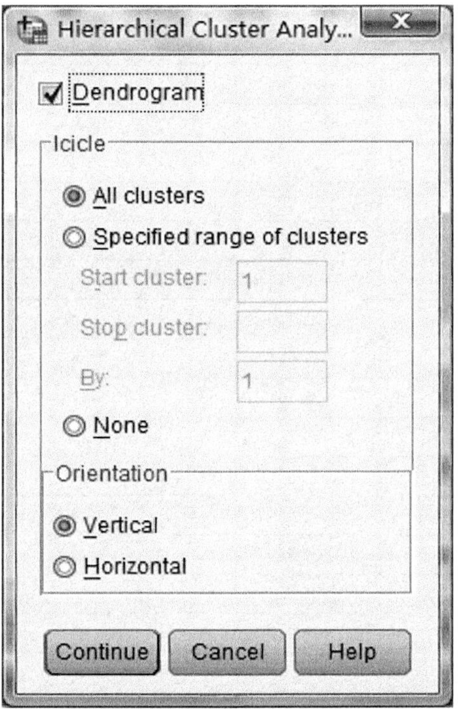

图 12-12　［Hierarchical Cluster Analysis］对话框示意图

（6）单击［OK］，输出聚类分析的结果。

表 12-9 给出了聚类过程表，该表描绘了聚类过程中个体合并的先后顺序。系数列给出了个体合并时类间的距离。由表 12-9 可知，在聚类过程中类间的距离呈现越来越大的趋势。在系数列的左边，给出了个体与个体合并时的过程。在系数列的右边，给出了个体首次被聚类的过程。在【例 12-2】中需要凝聚 30 次才能把所有的个体凝聚为 1 个大类。

表 12-9 聚类表

阶	群集组合		系数	首次出现阶群集		下一阶
	群集 1	群集 2		群集 1	群集 2	
1	14	23	471 045.201	0	0	4
2	27	30	559 405.678	0	0	6
3	16	18	565 240.551	0	0	9
4	12	14	988 384.009	0	1	11
5	29	31	1 020 729.687	0	0	8
6	4	27	1 100 162.270	0	2	9
7	17	22	3 061 446.422	0	0	12
8	21	29	3 552 347.876	0	5	16
9	4	16	3 950 511.842	6	3	13
10	25	26	4 001 719.149	0	0	17
11	12	20	4 036 840.419	4	0	17
12	3	17	4 244 757.834	0	7	18
13	4	8	6 767 793.203	9	0	16
14	6	15	7 001 230.026	0	0	19
15	24	28	7 662 660.384	0	0	21
16	4	21	7 900 009.862	13	8	18
17	12	25	8 852 219.424	11	10	21
18	3	4	12 745 360.099	12	16	23
19	6	13	15 210 454.602	14	0	24
20	10	19	21 616 066.910	0	0	22
21	12	24	28 261 504.153	17	15	25
22	10	11	30 282 197.287	20	0	27
23	3	7	31 615 477.798	18	0	25
24	5	6	41 665 825.825	0	19	27
25	3	12	61 573 538.110	23	21	29
26	1	9	95 264 409.349	0	0	28
27	5	10	113 970 660.778	24	22	29
28	1	2	334 763 766.873	26	0	30
29	3	5	505 755 904.996	25	27	30
30	1	3	2 574 763 544.300	28	29	0

表 12-10 给出了当把个体聚类为 6 类、5 类、4 类和 3 类时，各个个体的分类结果。

表 12-10　群集成员

案例	6 群集	5 群集	4 群集	3 群集
1. 北京	1	1	1	1
2. 天津	2	2	2	1
3. 河北	3	3	3	2
4. 山西	3	3	3	2
5. 内蒙古	4	4	4	3
6. 辽宁	4	4	4	3
7. 吉林	3	3	3	2
8. 黑龙江	3	3	3	2
9. 上海	5	1	1	1
10. 江苏	6	5	4	3
11. 浙江	6	5	4	3
12. 安徽	3	3	3	2
13. 福建	4	4	4	3
14. 江西	3	3	3	2
15. 山东	4	4	4	3
16. 河南	3	3	3	2
17. 湖北	3	3	3	2
18. 湖南	3	3	3	2
19. 广东	6	5	4	3
20. 广西	3	3	3	2
21. 海南	3	3	3	2
22. 重庆	3	3	3	2
23. 四川	3	3	3	2
24. 贵州	3	3	3	2
25. 云南	3	3	3	2
26. 西藏	3	3	3	2
27. 陕西	3	3	3	2
28. 甘肃	3	3	3	2
29. 青海	3	3	3	2
30. 宁夏	3	3	3	2
31. 新疆	3	3	3	2

图 12-13 给出了个体凝聚过程的树形图。树形图表示凝聚过程中类的合并情况。从树形图上可以清楚地查出分为 1 类、2 类、3 类一直到 30 类时各类的类成员。

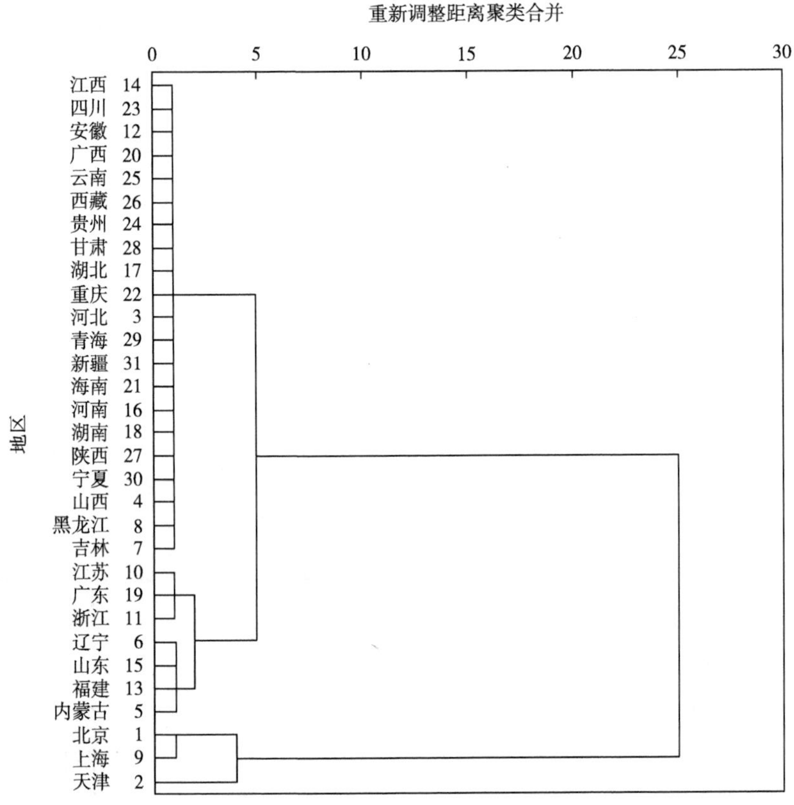

图 12-13 个体凝聚过程的树形图

第三节 判别分析

在公共管理研究中，经常会遇到根据相关的数据对研究对象进行判别和分类的问题。例如，根据高中学生的平时学习成绩、期终考试成绩和任课教师对学生的评价判别学生是否能考上重点大学；根据科研经费、科研项目、发表论文、学生素质和师资水平等指标，判别一所大学是否能进入世界一流大学行列；根据人均 GDP、人均可支配收入、人均消费水平和人均储蓄水平等指标判断一个地区是属于发达地区还是不发达地区；根据一个企业的（现金+有价证券）/资产总额（x_1）、销售收入/（现金+有价证券）（x_2）、息税前收益/资产总额（x_3）、负债总额/资产总额（x_4）、固定资产净值/净资本（x_5）、净营运资本/净销售收入（x_6）等财务指标，判断该企业是否能严格履行合同；根据公务员的能力、实绩和群众评价等，判别某个公务员是否值得提拔；等等。这类问题的解决需要借助于判别分析这种统计分析方法。

一、判别分析的基本思想

判别分析是在已知研究对象分成若干类型并已取得各种类型的一批已知样本的观测数据的基础上，根据某些准则建立判别函数（discriminant function），然后将待分类的样本的实测值代入该函数，求出其函数值，最后对未知类型的样本进行判别分类。

判别分析的基本原理可以表述如下：在一个 p 维空间 R 中，有 k 个已知的总体 G_1，G_2，G_3，…，G_k。设总体 G_i 的分布函数是 $F_i(x)=F_i(x_1, x_2, \cdots, x_p)$，$i=1, 2, \cdots, k$，通常是连续型总体，即 G_i 具有概率密度 $f_i(x)=f_i(x_1, x_2, \cdots, x_p)$。对任一新样本数据 $X=\left(x_1, x_2, \cdots, x_p\right)'$，要根据一定的判别函数（判别准则），来决定该样本应属于这 k 个总体中的哪一个总体。

通常各个总体 G_i 的分布是未知的，它需要由各总体 G_i 取得的样本数据资料来估计。一般先要估计各个总体的均值向量与协方差矩阵。从每个总体 G_i 取得的样本叫做训练样本。判别分析从各训练样本中提取的各总体的信息，构造一定的判别准则，判断新样本属于哪个总体。实际上判别分析的过程分为两个部分：首先是依据已知样本及其预测变量建立起一系列分类规则或判别函数；其次是运用这一规则对一个新样本点进行判别分析，并对原有分类进行检验以确定原有分类的错判率。

判别分析与聚类分析的主要区别如下：在聚类分析中一般人们事先并不知道或一定要明确应该分成几类，完全根据数据来确定。而在判别分析中，至少有一个已经明确知道类别的“训练样本”，利用这个数据，就可以建立判别准则，并通过预测变量来为未知类别的观测值进行判别。

二、判别分析的基本方法

由于建立判别函数和判别准则的方法不同，所以就有各种不同的判别分析方法，常用的方法主要有距离判别法、费希尔判别法和贝叶斯（Bayes）判别法等。无论采用哪一种准则或方法，判别分析的基本原理是相同的。

（1）距离判别法。最简单的办法就是离哪个中心距离最近，就属于哪一类。通常使用的距离是马氏距离。根据已知分类的数据，分别计算各类的重心，即分组（类）的均值，判别准则是对任给的一次观测，若它与第 i 类的重心距离最近，就认为它来自第 i 类。用来比较到各个中心距离的数学函数称为判别函数，距离判别法原理简单，直观易懂。

设有两个总体（或称两类）G_1、G_2，从第一个总体中抽取 n_1 个样本，从第二个总体中抽取 n_2 个样本，每个样本测量 p 个指标（表 12-11）。

表 12-11　G_1 总体与 G_2 总体

变量 / 样本	x_1	x_2	…	x_p	变量 / 样本	x_1	x_2	…	x_p
$x_1^{(1)}$	$x_{11}^{(2)}$	$x_{12}^{(2)}$	…	$x_{1p}^{(2)}$	$x_1^{(2)}$	$x_{11}^{(2)}$	$x_{12}^{(2)}$	…	$x_{1p}^{(2)}$
$x_2^{(1)}$	$x_{21}^{(2)}$	$x_{22}^{(2)}$	…	$x_{2p}^{(2)}$	$x_2^{(2)}$	$x_{21}^{(2)}$	$x_{22}^{(2)}$	…	$x_{2p}^{(2)}$
⋮	⋮	⋮		⋮	⋮	⋮	⋮		⋮
$x_{n_1}^{(2)}$	$x_{n_1^1}^{(2)}$	$x_{n_1^2}^{(2)}$	…	$x_{n_1^p}^{(2)}$	$x_{n_2}^{(2)}$	$x_{n_2^1}^{(2)}$	$x_{n_2^2}^{(2)}$	…	$x_{n_2^p}^{(2)}$
均值	$\overline{x_1^{(1)}}$	$\overline{x_2^{(1)}}$	…	$\overline{x_p^{(1)}}$	均值	$\overline{x_1^{(2)}}$	$\overline{x_2^{(2)}}$	…	$\overline{x_p^{(2)}}$

现任取一个样本，实测指标值为 $X=\left(x_1,\cdots,x_p\right)'$ ，应用距离判别法判断 X 应归为哪一类。首先应计算 X 到 G_1、G_2 总体的距离，分别记为 $D\left(X,G_1\right)$ 和 $D\left(X,G_2\right)$ ，按距离最近准则判别归类，则可写成：

$$\begin{cases} X\in G_1, & \text{当} D\left(X,G_1\right)<D\left(X,G_2\right) \\ X\in G_2, & \text{当} D\left(X,G_1\right)>D\left(X,G_2\right) \\ \text{待判}, & \text{当} D\left(X,G_1\right)=D\left(X,G_2\right) \end{cases}$$

（2）费希尔判别法。费希尔判别法是由 Fisher 于 1936 年提出来的，是依据方差分析原理建立起来的一种判别分析方法。Fisher 判别的基本思路就是投影，针对 p 维空间中的某点 $X=\left(x_1,\cdots,x_p\right)'$ 寻找一个能使它降为一维数值的线性函数 $y=c_1x_1+c_2x_2+\cdots+c_px_p$ 。然后应用这个线性函数把 p 维空间中的已知类别总体以及求知类别归属的样本都变换为一维数据，再根据其间的亲疏程度对未知归属的样本点判定其归属。这个线性函数应该能够在把 p 维空间中的所有点转化为一维数值之后，既能最大限度地缩小同类中各个样本点之间的差异，又能最大限度地扩大不同类别中各个样本点之间的差异，这样才可能获得较高的判别效率。这里借用了一元方差分析的思想，即依据组间均方差与组内均方差之比最大的原则来进行判别。

（3）Bayes 判别法。Bayes 判别法是一种概率型的判别分析，在分析过程开始时需要获得各个类别的分布密度函数，同时需要知道样本点属于各个类别的先验概率，以建立一个合适的判别规则；而分析过程结束时则计算每个样本点归属于某个类别的最大概率或最小错判损失，以确定各个样本点的预测类别归属。

Bayes 判别法的基本思想总是假定对所研究的对象已有一定的认识，常用先验概率来描述这种认识。设有 k 个总体 G_1，G_2，⋯，G_k，它们的先验概率分别为 $q_1,q_2,\cdots,q_k$（它们可以由经验给出也可以估出）。各总体的密度函数分别为 $f_1(x),f_2(x),\cdots,f_k(x)$（在离散情形是概率函数），在观测到一个样本 x 的情况下，可用著名的 Bayes 公式计算它来自第 g 总体的后验概率（相对于先验概率来说，将它又称为后验概率）：

$$P(g/x)=\frac{q_gf_g(x)}{\sum_{i=1}^{k}q_if_i(x)},\quad (g=1,2,\cdots,k)$$

当 $P(h/x)=\max\limits_{1\leqslant g\leqslant k}P(g/x)$ 时，则判断 X 来自第 h 总体。

在上述判别法中，只要满足一些必要的条件，它们将是等价的：①在正态等协差阵的条件下，Bayes 线性判别函数（不考虑先验概率 $q_1,q_2,\cdots,q_k$ 的影响）等价于距离判别准则。因此，Bayes 判别法与距离判别法是等价的。②不加权的费希尔判别法等价于距离判别法，因此，在等协差阵条件下，Bayes 判别法、Fisher 判别法与距离判别法三者是等价的。理论上可以说，Bayes 线性判别函数在总体是非正态时也适用，只不过丧失正态性后，Bayes 判别法具有的平均错判率最小的性质就不一定存在了。

三、SPSS在判别分析中的应用

【例 12-3】 以【例 12-2】聚类分析的结果为基础，如果根据 10 个经济社会发展指标把 31 个省（自治区、直辖市）分为三类，把北京、天津、甘肃等 28 个地区作为训练样本，把青海、宁夏和新疆 3 个地区作为待判别分类样本，运用 SPSS 对其进行判别分析（表 12-12）。

表 12-12 我国 31 个省（自治区、直辖市）经济社会发展指标统计

指标	人均 GDP（x_1）/元	人均地方财政收入（x_2）/元	人均进出口贸易总额（x_3）/元	城市人均可支配收入（x_4）/元	农村人均纯收入（x_5）/元	城镇每百户有彩电（x_6）/台	农村每百户有电视（x_7）/台	万人国际互联网络用户数/（x_8）（户/万人）	百人固定电话和移动电话用户数（x_9）/（户/万人）	城镇每百户有电脑（x_{10}）/台	Y
北京	69 248.03	11 548.77	12 235.5	26 738.48	11 668.59	137.63	138	6 284.9	154.91	96.96	1
天津	61 244.87	6 692.871	5 197.306	21 402.01	8 687.56	127.75	124	4 592.24	112.18	79.52	1
河北	24 501.71	1 517.007	421.176 7	14 718.25	5 149.67	118	120.97	2 618.56	72.89	57.3	2
山西	21 469.32	2 351.162	250.018 4	13 996.55	4 244.1	111.03	114.95	3 104.43	79.1	49.47	2
内蒙古	40 214.57	3 512.941	279.680 9	15 849.19	4 937.8	110.36	102.33	2 374	84.95	43.24	3
辽宁	35 222.25	3 684.232	1 457.152	15 761.38	5 958	121.76	113.18	3 692.98	102.13	60.97	3
吉林	26 569.14	1 778.008	428.625 4	14 006.27	5 265.91	120.58	113.75	2 650.07	78.68	50.57	2
黑龙江	22 443.81	1 677.111	424.190 1	12 565.98	5 206.76	107.6	109.24	2 383.69	71.51	42.22	2
上海	78 326.13	13 223.83	14 456.72	28 837.78	12 482.94	184.96	200.67	6 095.78	158.7	123.24	1
江苏	44 604.92	4 179.65	4 384.98	20 551.72	8 003.54	166.75	145.42	3 579.29	98.42	75.72	3
浙江	44 382.92	4 136.126	3 624.148	24 610.81	10 007.31	181.63	170.04	4 733.59	127.17	84.53	3
安徽	16 413.02	1 409.097	255.712 4	14 085.74	4 504.32	140.09	113.94	1 743.6	55.81	56.1	2
福建	33 737.33	2 570.797	2 196.019	19 576.83	6 680.18	175.45	124.95	4 491.32	107.08	89.15	3
江西	17 271.9	1 311.553	288.319 6	14 021.54	5 075.01	146.05	118.9	1 782.43	51.81	54.91	2
山东	35 792.58	2 321.608	1 468.31	17 811.04	6 118.77	121.05	117.34	2 923.88	79.74	70.87	3
河南	20 533.85	1 186.955	142.051 4	14 371.56	4 806.95	124.62	110.26	2 115.53	57.42	51.70	2
湖北	22 659.27	1 424.59	301.591 2	14 367.48	5 035.26	130.45	112.87	2 568.18	73.87	57.58	2
湖南	20 386.65	1 323.162	158.436 9	15 084.31	4 909.04	124.39	109.62	2 194.82	61.18	47.77	2
广东	40 965.51	3 786.897	6 340.465	21 574.72	6 906.93	142.77	118.4	5 042.54	127.52	91.54	3
广西	15 978.5	1 278.807	293.548 7	15 451.48	3 980.44	135.46	112.21	2 121.09	56.58	71.85	2
海南	19 144.4	2 062.819	564.958	13 750.85	4 744.36	118.22	99.59	2 823.85	78.6	49.73	2
重庆	22 840.19	2 291.606	269.762 9	15 748.67	4 478.35	144.61	103.28	2 808.67	72.35	62.03	2
四川	17 289.29	1 435.055	295.279 8	13 839.4	4 462.05	134.12	113.18	1 997.56	61.31	55.58	2
贵州	10 301.95	1 096.567	60.669 09	12 862.53	3 005.41	122.03	90.45	1 508.69	50.14	52.47	2
云南	13 497.59	1 527.571	176.057 6	14 423.93	3 369.34	122.36	96.54	1 846.42	55.12	46.52	2

续表

指标	人均 GDP（x_1）/元	人均地方财政收入（x_2）/元	人均进出口贸易总额（x_3）/元	城市人均可支配收入（x_4）/元	农村人均纯收入（x_5）/元	城镇每百户有彩电（x_6）/台	农村每百户有电视（x_7）/台	万人国际互联网络用户数/（x_8）（户/万人）	百人固定电话和移动电话用户数（x_9）/（户/万人）	城镇每百户有电脑（x_{10}）/台	Y
西藏	15 217.74	1 037.458	138.640 1	13 544.41	3 531.72	127.23	69.8	1 827.4	61.34	35.1	2
陕西	21 659.07	1 949.285	222.836 5	14 128.76	3 437.55	125.41	114.19	2 637.86	83.57	62.3	2
甘肃	12 853.77	1 087.437	146.674 7	11 929.78	2 980.1	108.85	111.11	2 030.01	62.55	38.24	2
青海	19 401.94	1 574.342	105.290 7	12 691.85	3 346.15	104.74	103.34	2 763.32	73.62	36.01	
宁夏	21 646.03	1 784.637	192.335 1	14 024.7	4 048.33	104.27	131.33	2 255.28	79.54	48.47	
新疆	19 813.72	1 801.072	646.142 7	12 257.52	3 883.1	104.64	101.48	2 937.05	77.06	45.19	

运用 SPSS 进行判别分析的基本程序如下：

（1）将上述表格中的数据录入 SPSS，建立 SPSS 判别分析数据文件（SPSS 数据文件见本书配套的数据文件“SPSS12-判别分析经济社会发展水平”）。

（2）打开 SPSS 数据分析文件，选择［Analyze］→［Classify］→［Discriminant］（图 12-14）。

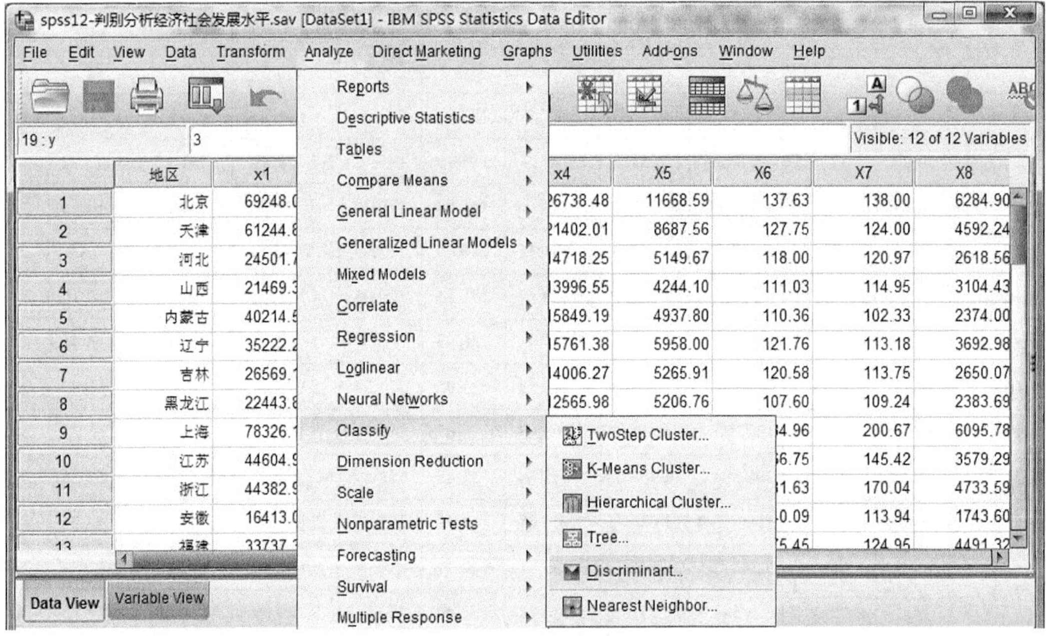

图 12-14 判别分析软件示意图

（3）打开判别分析主对话框，将因变量“y”输入［Grouping Variable］，并在［Define Range］框中输入 1~3 的范围。然后将分析的 10 个自变量输入［Independents］输入框中，并选择［Use stepwise method］（图 12-15）。

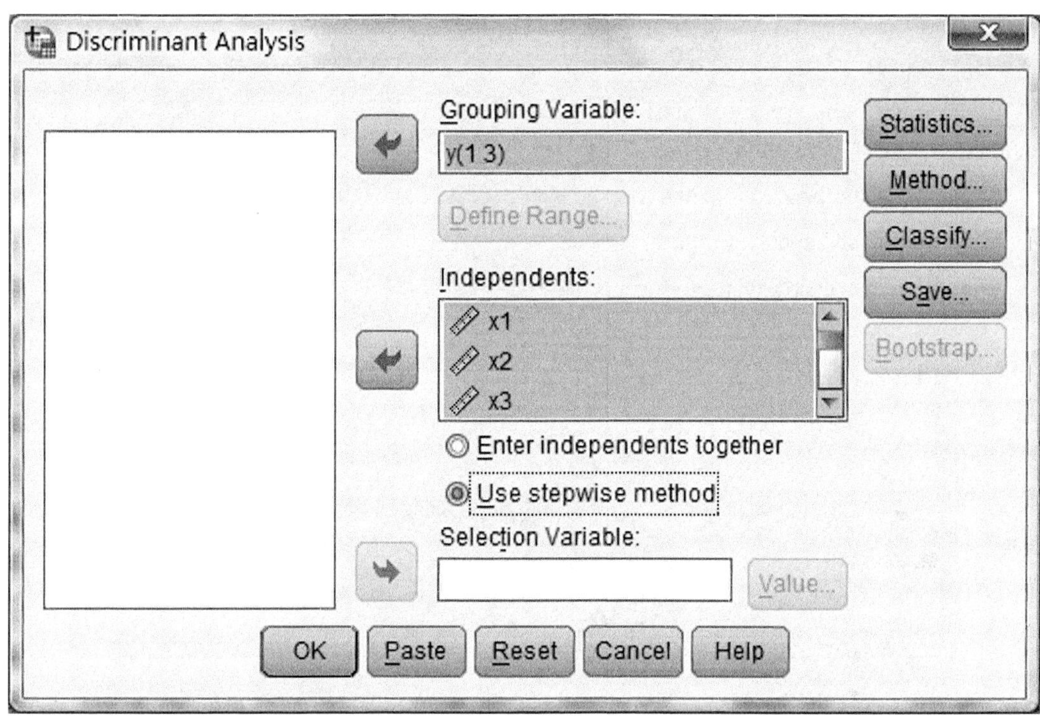

图 12-15 ［Discriminant Analysis］对话框示意图

（4）进入［Statistics］，选中所有的选项，并单击［Continue］（图 12-16）。

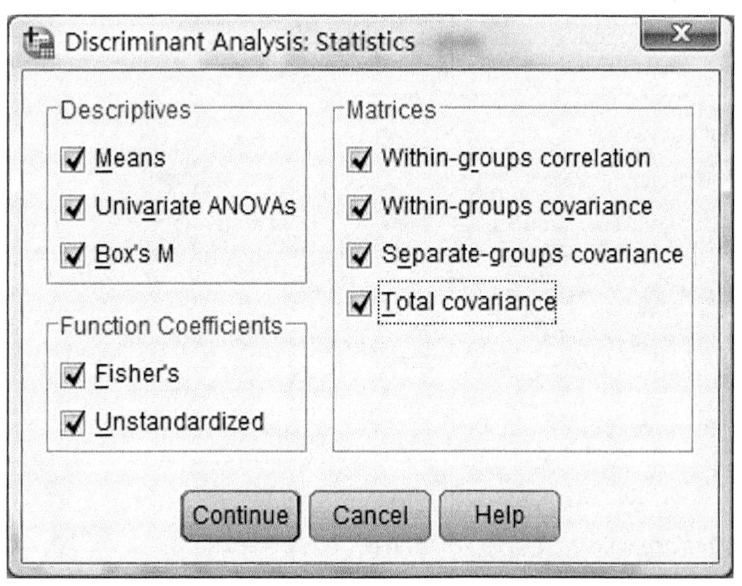

图 12-16 ［Discriminant Analysis：Statistics］对话框示意图

（5）进入［Method］，选中［Wilks' lambda］、［Use F value］和［Summary of steps］选项，按下［Continue］（图 12-17）。

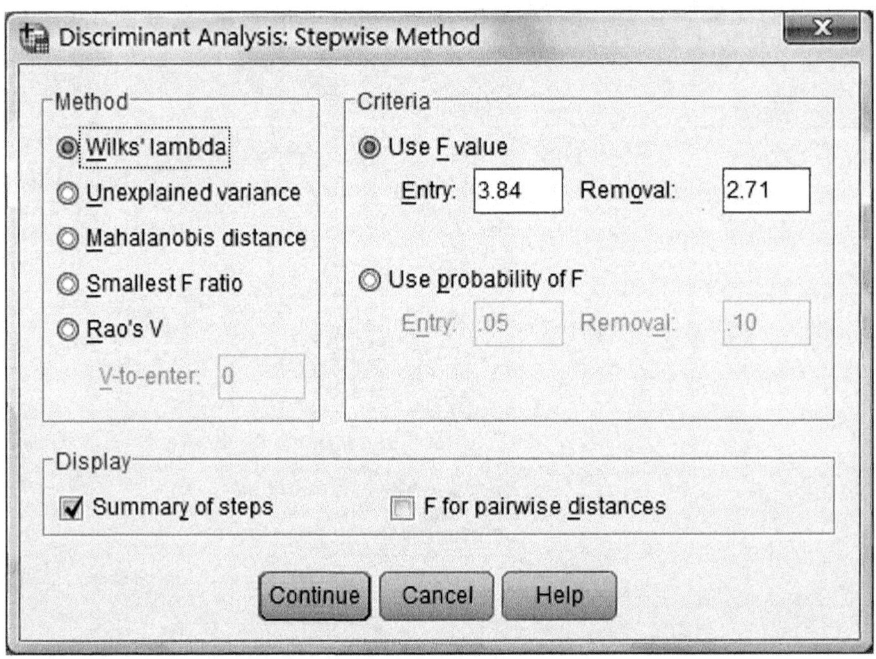

图 12-17 ［Discriminant Analysis：Stepwise Method］对话框示意图

（6）进入［Classify］，选中［All groups equal］、［Within-groups］、［Casewise results］、［Summary table］、［Leave-one-out classification］和［Replace missing values with mean］选项，按下［Continue］（图 12-18）。

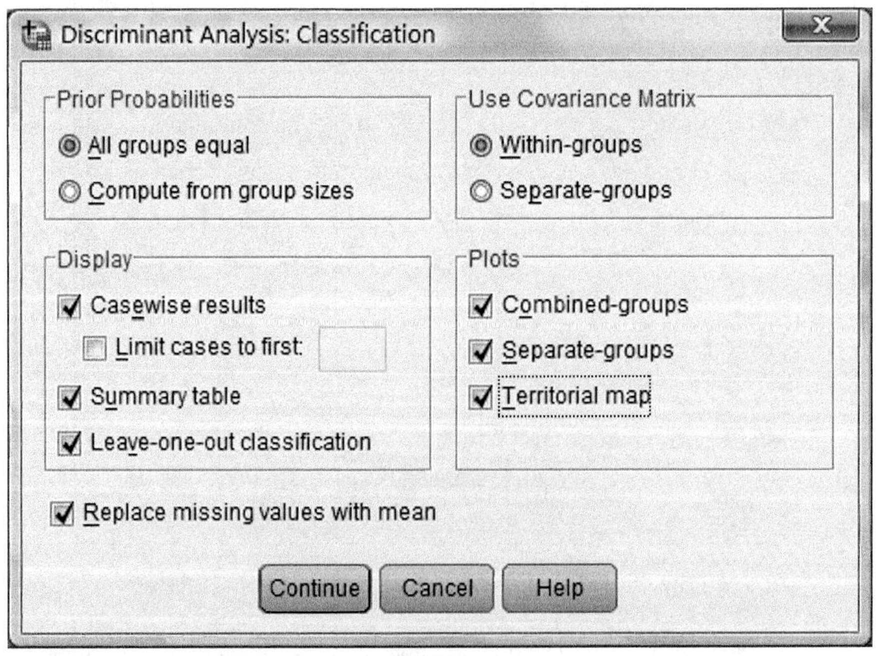

图 12-18 ［Discriminant Analysis：Classification］对话框示意图

（7）单击［OK］，输出判别分析的结果。

限于篇幅，本例仅对输出的主要结果做简要分析。

表 12-13 是采用逐步回归分析的结果，由表可知，仅有“人均 GDP”、“人均地方财政收入”和“百人固定电话和移动电话用户数”三个变量进入判别模型，其他七个变量均没有进入。

表 12-13　分析中的变量

步骤		容差	要删除的 F	Wilks 的 Lambda
1	x_1	1.000	159.352	
2	x_1	0.542	24.913	0.122
	x_2	0.542	9.965	0.073
3	x_1	0.470	14.130	0.065
	x_2	0.439	14.190	0.065
	x_9	0.457	4.190	0.040

表 12-14 是回归分析的显著性检验结果，结果表明所构造的判别模型是有效的。

表 12-14　Wilks 的 Lambda（一）

步骤	变量数目	Lambda	df1	df2	df3	精确 F			
						统计量	df1	df2	显著性
1	1	0.073	1	2	25	159.352	2	25.000	0.000
2	2	0.040	2	2	25	48.198	4	48.000	0.000
3	3	0.029	3	2	25	37.257	6	46.000	0.000

表 12-15 是关于两个典型判别函数的最大特征根的说明，第一个函数的特征根为 13.574，方差贡献率为 90.9%，第二个函数的特征根为 1.356，方差贡献率为 9.1%。

表 12-15　特征值

函数	特征值	方差的百分比/%	累积百分比/%	正则相关性
1	13.574[a]	90.9	90.9	0.965
2	1.356[a]	9.1	100.0	0.759

a 分析中使用了前两个典型判别式函数

表 12-16 是检验判别模型的显著性水平。第一栏“test of functions”表示每步中判别函数被移去后的函数值。“1 through 2”表示没有函数被移去。原假设为各组中所有判别函数的总体均值相等。检验结果表明：前两个判别函数的联合效果显著，通常会视为最大的判别函数显著。“2”表示前一个判别函数被移去后的显著性检验。检验结果表明：第二个判别函数也是显著的。这个检验结果与回归分析的检验结果是一致的。

表 12-16 Wilks 的 Lambda（二）

函数检验	Wilks 的 Lambda	卡方	df	显著性
1 到 2	0.029	84.868	6	0.000
2	0.424	20.567	2	0.000

表 12-17 是标准化的典型判别函数系数的输出结果。标准化判别函数系数可以看出预测变量在组成判别函数时的相对贡献，从表 12-17 可以看出，第一判别函数的"人均GDP""人均地方财政收入"项比较重要，第二判别函数在"百人固定电话和移动电话用户数"项比较重要。

表 12-17 标准化的典型判别式函数系数

	函数	
	1	2
x_1	1.019	0.598
x_2	0.273	−1.438
x_9	−0.358	0.899

表 12-18 是非标准化的典型判别函数系数的输出结果，所以两个典型判别函数中带有常数项。非标准化的典型判别函数系数实质上就是费希尔判别函数系数。

表 12-18 典型判别式函数系数

	函数	
	1	2
x_1	0.000	0.000
x_2	0.000	−0.001
x_9	−0.025	0.062
（常量）	−4.890	−4.795

注：非标准化系数

表 12-19 是分类函数系数表，又称 Fisher's 判别函数，这实质上是由贝叶斯判别分析法产生的分类函数系数。命名出现不一致的原因如下：按判别函数值最大的一组进行归类这种思想是 Fisher 提出的，因此，SPSS 软件中采用了 Fisher 的名字作为该分类函数系数表的名称。

表 12-19 分类函数系数

	y		
	1	2	3
x_1	0.003	0.001	0.002
x_2	0.000	−0.004	−0.006
x_9	0.038	0.371	0.419
（常数）	−104.122	−16.766	−47.137

注：Fisher 的线性判别式函数

表 12-20 是每个个体的判别分析结果（包括 28 个已知类别的地区以及 3 个等待判别归类的地区）。由表 12-20 中可知，对 28 个已知类别的地区的重新判别归类，结果没有 1 个地区是错误的，而等待判别归类的 3 个地区的判别结果与聚类分析的结果是吻合的，表中的“Highest Group”下的 $P(D>d \mid G=g)$ 列，是指在某个体属于相应类别而判断不属于相应类别的条件概率；$P(G=g \mid D=d)$ 列，是指判断某个体属于相应类别而结果确是相应类别的后验概率。由表 12-20 可知，后验概率是比较大的，表中最后两列是关于两个典型判别函数（实质上是 Fisher 函数）的计算值。

表 12-20　按照案例顺序的统计量

案例数目	实际组	最高组					第二最高组			判别式得分	
		预测组	$P(D>d \mid G=g)$		$P(G=g \mid D=d)$	到质心的平方 Mahalanobis 距离	组	$P(G=g \mid D=d)$	到质心的平方 Mahalanobis 距离	函数 1	函数 2
			P	df							
1	1	1	0.798	2	1.000	0.452	3	0.000	66.001	8.770	−2.138
2	1	1	0.012	2	1.000	8.809	3	0.000	28.551	6.910	0.728
3	2	2	0.315	2	0.971	2.308	3	0.029	9.320	−1.151	0.691
4	2	2	0.919	2	1.000	0.169	3	0.000	16.668	−1.729	−0.414
5	3	3	0.422	2	1.000	1.724	2	0.000	21.564	2.357	0.705
6	3	3	0.498	2	0.993	1.393	2	0.007	11.325	0.931	0.919
7	2	2	0.148	2	0.823	3.819	3	0.177	6.890	−0.793	0.954
8	2	2	0.684	2	0.998	0.758	3	0.002	13.038	−1.509	0.138
9	1	1	0.033	2	1.000	6.847	3	0.000	110.530	11.007	−3.023
10	3	3	0.290	2	1.000	2.478	2	0.000	30.327	3.117	1.186
11	3	3	0.408	2	1.000	1.793	2	0.000	32.086	2.354	2.988
12	2	2	0.717	2	1.000	0.664	3	0.000	26.398	−2.457	−1.215
13	3	3	0.268	2	0.997	2.636	2	0.003	14.495	0.215	2.529
14	2	2	0.748	2	1.000	0.581	3	0.000	24.424	−2.203	−1.225
15	3	3	0.843	2	0.999	0.342	2	0.001	15.096	1.255	1.430
16	2	2	0.894	2	1.000	0.225	3	0.000	15.934	−1.688	−0.311
17	2	2	0.462	2	0.995	1.542	3	0.005	12.069	−1.585	0.648
18	2	2	0.921	2	1.000	0.164	3	0.000	16.405	−1.777	−0.279
19	3	3	0.468	2	1.000	1.520	2	0.000	25.901	1.539	3.055
20	2	2	0.758	2	1.000	0.553	3	0.000	26.608	−2.600	−1.047
21	2	2	0.983	2	1.000	0.034	3	0.000	20.413	−2.278	−0.347
22	2	2	0.694	2	0.999	0.729	3	0.001	14.649	−1.290	−0.582
23	2	2	0.912	2	1.000	0.184	3	0.000	23.601	−2.402	−0.802

续表

案例数目	实际组	最高组					第二最高组			判别式得分	
		预测组	P（D>d | G=g）		P（G=g | D=d）	到质心的平方 Mahalanobis 距离	组	P（G=g | D=d）	到质心的平方 Mahalanobis 距离	函数 1	函数 2
			P	df							
24	2	2	0.109	2	1.000	4.441	3	0.000	42.658	−3.680	−1.900
25	2	2	0.287	2	1.000	2.499	3	0.000	35.120	−3.022	−1.775
26	2	2	0.724	2	1.000	0.646	3	0.000	26.884	−2.938	−0.525
27	2	2	0.657	2	0.999	0.842	3	0.001	14.815	−1.901	0.421
28	2	2	0.397	2	1.000	1.847	3	0.000	33.307	−3.452	−0.808
29	未分组的	2	0.881	2	1.000	0.254	3	0.000	18.499	−2.225	0.031
30	未分组的	2	0.664	2	0.999	0.818	3	0.001	14.513	−1.846	0.391
31	未分组的	2	0.901	2	1.000	0.209	3	0.000	18.184	−2.166	−0.010

注：对初始数据来说，平方 Mahalanobis 距离基于典则函数

表 12-21 是判别分析的汇总结果。由表 12-21 可知，对 1 类、2 类、3 类已知类别地区的重新判别归类结果正确率均为 100%，而对等待判别归类地区的判别结果的正确率是 100%。

表 12-21　分类结果 [a, b]

	y	预测组成员			合计
		1	2	3	
计数	1	3	0	0	3
	2	0	18	0	18
	3	0	0	7	7
	未分组的案例	0	3	0	3
百分比/%	1	100.0	0.0	0.0	100.0
	2	0.0	100.0	0.0	100.0
	3	0.0	0.0	100.0	100.0
	未分组的案例	0.0	100.0	0.0	100.0

a 已对初始分组案例中的 100.0% 进行了正确分类

b 已对交叉验证分组案例中的 96.4% 进行了正确分类

图 12-19 是三类地区分布的散点图，从图中可以看出三个组的区分还是比较明显的。

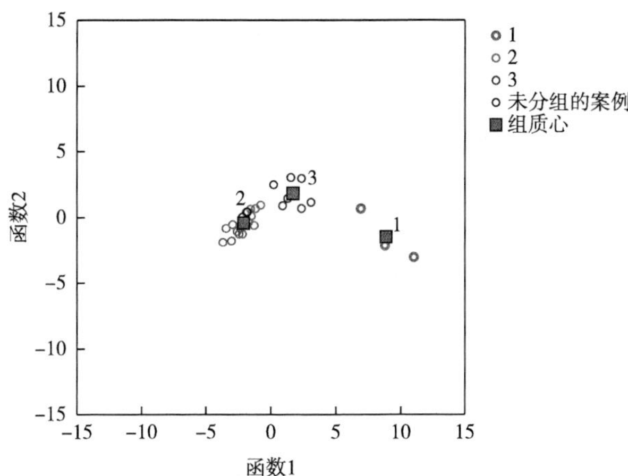

图 12-19　三类地区分布散点图

➢复习思考题

1. 简述因子分析的基本原理是什么。
2. 结合某个研究课题，运用 SPSS 软件进行因子分析。
3. 什么是聚类分析？比较说明 Q 型和 R 型聚类分析有何不同。
4. 结合某个研究课题，运用 SPSS 软件进行聚类分析。
5. 简述判别分析的基本原理。
6. 结合某个研究课题，运用 SPSS 软件进行判断分析。
7. 举例说明因子分析、聚类分析和判别分析的适用条件。

第十三章

通径分析和结构方程分析

在研究多个相关变量间的线性关系时，除了可以采用多元线性回归分析和相关分析，还可以采用通径分析和结构方程分析。

第一节　通径分析

一、通径分析的基本原理

通径分析方法最先是由美国科学家赖特（Wright）于 1930 年用于多基因遗传病的研究，20 世纪 40 年代起在社会学、经济学和教育学等学科领域得到了广泛应用。通径分析在公共管理领域的研究始于 80 年代。

通径分析是回归分析的进一步深化，旨在将一些简单相关系数分解为许多部分，以显示某一自变量对因变量的直接作用和间接作用效果。通径分析在某种程度上可以弥补回归分析的不足，给人们提供更多的资料与信息。

对于一般的多元线性回归分析，设有自变量 x_1，x_2，x_3，…，x_k 和因变量 Y，可以通过最小二乘法得出各回归系数的求解方程：

$$\begin{cases} nb_0 + b_1\sum x_1 + b_2\sum x_2 + \cdots + b_k\sum x_k = \sum y \\ b_0\sum x_1 + b_1\sum x_1^2 + b_2\sum x_2x_1 + \cdots + b_k\sum x_kx_1 = \sum yx_1 \\ b_0\sum x_2 + b_1\sum x_1x_2 + b_2\sum x_2^2 + \cdots + b_k\sum x_kx_2 = \sum yx_2 \\ \cdots \\ b_0\sum x_k + b_1\sum x_1x_k + b_2\sum x_2x_k + \cdots + b_k\sum x_k^2 = \sum yx_k \end{cases} \tag{13-1}$$

则有

$$b_0 = \overline{y} - b_1\overline{x}_1 - b_2\overline{x}_2 - b_3\overline{x}_3 - \cdots - b_k\overline{x}_k$$

分别将 b_0 代入式（13-1）的每一个多元回归系数求解方程并整理成离差平方和的形式，再将各离差平方和两边分别除以 n，并用 σ_i 代表 x_i 的标准差，σ_y 代表 y 的标准差，

σ_{ij} 代表 x_i 和 x_j 的协方差，σ_{iy} 代表 x_i 和 y 的协方差，得

$$\begin{cases} b_1\sigma_1^2 + b_2\sigma_{21} + b_3\sigma_{31} + \cdots + b_k\sigma_{k1} = \sigma_{1y} \\ b_1\sigma_{21} + b_2\sigma_2^2 + b_3\sigma_{32} + \cdots + b_k\sigma_{k2} = \sigma_{2y} \\ \cdots \\ b_1\sigma_{k1} + b_2\sigma_{k2} + b_3\sigma_{3k} + \cdots + b_k\sigma_k^2 = \sigma_{ky} \end{cases} \tag{13-2}$$

分别将式（13-2）中各式两边除以 $\sigma_1\sigma_y$，$\sigma_2\ \sigma_y$，…，$\sigma_k\sigma_y$ 得

$$\begin{cases} b_1\dfrac{\sigma_1}{\sigma_y} + b_2\dfrac{\sigma_2}{\sigma_y}\dfrac{\sigma_{12}}{\sigma_1\sigma_2} + b_3\dfrac{\sigma_3}{\sigma_y}\dfrac{\sigma_{13}}{\sigma_1\sigma_3} + \cdots + b_k\dfrac{\sigma_k}{\sigma_y}\dfrac{\sigma_{1k}}{\sigma_1\sigma_k} = \dfrac{\sigma_{1y}}{\sigma_1\sigma_y} \\ b_1\dfrac{\sigma_1}{\sigma_y}\dfrac{\sigma_{12}}{\sigma_1\sigma_2} + b_2\dfrac{\sigma_2}{\sigma_y} + b_3\dfrac{\sigma_3}{\sigma_y}\dfrac{\sigma_{23}}{\sigma_2\sigma_3} + \cdots + b_k\dfrac{\sigma_k}{\sigma_y}\dfrac{\sigma_{2k}}{\sigma_2\sigma_k} = \dfrac{\sigma_{2y}}{\sigma_2\sigma_y} \\ \cdots \\ b_1\dfrac{\sigma_1}{\sigma_y}\dfrac{\sigma_{1k}}{\sigma_1\sigma_k} + b_2\dfrac{\sigma_2}{\sigma_y}\dfrac{\sigma_{k2}}{\sigma_k\sigma_2} + b_3\dfrac{\sigma_3}{\sigma_y}\dfrac{\sigma_{k3}}{\sigma_k\sigma_3} + \cdots + b_k\dfrac{\sigma_k}{\sigma_y} = \dfrac{\sigma_{ky}}{\sigma_k\sigma_y} \end{cases} \tag{13-3}$$

假设 $r_{ij} = \dfrac{\sigma_{ij}}{\sigma_i\sigma_j}$，$p_{jy} = b_j\dfrac{\sigma_j}{\sigma_y}$，则式（13-3）转化为如下各简单相关系数的分解方程：

$$\begin{cases} r_{11}p_{1y} + r_{12}p_{2y} + r_{13}p_{3y} + \cdots + r_{1k}p_{ky} = r_{1y} \\ r_{12}p_{1y} + r_{22}p_{2y} + r_{23}p_{3y} + \cdots + r_{2k}p_{ky} = r_{2y} \\ r_{31}p_{1y} + r_{32}p_{2y} + r_{33}p_{3y} + \cdots + r_{3k}p_{ky} = r_{3y} \\ \cdots \\ r_{k1}p_{1y} + r_{k2}p_{2y} + r_{k3}p_{3y} + \cdots + r_{kk}p_{ky} = r_{ky} \end{cases} \tag{13-4}$$

式（13-4）也可以写成矩阵的表达式：

$$\begin{bmatrix} r_{11} & r_{12} & \cdots & r_{1k} \\ r_{21} & r_{22} & \cdots & r_{2k} \\ \vdots & \vdots & & \vdots \\ r_{k1} & r_{k2} & \cdots & r_{kk} \end{bmatrix} \begin{bmatrix} p_{1y} \\ p_{2y} \\ \vdots \\ p_{ky} \end{bmatrix} = \begin{bmatrix} r_{1y} \\ r_{2y} \\ \vdots \\ r_{ky} \end{bmatrix} \tag{13-5}$$

式(13-5)就是通径分析的基本模型，在该通径方程中，p_{iy} 为直接通径系数(directly path coefficient)，代表 x_i 对 Y 的直接影响效果，从通径分析基本模型的推导过程可知，直接通径系数实际上就是多元回归方程的标准化偏回归系数；$r_{ji}p_{iy}$ 为间接通径系数（indirectly path coefficient)，代表 x_j 通过 x_i 对因变量 Y 的间接通径效果，r_{ji} 为 x_j 和 x_i 的简单相关系数，p_{iy} 为 x_i 对 Y 的直接影响效果。这样就把每个自变量与因变量的简单相关系数分解为该自变量对因变量的直接影响以及通过其他变量对因变量的间接影响两个部分。

直接通径系数的平方称为决定系数(determination coefficient)，决定系数表示原因（自变量）或误差对结果（因变量）的相对决定程度。

对于 $y = b_0 + b_1x_1 + b_2x_2 + \cdots + b_kx_k + e$，原因 x_i（i=1，2，…，k）和剩余项 e 对结果 y

的决定系数记为 d_{yi}（i=1，2，…，k）和 d_{ye}。则有

$$d_{yi}=p_{yi}^2,\quad d_{ye}=p_{ye}^2$$

通径分析的基本框架包括三个组成部分，即变量、通径（path）和通径系数，这三个部分组成了一个完整的通径分析图（path diagram），也称通径模型（path model）。变量包括自变量（外生变量）、因变量（内生变量）和潜在变量。其中，残差变量包括在自变量内，潜在变量是指不能直接测量的变量，也称为中间变量。通径用单向箭头和双向箭头表示。单向箭头表示自变量或潜在变量与因变量之间的因果关系，双向箭头表示两个自变量之间的关系。有时通径图中箭头的宽度与通径系数的大小成正比，以显示其直观性的特点。通径系数 P_{yx_i} 标在箭头的旁边，表示自变量对因变量直接作用的大小和方向。通径分析图的基本框架如图 13-1 所示。

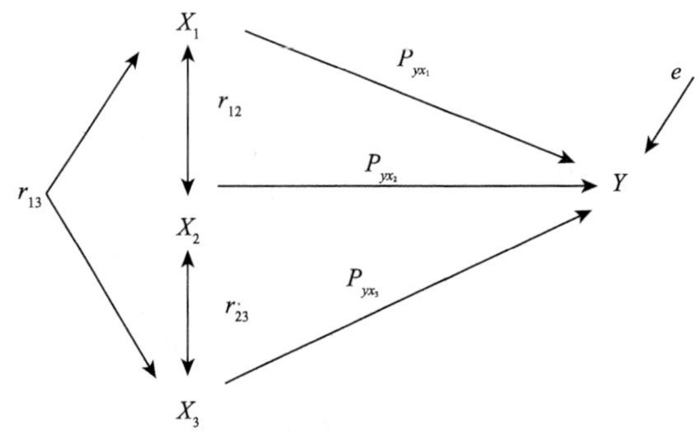

图 13-1 通径分析图的基本框架

二、通径系数的性质

性质 13-1 如果因变量 y 与自变量 x_1 和 x_2 存在线性关系，且 x_1 和 x_2 彼此相关，则原因 x_1 和 x_2 与剩余项 e 对结果 y 的决定系数 d_{y1}、d_{y2}、d_{ye} 与 x_1 到 y 的通径系数 p_{y1}，x_2 到 y 的通径系数 p_{y2} 以及 x_1 和 x_2 间的相关系数 r_{12} 乘积的两倍之和等于 1，即

$$d_{y1}+d_{y2}+d_{ye}+2p_{y1}r_{12}p_{y2}=1 \tag{13-6}$$

在式（13-6）中，$2p_{y1}r_{12}p_{y2}$ 表示两个相关原因 x_1 和 x_2 共同对结果 y 的相对决定程度，称为相关原因 x_1 和 x_2 共同对结果 y 的决定系数，记作 d_{y12}，即

$$d_{y12}=2p_{y1}r_{12}p_{y2}$$

由此可以得

$$d_{y1}+d_{y2}+d_{y12}+d_{y.e}=1$$

即当一个结果的两个原因相关时，两个原因对结果的决定系数加上相关原因共同对结果的决定系数与剩余项对结果的决定系数之和等于 1。

这样，可以计算出剩余项对结果的决定系数 d_{ye} 与通径系数 P_{ye}：

$$d_{ye}=1-\left(d_{y1}+d_{y2}+d_{y12}\right)$$

$$P_{ye}=\sqrt{d_{ye}}$$

一般来说，如果因变量 y 与自变量 x_1，x_2，…，x_m 存在线性关系，且自变量两两相关，则原因 x_1，x_2，…，x_k 分别对结果 y 的决定系数与每两个相关原因共同对结果 y 的决定系数以及剩余项对结果 y 的决定系数之和为 1，即

$$d_{y1}+d_{y2}+\cdots+d_{yk}+d_{y12}+d_{y13}+\cdots+d_{y(k-1)k}+d_{ye}=1$$

或简写为

$$\sum d_{yi}+\sum\sum d_{yij}+d_{y.e}=1$$

因此，可以计算出剩余项对结果的决定系数 d_{ye} 与通径系数 P_{ye}：

$$P_{ye}=1-\sum d_{yi}-\sum\sum d_{yij}$$

$$P_{ye}=\sqrt{d_{ye}}$$

如果 d_{ye} 的绝对值较大，说明可能还有对结果影响较大的原因未被考虑到，这在通径分析时应予以注意。

性质 13-2　如果因变量 y 与自变量 x_1，x_2，…，x_k 间存在线性关系，且自变量两两间彼此相关，则回归方程为

$$\hat{y}=b_0+b_1x_1+b_2x_2+\cdots+b_kx_k$$

或

$$y=b_0+b_1x_1+b_2x_2+\cdots+b_kx_k+e$$

则

$$R^2=p_{y1}r_{1y}+p_{y2}r_{2y}+\cdots+p_{yk}r_{ky}$$

简写为

$$R^2=\sum_{i=1}^{k}p_{yi}r_{iy}$$

并且

$$R^2=\sum_{i=1}^{k}d_{yi}+\sum_{i<j}^{k}\sum^{k}d_{y\cdot ij}$$

$$d_{y\cdot e}=1-R^2$$

$$P_{ye}=\sqrt{d_{y\cdot e}}=\sqrt{1-R^2}$$

式中，R^2 为因变量 y 与自变量 x_1，x_2，…，x_m 的复相关系数的平方，即为标准化变量的回归平方和；d_{ye} 为标准化变量的残差回归平方和；$p_{y1}r_{1y}$，$p_{y2}r_{2y}$，…，$p_{yk}r_{ky}$ 可以看做各原因 x_1，x_2，…，x_k 分别对结果 y 的总决定程度。

性质 13-3　如果结果 y_1 与结果 y_2 分别与 $x_1,x_2,\cdots,x_k$ 间存在线性关系，即 $x_1,x_2,\cdots,x_k$ 是同时影响 y_1 与 y_2 的 k 个公共原因，且 x_1，x_2，…，x_k 两两相关，则有

$$r_{y_1y_2}=\sum_{i=1}^{k}p_{y_1\cdot x_i}p_{y_2\cdot x_i}+\sum_{i\neq j}^{k}p_{y_1\cdot x_i}r_{x_ix_j}p_{y_2\cdot x_j}$$

例如，结果 y_1 和结果 y_2 分别与 x_1 及 x_2 存在线性关系，x_1 和 x_2 是影响 y_1 与 y_2 的两个公共原因，且 x_1 与 x_2 相关，那么，结果 y_1 与结果 y_2 的相关系数为

$$r_{y_1y_2}=p_{y_1\cdot x_1}p_{y_2\cdot x_1}+p_{y_1\cdot x_2}p_{y_2\cdot x_2}+p_{y_1\cdot x_1}r_{x_1x_2}p_{y_2\cdot x_2}+p_{y_1\cdot x_2}r_{x_1x_2}p_{y_2\cdot x_1}$$

运用通径分析的结果，通常可以进行以下几个方面的分析：

（1）将自变量与因变量的相关系数分解为直接通径系数与间接通径系数的代数和，从而进行自变量对因变量的直接作用和间接作用的分析。

（2）按通径系数绝对值的大小排列，可以说明各个自变量对因变量的影响力的大小及其在所有自变量中的相对重要性。

（3）如果 p_{yi} 接近于 r_{iy}，则说明 r_{iy} 反映了 x_i 和 Y 的真实关系，通过改变 x_i 的数量来改变 Y 是有效的。

（4）如果 $r_{iy}>0$，但 $p_{yi}<0$，则说明间接效应是相关的主要原因，直接通过 x_i 改变 Y 是无效的，必须通过改变 x_i 相关的变量方可成效。

三、通径分析的基本程序

（1）建立通径分析的模型图。建立通径分析的模型图是进行通径分析的关键，因为通径分析模型图的正确与否直接决定结果的正确性。一般的方法是根据经验事实、变量间的逻辑关系和借助主成分分析、因子分析及其他多元回归和相关分析方法选择模型中应包括的自变量、因变量以及可能的潜在变量，也可借鉴以往的资料信息，再结合专业知识设定自变量、因变量间的因果关系顺序，然后用通径线连接各变量，构成通径分析的模型图。根据已有的研究资料，可建立多个通径分析模型图，对各个模型图进行比较分析，选择一个较为合适的模型图。通径分析模型图的构建带有一定的主观性，对无统计学意义的通径要考虑从模型中将其删去。经反复修改、比较后，选取最佳模型。

（2）建立结构方程（structural equation）。原则上有多少因变量就有多少个结构方程及相应的残差变量。各变量标准化处理后，可以得到标准化结构方程：

$$Y' = b_1'X_1 + b_2'X_2 + \cdots + b_p'X_p' + b'e$$

（3）计算通径系数。直接通径系数为标准化多元线性回归方程的偏回归系数，代表直接作用的大小，即自变量对因变量的独立作用或贡献。X_i 对 Y 的总通径系数为 X_i 对 Y 的直接作用加上所有的间接作用，间接作用是指通过其他通径到达因变量所起的作用。如图 13-1 所示，P_{y_1} 代表 X_1 对 Y 的直接作用，通过 X_2、X_3 对 Y 所起的作用称为间接作用。根据同一条通径链上的通径系数具有可乘性原理，X_i 对 Y 的简单相关系数等于 X_i 对 Y 的直接作用的通径系数加上 X_i 同其他自变量的相关系数与间接通径上的通径系数乘积之和。

（4）计算剩余通径系数和决定系数。剩余通径系数即残差变量的通径系数，其含义如下：①非研究因素或未知原因变量（未选入该模型中）的作用；②系统误差的影响；③拟合的线性假设条件不存在，导致拟合效果不佳。其计算公式为

$$P_{ye} = \sqrt{d_{y \cdot e}} = \sqrt{1 - R^2}$$

（5）通径分析的显著性检验。通径分析是标准化变量的多元线性回归分析的拓展，通径分析的显著性检验包括回归方程显著性检验和通径系数显著性检验两方面内容。

（6）建立通径分析图，并对结果进行解释。根据上述研究结果最终建立通径分析图，并对各个自变量对因变量的总作用大小、方向和作用方式进行分析，解释说明其

现实意义。

四、通径分析的应用条件及优缺点

通径分析的应用条件如下：通径分析的应用条件为数值型变量，要求变量间呈线性关系，这使其应用范围受到一定的限制。

通径分析的优点如下：和其他多元统计分析方法相比，通径分析简洁直观，可直接解释研究因素间哪些具有直接作用，哪些具有间接作用，哪些既有直接作用又有间接作用，能够进行定量分析。在众多的原因变量中利用主成分分析、因子分析或其他回归技术引入潜在变量，可以加快分析节奏。通过各自变量通径系数的相对大小可了解其相对地位，决定系数的大小可了解排除其他因素的影响后模型中选入的变量的相对重要性，因而能评价总体效果。

通径分析的缺点如下：除应用范围受到应用条件的限制外，结构方程的模拟也相当复杂，好的模型往往需要多次修改方能完善。另外，联合作用通径系数的计算较为烦琐。

五、通径分析运用实例

设被解释变量为城乡居民储蓄存款年末余额（亿元），影响城乡居民储蓄存款年末余额的主要因素包括农村居民家庭人均纯收入（元）、农村居民家庭人均消费支出（元）、城镇居民家庭人均可支配收入（元）、城镇居民家庭人均消费支出（元）和居民消费价格指数，居民消费价格指数以 1978 年为基期。根据 1986~2010 年的统计数据（表 13-1）进行通径分析。

表 13-1　1986~2010 年城乡居民储蓄存款年末余额通径分析的统计数据

年份	农村居民家庭人均纯收入（A）/元	农村居民家庭人均消费支出（B）/元	城镇居民家庭人均可支配收入（C）/元	城镇居民家庭人均消费支出（D）/元	居民消费价格指数（E）	城乡居民储蓄存款年末余额（Y）/亿元
2010	5 919.00	4 381.82	19 109.4	13 471.45	408.9	303 302.5
2009	5 153.20	3 993.45	17 174.7	12 264.55	395.0	260 771.7
2008	4 760.60	3 660.68	15 780.8	11 242.85	398.7	217 885.4
2007	4 140.40	3 223.85	13 785.8	9 997.47	376.5	172 534.2
2006	3 587.00	2 829.02	11 759.5	8 696.55	359.3	161 587.3
2005	3 254.90	2 555.40	10 493.0	7 942.88	353.9	141 051.0
2004	2 936.40	2 184.65	9 421.6	7 182.10	347.7	119 555.4
2003	2 622.24	1 943.30	8 472.2	6 510.94	334.6	103 617.3
2002	2 475.63	1 834.31	7 702.8	6 029.88	330.6	86 910.6
2001	2 366.40	1 741.09	6 859.6	5 309.00	333.3	73 762.4
2000	2 253.42	1 670.13	6 280.0	4 998.00	331.0	64 332.4
1999	2 210.30	1 577.40	5 854.0	4 615.90	329.7	59 621.8
1998	2 162.00	1 590.30	5 425.1	4 331.60	334.4	53 407.5
1997	2 090.10	1 617.15	5 160.3	4 185.64	337.1	46 279.8
1996	1 926.10	1 572.08	4 838.9	3 919.47	327.9	38 520.8

续表

年份	农村居民家庭人均纯收入（A）/元	农村居民家庭人均消费支出（B）/元	城镇居民家庭人均可支配收入（C）/元	城镇居民家庭人均消费支出（D）/元	居民消费价格指数（E）	城乡居民储蓄存款年末余额（Y）/亿元
1995	1 577.74	1 310.40	4 283.0	3 537.57	302.8	29 662.3
1994	1 221.00	1 016.81	3 496.2	2 851.34	258.6	21 518.8
1993	921.60	769.65	2 577.4	2 110.81	208.4	15 203.5
1992	784.00	659.21	2 026.6	1 671.73	181.7	11 759.4
1991	708.60	619.79	1 700.6	1 453.81	170.8	9 241.6
1990	686.31	584.60	1 510.2	1 278.89	165.2	7 119.8
1989	601.50	535.37	1 373.9	1 210.95	160.2	5 196.4
1988	544.90	476.66	1 180.2	1 103.98	135.8	3 822.2
1987	462.60	398.29	1 002.1	884.40	114.3	3 081.4
1986	423.80	356.95	900.9	798.96	106.5	2 238.5

农村居民家庭人均纯收入（*A*）和城镇居民家庭人均可支配收入（*C*）这两个变量不但对城乡居民储蓄存款年末余额（*Y*）有直接作用，而且还分别通过农村居民家庭人均消费支出（*B*）和城镇居民家庭人均消费支出（*D*）对城乡居民储蓄存款年末余额（*Y*）有间接作用。农村居民家庭人均消费支出（*B*）和城镇居民家庭人均消费支出（*D*）对城乡居民储蓄存款年末余额（*Y*）不仅有直接作用，而且这两个变量通过居民消费价格指数（*E*）对城乡居民储蓄存款年末余额（*Y*）有间接作用。为此，可以初步建立如图 13-2 所示的通径分析模型图。

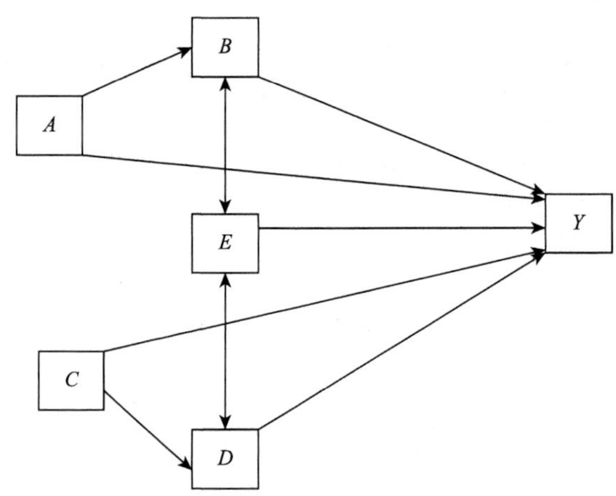

图 13-2 城乡居民储蓄存款年末余额通径分析模型图

运用 SPSS 进行通径分析的基本程序如下：

（1）将各个变量的原始数据录入 SPSS，并建立 SPSS 数据文件（SPSS 数据文件见本书配套的数据文件“SPSS13-通径分析”）。

（2）以 *Y* 为因变量，*A*、*B*、*C*、*D*、*E* 为自变量进行多元回归分析（回归分析结果如表 13-2~表 13-4 所示）。

表 13-2　回归系数（一）[a]

	非标准化系数		标准化系数	T	显著性
	B	标准差误差	贝塔系数		
（常量）	12 711.808	5 436.121		2.338	0.030
农村居民家庭人均纯收入（A）	49.983	15.549	0.907	3.215	0.005
农村居民家庭人均消费支出（B）	−8.499	20.429	−0.115	−0.416	0.682
城镇居民家庭人均可支配收入（C）	−6.875	14.558	−0.431	−0.472	0.642
城镇居民家庭人均消费支出（D）	21.682	18.050	0.952	1.201	0.244
居民消费价格指数（E）	−329.223	76.455	−0.373	−4.306	0.000

a 因变量：城乡居民储蓄存款年末余额（Y）

表 13-3　ANOVA（一）[a, b]

	平方和	df	均方	F	显著性
回归	174 812 994 751.815	5	34 962 598 950.363	1 095.403	0.000[b]
残差	606 433 838.625	19	31 917 570.454		
合计	175 419 428 590.440	24			

a 因变量：城乡居民储蓄存款年末余额（Y）

b 预测变量：（常量），农村居民家庭人均纯收入（A），农村居民家庭人均消费支出（B），城镇居民家庭人均可支配收入（C），城镇居民家庭人均消费支出（D），居民消费价格指数（E）

表 13-4　模型汇总

模型	R	R^2	调整的 R^2	标准差估计的误差
1	0.998[a]	0.997	0.996	5 649.563 74

a 预测变量：（常量），农村居民家庭人均纯收入（A），农村居民家庭人均消费支出（B），城镇居民家庭人均可支配收入（C），城镇居民家庭人均消费支出（D），居民消费价格指数（E）

由回归分析结果可知，农村居民家庭人均纯收入（A）、居民消费价格指数（E）两个自变量的回归系数参数估计都是高度显著的。农村居民家庭人均消费支出（B）、城镇居民家庭人均可支配收入（C）和城镇居民家庭人均消费支出（D）三个自变量的回归系数的参数估计不显著（由于自变量 B、C、D 均不显著，得到的回归方程存在问题，此处仅做演示）。回归方程总体性检验的 F 值为 1 095.403，达到了高度的显著性水平，回归方程的决定性系数为 0.997，这说明所建立的多元线性回归模型是成立的。表 13-2 中显示的标准化回归系数是各个自变量对因变量直接影响的直接通径系数。

（3）分别求 A 对 B 和 C 对 D 的回归方程。由表 13-5~表 13-8 可知，A 对 B 和 C 对 D 两个回归方程的参数估计均达到了高度的显著性水平，而且通过统计显著性检验这两个回归方程也是有效的。这两个回归方程的标准化回归系数分别代表 A 对 B 和 C 对 D 的直接通径系数。

表 13-5 回归系数（二）[a]

	非标准化系数		标准化系数	T	显著性
	B	标准差误差	贝塔系数		
（常量）	58.048	24.041		2.415	0.024
农村居民家庭人均纯收入（A）	0.747	0.009	0.998	83.851	0.000

a 因变量：农村居民家庭人均消费支出（B）

表 13-6 ANOVA（二）[a, b]

	平方和	df	均方	F	显著性
回归	32 199 458.060	1	32 199 458.060	7 031.026	0.000[b]
残差	105 331.356	23	4 579.624		
合计	32 304 789.416	24			

a 因变量：农村居民家庭人均消费支出（B）
b 预测变量：（常量），农村居民家庭人均纯收入（A）

表 13-7 回归系数（三）[a]

	非标准化系数		标准化系数	T	显著性
	B	标准差误差	贝塔系数		
（常量）	395.076	56.717		6.966	0.000
城镇居民家庭人均可支配收入（C）	0.700	0.007	0.999	105.290	0.000

a 因变量：城镇居民家庭人均消费支出（D）

表 13-8 ANOVA（三）[a, b]

	平方和	df	均方	F	显著性
回归	337 192 728.677	1	337 192 728.677	11 085.941	0.000[b]
残差	699 573.718	23	30 416.249		
总数	337 892 302.395	24			

a 因变量：城镇居民家庭人均消费支出（D）
b 预测变量：（常量），城镇居民家庭人均可支配收入（C）

（4）分别求 *B* 与 *E* 和 *D* 与 *E* 之间的相关系数。由表 13-9 和表 13-10 可知，*B* 与 *E* 和 *D* 与 *E* 之间均存在较高的相关，而且均达到了统计显著性水平。

表 13-9 相关系数（一）

		农村居民家庭人均消费支出（B）	居民消费价格指数（E）
农村居民家庭人均消费支出（B）	Pearson 相关系数	1	0.874**
	显著性（双侧）		0.000
	N	25	25

续表

		农村居民家庭人均消费支出（B）	居民消费价格指数（E）
居民消费价格指数（E）	Pearson 相关系数	0.874**	1
	显著性（双侧）	0.000	
	N	25	25

**在 0.01 水平下是相关的（双侧）

表 13-10　相关系数（二）

		城镇居民家庭人均消费支出（D）	居民消费价格指数（E）
城镇居民家庭人均消费支出（D）	Pearson 相关系数	1	0.870**
	显著性（双侧）		0.000
	N	25	25
居民消费价格指数（E）	Pearson 相关系数	0.870**	1
	显著性（双侧）	0.000	
	N	25	25

**在 0.01 水平下是相关的（双侧）

（5）建立通径分析模型如图 13-3 所示。

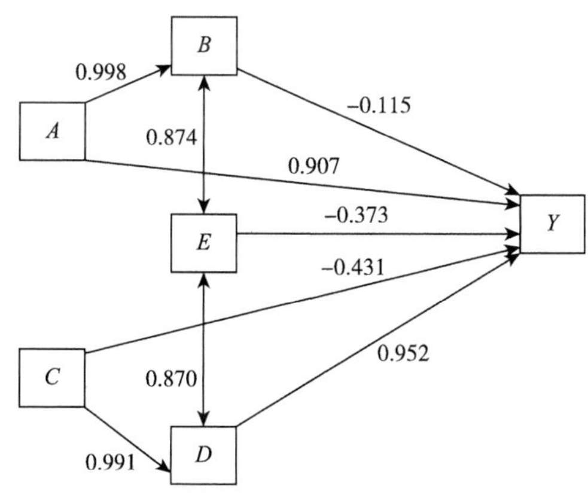

图 13-3　城乡居民储蓄存款年末余额通径分析图

（6）由于城乡居民储蓄存款年末余额及其各个影响因素之间的相互影响，关系错综复杂，加之我们对城乡居民储蓄存款年末余额影响因素认识的局限性，在设定模型时，我们不可能把影响城乡居民储蓄存款年末余额的所有因素都考虑进去，所以应该进一步计算遗漏变量和误差项对城乡居民储蓄存款年末余额的通径效应系数：

$$P_{ye} = \sqrt{d_{y.e}} = \sqrt{1-R^2} = \sqrt{1-0.997} = \sqrt{0.003} \approx 0.054\,8$$

这个剩余效应系数应该说是很小的，说明我们对城乡居民储蓄存款年末余额的通径分析已把握住了主要的影响因素。

第二节 结构方程分析

结构方程模型（structural equation modeling，SEM）是一门基于统计分析技术的研究方法学，是当前非常流行的用于研究变量之间因果关系的一种统计方法。结构方程模型的概念最初由 Bock 和 Bargmann 于 20 世纪 60 年代提出，当时主要应用于教育学和心理学领域。70 年代，瑞典学者 Jöreskog 和 Sörbom 开发出了主要用于分析结构方程模型的软件系统 LISREL，对结构方程模型的使用起到了非常巨大的推动作用。之后，结构方程模型分析方法因其优点众多，被广泛应用于社会、人文和行为科学领域，在统计学领域内赢得了崇高的声望和地位，它的应用也受到了越来越多人的重视。

一、结构方程分析的基本原理

结构方程分析的基本原理是比较两个或更多个不同协方差矩阵（或相关矩阵），然后通过分析这些不同的协方差矩阵（或相关矩阵）之间的拟合指数来判断原模型是否符合研究要求。首先，我们记样本指标的协方差矩阵（或相关矩阵）为 $\boldsymbol{S}$，并且将矩阵 $\boldsymbol{S}$ 输入软件程序。其次，分析结构方程模型的软件（如 LISREL）会根据输入的矩阵 $\boldsymbol{S}$ 和事先设定的模型（记作 M），通过一定的方法，推出另外一个矩阵，称为再生矩阵（记作 $\boldsymbol{E}$），此矩阵既与模型 M 的路径参数（因子负荷、因子间相互关系等）有关，又与 $\boldsymbol{S}$ 在某种意义上最为接近（LISREL 等分析软件在推出矩阵 $\boldsymbol{E}$ 的过程中，也会给出各路径参数的估计值）。最后，通过比较再生矩阵 $\boldsymbol{E}$ 和样本矩阵 $\boldsymbol{S}$ 的差距（$\boldsymbol{E}-\boldsymbol{S}$），来判断事先所设定的模型是否符合要求。这两个模型之间的差距，可以用若干个数字指标来表示，我们称之为拟合指数。如果得到的拟合指数在允许的范围内，则判断模型与样本拟合得好，事先设定的模型是合理的；否则，则判断原模型不是十分合理，需要通过一定的方法来修正原模型，然后重复上述分析过程，直至找到符合要求的模型。

结构方程模型主要由验证性因子模型和各潜变量之间的因果关系模型两部分组合而成，其中包含因子模型的部分称为测量模型（measurement model），所涉及的方程称为测量方程（measurement equation），它描述的是潜变量与指标之间的关系。结构方程模型所包含的因果模型的部分称为潜变量模型（latent variable model），也称为结构模型（structural model），所涉及的方程称为结构方程，它描述的是各个潜变量之间的相互关系。

一个完整的结构方程模型包括两种潜变量，即外生潜变量和内生潜变量，它们都有各自的指标，因此也就有两种测量模型，测量模型的方程表示如下：

$$\boldsymbol{x} = \boldsymbol{\Lambda}_x\boldsymbol{\xi} + \boldsymbol{\delta} \tag{13-7}$$

$$\boldsymbol{y} = \boldsymbol{\Lambda}_y\boldsymbol{\eta} + \boldsymbol{\varepsilon} \tag{13-8}$$

式（13-7）为外生潜变量的测量方程；$\boldsymbol{x}$ 为由 q 个外生指标组成的 $q\times1$ 向量；$\boldsymbol{\xi}$ 为由 n 个外生潜变量组成的 $n\times1$ 向量；$\boldsymbol{\Lambda}_x$ 为 $\boldsymbol{x}$ 在 $\boldsymbol{\xi}$ 上的 $q\times n$ 因子负荷矩阵，即外生指标 $\boldsymbol{x}$ 与外

生潜变量 $\boldsymbol{\xi}$ 之间的关系；$\boldsymbol{\delta}$ 为由 q 个测量误差组成的 $q\times1$ 向量；式（13-8）为内生潜变量的测量方程；$\boldsymbol{y}$ 为由 p 个内生指标组成的 $p\times1$ 向量；$\boldsymbol{\eta}$ 为由 m 个内生潜变量组成的 $m\times1$ 向量；$\boldsymbol{\Lambda}_y$ 为 $\boldsymbol{y}$ 在 $\boldsymbol{\eta}$ 上的 $p\times m$ 因子负荷矩阵，即内生指标 $\boldsymbol{y}$ 与内生潜变量 $\boldsymbol{\eta}$ 之间的关系；由 $\boldsymbol{\varepsilon}$ 为 p 个测量误差组成的 $p\times1$ 向量。

我们也可以用矩阵的形式来表达测量方程，这样可以使方程更加清晰。例如，对外生潜变量的测量方程来说，设 x_1 和 x_2 是外生潜变量 ξ_1 的指标，x_3 和 x_4 是外生潜变量 ξ_2 的指标，δ_1、δ_2、δ_3 和 δ_4 分别是对应指标的测量误差，$\lambda_{x_{11}}$、$\lambda_{x_{21}}$、$\lambda_{x_{32}}$ 和 $\lambda_{x_{42}}$ 分别为指标在对应潜变量上的因子负荷，则外生潜变量的测量方程可以用矩阵表示如下：

$$\begin{pmatrix} x_1 \\ x_2 \\ x_3 \\ x_4 \end{pmatrix} = \begin{pmatrix} \lambda_{x_{11}} & 0 \\ \lambda_{x_{21}} & 0 \\ 0 & \lambda_{x_{32}} \\ 0 & \lambda_{x_{42}} \end{pmatrix} \begin{pmatrix} \xi_1 \\ \xi_2 \end{pmatrix} + \begin{pmatrix} \delta_1 \\ \delta_2 \\ \delta_3 \\ \delta_4 \end{pmatrix}$$

同理，对内生潜变量的测量方程来说，设 y_1 和 y_2 是内生潜变量 η_1 的指标，y_3 和 y_4 是内生潜变量 η_2 的指标，ε_1、ε_2、ε_3 和 ε_4 分别是对应指标的测量误差，$\lambda_{y_{11}}$、$\lambda_{y_{21}}$、$\lambda_{y_{32}}$ 和 $\lambda_{y_{42}}$ 分别为指标在对应潜变量上的因子负荷，则内生潜变量的测量方程可以用矩阵表示如下：

$$\begin{pmatrix} y_1 \\ y_2 \\ y_3 \\ y_4 \end{pmatrix} = \begin{pmatrix} \lambda_{y_{11}} & 0 \\ \lambda_{y_{21}} & 0 \\ 0 & \lambda_{y_{32}} \\ 0 & \lambda_{y_{42}} \end{pmatrix} \begin{pmatrix} \eta_1 \\ \eta_2 \end{pmatrix} + \begin{pmatrix} \varepsilon_1 \\ \varepsilon_2 \\ \varepsilon_3 \\ \varepsilon_4 \end{pmatrix}$$

反映潜变量之间关系的结构模型的方程表示如下：

$$\eta = \boldsymbol{B}\eta + \boldsymbol{\Gamma}\xi + \zeta \tag{13-9}$$

式中，$\boldsymbol{B}$ 为 $m\times m$ 系数矩阵，反映了内生潜变量 η 之间的彼此影响；$\boldsymbol{\Gamma}$ 为 $m\times n$ 系数矩阵，反映了外生潜变量 ξ 对内生潜变量 η 的影响；$\boldsymbol{\zeta}$ 为 $m\times1$ 残差向量，反映了 η 在结构方程中未能被解释的部分。

同样，我们也可以用矩阵的形式来表达结构方程。设 ξ_1 和 ξ_2 为外生潜变量，η_1 和 η_2 为内生潜变量，r_{11}、r_{12}、r_{21}、r_{22} 为 ξ_1 和 ξ_2 对 η_1 与 η_2 的影响，β_{21} 为 η_1 对 η_2 的影响，ξ_1 和 ξ_2 分别为 η_1 与 η_2 的残差，则结构方程可以用矩阵表示如下：

$$\begin{pmatrix} \eta_1 \\ \eta_2 \end{pmatrix} = \begin{pmatrix} 0 & 0 \\ \beta_{21} & 0 \end{pmatrix} \begin{pmatrix} \eta_1 \\ \eta_2 \end{pmatrix} + \begin{pmatrix} r_{11} & r_{12} \\ r_{21} & r_{22} \end{pmatrix} \begin{pmatrix} \xi_1 \\ \xi_2 \end{pmatrix} + \begin{pmatrix} \zeta_1 \\ \zeta_2 \end{pmatrix}$$

一般来说，在使用结构方程模型进行相关研究之前，我们需要对模型做以下假设：

（1）测量方程误差项 ε、δ 的均值为零，即 $E(\varepsilon)=0$，$E(\delta)=0$。

（2）结构方程中的残差项 ζ 均值为零，即 $E(\zeta)=0$。

（3）误差项 ε、δ 与因子 η、ξ 之间不相关，ε 与 δ 不相关。

（4）残差项 ζ 与 ξ、ε、δ 之间不相关。

（5）$(\boldsymbol{I}-\boldsymbol{B})$ 是可逆矩阵。

（6）指标和各潜变量都是中心化的。所谓中心化，是指变量减去它的均值。

对样本数据来说，将一个变量的每个观测值减去该变量的样本均值，变换后的变量就是中心化的。但这个条件并不是必需的，本书主要讨论数据中心化的结构方程模型，不涉及非中心化的模型，对此有兴趣的读者可以参考有关书籍。

为了更清楚地看出由样本指标所代表的总体的相关参数是如何估计出来的，我们可以进行下列计算步骤：记总体的真实协方差矩阵为 $\boldsymbol{\Sigma}$，由假设模型推出的总体协方差矩阵为 $\boldsymbol{\Sigma}(\theta)$，$\boldsymbol{\Phi}$ 为潜变量之间的协方差矩阵，因为潜变量是中心化的，所以 $\boldsymbol{\Phi}=E(\xi\xi')$；记 $\boldsymbol{\Theta}_\varepsilon$ 为误差向量 $\boldsymbol{\varepsilon}$ 的协方差矩阵，$\boldsymbol{\Theta}_\delta$ 为误差向量 $\boldsymbol{\delta}$ 的协方差矩阵，$\boldsymbol{\Psi}$ 为残差项 ζ 的协方差矩阵，对角线上的元素是误差的方差。则对式（13-8）的两边同时求解协方差可得

$$\begin{aligned}\mathrm{COV}(x)&=E(\boldsymbol{\Lambda}_x\xi+\delta)(\xi'\boldsymbol{\Lambda}_x'+\delta')\\&=\boldsymbol{\Lambda}_xE(\xi\xi')\boldsymbol{\Lambda}_x'+E(\delta\delta')=\boldsymbol{\Lambda}_x\boldsymbol{\Phi}\boldsymbol{\Lambda}_x'+\boldsymbol{\Theta}_\delta\end{aligned}\tag{13-10}$$

因此，模型得到的外生指标 x 的协方差矩阵为

$$\boldsymbol{\Sigma}_{xx}(\theta)=\boldsymbol{\Lambda}_x\boldsymbol{\Phi}\boldsymbol{\Lambda}_x'+\boldsymbol{\Theta}_\delta$$

同理可得，式（13.7）中内生指标 y 的协方差矩阵为

$$\boldsymbol{\Sigma}_{yy}(\theta)=\boldsymbol{\Lambda}_yE(\eta\eta')\boldsymbol{\Lambda}_y'+\boldsymbol{\Theta}_\varepsilon\tag{13-11}$$

求解整个模型中全部指标的协方差矩阵的过程如下。

将 $\eta=\boldsymbol{B}\eta+\boldsymbol{\Gamma}\xi+\zeta$ 变形为

$$\eta=(\boldsymbol{I}-\boldsymbol{B})^{-1}(\boldsymbol{\Gamma}\xi+\zeta)=\tilde{\boldsymbol{B}}(\boldsymbol{\Gamma}\xi+\zeta)\tag{13-12}$$

式中，$\boldsymbol{B}=(\boldsymbol{I}-\boldsymbol{B})^{-1}$，由式（13-12）可得

$$E(\eta\eta')=\tilde{\boldsymbol{B}}(\boldsymbol{\Gamma}\boldsymbol{\Phi}\boldsymbol{\Gamma}'+\boldsymbol{\Psi})\tilde{\boldsymbol{B}}'\tag{13-13}$$

将（13-13）代入式（13-11）可得

$$\boldsymbol{\Sigma}_{yy}(\theta)=\boldsymbol{\Lambda}_y\tilde{\boldsymbol{B}}(\boldsymbol{\Gamma}\boldsymbol{\Phi}\boldsymbol{\Gamma}'+\boldsymbol{\Psi})\tilde{\boldsymbol{B}}'\boldsymbol{\Lambda}_y'+\boldsymbol{\Theta}_\varepsilon$$

又因为 y 与 x 的协方差矩阵为

$$\begin{aligned}\boldsymbol{\Sigma}_{yx}(\theta)&=E(yx')=E\left[(\boldsymbol{\Lambda}_y\eta+\varepsilon)(\xi'\boldsymbol{\Lambda}_x'+\delta')\right]\\&=\boldsymbol{\Lambda}_yE(\eta\xi')\boldsymbol{\Lambda}_x'=\boldsymbol{\Lambda}_y\tilde{\boldsymbol{B}}\boldsymbol{\Gamma}\boldsymbol{\Phi}\boldsymbol{\Lambda}_x'\end{aligned}$$

所以，由全部指标组成的 $(p+q)\times1$ 向量 $(y',x')'$ 的协方差矩阵可以表示为由 $\boldsymbol{\Lambda}_x$，$\boldsymbol{\Lambda}_y$，$\boldsymbol{B}$，$\boldsymbol{\Gamma}$，$\boldsymbol{\Phi}$，$\boldsymbol{\Psi}$，$\boldsymbol{\Theta}_\varepsilon$，$\boldsymbol{\Theta}_\delta$ 八个参数矩阵组成的函数，即

$$\begin{aligned}\boldsymbol{\Sigma}(\theta)&=\begin{pmatrix}\boldsymbol{\Sigma}_{yy}(\theta)&\boldsymbol{\Sigma}_{yx}(\theta)\\\boldsymbol{\Sigma}_{xy}(\theta)&\boldsymbol{\Sigma}_{xx}(\theta)\end{pmatrix}\\&=\begin{pmatrix}\boldsymbol{\Lambda}_y\tilde{\boldsymbol{B}}(\boldsymbol{\Gamma}\boldsymbol{\Phi}\boldsymbol{\Gamma}'+\boldsymbol{\Psi})\tilde{\boldsymbol{B}}'\boldsymbol{\Lambda}_y'+\boldsymbol{\Theta}_\varepsilon&\boldsymbol{\Lambda}_y\tilde{\boldsymbol{B}}\boldsymbol{\Gamma}\boldsymbol{\Phi}\boldsymbol{\Lambda}_x'\\\boldsymbol{\Lambda}_x\boldsymbol{\Phi}\boldsymbol{\Gamma}'\tilde{\boldsymbol{B}}'\boldsymbol{\Lambda}_y'&\boldsymbol{\Lambda}_x\boldsymbol{\Phi}\boldsymbol{\Lambda}_x'+\boldsymbol{\Theta}_\delta\end{pmatrix}\end{aligned}$$

前面说过，模型总体真实的协方差矩阵为 $\boldsymbol{\Sigma}$，如果所假设的理论模型是正确的，则有 $\boldsymbol{\Sigma}=\boldsymbol{\Sigma}(\theta)$，从而模型指标的方差和协方差就都可以当做模型参数的函数，我们也就可以用等量代换的方法估计出总体的参数（详细步骤请参考相关书籍）。

二、结构方程分析的基本程序

（一）构建初始模型

利用结构方程模型分析变量（包括观察变量和潜变量）的关系，关键一步是根据专业知识和研究目的，构建出理论模型，然后用测得的数据去验证这个理论模型的合理性。确定初始全模型的过程就是确定八个基本矩阵中哪些元素为固定，哪些为自由的过程。

在确定结构方程的初始模型过程中，应该要理清测量指标与变量（自变量和因变量）、变量与变量之间的相互关系（如相关关系、因果关系）以及相关的参数表示等内容。现实研究中通常用路径图来表示变量之间的相互关系，正方形或矩形表示观测变量（指标）；圆形或椭圆形表示潜变量（因子）；变量之间的关系用连线表示，没有连线表示没有直接联系；单箭头表示两个变量之间存在因果关系，箭头从外生变量指向内生变量；双箭头表示两个变量之间有相关关系；单箭头指向潜变量表示内生变量中未被解释的部分；单箭头指向指标表示测量误差。例如，设 x_1，x_2 是外生潜变量 ξ_1 的指标；y_1，y_2 是内生潜变量 η_1 的指标；$\lambda_{x_{11}}$，$\lambda_{x_{21}}$ 是 ξ_1 的因子负荷；$\lambda_{y_{11}}$，$\lambda_{y_{21}}$ 是 η_1 的因子负荷；δ_1，δ_2，ε_1，ε_2 分别为 x_1，x_2，y_1，y_2 的测量误差；r_{11} 是 ξ_1 对 η_1 的影响；ζ_1 是 η_1 的残差。结构方程的初始模型如图 13-4 所示。

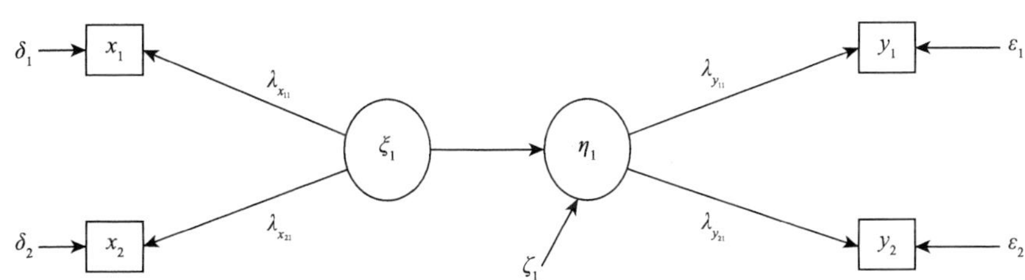

图 13-4　结构方程的初始模型

当然，初始建立的理论模型有可能不是比较理想的模型，需要在数据的拟合过程中修改、评价，再修改、再评价，直至建立较理想的模型。

（二）模型的参数估计

模型的参数估计，所要做的是使模型隐含的协方差矩阵（即再生协方差矩阵）与样本协方差矩阵之间的“距离”最小。这个“距离”称为拟合函数。两个矩阵之间的“距离”有多种不同的定义方法，因而产生了不同的拟合函数，即不同的参数估计方法。模型的参数估计方法主要通过下列拟合函数实现：两阶段最小二乘法、非加权最小二乘法（unweighted least squares，ULS）、最大似然估计法、广义最小二乘法（generalized least squares，GIS）、一般加权最小二乘法（generally weighted least squares）、对角加权最小二乘法（diagonally weighted least squares，DWLS）等。虽最大似然估计分布是渐进正态分布，但也是无偏、一致、渐进有效的估计方法，且有尺度不变性，因此在参数估计时以最大似然估计法最为常用。上述诸方法中仅 TSLS 不依靠迭代，可快速计算各参数数值，故常用于初步参数估计。对于普通模型迭代 10 多次拟合函数值便达到预设的拟合精度（即前后两次的拟合函数值之差小于某个预设值），但随着模型的复杂程度提高，迭代次数也随之增加，当迭代超过一定的次数仍达不到预设的精度，迭代是不收敛的，也就是说模型没有解，出现这种情况一般是构建的模型有问题，应重新构建模型。

如果要比较因子负荷或结构系数估计值的相对重要性，在模型拟合前，可采用多元回归中常用的方法，将变量进行标准化处理。因相关系数矩阵就是数据标准化以后的协方差矩阵，故可直接采用矩阵转换。如比较因子负荷的相对重要性，把观察变量的协方差矩阵转化为相关系数矩阵即可；如比较结构系数的相对重要性，把潜变量的协方差矩阵转化为相关系数矩阵即可。转换后，所得参数估计值的绝对值越大，相对作用越大。

大多数情况下采用相关系数矩阵和协方差矩阵分析结果相一致，但对有些模型而言，可能会出现下列错误：①错误的参数估计值；②错误的拟合指数；③错误的标准误。只有符合下列两个条件，用相关系数矩阵代替协方差矩阵才不会出现类似错误结果：一是模型是尺度不变的模型（scale-invariant model）；二是模型中所有参数都是尺度不变的参数（scale-free parameters）。简单来说，尺度不变的模型是指模型的协方差矩阵，如果测量单位发生变化，所得的新协方差矩阵仍满足原来的模型；尺度不变的参数是指，如果测量单位发生变化，该参数仍保持不变。

（三）模型的评价

在结构方程模型中，模型的估计仅仅是第一步。更重要的是对假设模型的合理性做出检验，包括每个参数的合理性检验与显著性检验，以及整个模型的总的适合性检验等。检验不仅可以为模型的合理性提供数量化的依据，还可以为进一步研究和模型的改进提出方向。

评价结构方程模型拟合效果的指标有很多，主要有以下几种：

（1）拟合优度的卡方检验。卡方值为拟合函数值与样本规模减 1 的乘积。其公式为 $\chi^2=(n-1)F$，其中 F 是拟合函数。在此，与传统的统计检验相反，我们希望得到的是不显著的卡方值，即卡方值越小，说明拟合越好。考察卡方值与自由度之比，可以对拟合效果做粗略估计。如果卡方值与自由度之比小于 2，可以说拟合较好。这一估计可减少样本规模对检验的影响。

（2）拟合优度指数（goodness-of-fit index，GFI）。GFI 的计算公式为 $\mathrm{GFI}=1-F[\boldsymbol{S},\boldsymbol{\Sigma}(\boldsymbol{\Theta})]/[\boldsymbol{S},\ \boldsymbol{\Sigma}(0)]$。GFI 指标评价观测变量的方差协方差矩阵（$\boldsymbol{S}$）与被模型引申的方差协方差矩阵（$\boldsymbol{\Sigma}$）的匹配程序。如果 $\boldsymbol{\Sigma}=\boldsymbol{S}$，则 GFI = 1，说明模型完全拟合。GFI 值为 0~1，GFI 值在 0.9 以上，则表明模型拟合的效果较为理想。

（3）调整的拟合优度指数（adjusted goodness-of-fit index，AGFI）。调整的拟合优度指数的计算公式为 $\mathrm{AGFI}=1-\{[(p+q)(p+q+1)/2]/\mathrm{df}\}(1-\mathrm{GFI})$。其中，$(p+q)$ 是观测变量的数目，$(p+q)(p+q+1)/2$ 是数据点的总数，df 是自由度。该指数通过参数估计的总数进行调整。估计的参数比观测数据的方差协方差总数越少，AGFI 越接近 GFI。GFI 和 AGFI 都不是对模型拟合度做正常的统计检验，只是模型是否适当的指标。

0.9 以上说明模型拟合观测数据。

还有不少比较拟合指数（comparative fit indexes）。它们都是通过与独立模型做比较，以确定所设定的模型在拟合上的改善程度。独立模型是指假设所有的变量之间没有相关关系，即将模型中所有的路径系数和外源变量之间协方差都固定为 0，只估计其方差。这样可以观察设定模型在拟合上的改善程度。

（4）规范的拟合指数（normed fit index，NFI）。规范的拟合指数的计算公式为 NFI =（χ^2indep − χ^2model）/ χ^2indep。其中，χ^2indep 是独立模型的卡方值，χ^2model 是设定模型的卡方值。NFI 指标通过考察设定模型的卡方值与独立模型的卡方值相比的缩小比例，从而分析设定模型在拟合上的改善程序。

（5）由于 NFI 在小样本时有可能低估模型的拟合度，所以研究者提出了另一种修正方法，即非规范的拟合指数（non-normed fit index，NNFI），该指数处理了自由度对指数的影响，但有时其值超出 0~1 的范围。

NFI 和 NNFI 两个拟合指标的取值范围通常为 0~1，其值越大越好，一般来讲其值大于 0.9 则认为模型可以接受。

（6）近似误差的均方根（root mean square error of approximation，RMSEA）。RMSEA 是颇受重视的一个评价指标。如果 RMSEA 在 0.05 以下，置信水平检验的 P 值大于 0.05，则说明模型的拟合较好。

除了上述指标之外，还有很多指标可以用于评价模型的拟合程序。各种不同指标的比较如表 13-11 所示。

表 13-11　模型拟合度评价指标的比较分析

指标名称与性质	范围	判断值	适用情形
GFI：假设模型可以解释观察数据的变异数与共变量的比例	0~1	>0.90	说明模型解释力
AGFI：考虑模式复杂度后的 GFI	0~1	>0.90	不受模式复杂度影响
PGFI：考虑模式复杂度后与简约性的 GFI	0~1	>0.90	适合估计参数较少时
NFI：比较假设模型与独立模型的卡方差异	0~1	>0.90	说明模型较虚无模型的改善程度
NNFI：考虑模式复杂度后的 NFI	0~1	>0.90	不受模式复杂度影响
CFI：假设模型与独立模型的非中央性差异	0~1	>0.95	说明模型较虚无模型的改善程度，特别适合小样本
RMSEA：比较理论模式与饱和模式的差距，分析样本数与模式复杂度	0~1	<0.05	不受样本数与模式复杂度影响
AIC：经过简约调整的模型契合度的波动性	—	越小越好	适用于效度复核、非嵌套（non-nested）模式比较
CAIC：经过简约调整的模型契合度的波动性	—	越小越好	适用于效度复核、非嵌套（non-nested）模式比较
RMR：未标准化假设模型整体残差	—	越小越好	了解残差特性
SRMR：标准化假设模型整体残差	0~1	<0.08	了解残差特性

由此可见，不同的评价指标各有优缺点，使用时应结合理论及研究的具体情况选择合适的指标作为依据。研究表明，一个良好的评价指标通常具备以下特征：样本独立性

（吻合指数不受样本量大小的影响）、惩罚复杂模型、在来自于统一总体的不同样本中具有稳定性。因此，对模型评价时，不应单靠某几个拟合指数就做出模型拟合程度的结论，而应通过综合考察得到相应的结论。

（四）模型的修正

对模型进行评价的目的，不是简单地接受或拒绝一个假设的理论模型，而是根据评价的结果来寻求一个理论上和统计上都有意义的相对较好的模型。一个好的模型应具备以下几个条件：①测量模型中的因子负荷和因果模型中的结构系数的估计值都有实际意义与统计学意义；②模型中所有固定参数的修正指数（MI）不要过高；③几种主要的拟合指数达到了一般要求；④测量模型和因果模型中的主要方程的决定系数 R^2 应足够大；⑤所有的标准拟合残差都小于 1.96。

如果我们希望看到的上述情况中的一种或几种没有出现，可以根据具体的结果做出如下改变：

（1）如果模型评价结果中含有没有实际意义或统计学意义的参数时，可以将这些参数固定为零，即删除相应的自由参数。

（2）如果模型的某个或某几个固定参数的修正指数比较大时，原则上每次只将那个最大或较大 MI 的参数改为自由参数。理由是假设某一固定路径的 MI 原本很大，需要自由估计，但当修改其他路径后，MI 可能已变小，对应的路径无须再改动。因此，每次只修改一个固定路径，然后重新计算所有固定路径的 MI。虽然通常把 MI 大于 3.84 或 6.63 作为固定参数改为自由参数的准则，但 MI 也像模型的 χ^2 一样受样本量的影响，因此，不能把 MI 的数值作为修改的唯一依据。伴随每一个 MI，结构方程分析程序也会输出对应参数的期望改变值（expected parameter change，EPC），显示该参数允许自由估计与固定时的改变量，当不同测量单位的参数相互比较时，应参照程序给出的标准化 EPC（standardized EPC，SEPC）。

（3）当评价结果中有较大的标准残差时，分两种情况：一是当有较大的正标准残差时，需要在模型中添加与残差对应的一个自由参数；二是当有较大的负标准残差时，则需要在模型中删除与残差对应的一个自由参数。通过不断添加与删除自由参数，直到所有的标准残差均小于 2 为止。

（4）如果主要方程的决定系数很小，则可能是以下某个或某几个方面的原因：一是缺少重要的观察变量，二是样本量不够大，三是所设定的初始模型不正确。

三、结构方程分析的基本特点

传统的多变量分析方法诸如复回归、因子分析、多变量方差分析、相关性分析等只能在同一时间内检验单一的自变量与因变量关系，而且这些分析方法往往存在理论上的假设限制及使用缺陷。因子分析能反应变量与变量之间的关系，但无法进一步分析变量间的因果关系。而路径分析虽然可以分析变量之间的因果关系，但实际情况却难以符合其变量之间的测量误差为零、残差之间不相关、因果关系为单向等基本假设。

结构方程模型整合了路径分析、验证性因素分析与一般统计检验方法，可分析变量之间的相互因果关系，包括因子分析与路径分析的优点。同时，它又弥补了因子分析的缺点，考虑了误差因素，不需要受到路径分析的假设条件限制。

结构方程模型可同时分析一组具有相互关系的方程式，尤其是具有因果关系的方程式。这种可同时处理多组变量之间关系的能力，有助于研究者开展探索性分析和验证性分析。当理论基础薄弱、多个变量之间的关系不明确而无法确认因素之间的关系时，我们可以利用探索性分析，分析变量之间的关系；当研究有理论支持时，我们可应用验证性分析来验证变量之间的关系是否存在。

概括而言，结构方程分析具有五个基本特点：①可同时考虑及处理多个因变量（endogenous/dependent variable）。②允许自变量和因变量项目含有测量误差。③允许潜变量由多个外显指标变量构成（这一点与因素分析类似），并可同时估计指标变量的信度及效度。④可采用比传统方法更有弹性的测量模式（measurement model）。在传统方法中，项目更多地依附于单一因子，而在结构方程模型中，某一指标变量可从属于两个潜伏因子。⑤可构建潜伏变量之间的关系，并估计模式与数据之间的吻合程度。

第三节　LISREL 软件简介

有多种软件可以用来分析结构方程模型，比较流行的是 LISREL、EQS、AMOS 和 Mplus。LISREL 是线性结构关系的缩写。它是由瑞典阿帕萨拉大学的乔瑞斯考格（Karl G. Joreskog）和索尔波姆（Dag Sorbom）为进行结构方程模型分析所编写的计算机软件，它是最早用于结构方程分析的软件，也是使用最普遍的一种软件，在普及结构方程模型使用的过程中发挥了巨大作用。

LISREL 被公认为最专业的结构方程分析工具，其权威性不容其他类似软件取代。LISREL 9.3 是目前最新的版本，其新特色包括建构潜在曲线模型（structured latent curve models）、定序变量因子分析（factor analysis of ordinal variables）、多层数据一般线性模型［generalized linear models（GLIMs）for multilevel data］、观测残差（observational residuals）、写入参数估计、标准差估计与 PSF 可适性衡量（writing parameter estimates, standard error estimates and measures of fit to a PSF）、图形使用者接口改良（Change to the graphical user interface, GUI）。由于在探讨多变量因果关系上具有强力优势，所以 LISREL 在公共管理研究上越来越受重视。

一、PRELIS 分析的基本程序

LISREL 软件包含两部分内容，即 PRELIS 和 LISREL。其中，PRELIS 主要用于在构建模型之前对数据进行前期处理和初步分析，而 LISREL 则是主程序，用于对模型进行处理。

因为 LISREL 模型中分析的不是单个的观测数据，而是观测变量的方差协方差，所以首选需要计算出适于 LISREL 分析的方差协方差矩阵。这项工作通过 LISREL 软件中

的子程序 PRELIS 来实现。实现 PRELIS 分析的基本程序如下：

（1）运行 LISREL 软件。选择选择 [file] → [new] → [prelis data]，单击 [确定]，打开数据输入界面。

（2）选择 [Data] → [Insert Variable] 和 [Insert Case]，确定所需要的变量数和样本数。

（3）选择 [Data] → [Define Variables] → [Rename]，根据要求对每个变量进行命名。

同样，选择 [Variable Type]，可以确定每个变量的类型。

（4）输入原始数据，建立 LISREL 分析的数据库，并加以保存。

（5）单击 [Statistics] → [Output Options]。

得到分析界面，选择所需要的矩阵（协方差矩阵或相关矩阵），在 [save to file] 复选框中打"√"，并在下面输入要保存的文件名*.cov，单击 [OK]，得到 LISREL 分析所需要的协方差矩阵或相关矩阵。

通过以上基本程序，可以得到 LISREL 分析所需要的协方差矩阵或相关矩阵，data.cov 也被作为一个文件被保存到 KANFER.psf 所在的文件夹中。

二、LISREL 程序中的矩阵、指令和变量

（1）LISREL 程序中的常用矩阵如表 13-12 所示。

表 13-12　LISREL 程序中的常用矩阵

序号	记号	表示内容	矩阵大小	可选形式
1	LY	y 变量在 η 因子的负荷	NY · NE	ID，IZ，ZI，DI，FU
2	LY	x 变量在 ξ 因子的负荷	NX · NK	ID，IZ，ZI，DI，FU
3	BE	η 因子对 η 因子的效应	NE · NE	ZE，SD，FU
4	GA	ξ 因子对 η 因子的效应	NE · NK	ID，IZ，ZI，DI，FU
5	PH	ξ 因子的协方差	NK · NK	ZE，DI，SY，ST
6	PS	结构方程残差 ζ 的协方差	NE · NE	ZE，DI，SY
7	TE	y 指标的误差协方差	NY · NY	ZE，DI，SY
8	TD	x 指标的误差协方差	NX · NX	ZE，DI，SY
9	TH	x、y 指标的误差协方差	NX · NY	ZE，DI，SY
10	TY	y 测量方程的截距	NY · 1	ZE，FI
11	TX	x 测量方程的截距	NX · 1	ZE，FI
12	AL	结构方程的截距	NE · 1	ZE，FI
13	KA	ξ 因子的均值	NK · 1	ZE，FI

（2）LISREL 程序中的常用指令如表 13-13 所示。

表 13-13　LISREL 程序中的常用指令

命令	表示内容	备注
DA	数据输入指令句	引导命令对程序进行描述
LA	标签指令句	可选项目，赋予输入变量名称
MA	矩阵分析指令句	分析矩阵时所要用的命令
NI	变量数目	
NO	样本大小	
CM	协方差矩阵	
KM	皮尔逊矩阵	
MM	二阶原点矩	
PM	多项相关矩阵	
TM	肯德尔相关矩阵	
XM	整体缺失值	
RE	重读	可选项，可重新读取文件
ME	均值	可选项
SE	选择变量次序	排列变量次序，若 SE 内变量少于 NI 中的数目，须以“/”结束
MO	模型指令设定语句	确定模型中变量之间的关系
PA	矩阵设定指令	定义指标与潜变量的关系，用“1”表示自由估计，“0”表示固定
VA	赋值语句	
OU	程序输出语句	按指令输出相应的结果
MI	修正指数	
SS	标准化解	
SC	完全标准化解	
PD	路径图输出指令	也可写作“Path Diagram”，位置在 DA 与 OU 指令之间

（3）LISREL 程序中的常用符号如表 13-14 所示。

表 13-14　LISREL 程序中的常用符号

序号	符号	含义
1	NY	Y 指标的变量数目
2	NX	X 指标的变量数目
3	NE	η 因子数目
4	NK	ξ 因子数目
5	ZE	零矩阵
6	ID	单位矩阵
7	IZ	$[\boldsymbol{I}, 0]$ 可分块为单位矩阵和零矩阵
8	ZI	$[0, \boldsymbol{I}]$ 可分块为零矩阵和单位矩阵
9	DI	对角矩阵
10	SD	下三角矩阵
11	SY	对称矩阵
12	ST	对称且对角线为 1
13	FU	完整矩阵
14	FR	自由
15	FI	固定

三、LISREL 运用的基本程序

首先来看一段 LISREL 运用的基本程序：

```
! LISREL PROGRAM
DA    NI=7    NO=200    MA=CM
CM   SY
（此处输入通过 PRELIS 得到的矩阵）

MO   NX=7   NK=2   LX=FU，FI   PH=ST   TD=DI，FR
PA    LX
4 （1  0）
3 （0  1）

OU   MI   SS   SC
```

这段程序分为四个部分：

（1）！ LISREL PROGRAM

这只是一个说明，对程序不起任何作用，用“！”来引导。

（2）DA　NI=7　NO=200　MA=CM

CM　SY

（此处输入通过 PRELIS 得到的矩阵）

其含义如下：我们研究的对象由 7 个变量（NI=7）组成，共有 200 份样本数据（NO=200），模型所用的矩阵是协方差矩阵（CM），我们在输入矩阵时只输入对称矩阵（SY）的下三角部分。这里要输入的矩阵就是我们用 PRELIS 得出的矩阵。

（3）MO　NX=7　NK=2　LX=FU，FI　PH=ST　TD=DI，FR

PA　LX

4（1　0）

3（0　1）

其含义如下：模型由七个指标构成，分别从属于两个外生潜变量（NK=2）；LX=FU，FI 表示潜变量与指标间的因子负荷矩阵是完整的、固定的；PH=ST 表示两个潜变量间的关系矩阵是对称的，且对角线的值为 1；TD=DI，FR 表示指标误差间的协方差矩阵是自由的，且非对角线元素被固定为 0，也就是说误差之间不相关；PA　LX；4（1　0）；3（1　0）这三行语句是对指标和变量之间关系的明确表示，代表前四个指标属于第一个外生潜变量，后三个指标属于第二个外生潜变量。

（4）OU　MI　SS　SC

其含义如下：在分析过程完成后，要输出修正指数（MI）、标准化解（SS）和完全标准化解（SC）。

由此可以看出，LISREL 程序主要由四部分组成。

（1）标题部分。这部分内容是对程序内容的说明，对程序不产生任何影响。LISREL

在执行程序命令时会自动跳过这些语句，并不执行，直至遇到 DA 指令。我们可以用“!”或“/*”来引导之后的说明内容，但也可以不加这两个引导符，不过从便于理解、让程序更加明确的角度来讲，我们一般应该加上这两个引导符。

（2）模型的描述部分。这部分主要描述模型的一些基本内容，包括有几个变量、多少样本以及所用何种矩阵等，比较简单。除了直接输入矩阵外，也可以采用直接读取矩阵文件的形式，如“CM　FI= c：\ abc.cm”，这代表从 c 盘读入协方差矩阵 abc，这种方法较之直接输入更加简明清晰。模型描述部分要用到的指令句主要有 DA、LA、SY 和 MA 等，要用到的命令主要有 NI、NO、CM、KM、MM、PM、TM、XM、RE、ME 和 SE 等，有关命令的具体表示意义见表 13-13。

（3）模型的指令设定部分。指令设定部分是 LISREL 程序中最主要的内容，它用相应的程序将事先设定的模型表示出来，决定了程序如何去执行。这部分内容用命令 MO 来引导，主要格式有 NX=0、NY=0、LX=FU，FI、PH=SY，FR、TD=DI，FR 等，表示的具体意义见表 13-14。在设定的过程中，要注意两个情况：①如果我们在模型中认为某两个指标之间或指标与潜变量之间没有关系，那么就要在程序中将关系矩阵中代表该关系的元素固定为 0，这样软件就不再估计这两者间的关系系数；如果认为有关系，则要将相应的元素设定为自由，让软件去自由估计它们之间的关系系数。②我们需要设定潜变量的单位，具体做法有两种。一种是将所有潜变量的方差固定为某个数字，简称固定方差法；另一种是在每个潜变量与它的各指标的关系中选择一个固定，简称固定负荷法。一般来说，模型中除了由于以上方法被固定的路径外，所有的关系都要被设定为自由，让 LISREL 软件去自由估计。

例如，在上述例题中，“PA　LX 4（1　0）”表示第一个潜变量与它的四个指标的因子负荷都被自由估计，根据规定这里用 1 表示自由，这意味着没有使用固定负荷法；另外，由于这四个指标均与第二个潜变量没有关系，所以与第二个潜变量的关系都被固定为 0。这里我们要特别注意，PA 指令中 1 表示的含义与别处略有不同，以 PH=ST 来说，PH=ST 是一种特殊的简化写法，表示 PH 对称对角线固定取值为 1（别的数字也可以），别的关系自由估计，这表示两个潜变量的方差被固定为 1，使用的是固定方差法。因此，这两个地方的 1 所表示的含义是完全不同的，要特别注意区别在不同的地方数字 1 所表示意义的不同。

（4）模型的指令输出格式。这部分内容是在软件对模型的分析结束之后，按照我们的指令输出相应的数据分析结果。本部分内容主要用指令 OU 引导，格式包括 OU　MI SC，表示要输出模型修正指数（MI）和完全标准化解（SC）。

第四节　LISREL 在结构方程分析中的运用

科技投入和科技产出是测度科技竞争力的两大重要指标。用科技活动人员（X_1）、科学家工程师（X_2）、R&D 人员（X_3）来测度科技人员投入，用科技经费支出额（X_4）、R&D 经费（X_5）、R&D 经费占 GDP 的比重（X_6）来测度科技经费投入，用发明专利申请量（Y_1）、发明专利授权量（Y_2）来测度发明专利产出，用高技术产业规模以上企业产值（Y_3）、高技术产业规模以上企业增加值（Y_4）和高技术产业规模以上企业增加值率（Y_5）来测度高新技术产出。通过查阅有关的统计年鉴得到了 11 个相关变量的统计数据，如表 13-15 所示。运用 LISREL 对科技投入与科技产出进行结构方程分析（本例样本容量仅为 31，做结构方程分析并不科学，本书仅用此例说明结构方程分析的基本程序与方法）。

表 13-15 结构方程分析的原始数据

地区	X_1	X_2	X_3	X_4	X_5	X_6	Y_1	Y_2	Y_3	Y_4	Y_5
北京	40.16	32.45	18.76	825.42	505.39	5.40	18 763	4 824	3 186.67	558.09	17.51
天津	11.27	7.74	4.49	232.17	114.69	2.27	5 364	1 164.	2 211.02	608.68	27.53
河北	13.64	9.61	4.53	163.04	90.02	0.66	2 094	462	437.35	135.27	30.93
山西	12.80	7.65	3.69	157.62	49.25	0.86	1 212	307	154.90	58.41	37.71
内蒙古	4.20	3.09	1.54	48.30	24.20	0.40	565	120	171.32	56.85	33.18
辽宁	18.87	13.47	7.72	288.87	165.40	1.50	5 516	1 220	1 018.99	298.84	29.33
吉林	9.27	6.74	3.25	108.22	50.87	0.96	1 635	454	314.29	133.15	42.37
黑龙江	11.51	8.18	4.82	106.85	66.04	0.93	2 386	668	246.47	81.26	32.97
上海	22.79	16.95	9.01	528.71	307.46	2.52	15 212	3 259	5 631.04	933.07	16.57
江苏	43.79	27.56	16.05	900.15	430.20	1.67	16 578	2 220	9 661.04	2 093.37	21.67
浙江	34.78	21.65	12.94	509.36	281.60	1.50	9 532	2 213	2 847.81	596.91	20.96
安徽	11.32	7.46	3.62	195.62	71.79	0.97	1 602	317	281.91	91.37	32.41
福建	11.28	7.58	4.76	172.76	82.17	0.89	2 170	336	1 797.81	444.95	24.75
江西	7.26	4.55	2.71	79.50	48.79	0.89	1 012	176	445.65	140.46	31.52
山东	33.05	22.89	11.65	602.16	312.31	1.20	8 795	1 435	3 134.67	954.63	30.45
河南	19.22	12.22	6.49	220.81	101.13	0.67	2 875	563	642.24	234.43	36.50
湖北	17.35	12.51	6.74	216.84	111.32	1.21	3 705	886	695.64	301.01	43.27
湖南	13.64	9.32	4.49	148.13	73.55	0.80	3 670	735	328.06	101.82	31.04
广东	44.89	32.77	19.95	684.22	404.29	1.30	26 692	3 714	14 701.95	2 867.30	19.50
广西	6.67	4.33	2.01	65.86	22.00	0.37	945	188	173.75	67.96	39.11
海南	0.89	0.47	0.13	10.96	2.60	0.21	278	51	38.93	16.21	41.64
重庆	8.38	5.75	3.16	105.57	46.99	1.14	1 601	354	218.89	82.59	37.73
四川	20.89	13.89	7.88	290.14	139.14	1.32	3 406	825	1 107.33	394.72	35.65
贵州	3.92	2.37	1.14	35.30	13.74	0.50	874	233	204.14	78.10	38.26
云南	5.75	3.88	1.78	60.14	25.88	0.55	1 014	368	100.63	40.03	39.78
西藏	0.36	0.22	0.07	1.86	0.70	0.20	23	4	5.74	3.59	62.54
陕西	14.88	9.70	6.51	209.82	121.71	2.23	2 412	755	590.85	199.23	33.72
甘肃	5.33	3.60	1.88	60.40	25.72	0.95	600	180	54.95	25.20	45.86
青海	1.12	0.74	0.29	11.76	3.81	0.49	91	28	14.14	8.17	57.78
宁夏	1.45	1.01	0.56	19.83	7.47	0.84	112	32	22.64	8.32	36.75
新疆	3.02	2.09	0.89	32.81	10.02	0.28	476	90	20.34	6.68	32.84

一、构建结构方程的初始模型

根据相关的专业知识，可以构建如图 13-5 所示的科技投入与科技产出之间关系的结构方程初始模型（M_1）（图 13-5）。

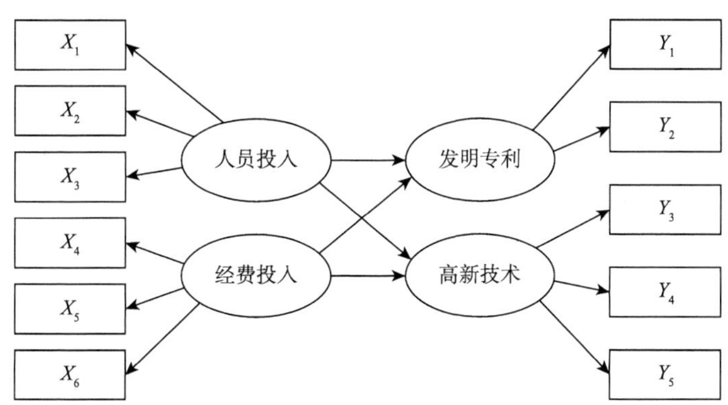

图 13-5 结构方程模型初始假设（M_1）

二、建立 LISREL 分析数据文件

将表 13-15 中 11 个变量的原始数据先复制到 SPSS，建立 SPSS 数据文件（见本书配套的数据文件“SPSS13-LISREL 分析原始数据”），再将 SPSS 数据文件直接导入 LISREL 软件，形成 LISSREL 分析数据文件（LISREL 数据文件见本书配套的数据文件“SPSS13-LISREL 分析数据库.psf”）。

三、通过 PRELIS 分析得到相关系数矩阵和协方差矩阵

LISREL 分析需要相关系数矩阵或者协方差矩阵。当然，相关系数矩阵或者协方差矩阵可以通过 SPSS 等软件得到，通过 LISREL 程序中的 PRELIS 分析可以直接得到相关系数矩阵和协方差矩，并将计算结果保持为 LSREL 分析相关矩阵.out 和 LSREL 分析协方差分析.out 文件（具体操作程序可以参照第三节 LISREL 软件简介中的 PRELIS 分析的基本程序）。

四、编写 LISREL 分析程序

根据所构建的结构方程初始模型（M_1），编写 LISREL 分析程序 1（LISREL 分析程序 1 见本书配套的数据文件“SPSS13-LISREL 分析程序 1.LS8”）：

```
DA NI=11   NO=31   MA=KM
KM SY
1
0.991   1
0.987   0.995   1
0.968   0.967   0.960   1
```

```
0.959  0.974  0.970  0.990  1
0.612  0.672  0.678  0.695  0.745  1
0.899  0.923  0.931  0.912  0.937  0.629  1
0.862  0.906  0.910  0.895  0.942  0.815  0.943  1
0.794  0.789  0.809  0.791  0.787  0.336  0.919  0.743  1
0.818  0.804  0.820  0.807  0.791  0.317  0.897  0.709  0.990  1
−0.705 −0.708 −0.710 −0.712 −0.722 −0.580 −0.692 −0.709 −0.582 −0.573 1
LA
Y1 Y2 Y3 Y4 Y5 X1 X2 X3 X4 X5 X6
MO  NY=5  NE=2  NX=6  NK=2  PH=SY，FR  PS=SY，FR  TD=DI，FR  TE=DI，FR  BE=FU，FI
PA LY
2（1 0）
3（0 1）
PA LX
3（1 0）
3（0 1）
PA GA
1 1
1 1
LK
人员投入  经费投入
LE
发明专利  高新技术
PD
OU SS SC MI  ND=3
```

五、LISREL 分析的主要输出结果

打开“LISREL 分析程序 1.LS8”，通过运行输出 LISREL 分析的结果（LISREL 分析程序 1 运行的输出结果见本书配套的数据文件“SPSS13-LISREL 分析程序 1.OUT”）。

（1）Number of Input Variables 11（读入的变量个数为 11）。

Number of Y - Variables 5（Y 变量的个数为 5）。

Number of X - Variables 6（X 变量的个数为 6）。

Number of ETA - Variables 2（Y-因子个数为 2）。

Number of KSI - Variables 2（X-因子个数为 2）。

Number of Observations 31（样本个数为 31）。

（2）Parameter Specifications（参数设定）。

LAMBDA-Y

	发明专利	高新技术
	--------	--------
Y1	0	0
Y2	1	0
Y3	0	0
Y4	0	2
Y5	0	3

LAMBDA-X

	人员投入	经费投入
	--------	--------
X1	4	0
X2	5	0
X3	6	0
X4	0	7
X5	0	8
X6	0	9

GAMMA

	人员投入	经费投入
	--------	--------
发明专利	10	11
高新技术	12	13

PHI

	人员投入	经费投入
	--------	--------
人员投入	0	
经费投入	14	0

PSI

	发明专利	高新技术
	--------	--------
发明专利	15	
高新技术	16	17

THETA-EPS

Y1	Y2	Y3	Y4	Y5
--------	--------	--------	--------	--------
18	19	20	21	22

THETA-DELTA

X1	X2	X3	X4	X5	X6

```
           --------     --------     --------     --------     --------     - --------
              23           24           25           26           27           28
```

（3）Number of Iterations = 42（表明迭代次数 42 次收敛）。

（4）LISREL Estimates（Maximum Likelihood）（参数估计）。

```
         LAMBDA-Y
            发明专利       高新技术
          ------------   ------------
     Y1       0.993          - -
     Y2       0.998          - -
            （0.025）
             40.502
     Y3        - -          0.995
     Y4        - -          0.970
                          （0.048）
                           20.281
     Y5        - -          0.979
                          （0.042）
                           23.416
         LAMBDA-X
            人员投入       经费投入
          ------------   ------------
     X1       0.802          - -
            （0.148）
              5.411
     X2       0.929          - -
            （0.137）
              6.759
     X3       1.027          - -
            （0.126）
              8.173
     X4        - -          0.967
                          （0.133）
                           7.248
     X5        - -          1.025
                          （0.126）
                           8.135
     X6        - -         -0.377
                          （0.160）
```

−2.357

GAMMA

	人员投入	经费投入
	------------	------------
人员投入	0.651	0.454
	（0.108）	（0.088）
	6.019	5.147
经费投入	0.679	0.439
	（0.108）	（0.082）
	6.310	5.356

Covariance Matrix of ETA and KSI

	发明专利	高新技术	人员投入	经费投入
	------------	------------	------------	------------
发明专利	1.000			
高新技术	1.000	1.000		
人员投入	0.819	0.841	1.000	
经费投入	0.695	0.690	0.370	1.000

PHI

	人员投入	经费投入
	------------	------------
人员投入	1.000	
经费投入	0.370	1.000
	（0.136）	
	2.709	

PSI

	发明专利	高新技术
	------------	------------
发明专利	0.151	
	（0.033）	
	4.589	
高新技术	0.139	0.126
	（0.030）	（0.029）
	4.589	4.310

THETA-EPS

Y1	Y2	Y3	Y4	Y5
--------	--------	--------	--------	--------
0.014	0.004	0.011	0.059	0.042
（0.004）	（0.002）	（0.004）	（0.015）	（0.011）

3.286	1.609	2.861	3.879	3.832	

THETA-DELTA

X1	X2	X3	X4	X5	X6
--------	--------	--------	--------	--------	--------
0.357 （0.082）	0.137 （0.033）	−0.054 （0.017）	0.065 （0.021）	−0.050 （0.019）	0.858 （0.214）
4.338	4.151	−3.118	3.176	−2.670	4.001

（5）Goodness of Fit Statistics（拟合优度统计量）。

Degrees of Freedom = 38
Minimum Fit Function Chi-Square = 369.346（P = 0.0）
Normal Theory Weighted Least Squares Chi-Square = 150.772（P = 0.00）
Estimated Non-centrality Parameter（NCP）= 112.772
90 Percent Confidence Interval for NCP =（78.726；154.386）

Minimum Fit Function Value = 12.312
Population Discrepancy Function Value（F0）= 3.759
90 Percent Confidence Interval for F0 =（2.624；5.146）
Root Mean Square Error of Approximation（RMSEA）= 0.315
90 Percent Confidence Interval for RMSEA =（0.263；0.368）
P-Value for Test of Close Fit（RMSEA < 0.05）= 0.000
Expected Cross-Validation Index（ECVI）= 6.892
90 Percent Confidence Interval for ECVI =（5.758；8.280）

ECVI for Saturated Model = 4.400
ECVI for Independence Model = 37.683
Chi-Square for Independence Model with 55 Degrees of Freedom = 1108.490
Independence AIC = 1130.490
Model AIC = 206.772
Saturated AIC = 132.000
Independence CAIC = 1157.263
Model CAIC = 274.923
Saturated CAIC = 292.643
Normed Fit Index（NFI）= 0.667
Non-Normed Fit Index（NNFI）= 0.545
Parsimony Normed Fit Index（PNFI）= 0.461
Comparative Fit Index（CFI）= 0.685
Incremental Fit Index（IFI）= 0.690
Relative Fit Index（RFI）= 0.518
Critical N（CN）= 5.968
Root Mean Square Residual（RMR）= 0.219

Standardized RMR = 0.219

Goodness of Fit Index（GFI）= 0.523

Adjusted Goodness of Fit Index（AGFI）= 0.171

Parsimony Goodness of Fit Index（PGFI）= 0.301

（6）Modification Indices and Expected Change（修正指数及其期望变动值）。

Modification Indices for LAMBDA-Y

	发明专利	高新技术
	--------	--------
Y1	- -	7.812
Y2	- -	7.812
Y3	1.428	- -
Y4	0.218	- -
Y5	2.985	- -

Modification Indices for LAMBDA-X

	人员投入	经费投入
	--------	--------
X1	- -	2.599
X2	- -	23.309
X3	- -	11.793
X4	15.031	- -
X5	16.151	- -
X6	8.939	- -

Modification Indices for THETA -EPS

	Y1	Y2	Y3	Y4	Y5
	--------	--------	--------	--------	--------
Y1	- -				
Y2	- -	- -			
Y3	2.082	0.781	- -		
Y4	2.093	5.192	1.757	- -	
Y5	2.730	0.069	1.509	21.435	- -

（7）Completely Standardized Solution（完全标准化解）。

LAMBDA-Y

	发明专利	高新技术
	--------	--------
Y1	0.993	- -
Y2	0.998	- -
Y3	- -	0.995
Y4	- -	0.970

Y5	- -	0.979

LAMBDA-X

	人员投入	经费投入
	--------	--------
X1	0.802	- -
X2	0.929	- -
X3	1.027	- -
X4	- -	0.967
X5	- -	1.025
X6	- -	−0.377

GAMMA

	人员投入	经费投入
	--------	--------
发明专利	0.651	0.454
高新技术	0.679	0.439

Correlation Matrix of ETA and KSI

	发明专利	高新技术	人员投入	经费投入
	--------	--------	--------	--------
发明专利	1.000			
高新技术	1.000	1.000		
人员投入	0.819	0.841	1.000	
经费投入	0.695	0.690	0.370	1.000

PSI

	发明专利	高新技术
	--------	--------
发明专利	0.151	
高新技术	0.139	0.126

THETA-EPS

Y1	Y2	Y3	Y4	Y5
--------	--------	--------	--------	--------
0.014	0.004	0.011	0.059	0.042

THETA-DELTA

X1	X2	X3	X4	X5	X6
--------	--------	--------	--------	--------	--------
0.357	0.137	−0.054	0.065	−0.050	0.858

Regression Matrix ETA on KSI（Standardized）

人员投入	经费投入
--------	--------

人员投入　　0.651　　0.454

经费投入　　0.679　　0.439

（8）输出 LISREL 分析的路径图，如图 13-6 所示（LISREL 分析程序 1 运行输出的路径图见本书配套的数据文件“SPSS13-LISREL 分析程序 1.PTH”）。

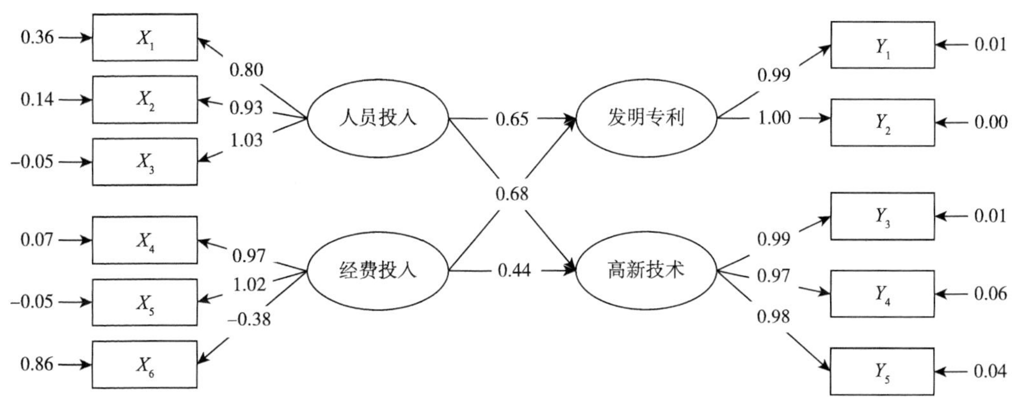

图 13-6　LISREL 分析路径图（M_1）

六、模型的修正

从拟合优度统计量来判断，模型（M_1）总体上看不是非常理想，此处仅做演示。从实际情况来看，“发明专利”对“高新技术产业”应该具有较强的影响力。因此，可以对模型 M_1 进行修正，把 LISREL 分析程序 1 中的 BE 2 1 设置为自由，于是得到模型 M2 的 LISREL 分析程序 2（LISREL 分析程序 2 见本书配套的数据文件“SPSS13-LISREL 分析程序 2.LS8”）。

```
DA NI=11   NO=31   MA=KM
KM SY
1
0.991   1
0.987   0.995   1
0.968   0.967   0.960   1
0.959   0.974   0.970   0.990   1
0.612   0.672   0.678   0.695   0.745   1
0.899   0.923   0.931   0.912   0.937   0.629   1
0.862   0.906   0.910   0.895   0.942   0.815   0.943   1
0.794   0.789   0.809   0.791   0.787   0.336   0.919   0.743   1
0.818   0.804   0.820   0.807   0.791   0.317   0.897   0.709   0.990   1
-0.705  -0.708  -0.710  -0.712  -0.722  -0.580  -0.692  -0.709  -0.582  -0.573  1
```

```
LA
Y1 Y2 Y3 Y4  Y5 X1 X2 X3 X4 X5 X6
MO  NY=5  NE=2  NX=6  NK=2  PH=SY，FR  PS=SY，FR  TD=DI，FR
TE=DI，FR  BE=FU，FI
PA LY
2（1 0）
3（0 1）
PA LX
3（1 0）
3（0 1）
PA GA
1 1
1 1
FI PS 2 1
FR BE 2 1
LK
人员投入  经费投入
LE
发明专利  高新技术
PD
OU SS SC MI ND=3 AD=OFF
```

LISREL 分析程序 2 运行的输出结果见本书配套的数据文件（“SPSS13-LISREL 分析程序 2. OUT”）。

LISREL 分析程序 2 运行的输出路径图如图 13-7 所示（见本书配套的数据文件“SPSS13-LISREL 分析程序 2. PTH”）。

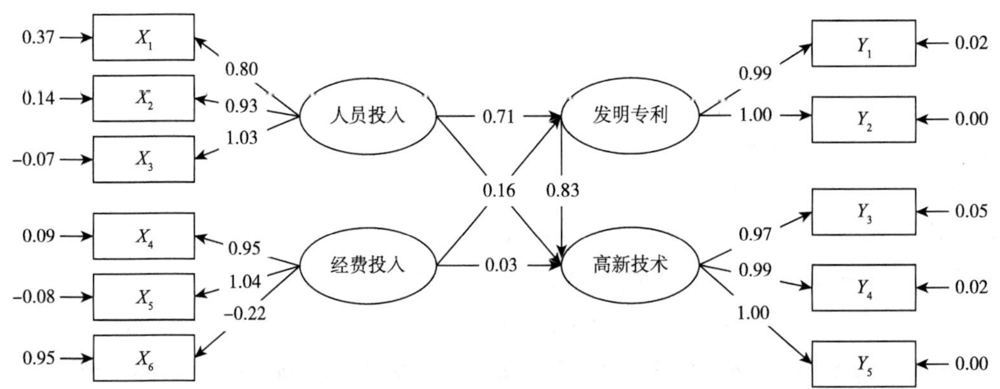

图 13-7 LISREL 分析路径图（M_2）

➢复习思考题

1. 简述通径分析的基本概念及其适用条件。
2. 举例说明通径分析的基本程序。
3. 结合某个研究课题进行通径分析。
4. 简述结构方程分析的基本原理。
5. 举例说明结构方程分析的基本程序。
6. 简述结构方程分析的特点和优点。
7. 结合某个研究课题，运用 LISREL 软件进行结构方程分析。

第十四章

研究论文撰写

当完成了研究资料的收集、整理和分析等一系列研究工作后，最后一个任务就是撰写研究论文。研究论文是全面、正确地反映研究成果，集中体现研究价值的重要形式，也是公共管理研究者进行学术沟通和交流的重要手段。因此，认真撰写研究论文、准确分析研究结果，以及明确给出研究结论，是每个公共管理研究者的重要责任。

第一节　研究论文概述

一、什么是研究论文

研究论文是整个公共管理研究工作，包括计划、实施、收集、整理和分析等一系列研究过程的总结，是对研究成果的一种书面陈述。研究论文以文字、图表等形式将研究的过程、方法和结果表现出来，其目的是告诉同行和有关读者，对所研究的问题是如何进行研究的，取得了哪些结果，这些结果对认识和解决有关问题有哪些理论与实际意义等。

研究论文写得好，就能够全面、正确地将研究成果反映出来。认真进行研究论文的撰写，具有十分重要的意义：①它以文字的形式记录科学研究的成果，展现研究水平，促进学术的发展和社会进步，发表后，便能在较广泛的范围内进行传播，能在社会上产生一定的影响。②通过研究论文的撰写，可以进一步检验已发现的研究成果，使之更加充实、完善。同时，有可能帮助研究者根据现有的成果发现新的、有价值的研究课题，甚至开拓出一个新的研究领域。③撰写研究论文是一种治学过程。治学就要有科学精神，锻炼研究者的逻辑思维能力，提高思维的系统性、明确性。研究本身，不会自然而然地形成逻辑严密、说服力强的研究论文，它需要研究者对研究成果加以整理，组织成论文。因此，撰写研究论文是提高研究者分析、归纳、演绎、判断和推理能力的一种好手段。

撰写科学规范的研究论文，是公共管理研究者必须具备的重要研究能力之一。如果不能通过撰写科学规范的研究论文，明确地表达公共管理的研究成果，有效地与同行进行学术沟通和交流，即使研究本身的质量很高，这样的公共管理研究也会失去应有的价值。事实上，国际上一些著名的公共管理研究，都是通过撰写和发表研究论文而被人们广泛接受的，进而在公共管理学界产生广泛而深刻的影响。

二、研究论文的分类

研究论文是个很宽泛的概念，它可以是课题的研究报告，也可以是针对某一理论问题进行探讨、分析的学术性论文。

研究论文涉及的内容纷繁复杂，其表现形式多种多样。从研究成果的写作形式来看，有观察报告、调查报告、实验报告、经验总结、理论性的论文、综述和述评等。一般来讲，采用什么样的研究方法，就产生什么类型的研究成果。采用实证性的研究方法就形成实证性的研究报告。例如，用实验法进行研究，就形成实验报告；用调查法进行研究，就形成调查报告；采用思辨性的研究方法研究，就形成理论性的学术论文。

（一）研究报告和学术论文

根据研究论文的性质和特点，可以把研究论文分为实证性的研究报告和理论性的学术论文两大类。

（1）研究报告。研究报告也称科学论文，是对研究过程和研究成果的概括与总结，是以事实和数据来说明与解释问题的论文。这类论文有比较固定的写作结构，它要求对方法和材料必须描述得具体、清楚，客观地呈现研究过程，合理地解释研究结果。这类论文主要有实验报告、调查报告和观察报告等。

（2）学术论文。学术论文也称理论性的研究报告，这类论文是以议论文的形式，通过理性的分析，用概念、判断、推理等逻辑方法来证明和解释研究的问题。这类论文不像研究报告那样具有典型的写作结构，在写作表现方式上比较灵活、自由，但它要求所写论文具有新理论、新见解，论点明确，论据确凿，论证严密，逻辑性强，能清楚地展现理论、观点形成的过程。学术论文通常与思辨性的研究方法相联系，常见的形式有经验总结、综述、述评和理论性的论文等。

（二）论述性、描述性、实证性和综述性的研究论文

研究论文就其内容和写作形式可以分为论述性研究论文、描述性研究论文、实证性或实验性研究论文与文献资料研究论文等四个类别。

（1）论述性研究论文：这是一种旨在阐明研究对象的本质及其规律性的研究论文。

（2）描述性研究论文：这是一种旨在说明研究对象是什么和发生了什么的研究论文。

（3）实证性或实验性研究论文：这是一种旨在用事实说明现象或事物之间相互关系，以及现象为什么发生、怎么能发生的研究论文。

（4）文献资料研究论文：这是在归纳、总结前人或今人对某学科中某一学术问题已有研究成果的基础上，加以介绍或评论，从而发表自己见解的一种论文。

（三）学士、硕士和博士学位论文

根据不同学位等级的要求，为解决某一课题而撰写的具有不同深度和广度的学术论文称为学位论文。它是高等学校或研究机构的学生为取得学位，在导师指导下完成的科学研究、科学试验成果的书面报告。学位论文通常分为学士、硕士和博士三种类型。

（1）学士论文。学士论文是合格的本科毕业生撰写的论文。毕业论文应反映出研究者能够准确地掌握大学阶段所学的专业基础知识，基本学会综合运用所学知识进行科学研究的方法，对所研究的问题有一定的心得体会，论文题目的范围不宜过宽，一般选择本学科某一重要问题的一个侧面或一个难点，选择题目还应避免过小、过旧和过长。

（2）硕士论文。硕士论文是攻读硕士学位研究生所撰写的论文。它应能反映出研究者广泛而深入地掌握专业基础知识，具有独立开展研究的能力，对所研究的题目有新的独立见解，论文具有一定的深度和科学价值，对本专业学术水平的提高有积极作用。

（3）博士论文。博士论文是攻读博士学位研究生所撰写的论文。它要求研究者在导师的指导下，能够自己选择潜在的研究方向，开辟新的研究领域，掌握相当渊博的本学科有关领域的理论知识，具有相当熟练的科学研究能力，对本学科能够提供创造性的见解，论文具有较高的学术价值，对学科的发展具有重要的推动作用。

三、研究论文的基本特点

一篇研究论文是否有意义，关键取决于它的质量。研究论文的质量高低通常体现在科学性、创新性、理论性和逻辑性等几个方面。

（一）科学性

科学性是研究论文的前提和基础。研究论文的科学性包括三层含义：一是论文内容的科学性，表现为论文的内容和资料是真实的，是指研究论文的内容、材料、结果必须是客观存在的事实，能够经得起科学的验证和实践的考验。要对每一个概念、数据等准确无误地理解和运用，保持严肃认真的态度，做到立论客观，论据充分，论证严谨。不能主观臆断，更不能为达到“预期目的”而歪曲事实，伪造数据。二是论文表述的科学性，表现为表述的准确、明白，这是表达最基本的要求，语言的使用上要十分贴切，没有疏漏、差错或歧义。表述概念要进行科学定义或选择恰当的科学术语，消除口头语言的模糊，同时要求把数值准确地表述出来。研究成果的表述必须观点正确，论证要以事实为依据，无论是阐述因果关系，结论的利弊和价值，还是结论的实用性和可行性，都必须从事实出发。推理要合乎逻辑，不可无根据地臆断。三是论文结构的科学性。论文是客观事物事理的反映，其结构应具有严密的逻辑性。运用综合方法，从已掌握的材料得出结论。

（二）创新性

创新性是研究论文的核心和灵魂。别人没有提出过的理论、概念和观点，别人没有用过的研究方法，别人没有观察到的现象，在实验和调查中第一次获得的数据等，都是创新性的研究成果。研究论文的创新性是指创新的有无问题，并不是指创新的大小问题。某一篇论文，其创新程度可能大些，也可能很小，但总要有一些独到之处，总要对丰富科学技术知识宝库和推动科学技术发展起到一定的作用。“首次提出”“首次发现”当然是具有重大价值的研究成果，这毕竟为数不是很多；在某一个问题上有新意，对某一点有发展，就属于创新的范围。一篇研究论文通常在某一个方面应该具有创新性，或者是发现新理论，或者是提出新观点，或者是解决新问题，或者是得出新结论等，而绝不能人云亦云，简单重复、模仿、因袭前人的工作。由于创新性的要求，研究论文的写作不应与教科书（讲义）和实验报告、工作总结等同。教科书是介绍和传授已有知识的，主要读者是外行人、初学者，因此十分强调系统性、完整性和连续性，写法上要力求循序渐进，深入浅出。实验报告或工作总结等则要求把实验过程和操作、数据资料、做了哪些工作、怎么做的、有什么成绩和缺点、有什么经验和体会等比较详细地反映出来，即使是重复别人的工作也要写进去。研究论文报道的是研究者自己的研究成果，因而与他人重复的研究内容，基础性的知识，某些一般性的、具体的实验过程和操作或数学推导，以及比较浅显的分析等都应删去，或者只做简要的说明，主要是突出自己的心得，同时应对原始材料有整理、有取舍、有提高，要形成新观点、新认识和新结论。

（三）理论性

研究论文是建立在一定的理论基础之上，以科学的理论为指导的。研究论文要将调查、实验、观测所得的结果，从理论高度进行分析，把感性认识上升到理性认识，进而找到带有规律性的东西，得出科学的结论。论文所表述的发现或发明，不但具有应用价值，而且还应具有一定的理论价值，使论文具有较强的理论性。

（四）逻辑性

一篇研究论文，应当是内容和形式的统一。内容是指主题和材料；形式是指逻辑结构和语言表达。论文的内容固然起决定作用，但论文的形式也不是消极、被动的，事实上起着重要作用。人们要进行思维，就要使用概念、判断、推理等思维形式。这些思维形式既是人类用来反映客观现实的手段，又是构筑研究论文的基本材料。要正确处理研究论文内容之间的逻辑联系，增强论文的逻辑力量，必须学会运用逻辑思维方法。逻辑思维方法是一个整体，它是由一系列既相互区别又相互联系的方法所组成的，其中主要包括以下几种：归纳和演绎的方法，分析和综合的方法，从具体到抽象和从抽象上升到具体的方法，逻辑和历史统一的方法。逻辑思维方法不仅是论文写作中内容安排和逻辑论证的方法，而且更重要的是进行科学研究的方法。

研究论文的科学性、创新性、理论性和逻辑性，是为学术界公认的，符合客观实际的基本准则。撰写研究论文，要符合研究论文的这些基本特点，要从实际出发，提出问题、分析问题、解决问题，做出合乎客观实际的结论。

四、研究论文的基本结构

搞清楚研究论文的类型以后，还必须进一步了解研究论文是由哪些基本结构组成的，也就是研究论文的结构问题。

任何研究论文都有自己的结构，无结构不成研究论文。研究论文的结构是研究内容的表现形式，是研究者对研究成果在写作上的布局、谋划和安排。一篇研究论文的结构应该是一个统一的整体。毛泽东同志说过："写文章要讲逻辑。就是要注意整篇文章的结构，开头、中间、结尾要有一种内部的联系，不要互相冲突。"这就是说，一篇文章要层次分明，头尾连贯，符合逻辑，必须有一个完整的结构。

任何研究论文的结构都不是固定不变的，但也不是无规律可循的。研究论文的基本结构可以分为三大部分：①前置部分，是指正文以外的有关资料；②主体部分，是指学位论文的主体；③附注部分，是指正文后所附的资料（研究论文的基本框架如图 14-1 所示）。

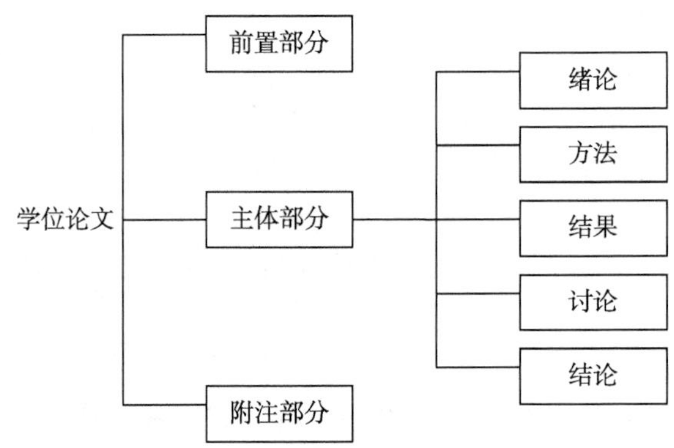

图 14-1 研究论文的基本框架

（一）前置部分

前置部分是通过有关项目简要说明论文的基本情况，包括以下几部分。

（1）题目。题目通常具有三方面的基本功能：一是概括全文，题目应能准确地概括全文内容，一般要求提纲挈领，点明主题，做到文题相符。二是吸引读者，读者往往"以题取文"，论文题目应有吸引力，才能吸引人去读正文，一般情况下，看标题的读者远远高于读正文的读者。三是便于检索，题目是检索论文的重要索引，好的题目有利于研究论文的扩散和传播。

题目一般不用完整的句子，标题一般只是文章的"帽子""标签""称呼"，不反映具体内容，一般不必用完整的句子，多用名词、词组。论文题目必须反映论文所阐述的主要问题，尽可能用最恰当、最简明的词语组合，概括全文内容并能引人入胜，做到确切、中肯、鲜明、简练和醒目。一看题目就能大体知道这篇文章要讲什么，并产生阅读全文的兴趣。在给文章命名时，一是要恰如其分，一般不用象征、比喻等修辞手法拟题。二是不能过大或过小。过大，让人读后会觉得太空；过小，则涵盖不了所写的内容。三是题目要控制字数，"惜字如金"，最好不要超出 20 个字，且其中不能用标点符号。常用的题目命名方式有直叙式、疑问式、主副结合式等。

（2）研究者姓名和单位。论文研究者的署名包括以下内容：参加撰写论文的人员；参与选定研究题目和制订研究方案的人员；直接参与全部或主要部分研究工作并做出贡献的人员。如果是两个或两个以上的人员联合完成的论文，应根据每个人员的贡献大小或根据约定排列名次。研究者的单位是本单位及其具体单位的名称。

（3）摘要。摘要即摘录要点，是对论文内容的简短陈述，提示论文的主要观点、见解、论据或概括地简单介绍论文的主要内容。摘要是对论文不加注释和评论的简短陈述。摘要的目的就是告诉读者文章的内容。读者可以通过看摘要来决定是否阅读全文。也就是说，在不阅读全文的情况下，读者可迅速、准确地把握论文的主要观点，获得必要的信息。摘要有两个特点：一是独立性，是指它是一篇完整的短文，可以独立使用，即不阅读全文，不凭借任何注释，就能获得必要的信息。二是自含性，是指摘要的内容应包括与论文同等量的主要信息。

论文摘要通常有两种类型：①资料性摘要（报道性摘要）。一般包括研究目的、对象、方法、结果和结论。期刊论文或会议论文绝大多数属于资料性摘要。目的包括研究、研制、调查的目的；方法包括所用的原理、理论、条件、对象、材料、工艺、结构、手段、设备、程序；结果包括实验、仿真或研究的结果，包括数据、关系、观察的现象及性能等。结论包括结果的分析、研究、比较、评价、应用或价值。②指导性摘要（指示性摘要），主要是指综述性文章。对以汇集文献资料为主、辅以注释、非常客观、很少评述的一类综合性文章，其摘要多为指导性的。只陈述论文的主题范围、论文梗概或论文轮廓，不需要写出方法，也不必给出结论或结果；对回顾过去、察看现状、展望未来、提出合乎逻辑的、具有启发性的评价和建议的一类综述性文章，除陈述文章的主题范围外，还要给出文章的结论。

撰写摘要应注意以下几点：①摘要用字准确、阐述简明；要切实把握住论文的核心和精髓。②摘要要客观，切忌空洞议论，模棱两可（“叙述了工作原理”、“提出了一种新方法”、“给出了系统集成”和“有一定参考价值”等不具体提法）。一方面摘要一般不用第一人称，也很少用第三人称，而多用表示客观介绍的“本文”、“本研究”和“研究者”等第二人称，或者不用人称；另一方面，摘要一般不对论文的优劣做自我评述或与前人相比较。③摘要要避免与“引言”“结论”简单重复，摘要中一般不用图、表、化学结构式及非公知公用的符号和术语。

（4）关键词。关键词是表述论文主题内容信息的单词或术语。关键词有两方面功能：一是画龙点睛，关键词是指论文中最主要、最关键、重复率最高的词或词组，读者据名猜意，有助于了解全篇主题。二是便于检索，一般关键词常常作为关键词索引列入文献检索系统。为了方便文献检索、信息贮存，应从论文特别是从题名和摘要中选取最能表达论文中心内容和标志论文主题的若干单词、词组或术语。关键词一般多用名词，字数一般为 4~6 个，最多不超过 10 个。每一个关键词之间通常用逗号、分号或空格隔开，最后一个关键词后不用标点符号。

（5）正文目录。正文目录是论文结构标题的顺序排列。目录按章节排列编写，标明页数，便于阅读。目录按三级标题编写，即章节目等依次标出。目录中的标题应与正文中的标题一致。

（6）图表目录。图表目录是有图表的章节分别按图、表编码排列。例如，第三章有图和表，则编写如下：图 3-1×××（图的名称），列于图的下方；表 3-1×××（表的名称），列于表的正上方。

（二）主体部分

主体部分是对研究成果的详细表述，主要包括以下几点：

（1）绪论。绪论又称导论、前言和引言等，提出研究的问题和选题的目的，文献综述并说明研究的起点，采用的研究方法，以及与论文题目内容相关的基本概念或基本理论。

（2）本论。本论是表达研究者个人研究成果的核心部分，主要包括方法、结果、讨论和结论等。本论是分析问题、论证观点的主要部分，也是最能显示作者研究成果和学术水平的重要部分。一篇论文质量的高低，主要取决于本论部分写得怎样。本论部分的要求如下：一是论证充分，说服力强；二是结构严谨，条理清楚；三是观点和材料相统一。

（3）结论。结论是一篇论文的收束部分，是以研究成果和讨论为前提，经过严密的逻辑推理和论证所得出的最后结论。结论部分大致包括以下几项内容：提出论证结果。在这一部分，作者应对全篇文章所论证的内容做一个归纳，提出自己对问题的总体性看法和意见；指出进一步研究的方向。在论文结论部分，作者常常不仅概括自己的研究成果，而且还指出课题研究中所存在的不足，为他人继续研究指明方向、提供线索。结论在一篇论文中的地位是不可忽视的。

（三）附注部分

附注是对正文相关内容的必要说明，包括以下几部分。

（1）附录。不宜放在正文中，但有参考价值的内容，如调查问卷、公式推演、编写程序和原始数据附表等。

（2）参考文献。参考文献是研究者在撰写研究论文过程中所查阅参考过的著作和报纸杂志等。论文所列的参考文献是与本论文密切相关的，对撰写论文起到重要参考作用的主要的文献。列出的参考文献一般要写清书名或篇名、研究者、出版者和出版年份等。参考文献先列中文参考文献后列外文参考文献。

（3）调查附记。调查附记是研究者为撰写论文而进行的调查活动及其结果的记录。一般要列出调查单位名称。

（4）科研活动。研究者在学习期间发表的论文和书籍，参加的课题研究、学术研讨会和调查研究活动，以及获得的奖励等。

（5）致谢。研究者对论文写作过程中提供帮助的人表示感谢，特别是对论文指导教师表示感谢。致谢语一般放在文章最后。致谢的词语要诚恳、简洁恰当。

五、研究论文的文体格式

不同类型的研究论文，文体格式有较大的差异。就学位论文而言，其文体格式一般可分为整体结构和章节结构两个部分。

（一）整体结构

论文整体结构是论文整体内容的逻辑性安排，形式如下：

第一章　绪论（导论、引言）

第二章　以往研究文献述评

第三章　×××

第四章　×××

最后一章 结论与展望

（二）章节结构

章节结构是一章内容的逻辑性安排。章的结构有章下设节或章下不设节两种形式。中式文体格式举例如下：

（1）三级标题式：一、（一） 1.（1） ①。

一、标题（占行）

（一）标题（占行）

1. 标题（占行）

（1）每段开始，用于观点。

①（行文中用）。

（2）四级标题：一、（一）1.（1） ①。

一、标题（占行）

（一）标题（占行）

1. 标题（占行）

（1）标题（占行）

①（行文中用）。

采用西式文体格式，举例如下：

第 1 章　（相当于中式的“第一章”）

1.1　（相当于中式的“第一节”）

1.1.1　（相当于中式的“一”）

1.1.1.1　（相当于中式的“（一）”）

1.1.1.1.1　（相当于中式的“1.”）

（1）每段开始，用于观点。

①（行文中用）。

撰写学位论文可以选中式文体格式，或西式文体格式，不统一规定。

学位论文按章、节、款、项的次序编排，其中的图表等的序号归入本身所处上一层次的次序中，如图 14-2 所示。

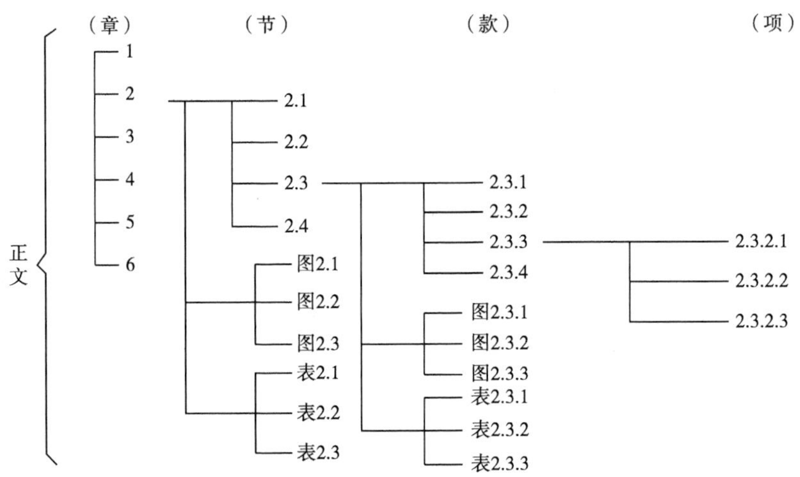

图 14-2 学位论文章节次序与图表序号编排

研究论文的文体格式还应注意以下几点：

（1）作为标题的“一”，应空两格书写或居中书写，不要顶格写。

（2）除每段文字第 1 行空两格书写外，其余文字都要顶格写，不能一段文字都空两格写。

（3）每段文字中，不能有“(一)”等序号，只能是“①”序号。

（4）论文中，不能有“第×章、”“(一)、”“(1)、”“①、”（多了“、”）。

第二节 绪论

在规范的研究论文，尤其是学位论文中，绪论（introduction）这一章是不可或缺的。绪论是研究论文的序幕，是整个论文的引子。绪论也常称为前言、导言、引言和导论等。绪论的主要作用在于引起读者的阅读兴趣。读者拿到一篇研究论文，通常近万字、博士论文多达二三十万字，是否值得花费宝贵的时间，光看题目还难以判断，总是先读绪论，希望从绪论的内容判断该研究论文是否有阅读价值，是否值得花费时间阅读。

绪论这一章主要是回答“研究什么问题（What）”和“为什么要研究（Why）这个问题”，其目的是引导读者进入论文主题，帮助读者理解论文内容。绪论起着给读者“第一印象”的作用。

一、绪论的主要内容

研究论文的绪论部分必须说明下述内容：进行这项研究工作的缘由和重要性；前人在这一方面的研究进展情况，存在什么问题；本研究的目的，采用什么方法，计划解决什么问题，在学术上有什么意义。一般供学术刊物发表的研究论文，绪论部分要力求简单扼要，直截了当，不要拖泥带水。篇幅较长的研究论文，如学位论文的绪论则可以详细一些，甚至自成一章。学位论文的绪论部分还可以增加历史回顾和背景材料，课题所涉及的问题的分析和工作范围，运用到的基本理论和原则，以及实验的材料和资料等方面的内容。

具体来说，研究论文的绪论部分通常会涉及以下六个方面内容：研究背景及其研究问题的阐述；以往研究文献评述，深入分析以往研究所取得的主要成果、存在的主要问题，以及对本课题研究的借鉴意义（这部分当然也可以单独辟章讨论）；研究假设的构造；研究目标的设计；研究方法的概述；预期的研究成果、研究的理论和实践意义的分析。

（一）研究背景及其研究问题的阐述

在研究论文中，研究背景通常以“课题的提出”或“课题的背景”做提示进行阐述，主要是介绍为什么要研究这个课题、本课题研究有何价值。研究背景的分析通常可以从三个层面来展开：一是从国际大背景的宏观层面进行阐述；二是从国内的中观的角度来考虑；三是从本省、市、区的实际出发，以及与课题直接相关的微观的角度来分析。如果课题不大，那么其研究的三个层面相应地递减，调整为本国、本省、本市区。总体上说，研究背景中主要应阐述为什么要对此课题进行研究。其中，对中观和微观层面的分析应详尽一些，特别是对已开展了一段时间并已取得了一定成果的研究课题，更是应该把这些情况作为研究背景写清楚。各个不同层次的背景之间要讲究逻辑的顺序，但也会有一定的交叉重复。在研究背景的最后部分应尽量点明本课题研究的特色及创新点。

研究主题和研究问题的阐述可以是平铺直叙的，也可以从揭示矛盾、提出问题的角度开始，好的研究主题可以引起读者的兴趣和积极思考。研究主题应反映研究者主张什么、否定什么、提倡什么、反对什么的学术性倾向与见解。创新性既是研究论文的显著特征，也是决定论文价值的重要标志。要使研究主题具有创新性：一是注意选择在某一学科中尚无人涉猎的课题；二是选择某学科的一个分支或侧面尚无人涉猎，出现了知识的空白；三是某些课题，前人虽已做过研究，但在实践中暴露出某些缺陷或历史局限（或是手段的限制），甚至于谬误，补缺陷、更正谬误，也是创新性的一个重要方向；四是在学科之间的交叉区域选定课题，这些区域常常是学术研究的真空地带。

（二）研究假设的构造

开展公共管理研究，通常要先形成一个恰当的假设，用来进一步明确课题的本质和启发研究的思路，并指导搜集资料的过程。研究假设是一种理性猜测或预感，或是对一个悬而未决的有意义的问题所做的尝试性回答，研究假设建立在前人研究或一定理论基础上，并容易进行证实或证伪工作。一般意义上，好的假设具有这样一些基本特征：

（1）应该是合理的、符合一定逻辑关系的。

（2）应该是与已知的事实或公理相一致的。

（3）应该可以被设计成某种方式进行检验，以判断其真伪性。

（4）应该尽可能用最简练的术语加以表达。

构造研究假设有助于聚焦研究问题，确定研究方向，并使研究易于理解。有了研究假设，研究中的变量关系和研究主题就会变得清晰、明朗。提出假设还需说明假设的依据和理由，使读者明白假设的合理性。对重要的名词术语，对研究的主要变量要加以界定，提供操作定义。下操作定义可以使读者准确理解变量的意义，避免产生歧义。尤其是当名词术语抽象、笼统、比较复杂时，更应明确地加以界定，做出必要的解释。

（三）研究目标的设计

设计研究目标的依据是研究假设（或者说研究的理论构思）。研究假设是一种理论构思，为验证假设，需要把它进一步转化分解成可以验证、可以操作和系统化的若干目标内容，即设计一定的研究目标。任何性质的研究假设（一定的假设）都可以化分成若干个相应的研究目标，不同的研究目标所采用的研究类型也不同。由于研究目标不同，在研究变量与指标、研究对象选择等方面也自然会有较大的差异。同样，对相关性的研究假设和因果性的研究假设，因其性质不同，需要设计不同的研究目标，用不同的研究方式加以验证。

一个好的研究目标设计，能够满足专门价值、研究实力、研究条件和研究兴趣四个方面的要求。专门价值是指它对假设证明的科学性、有效性、简明性和可重复性。研究实力涵盖三方面的内容：研究者的知识结构，包括知识的核心与边缘，可扩展的方向和可深化的层次；研究者的思维特征，包括思维品质特征和思维路线特征（演绎与归纳、积累与推测等）；科研的经验，包括运用各种研究方法的熟练程度和相关的经历。研究条件是实现研究目标所需要的人财物的大致估计和简单的筹划。研究兴趣是指研究者在理智选择的基础上，按兴趣进行第二次选择，属于一种情感上的选择。研究活动是一种较之其他实践活动更需要发挥主体能动性、创造性的活动，选择了感兴趣的内容，必然能够使整个研究活动成为一种追求满足的过程，激发人的创造性思维。

（四）研究方法的概述

研究方法的概述主要是明确解决问题的主要方式和途径。研究方法有很多，包括文献法、比较研究法、深度访谈法、问卷调查法、观察法、个案方法和实验法等。一个大的课题往往需要多种方法，小的课题可能主要是一种方法，但也要利用其他方法。如果是实验研究应写明实验的样本情况，实验的自变量、因变量以及实验过程中还会采取的其他方法。研究方法的概述还应说明拟采用方法的前提是什么，需做哪些准备。例如，在介绍选择案例或研究对象时，需说明选择的标准，还需说明在做了哪些初步调研后才确定拟采用的方法。

（五）研究目的和意义分析

研究目的和研究意义即研究有关问题的必要性，其原因可能有多种：以往的研究在某些方面尚未取得结论；或是以往的研究结果包含若干错误；或是以往的研究中提出的新问题尚需深入探讨。若拟开展的课题与涉及范围更大的课题相关，需说明为什么要研究该大课题中某一方面的问题。

研究者通常可以从两个方面探讨研究的意义：一方面指出课题的学术价值，说明它在哪些方面能提供新的认识和新的知识；另一方面指出课题的现实意义，即它对实践的直接或间接、当前或长远的指导意义。在绪论中阐述研究课题的意义时，简单介绍一下前人有关这个课题的研究情况以及达到的水平，然后引出本研究有何发展的叙述。

二、撰写绪论应注意的主要问题

绪论是研究论文的重要组成部分，也是衡量研究论文写作成功与否的重要标志之一。绪论的写作质量，不但决定读者对论文的兴趣和读者对研究内容的理解程度，也是论文评阅人评判论文质量的关键因素之一。由于绪论要在尽量短的篇幅内同时说明多个问题，所以，写好一篇论文的绪论十分重要，在撰写时需要注意以下几个问题：

（1）开门见山，不绕圈子。避免大篇幅地讲述历史渊源，过多地引用他人的研究成果，过度地介绍课题的立项过程。

（2）言简意赅，突出重点。不应过多叙述同行熟知的及教科书中的常识性内容，确有必要提及他人的研究成果和基本原理时，只需以参考引文的形式标出即可。在绪论中提示本文的工作和观点时，意思应明确，语言应简练。绪论部分的写作必须注意防止面面俱到，不着边际，文不对题。

（3）尊重科学，实事求是。在论述课题的研究意义时，应注意分寸，切忌使用“有很高的学术价值”“填补了国内外空白”“首次发现”等不适当词语；同时要注意不用客套话，如“才疏学浅”“水平有限”“恳求指教”“抛砖引玉”之类的语言。

（4）绪论的内容不要与摘要雷同，不要诠释基本理论，不要推导和论证基本公式，不要具体地介绍研究方法。绪论一般应与结论相呼应，在绪论中提出的问题，在结论中应有解答，但也应避免绪论与结论雷同。

（5）对研究问题的阐述不要含糊不清，或者一带而过，没有给人形成清晰的印象，这会影响读者对研究主要问题的注意。

（6）绪论部分不能长篇地谈自己的感受，更不要自吹自擂，抬高自己，贬低别人。不要用夸大或空泛的词句来说明研究意义，或者以无根据地否定前人的研究成果、歪曲事实的方式来突出自己研究的价值。

三、撰写绪论时常见的问题

绪论作为研究论文的开端，提出文中要研究的问题，向读者做简要的说明，引导读者阅读和理解全文。绪论篇幅长短没有明确的规定，不是研究论文的重点和核心，往往会被一些研究者所忽视，在撰写中往往会存在很多问题。

在撰写绪论时经常遇到的主要问题有以下几点：

（1）绪论中无研究背景或背景过于简单。这是研究论文绪论写作中最常见的问题。无背景或背景资料过于简单的绪论会给读者或审稿人这样的感觉：研究者没有全面系统地检索以往研究文献，对以往文献的研究不够深入，对相关研究领域的国内外最新进展和动态不甚了解，这样就会对本课题的研究创新性、前沿性和科学性等产生怀疑。

（2）绪论中无研究目标或对研究目标的叙述过于简单。对研究拟解决的问题即本课题达到的研究目标应是绪论中需要阐述的，是绪论的重要组成部分之一。否则，读者就不知道该研究要达到什么研究目标。对研究目标的阐述应当具体，而不应当笼统地描述成“为……提供科学依据”。

（3）绪论部分过于冗长。内容选择过于分散、琐碎，主要表现在对研究背景资料分析和引用他人研究成果过多，研究意义的阐述过于详细，研究方法介绍过于具体。过于冗长的绪论不仅在内容上会影响对论文的核心和主体部分的讨论，给读者留下本末倒置的感觉，而且也会分散读者的注意力，甚至失去继续读下去的兴趣。

（4）绪论中无参考文献。该问题在国内的研究论文中比较普遍。绪论无参考文献的原因主要有两类：一是研究者在研究设计和撰写论文前没有全面地进行文献检索，没有系统地掌握本课题研究的相关文献。二是不知道在绪论中如何恰当地引用文献。任何研究都是以往研究的进一步深入，所以绪论中引用参考文献非常重要，特别是在描述课题背景和对前人所做研究工作进行回顾时。这样既可以通过文献说明该研究的科学性和必要性，又可以使读者通过其他文献了解本课题的背景。在引用研究文献时，研究者务必注意参考相关研究领域的权威的文献、引用最新发表的研究成果，这样才能有力地说明选题的科学性和新颖性。一篇论文如果对其来源、历史与现状交代不清，且仅有的几条参考文献又是多年前的研究，其科学性和新颖性无疑会大打折扣。

（5）绪论中缺乏研究方法、研究对象和研究材料等信息。在绪论中应该简要地介绍该研究所采用的研究方法、研究对象和研究材料等，这样可使读者更深入地了解研究者将怎样解决问题，研究的对象是什么，所用的研究材料是什么。这些只需一带而过，详细描述应放在“研究方法”中。有些读者从绪论中得到这些信息后，可能会决定是否继续阅读下去，而不必等到将“研究方法”部分读完后才发现，该论文中所用的研究方法是他所不感兴趣的。

第三节 文献述评

在对某个课题进行研究之前，首先必须了解这个课题的相关研究现状。无论是研究什么样的课题，与这一课题相关的问题几乎都已被前人研究过。即使是科学和研究上的显著“突破”也要从前人的研究工作中吸取营养，并吸收他们在研究中用过的一些前人的研究成果。文献述评是研究者在对以往相关研究文献进行阅读、选择、比较、分类、分析和综合的基础上，对相关研究问题的现状、新动态、新发展、新发现、新方法和新观点进行综述与评论，尽可能多地从他人的研究和工作中吸取有价值的东西。

一、文献述评的作用

文献述评帮助选择研究课题。文献述评是对某一时期内某一学科、某一专业或技术的研究成果、发展水平以及研究动态等信息资料进行搜集、整理、选择、提炼，并做出综合性分析和评论的实用文体，为研究者提供研究课题的历史、现状、当前争论的焦点及发展趋势的情报资料，能够帮助研究者了解本领域的研究现状、存在的主要问题和研究动态，从而选定有意义、有价值的研究课题。

文献述评是开展科学研究的前提和基础。文献述评要针对某个研究主题，就目前学术界的成果加以系统分析和评述。文献述评旨在整理此研究主题的特定领域中已经被思考过与研究过的信息，并将该主题上的权威学者所做的努力进行系统地展现、归纳和评述。在决定开展某个研究之前，通常必须关注的几个问题如下：研究所属的领域，对这个问题已经知道多少；已完成的研究有哪些；以往的建议与对策是否成功；有没有建议新的研究方向和研究主题。简而言之，文献述评是一切科学研究的基础。

文献述评有助于研究者了解以往的研究与目前的研究有何联系，包括了解以往研究的特点和缺陷。文献述评主要是围绕所研究的问题展开的，但是，所评论的文献也可能是在其他方面，如问题、目标、概念框架或方法、程序等方面与目前的研究相吻合，这些提出了相似的问题或具有相同的目标的研究与目前的研究也是有联系的。同样，通过分析以往研究所使用的研究方法，可以帮助研究者分析和判断他所采用的研究方法或程序是否可行。他人关于一个相似或相关问题的概念依据，可以为目前所研究的问题的概念依据提供基础，或者为新概念的发展提供基础。例如，为实现一组相似的目标，别人可能采用一个与你的方法极为不同的方法。了解它们的结果和采取的方法中的成功或不足之处对你采用的方法也是重要的，它为比较不同方法和其他研究结果的有效性提供了基础。

文献述评有助于丰富研究的假设，改进研究设计。通过文献述评可以让研究者熟悉现有研究主题领域中有关研究的进展与困境；提供后续研究者的思考——未来研究是否可以找出更有意义与更显著的结果；对各种理论的立场说明，可以提出不同的概念架构；作为新假设提出与研究理念的基础，对某现象和行为进行可能的解释；识别概念间的前提假设，理解并学习他人如何界定与衡量关键概念；改进与批判现有研究的不足，发掘新的研究方法与途径，验证其他相关研究。

二、文献述评的特点

文献述评是文献叙述和评论的简称，是指在全面搜集、阅读大量的有关研究文献的基础上，经过归纳整理、分析鉴别，对所研究的问题在一定时期内已经取得的研究成果、存在的问题以及新的发展趋势等进行系统、全面的叙述和评论。一个成功的文献述评至少具有以下三个基本特点：

（1）综合性。文献述评与“读书报告”“文献复习”“研究进展”等有相似的地方，它们都是从某一方面的专题研究论文或报告中归纳出来的。但是，文献述评既不像“读书报告”“文献复习”单纯地把一级文献客观地归纳报告，也不像“研究进展”只讲科学进程，它的一个显著特点是知识的密集性和综合性，综合归纳以往研究文献之精华，集中展示本课题的研究动态和发展趋势，以少量的篇幅给读者提供大量的信息，它是高度浓缩的文献产品。文献述评的综合性越强，文献述评的价值就越大。

（2）评论性。文献述评除了对文献资料进行综合叙述外，另一个显著特点是评论性。任何文献资料，都是一定社会条件下的产物，在不同程度上反映了撰写者的立场、观点和学识水平，因此，研究者就应该用分析批判的眼光，对已有材料的真伪正误进行鉴别和评论。在这个基础上，认识它们的学术价值，以便在自己的研究中加以妥当运用。文献述评的重点在“评”，既“叙述”又“评论”。“叙述”要收集“百家”之言，综合分析整理；“评论”即结合研究者的观点和实践经验对文献的观点与结论进行评论，提出自己的观点、意见和建议，指出以往研究存在的问题，并对发展前景提出预测。

（3）前沿性。文献述评不是直接反映科学研究的成果，而是以研究文献作为研究的对象，对某一方面的专题搜集大量情报资料后经综合分析和评论后而写成的一种学术论文。文献述评是针对某一研究领域分析和描述前人已经做了哪些工作，进展到何种程度，要求对国内外相关研究的动态、前沿性问题做出较详细的叙述和评论，并提供参考文献。文献述评在写作上不强调理论论证，即文章不要求理论性，着重强调客观的叙述、综合的分析和批判的评论，要求能全面系统地反映某项研究的新动态、新趋势、新水平、新原理和新技术等，这就是文献述评的前沿性特点。

三、文献述评的撰写方法

（一）文献述评的主要内容

文献述评主要由引言、正文、结论和参考文献四大部分组成。

（1）引言。引言提出问题，主要是说明写作的目的、意义和作用，扼要介绍有关的概念、定义以及文献述评的范围，说明有关主题的现状或争论焦点，使读者对全文要叙述的问题有一个初步的轮廓。

（2）正文。正文部分是全文的“躯干”，主要包括论据和论证两部分，通过提出问题、分析问题和解决问题，比较各家对同一问题的不同看法及其理论根据，进一步阐明问题的来龙去脉和研究者的见解。为把问题说得明白透彻，可分为若干个小标题分述。这部分应包括历史发展、现状分析和发展趋向预测几个方面的内容：①历史发展。要按时间顺序，简要说明这一课题的提出及各历史阶段的发展状况，体现各阶段的研究水平。②现状分析。介绍国内外对本课题的研究现状及各派观点，包括研究者本人的观点。将归纳、整理的科学事实和资料进行排列与必要的分析。对有创造性和发展前途的理论或假设要详细介绍，并引出论据；对有争论的问题要介绍各家观点或学说，进行比较，指出问题的焦点和可能的发展趋势，并提出自己的看法。对陈旧的、过时的或已被否定的观点可从简。对一般读者熟知的问题只要提及即可。③发展趋向预测。在纵横对比中肯定所述评课题的研究水平、存在问题和不同观点，提出展望性意见。这部分内容要写得客观、准确，不但要指明方向，而且要提示捷径，为有志于攀登新高峰者指明方向，搭梯铺路。正文部分没有固定的格式，有的按问题发展历史依年代顺序介绍，也有的按问题的现状加以阐述。不论采用哪种方式，都应比较各家学说及论据，阐明有关问题的历史背景、现状和发展方向。

（3）结论。与研究性论文的结论有些类似，文献述评的结论部分主要是对正文部分的论证结果，提出几条语言简明、含义确切的意见。同时扼要地概括主题，提出问题的焦点和结论，最好提出自己的见解，赞成什么，反对什么。结论部分一般包括研究的结论、研究的意义、存在的分歧、有待解决的问题和发展趋势等。

（4）参考文献。参考文献是文献综述的重要组成部分，一般都在文章的最后，它除了表示尊重被引用学者的劳动及表明文章中引用的资料是有根有据之外，更重要的是为读者在深入探讨某些问题时，提供寻找有关文献的线索。因文献述评这种论文是产生于文献，不像研究论文是产生于研究活动，所以，研究报告或其他文章的参考文献，可根据实际需要省去，而文献述评的参考文献则不能省略。它的编排应眉目清晰，查找方便，它的内容应该准确无误地按所列出的线索找到被引用的文献。通过参考文献，还可以看出文献述评的深度和广度。

（二）文献述评正文的写作

文献述评的正文，其写法多样，没有固定的格式。可按年代顺序综述，也可按不同的问题进行综述，还可按不同的观点进行比较述评。不管用哪一种格式进行述评，都要将所搜集到的文献资料归纳、整理及分析比较，阐明有关主题的历史背景、发展现状和发展趋势，以及对这些问题的评述。正文部分应特别注意代表性强、具有科学性和创造性的文献引用与评述。

正文部分的撰写方法主要有以下三种形式：

（1）纵式写法。这种写法一般就某个专题，按年代和学科发展的历史阶段，由远及近地综合分析，反映这一专题的研究进展。它在内容安排上按时间顺序着重介绍历史性成就，其主要特点是学科发展阶段划分准确，每一个阶段要有代表性文献。“纵”是“历史发展纵观”。它主要围绕某一专题，按时间先后顺序或专题本身发展层次，对其历史演变、发展现状、发展趋向作纵向描述，从而勾画出某一专题的来龙去脉和发展轨迹。纵式写法要脉络分明，即对某一专题在各个阶段的发展动态做扼要描述，已经解决了哪些问题，取得了什么成果，还存在哪些问题，今后发展趋向如何，对这些内容要把发展层次交代清楚，文字描述要紧密衔接。撰写述评不要孤立地按时间顺序罗列事实，把它写成了“大事记”或“编年体”。有些专题时间跨度大，研究成果多，在描述时就要抓住具有创造性、突破性的成果做详细介绍，而对一般性、重复性的资料就从简从略。这样既突出了重点，又做到了详略得当。

（2）横式写法。横式写法就是将有关文献汇集分类，把某一方面或某一项目有关的各种内容从原始文献中摘出，不管时序先后，分门别类地进行叙述，这种类型适用于介绍新方法、新技术、新论点和新成就。“横”是“国际国内横览”，就是对某一专题在国内外的各个方面，如各派观点、各家之言、各种方法、各自成就等加以描述和比较。通过横向对比，既可以分辨出各种观点、见解、方法、成果的优劣利弊，又可以看出国外的研究水平，从而找出研究的差距。横式写法适用于成就性的文献述评。这种述评专门介绍某个方面或某个项目的新成就，如新理论、新观点、新发明、新方法和新进展等。因为是“新”，所以时间跨度短，但却能引起国内同行的共同关注，纷纷从事这方面研究，对于发表的许多论文，如能及时加以整理、分析和评论，就能起到借鉴、启示和指导的作用。

（3）纵横结合式写法。在同一篇述评中，同时采用纵式与横式写法。例如，写历史背景采用纵式写法，写发展现状采用横式写法。通过“纵”“横”描述，才能广泛地综合文献资料，全面系统地认识某一专题及其发展方向，做出比较可靠的趋向预测，为新的研究工作选择突破口或提供参考依据。

四、撰写文献述评应注意的问题

由于文献述评的特点，所以它的写作不同于“读书笔记”“读书报告”，也不同于一般的研究论文。在撰写文献述评时应注意以下八个方面的问题。

（1）文献搜集要全面。掌握全面、大量的文献资料是写好文献述评的前提和基础，文献资料搜集不充分、不全面，就难以写出高质量的文献述评。文献述评由于信息量大，综合性强，所以在撰写文献述评之前，对一次性研究文献的搜集范围要广。无论是横向还是纵向的文献，要使所搜集的研究文献具有一定的广度，为文献研究工作提供坚实的基础。

（2）引用文献要有代表性。文献述评是研究者对某一学科领域在一定时间范围内公开发表的文献，进行广泛收集和阅读后，就其中的主要观点和结论加以汇总、摘录或摘译，有目的地对大量分散的文献资料分别整理、分类、归纳和综合，撰写出能阐述该学科专业研究现状和发展动向的一种专题情报研究论文。所以说文献述评是建立在一次文献和二次文献的基础上生产出来的一种文献，即三次文献。通过比较会发现，述评论文不同于原始论文，因为述评论文不是对某一研究课题研究过程及其结论与讨论的报道，更不是对论文内容的摘要和索引，不能简单地对文献进行罗列。文献述评是对许多互有关联的文献进行分析、对比和评论所做的高层次的文献资料的综合论述。文献述评引用的研究文献，既要有一定数量，更要有一定质量、有一定的典型意义和有较高的检索价值，即引用的研究文献必要注意代表性和权威性。因此，收集文献资料要瞄准主流文献，如该领域的核心期刊、经典著作、权威人物的观点和论述等，这是做文献述评的“必修课”。

（3）要忠实于原文。文献述评所引述文献应尽量是原文，尽量避免引用他人对原始文献的解释或转述。引用的文献资料必须是一次性文献资料，而且是研究者亲自阅读过的。有的研究者为了省事，甚至投机取巧，写作时直接把一次性文献资料中的参考文献作为引用文献，这不仅违反了文献述评中参考文献引用的基本原则，而且对读者是极不负责任的。文献述评中所引用的数据、结果、结论一定要符合原文的真实面貌，不能主观判断，更不能凭空想象或推测、加工。 如果仅通过阅读或摘录在别人综述的基础上做第二手述评，则可能出现片面性，甚至以讹传讹。有的研究者对所收集的资料原文中没有的内容、数据，经过自己的“推理”“加工”后写入文献述评中，这是绝对不允许的。由于文献述评中有研究者自己的分析和评论，所以，在撰写时应分清研究者自己的观点和引用文献资料的内容，不能篡改引用文献的内容。

（4）文献述评的重点是评论。文献述评的重点在“评论”，包括对研究状况的评价、展望、预测和建议，而“叙述”只是“概述”，处于次要地位，是评论的铺垫，不强调面面俱到。很多文献述评只是东抄西拼的罗列，缺乏对引用文献内容的综合分析和概括，缺乏自己的观点、见解和建议。文献述评虽然是叙述和评论的有机结合，但它绝对不是对已有文献的重复、罗列和一般性介绍，需要对以往研究的优点、不足和贡献进行批判性的分析与评论，是对引用的文献进行再概括和再创造。文献述评是叙述与评论相结合的产物，“叙述”是基础，是对前人发表的文献收集整理、综合和加工的过程；“评论”

则是在对引用文献的整理、综合和加工的基础上，提出自己的看法、观点和建议。“叙述”和“评论”两者相辅相成，缺一不可，只“叙述”不“评论”，是一种单纯的文献堆砌；只“评论”不“叙述”，形同“无源之水”，缺乏科学性。

（5）要尽量避免大量引用原文，要用自己的语言把研究者的观点说清楚，从原始文献中得出一般性结论。文献述评的目的是通过深入分析过去和现在的研究成果，指出目前的研究状态、应该进一步解决的问题和未来的发展方向，并依据有关科学理论，结合具体的研究条件和实际需要，对各种研究成果进行评论，提出自己的观点、意见和建议。应当指出的是，文献述评不是对以往研究成果的简单介绍与罗列，而是经过研究者精心阅读后，系统总结某一研究领域在某一阶段的进展情况，并结合实际需要提出自己见解的一种创造性的研究活动。

（6）要紧紧围绕研究问题展开述评。文献述评是在大量的原始文献基础上凝聚成的情报性文献，它的重要作用是提供综合信息，指导科学研究。通过阅读文献综述，读者可以花较少的时间获取最新的综合信息，了解以往研究取得的主要进展、存在的主要问题和将来的发展趋势研究，在把握学科动态的基础上及时指导自己的工作，为确定自己的课题提供参照系统。因此，文献述评不是资料库，要紧紧围绕课题研究的“问题”，确保所评述的已有研究成果与本课题研究直接相关，其内容是围绕课题紧密组织在一起，既能系统全面地反映研究对象的历史、现状和趋势，又能反映研究内容的各个方面。在文献述评中存在的常见问题是文献述评内容与课题研究问题脱节，有的甚至是风马牛不相及。

（7）在检索以往文献时，研究者应该注意这样一些重要内容：研究设计情况（包括程序和资料搜集手段）；选取的总体和使用的取样方法；给予定义的变量；可能影响研究结果的无关变量；有可能加以避免的错误；进一步研究的建议。

（8）要详细地列出参考文献。文献述评是对众多的研究文献进行搜集、分析、归纳和综合，并以高度浓缩的文章形式，向人们提供较为全面系统的情报信息。参考文献虽然放在文献述评的文末，但却是文献述评的重要组成部分，必须详细地列出真实引用过的参考文献。详细地列出参考文献有三方面的重要意义：一是为知识产权保护的需要，应标明引文出处，表示尊重被征引者的劳动成果；二是说明文献述评是言之有据的，反映述评的可信程度；三是为读者提供据此查检文献信息的线索，因此引用文献均要求按正文中引用顺序编码，注明著者姓名及文献出处。

第四节　研究方法

研究方法的描述是研究论文中十分重要的组成部分，主要回答“如何研究（how）这个问题”。读者不仅需要了解研究结果，更需要了解研究是如何开展的。只有深入地了解研究方法，读者才能客观地评价该研究是否科学，是否有意义和价值。研究方法这部分的撰写，要以对以往研究的文献述评为基础，针对绪论部分提出的研究问题，全面深入地描述研究方法，包括研究的实施方法、研究对象和研究样本的选取、研究变量的测量、数据的统计分析方法等，使读者可以根据研究论文描述的研究方法，独立地重复开展这项研究工作。

一、研究的实施方法

在公共管理研究中，可供选择的研究数据搜集方法有很多，如文献法、访谈法、观察法、问卷调查法、实验法和统计资料法等，每种研究方法又有多种具体的实施方式。例如，观察法可分为直接观察和间接观察，参与观察和非参与观察，结构观察和非结构观察，抽样观察和跟踪观察；访谈法可分为结构式访谈和非结构式访谈，直接访谈和间接访谈，个别访谈和集体访谈，定向型访谈和非定向型访谈，一次性访谈和重复性访谈；问卷调查法可分为一次性问卷和重复性问卷，报刊问卷、邮政问卷、送发问卷，自填问卷和访问问卷；实验法可分为实验室实验和现场实验，前实验、真实验和准实验，对比实验、析因实验、探索性实验和模拟实验，定性实验和定量实验。各种不同的研究方法都有其优点、局限性和其特定的适用条件，同时，其各自的搜集研究资料与数据的形式、类型、设计方式也不尽相同。因此，要根据研究目标和研究问题的性质，对研究所采用的具体实施方法进行详细的描述和说明。例如，当采用实验法时，需要详细地说明实验刺激是什么，如何组成实验组和控制组，如何分配实验被试；当采用问卷调查法时，需要详细地说明调查问卷的结构和主要内容、调查总体、调查样本和调查的实施方式；当采用观察法时，需要详细地说明观察主体、观察仪器、观察时间、观察程序和观察结果的记录方式等；当采用文献法时，需要详细地说明文献的形式、文献的选取、文献的质量以及文献资料的处理分析方法等。

总之，无论采取哪一种研究方法，研究者都应该在研究论文的方法部分详细地说明研究方法的具体实施方式和一些具体的细节，以便读者深入地了解研究的具体实施方式。

二、研究对象和研究样本

任何一项课题研究都有具体的研究对象。这些对象可以是人、物，也可以是文献记载或其他文字资料等，数量可以是一个、几个，也可以是成千上万个。但是，研究对象的确定不是随便的：①它取决于课题的性质，由课题的性质确定什么作为课题研究的对象。②无论什么样的研究对象，都必须保证通过对它进行科学研究能够得出可靠的结论。③确定研究对象应考虑其现实性和可能性，即根据研究者所具备的条件能否对研究对象进行研究。④确定研究对象时还应考虑研究效率和效益，尽可能在比较短的时间内，以比较少的投入取得较大的研究成果。

在公共管理的研究论文中，需要研究者对作为研究对象的人及其活动进行详细说明，尤其是在实验研究或调查研究的论文中，更要专门介绍研究对象的确定方法及其样本的取样方法。例如，研究总体是什么，即研究总体的界定方法；研究样本是如何从总体中抽取的，即是概率抽样还是非概率抽样（如果是概率抽样，是简单抽样、等距抽样、分层抽样还是整群抽样）；研究样本的规模是多大，样本规模是如何确定的等；研究对象的特点与结构（包括性别、年龄、文化水平、职业、职称、职务和经济状况等）。

三、研究变量的测量

在公共管理研究中，最重要的、应用最广泛的变量分类是将变量分为自变量、因变量和无关变量三种类型。研究者需要向读者详细地说明在研究当中哪些是自变量，是如何操纵这些自变量的；哪些是因变量，因变量是如何测量的；哪些是无关变量，这些无关变量是如何控制的。在此基础上，还需要说明研究变量之间的因果关系的测量方式。

在描述研究变量时，研究者需要详细地描述以下四方面的问题：

（1）研究变量的数目。采用不同的研究方法所含的变量数目是不同的，一般来说，问卷调查法、观察法、访谈法所探讨的变量数目比实验研究要多。但是，即使在实验研究中，也包含了多种变量。选择研究变量时，需要根据研究目标和研究条件，客观地确定研究变量的数目，并列出研究变量表。

（2）研究变量的测量水平。研究变量的测量可在不同水平进行。对于不同的研究变量，其测量水平可能是不同的。有的在多级水平上进行测量，有的却只能在某一水平上进行测量。考虑研究变量的测量水平，研究者可以把研究变量的性质、选用的测量工具的性质、拟采用的数据处理方法等结合在一起做整体的说明。如果是采用问卷调查的方式，应该对问卷中用来测量这些变量的特定问题进行分析说明。如果某一变量较为复杂，调查中采用的是多个指标的综合测量，就需要把对这些指标进行综合评分的程序和方法做些说明，让读者既了解变量是通过哪几个指标来测量的，又清楚具体的计分和计算方法。

（3）无关变量的控制措施。明确研究变量的过程也是确定无关变量的过程。对于无关变量，不仅要认真分析，考虑哪些无关变量可能对研究结果无影响，哪些可能有影响，而且对那些有影响的无关变量，需要详细地说明在研究中是如何控制这些无关变量的。

（4）研究变量的性质和特点。通过分析，确定研究变量之间是因果关系还是相关关系，它们分别是主体变量还是客体变量，是直接测量变量还是间接测量变量（潜变量），等等。一般情况下，在一项研究中，自变量、因变量和无关变量三者之间的关系如图 14-3 所示。

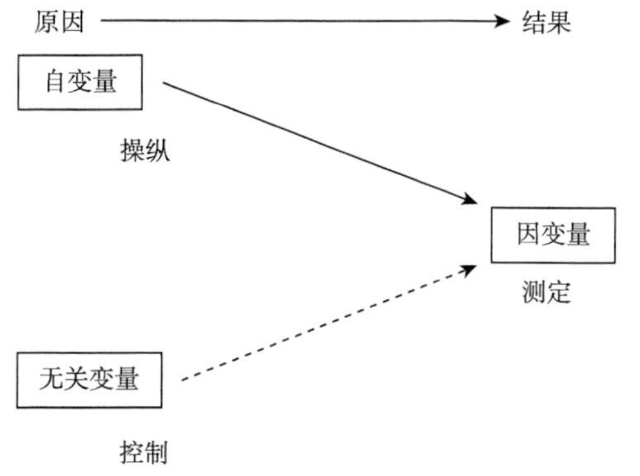

图 14-3 自变量、因变量和无关变量三者之间的关系

如图 14-3 所示，研究的目的是探讨自变量与因变量的对应关系，图中用实线表示研

究的焦点集中在因变量的测定上。自变量和无关变量都可能成为产生因变量效果的原因，当自变量和无关变量混淆在一起时，则难以判断自变量与因变量的一一对应关系。为了获得准确的测定结果，必须对无关变量进行有效的控制，尽可能排除无关变量对因变量测定的影响，图 14-3 中虚线表示无关变量会影响因变量的测定结果，需要加以控制。

四、数据的统计分析

公共管理的实证性研究通常会涉及数据的统计分析问题。对研究获得的有效数据进行统计分析，使其成为数据表现形式的研究材料，以数量化的方式说明研究结果，称为研究结果的定量描述。研究结果的定量描述可以更有效和准确地反映所研究的公共管理问题。

在公共管理研究中，研究结果定量描述的数学工具是应用统计学。应用统计主要用于研究内容的分类整理、编制数据的各种图表、定量分析和由样本推论总体等。对研究数据使用统计方法，进行变量之间关系或规律性的分析、推论，形成量化描述，增加了公共管理研究的科学性和有效性。

由于研究目标、研究问题和研究方法等的不同，每一项具体的研究所采用的数据处理和分析方法会有很大的差异。有的以定性分析为主，辅之以简单的描述性统计分析；有的则以定量的统计分析为主，在复杂的统计分析基础上，还需要建立模型。所以，在研究方法和研究设计中，研究者还需要对研究数据的统计分析方法（包括数据的初步整理分析方法，缺省值处理方法、建模方法，以及所采用的统计分析软件等）向读者做进一步的说明。

第五节　结果、讨论和结论

研究结果、讨论和结论部分是描述研究有何发现，并将研究结果客观地呈现给读者。它是整个研究过程的结晶，是体现研究论文科学性、创新性及实用性的关键。这部分主要是回答“研究出什么（what）”这个问题。

一、结果

“结果”是一篇论文的核心部分，是研究者艰苦劳动的成果。其内容是将研究所得的资料和数据用文字与图、表的形式表达出来。它既是研究者对自己原先设计目的或所提出问题的直接回答，也是研究者进行深入讨论和得出结论的依据。因此，结果部分实际上反映了论文的水平和价值，所以，写好结果部分就显得十分重要。

研究结果的表达形式主要是叙述性的文字，但为了叙述更清楚，更易于读者理解，通常需要辅以图表形式，以便直观地、形象地显现结果。很多研究结果的表述是图表和文字融为一体。叙述部分所占篇幅应大于图表所占的篇幅。

结果部分是一篇论文的论据，所以在资料和数据的编排使用上应注意以下几点：①要注意前后次序，层次分明，使之符合论文的思维逻辑，层层推进，前后照应，主次分清，因果关系明确，使读者易于明白。②要主次分明，详略得宜，在有限的篇幅中把重要结果写清，要将与主题无关的资料加以删除，再将一般资料或众所周知的内容加以精简、浓缩。这样使与本课题密切相关的材料，特别是本研究的新发现、新结论得以充分表达，避免了罗列材料、主次不分，被一般资料掩盖了重点与核心。③研究结果的陈述不要掺入研究者的主观意见和看法，以及其他人的研究成果，不宜评述研究成果的内在含义，只是需要客观地描述事实与数据，评论应放在讨论部分展开。④不论结果是阳性还是阴性，肯定还是否定，成功还是失败，符合还是不符合预期效果，都应该如实地反映，切不可“以偏概全”“报喜不报忧”。

此外，在撰写研究结果部分时还应充分注意以下几方面的问题：

（1）切不可“以偏概全”，单纯从逻辑的角度推出结论，而要重视定量与定性的综合分析。

（2）对于研究数据资料，不应仅仅停留在一般性事例的层面上，而应采用一些统计分析的技术，从数量的变化中揭示事物的本质属性。

（3）在统计图表上出现过的事实，没有必要再用文字重复叙述，只要指出这些数字所说明的问题即可。

（4）结果仅仅是对研究所收集的事实材料的客观归纳，切忌夸夸其谈，妄下结论，任意引申和发挥。

（5）研究结果应以事实与数字为主，文字叙述要简洁明了，结论要明晰准确。

在撰写研究结果部分时存在的主要问题有以下几点：

（1）数据不经统计处理，只用原始数据，或统计处理方法选择不当，致使结果无科学性，导致错误结论。

（2）文字和图表内容重复，对同一内容既用文字叙述，也有图表表达。正确的处理方法是，能用简要的文字来表达的就不用图表，能用表表达的就不用图。

（3）结果叙述逻辑性不强，层次不分明，因果关系不明确，重点不突出。

（4）在结果中夹杂以往研究成果，使读者分不清哪些是研究者的成果，哪些是他人的研究成果。

（5）结果描述“报喜不报忧”，只描述阳性的结果，不说明阴性的结果。

二、讨论

“讨论”是研究者根据研究得出的客观事实和结论，结合自己对公共管理理论和实践的认识，通过自己的分析和思考，对本课题所研究的问题提出自己的认识、建议和设想。

对研究结果的认识，可以是仁者见仁、智者见智，但作为公共管理的研究者，必须对研究结果有一个全面透彻的分析。这就要求研究者既亲身经历研究的全过程，有充分的感想和体会，又谙熟公共管理的理论与实践，善于提出和思考问题，善于从理论的角度、逻辑的角度、实践的角度，多角度地进行分析和讨论。在分析和讨论中，可以沿用一些理论与说法，可以提出一些改进的意见、建议和措施，可以提出个人的一些看法、想法和思考，也可以提出新的问题、新的设想，以待进一步研究。

讨论部分应以自己的研究为主线，通过将自己研究的结果与相关研究结果进行比较，引出研究的结论。研究讨论可以围绕以下几个方面的内容展开：

（1）对本课题在研究目标、研究方法和研究结果等方面与以往研究文献的异同及优劣进行比较分析，并从中引出新的观点、结论，探求新的规律。

（2）对本课题的研究结果进行深入的分析，充分表达研究者对研究问题的新观点、新思想和新建议。

（3）对本课题的研究意义、研究价值和研究创新点做出恰如其分的评价。

（4）对本课题的研究结果的推广应用条件进行实事求是的说明。

（5）对本课题在研究方法和研究设计方面存在的主要问题与局限性进行分析说明，提出进一步完善的建议，对有待于进一步研究和解决的问题提出展望。

在撰写研究讨论时存在的问题主要有以下几点：

（1）简单地、不加选择地罗列各种观点，缺乏自己独特的分析和评论。

（2）没有紧密结合研究结果进行讨论，偏离研究主题和研究结果。

（3）讨论分析逻辑性不强，观点不明确，技术路线不清晰，结构不合理。

（4）所得的结论超越了本课题研究结果所应得到的结论。

三、结论

研究结论是研究者从研究结果中做出的推论。结果与结论的区别在于：研究结果传递的是研究最终获得了什么信息，是具体的事实；而结论涉及的是为什么问题，是以研究结果和研究讨论为基础的，是对获得事实的推断和解释。

在研究论文中，得出结论应该充分关注以下几点：

（1）得出结论必须建立在事实证据的基础之上，应客观地反映自己研究工作取得的成果，属于前人或他人已有的正确结论，应不提或尽量少提。

（2）结论要一分为二，符合客观实际，要充分尊重前人的研究成果，实事求是地评价自己的成果，切勿言过其实，在无充分把握时，应该留有余地。

（3）结论的文字描述应该明确、精炼、完整、准确、措辞严密，不含糊其词，不得用“大概”“可能”之类的词语。

（4）结论的作用是总结全文，深化主题，揭示规律，而不是正文部分内容的简单重复。

总之，要写好论文的结论部分，研究必须全面掌握材料，仔细分析材料，并如实反映研究所得的结果，文字表达要注意逻辑，突出重点，注意写作规范，这样才能充分反映研究所得的成果，体现论文的应有价值与水平。

➢复习思考题

1. 绪论部分主要是解决什么问题，应该围绕哪几个方面的问题撰写绪论?
2. 文献述评的作用和特点，文献述评的撰写通常会涉及哪几个方面的问题?
3. 方法部分主要是解决什么问题？方法的撰写应注意哪几个方面的问题?
4. 讨论部分主要是解决什么问题？应该围绕哪几个方面的问题展开讨论，撰写讨论时应注意哪些问题?

5. 结果部分主要是解决什么问题，应该围绕哪几个方面的问题撰写结果，结果的撰写应注意哪几个方面的问题?

6. 结合学位论文，说明研究论文的基本结构和文体格式。